[陈淮系列讲座之一]

大道至简

讲给EMBA的经济学

（第三版）

A Scholar's Talk on Economics and China

陈淮 著

中国发展出版社

图书在版编目（CIP）数据

大道至简：讲给 EMBA 的经济学/陈淮著．—3 版．—北京：中国发展出版社，2009.10（2017.12 重印）
ISBN 978－7－80234－492－1

Ⅰ.①大… Ⅱ.①陈… Ⅲ.①经济—问题—研究—中国 Ⅳ.①F120.2

中国版本图书馆 CIP 数据核字（2009）第 186866 号

书　　名：大道至简：讲给 EMBA 的经济学
著作责任者：陈　淮
出 版 发 行：中国发展出版社
（北京市西城区百万庄大街 16 号 8 层　100037）
标 准 书 号：ISBN 978－7－80234－492－1
经　销　者：各地新华书店
印　刷　者：北京市密东印刷有限公司
开　　本：700mm×1000mm　1/16
印　　张：35.5
字　　数：550 千字
版　　次：2009 年 10 月第 3 版
印　　次：2017 年 12 月第 3 次印刷
印　　数：11001—13500 册
定　　价：70.00 元

联 系 电 话：（010）68990630　68990692
购 书 热 线：（010）68990682　68990686
网 络 订 购：http：//zgfzcbs.tmall.com
网 购 电 话：（010）68990639　88333349
本 社 网 址：http：//www.develpress.com.cn
电 子 邮 件：bianjibu16@163.com

第三版前言

这是一本讲经济学的书。经济学的书能印第三版，不容易。大概因为世界金融危机了，人们都想整明白是不是世界的末日要到了。

经济学很简单。2009 年“小品王”赵本山在央视的“春晚”里演了个小品，叫“不差钱”。人们才知道，敢情全世界最好的经济学家是赵大叔，他一句话就把世界金融危机的原因给概括、总结出来了。金融危机的直接起源在于全球性的资本过剩。为什么？本书中讲了。

经济学很复杂。现如今谁都敢讲经济学，人们以为经济学就是研究怎么挣钱的。可您天天琢磨，天天用的那个叫“货币”的东西，你能把“一块钱值多少钱”说明白吗？金融危机让我们知道，现在经济学得重新去研究“钱是什么”这个最古老的经济学问题了。为什么？本书中也说了。

世界没到末日。金融危机肯定会过去。中国必定振兴。艰难、风险还将降临。这就是本书在第三版中力图告诉读者的。

感谢读者，感谢时代，感谢金融危机，让我有以上的话说。

陈　淮

2009 年 9 月 18 日

再版前言

蒙读者厚爱，《大道至简》要再版了，缘分啊。

编辑要我写个“再版前言”，我有些忐忑。“再版前言”这个词可是有来历的。40 年前，那时的 8 亿中国人都得会背诵一个叫作“再版前言”的东西。我也冒写一个，行吗？

编辑说行。

说行咱就写。写什么呢？2005 年，我受中国（海南）改革与发展研究院邀请，为东北大学和中改院合招的博士研究生讲了一门叫作“经济哲学”的课。我说“再版前言”讲点哲学行吗？编辑说，千万别，那会让读者翻开第一页就被吓跑的。

咱们试试。也许吓不跑。别小看我们的读者。

讲三个认识。

第一个认识是唯物主义。我理解，唯物主义的根本要义，是强调客观规律不以人的主观意志为转移。一段时期来有个有趣但很时髦的现象。假如有个气象专家预报说明天有雨，于是就有评论家写时评、网友贴“博客”说，这个气象专家肯定是让卖伞的收买了，不然他怎么会站在有利于卖伞人的立场上说话呢？天要下雨是客观规律，不是气象学家让它下才下的，也不是小报记者、时评家不让它下它就不下的。这就叫客观规律。如同所有的科学研究一样，经济学，经济学家研究的是经济领域的客观规律。客观规律不以人的主观意志为转移，包括不以身居高位的人的主观意志为转移，也包括不以大多数人的主观意志为转移。谁不希望“祖国永远是春天”呢？可四季交替改变不了。尊重客观规律，按客观规律办事，实在是我们这个国家、这个民族、这个社会付出了极为惨痛、巨大的历史代价后才真正懂得的一个道理。

第二个认识是辩证法。这个世界很奇怪，人们从实践中得出的常识却总是和客观规律相悖。例如更少的人种地反而可以获得更多的粮食，发展城市反而可以使农民更快富裕。工业化阶段就是具有这么一个特点的阶段。过去 50 余年中，我们已经有过若干次“新农村建设”的高潮了。新中国成立初期的土地改革、20 世纪 50 年代的合作化、60 年代和 70 年代的农业学大寨、1975 年的“25 年实现农业机械化”、70 年代末期的“联产计酬责任制”等。今天，我们再次面临“新农村建设”任务。这次和以前相比的最大不同就是，在“工业反哺农业”、“城市反哺农村”基础上，我们得走辩证法之路。

第三个认识是用发展的眼光看问题。人们知道，形而上学的特点就是用静止、孤立、片面的眼光看问题。那什么是系统的、全面的、发展的、动态的、相互联系的眼光呢？举个老百姓是否买得起房子的例子。20 年前中国城镇居民中能买得起房子的最多不超过 3‰，10 年前不超过 3%，而现在应不低于 30%。尽管买不起房子或者不完全买得起房子的人仍是大多数，但中国老百姓、城镇居民与买得起房子之间的距离是远了还是近了？这个距离缩短得是快还是慢呢？这就叫用发展的眼光看问题。

本书希望始终贯彻这样三个认识。提出这三个认识绝不是在“无的放矢”。

顺便有个交代，2004 年 5 月，我奉组织之令从国务院发展研究中心调到住房和城乡建设部政策研究中心任职。在本书第一版出版之后，很多院校请我去给 EMBA 讲这门课。在讲授中，同学们总是提出，要我讲点房地产的问题。于是经常得在正常课程中加一个房地产的讲座。这就是本版新增的第九章。

如果您看了这一段没扔下书跑掉，那就谢谢啦。

陈　淮

2006 年 4 月

目　录

展、基础设施、外来竞争、市场游戏规则、知识产权、WTO、政府公共职能等等一切问题；不必讨论为实现资源最优配置的总量与结构问题、宏观调控与微观主体问题；以及人类苦苦思索而不得的种种难题。/3

【1-1-2】机器带来了生产率的成倍增长。面对仿佛在一夜之间从天而降的财富，在快乐、幻想与野心交织的社会背景下，从工业化初期开始，人们就致力于思考、分析这些财富的本质、财富的来源、财富的去向、财富的分配等问题，由此就诞生了我们称之为经济学的学问。/5

【1-1-3】无须讳言，我们现在还有太多的客观规律没有认识。别说机器最终将导致什么样的生产力，通货膨胀、通货紧缩这样一个在发达国家过去一百余年中不断往复、出现过多次，甚至导致过第二次世界大战的这么一个矛盾，我们至今还处在一个初级的认识水平上。美联储从2004年7月到2006年6月连续17次提高利率，以抑制可能出现的通货膨胀，没想到2007年第四季度美国以致全世界就被卷入了严重的通缩和衰退。我国在2008年上半年还在实行“紧缩的货币政策”；到下半年不得不调整为“适度宽松的货币政策”，“防偏快”急剧掉头为“保增长”。/6

【1-1-4】经济学是一门既简单又深奥的学科。近、现代经济学，不论它叫作环境经济学、制度经济学、微观经济学、宏观经济学、产业经济学，所有经济学研究的内容都不外乎两个方面：资源的优化组合、优化配置问题和社会利益关系的协调问题。/8

【1-1-5】现在很时髦的一个词叫作“制度安排”。其实所有制度安排的本质都不过是规范化的社会利益关系协调方式。人们找到一种能够使社会群体之间利益关系趋于协调的方式，然后就把它固化下来，形成社会共同的约定；并且把这个约定上升到规范的形式，这就叫作制度安排。/10

【1-1-6】“看不见的手”是指，生产者要谋取自己的利益，首先必须得造出能满足别人、满足社会某种需求的产品。就是人们常说的，市场经济是个“主观为自己、客观为他人”的经济。“看不见

的手”的发现是一个伟大的贡献。除了救济慈善和社会保障这两项外，迄今有关市场经济下一切经济制度的基本“游戏规则”都是基于这个“看不见的手”的假定基础上的。/12

【1-1-7】马克思主义经济学从来没说过暴力革命，从来没说过“一大二公”，从来没说过只有一个利益主体。尽管讲过消灭剥削者，让大多数人掌握财富。这种平等观，就叫作社会主义的平等观，叫作社会主义思想。在后来的实践发展中，资本主义也出现了新的变化，资本家努力让人们挣更多的钱。就是在这样的挑战性问题面前，经济学，包括社会主义经济学就有了发展。党的“十七大”报告提出，要创造条件让更多群众拥有财产性收入。社会主义不再是消灭有产者，而是要让大多数人都有产。这就是辩证法。/13

【1-1-8】1929年，一场以全球性过剩为特征的大危机猝不及防地降临于世界，社会矛盾一下激化了。由此导致了第二次世界大战。人们认识到，如果供求之间的失衡程度严重到市场不能自动调节的地步时，得有一个外在力量来干预一下。这个外在力量就是政府。政府应当如何来调整总供给和总需求之间的平衡关系呢？由此就诞生了宏观经济学。宏观经济学认为，政府的任务就应当是在通货膨胀率与失业率之间寻找一个平衡点。/17

【1-1-9】微观经济学专门研究企业内部的资源如何实现最优化的组合。要素之间可以互相替代，究竟用人还是用机器？要说服消费者，并且还要战胜竞争对手，要想多卖就必须卖得便宜。什么样的规模才能实现利润最大化呢？什么情况下才能够实现一个最好的组合呢？微观经济学为解决这些问题提供了可以定量化分析的方法。/19

【1-1-10】邓小平同志说，贫穷不是社会主义，社会主义也可以搞市场经济。我认为邓小平实在是最伟大的经济学家。他用了两句最朴实无华、最通俗易懂的话，就把人们争论了上百年的很尖锐、很深刻的问题给总结了。我们就要循着这样一条思路向前探索社会主义经济学。也许我们现在的回答还不完整，但这个思路不能变。什么思路呢？一是老百姓过好日子，二是市场经济。/22

【1-2-1】在工业化阶段，人类实际面临着这样的悖论。想不想提高生产率，想不想要更多的福利？想要。想要就得付出代价。非人化就是代价。很多人以为市场经济下的资源配置机制就是自由竞争。其实不是。即或是完全的市场经济下也有两种截然不同的资源配置机制。在工厂围墙外是自由竞争，在工厂围墙内只有指挥与服从。否定人性的流水线理论和实践是谁发明和实施的呢？正是美国人。人性的最终回归一直要到生产力发展到人类能够控制的程度，才能够彻底解决。/24

【1-2-2】“管理股”的出现意味着管理要素所有者的利益不再表现为工资，而是表现为利润。管理要素的资本化使管理者的利益和出资人利益进一步密切地结合到了一块儿，管理理念又得到了进一步的发展。我们今天的改革中面临的高管人员股权激励机制、管理者持股等，很可能是一种符合客观规律的趋势。同样地，技术股也被称为技术要素的资本化。/31

【1-2-3】当代经济学与管理学都承认，参与微观经济活动的最基本要素包括资本、劳动、土地、技术与管理五个方面。这个“五要素”的认识变化并非仅仅存在于西方的经济理论中，而且已经实际地深入到了我们当前的发展与改革进程中。2002 年党的“十六大”报告已经明确无误地接受了管理、技术资本化的认识，提出要“放手让一切劳动、知识、技术、管理和资本的活力竞相迸发”；要“确立劳动、资本、技术和管理等生产要素按贡献参与分配的原则”。/32

【1-2-4】现代企业实际上面对着两个市场。一个是产品市场，一个是产权市场。世界500强企业中，没有一个是只靠产品的销售利润累积成500强的。“做大做强”绝离不开产权运作、资本运作。现代企业制度说的就是产权管理的制度。2008 年以来的世界金融危机，在一定意义上说，就是大量企业的产权管理危机。在这个危机中，股权人和债权人的利益关系发展到了完全对立、对抗的程度。/32

【2-1-1】市场经济就是按等价原则进行交换的经济。市场经济下的交换是“亲兄弟明算账”的交换。交易双方必须计较多少，必须维护自己的利益。马克思说，分工和生产要素分属不同所有者是市场经济存在和发展的前提。交换中这个“必须维护自己的利益”的行为非常重要。可以说，这是市场经济一切规律的根本出发点。在所有经济学中都存在一个无须证明的假定前提。这个假定前提就是，人都是趋利避害的。/60

【2-1-2】等价交换只能在供求双方平等的基础上才能真正实现。任何道德、法律或行政权力方面的不平等都会使等价交换的原则扭曲，都会导致市场经济关系紊乱。用理论化的语言说就是，市场交易规则中不能有任何的超经济强制。/62

【2-1-3】市场经济秩序出现普遍性混乱的根本原因不在于社会中有一部分人唯利是图或法制、道德操守低下。如果在实际经济运行中，当人们发现，破坏制度总是可以比遵守制度获得更大的收益，那么这个社会的经济秩序一定会趋于紊乱。因为将会有越来越多的人自觉或不自觉地从遵守制度转向破坏制度。/68

【2-1-4】信用这种资源不是和“大公无私”联系在一起，而是和财富、产权的多元化归属联系在一起的，是和保护多元化的社会利益联系在一起的。不讲信用就侵犯了别人的所有权。在计划经济、“一大二公”的体制下，几乎所有的财富、所有的资源都是国家的，无所谓产权，也就无所谓信用。2003年党的十六届三中全会明确指出，要形成以产权为基础的社会信用制度。/70

【2-2-1】我们的改革，最初并不是因为谁先知先觉地知道中国得走市场经济之路，中国还得加入世界贸易组织，还得和国际经济接轨。最初没人知道。20世纪70年代末，就是因为农民吃不上饭了，要饿死人了，才有了把土地分给农民的改革。但在这个“单干”中，分散决策、承认个别利益、独立承担风险、生产者自由处置产品、价格随行就市等市场经济的几乎所有内容都已经包括在内了。大家知道，我们的改革目标是向社会主义市场经济转变。我们走到

总是不断趋近于一个极限。农产品的需求有自然限度。这些特点决定，农民的增收就不可能依靠本产业的规模扩张来实现。这一点，不仅已经为经济学的理论所证明，而且也为各国的发展实践所普遍证明。/141

【3－2－3】生产率是社会走向富裕的物质基础。不断提高生产率，人们分享到的社会福利才能增加。一个农民种一亩地能打500斤粮食，两个农民种一亩地能打600斤。两个农民种一亩地的结果是生产率大幅度降低，农民的收入不可能有效增长。/144

【3－2－4】如果把我国的农业生产率提高到国际先进水平，需要多少农民就够了呢？不超过4000万人就够了。有学者说，中国的自然禀赋条件较差、生态脆弱。考虑到这一层，6000万人也足够了。我们现在的农村劳动力有多少呢？2008年末的数字，我国乡村就业人员总数为4.73亿人！/145

【3－3－1】在可以预见的未来10年内，即使世界经济规模不断扩大，国际贸易总量不断扩张，世界范围内的就业岗位也几乎不能增长。哪个国家要想增加就业，就得争取把有限的存量岗位更多转移到本国国内来。在过去一段时期内，在我国面临的国际经贸争端中，贸易顺、逆差已经不是引起争端的最主要原因了。最主要原因是对“饭碗”的竞争。/148

【3－3－2】在当前的经济全球化竞争中，什么资源最稀缺？不是资本，不是技术，而是就业岗位。中国成为世界制造业中心的内在含义之一，就在于中国正在参与到对全球有限就业岗位的竞争中去，让更多的就业岗位配置到中国来，流动到中国来，转移到中国来。/152

【4-2-1】我们已经走过了单纯追求产业扩张的阶段，中国的诸多重要基础产业已经在规模上实现为了世界第一或名列前茅；走过了打破封闭体系、努力参与世界分工的初级阶段。我们所要追求的新目标，是实现经济赶超和最大限度地获取国际比较利益，是实现资源节约以及与环境友好，是实现经济与社会之间关系的协调发展，是在城镇化过程中充分满足农村剩余劳动力转移的需要，是更大程度地兼顾短期内国民经济稳定运行与长期战略发展目标。我们的结构战略已经升级为追求最优化的战略。在一定意义上说，新型工业化道路的主题就是新型的结构战略。/181

【4-2-2】过去10年是我国1979年以来职工平均工资水平增长最快时期。1997年末时我国城乡居民储蓄存款余额是4.6万亿元，2008年末时这个数字已突破22万亿元。“扩内需、保增长”的主要障碍之一还是产业结构。老百姓想买的没生产出来，市场上卖的老百姓不想买。这是我们面临的根本性问题。/183

【4-2-3】即使在市场“疲软”最严重的时候，餐饮业的增长始终没有“疲软”。在中国老百姓的收入中，已经可以有更多的部分用于购买劳务性产品了。到2008年末时，北京城镇家庭私人轿车的普及程度已达40%以上。在上述过程中还有计算机热，还有住房消费的升温等。我们一点也不怀疑，在新的一轮城市化过程中，住房消费将是未来20年扩大内需最重要的支撑点；房地产业将会在一个不短的时期内成为国民经济的支柱产业。/186

【4-2-4】“十一五规划”明确提出，提高服务业比重是产业结构调整的重要任务，大城市要把发展服务业放在优先位置。没有饮食文化传统的美国人现在跑到最有饮食文化传统的中国来开餐馆了。他们的诀窍何在？中国没汽车文化，但有儿童文化呀。麦当劳、肯德基就把自己社会文化的立足点转移到了儿童文化上，把他们的产品改造成了“儿童食品”。就这么一招，就把中国的儿童给征服了。能把生意做到这样的文化精深之处，没有深厚的管理基础是不可能的。我们的城市经济普遍缺乏的就是充分发达的社会服务业。/189

【5-1-1】我国国民经济的战略发展有个心腹大患。这个心腹大患就是，我们所面临的资源约束比任何一个大国在工业化过程中所受到的约束都要大得多。从目前的勘探结果看，一个基本结论是，我国支持工业化的45种主要矿产品中有25种是严重短缺的。/227

【5-1-2】我们只能用翻一番的能源来支持国民经济翻两番。在我国的一次能源构成中，煤炭比重占四分之三。在国际经验中，还没有一个大国是以煤为主力能源完成工业化的先例。别以为我们的煤很多。我国的人均煤炭资源占有量只相当于世界平均水平的一半略多，55%左右；只相当于美国的1/10。/232

【5-1-3】我们的石油资源人均储量是5吨，世界平均水平是23.5吨，美国是13.1吨；我国天然气资源的人均可采储量是1074立方米，世界平均水平是24796立方米，美国是16843立方米。也就是说，我国的人均石油资源占有量只有世界平均水平的21%左右，我国天然气资源的人均储量也只是世界平均水平的4%左右。/234

【5-1-4】保守估计，到2020年时中国的石油需求量将达到5亿吨。从现在起，我国的新增石油需求百分之百都要依靠进口。2020年时我们每年至少要进口3亿吨石油。/236

【5-2-1】把节约放在资源、能源战略的首位，这是我国新时期能源战略的重心所在。具体的硬指标是，到2010年我国单位国内生产总值能源消耗要比2005年降低20%。/238

【5-2-2】一个相当明确的基本判断是，世界有油卖，中国有钱买。目前全世界的石油生产能力大约为35亿吨。即或考虑到中国以及整个亚洲的石油需求增长，世界石油生产能力仍是能够满足供应并且有余的。在今后一个较长时期内，世界石油市场供给增长的

城市这个现象意味着我国区域经济中新的经济增长点和产业聚集核心正在形成。/294

【6-2-3】我们要努力在一个不太长的时间内让西部人民看到一个变化。党的“十六大”报告提出了一个相对明确的时间概念，叫作“争取十年内取得突破性进展”。在西部大开发中要逐步建立长期稳定的西部开发资金渠道，引导外资和国内资本参与西部开发；并且要进一步解放思想，在改革开放中走出一条加快发展的新路。/297

【6-2-4】凭东北的资源和国民财富存量，摆脱困境、实现经济发展是完全可以做得到的。东北的存量资源为什么不活跃？关键是被旧体制形成的一些经济关系束缚住了。理顺这些经济关系，资源就会在“看不见的手”的推动下流动起来，活跃起来。区域产业结构就会自动出现良性化的调整。市场化的力量、非公经济、中小企业就会自发地成长起来。被束缚的资源不能释放出来，新的体制力量就没有生长的余地。/304

【6-2-5】城乡之间的发展不平衡固然是一个全国普遍存在的现象，但最前沿、任务最重、矛盾最尖锐的地方在中部。为什么呢？因为中部的农民群体人数最多、最集中，而且发展现代农业的任务最迫切，对维护国家粮食安全最关键，农村剩余劳动力转移的压力最大。/307

【6-2-6】东部地区发展已暴露出许多“软肋”。一是“民工荒”，劳动力成本便宜的优势即将风光不再。二是商务成本急剧上升，随着区域内商务档次和资本密集程度的提高，沿海城市中商务成本已经进入一个快速上升的阶段。三是“地荒”，新上项目、新进入投资找不到地的情况随处可见。四是“气荒”和“油荒”，断电、断气、断油反复出现。如果人民币持续升值，单纯依靠价格参与国际竞争的外向型发展之路可能已经走不远了。/310

3. 城市群战略与城市经济再认识 ………………………… 313

【6-3-1】从“十一五规划”起，我国在区域经济上有了一个非常重要的变化，这就是收缩战线。我们现在面对的已经不是一个西部大开发，而且还包括东北老工业基地振兴和中部崛起。这差不多是

把国民经济整体都覆盖了。在这样长的战线上同时作战，显然我们的政策准备、物质准备都不充分。收缩到哪里？收缩到城市群和城市化。集中力量争取在若干重要的“点”上取得突破。/314

【6－3－2】在过去很长时期内，很多省、市的发展战略经常是只考虑我有什么优势。谁都说，要把自己建成“辐射”周边多少省、市、县的经济中心。这种战略看起来雄心、决心很大，但往往不切合实际，也不符合客观规律。市场经济就是分工经济。分工越发展，相互之间获取比较利益的程度就越大。近年来，我们很多地区都在实践中渐渐悟出了这个道理。/316

【6－3－3】“十一五”明确提出了一个新的城市群概念，这就是“京津冀”。指的是靠近渤海湾的北京、天津以及河北的唐山、秦皇岛等冀东城市。为什么要提出这个“京津冀”概念呢？因为这个地区有几个重要的战略契机需要牢牢抓住。一是2008年北京开“奥运会”，二是首钢从北京市搬迁到河北省临渤海的曹妃甸港，三是京津冀地区快速轨道交通网的建设已经上马，四是天津渤海新区的建设列入国家级战略。/318

【6－3－4】在新中国成立以来的发展过程中，在发展战略问题上，城市化战略是一个最摇摆不定的战略，也是教训最多的战略。一方面，我们在城市化上有很多不足；但另一方面，我们的很多成就在很大程度上也来源于城市化。特区经济的始端就是建造了深圳这座现代化的城市。浦东开发也极大地带动了上海、华东、长江中下游以至全国经济的发展。我们今天之所以有机会讨论“珠三角”和“长三角”的优劣比较问题，应当说是得益于这两个地区的城市发展。/324

【6－3－5】城市面貌改造是一件非常好的事。城市改造得漂亮一点，通行效率高一点，环境美化一点，这是谁的福利增加了呢？是社会公众的福利增加了。问题出在“一窝蜂”上，出在不顾老百姓死活和当地实际经济发展水平的“政绩工程”上，出在野蛮拆迁和损害老百姓合法利益上，出在盲目追求“高标准”、“洋标准”上。在宏观调控中，控制城市拆迁规模，以及制止盲目建设“宽马路、大广场”成为政策调控的重要目标之一。/328

呼声日益强烈。在这种情况下中央提出了贯彻“科学发展观”的要求。/372

【7-2-2】一个新的不平衡现象是经济发展与社会发展之间的不平衡，公共产品供给与私人产品供给方面的不平衡。社会成员的受教育水平、公共设施的完善程度、环境保护的状况、公共道德的普遍水平以及社会安全等都是社会发展的重要指标。贪污腐败、假冒伪劣、“黄赌毒”、穷人孩子上不起学、社会不公平现象增多、治安状况恶化等都是社会发展滞后的重要体现。/373

【7-2-3】我们的工业化真正起步才不过30余年，在一个较快的发展区间内，当然就容易发生不断扩大的不平衡。这很符合规律。小孩子在十三四岁到十七八岁的长大过程中就经常是不平衡的。比如他的体力和他的身高不相称，生理成熟程度和心理成熟程度不相称，肌肉和骨骼的发育不相称等。我们的国民经济就处在这样一个快速“长大”的过程中。/375

【7-2-4】贯彻科学发展观是和“共同富裕”密切联系在一起的。缩小发展不平衡的差距，可以说是科学发展观最重要的内涵之一。但要消除这些不平衡，可能需要经过几代人的艰苦努力。在未来20年左右的周期内，我们所能做到的，仍只能是使工农差别、城乡差别和地区差别扩大的趋势逐步得到扭转。我们一定要对这样一个发展过程的长期性和艰巨性有充分的估计。/377

【7-2-5】科学发展观就是求真务实的发展观。求真就是要认识客观规律，务实就是要遵守客观规律。理想社会只能建立在客观规律而不是主观想象的基础上。这是我们在过去几十年发展过程中吃过大亏，走过大弯路才懂得了的法宝。要实现建设全面小康社会的目标，我们第一要义就是要格外强调认识和遵从客观规律的重要性。/378

【7-2-6】在中国历史上，一个开明的封建君主都可以接受“民为重，社稷次之，君为轻”的说法。但是“民为重”的前提是“君权神授”。今天共产党的执政地位是老天爷给的吗？不是。2004年党的十六届四中全会专门就这个问题指出：“党的执政地位不是与生

框架，二是调控经济运行，三是维护经济运行秩序，四是承担转轨成本与完善社保体系。/408

【8－1－2】建立公共财政的制度框架，这其中的改革体现在哪里了呢？体现在一个非常重要的方面。建立公共财政的制度框架，就意味着政府不再以投资和形成国有产权为自己的基本职能。这项改革的推进是我们在深层次上与计划经济告别，与市场经济接轨的一个里程碑。/410

【8－1－3】我们现在面临的问题不是没有改革的具体思路。有些问题我们已经想得比较明白了，既知道如何改，也知道改革的方向是什么。但我们面临一个在过去一段时期中人们有意无意地回避，而且至今也没完全找到好办法的难题，这就是经济体制改革过程中的转轨成本问题。/416

【8－2－1】我国国有资产管理体制的最大变化是，随着改革的不断推进，国有经济的基本存在形式将从“国有企业”转变为“国有资本”。就经营性领域来说，意味着国有资产的基本形态将从实物形态转变为价值形态。/419

【8－2－2】在我们的传统理论、传统观念中，“国有”是和“资本”相对立的概念。资本是和私有制、和剥削相联系的概念，国有经济是公有制经济。国有经济所获取的收益仍然是归全社会劳动者所有的财富。国有经济的基本存在形式怎么能是“资本”呢？这个认识已经过时。因为国有资本同样是公有制经济的具体实现形式。/421

【8－2－3】市场经济发达与成熟的根本标志是产权作为交易对象加入到交换过程中来，即产权的市场化。产权的市场化才能使市场经济原则真正贯彻到社会经济生活的每一个角落。唯有在产权高度市场化的条件下，资本与投资领域才能充分地实现相互优化选择或重组。/425

【8－2－4】在这样的改革方向上，新的人权、事权、资产权“三统一”，国有资产管理机构应当管什么呢？最重要的，是把管理的落脚点从“管企业”上转到“管资产”上来。不在于管多少家企业，而

利益关系的客观反映或评判，主观反映或调整。/456

【9－1－2】房地产市场的交易行为可以分为以自然属性为交易目的的行为，例如居住或开设商铺；以社会属性为目的的行为，例如出租获取租金或期望升值、规避通货膨胀风险等。除住宅租赁市场的需求可以视为单纯的消费性需求，其余交易过程中的首要对象都是产权。购买产权的行为就是投资。/457

【9－1－3】一个不可忽视的事实是，城镇人均住房面积的快速增长掩盖了另一部分低收入群体、老国企占主要比重的东北老工业基地等人群住房条件改善陷于停滞的状况。/459

【9－1－4】城镇人均住房面积和城镇住房困难群体的比重明显不相称，原因之一就在于一部分存量资源闲置状况严重。而造成这种状况的原因，又在于二级市场和租赁市场发育严重不足。/460

2. 中国房地产市场面临的特殊国情 ································ 461

【9－2－1】价格是短期利益，国情是长期利益；价格是随机波动的，国情是相对稳定的；价格是“软”调整力量，国情是“硬”约束条件；价格是内在因素的外在反映，国情是外在表现的内在依据；价格是人们主观选择的结果，国情是自然、社会等客观存在的必然。从根本上说，是国情决定价格、价格服从国情，而绝不可能是相反。/461

【9－2－2】我们日益懂得了一个重要的道理，就是“所有人都去种地，打的粮食反而不够吃；较少的人种地，打的粮食反而吃不了”。这个辩证法原理的物质基础，就是工业化过程中的机器取代手工劳动和城市化过程中的社会分工发展。/462

【9－2－3】“买房置业”正在成为人民群众普遍的资产累积形式。要让大多数人从“无产者”成为“有产者”，从“中等收入者阶层”发展到“中产阶级”，这就是中国房地产业面对的国情。/464

【9－2－4】城市大规模的拆、改、扩、建过程，一定是城市资源的重新优化配置过程，城市人群的利益结构重组过程。在这个过程中，个别利益与整体利益之间，短期利益与长远利益之间、商业利益与

发展的政策，力求实现最优目标的政策；宏观政策是维护产业发展过程的稳定性的政策，是短期对策性的调整政策。/474

【9-4-1】除非到了物质极大丰富的理想社会，“人人买得起房”是个永远不可能办到的事。为了保障每个人都有房子住，政府就需要实施一些特殊的政策措施来帮助这些单纯依靠市场解决住房有困难的群体。这个政策体系的总称，就叫作住房保障制度。/476

【9-4-2】对那些完全无力或基本无力解决住房问题的社会群体，他们的住房需求就应当由政府“包下来”。廉租房就是通过不要钱，或者基本不要钱的方式，由政府向社会低端群体提供救助性保障的基本方式之一。/477

【9-4-3】住房能力不足的人群本身是一个复杂的构成。例如在十成能力中，只有一成能力和有九成能力的都属于能力不足。因此，援助性保障本身也需要针对不同层次采取不同的援助方式。/478

【9-4-4】自助性保障的主要形式是住宅银行或个人住房储蓄账户。个人自愿存入的钱可以享受减或免个人所得税的政策优惠，但这部分储蓄的最终用途必须是自住性的住房消费。这种自助性保障方式的实质，是政府通过减免税负的形式提供购房补贴。/480

【9-5-1】房价合理与否，需要从价格总水平，价格的稳定性，房价与利率、租金之间的比值关系和风险的均衡配置能力四个方面综合评判。/482

【9-5-2】我国城镇居民的恩格尔系数的降低尚需一段较长时间。从经济学意义上说，如果假定房价不变，房价收入比所反映的，实际上是居民收入中扣除吃穿用等日常消费支出后的剩余部分所占比重；反映的是随社会经济发展，社会群体私人财富的累积能力。/484

【9-5-3】尽管有一定住房能力，但其能力不充分甚至远不充分足的家庭所占比重高达50%以上，他们需要政府援助性的政策扶持才

能满足住房需求。但这部分家庭中的大多数，其住房消费能力的提高速度已开始不断高于收入的增长速度。/485

【9－5－4】房价不论怎么变动，在3～5年的周期内，其平均水平不应脱离与社会经济发展水平相称的区间过远。房价对房地产业健康与否的反映，不在于其是“涨”还是“跌”，而在于其是否出现异动。/486

【9－5－5】从理论上说，如果假定房价相对稳定，在银行存款利息收益高于租金时，购房就不如租房住，把钱存入银行更合算；当租金收益率高于银行贷款利率时，人们才会投资性购房并用于出租。/487

【9－5－6】房地产市场健康发展的标志是风险可以合理、均衡地配置到土地等要素的供应者、开发商、银行、投资者、购房者以及相关的资本市场、货币市场等多个方面；不健康的标志就是把风险过度集中于一个环节。/487

【9－6－1】根据国际经验，房价收入比要达到社会普遍的稳定均衡状态，需要两个不可或缺的前提条件。这两个条件，一是城市化基本完成；二是中产阶级占据社会人口的主要比重。/489

【9－6－2】城市化并非仅仅是人口向城市的聚集和迁徙，更重要的是城市自身的建设和城市综合承载力的提高。在城市化进程中，容纳大规模资本投入、形成集约化生产条件和提供大量人口集中生活所必需的基础设施、交通条件、住房容量、公共建筑等都需要一个较长的建设周期。这个过程通常并不是与城市人口所占比重同步提高的。/491

【9－6－3】占社会主要比重的人群具备私人财富累积能力，这个过程实际上就是中产阶级形成和占据社会主要比重的过程。购房不仅要以收入在日常支出后有“余钱”为前提，而且还要以这个“余钱”的规模在收入中达到一定比重为前提。/492

【9－6－4】从国际经验看，发达国家特大型城市的房价收入比普遍较高，造成房价收入比畸高的主导性因素是房价而不是收入；发展

序说

课程目标与要求

KECHENGMUBIAOYUYAOQIU

【0-1-1】“社会主义市场经济：理论与实践”这门课具有很大的挑战性。其特点是，讲授的老师之间在课程体系、教学内容、讲课风格上可能存在着非常大的差别。因为没有一个现成的体系，没有一个定格的范围。哪些内容是这个领域的，哪些内容不是这个领域的？

同学们好。很高兴有机会和这么多企业家学员一起交流有关经济学和中国经济的理论与实践问题。

这门课最初是在2003年时受上海交通大学管理学院的委托讲授和形成的。迄今已在多所大学讲授过。在过去几年中的每一轮的讲授中，课程体系一直在不停地完善、补充、更新和修改。

为什么要不停地修改、更新呢？因为这是一门很具挑战性的课程。对老师和学员来说，都具有很大的挑战性。2003年在我之前，为上海交大EMBA班讲授这门课程的是我国老一代泰斗级的经济学家，董辅礽教授。接过这门课时，我心里是并无把握的。连讲什么都没有一个边界，怎么讲？

“社会主义市场经济：理论与实践”这门课和其他课不一样。讲计算机的老师不论讲法怎么不一样，重点怎么不一样，讲完了，都是计算机的同一个硬件或软件。讲高等数学的老师可能各有风格，但11个积分公式肯定都一样。教外语的教授可能用不同的教材，但无论用哪一种教材，都不可能把语法的“现在进行时”改成“过去将来时”。而这门课的特点是，讲授的老师之间在课程体系、教学内容、讲课风格上可能存在着非常大的差别。因为没有一个现成的体系，没有一个定格的范围。哪些内容是这个领域的，哪些内容不是这个领域的？这是需要我们大家在教学相长中共同探索的。

我知道，“社会主义市场经济：理论与实践”这门课在所有的高校，包括最著名的重点高校，像清华、北大、人大，都是最难讲的一门课。这门课的难度在哪儿呢？难在要么失于老套，脱离实践太远，枯涩无味；要么一大堆数字、现象的罗列，缺乏深入的归纳和总结，缺乏对本质的认识。在很多高校里，老师讲完这门课后，能够让学员给打个“及格”的分数，那已经就是很不错的了。

【0-1-2】这门课的另一个难点是，在中国的现实中，发展与改革的问题密切地交织在了一起。人们希望经济学回答，怎样实现社会财富的快速积累和效率的提高；人们又要求经济学回答，什么是理想的社会状态，改革的终极目标如何。人们总是希望立即知道客观规律的答案。其实，这个答案是人类共同探索的目标，而不是一个现成谜底。

讲好这门课的难度非常大，一方面是因为理论在不断地升华与深入，另一方面是因为实践也在不断地丰富和发展。人们面临很多思考，这些思考从不同的角度产生出不同的看法、归纳出不同和结论。人们很难在同一个问题上“九九归一”地实现殊途同归，让它达到一个共识。

这门课的另一个难点是，在中国的现实中，发展与改革问题密切地交织在了一起。人们希望经济学回答，怎样实现社会财富的快速积累和效率的提高；人们又要求经济学回答，什么是理想的社会状态，改革的终极目标如何。人们总是希望立即知道客观规律的答案。其实，这个答案是人类共同探索的目标，而不是一个现成谜底。

【0-1-3】人们面临很多思考，这些思考从不同的角度产生出不同的看法、归纳出不同的结论。第一次讲授时，我所讲内容根本没有现成的教科书，甚至连一页书面提纲都没有。但这不等于说这门课将流于一个演讲报告的水平。我给自己这门课提的要求是，每一讲的水平都要达到“理论上的深层次，实践上的最前沿”。

长期以来，我一直在研究机构工作，并非是专职的大学老师，尽管我一直也在多个学校承担博士生导师的工作，带博士生，但并不承担一般的教学任务。在2003年之前，我也并未讲过这门课。当时上海交大让我来尝试一下，我愿意面对这个挑战。在第一轮讲授时，我所讲内容根本没有现成的教科书，甚至连一页书面提纲都没有。信不信由你，我就直接上讲台上连讲了8个专题，共4天8个单元的课，由上海交大的教学助手现场录下来，就形成了本书最初的第一版。这本教材就是这么形成的。

书稿形成的方式若此，但这不等于说这门课将流于一个演讲报告的水平。这是一门系统化的EMBA课程。按照国家教育部的规定，这是一门正规的学位课。我知道每一个聘请我讲授这门课的大学，能够举办EMBA的大学，都一定是具有很高学术声誉的院校。我会十分爱护学校的声誉，同时我也会非常珍视自己的学术声誉，绝不会浪费坐在这里的每一位企业家学员的时间。我知道，在所有大学，EMBA的讲台都是很难站的。学员对教师的讲授不满意时，轻则拂袖而去，一点面子都不给留；重则直接向学校的教务部门反映要求换人。

为了避免这种尴尬，我给自己这门课提了个要求。要求什么呢？这门课的8讲中，每一讲的水平都要达到“理论上的深层次，实践上的最前沿”。当然，这是我对自己的要求。因为是尝试，因为水平与学识限制，难免有不尽如人意之处，我会尽力而为，也希望大家共同合作。

听我讲课有个特点，比较轻松，但也比较艰难。轻松在于可能不会太枯燥。我听说有些大学的老师讲这门课时让人昏昏欲睡或是太过艰涩。我想我尽力不会出现这样的情况。但另一方面，恐怕也不能轻易地把大家给放过去。我们将有八个单元的讲授，一个单元一个主题，每一个单元都有四十分钟到一个小时左右的讨论。每一个单元我都要求大家尽量地提问。我将当场和大家双向交流。如果你精神不集中，只是做一个Receiver，一个接收器的话，那你恐怕很难提出问题。

还不止于此。按照学校的要求，这门课程是学分课，考试课程，要有成绩。我们这门课的考试方法是课后开卷考试。课后将要求每个学员都要写出一篇三千字以上的课程报告。这个三千字的课程报告就是考试。

这个课程报告没有对错之分，关键是要求你根据课堂体会写出自己的认识。一定要是自己的认识。我会在最后一讲中给大家提供几个参考题目，你可以任选一题来写，也可以自选与经济学和中国经济发展实践的问题来写。可以和老师商榷，也可以对形势提出自己的分析。只要围绕这门课的主题就行。但请注意，千万不要从网上抄。因为我也会上网。我一看不像你自己写的，随便找两个关键词一检索，我就能把你抄的文章找出来。咱们先郑重地说在前头，以自己体会、用大白话写出来的是好报告；抄别人的、东拼西凑的一定是不及格。而且不予补考。这不是我故意为难大家。教育部对EMBA课程的检查极为严格，同学们所有的书面作业、考卷、课程报告，老师的评判等都要留存以备教育部抽查。

先自报一下家门。京剧里的文官武将出场都得先自报一下资历，叫做开场白。免得同学们质疑，莫非是个人就敢给 EMBA 上课，就敢登上这么著名大学的讲堂？

一方面，我是学马克思主义经济学的科班出身，政治经济学专业毕业。研究生读的是工业经济。实实在在地本科、硕士、博士读了十年。中间不掺水。另一方面，对外国的经济学我也并不陌生。美国、日本我都留过学，多少都有所了解。不管是西洋的、东洋的，相应的理论也有一定的参悟。在我们国家过去一段的发展实践中，我曾长期在国务院和部委政策研究机构工作，对我国实践发展的情况也有一点了解和体会，并会和大家一并交流。我不提倡死乞白赖地记笔记。我讲课没有书面的本本，绝对不照本宣科。咱们的课堂上“四目相对，脉脉含情”就够了。我有一个经验，把老师说的都记下来是一个坏习惯。我的课以听为主，以想为主。咱们这门课的主要任务是开阔眼界、深化思路。我相信一个好的老师，如果不先把信息装在自己脑子里，他就不能把知识充分地装到学员的脑子里。

给大家讲个故事。2009 年有个新电影，叫“高考 1977”。我就是 77 级，“文革”动乱 10 余年后恢复高考的第一年。那时候没有这么好的条件，没有这么好的阶梯教室、多媒体、空调、麦克风。那时的条件没这么好。我们上大学时，那课桌和大家熟悉的小学、初中的差不多。和我坐在一起的是一个女同学，如同那首歌里唱的“同桌的你”，长得挺漂亮。每天上课，她埋头苦干，一个劲儿记笔记，一学期都不抬头看我一眼，特让我失望。期末时我问她，你都记了些什么，让我参考参考行不行？拿过来一看，那小字又工整又纤秀，老师讲的，记得滴水不漏。甚至比老师讲的多几个字：括弧，咳嗽一声，括弧完。

四天上、下午连续听课，我知道这是一个很累人的活儿。我希望我们有一个轻松的开头。但轻松并不是说就能放低要求，我说过我希望这八个单元要触及理论上的深层次、实践上的最前沿，需要涉及的问题是非常之多的。我们可能要天上地下、理论实践、国外国内、历史现实地反复穿插。但我们只有八个单元的时间。真正要把“社会主义市场经济：理论与实践”讲充分，恐怕需要列出二三十个专题。这一点都不难。例如，2008 年以来我们遇到的“世界金融危机”，全球的经济学家和政治家、企业家都目瞪口呆；格林斯潘说，这个地球上活着的人都没有见过。再比如，从进入 21 世纪以来，很多媒体都在讨论“弱势群体”的问题。什么是“弱势群体”？工人、农民是否已经成为“弱势群体”？这个问题在理论与实践上迫切需要回答。怎样让全体人民都能够分享经济发展、效率提高以及工业化、城市化带来的好处，这是不是一个社会各群体最急迫的利益诉求？中国能否率先走出世界金融危机的阴影，是不是大家共同关注的焦点？“三农”问题、保增长与促就业问题、资源与能源短缺问题、中小企业发展问题、城市化过程中的征地与拆迁问题、房地产市场发展与房价问题，“后奥运”经济的问题等，类似的问题都是当前社会讨论最热烈的问题，列二三十个不成问题。但时间有限，我们只能择其要。就是课程计划中列出的八个专题，与大家交流。当然我会尽可能把有关的信息加入到相关专题中。

以上的开场白稍微长了点，而且我们今天的内容还是非常多，时间非常紧。但是我还是愿意一开始就和大家有个交代。特别说明，希望讨论时，大家能踊跃提问。我们双向交流。

我这人有个特点，不怕挑战。你有什么尖锐的问题，尽管问。如果大家对我讲课不满意，无论是讲课的内容还是理论的深度，还是进度的把握，可以向班主任老师反映，或直接向我提出来。如果大家说，这个老师讲课不成，没达到我们的要求，那我自动下课。

以上，我很诚恳地把应该交代的向大家交代了一下。印发大家的 PPT 课件，大家不用太在意。那只是供大家阅读参考的。我并不会照着一个现成的条块往下讲，而且会随时补充很多鲜活的资料。这门课程每一次讲授，都至少会有三分之一的内容更新。在课件中有一句英文：A Scholar's Talk on Economics and China，意即学者谈经济学和中国经济。这与“社会主义经济学：理论与实践”的课程名称并不矛盾。

第1讲

历史的回顾与总结

LISHIDEHUIGUYUZONGJIE

经济学理论与经济发展实践是一个复杂多元的体系，我们从何讲起呢？

我们从一个古老的故事讲起。从很久很久以前讲起。古老到什么时候？古老到“一千零一夜”。

在座的学员，既然已经在读EMBA，我想都已经读过不少书，历经世事久矣。不管在商界还是各个方面，都已经摸爬滚打很多年。可能大家都对阿拉伯国家古老的“一千零一夜”故事耳熟能详。

“一千零一夜”是一个古老的民间传说与文学的综合。其中有一个脍炙人口的故事。有一个渔民从海里打上来一个瓶子。打开瓶子以后，从瓶子里出来一个魔鬼。这个魔鬼是很久很久以前被所罗门神镇在瓶子里的。魔鬼出来以后对渔民说：“我要杀了你，把你吃了。”渔民对他说：“是我把你从魔瓶里放出来，把你从所罗门手里救出来，你为什么反而要杀死我呢？”魔鬼说：“在我被关进瓶子的第一个五百年中，我发誓谁要救了我，我满足他一切愿望；在第二个五百年中，我发誓谁要救了我，我让他终身幸福；在第三个五百年中，我发誓谁要救了我，我就要把他杀死。你恰好在第三个五百年救了我，我就要把你杀死。”

当然，大家都熟知结尾，渔民用他的智慧，把魔鬼重新装回了瓶子里。

200余年前，人类用自己的手从瓶子里放出来一个魔鬼。人类亲手放出的这个魔鬼叫作机器。

今天，我们这门课所要讨论的问题就是：人类在自己的理论和实践发展中能否最终把魔鬼重新装回瓶子。

1. 经济学的回顾与总结

- 我们所说的所有近、现代经济学理论，以及我们所要讨论的实践中所面临的经济发展难题，都是和工业化这个进程密切联系在一起的。
- 所有经济学研究的内容都不外乎两个方面：资源的优化组合、优化配置问题和社会利益关系的协调问题。
- 马克思主义经济学不仅创造了科学的劳动价值论，而且是制度研究的大家。
- 宏观经济学是专门研究市场经济下政府如何调整总量关系，也就是总供给与总需求之间平衡关系的学问。
- 增减税、发政府债、扩张或紧缩财政预算等就是财政政策，升降利率、扩张或紧缩货币发行、调整中央银行的准备金率等都是货币政策。
- 和宏观经济学对称的学问是微观经济学和产业经济学。
- 经济学究竟有没有社会主义和资本主义之分呢？对这个问题的回答将贯穿我们这门课的始终。

【1－1－1】所有近、现代经济学理论，我们所要讨论的实践中所面临的经济发展难题，都是和工业化这个进程密切联系在一起的。没有工业化，我们用不着讨论失业、下岗、城市化、资源、可持续发展、基础设施、外来竞争、市场游戏规则、知识产权、WTO、政府公共职能等等一切问题；不必讨论为实现资源最优配置的总量与结构问题、宏观调控与微观主体问题；以及人类苦苦思索而不得的种种难题。

盐由哪咸，醋由哪酸。我们从一个最基本的问题讲起。这个问题就是工业化。

2005 年，中共十六届五中全会在“关于制定‘十一五’规划的建议”中提出了一个“新四化”的概念。我国面临的形势是“工业化、城镇化、市场化、国际化步伐加快”。在这个“新四化”中，城镇化、市场化和国际化都是由工业化引起的。也就是说，都是由生产力发展引起的。

什么是工业化呢？人类用机器取代手工劳动的过程就是工业化。

以 18 世纪的英国产业革命为始端，人类开始大规模地制造机器。从此，“脸朝黄土背朝天”的农业文明时代进入了工业文明时代。人类在 18 世纪 60 年代发明了纺织机；在 18 世纪 80 年代发明了蒸汽机；电力在 19 世纪 30 年代开始成为普遍应用的能源动力形式。由此揭开了世界的工业化进程。

这样一个发展过程迄今并未完结。例如在 20 世纪 90 年代中后期的亚洲，东南亚的菲律宾、泰国、印度尼西亚、越南等国，南亚的印度，以及中国，都出现了一股新的电力建设高潮。在进入 21 世纪之后的一段时期内，中国曾面临“煤电油运紧张”的问题。这个“煤电油运紧张”反映的就是工业化过程中的矛盾。最近一些年，一个新词儿正在以越来越高的频率出现在人们视野中。这个新词儿就是“新兴经济体”。实际上，在过去一段时期内，在中国、印度、巴西等很多“新兴经济体”国家中，钢铁、汽车等产业的发展都出现了新的一轮扩张态势。不只新兴经济体国家，发达国家的工业化也并未完结。进入 21 世纪以来，世界上各大国之间面临着三大竞争：就业岗位、能源、资产定价权。这三大竞争反映的都是工业化这个阶段的基本矛盾。2009 年，美国金融危机已经从金融蔓延到了实业领域，其中首当其冲的就是汽车业。汽车产业是典型的工业化阶段的支柱产业。进入 21 世纪以来，不论是 2007 年以前的国际市场高涨繁荣，还是 2007 年末以后的全球金融危机，都是和这个称之为“第二次工业革命”的进程密切联系在一起的。

由此就引出了一个极为重要的话题。

我们所说的所有近、现代经济学理论，以及我们所要讨论的实践中所面临的经济发展难题，都是和工业化这个进程密切联系在一起的。没有工业化，我们用不着讨论失业、下岗、城市化、资源、可持续发展、基础设施、外来竞争、市场游戏规则、知识产权、WTO、政府公共职能等等一切问题。我们要讨论的，最多就是像“杨乃武与小白菜”这样的冤案而已。最多就是拿一两银子买一条鱼吃这样的简单商品交换而已。我们不必讨论分工条件下的社会共同约定，以及这些约定下的种种矛盾；不必讨论为实现资源最优配置的总量与结构问题、宏观调控与微观主体问题；以及人类苦苦思索而不得的种种难题。

前面说过，工业化就是人用机器取代手工劳动的过程。工业化的定义很简单，并不复杂。工业化阶段社会经济发展的主要目标，就是大规模提高生产率。

那么，人们凭什么使生产力得以大规模提高呢？凭借的是一种工具。这种工具叫作机器。机器就是系统的工具。

【1-1-2】机器带来了生产率的成倍增长。面对仿佛在一夜之间从天而降的财富，在快乐、幻想与野心交织的社会背景下，从工业化初期开始，人们就致力于思考、分析这些财富的本质、财富的来源、财富的去向、财富的分配等问题，由此就诞生了我们称之为经济学的学问。

我们不妨把工业化过程称为第二次“从猿到人”的发展过程。

进化论已经证明，会用工具，并且是主动地制造和运用工具，是猿演变、进化为人类的关键。而运用系统的工具，是使人类从农业文明时代进入工业文明时代的关键。组合的工具、系统的工具就是机器。

人造出了机器。而机器带来了生产率的成倍增长，也造福于人类。人手的产物给人类带来了过去几千年向神、向上帝所企求的一切。同样的土地，同样的资源，同样的气候条件，同样的人口，为什么社会享受的福利水平会大大提高？面对仿佛在一夜之间从天而降的财富，面对社会经济日新月异的发展及前所未有的技术创新，人们欣喜若狂，人们目瞪口呆，人们顶礼膜拜，人们憎恶诅咒，人们醉生梦死，人们踌躇满志。

就在这种快乐、幻想与野心交织的社会背景下，从工业化初期开始，人们就致力于思考、分析这些财富的本质、财富的来源、财富的去向、财富的分配等问题，由此就诞生了我们称之为经济学的学问。

那么什么是社会主义经济学呢？最早的经济学主要研究财富的本质及来源。由此就分为了两支。一支认为，财富是资本，或者说是物化的资本，也就是机器带来的。没有机器能有财富的大规模增加么？另一支认为，财富说到底是人创造的，是劳动创造的。没有人和人的劳动能造出机器么？这后一种就叫作“劳动价值论”。劳动价值论是社会主义经济学的最早起源。这个社会主义经济学以后又发展为对计划经济的设想，对公有制的设想，对按劳分配的设想。这是传统的社会主义经济学理论。

实际上到今天，人们对社会主义的认识已经大大向前发展了。我们所要研究的是在充分总结前人理论思考与实践经验基础上的、在我国改革开放实践中得到进一步深化的社会主义经济学。

这里我们要特别强调一点，就是在工业化阶段，人类经济活动及其效率、产出以及在市场上的实现，都对“物”产生了高度的依赖。钢铁、机械、火车、矿石以及资本都是“物”。由此就使人们对与精神相对的“物”产生了极大的信赖。以往神不能带来的，“物”带来了。看不见的“来世幸福”在今生实现了。人们眼睛看到的，是“物”在改变一切，而不是主观思维、祈祷或者神在改变一切。以自己内心精神活动为一切的主观唯心主义，和相信人之外冥冥中存在的异己的精神力量决定命运的客观唯心主义被排斥。由此就使唯物主义与社会主义经济学相伴相生。研究这个关系的学问，叫作“经济哲学”。

经济哲学不是我们这门课的内容。我在有关院校的博士生课程中正在讲授这门课。但这里提到这一点是有意义的。就是我们称之为社会主义经济学的学问，也并不排斥物的存在和物的运动规律。恰恰相反，社会主义经济学格外强调物的运动规律对人、对社会发展的决定作用。今天，我们认识改革中的许多问题，例如劳动与资本的矛盾、“以人为本”的科学发展观等，都要立足于这样一个基点。

实际上，社会主义与非社会主义的区分并非是经济学的惟一，或者说最重要的分类。今天我们所要研究的还有宏观经济学、微观经济学、产业经济学、计量经济学、管理经济学、制度经济学、环境经济学、发展经济学、增长经济学以及最新的“转轨”经济学等。还有其他。我们还有机会慢慢地和大家一一地触及。

工业化给人类带来了发展，同时也给人们带来了很多前所未有的灾难。人学会了用机器，人类从此有了更大程度的社会分化、阶级对垒，以致到最后人们不得不试图用暴力革命的形式来推翻资本的统治。本来造福于人类，使人们吃得更好、穿得更好、过得更舒服的科学技术发展以及它的物化形式——机器，给人类社会带来了什么样的结果呢？

【1-1-3】无须讳言，我们现在还有太多的客观规律没有认识。别说机器最终将导致什么样的生产力，通货膨胀、通货紧缩这样一个在发达国家过去一百余年中不断往复、出现过多次，甚至导致过第二次世界大战的这么一个矛盾，我们至今还处在一个初级的认识水平上。美联储从 2004 年 7 月到 2006 年 6 月连续 17 次提高利率，以抑制可能出现的通货膨胀，没想到 2007 年第四季度美国以致全世界就被卷入了严重的通缩和衰退。我国在 2008 年上半年还在实行“紧缩的货币政策”；到下半年不得不调整为“适度宽松的货币政策”，“防偏快”急剧掉头为“保增长”。

一方面，人们在摆脱自然的束缚以及对自然的依赖。比如说，过去人们要从北京到上海，那可费劲了，得走好几个月；快马加鞭，也得好几天。现在好，飞机只要一个小时四十分钟。进入 21 世纪，中国载人航天飞船已经多次发射成功了。“神舟飞船”正在把中国人数千年“嫦娥奔月”的梦想带入了现实。但在摆脱自然束缚的同时，人们正在越来越多地陷入社会属性的束缚。你必须遵守太多的制度。过马路不走人行道，出交通事故你要负责任。开车不看红绿灯，警察拦着你就罚款。人们约定了种种束缚你的制度，你还必须服从。人们本来想有更大程度的自由。结果呢？工厂制度下的机器生产得三班倒。一家人中的两口子常年不见面，两人得互相留条。那也没有办法，人们必须服从机器的节奏，全世界的人都得按照机器的节奏运行。机器成为人的统治者，人手的产物成为人的统治者。

还不仅如此。一方面，机器使我们改造自然的力量大大增强。人类在大江大河上修起了大坝，把亿万年奔腾的大河拦起来蓄洪发电，调节水量，发展农业、渔业、航运等。但是后来发现，大坝修起来以后，下游严重沙化，自然生态链条被割断，由此造成了人类自身生存环境的严重恶化。人类的科学进步导致了很多自然生态的变异。2003 年“非典”疫情发生时，专家指出，SARS，也就是我们所说的非典型性肺炎，到现在我们并不知道它是什么引起的。卫生部的官员明确说，在以往所知道的一切流行病的特征中，我们没找到与 SARS 病毒相同的。一位中科院的院士也明确地说，人们认为中西医结合疗效好，这只是一个说法。在减轻病人的症状上，中药有一定的作用。比如说头疼得不得了，给他吃副中药，头不那么疼了。症状上有疗效。但对治疗这个病本身，还没有证据证明它有效。如果大家细心去想，这些内容中有很多重要的信息。为什么这种病以前没有，现在有了？是工业文明、人类发展的又一个恶果吗？我们还不知道。现在人们的住房条件都改善了，装修水平也越来越高。大理石铺地板，挺豪华的，超五星级。结果住进去结婚后不生孩子，或者生下来也是残疾。一检查才发现大理石有放射性。原来所有的天然大理石都有放射性，只是多和少的区别。

科学进步的同时，也给我们带来了挑战。我们面对的工业化，就如同“一千零一夜”故事中所描述的，我们的手放出了一个魔鬼。我们现在正进行着一场征服与被征服的斗争。这场斗争至今还没有结束，如今这场斗争的发展方向表现为两个方面。

一个方面发展成为人们对技术、对生产力、对科学技术进步的一种“拜物教”观念。人手自己创造出来的，人自己征服不了它了，怕它了。最后说“你厉害，我服你”。这不是开玩笑。这种想法、这种社会观念相当普遍。这是一个从工业化诞生以来始终延绵不绝的认识。比如说，在早期的经济学中，人们认为财富从哪里来？就是机器带来的。人们相信机器可以凭空带来社会财富。物带来了物，和人没关系。这就是“拜物教”观念。在现代社会的文化思潮中，哲学、经济学的各种流派非常活跃。但我们看到，包括在最发达的美国，好莱坞给我们拍的电影中，最受欢迎的是各种“星球大战”的“科幻”片。数字技术、智能模拟技术、最高的科技成就等变成了拯救人类的、人自身以外的一种异化力量。在这些影片中，人类已经自己救不了自己了，人间社会太黑暗了，充满了罪恶。怎么办？我们得靠有一天一个善意的机器人回来拯救人类。前两年有个美国大片，叫“黑客帝国Ⅲ”，讲的就是人类有一天和机器打仗的事。人开始崇拜自己的产物，人脑或人手的产物。问题还不在于好莱坞愿意拍，而在于很多人愿意看，愿意信。“拜物教”已经到了这种程度。这是一个极端，一个方向。

另一个方向是，坚信人类一定能够在工业化和此后的发展中不断地回归为把握自己命运的主人。无须讳言，我们现在还有太多的客观规律没有认识。别说机器最终将导致什么样的生产力，通货膨胀、通货紧缩这样一个在发达国家过去一百余年中不断往复、出现过多次，甚至导致过第二次世界大战的这么一个矛盾，我们至今还处在一个初级的认识水平上。美联储从 2004 年 7 月到 2006 年 6 月连续 17 次提高利率，以应对“高烧不退”的美国经济，抑制可能出现的通货膨胀，没想到 2007 年第四季度美国以致全世界就被卷入了严重的通缩和衰退。我国在 2008 年上半年还在“防止偏快转过热、防止结构性通胀转为全面通胀”，还在实行“紧缩的货币政策”；到下半年，不得不 180 度的转弯，调整为“适度宽松的货币政策”，“防偏快”急剧掉头为“保增长”。就像人类医学发展到可以换心、可以换血、可以造器官，但对流感这样一个没人能逃避的病，我们还远没有破解其秘密一样。但尽管如此，至少我们应该有一个信念：人类一定能够认识客观规律。人类的文明进步就是一个对客观规律从不认识到认识的发展过程，不断地接近客观规律的过程。我们没必要把一些我们不能够认识的现象神化为一种异己的外在力量。

【1－1－4】经济学是一门既简单又深奥的学科。近、现代经济学，不论它叫作环境经济学、制度经济学、微观经济学、宏观经济学、产业经济学，所有经济学研究的内容都不外乎两个方面：资源的优化组合、优化配置问题和社会利益关系的协调问题。

我们这门课程所要解决的，就是想给大家解析一下历史的、现在的、未来的，从中国到外国的，从微观到宏观的经济领域里所发生的这些事，对这些矛盾冲突有一个大的框架式的描述。听完这门课，希望大家能够在心里多少有点透亮，觉得这些事原来事出有因，有缘可循，原来都有个因果关系。原来奇怪的不奇怪了；原来觉得迷茫的地方，现在心里头有个基本估计、判断。我想这门课就达到了基本的目的。

我们刚才提到的，人类在工业化进程中遇到了种种挑战。这些挑战在发达国家走到后工业化阶段也仍然存在。在人们称之为 post – industrialization 的时代，或者说信息化时代，社会也没有摆脱掉这些基本的变异。

在工业化过程中，人们不再是凭借单个的、简单的、局部的力量来和机器对抗，而开始借助理性的工具，从大量现象中总结归纳那些普遍性难题，并且力图从中找出规律。人们学会了用抽象的、理性的办法来对待这些矛盾。

怎样把具有共性的东西总结归纳出来？怎样才能使人类走出虚幻的神化误区而走向科学？怎样才能把感性的认识上升到理性的认识？人们造就了一门学问。这门学问就叫作经济学。在这门学问中，有了关于制度安排方面的一些差异和争论，就是我们所说的计划经济和市场经济；以及关于社会财富的分配、社会利益安排方面的社会主义与非社会主义的说法；以及如何实现优化的资源配置种种流派学说。

我不知道在座的同学们有多少人读过经济学，或者类似经济学的专业，或者虽然没学过但是对此感兴趣。不管你学过还是没学过经济学，谁能简明扼要地说一说经济学是研究什么的？

经济学是一门既简单又深奥的学科。近、现代经济学，不论它叫作环境经济学、制度经济学、微观经济学、宏观经济学、产业经济学，所有经济学研究的内容都不外乎两个方面：资源的优化组合、优化配置问题和社会利益关系的协调问题。

一个方面是资源的优化组合与优化配置。

我们是用计划的办法来实现社会资源在产业中的配置，还是用市场竞争、分散决策的办法来分配资源？这是资源的优化配置问题。在企业中，是多用人，还是多用设备，什么样的比例关系可以使企业的成本最低、产出最大？在市场中，应当用什么样的办法和我的对手竞争？是把它吃掉最好，还是多占一点市场份额成本最低？在企业的产权管理中，是采取股权融资还是债权融资对企业发展最有利？这些问题都和资源的最优组合、最优配置联系在一块。注意，经济学不研究赚钱。不是听了经济学以后，就能够成为一个高明的商人，在商战中无往而不胜，在股市上买什么股票什么股票涨，和人谈判就能够“不战而屈人之兵”。那肯定办不到。经济学不研究这些。经济学首先研究的是有限的资源，特别是稀缺的资源的最优组合与最优配置。经济学研究的资源不是一般意义上的资源，着重研究的是稀缺资源的优化组合与配置的问题。在这个意义上，经济学有很多重要的基本概念，例如等价交换、竞争、优化、稀缺、边际、效率以及资源等。

第二个方面是社会利益关系的协调问题。

人类社会中有各种各样的社会利益群体。利益关系协调就是不让这些矛盾群体打起来，让他们的利益矛盾得到缓解、平衡和不断趋于协调。在这个意义上，经济学也有很多重要的基本概念，例如价格、均衡、分工、交易、利润、工资以及国民财富等。

这两方面问题不是截然分开的。恰恰相反，它们从来是以“你中有我、我中有你”的形态出现。

在我们的传统理论中，一种经济学认识是，最好的办法是让全社会只有一个利益。如果有别的利益产生，那就用征服的办法、用专政的办法来解决。没有了利益区别，也就建立了一个大家都公平的社会，也就不用协调利益矛盾了。这就是“一大二公”的想法。不论对错，这是一个关于利益关系的经济学认识。

在我国改革开放的过程中，中央政府与地方政府之间、政府与企业之间、城市与农村之间以及其他形式的利益主体之间都存在着利益关系。可以说我们在改革中碰到的所有问题，没有一个不是和社会利益矛盾及其协调问题紧密联系在一起的。

【1－1－5】现在很时髦的一个词叫作“制度安排”。其实所有制度安排的本质都不过是规范化的社会利益关系协调方式。人们找到一种能够使社会群体之间利益关系趋于协调的方式，然后就把它固化下来，形成社会共同的约定；并且把这个约定上升到规范的形式，这就叫作制度安排。

在若干年前，朱镕基总理那届政府时，2001 年和 2002 年的一项重点工作是整顿市场经济秩序。2001 年国务院专门发了一个关于整顿市场经济秩序的文件。在这个文件酝酿过程中，李岚清副总理曾召集了一个小型的研讨会。在这个会上我提出，我们市场秩序混乱的表现之一是假冒伪劣盛行。人们认为这很简单，政府直接严打就行。严厉打击假冒伪劣很应当。市场经济应当是一个诚信的经济，应当是企业的竞争力不断提高、消费者利益得到保护的经济。大家对此都没有异议。但我们在深层次讨论的时候，就得考虑一个问题，中国的假冒伪劣为什么盛行？这可能有一百个理由。其中一个非常重要的原因，就是城乡发展的严重不平衡。城乡发展不平衡，农民就用造假冒伪劣的办法来反抗城市，用这个非正当的办法来分享城市经济发展的好处。就是说，假冒伪劣的背后是城乡矛盾的激化。简单的严打不能治本。当时北京周围有“浙江村”、“福建村”、“河南村”什么的，很多假冒伪劣产品出自于此。其他城市也有类似的情况。打击首恶可以，但打击面宽了，只会使城乡之间的利益矛盾进一步激化。闹不好会引起更尖锐的对抗。温家宝总理这届政府一上台，就面临着一个拖欠农民工工资的问题。仔细一了解，人们发现，“拖欠农民工工资”主要是由“拖欠工程款”引起；而“拖欠工程款”又主要是由政府工程拖欠引起。根子在政府与市场之间矛盾关系趋于激化。由此，清理“两欠”和坚决反对搞“政绩工程”就成为国务院抓的一项重点工作。我们只是以这样两个例子说明，在各种各样的社会现象背后，都有不同的社会群体之间的利益矛盾及其协调问题。

现在很时髦的一个词叫作“制度安排”。其实所有制度安排的本质都不过是规范化的社会利益关系协调方式。人们找到一种能够使社会群体之间利益关系趋于协调的方式，然后就把它固化下来，形成社会共同的约定；并且把这个约定上升到规范的形式，这就叫作制度安排。市场经济下等价交换，就是制度安排。这是在无数次的交换中形成的社会共同约定。劳动力通过市场化的方式和社会所需要的就业岗位结合起来，这是一种制度安排，是人们的共同约定。所有的制度安排，政府该管什么与不该管什么，企业该怎样竞争，成本该怎么计算，我们该怎样发展市场经济等，实际上背后都是协调某种利益与另一种利益之间的关系。这种关系的协调是经济学的主要内容之一。

所有的经济学说到底，就是这两条。资源的优化组合与优化配置，社会利益关系的协调。我读了各种各样的经济学书，确实发现有的学者、博士在用谁都听不懂的话去诠释那些谁都懂的道理。其实用不着故弄玄虚。那么多门类，说到底就这么两条。

但要想把这两条弄明白，还真不容易。人类用了近 200 年时间，也还没有完全闹清楚。大家知道前些年有个词叫“新经济”。“新经济”不是一门新的经济学，而是美国经济发展中出现了一个现象，传统的宏观经济学中作为经典结论的“菲利普斯曲线”不能解释，经济学家们就把这种传统理论不能解释的现象姑且叫作“新经济”。就像医学家不能解释 SARS 病毒导致的肺部感染，就姑且把它叫作“非典型肺炎”一样。

【1-1-6】“看不见的手”是指，生产者要谋取自己的利益，首先必须得造出能满足别人、满足社会某种需求的产品。就是人们常说的，市场经济是个“主观为自己、客观为他人”的经济。“看不见的手”的发现是一个伟大的贡献。除了救济慈善和社会保障这两项外，迄今有关市场经济下一切经济制度的基本“游戏规则”都是基于这个“看不见的手”的假定基础上的。

大家可能听说过有个古典经济学。这个学派可以称为近、现代经济学的开山鼻祖。这个学派是最早把工业化阶段普遍的经济现象加以总结归纳的，因而人们就称之为古典经济学。在此之前，对经济现象的解释都是零散的、个别的，未能把经济现象加以系统化的归纳。

从古典经济学起，包括马克思主义经济学以及与马克思主义经济学同时代的经济学都在研究什么呢？它们也没有逃出上述的两个方面。只不过它们侧重于解释这么一个问题：在当时世界工业革命的初、中期，人们在努力地思考，为什么同样的土地，同样的资源，同样的气候条件，同样的人口，社会享受的福利资源会比农业社会多得多呢？财富为什么会比男耕女织的时代多得多呢？财富从哪里来的？谁创造出的？在这个争论中，古典经济学就从直觉、从逻辑意义上提出了最初的劳动价值论。说到底，一切财富的增值都是人创造出来的。没有人，机器、资本什么也造不出来。但古典经济学并没有解释财富的增值、壮大的本质，没有解释人与机器是如何结合到一块的。不过它最早提出了劳动价值论。这已经足以使之不朽了。

当然，古典经济学的贡献不止于此，它还提出了最初的世界贸易分工理论。打个比方，原来一个人又种田又织布。后来，他跟其他人商量，有人专耕田，有人专织布。这样，大家付出的还是那么多，但吃的、穿的反而更多了。这是为什么？是分工带来的。地域之间、国家之间、社会各个层面之间应该有一个分工。特别是，古典经济学还提出了一个我们今天的报纸上还经常说到，但常被错误引用的理论，比较优势理论。这也是古典经济学的贡献。“比较优势”不是说我哪里比别人强。有些媒体把中国劳动力比别国便宜称为我们的比较优势，这种理解不正确。比较优势的意思是，我什么都不如你，你什么都比我强，是不是我们就不能分工了呢？那不一定。如果在食品方面弱国的差距比在钢铁方面的差距小，弱国可以专门生产食品，而强国负责生产钢铁。两国都可以在分工中受益。这好比一家两口子，男主人干什么都比女主人强，他出去干活挣的钱比女主人多，做饭也比女主人做得香。是不是做饭、挣钱都得男主人去干？不是，因为做饭方面差距小，这时就可以说，女主人在做饭上有比较优势。对弱势一方来说，在差距最小的那个分工领域拥有比较优势。在这个家庭中，可以由女主人做饭。也许饭不是很香，但男主人可以有更多的时间去挣更多的钱。家庭整体就受益了。用经济学的话说，男女主人这两个资源就得到了合理的配置。这就是“比较优势理论”。古典经济学的贡献还有很多，我们不再去综述。

古典经济学的最大贡献，在于提出了“看不见的手”的理论。现在很多媒体在引用“看不见的手”这个概念时，绝大多数对其含义的理解是错误的。很多人以为，在市场经济下，导致供大于求和供不应求反复交替的自发竞争是“看不见的手”。这个理解不对。

古典经济学所说的“看不见的手”是指，在市场经济下，人人都是出于利己动机参与到分工、生产和交易活动中来的；但市场经济区别于自然经济的一大特点是，生产者要谋取自己的利益，首先必须得造出能满足别人、满足社会某种需求的产品。就是人们常说的，市场经济是个“主观为自己、客观为他人”的经济。要利己就得先利他，造就这个辩证关系的力量，被古典经济学称为了“看不见的手”。

古典经济学关于“看不见的手”的发现是一个伟大的贡献。可以这样说，除了救济慈善和社会保障这两项外，迄今有关市场经济下一切经济制度的基本“游戏规则”都是基于这个“看不见的手”的假定基础上的。

【1-1-7】马克思主义经济学从来没说过暴力革命，从来没说过“一大二公”，从来没说过只有一个利益主体。尽管讲过消灭剥削者，让大多数人掌握财富。这种平等观，就叫作社会主义的平等观，叫作社会主义思想。在后来的实践发展中，资本主义也出现了新的变化，资本家努力让人们挣更多的钱。就是在这样的挑战性问题面前，经济学，包括社会主义经济学就有了发展。党的“十七大”报告提出，要创造条件让更多群众拥有财产性收入。社会主义不再是消灭有产者，而是要让大多数人都有产。这就是辩证法。

在古典经济学的基础上，马克思主义经济学进一步回答了与他同时代的经济学家们的争论：到底是谁在机器文明下，把那么多的福利，那么多农业社会没有的财富带给了社会？和马克思同时代的人说，这是资本带来的，简单。因为钱生钱。马克思认为，这从哲学和逻辑上都说不通。钱是物，物怎么能生物呢？难道像中国维吾尔族民间故事里阿凡提的“大锅能生小锅”？这显然是一个很荒谬的说法。但这种认识竟然被人们写入教科书，成为一种经济学理论。马克思认为，是人的活劳动创造了价值；是人的有意识、有理性的参与，是人的劳动与自然资源的结合，才使社会财富有了新的源泉。自然资源是财富之母，劳动是财富之父。由此就创造了科学的劳动价值论。

当前，有些学者企图轻率地否定马克思主义经济学在经济学史上的地位，这是很荒谬的。例如，现在很多人喜欢说“制度安排”，给人一种印象，好像制度安排是一个新发现，好像唯此才是经济学研究的前沿。其实，马克思主义经济学正是制度研究的大家。马克思主义经济学的经典著作叫作《资本论》。《资本论》三卷中处处讲的都是制度安排。比如说，劳动力转化为商品，资本的循环、周转与补偿，利息对利润的分割，级差地租等等。我这里只给大家简单举例说明一下。

例如，在农业文明时代，人们种地时的产出和投入很容易比较。下了多少本钱，投入了多少肥料、工时，到年底时一共打了多少庄稼，一比一算就很清楚地可以看出这一年挣了多少。但到了机器文明时代就看不清楚了。为什么呢？一个很重要的特点，机器不是一年就能用完的。钢铁厂、化工厂的设备、运输车辆起初投入很大，但可能能用二十年、三十年。那么每一年的成本怎么算呢？怎么知道这一年赚没赚钱呢？大家就有了一个制度安排。通过市场竞争的发展，社会就有了一个共同约定。这个约定叫作折旧。把固定资产的投入分摊到若干年的成本中。多摊少摊都不行。摊多了要么产品没竞争力，要么可能偷逃税；摊少了要么对竞争对手不公平，要么自己的再生产没法维持。大家共同约定，比如都按照三十年分摊设备成本。这就是折旧。折旧这种社会共同约定就是制度安排。折旧有很深厚的哲学道理。它是马克思主义经济学以及与马克思同时代的人研究出来的，是一种制度安排。“折旧”这个任何企业管理者都知道的观念原来是一种社会共同约定。这就是经济学。我们今天讲的制度经济学其实并不新鲜，一百多年前人们就对制度安排有了论述。

再比如，土地的市场价格并不跟它的面积或者肥力完全吻合。在座的有没有房地产业的老板？房地产业的广告喜欢说自己的项目“升值潜力无限”。房子有越住越新的吗？不可能呀。不能越住越新怎么能够“升值潜力无限”呢？但人们从生活实践中知道，越住越旧的房子也确实有可能升值。譬如城市轻轨修到了这个小区的门口，这个小区的房子就升值了。这个道理何在？因为有“级差地租”的存在。级差地租从哪儿来？从社会的共同约定中来。社会公认在地铁站口的小区方便，于是就有更多的人想住在这里。这个小区的房子就变得稀缺了。供不应求怎么办？谁出价高卖给谁。这是社会共同约定的游戏规则。稀缺了，房子的市场价值就提高了。如此简单。生活常识中人人都懂的东西，要从理论上解释清楚并非那么容易。马克思主义经济学对此有清晰的回答。这就是级差地租理论。这个理论讲什么？讲的就是制度安排。

马克思主义经济学的贡献还在于，它提出了一种研究方法，一种看待经济现象的思维角度。这就是辩证法。马克思说，资本家之所以拿出资本，就是想把它投入到经济活动中带来增值，带来利润。办企业本质上就是为了获取利润。但千千万万的企业家们在追求利润最大化的过程中导致了一个后果。大家都想比别人多挣钱，结果大家都少挣了钱。因为每个企业都为了多挣钱，不断发展技术，采用更先进的设备，产出更多的产品，就导致了供与求的问题。供大于求，就得降价，而成本不变，所以利润率就下降。这个规律就是“平均利润率规律”和“利润率下降规律”。人们反复地打破平衡，创造出新的不平衡。这个规律与自然界的一些规律太像了。这就叫辩证法。马克思主义经济学讲的就是辩证法。迄今为止，实践反复证明他说的这个辩证法是对的。我们多年来“以粮为纲”，始终解决不了吃饭问题。改革开放以来不提“以粮为纲”了，从20世纪90年代后期起，我们面临的问题是粮食过剩。

马克思主义经济学诞生于西方工业化的过程中，从观察工业化时代的现象入手，在理性归纳和总结基础上形成了自己的理论体系。由此，马克思主义经济学也不可能不打上时代的烙印。马克思那个时代没有手机、没有信息化，也不懂可持续发展、人与自然界之间关系等。因此马克思主义经济学也必然有它的局限性。

例如，马克思认为，只有土地是有限的，不能无限扩充；而矿产资源是无限多的，人们获取矿产资源的主要“瓶颈”只是资本积累、积聚的程度；只要有了充足的资本，总能采到矿产资源。但现在我们清楚地知道，即使有再多的钱，矿产资源也快挖不到了。可持续发展的问题严重地摆在我们面前。

马克思主义经济学还认为，空气和水是无须耗费资本的。但现在我们知道，原来空气和水也不是可以无限获得的，空气和水都不能白用。若干年前，没人预计到矿泉水会卖得这么火，但现在矿泉水、纯净水卖得比牛奶还贵。说不定在“矿泉水”之后还得生产“矿泉气”。工业用水同样如此。以后我们还会接触到可持续发展的问题。

再比如，马克思主义经济学认为，广告纯粹是一种资本家的虚费行为，是一种制度缺陷。在计划经济年代，中国没广告，政府安排如何生产，如何消费，不必要做广告。现在我们知道了，广告业属于信息产业。没有信息的充分传播，就不能实现资源的充分优化配置。人的认识不断在深化，人也在不断突破自己原有认识的局限性。

不过有一点需要澄清，马克思主义经济学从来没说过暴力革命，从来没说过“一大二公”，从来没说过只有一个利益主体。尽管讲过消灭剥削者，让大多数人掌握财富。在马克思所观察的那个社会，大多数人是无产者，是劳动力，另一小部分人占有了绝大多数社会财富。马克思认为，这种现象不合理，应该由全社会成员公平地占有财富和生产资料。这种平等观，就叫作社会主义的平等观，叫作社会主义思想。这个思想在马克思主义经济学里贯穿始终。但是，在后来的实践发展中，资本主义也出现了新的变化。工业化在发达国家并非单纯表现为一方面是一无所有的积累，另一方面是资本的累积。20 世纪前半期，经济学理论和资本家的实践都发现，如果不让大多数的老百姓有更多的钱、更多的闲暇、更多的工资，生产的东西就会卖不出去。工业化造就了一个新的阶段。经济发展的主要支持因素已经不是如何造出更好、更大的机器来，而是如何创造出更大的市场需求来。战后的一段时间，发达国家在理论和实践上的主要视点就是，如何培育市场、造就市场、占领市场。这是一个很奇怪的现象。资本家努力让人们挣更多的钱。就是在这样的挑战性问题面前，经济学，包括社会主义经济学就有了发展。人们老说“三资企业”工资高。为什么？难道“三资企业”的老板就愿意给员工多发钱？不是。给员工多发钱才能给企业多赚钱。我们很多“国企”实行低工资。莫非低工资就是没剥削，高工资就是有剥削？我们这门“社会主义经济理论与实践”的课所要回答的，就包括这样的问题。

改革开放以来，我们在理论和实践两个方面都有了很大的突破。2002 年党的“十六大”报告提出，我们要全面建设小康社会，提出了要按照劳动、资本、技术、管理要素的贡献分配；提出不以人们有资产还是没有资产来划分政治立场、政治态度，判断人们的先进与落后。什么是“全面的小康社会”？在一定意义上说，就是大多数老百姓都有产的社会。2007 年“十七大”报告进一步提出，要“创造条件让更多群众拥有财产性收入”。闹了半天，社会主义不再是消灭有产者，而是要让大多数人都有产。这就是辩证法。这个问题我们以后还有一个专题要专门涉及。马克思主义经济学的历史结论可能会为新的实践所突破，但马克思主义经济学中的辩证法思想仍是我们回答现实问题的钥匙。

我们今天并不是单给大家讲述马克思主义经济学。我是学马克思主义经济学“科班”出身。《资本论》我不仅是通读，而且是逐字逐段地读过多遍。要讲的话，即使八个单元的时间全用上也不够。下面我们还回到最初的故事中来，看一看人类是怎样努力把魔鬼装回瓶子的。

前面说到，经济学主要研究两个问题，资源的优化组合、优化配置和社会利益关系的协调。机器的普遍运用、工业化导致了社会普遍分工。分工就要优化组合资源；分工就使社会利益关系复杂化，就需要协调。那么经济学解决了这两个问题没有呢？没有。不断趋近于解决，又不断有新的更复杂、更尖锐的矛盾产生出来。

【1－1－8】1929 年，一场以全球性过剩为特征的大危机猝不及防地降临于世界，社会矛盾一下激化了。由此导致了第二次世界大战。人们认识到，如果供求之间的失衡程度严重到市场不能自动调节的地步时，得有一个外在力量来干预一下。这个外在力量就是政府。政府应当如何来调整总供给和总需求之间的平衡关系呢？由此就诞生了宏观经济学。宏观经济学认为，政府的任务就应当是在通货膨胀率与失业率之间寻找一个平衡点。

在理论与实践的发展中，宏观经济学的诞生具有里程碑意义。

这里先解释一下“宏观”这个词儿。很多人以为，只要涉及国民经济整体的事就叫宏观。其实不是。区域、结构、社会保障、资源保护、环境建设都涉及全局，但都不是宏观经济问题。在经济学中，宏观专指总量关系。宏观经济学研究的是总量平衡问题。

什么叫总量关系呢？就是总供给跟总需求之间的平衡关系。人们早就发现，在市场经济发展过程中，供给与需求之间的矛盾是最基本的矛盾。但在工业化诞生以后的很长时间内，人们认为市场自发的力量足以自行解决这个问题。这个“很长时间”有多长呢？有一百多年。

一百多年中，也不是没人认识到供和求之间的矛盾会发展到激化的程度。计划经济的思想之所以诞生，就是因为注意到了这种矛盾激化的可能性。但是计划经济的思想遭到了同时代人的嘲笑。人们认为这是“杞人忧天”。东西多了，卖不出去了，生产者赚不到钱，不是就会自行缩减生产了吗？哪里用得着社会去事先、理性地控制呢？但是，客观规律很快就报复了人们的轻视、轻率。机器生产、工业化进程以全球性过剩危机的形式向人们展示了其力量。

大家知道第二次世界大战是如何打起来的吗？20 世纪之初，工业化给全球经济，特别是给那些最先使用机器的国家带来了一片繁荣。全世界都进入了一个不断膨胀的投资高潮。大家都以为财富就在眼前。但就在人们对未来充满极度乐观的氛围中，1929 年，一场以全球性过剩为特征的大危机猝不及防地降临于世界。从 1929 年到 1933 年间，全世界的发达国家都陷入了严重的萧条。一时间，过剩、供大于求导致了无数企业破产。在此基础上，社会矛盾一下激化了。原来在繁荣掩盖下的国家之间、民族之间、宗教之间的矛盾一下子爆发了，由此导致了第二次世界大战。

人们在总结这一惨痛教训的基础上认识到，市场机制原来并非总是万能的。由此人们想到，在供求之间的失衡程度严重到市场不能自动调节的地步时，得有一个外在力量来干预一下，别等酿成大祸再出来收拾。这个外在力量就是政府。政府应当如何来调整总供给和总需求之间的平衡关系呢？由此就诞生了宏观经济学。宏观经济学这门学问是专门研究市场经济下政府如何调整总量关系，也就是总供给与总需求之间平衡关系的学问。宏观经济学不是自由竞争下的理论，是政府干预经济的理论；但不是计划经济下的政府干预理论，而是市场经济下的政府干预理论。政府不干预别的，只干预总量关系下的总供给与总需求之间的关系。这门学问就叫作宏观经济学。也由此生出总供给与总需求之间的平衡形势才叫宏观经济形势。我们所熟悉的“通货膨胀”、“通货紧缩”指的就是总供给与总需求之间关系失衡时的形势。调整总供给和总需求之间关系的政策才叫宏观经济政策。我们所熟悉的“财政政策”、“货币政策”就是这种宏观调控政策。

宏观经济学发现了一个基本规律。每当人们对未来预期充满信心并且过度乐观时，尽管投资高涨，就业率也在上升，但通货膨胀的危险可能正在悄然而至。因为人们都对未来充满希望，都在以币求货，不办工厂也要买房子。因为人们相信，今天的房价一定比明天便宜。全社会的人都努力以币求货，价格就会膨胀，货币就会贬值。这就是通货膨胀。假如有一天，人们都对未来充满悲观的预期，人人都心灰意懒，忐忑不安，全社会的人都在努力地以货求币，那物价就会紧缩，货币就会升值。这就是通货紧缩。日本在到2004年的11年里，有9年多的时间是零利率。借钱不要利息，但不要利息也没人借。为什么呢？因为今天贷款投资，明天实物资产就贬值。2008年以来，为应对金融危机带来的衰退，美国的基准利率也差不多到零利率了。但投资需求仍然极端乏力。美国的2009年第一季度的失业率创70年来的新高。通货紧缩导致，人们对经济前途没信心，投资相应紧缩，从而失业率也就居高不下。

宏观经济学有个最重要的原理，叫作“菲利普斯曲线”。这个曲线说什么呢？说通货膨胀率与失业率之间总是一个此长彼消的“跷跷板”关系，政府的任务就应当是在通货膨胀率与失业率之间寻找一个平衡点。通货膨胀率太高了，物价飞涨，社会不能忍受，老百姓抱怨了，政府得想办法压低一点通货膨胀率。通货膨胀率下来了，经济疲软了，失业率又上升了，社会又可能出现新的危机了，政府就需要通过货币政策、财政政策等手段，刺激经济，提高国民经济的增长速度，促进经济的景气膨胀。

宏观经济学说复杂也复杂，教科书有无数个版本；说简单也简单，讲的就是政府干预经济，而且就是干预总量关系这件事。宏观经济学认为，政府不用管别的，连结构也不要管，就管好总量平衡，具体说就是调整好通货膨胀率与失业率之间的平衡关系，别让哪头太高就行。2000 年 5 月美国的纳斯达克指数涨到了 5400 点，格林斯潘所做的事就是让美联储不断升息，收紧经济；2001 年美国遭受恐怖分子的袭击，发生了"9·11 事件"，经济出现了急剧萎缩，美联储就不断降息，刺激经济。他就是在干这件事。从 2003 年起，美国经济已经走出了"9·11 事件"的阴影。从 2004 年 7 月到 2006 年 6 月，一年零 11 个月的时间内，美联储曾连续 17 次升息。2008 年，我国的货币政策曾出现了戏剧性的大转弯，上半年 4 次升息，下半年又 3 次降息。应对的也是总量平衡关系。

那什么是财政政策、什么是货币政策呢？增减税、发政府债、扩张或紧缩财政预算等就是财政政策，升降利率、扩张或紧缩货币发行、调整中央银行的准备金率等都是货币政策。

【1-1-9】微观经济学专门研究企业内部的资源如何实现最优化的组合。要素之间可以互相替代，究竟用人还是用机器？要说服消费者，并且还要战胜竞争对手，要想多卖就必须卖得便宜。什么样的规模才能实现利润最大化呢？什么情况下才能够实现一个最好的组合呢？微观经济学为解决这些问题提供了可以定量化分析的方法。

和宏观经济学对称的学问是微观经济学，专门研究企业内部的资源如何实现最优化的组合。比如投资 1000 万，建成一条生产线，不管生产鞋子还是空调，各种生产要素之间有个替代关系。可以用人，也可以用机器；可以用人工控制，也可以采用智能模拟控制；可以用监工监视，也可以用录像机监视工人干活。例如互联网上曾有报道，广州的一个不良老板居然在女厕所里都装上了摄像机，被人给发现了。要素之间可以互相替代，那么究竟用 10 个人还是 9 个人，用人还是用机器？微观经济学为解决这些问题提供了可以定量化分析的方法，例如边际收益分析方法。比如说，多用 1 个人，需要多付 20 元工资，但这 20 元可以带来 1 元的利润增长；后来又增加一个人，又多花 20 元，又带来 0.8 元的利润增长；再继续增加 1 个工人，又带来 0.5 元的利润增长。假定原来的平均水平是人均创

0.5 元利润，当增加到第六个人的时候，带来 0.5 元利润；第七个人时，只能增加 0.45 元的利润，则不应当再雇佣第七个人。因为增加这个人会把平均利润水平拉低。这就叫“边际收益分析方法”。这个方法寻求企业中最优化的规模和最优化的要素组合。

不仅有观察企业的内部资源如何优化的方法，还有把企业外部的市场因素结合起来寻求最优化的方法。例如“量、本、利分析方法”。这个“量、本、利”指的是产量、成本、利润。企业要想多赚钱，最简单的办法就是多生产。但生产得多了就得降价。便宜才能卖出更多的东西。市场经济有个客观规律：价格低就卖得多，价格高就卖得少。如果用坐标图来表示，以销售量作为一条横轴、价格作为一条纵轴的话，则价格越高，销售量越小；价格越低，销售量越大，由此形成一条由左上角向右下角倾斜的曲线。这条曲线叫作需求曲线，或者叫价格—销售量曲线。这条曲线表达了一个市场定价的普遍规律。要说服消费者，并且还要战胜竞争对手，要想多卖就必须卖得便宜。但价格低了，单位产品的利润就小了。什么样的规模才能实现利润最大化呢？什么情况下才能够实现一个最好的组合呢？这就要用到“量、本、利分析方法”。

在宏观经济学和微观经济学之间，还有一门学问，叫作“中观经济学”。区域经济学、产业经济学就属于中观经济学。其中，产业经济学是专门研究产业发展和产业间的构成关系问题的学科。产业间的构成关系也与工业化过程密切相连。因为产业间的构成关系问题，说到底就是分工问题，就是资源在各领域中的优化配置问题，就是社会各局部环节的供求平衡问题。宏观经济学研究总量，产业经济学研究结构。区域经济学是专门研究区域经济发展以及区域之间分工关系的学科。我们所说的“西部大开发”、“城市化”等就属于区域经济学。

这里我们简单说几句有关产业经济学的问题。宏观经济学是美国人发明的。美国人认为，市场经济下不用研究结构与产业的问题。那些问题留给市场的自发力量，留给竞争去解决就行了。政府只要关注总量平衡关系就足够了。

产业经济学是日本人发明的。日本人认为，要是照美国人设计的模式发展，日本永远也不可能赶超美国。因为美欧国家把最挣钱的行当都给占了，给日本剩下的都是那些不挣钱的产业了。那怎么办？非得在自己的产业发展和产业构成上另谋他途才行。“不怕千招儿会，就怕一招儿绝”。日本就得培育出自己的最具国际竞争力的产业，还得占领国际市场上最有利的分工领域。由此，以产业政策为核心的产业经济学就诞生了。

产业经济学不仅研究产业及产业之间的相互关系，而且研究政府如何在市场经济下保护、扶持产业，实现经济赶超。我们前一段常听说的产业培育、产业保护、产业政策、产业结构升级等名词概念都出自产业经济学。日本在战后发展成为世界一流的经济强国，产业经济学的理论指导功不可没。

美国一向不承认自己有产业政策。我在美国斯坦福大学作客座研究员时，美国教授说你干吗来了？我说我来研究美国产业政策。美国教授说那你现在就可以回去了，产业政策是日本人编出来的鬼话，美国没这项政策。但事实上美国不但有产业政策，而且这方面政策还有越来越厉害的趋势。大家知道，中美关于中国“入世”时的双边谈判中讨价还价最厉害的就是农产品问题，那个讨价还价就是美国为自己的农业寻求更大市场的政策。2002 年美国实施了一个“201 条款”，对进口钢材加征特别关税。“201 条款”是什么？是赤裸裸的产业保护政策。2001 年 5 月，美国的布什总统上台就宣布了一个“New Energy Plan”，就是所谓“新能源计划”。这也是产业政策。关于产业经济学，我们在后面的结构战略专题中还要专门涉及。

在经济学研究中，人们在追求资源优化配置、优化组合的过程中越来越多地运用了定量化的方法。这种定量化的方法也延伸到了结构研究中，由此就诞生了投入产出经济学，又叫投入产出法。

投入产出法是苏联一个叫列昂节夫的经济学家发明的，还因此得了诺贝尔经济学奖。投入产出分析方法是把各产业，例如钢铁、煤炭、石油、化工、纺织、机械等等产业之间的相互消耗关系列成一个矩阵，用行列式的办法，找出它们之间相互依存的数量联系。然后根据这个依存关系，既可以计算出资源的最优化方案，例如有限的矿产、土地、劳动力资源下怎样配置才能实现国民经济的总产出最大；也可以模拟预测未来经济发展的前景，例如特定投资、进口等增长情况下国民经济可实现的增长速度等。

投入产出法有两个最基本的概念，一个叫直接消耗系数，另一个叫间接消耗系数。直接消耗系数写作 aij，它表示国民经济中第 j 个产业生产单位产品时对第 i 个产业的平均消耗程度。例如每增加一吨钢可能得多消耗多少度电。间接消耗系数写作 bij，它表示国民经济中第 j 个产业生产单位产品时对第 i 个产业的间接消耗程度。例如，炼钢不仅直接消耗电，还得消耗焦炭、生铁等，而生产焦炭、生铁又得消耗电。生产焦炭、生铁等所消耗的电力就是炼钢的间接消耗。每多炼一吨钢所要消耗的电力还得考虑间接消耗。直接消耗加间接消耗就是炼钢的完全消耗。把所有的直接消耗系数或者完全消耗系数按一定规则排列起来，就可以得到一张非常有价值的表。这就是国民经济投入产出表。例如我们可以据此推算出，如果钢产量下年增加 1000 万吨，将会引起多大的能源需求。投入产出法以后成为世界各国分析资源如何利用、如何使有限的资本得到最大的产出的重要方法。

随着人们认识的不断深化，经济学在发展过程中的分支也越来越多。例如，在和自然界的关系方面有了环境经济学，专门研究人类社会的经济发展和自然界之间关系的协调问题。在社会经济关系的规范化方面有了制度经济学，以及经济法学。制度经济学专门研究制度安排。比如我国在最近一些年面临的市场经济秩序问题，中央与地方政府之间关系问题，资本市场的规范运行问题等。什么样的公司可以进入股票市场融资？应该有个规矩，有个社会共同认可的标准。不管什么公司，都只能有一个标准，就是是否符合市场经济下的社会共同约定，也就是是否符合上市的标准。这个标准不应当按照民企还是国企的所有制性质来决定。这就是制度安排。股票期权激励制度也是一种制度安排。此外，还有专门研究发达国家经济增长规律以及经济周期的增长经济学，有专门研究发展中国家推进工业化和实现经济赶超的发展经济学。近年来还出现了一个新领域，叫作“转轨经济学”，专门研究计划体制下的国民经济如何向市场经济转变。

【1-1-10】邓小平同志说，贫穷不是社会主义，社会主义也可以搞市场经济。我认为邓小平实在是最伟大的经济学家。他用了两句最朴实无华、最通俗易懂的话，就把人们争论了上百年的很尖锐、很深刻的问题给总结了。我们就要循着这样一条思路向前探索社会主义经济学。也许我们现在的回答还不完整，但这个思路不能变。什么思路呢？一是老百姓过好日子，二是市场经济。

在经济学发展的过程中，一方面，人类不再只依靠个人力量、分散的力量来与自然力抗衡，也不再依靠感性的认识、局部的经验通过“试错”的方式来寻找发展之路。人们逐步学会了利用理性的、积极的、有组织的力量，社会的力量、技术的力量来顺应规律。由此人类正在获得越来越大的自由。但另一方面，对规律的探索又导致了人们在意识形态上的严重冲突。在经济学的发展过程中就有了两个曾经尖锐对立的归类。一个叫社会主义和资本主义，一个叫计划经济和市场经济。这个对立甚至导致了国家、民族之间的对抗，导致了冷战，导致了很长时间内世界的不安定。这里我们不去回溯这个过程。

同学们肯定会问道，我们这门课叫作“社会主义经济理论与实践”，那么什么叫“社会主义”呢？经济学究竟有没有社会主义和资本主义之分呢？对这个问题的回答将贯穿我们这门课的始终。这里我们只提出邓小平同志的两句话。一句话是“贫穷不是社会主义”；另一句话是“社会主义也可以搞市场经济”。在一定意义上说，我认为邓小平实在是最伟大的经济学家。他用了两句最朴实无华、最通俗易懂的话，就把人们争论了上百年的很尖锐、很深刻的问题给总结了。他揭去了人类上百年争论的一个标签，提出一个新的思路。谁规定了非此即彼的楚河汉界？没有。人类对客观规律的认识没有止境。我们就要循着这样一条思路向前探索社会主义经济学。也许我们现在的回答还不完整，但这个思路不能变。什么思路呢？一是老百姓过好日子，二是市场经济。

2. 管理学的回顾与总结

- 科学管理理论一方面极大地提高了人和机器的配合与协调程度，但另一方面又存在着“拿人不当人”的重大缺陷。
- 50 年代后期管理革命的最大贡献在于把系统化、最优化的思想运用到了管理中。
- 管理与技术要素的资本化出现以后，企业支配权的构成、影响企业行为的企业利益构成都发生了明显变化。
- 如果说，新形势下我们的改革中有什么创新，这种对管理要素、技术要素资本化趋势的认同就是最大的创新之一。

【1－2－1】在工业化阶段，人类实际面临着这样的悖论。想不想提高生产率，想不想要更多的福利？想要。想要就得付出代价。非人化就是代价。很多人以为市场经济下的资源配置机制就是自由竞争。其实不是。即或是完全的市场经济下也有两种截然不同的资源配置机制。在工厂围墙外是自由竞争，在工厂围墙内只有指挥与服从。否定人性的流水线理论和实践是谁发明和实施的呢？正是美国人。人性的最终回归一直要到生产力发展到人类能够控制的程度，才能够彻底解决。

下面我们说到与管理学院、与 EMBA 相关性更大的管理学。

经济学与管理学并不是一回事。人们经常把它们放在一块儿，叫作经济管理。其实经济学和管理学是完全不同的两块。尽管管理学的研究对象是经济活动，但是它并不等同于经济学。

管理学的发展也是和工业化进程、和人们认识的不断深化、和技术的不断发展密切联系在一块的。人类在和机器抗争的过程中，在经济学之外还找到了另外一个武器，这就是管理学。

管理学的发展过程也经历过若干阶段。早期的企业管理是以工厂主个人的、分散的、个别的经验为主的。企业主以个人对市场的认识来组织生产、采购原料；以个人对技术的了解程度来决定采用什么样的设备或工艺；根据个人对工人的认识来安排劳动力。

与经济学相比，系统的管理理论产生得相当晚。晚了多长时间呢？晚了一百多年。在工业革命一百多年以后，直到20世纪初，这种分散的、依赖于个别经验管理方式已经不能适合生产发展的要求，市场竞争的要求，以及机器本身不断精密化、大型化的要求时，真正可以称之为理论的管理学才诞生出来。为什么晚了这么长时间呢？因为此前层出不穷的技术工艺的改进，例如蒸汽机的发明、电力的普遍应用、钢铁冶炼设备的不断大型化、化学工艺的广泛采用等，不断可以提供效率提高和利润增长来源。人们用不着，或者说无暇去考虑管理改进的问题。

第一次管理理论的突破发生在20世纪初的美国。此前工业化过程中的重大发明，例如纺织机、电力、铁路等都没有美国人什么功劳。当19世纪末、20世纪初美国人开始赶超欧洲时，发现该发明的都让欧洲人发明得差不多了。进一步提高工业生产效率的机会在技术领域已经不多了。那美国怎么赶超欧洲呢？就是向管理要效率，要利润。

美国人对工业化的第一个贡献就表现为管理方面的革命，人们后来把美国人在这个阶段发明的管理理论称之为科学管理理论。

美国人此时发明的管理理论之所以被称为“科学管理理论”，并不是说它最科学，最接近真理。而是因为它第一次在管理中强调客观依据，而不是人的主观感觉、主观认识、主观经验。

科学管理理论是怎样强调客观依据的呢？比如说，流水线生产是美国人发明的。流水线要把各个生产工序组合起来，形成一个协调的生产过程，就需要决定一个劳动力一天能生产多少零件，一个工序一天应该有多大的产出。这就是定额。而定额又是怎样确定出来的呢？不是依据老板的经验，工头的估计。这些都不可靠。甚至也不依靠过去的生产记录。因为生产记录也只是一种经验数据。有个叫泰勒的美国工程师提出，定额应当通过试验确定。那时电影已经发明。泰勒把工人的劳动动作拍成电影，然后分析、分解这些动作，优化动作程序，去掉多余的动作。通过不断总结以后形成一套程序化的操作，然后按照这个操作所需时间确定定额。这就是定额制的管理。这个制度就叫泰勒制。这个制度在美国迅速得到了普遍应用。

泰勒制的贡献就在于强调定额要通过客观的试验来确定，并且强调以定额为基本管理参数。人们根据这样一个基本的管理参数或参数系统来组合生产，并把这种管理从一个工序发展到了工序的集合，即流水线。定额制大大提高了机器的效率和劳动生产率。在那个时候，工厂的生产扩张速度决定着国民经济的扩张速度，工厂的效率就决定着国民经济的运行效率。可以说，管理好国民经济的关键就是管理好工厂，管理好生产。这个管理革命使美国的工业化迅速超过了比它早一百多年的欧洲大陆，美国也很快成长为一个强大的工业化国家。

应该说，泰勒制、定额、流水线的发明是对工业化的一大贡献。与这一套相应的，就形成了一种严密的工厂制度。泰勒制科学管理的发明，一方面极大地提高了人和机器的配合与协调程度，提高了生产效率；但它也进一步把人与机器的关系、人类社会与工业化的关系推向了异化的领域。

什么叫“异化”呢？就是人想支配的东西反过来支配了人。人发明了机器，本来是想扩大自己的支配力，但结果是人反而被机器所支配。在工厂制度、流水线下，人成了机器的奴隶。泰勒制一方面促进了生产力的发展，但另一方面又存在着一个重大的缺陷。什么缺陷呢？就是非人化。用中国老百姓的话说，就是拿人不当人。

为什么说拿人不当人呢？机器本来是人手的延伸。但当泰勒制和严密的工厂制度实施之后，人变成了机器的延伸。人的节奏必须全面地服从机器的运转节奏。机器从最初一分钟到最后一分钟都不会疲劳，但人会疲劳。人有男女老少、有喜怒哀乐、有身体状况适应还是不适应。但机器不管。流水线上完全否定了人的生理、精神上的差别，否认人的创造性、主观能动性。一旦到工作岗位，人必须按照机器的节奏工作，其他一概不考虑。不管如何没有人性，大家都得昼夜三班倒。人变成了机器的延伸和机器的附属物。美国著名的喜剧大师卓别林在20世纪上半叶主演过一部脍炙人口的“默片”电影，叫《摩登时代》。这部影片反映的就是当时管理理论发展之后，一方面造成了美国的大机器工业和规模生产发展的情形，另一方面又反映了机器对人的统治和支配。在这种制度下，人已经不是自己了，已经变成了物的奴隶。这就叫异化。在那部电影中，男主人公在流水线上的机械性操作已经把他变成了神经质。下班后看到女行人的鼻子也当成了螺丝钉，扑上去就用扳手拧。这不仅仅是喜剧式的艺术夸张，这是对机器奴役人的工厂制度的深刻揭示。每一个看电影的人看到此时都会在笑声过后留下心酸之泪。不要小看美国在20世纪之初发动的这场管理的革命。正是这场管理革命，使美国的工业生产效率迅速赶上和超过了早起步一百余年的欧洲，一跃成为世界经济大国；并且在整整一个世纪中始终保持了经济强国的地位。

在工业化阶段，人类实际面临着这样的悖论。想不想提高生产率，想不想要更多的福利？想要。想要就得付出代价。泰勒制、工厂制度的非人化就是代价。

很多人以为市场经济下的资源配置机制就是自由竞争。其实不是。即或是完全的市场经济下也有两种截然不同的资源配置机制。在工厂围墙外是自由竞争，在工厂围墙内只有指挥与服从。推进工业化就得建工厂，建工厂就得有工厂制度。进了工厂的大门就没有了讨价还价的余地。工人得听工段长的，工段长听车间主任的，车间主任听调度、厂长的。制度严格，没有商量和讨价还价的余地。这道理即深奥又浅显，既简单又复杂。工厂的大门就是界限。大门以外是市场机制发挥作用。资源的配置通过竞争实现。东西贵了就不买，便宜了才买。甲地贵就到乙地去买。每个人都可以自主决策。但工厂大门里则不适用市场经济的一切原则，只适用工厂制度下的原则。工厂之内的资源是如何配置的呢？是通过权威、纪律、指挥与服从的关系来实现的。若不服从，就得离开工作岗位，站到一边去。操作工必须遵守生产规则，不遵守，就可能出事故，甚至大事故。比如在化工厂，不像我们在学院里，楼道里不可以抽烟，楼道外面可以抽；化工厂里到处都不能抽烟，空气里弥漫的都是可燃气体，一按打火机就可能闯下弥天大祸。制度成了工厂里的统治者，机器成了工厂制度的核心。

我很想有机会跟美国总统和美国人民讲点管理理论的发展史。他们一到中国来就到处讲“人权”。人权是人类文明进步的认识。但对人权的否定正是工业革命带来的一个不可回避的难题。在工业化过程中，如果不讲“唐人街”上奴隶制的缝衣厂或旧中国的“包身工”等特殊情况，能够和自由资本主义制度相容的非人化莫过于流水线。而流水线的理论和实践是谁发明和实施的呢？正是美国人。人性的最终回归一直要到生产力发展到人类能够控制的程度，才能够彻底解决。

当然，管理理论并没有停留在这个非人化的阶段。从 20 世纪 50 年代起，世界又出现了管理理论的第二次革命。战后，日本是如何实现了经济赶超的呢？有两个原因：一是我们刚才提到的产业经济学、产业政策的理论创造；二是日本发动了第二次管理革命。

第二次管理革命当然不能全归功于日本。但是，是日本最全面、最系统地提出了一系列的管理思想和管理改革。日本的管理革命体现在哪里？体现在两个方面。一是强调人的主观能动性和人的主动参与，二是强调系统化和优化。

二战后的日本一片废墟。日本人要想赶超欧美，就得另辟蹊径。怎么另辟蹊径呢？就是进一步向管理要效率、要利润、要市场、要质量。日本人认为，在泰勒制下，人的精神处于极度压抑的状态；每个人都把上班、劳动当成谋生而不得不付出的痛苦代价。这种状态下，工作效率是不可能达到最优的。人是有主观能动性、有创造性、有喜怒哀乐的。尊重人、尊重人性，让人有主动参与的积极性，从而调动人的主观能动性、创造性，才能最大限度地提高生产的效率。于是就产生了日本的“管理参与制”、“终身雇佣制”以及相类似的制度。

与此同时，管理理论还发展起了一门重要的学问，叫作组织行为学（Management Behavior）。与其相邻的姊妹学科是管理心理学。组织行为学研究的是群体的行为和动机之间的关系，管理心理学研究的是个体的行为和动机之间的关系。日本人致力于研究人在劳动过程中的心理，研究到了很细致的程度。比如说，日本企业里是等级很森严的。部长可以打课长的嘴巴子，课长可以踢职员的腿肚子。这当然会造成人员的不愉快。怎么办呢？一方面不能否定这种等级制度。因为等级有助于提高效率，避免无休止的争论。但另一方面下级不愉快影响效率怎么办？日本人想出了一个办法。比如部长对待下级很严厉，就做一个和部长一模一样的橡皮人，和这个部长穿一样的西装，打一样的领带。谁对部长不满，可以在上班前踹那个橡皮人一顿泄泄气。心理平衡了，再回到岗位上继续工作。日本企业还有一个传统，叫作“社内旅行”。日本的公司叫会社。大家一起去游玩，然后喝点酒。下级借酒可以痛骂上司一顿，以此来协调上下级之间的关系。

当然，组织行为学、管理心理学并非就是这些小动作、小游戏。它是一门很复杂、很精密的学问。组织行为学、管理心理学确实解决了前期管理理论中的重大缺陷。它的最大贡献就是强调把每个人都当人看待。看大门的可以向总经理提建议。上司在员工过生日时要送礼物什么的。在一定意义上说，也就是我们最近常说的“以人为本”。我们今天很多企业提倡的“企业文化”、“企业精神”以及“企业的核心价值观”等，其实都是在力图形成一种群体性“组织认同”的精神行为、心理行为。

日本管理革命的最大贡献在于把系统化、最优化的思想运用到了管理中。什么是系统化的思想呢？整体不等于各个部分的简单相加就是系统思想。日本管理理论提出，企业内部的每一个环节都是相互关联的，每一个局部的效率都会影响着整体的效率。由此就诞生了大家都很熟悉的“全面质量管理”、“全面成本管理”、“价值工程”、“看板管理”等很多管理技术、管理理论。

“全面质量管理”是日本人最先提出来。“全面”就是系统的思想。日本人提出，好的产品质量不是靠检验环节检出来的。质量问题也不是每一个环节都派监工就能解决好的。实际上从原料的采购，到仓储、运输、生产到最后包装，每一道环节都和产品的质量形成有关系。只有把产品形成的整个过程管起来，才能够造出真正具有完美质量的产品来。好的产品不是靠检验检出来的，而是靠高质量的生产过程生产出来的。于是就有了全过程、全员、全要素管理的“全面质量管理”。把过程的所有环节都管起来，这就是所谓系统化的管理思想。“全面质量管理”、“全面成本管理”都是追求这么一种系统化管理目标的理论。整体不等于局部的简单相加，每一个局部活动的质量都会影响整体的质量，每一个局部环节的效率都会影响整体的效率。这种认识就叫系统理论、系统思想。

中国古代早就有“田忌赛马”的故事，讲的就是系统论思想。这里顺便给大家讲个用系统理论认识、判断形势的例子。2003 年美国攻打伊拉克时，许多专家给国务院写信，认为应该增加我们的石油储备。而我们向中央提出，中国的确应当增加自己的石油储备，但不是现在，我们应当待机而动。为什么呢？因为整个世界是个系统。美国攻打伊拉克之前，这件事已经渲染了一年多了。在这一年多中，许多石油出口国、进口国都在大量存油。大家都存油，我们就需要客观评价这种风险，也许我们用不着存太多的油。至少短期内在油价高位时不需要出手太快。实践证明，战争一打响，国际油价立马就大幅下跌了。这个判断就是立足于系统论的认识。不是单独考虑一个局部，而是根据全局，根据各个局部之间的相关性来决策。世人都知道“诸葛一生唯谨慎”，所以他可以在兵临城下时施“空城计”。虚虚实实才是安全。

日本的管理创新不仅追求系统化，而且还追求最优化。优化的思想也给管理理论带来了极大的飞跃。很多人以为产品的质量总是越高越好。其实不是。日本的管理学家认为，有时候降低产品质量也是对的。为什么要降低质量呢？因为质量也会过剩，而没有一种质量是不需要成本的。提高质量的过程也就是增加成本的过程。多加一个检验员就得多发一份工资，好的材料就比差的材料贵，经久耐用的产品一定是要有代价的。如果产品质量或者功能存在着过剩，那么消费者就要为这个并不需要的质量、功能多支付代价，社会就要多浪费资源，企业的竞争力也会因为过剩质量导致的高价格而受到影响。于是日本人就发明了一种新的管理方式，叫作“价值工程”。“价值工程”就是专门评价一个产品，把多余的功能去掉的一种方法。人们穿皮鞋需要鞋底过于结实吗？不需要。因为鞋面坏了人们就会把它扔掉，鞋底就不需要做得那么结实。可以少用些橡胶或者用质量差一些的橡胶。一辆汽车由发动机总成、变速箱总成、仪表总成、传动轴总成以及内饰、座椅等许多部件组成。我们可以以发动机的寿命为限，把外壳的寿命降低点。没必要让外壳 20 年不坏。只要发动机坏的时候，外壳也坏得差不多就行了。板材、油漆、加工工艺都按照这个标准选择就行。其他部件也都按照发动机的寿命标准设计，不高于它，也不低于它，就可以了。20 世纪 90 年代初我到美国时，中国留学生都比较穷，买不起新车，只能买几百美元的二手车。那时的中国留学生都知道，日本车不能买，不是因为日本车质量不好，而是因为日本车在超出设计寿命周期以后所有的部件就都已经坏得差不多了，几乎完全没有修的价值。而美国车不一样，发动机坏了，到报废车场从事故车上拆一个装上就行，因为其他部分的寿命还远没完结呢。

相反地，一台机器的180个部件中，有179个的寿命是3年，唯独一个部件的寿命是2年，那我们只要提高这一个部件的寿命就可以大大提高产品的耐用程度。价值工程就研究这些。研究怎样在保证必要质量的基础上让成本下降。

由于去掉了多余的质量、多余的功能，产品成本自然会大幅度下降，由此带动了日本产品的价格不断下降而市场份额大幅度上升。20世纪80年代末我从日本回国。那时国内家电还很少，都需要从国外带来，并且免税。大家都认为买一个家电就要能用一辈子。那时流行买录像机。买一个只能放像的放像机只需要170美金，但如果买一个全制式的、有很多功能的录像机大约需要460多美金。当时认为，功能当然是越多越好，就买了最贵的。但是我回来迄今十余年，就连放录像功能也没用到10次以上，剩下的功能根本就没用过。显然花了冤枉钱。傻瓜相机是怎么发明的？就是因为日本人注意到，很多人出门照相只为留念，并不要求有太高的精确度，而且相机的光圈呀、速度呀、焦距呀什么的记不住。于是日本厂家就生产出了傻瓜相机。它的广告词就是“您只需按下快门，其他一切交给我们”。在很多场合，人们发现许多功能都可以去掉，这就是优化。管理中寻求成本最低、产出最大、利润最高、风险最小，这些都是在追求最优化。

与价值工程相类似的优化管理理论还有很多。例如“看板管理”。现在海尔有一种“零库存”的“海尔管理模式”。其实这个模式不是海尔发明的。早在20世纪70年代初期日本就发明了看板管理，要求下道工序给上道工序发加工传票，原理一模一样。而且这种方法早在20世纪80年代初就已经全面介绍到中国来了。当时的国家经委培训厂长经理的11种现代管理办法，其中就包括看板管理。

与此同时，人们还总结出很多类似的管理理念。比如销量是否越大越好？不一定。因为要把所有产品都卖出去就得不断降价，可能最后得到的总利润还不如产量低一些得到的利润多。最优化、系统化的管理思想成为日本对工业化的一个巨大的贡献，也使管理理论发展到了一个崭新的台阶，使人在和机器的相处中找到了一个新的平衡点。同样地，日本的管理革命也使日本一跃成为一个世界经济强国。

【1－2－2】“管理股”的出现意味着管理要素所有者的利益不再表现为工资，而是表现为利润。管理要素的资本化使管理者的利益和出资人利益进一步密切地结合到了一块儿，管理理念又得到了进一步的发展。我们今天的改革中面临的高管人员股权激励机制、管理者持股等，很可能是一种符合客观规律的趋势。同样地，技术股也被称为技术要素的资本化。

20 世纪 70 年代以后，管理理念、管理思想、管理方式仍在不断发展、不断创新。

在传统的经济学理论中有个“三要素论”，认为参与第一次分配的要素就是劳动、资本和土地，因而经济活动增值部分最终只能分配为工资、利润和地租。那时人们只承认货币资本是企业资本的基本形式，认为设备、人、原料等等都不过是资本变换自身形态的结果。不承认有什么“人力资本”。因此企业的利润只归货币资本的出资人所有。

这个“三要素论”统治了经济学相当长的时间，但是在管理理论创新之后被打破了。日本首先从自身的发展中认识到，管理要素是支持日本经济实现赶超的关键要素。管理并非仅仅是一种高级的劳动，而且可以表现为一种独立于生理意义支出的独立要素。人们承认，管理要素也可以视为一种资本投入。由此就有了“管理股”的出现。管理股意味着管理要素所有者的利益不再表现为工资，而是表现为利润。

在表面现象上，工资和利润都是钱，没有区别。年薪制下获得的收入和高管人员持股下分得的红利有什么区别？在你买东西、存银行时没区别。但在理论意义上可就区别大了。虽然都是钱，但同样的钱代表的经济内涵不一样。年薪制是雇佣的含义，拿的是薪水。期权和分红拿的是利润。把管理者的投入视为资本构成的一部分。这个变化，我们称之为管理要素的资本化。管理要素的资本化使管理者的利益和出资人利益进一步密切地结合到了一块儿，管理理念又得到了进一步的发展。我们今天的改革中面临的高管人员股权激励机制、管理者持股等，很可能是一种符合客观规律的趋势。

管理股之后又有了技术股的出现。20 世纪 90 年代，美国经济表现出了强劲的国际竞争力。是什么因素支持了美国经济的高增长？是技术要素。美国在此前 30 年中，在基础研究领域中的投入“厚积薄发”，在高科技产业明显处于垄断地位。技术要素成为在国际竞争中获胜的关键。与此同时，人们也开始承认，技术要素也应当视为资本构成的一个部分，也应当参与利润的分配。于是就有了“技术股”。同样地，技术股也被称为技术要素的资本化。

【1-2-3】当代经济学与管理学都承认，参与微观经济活动的最基本要素包括资本、劳动、土地、技术与管理五个方面。这个“五要素”的认识变化并非仅仅存在于西方的经济理论中，而且已经实际地深入到了我们当前的发展与改革进程中。2002年党的“十六大”报告已经明确无误地接受了管理、技术资本化的认识，提出要“放手让一切劳动、知识、技术、管理和资本的活力竞相迸发”；要“确立劳动、资本、技术和管理等生产要素按贡献参与分配的原则”。

管理与技术要素的资本化出现以后，企业支配权的构成、影响企业行为的企业利益构成都发生了明显变化。现在经济学与管理学都承认，参与微观经济活动的最基本要素包括资本、劳动、土地、技术与管理五个方面。“三要素”变成了“五要素”。

这个“五要素”的认识变化并非仅仅存在于西方的经济理论中，而且已经实际地深入到了我们当前的发展与改革进程中。2002年党的“十六大”报告已经明确无误地接受了管理、技术资本化的认识，提出要“放手让一切劳动、知识、技术、管理和资本的活力竞相迸发”；要“确立劳动、资本、技术和管理等生产要素按贡献参与分配的原则”。如果说，新形势下我们的改革有什么创新，这种对管理要素、技术要素资本化趋势的认同就是最大的创新之一。

【1-2-4】现代企业实际上面对着两个市场。一个是产品市场，一个是产权市场。世界500强企业中，没有一个是只靠产品的销售利润累积成500强的。“做大做强”绝离不开产权运作、资本运作。现代企业制度说的就是产权管理的制度。2008年以来的世界金融危机，在一定意义上说，就是大量企业的产权管理危机。在这个危机中，股权人和债权人的利益关系发展到了完全对立、对抗的程度。

在日本的管理革命之后，在20世纪90年代以来，一场新的管理革命正在全世界出现。这就是现代管理的革命。

现代管理的基本特征是产权管理。

从对美国管理革命和日本管理革命的分析中我们很容易看出，此前所有这些企业管理改进的核心都是如何把产品更高效率、更低成本地生产出来。也就是说，主要集中于工厂管理的内容、生产领域管理的内容。这是因为在 20 世纪 50 年代以前，如何把产品生产出来，以及如何生产出高人一筹的产品是工业化阶段管理的根本任务。在日本的系统化管理理论中，虽然涉及了技术管理、市场管理等，但仍是围绕产品的竞争力和赢利能力展开的管理。

现代管理理论认为，美国管理革命和日本管理革命的创造，都是针对产品市场竞争的管理；现代企业的最大管理任务，不是应对产品市场的竞争，而是应对产权市场的竞争。现代企业的管理核心应当是产权管理。

其实，现在中国的企业对产权管理已经不很陌生。债转股、资本市场上市、兼并与收购、资产重组、资本运作等都是产权管理。

现代企业实际上面对着两个市场。一个是产品市场，一个是产权市场。前期总有人争论总经理大还是董事长大。其实这是一个很明白的问题。总经理领导的管理团队就是负责应对产品市场竞争的团队；董事长领导的董事会是应对产权市场竞争的团队。产权管理以及产权竞争有多重要？只举一个例证就能够说明了。世界 500 强企业中，没有一个是只靠产品的销售利润累积成 500 强的。现在很多企业都有个“做大做强”的目标。“做大做强”绝离不开产权运作、资本运作。

在过去几年的国企改革中，人们日渐耳熟能详的一个词儿叫“现代企业制度”。其实现代企业制度说的就是产权管理的制度。产权管理并非就是上市融资、兼并收购或者资本规模扩张。协调大中小股东之间利益关系、协调出资人与管理层之间利益关系、调整股权与债权之间的结构关系、参与产权竞争、防范恶意收购、努力实现资产溢价等都是产权管理的重要内容。

2008 年以来的世界金融危机，在一定意义上说，就是大量企业的产权管理危机。美国那些破产的、被收购的、亟待政府出手抢救的世界级大企业，如美林、雷曼兄弟、美国国际集团、花旗银行、通用汽车等，所遇到的根本问题就是产权管理中缺乏风险防范的必要机制，在金融、资本市场出现危机性波动、资产价格暴跌时，遇到了资产缩水而债务不缩水的矛盾。一旦总资产缩水到资不抵债时，企业如果不能获得新的股权注资，就只有破产偿债一条路。在这个危机目前，股权人和债权人的利益关系发展到了完全对立、对抗的程度。

产权管理是一篇大文章，但在我们这门课中无法深入展开了。这里只是提及一个线索。实际上，在 EMBA 课程体系中，应当专门设有产权管理、资本运作的一门课。

EMBA 的同学是学习管理的。学习管理的各种技巧、方法之前，首先要把握管理思想的发展沿革，把握管理革命的前沿，把握我国企业管理制度变革的基本趋势。我想这是很重要也很必要的。

3. 我国实践的回顾与总结

- 在世界发展格局中，不肯接纳新的生产力信息，这是造成我们近代史上很长时间历史悲剧的一个原因。
- 在对大机器工业发展规律非常缺乏了解的基础上，我们过早地发动了向重、化工业的强攻。
- 将近三年的“大跃进”使国民经济和人民生活遭受了一场巨大的浩劫。
- 在“要准备打仗”的形势估计下，我们把整整三个五年计划中70%的新增工业生产能力和投资全部投在了西部和西南的大山里头。
- “搞十来个大庆，十来个鞍钢”的“洋跃进”再次把国民经济推到了崩溃的边缘。
- 从80年代初期的改革开放以来，在我国的经济建设实践中出现了前所未有的六大变化。

【1－3－1】中国近代工业从一开始就是以“官商合办”为基本形式的，企业从一开始就绕过了市场，绕过了竞争。这个先天不足，对我们后来的体制形成有着非常深厚的影响。迄今这个非市场化起源的影子还时有所见。

这一讲的题目是“历史的回顾与总结”，因而不仅要有理论的回顾与总结，而且还要有实践的回顾与总结。这个实践，主要指我国自己的历史实践。

中国经济实践也要和工业化密切联系起来。回顾历史，还得从新中国成立之前一个相对遥远的年代说起，从近代工业在中国的起源说起。大机器工业生产力在中国的发展曾走过非常曲折的路程。我们有必要对这段似熟悉似不熟悉的历史有一个重新的回顾。

以上我们提到，欧洲在18世纪60年代就发明了可以商业用的纺织机，在80

年代就有了蒸汽机的革命。之后在19世纪30年代开始有了电的普遍应用。那个时候，中国处在什么样的情况下呢？

工业化在欧洲取得长足发展的过程中，中国仍处于完全的农耕时代，处于以手工劳动为主、自给自足的自然经济状态下。

1840年是中国近代史上一个划时代的年头。从这以后，西方的工业化强国打开了中国大门。这是大家熟悉的过程。但是大家可能没有太注意到，林则徐禁鸦片的过程中，在1840年的第一次鸦片战争之前，英国政府曾经提出一个建议，说愿意帮助大清帝国禁鸦片，阻止东印度公司向中国输入鸦片的贸易。请注意，英国不是说要卖给中国更多鸦片，而是愿意帮中国禁鸦片。但这有个条件，就是中国必须开放自己的商业口岸，让英国的商人在那里自由通商。

英国为什么会有这个建议呢？因为当时英国已经走到了工业革命之后，已经开始大规模采用机器生产。机器生产导致了效率的提高，产出的规模成倍增长。英国以及欧洲有限的市场已经不能容纳机器生产力发展对市场的要求。英国迫切需要找到更大的市场，以便卖掉他们生产的“洋纱”、“洋布”、“洋油”、“洋火”以及其他一些机器制造的产品。但是，当时封闭落后状态下的中国封建统治者冥顽不化，不懂得与时俱进，不懂得要努力代表先进生产力。当时的统治者认为，我中华民族几千年来没有你洋鬼子夷人，不是也活得挺好吗？我为什么要跟你做生意呢。所以道光皇帝就给林则徐下了个命令，要他不仅要戒烟，而且还要趁戒烟这个势头，趁早把洋鬼子赶走。咱们从此不和洋人打交道，不相来往。以为从此就可以你过你的日子，我过我的日子。实际上，第一次鸦片战争的爆发以及后来的失败并不是林则徐的错。他被迫接受了这样一个指示，就拒绝了一个先进生产力进入中国的机会。我们说禁鸦片很好，肯定没有错。但是在世界发展格局中，拒绝新的生产力发展，不肯接纳新的生产力信息，这是造成我们近代史上很长时间历史悲剧的一个原因。

我们有个邻居叫日本。很少有人注意到，其实在1840年以前，日本这个国家在近代史上也有整整300年闭关锁国的历史。在漫长的300年时间中，日本只和两个国家打交道，一个是葡萄牙，一个是中国，就是大清帝国。和外面其他国家一概不来往。我们可能只知道1840年以后中国和西方列强签订了一系列不平等条约。实际上在同一时代，日本也被迫与西方列强签订了一系列不平等条约。但在19世纪后半期，日本通过“明治维新”等一系列改革措施，比我们更快、更迅速地走上了工业化道路。而中国在这个历史发展过程中错过了一个非常重要的机会。到19世纪末，日本已经迅速发展为亚洲的一个新兴工业化国家。当然这并不是说它的工业化已经完成。但毕竟，日本已经在社会产业结构、内部经济构成状况上发生了很大变化。而与此同时，中国并没有发生相应的变化。

可能在座的很多学员去过欧洲。在欧洲，人们公认最有代表性的建筑之一是巴黎的埃菲尔铁塔。不知道大家是否注意到埃菲尔铁塔是哪一年建的。它建于19世纪的最后几年，前后用了八年时间。这个铁塔，我们至今看起来仍可以感受到它的巍峨壮观。我们不能不为一百余年前，欧洲的冶金技术、锻造技术、机械加工技术、工业组织能力、工业设计能力所达到的先进程度所惊叹。金属材料是很容易变形的。如果材质轧制不均匀，经过长期风吹日晒后就会变形弯曲。把大量粗细不等，各种规格的钢材组合在一起，并且历经百年而不变形是很难的。到现在埃菲尔铁塔仍然很好地屹立在那里。可见100年前法国的金属冶炼、材质的水平就已经很高。埃菲尔铁塔代表了很高的工业发展水平。

但是在同一时代，中国在干什么呢？

中国在1894年以后这10年间经历了两件大事。一件事是中国在此前学习外国，从国外引进、建立的海军舰队，当时号称亚洲第一的北洋水师铁甲舰队，在甲午海战中，不堪一击，几乎没有交手，就被日本舰队打得差不多全军覆没。由此签订了“马关条约”，被迫割让了台湾。第二件事是在河北、山东、天津、河南等一些地方爆发了一场以抵制大机器文明为主要目的的义和团运动。义和团的主体是在西方机器生产力挤压下破产的农民、运河船民、城市手工业者。他们祭起了孙悟空、二郎神、关大圣、玉皇大帝、王母娘娘、西山老祖等所有能够想起来的神灵，以为用喝香灰、撒符水的办法就可以练就“刀枪不入”的神功，用泼洒猪血、大粪就可以破解洋人的“巫术”，企图用血肉之躯来抵御洋枪、洋炮的进攻。这两件事联系起来，我们大约可以看见其背后，中国工业化史上的一个悲剧式过程。

在这之前，中国统治者对机器文明的认识是非常原始的，几乎是空白。当时有外国使节给中国最高统治者进贡了一辆汽车。现在看是很原始的汽车。但慈禧太后看了说，这东西怎么个坐法呢？我是至高无上的皇太后，开车人坐我前头不成，有损威仪。但开车人坐后头车又没法开。所以这辆车始终没用过。当时从天津塘沽到开滦煤矿曾修过一条铁路，就是胥各庄铁路，运煤。就有官员上书说，这铁路离京城太近，火龙的蒸汽、鸣叫会惊扰东陵地下埋着的祖宗，会破坏“龙脉”；更严重的是，当地老百姓把火车叫“火龙”。火车成了“龙”，那老佛爷您和皇帝是什么呢？所以统治者就下令就把它给拆了。第二次鸦片战争的时候，有很多老臣给皇上上书，说洋鬼子没什么可怕的，因为洋人的膝盖不能打弯，只要给我们的士卒每一人发一根长竹竿，先把洋人都拨拉倒地，他们半天才能爬起来，我们的士卒就可以砍瓜切菜一样把洋人都消灭。这可笑的想法从哪来的呢？

第一次鸦片战争前后，有外国使节到北京来觐见皇帝，送一些礼物。这时在礼仪问题上起了争议。外国使节不肯行三拜九叩大礼，只肯鞠躬。他们说我也是代表一国皇帝而来的，最多就是向你鞠躬。朝廷的中堂们怎么跟皇太后解释也解释不通。向天朝进贡臣服怎么能不下跪呢？后来有个翻译解释说，不是洋人不肯跪，是他们的膝盖不能打弯。皇太后一听，说要是这样，那就恕这些外邦蛮夷无礼吧。统治者对外部世界的认识尚且如此。

一直到19世纪后半叶，有一批最先懂得睁开眼睛看世界的封建官僚，他们中间出了一批能够接受新鲜信息的人物，叫作“洋务派”。以张之洞为代表，掀起了一段所谓的“洋务运动”。中国人从此才开始考察和了解国外新的生产力发展动向。在引进技术的过程中，张之洞派了很多人到欧洲考察煤矿，打算发展机器采煤。在此之前中国也有煤矿。但那是用人工、畜力采煤。张之洞派到荷兰考察的人发回一封电报，说张大帅，人家问我们打算采什么样的煤、在什么样的地质条件下采煤，因为不同条件要用不同样的机器。张之洞回电说，糊涂，以中国之大，什么样的地质条件没有？你一样买点不就完了？这不是后人编的笑话，这是有历史记载的。但无论如何，在这些官僚的推动下，中国的近代工业才有了一个开始。

19世纪60年代，“洋务派”开办了江南制造局、福州船政局和各省机器局；并派遣留学生到海外学习先进科学技术，由此培养出了后来设计成功京张铁路的詹天佑等中国第一代工程师。从19世纪70年代起，轮船招商局、开平矿务局、天津电报局、唐山胥各庄铁路、上海机器织布局、兰州织呢局等企业在“官督商办”的方式下陆续开办。80年代，以“洋务派”控制的海军衙门为依托，用“官商合办”的方式开办了一批工矿企业。中国用机器生产的近代工业由此建立。但特别值得注意的是，中国近代工业从一开始就是以“官商合办”为基本形式的，企业从一开始就绕过了市场，绕过了竞争。这个先天不足，对我们后来的体制形成有着非常深厚的影响。迄今这个非市场化起源的影子还时有所见。

到19世纪末的时候，实际上，中国的口岸，特别是东南沿海，一直往北延续到天津港一带，西方列强的机器产品已经占据了很大的市场，中国的经济构成发生了很大变化。大家知道中国近代史上有个红顶商人胡雪岩。胡雪岩怎么破产的呢？他一开始也是官商勾结，和洋务派官员勾结，帮助他们在国外买军火、借钱，就做这些生意。他应该是个洋务派，应该是个懂得新的生产力发展趋势的人物。但胡雪岩最后败在什么地方呢？他从养蚕户收购来的丝，只肯卖给手工作坊，不肯卖给洋人投资的机器缫丝厂。最后败在大机器生产力手里。在义和团运动中，人们认为喝香灰、洒符水就可以刀枪不入。靠着这样的“精神创新”去抵御大机器制成的洋枪洋炮，结果冲上去多少人被打死多少人。僧格林沁王爷，一个蒙古族王爷，率领两万蒙古铁骑在廊坊与联军一战，也是无一生还，几乎没给对方造成任何伤亡。人家就在那里放枪，等着中国人往上冲。这给了我们一个非常深刻的教训，手工劳动已经不可能和大机器工业相对抗。

辛亥革命之后，近代史上有一个至今仍发挥着重要影响的事件——以 1919 年“五四运动”为标志的新文化运动。很多人知道，新文化运动的领袖人物如陈独秀等人是要把“德先生”、“赛先生”请到中国来。也就是民主救国、科学救国。其实在那个时代，还有一个同样响亮的口号，叫作实业救国。

在第一次世界大战中，一批最先了解了国外先进生产力发展的成果，并且最先累积起了一定资本规模的中国民族工商业者开办了一些新式工厂、新式企业，并且有了一定竞争力，提出了靠实业救国的口号。这是中国机器生产力发展的一个重要阶段。后来由于日本侵略中国等一系列战乱和动荡，以及中国统治者的腐朽，这个进程最终归于失败。在老舍笔下的《茶馆》里有个典型人物，年轻的时候也是踌躇满志，西装革履，投资实业，最后终于在各方面的挤压下归于破产，和王掌柜一起走上了给旧时代高唱挽歌的道路。在第一次世界大战的时候，中国民族工业曾经有过一个辉煌的发展过程。那个时期我们的面粉、纺织等不少机器加工业都有了比较好的发展。但真正对工业化有决定意义的重工业发展是和屈辱的历史密切联系在一块的。中国有近代意义的钢铁业、冶金业是日本帝国主义在侵占中国东北后建立的。中国的重工业是伴随着国土沦丧的过程踏上中国土地的。

【1－3－2】新中国成立前夕，人们迫切希望近百年来未能成功的工业化梦想在一个不太长的时期内迅速变为现实。这种急于求成的情绪给以后经济建设的失误埋下了伏笔。毛泽东的一段话集中地代表了这种乐观看法和美好愿望。他说：“中国经济建设的速度将不是很慢而很可能是相当快的，中国的兴盛是可以计日程功的。”

到新中国成立前夕，旧中国的钢铁生产能力只有十几万吨。要知道日本在发动全面侵华战争时钢产量已达 300 万吨。1949 年时，中国大机器工业产值仅占工农业总产值的 17%；在工业总产值中，重工业仅占 26.4%；仅有的一点工业还具有明显的倚外性，而且设备破坏严重，部门残缺不全。整个国民经济仍然停留在工业化以前的阶段。

由于在一百年中，中国仁人志士为实现工业化这个光荣与梦想，前赴后继努力奋斗而不得，人们对民富国强的渴望非常强烈。随着制度创新和政权的更替，人们迫切希望近百年来未能成功的工业化梦想在一个不太长的时期内迅速变为现实。这种在很长一段时间内失败—努力—再失败—再努力的过程使人们对未来的发展抱有了一种急于求成的情绪。

新中国成立前夕，在炮火硝烟尚未散尽的河北的一个小村庄里，中国共产党召开了一次具有重要历史意义的会议，就是七届二中全会。这个村庄就是党的“十六大”之后，胡锦涛总书记带着新一届政治局常委们去学习“两个务必”，继承革命传统的那个西柏坡。在那次会议上，我们一方面冷静地提出，新中国成立之后要把中心工作转移到经济建设上来，而且要保持谦虚谨慎、艰苦朴素的精神，保持戒骄戒躁的精神。这些都很好。但这次会议也有一个重大缺陷，给以后经济建设的失误埋下了伏笔。那就是对经济建设的发展进程估计过于乐观。实际上更多地强调了“戒骄”，而没有真正注意到“戒躁”。毛泽东在这次会议上的一段话集中地代表了这种乐观看法和美好愿望。他说：中国经济建设的速度将不是很慢而很可能是相当地快的，中国的兴盛是可以计日程功的。

计日程功！就是说可以日新月异地发展。正是立足于这样的基本估计，我们在对大机器工业发展规律非常缺乏了解的基础上，开始展开了社会主义经济建设的历史过程。一方面，极其渴望，另一方面，又没有经验，不了解客观规律，缺乏认识。

在经历了长期战乱的新中国成立之初，经过短期的经济恢复之后，从1953年开始，我国开始实施第一个五年计划。“一五”是以重工业为主要立足点的。到现在很多人仍津津乐道的所谓“156个大型项目”，包括一汽、武钢、洛拖、石家庄的一些棉纺厂，还有包钢、兰新铁路等一些项目陆续上马。当时中国连农业生产还远没有恢复到历史最好水平，人民还需要休养生息的时候，我们过早地发动了向重、化工业的强攻。

工业化，特别是重工业发展有一个特点，需要大量的积累和集中投入才能办得到。钱少了不成。不像开饭馆，钱少了也可以开，钱多了也可以开。重工业需要大量的投入。积累能力不充分怎么办呢？就得靠勒紧裤腰带。从消费里面挤出钱来，还得把资源集中起来。怎么才能让人们紧缩消费，并且实现资源集中呢？一个很自然的思路就是靠计划经济，靠“一大二公”。

在第一个五年计划发动的时候，也就是1953年，我们制定了一个像2002年“十六大”提出的国民经济再翻两番、全面建设小康社会一样的长期战略。这个战略叫作“一化三改”。“一化”指的是“在不太长的时间内，实现国家的社会主义工业化”。所谓“三改”就是对农业、手工业、资本主义工商业进行社会主义改造。由此就有了以后的合作化运动、人民公社化运动。城市里消除了手工业个体户，对民族工商业进行了赎买。所以说，中国的原有体制不是偶然的，是工业化进程中特定战略的必然产物。

“一五”时期的经济起步，尽管已经超出了客观规律，超出了我们的实际建设能力，但毕竟还有一定的历史条件使然。这个历史条件，一是当时新中国面对外部敌对势力的封锁，我们不得不早一点、快一点发展自己的重工业，建立起自己独立的工业生产体系；二是新中国成立之后，大量的破产农民和城市的失业者需要就业，我们需要通过扩大投资规模来提供更多的就业岗位，缓和很多尖锐的社会利益矛盾。

“一化三改”曾经写进了我们国家1953年制定的第一部宪法。我们当时希望在不太长的时间内实现国家的社会主义工业化。这个“不太长的时间”是多长时间呢？10～15年。今天，到了2009年，我国经济的发展任务仍是工业化。回过头去看，50多年前，我们曾打算用10～15年完成国家的社会主义工业化。2002年，党的“十六大”提出，我们准备再用20年左右的时间，基本完成中国的社会主义工业化。整整过了50年，我们才敢说还得再过20年，还得艰苦努力，在现在的国力基础上，基本完成中国的社会主义工业化。2005年，党的十六届五中全会关于“十一五规划”的建议中明确提出，我们正处在工业化、城镇化、市场化、国际化步伐不断加快的阶段。中国工业化现在是什么样的基础呢？中国2008年，我国的钢产量达到了5.2亿吨。从1996年以来，我们始终保持了世界第一大产钢国的地位。现在全世界排位第二、第三、第四的产钢国，产量加到一起还没中国一国大。日本鬼子发动侵华战争时才年产300万吨钢，中国2008年年产5.2亿吨钢！在过去三年中，我国的钢产量平均每年净增长达7000万吨！在这个基础上，我们才敢说，还得用20年左右的时间才能基本完成中国的社会主义工业化。

对照50余年前的设想，用10～15年完成国家的社会主义工业化。我想无须再多加一字，大家也能看到当时我们对经济发展的客观规律，对大机器生产力发展的认识是多么肤浅。当时全社会对工业化、对经济发展都抱着极为强烈的愿望。如果在座哪位是集币爱好者，可以把50年代初、中期发行的人民币拿出来看看。那时候人民币有五元、三元、两元、一元以及五毛、一毛，还有五分、二分、一分的，都是纸币。你会发现那时的货币图案很有特点。那时候不时兴把领袖的头像印在人民币上。人民币上印的都是拖拉机，高压线塔、大烟囱、水库水坝等等。人们认为这些图案都是典型的工业化象征。那时候要是有个画家画一幅农村的年画，光画胖娃娃抱大鲤鱼不行。至少得在远处画一个高压线塔，说明这是社会主义新农村、工业化的新农村。要不画几个大烟囱在远处冒烟也行。现在我们知道大烟囱是环境污染的象征，那个时候认为那是工业化的象征。人们认为，工业化有什么了不起？共产主义不就是楼上楼下，电灯电话嘛。

【1-3-3】20世纪50年代末的“大跃进”；60年代在“要准备打仗”的形势估计下实行“靠山，分散，进洞”的方针；70年代末错误地估计中国的资源前景，提出要“搞十来个大庆，十来个鞍钢”等曾反复地把国民经济推到崩溃的边缘。“左”的指导思想、无视客观规律的盲目蛮干和原有的不合理体制给人们留下了极为惨痛的教训。

到了1958年，第二个五年计划开始实施。尽管“一五”时期的建设速度还是不慢的，但即或如此，看起来“用10到15年完成国家的社会主义工业化”这个任务是无论如何也完不成的。完不成怎么办呢？在建设任务和建设速度上进一步“加码”。所以就有了“大跃进”。怎么加码呢，在农业上提出了“人有多大胆，地有多大产”。就是你想让一亩地打一万斤粮，它就能打一万斤粮；你想让它打十万斤，它就能打十万斤。这种现在听起来非常荒谬的说法，当时居然能够成为“主流话语”。当时一些著名的科学家也居然写文章论证，一亩地光合作用产生的能量能够打十万斤粮食。在工业上提出要“以钢为纲”，要求1958年的钢产量比上年翻一番，1959年再翻一番。当时要“全民大炼钢铁”，说老百姓家还要锅干吗？过几天就实现共产主义了，吃饭不要钱，走哪吃哪，根本不用做饭，把锅赶紧砸了炼钢铁去吧。所以挨家挨户，把所有的金属都收了，把山上的树都砍光了，去炼铁炼钢。这么一个形势当时称为“大跃进”。

将近三年的“大跃进”在1960年初期就被制止了。三年的“跃进”给我们的国家带来了巨大的灾难，带来了长达五年的经济调整。后来我们所说的“三年困难时期”，实际上不是三年，是五年的国民经济调整。第二个五年计划被迫中止。这个调整一直持续到1964年，国民经济才基本恢复到1957年的水平。“左”的指导思想加急躁冒进，使我们的国民经济建设走了一个大的弯路。

荒唐的工业化强攻导致了一场生产力的大破坏、大倒退。我们不仅在工业化进程上经历了一个严重的失败，而且国民经济和人民生活也遭受了一场巨大的浩劫。在三年大饥荒中，由于粮食严重短缺，中国饿死了两千多万人。而大家知道当时中国人口总数才不过六亿五千万。

当然，在这个过程中我们实施了很多政策调整。比如在 60 年代初期，当时主持经济工作的陈云同志提出了包产到户等发展经济的一些措施，对很多“左”的冒进指标进行了较大调整。当时动员了两千万人回乡生产。集聚到城市里的很多农民看到，在城里也吃不饱，还不如回家种地，反而还能吃饱肚子。所以很多人就回到了农村。

到 1964 年，我国国民经济有了初步的恢复，第三个五年计划开始实施。但是经济发展的良性状态并没有持续很久。以后就爆发了大家知道的，1966 年起的“文化大革命”。我们的国家经历了长达十余年的政治动乱。

从 20 世纪 60 年代中期开始，在当时历史条件下，我们对国际形势提出了一些错误的估计。比如说“要准备打仗”。在第三、第四以及第五个五年计划中，经济建设、工业布局没有遵从客观规律的要求，而是在“要准备打仗”这个形势估计下，实行了一个“山、散、洞”方针和所谓的“三边政策”。“山、散、洞”方针指的是工业选点要“靠山、分散、进洞”，“三边政策”指的是“边设计、边施工、边投产”。这些显然都是违背工业生产力发展的客观规律的。几年前我有一回到二汽出差，从十堰坐火车回来，碰到武钢的一个领导。武钢的这个领导说，当年他是二汽最老的元老。他说，当时二汽的厂址怎么选定的呢？就是军代表领着他们几个一腔热血的刚毕业大学生，从武汉出来开着吉普车一直往西走，没有大路走小路，没有公路走乡间路，一直走到没有路的地方，实在是不能再往前走了，从车屁股后面抱出一捆木头桩子往地下一打，这儿就是二汽。靠山进洞嘛，远离大城市，越远越好，走到不能走的地方就行。有什么科学论证？什么论证都没有。当时叫“边设计、边施工、边投产”的“三边政策”。至今到十堰仍很不方便。2004 年二汽请我去一趟，开一个会，我还是非常怵。为什么呢？我得从北京坐飞机到武汉，再从武汉坐一夜火车到十堰。然后当天还回不来。最快也得当晚坐火车到武汉，第三天从武汉坐飞机回北京。这么一来一去，飞机、火车的反复折腾也得至少三天。从北京到上海出差，我经常早上来，当天晚上就回去了。上海到北京的航班差不多一小时一班。实际上现在二汽很需要一个支线机场。大家从地图上看一下就知道了，从十堰飞西安只要四十分钟就够了。西安到全国各地哪里的飞机都有。

我刚才说到，第二个五年计划执行到一半就被迫中止了。在第三、第四和第五个五年计划中，我们又根据“要准备打仗”的战略估计，实行了靠山、分散、进洞的“山、散、洞”工业布局原则。在整整三个五年计划中，我国 70% 的新增工业生产能力和投资全部投在了西部和西南的大山里头。一个工厂分散在几条山沟，根本没法形成规模化生产。很多工厂的成本实际上是无论如何也无法获取市场竞争力的。

改革开放初期我们有过一段“军转民”的历史。大家可能听说过。“军转民”在很大程度上就是调整“三线”工厂。有些能搬出来的就搬出来。其中大家熟悉“四川长虹”就是“军转民”后形成的企业。无法搬迁的只能解散了。山沟里的、山洞里的不能要就不要了。因为布局条件实在没办法满足工业生产力发展的要求。基础设施不具备。很多职工去的时候都是年轻人，现在子女都要结婚生孩子了。那一代人真是“献了青春献子孙”。在一定意义上说，这也是一个历史大弯路。

1977 年，祸国殃民的“文革”动乱结束。但当时的中央领导在经济建设上仍然继承了急躁冒进和“左”的指导思想。先是不顾国民经济元气大伤的现实，提出“一年初见成效，三年大见成效”的口号，要求在短期内把“文革”损失的时间补回来。后来又错误地估计了中国的资源前景，提出要“搞十来个大庆，十来个鞍钢”。大庆石油的年产量是 5000 万吨。中国要是有十来个大庆，石油产量就得到五六亿吨，满足中国到 2020 年的石油需求都有富余。这个口号倒是挺诱人的。2003 年美伊战争中人们从电视中看到伊拉克人民的生活很惨，其实在上次海湾战争前，伊拉克人均收入在 4000 美元以上，巴格达家家都雇着保姆呢。不靠别的，就靠卖油。中国要能有十来个大庆该多好呀？可惜我们并没有这样的资源前景。今后我们还有一个专题会谈到，实际上我们现在连一个大庆都已经难以维持下去了。因为没有后备资源可采。由于当时“搞十来个大庆、十来个鞍钢”是打算从国外借钱来搞的，所以这个战略后来被人们形容为“洋跃进”。

“洋跃进”造成的危害并不比 1958 年的“土跃进”小。它把国民经济推到了崩溃的边缘。这个战略在 20 世纪 70 年代末期被得到纠正。这一段“冒进”的代价是国民经济被迫再次大调整。1981 年开始的第六个五年计划是在实际执行了两年之后才宣布的。为什么要执行两年以后才宣布呢？因为头两年需要大调整，重工业全线撤退。1980 年和 1981 年重工业表现为 4% 左右的负增长。与此同时全力发展轻工业。我们现在看到人民生活消费品市场这么充裕，这个变化是从 80 年代初期的“轻纺工业六优先”政策实行后才开始出现的。

【1－3－4】在过去30年中，我们创造了很多值得认真总结的成功经验。例如特区经济、乡镇企业、浦东开发、宏观调控、多种所有制经济并存、扩大对外开放、城镇化不断加速、应对世界金融危机等。但我们也有很多值得汲取的教训。例如在资源产业搞“国家、集体、个人一块上”的“有水快流”，市场化进程中的“拨改贷”尝试等。还有一些举措有成功也有不足。例如区域间的“梯度发展战略”、存在不规范问题的资本市场等。还有些问题，例如“下岗分流”、“减员增效”、“国企三年脱困”以及进入21世纪后外向型经济的异常高速增长等，可能还需要实践的进一步发展才能做出确切的评价。

2008年，在成功举办举世瞩目的北京奥运会的同时，我们还认真进行了改革开放30周年的回顾与总结。从理论和实践上都进行了很大、很深入的反思。就经济建设实践看，可以大致归纳为六大变化。

第一个变化是国民经济总量急速扩张，综合国力不断增强。2008年，我国国内生产总值达到300670亿元，是1978年3624亿元的83倍！我国的诸多基础重工业和加工制造产业已经成长为世界产量第一。特别提到，2008年中国的粮食产量达到5.29亿吨，是我国历史从未有过的特大丰收年，比此前最高产量的1998年的5.07亿吨提高了两千多万吨。

第二个变化是对外开放不断发展。从引进成套设备、发展“三来一补”起，我们逐步有了特区经济的兴起，14个沿海城市的对外开放，中国企业参与海外资本市场融资，到中国加入世界贸易组织，到今天人们日渐熟悉的说法是，中国正在成为世界制造业中心，以及中国正在参与一个叫“经济全球化”的竞争。2008年末，中国外汇储备达1.95万亿美元，要知道1980年时中国的外汇储备是－13亿美元，是负数！2009年在世界金融危机中，中国人忽然了解到了一个令人百思不解的数据，中国居然成为美国政府的最大债权人！到2009年一季度末，中国持有美国国债到7700亿美元。世界最大的发展中国家中国居然成了“黄世仁”，最富有的美国居然成了“杨白劳”。不是我不明白，是世界变化快啊。

第三个变化是人民生活得到极大改善。在过去20余年中，中国有两亿多人口解脱贫困，实现了温饱。1980年时中国城乡居民储蓄存款余额是400亿元，2008年末这个指标是22万亿元。80年代初期人们关心的是粮票换鸡蛋，今天人们关心的热点话题是“汽车进家庭”，是“房价收入比”，是“五一”应否恢复长假期。

第四个变化是短缺让位于过剩，买方市场全面取代了卖方市场。在第六、第七和第八个五年计划中，经济政策的主要指向还都是如何发展供给，但从第九个五年计划的中期起，“扩大内需”已经成为经济政策的重心。经过不懈努力，长期困扰我们的“短缺”已经成为过去。经济增长的主要障碍已经从生产领域转移到了消费、需求领域。

第五个变化是市场力量已经取代计划成为资源配置的主导力量。我国的家电等一批新兴产业，几乎完全是在市场的竞争中成长壮大起来的。政府计划已经在绝大多数领域中不再发挥资源配置的作用。一大批具有自然垄断性的基础产业，例如民航、电力、电信等产业也已经在很大程度上进入市场并且努力发展竞争。民营企业、非公经济已经成为国民经济的重要组成部分。

第六个变化是城市化水平不断提高，产业结构不断升级。1978 年，中国的城市人口为 1.7 亿人，城市人口在总人口中所占比重仅为 17.92%；1990 年、2000 年和2008 年，这两个数据分别为3.0 亿人和26.41%、4.6 亿人和36.22%、6.07 亿人和45.7%。30 年间，中国城市人口增长了3.37 亿人，所占比重提高了两倍多！与此同时，我国的产业结构也出现了明显变化。旧体制下“重工业自我循环”的状况已经被彻底扭转。改革开放初期曾严重制约国民经济的能源、原材料工业已经摆脱了“瓶颈”地位。我国已经形成了世界上最大的移动通信用户群。旅游业等新兴社会服务业正在成为国民经济新的增长支持因素。

在过去30 余年中，我们创造了很多值得认真总结的成功经验。例如特区经济、乡镇企业、“八七扶贫攻坚战”、浦东开发、宏观调控、多种所有制经济并存、扩大对外开放、城镇化不断加速、应对世界金融危机等。但我们也有很多值得汲取的教训。例如20 世纪80 年代中后期提出在资源产业搞“国家、集体、个人一块上”的“有水快流”，市场化进程中的“拨改贷”尝试，农村工业化进程中要农民“离土不离乡、进厂不进城”等。还有一些战略举措是有成功也有不足。例如优先发展东部沿海的地区“梯度发展战略”、存在不规范问题的资本市场等。还有些问题，例如“下岗分流”、“减员增效”、“国企三年脱困”以及进入21 世纪后外向型经济的异常高速增长等，可能还需要实践的进一步发展才能做出确切的评价。这些问题的回顾和总结，在我们以后的专题中还会专门涉及。

4. 提问与讨论

- 所有的经济学都探讨资源的优化配置和社会利益矛盾的协调问题。在这个意义上没必要区分为社会主义经济学和资本主义经济学。
- 让大多数人都能够分享社会经济发展好处的制度就是社会主义制度，努力证明大多数人利益合理性的经济学就是社会主义经济学。
- 怎样才算重视劳动者利益？劳动者利益首先得是“苗”，不能是“草”。让一切创造财富的源泉充分涌流，我们才能真正维护好劳动者利益。
- 本质和现象经常是以相悖的形式表现出来的。这也是客观规律。
- 中国将对新的发展经济学、转轨经济学做出无可替代的贡献。
- “社会主义市场经济”这八个字，去掉哪四个字都不行。
- 中国老百姓所享受的福利将是我们中国老百姓自己创造出来的福利。

【提问一】：经济学究竟有没有社会主义和资本主义的区别呢？如果有，最根本的区别何在？

答：我先问个问题。2003 年，美国打伊拉克的战争曾成为舆论、媒体关注的焦点。萨达姆也曾宣称，他搞的就是社会主义。历史上的法西斯德国有个“纳粹”组织。“纳粹”是什么意思呢？是“国家社会主义工人党”的缩写。希特勒也自称过社会主义。显然，我们不可能认同这些所谓的“社会主义”。过去百多年中，有过形形色色的社会主义思潮与理论，涉及理想制度、意识形态、政治理念以致哲学概念。这总结起来需要一个很长的时间。我们只就经济学领域的问题来作一个简单概括。

要说清楚有没有专门的社会主义经济学，还得说到马克思主义经济学那里。马克思主义经济学讲了一个非常重要的辩证法原理，我认为至今还是颠扑不破。这个道理就是，一方面从本源上说，除了自然资源之外，人是社会财富的惟一创造者，社会的一切经济活动最终都是为了满足人的需要。而且这里的“人”一定指社会中的绝大多数人，绝不是指很少的一小部分人。另一方面，在工业化、市场经济发展过程中，事情的本质不可避免地以与其相反的现象表现出来。资本成了创造财富的源泉，人们经济活动的目的表现为资本赚取利润。不可避免的原因是因为生产力发展的客观水平、客观规律使然。

在很长的一段历史时期内，人们把研究上述“现象”的经济学理论都称为资本主义经济学，认为这些理论都不过是为资本说话的，都没有科学意义；认为我们就要透过现象看本质。与此同时，人们把对“本质”的认识又推到了极端，企图把满足人的需要、劳动创造财富等社会经济活动的深层次内涵直接表现为社会制度，这就有了“公有制”、“按劳分配”和“计划经济”的理论。在传统理论中，人们把“公有制”、“按劳分配”和“计划经济”的经济理论称为社会主义经济学。

在改革开放中，我们逐步认识到，原来对“现象”的认识、研究也是有意义的。不仅有意义，而且现实的社会制度、经济体制就得服从这些非本质方面的要求。这也是不以人的意志为转移的客观规律。

我给大家举个例子。比如说，人们熟知，东西的价格贵了买的人就少，便宜了买的人就多。这是本质还是现象呢？是现象。本质是人们趋利避害的“利己”动机。但是不是理论的解释到此为止就行了呢？显然不行。真正有意义、真正有用的认识还在“现象”里头呢。现在我们知道，我们不仅不能简单地让人们通过“狠斗私字一闪念”来抑制这种现象，还得利用这种现象，掌握这种现象的运动规律。通过价格杠杆来实现某种稀缺资源的优化配置好不好呢？非常好。人们知道，价格杠杆是效率最高、成本最低的资源优化配置机制。这种机制不仅比发“购物券”的效率高、成本低，而且实际上更公平。因为不会产生“走后门”的弊端。你能说利用价格杠杆、研究价格杠杆是“资本主义”的经济学吗？

实际上，我们在 EMBA 学习的同学不仅要知道“涨价少买、降价多买”的道理，还得掌握更深入的道理，得知道什么样的产品、在什么样的收入水平上会出现“涨价少买、降价多买”；价格变动和需求量变动之间存在着什么样的内在联系。这就要研究“价格需求弹性”、“收入需求弹性”的问题。研究这个问题需要有微积分的知识。退回十年，轿车降价不会有多少人关心。因为降不降价大多数老百姓也买不起。在那个时候，人们对价格变动不敏感。现在为什么媒体三天两头“炒”汽车“价格大战”的消息呢？因为人们的收入水平已经达到对轿车价格敏感的程度。你给你公司一个年轻女雇员的工资从1500元提高到1800元，提高20%，她花在化妆品上的钱就可能增长100%，从每月100元提高到200元。因为现在就城市女性来说，化妆品的“收入需求弹性”非常大。你说这些研究有没有意义，有没有用呢？有必要问一问这些学问是“姓社”还是“姓资”吗？

我再给大家举个例子。传统的社会主义经济学理论说，工厂制度的本质是为了给资本家多赚利润。但不为资本家多赚利润我们是不是就可以不要工厂制度了呢？不成。按照工厂制度组织起来才能提高生产率，才能保证生产安全。在所谓的“文化大革命”中，“砸烂一切规章制度”曾经被当成彻底铲除资本主义的一项“革命”措施。结果怎么样？我们在改革开放初期企业管理首当其冲面临的任务之一就是“建立合理的规章制度”。

我认为，人应当认清事物的本质。一方面，不研究本质，科学也就不成其为科学，人类也就无法最终真正掌握自己的命运；但另一方面，本质是终极的，是归于静止的。唯有现象才是动态的、发展的、最有活力和最积极的过程。而且本质并非只有一个层面。物理学早就证明了“物质不灭”和“能量守恒”。那我们就不需要研究能源结构、可持续发展等问题了吗？人最终都是要死的。没有谁能逃脱这个本质。那我们就不需要研究怎么活、怎么活得更快活一些了吗？本质和现象经常是以相悖的形式表现出来的。这也是客观规律。

这些说到哲学上去了。现在有门很有意思的学科叫“经济哲学”。我说过对这个学问很感兴趣。

回到我们最初的问题上来，社会主义经济学和资本主义经济学有没有区别。我说也有也没有。

先说没有区别。所有的经济学都探讨资源的优化配置和社会利益矛盾的协调问题。在这个意义上没区别，没必要区分为社会主义经济学和资本主义经济学。我们只能说，有些探讨符合客观规律，有些探讨不符合客观规律；有的与客观规律更接近一些，有的实际上偏离了客观规律。其实我们过去传统的社会主义理论就更接近真理吗？我们在“实践的回顾与总结”中就讲道，我们走过了太多的弯路。

再说有区别。在对社会利益矛盾的协调问题上，不同的社会制度、不同的意识形态、不同的经济学派经常会表现出不同的利益取向。比如说，只保证少数人得好处，惟一强调资本利益的经济学就可以说是资本主义的经济学。那么什么是社会主义的经济学呢？我认为，让大多数人都能够分享社会经济发展好处的制度就是社会主义制度，努力证明大多数人利益合理性的经济学就是社会主义经济学。但是请注意，这个区别并非就是在社会利益矛盾的对垒双方做出非此即彼的选择那么简单。20 世纪 80 年代中后期我们搞了特区经济，对外资实行“两免三减”等政策优惠。这是不是在维护资本的利益呢？可以肯定说，是。而且资本在深圳等特区的聚集实际上决定了劳动力、人才等各种资源向这些地区的聚集。用理论化的语言说，资本的意志决定了资源在区域间的分布。但是特区经济发展的最终结果是什么呢？是中国的国民经济整体由此有了新的增长点，对外开放有了极大的发展。相反，在过去一段时间中，由于有些认识仍未突破原有的束缚，在国有企业改革中，宁愿牺牲出资人的利益也要保证职工的就业，结果是把企业拖垮，出资人的利益没有保证，职工的饭碗也丢了。

我们现在知道，计划经济不是社会主义的必然组成部分。我们要发展的是社会主义市场经济。我们还知道，社会主义并非就是“一大二公”，非公经济也是社会主义经济的重要组成部分。2002 年中国共产党的“十六大”报告就已经明确提出，我们要按照劳动、资本、技术和管理等要素的贡献进行分配；提出，合法的非劳动收入也要受到保护。传统理论中的三大要素都去掉了，那么还剩下什么是社会主义了呢？我认为，“效率优先、兼顾公平”就是社会主义，建设全面的小康社会就是社会主义。这个问题我们在第七讲中还要专门涉及。

【提问二】：既然不能否认“劳动创造了世界”，为什么现在的改革似乎给人一种感觉，劳动者的利益变得越来越不重要，越来越被忽视了呢？

答：我不认同在改革过程中“劳动者利益被忽视了”这个判断。在过去 30 余年中，中国绝大多数老百姓的生活都有了明显的改善。这是举世公认的事实。大多数老百姓都从改革、开放中分享了好处。我们可以用城市居民可支配收入、农村居民人均纯收入、职工平均工资水平、城乡居民储蓄存款总额、每百户居民家庭拥有耐用消费品量以及人均住房水平等多方面指标清楚地证明这一点。不仅如此，在过去几年中，我们还在城市中普遍建立了最低工资制度、最低生活保障制度、失业保险制度、养老金社会发放的制度等。在我们的这个社会中，劳动者的利益并没有被忽视。

但另一方面，人们感觉到“劳动者利益变得不重要了”并非是没有来由的。因为市场经济总是强调出资人利益，强调企业利润的经济。与此相比，农民收入增长不快、下岗失业人数增加等现象则很容易让人觉得，劳动者利益被忽视了。在一定意义上说，确实存在着普通老百姓承担了改革代价的问题。

怎样才算重视劳动者利益？是不是在制度上把劳动者利益摆在最优先的地位就是重视和维护了劳动者利益了？我们不妨举个例子。

在原有计划经济体制下，我们强调劳动者共同、平等地占有生产资料，强调实行“按劳分配”。应当说，对劳动者的利益强调到无以复加的地步了吧？但事实是怎样呢？在1953年到1979年的26年间，我们的工业固定资产投资增长了26倍，工业生产能力增长了19倍，人民生活只改善了近一倍。而且这个改善还是家庭就业人数增加带来的。那个时候20年没长过工资的比比皆是。各种消费品更是几乎全部得凭票供应。你能说这种状态是维护了劳动者利益吗？

改革开放初期，我们曾经批判过“四人帮”中张春桥的一句昏话，叫作“宁要社会主义的草，不要资本主义的苗”。邓小平同志一句话针锋相对：“贫穷不是社会主义”。劳动者利益首先得是“苗”，不能是“草”。

我们一再强调一个看问题的角度，就是辩证法的角度。在很多时候，当你想往东边走的时候，先往西走一点，也许你能更快地到达东边。农业文明时代，人们把所有能够动员的资源全部都投入到谋取消费资料的过程中，70岁老人也得早起到村边看看有没有过马车留下的牲口粪，弄到自家地里，六七岁的小孩也得跟着大人一起到田间劳作。但就是这样，吃穿用也还是不够，人们过的仍是“糠菜半年粮”的日子。一遇天灾人祸，就得饿死人。后来人们发现，腾出一部分人力物力不去直接谋取吃穿用，而是去造工具。直接谋取消费资料的人少了，人类享用的吃穿用的东西反而更多了。这就是工业文明的进步。这就是辩证法。

我们只有尊重市场经济规律，像“十六大”报告所说的，让一切创造社会财富的源泉充分涌流，我们才能真正维护好劳动者利益。

【提问三】：现在人们提到经济学好像都是指的西方经济学，我们中国能有自己的经济学吗？

答：这个问题提得很好。目前有不少人否认中国有经济学家，甚至否认中国有经济学。我以为这种说法恐怕太过极端。

20世纪50年代中国有个著名的经济学者叫马寅初，时任北京大学校长。他提出，中国应当自觉理性地控制人口，才能真正实现社会利益的最大化。当时他的观点被批判为“马克思的‘马’家”还是“马尔萨斯的‘马’家”，甚至被关进监狱长达20余年。被放出来时有关部门说要给他北京大学名誉校长的头衔。他说，除非公开宣称我对了，批判我的人错了，否则我就不接受这个头衔！

无须否认，目前中国的经济学研究仍处于比较薄弱的状态，还缺乏系统化的理论体系。这和我国工业化的历史、市场经济发展历史尚不充分密切相关。我们目前的改革发展实践在很多方面尚处于摸索阶段。

但是条件尚不成熟并不等于说中国有不了自己的经济学。我还没听说过有一门经济学能够离开大量、普遍的实践发展而被创造出来。中国正在进行着前所未有而且作为一个大国最具有普遍意义的工业化实践、发展实践和从计划经济向市场经济转变的实践。这个实践正在以最生动、最有活力的形式为经济学提供着可供总结的事实。从这个意义上说，我坚信中国将对新的发展经济学、转轨经济学做出无可替代的贡献。在一定意义可以说，未来中国是最有希望在经济学的发展上有所成就的国家。

一方面，中国最有可能诞生新的经济学理论；另一方面，西方发达国家的经济学理论也正在面临“新经济”、“经济全球化”、“金融危机”等的挑战。从2008年以来，以美国为代表，全世界的经济大国都被卷入了一场“金融海啸”。日本、欧洲、美国都陷入了严重的负增长，也就是衰退。可以这么说，从2008年后半年起，如果不是中国正增长的巨大权重拉动，全球经济增长就是负数。一方面，为什么在专门为防范这种恶性总量失衡的“宏观经济学”高度发达的这些国家会出现这次危机？人们尚无暇提出深入思考。但另一方面，在应对这次危机中，各国政府均出台了史无前例的“救市”措施，不论是货币政策还是财政政策，都是不惜血本。有些国家甚至不惜把大银行、大企业“国有化”，即政府充当“冤大头”，出资把企业的大部分股份买下来。这些都是从以往理论上找不到根据的。因此我相信，不论从理论还是实践上，迄今被奉为经典的“宏观经济学”正在面临新的挑战，或者说新的重大发展。实际上，金融危机还远没有过去，全球经济还未看到复苏的迹象时，全世界的经济学家已经针对这次金融危机中和危机之后面临的货币危机、新贸易保护主义等，开始对传统的货币银行学、国际贸易理论提出重大置疑了。

有必要强调一点，尽管不同的经济学可能有不同的适用条件，但经济学整体是人类文明的共同结晶。我们应当努力在这个领域做出中国人应有的贡献。但我们没必要刻意强调哪些是别人的，哪些是自己的。只要是对客观规律的科学总结，我们都应当认真学习。

一段时间来，由于种种原因，社会上有一种把改革不完善造成的弊端归咎于经济学家的倾向。一些带有某种意识形态背景的政治势力趁机从“左”和右两个方面一起向中国的经济学家发难。一些极“左”的声音说，中国的经济学家都被“西化”了，大学的校长、系主任、研究所所长都应当撤换；另一些右的声音说，中国的经济学家连西方的皮毛还没学到呢，连在国外著名大学读研究生的资格都不够。这些声音的目的很清楚。他们要否定的不是中国的经济学家；其目的是要否定中国的改革，否定我们的经济制度，否定我们这个国家、这个民族、这个社会在过去30余年来所做出的一切努力。“左”和右齐上阵，遥相呼应而默契配合，说明了什么？恰好说明中国的经济学家群体已经走出了极端主义的思想束缚，走出了简单模仿他人的初级阶段，已经走向了成熟和把握了对中国国情的深刻认识。

一个曾被媒体热炒的说法是，中国真正的经济学家没有几个。在一定意义上说，我可以同意这种说法。我们上面提到，20世纪50年代中国著名的经济学家马寅初。是他在中国人口还只有4.5亿人时，就最早提出了中国应当自觉控制人口增长的理论。但是就因为这个理论，他受到了严酷的政治迫害，甚至被关进监狱多年。但直到“文革”动乱结束给他平反时，马老先生还是坚持说，必须正式说明，我马寅初没有错，我才接受这个平反。20世纪60年代，中国还有一个著名的经济学家叫作孙冶方，他当时担任中国科学院哲学社会科学部经济研究所所长。当时中国社会科学院还没有成立。是他在60年代初期“三年困难时期”最早提出了中国要搞市场经济的理论。因为这个理论，他被打成了“反革命修正主义分子”，被关进监狱，受尽迫害。但同样，当“文革”动乱结束，有关部门到监狱宣布给他平反时，孙先生义正词严地声明两条：出去一是不改行，二是不改观点。马寅初、孙冶方先生是中国经济学界的前辈、大家。如果以此为标准，像这样的经济学家，中国的确还没出几个。

我前面说过，我是经过“文革”动乱，没读过多少书，又念过很多书的人。和我同时代的经济学者大都和我有着类似的经历。由于历史、时代的原因，这一代人的学养基础是不牢固的，知识结构是有缺陷的。这注定了这一代人只能是承担着承前启后任务的过渡性的一代人。从这个意义上说，在这一代人中可能确实产生不了几个真正意义上的经济学家。但这一代人的最大特点，是亲身经历过“文革”、“上山下乡”、“林彪事件”、粉碎“四人帮”、“思想解放”一直到“改革开放”、“发展市场经济”以至“构建和谐社会”的全过程，又在大学中接受过正规高等教育、有机会留过学的一代；是经历过最严酷的底层历练、最剧烈的社会变革、最尖锐的思想冲突的一代。2009年有个电影，叫“高考1977”，说的就是这代人从社会最底层爬出来的那个“破天荒”的开端。这一代人用自己的眼睛看到过的和用自己的大脑思考过的东西，今后恐怕是无法重复了。我坚信，不论什么样的极端思潮恐怕都很难让这一代人屈服。

【提问四】：我们所说的“社会主义市场经济”和发达国家的市场经济有什么区别吗？

答：市场经济有其共同规律。我们要搞市场经济，首先要认同这个共同规律，而不是首先强调自己有什么国情特色。前两年，日本三菱公司的"帕杰罗"越野车发现设计缺陷，在全球被召回。但当时我们有些主管部门的官员说，汽车召回制度不适合中国的国情。结果现在，当中国的汽车产业走到了上规模、上档次、上水平、上竞争力的阶段，我们不可避免地也得实施汽车召回制度。因为这是市场竞争决定的，是供求关系的主动权转到消费者一边后的必然结果。不存在这样一种国情，说中国消费者权益受到保护的标准就应当低一点。

但另一方面，中国的市场经济的确又有其特殊性的一面。我们是从计划经济体制改革而来的市场经济，不是从充分的自由竞争基础上发展起来的市场经济。我们还有大量的农村劳动力并未真正进入市场，目前的市场经济还是一个与自给自足的自然经济并存的经济。我们还是一个发展不平衡的国家，区域发展差异导致全国统一市场的形成还需要一个较长周期。这些是实实在在的国情。简单说"市场经济应当是什么样的"，可能在中国就行不通。例如，就业制度改革就不是简单地把过去的体制承诺"一风吹"就行的。我们还得先对原有国企职工实行"有偿解除劳动合同"的改革才行。

上述特点是中国特有的，但不能说这些特色是"社会主义"的。目前看，所谓的社会主义市场经济，关键是强调发展过程中的共同富裕。我认为，"社会主义市场经济"这八个字，去掉哪四个字都不行。没有后面的四个字，我们就没法保证效率和优化，这已经为我们的实践所证明。没有前面的四个字，我们就没法避免国家的分裂和社会的分化。这才是中国最大的国情。

【提问五】：我们过去一些年的失误是不是就是体制性的失误？今后我们能避免这些失误再现吗？

答：体制性的失误是显而易见的。不然我们也用不着这么长时间地推进改革。在计划经济时期，高度集中的统一决策，又缺乏民主、科学的论证程序，导致了很多主观失误酿成巨大恶果。但体制性失误并非惟一的原因，我们对客观规律的认识也是在不断深化的，没有谁是神仙，有些事情是在实践中才逐步认识清楚的。

举个例子说。在改革开放之初，没有人知道我们最终要走到社会主义市场经济这条路上来，也不知道今天中国还要加入 WTO。最初为什么会允许非公经济发展呢？是因为 20 世纪 70 年代末大量知识青年返城，"一大二公"的体制内无法解决他们的就业问题，我们只好提出"国家、集体、个人一块儿上"的"三结合"就业方针。最初，是就业的压力导致了我们的经济格局出现了天翻地覆的变化。20 世纪 80 年代中后期我国家电产业起步的时候，政策规定只允许国家定点的国有企业进入，不许民营企业进入。那时认为，私人企业、民营企业即或不是资本主义的，至少也是非社会主义的。但是市场选择的最终结果是，当初机械工业部、轻工业部、电子工业部、兵器工业部，还有各省定点的那些厂家没有几个活下来的。倒是当初连“户口”都报不上的许多民营企业现在成为我们家电产业的“龙头老大”。20 世纪 80 年代中期对私营经济发展还有一条规定，最多只允许雇七个人，认为雇七个人以下没有“剥削”，七个人以上就有了“剥削”了。为什么当时会提出这么荒唐可笑的说法呢？因为当时的认识还受到旧体制和传统理论的束缚。

人的认识是不断深化的。我们也不能指望谁能够一下子把客观规律全部认识清楚。邓小平同志是个伟人，他也只能说到，“贫穷不是社会主义”，用的是否定式。那什么是社会主义呢？这需要以后的实践，需要到“十六大”才能解决。

【提问六】：如果注重大多数人的利益就是社会主义，那么现在发达国家与中国相比，哪里的劳动者享受的福利更多呢？

答：这是一个很值得严肃回答的问题。世界上堪称发达国家的地方一共有多少人口呢？一共有 7 亿人口。从 18 世纪 60 年代英国的产业革命算起，迄今人类用了 200 多年，付出了奴隶贩运、殖民地掠夺、两次世界大战以及不知道多少杀戮、贫困、歧视、种族冲突的代价，才把这 7 亿人送进了工业文明，让他们享受了现代化的物质基础。这些发达国家的福利是全世界人民付出了极其沉重代价的结果。我们现在要在过去 20 余年、未来 20 余年的努力中把 13 亿人送入工业化、现代化。我们不可能依靠掠夺来实现自己的发展，也不可能把发展的代价转嫁给别的国家。简单地比较哪里享受的福利更多，我想这不能说明问题。正因为我们国家的老百姓还没有享受到如同发达国家那样的福利水平，2002 年中国共产党的“十六大”才提出，我们要一心一意谋发展，聚精会神搞建设。中国发展的基础是我们自己的艰苦努力，中国老百姓所享受的福利将是我们中国老百姓自己创造出来的福利。

【提问七】在当前这场金融危机中，您觉得我们中国的应对有无失误？为什么 2008 年中国的宏观调控政策会出现 180 度的大转弯？此前政策的预见性和科学性能说是充分的吗？

答：这个问题问得很尖锐。就我个人认识所及，我国从 2004 年以来的宏观调控政策有主动性的一面，也有被动性的一面；有符合客观规律，从而推动了国民经济稳定健康发展的一面，也有由于认识的局限性导致付出很严重代价的一面；有因为形势逆转的客观原因，也有判断失误的主观原因。金融危机的问题，我会陆续和大家交流，那时我会从国际国内、历史现实、经验教训等多方面和大家讨论。

在本专题，我想着重强调一点，就是绝不要忽略中国过去几年宏观调控的背景。这个背景包括四个方面。一是我们是在长期发展过程中的社会矛盾集中显现的阶段上调控短期的经济运行。调整利率本来是宏观经济政策中最常见最普通的措施，但在中国，却被人们置疑为“政府是否为开发商‘托市’”，这就是这个复杂背景的反映。二是我们是在同时面对多重严重的自然灾害的情况下维护经济的平稳运行。2008 年上半年严重的冰冻雪灾、汶川大地震，都是人们无法预料的、非常特殊的灾害；这些自然灾害不仅涉及全局、影响巨大，而且都要动用极为大量的资源，有些时候甚至不得不采取战时动员体制，需要全国人民万众一心才能应对。在这种大风大浪的极端困难情况下，仍要把“舵”掌稳，其难度可想而知。三是我们是在世界经济深层次矛盾集中暴露的变化中力图稳定着中国的国民经济运行。2008 年 7 月，世界油价暴涨至 147 美元/桶；2009 年 1 月又暴跌至 34 美元/桶。这不是一个简单的价格现象。这是几十、上百年来，在发达国家间形成的货币体系、市场体系、资源配置体系趋于崩溃的临界表现。中国是个发展中国家，这些大起大落的价格不是中国造成的，我们也没有多少发言权和影响力。要在这样的风云变幻格局中“世事洞明”，这个要求可能过于苛刻了。四是中国正处于产业结构升级的过程中。以后我们还会专门讲到，产业结构升级，本质上就是和世界重新分工。从 2008 年北京奥运会前后出现的什么“藏独事件”、“抢火炬事件”，还有什么“达尔富尔人权危机”问题，以及我国外向型经济若干年的异常高速增长、前期人民币面临的巨大升值压力、金融危机爆发后数千万农民工因关厂而“被动返乡”等各种复杂纷纭的现象中，从人们熟悉和不熟悉的地缘、政治、宗教、外交、经济、民族甚至意识形态等冲突中反映出来的，只要和中国有关，都和中国在“经济全球化”中的进取密切联系在一起。调控中国国民经济运行过程中的总量平衡关系，实际上已经在很大程度上与协调极为复杂外部经济关系密切融合在了一起。因此我认为，评价和认识中国过去几年的宏观调控政策，需要站得高一些、看得广一些才能得出有意义的结论。

第2讲 社会主义市场经济

SHEHUIZHUYISHICHANGJINGJI

在上一讲中，我们实际上已经在很大程度上涉及了社会主义及其经济制度的问题。在这一讲中，我们要着重交流的，是市场经济的主要制度框架和中国基本经济制度向社会主义市场经济转变的客观必然性问题。

先给大家讲个故事。是真事儿，不是瞎编。

20世纪80年代初期，我们国家制定前一个“翻两番”战略的时候，有个著名专家给中央提建议，认为中国不能提倡穿皮鞋，因而也不宜发展制革业。为什么呢？因为中国人要是都穿皮鞋，那得杀多少牛呀？当时中国的人口是10亿。一头牛的皮能缝多少双皮鞋，中国一共有多少牛，那是有数的。专家用多少种数学模型算出的结论是，把中国的牛都杀了也不够。何况牛还是重要的农业生产资料呀。怎么能都杀了做鞋穿呢？

结果怎么样呢？到今天我们看到，人们已经普遍穿上了皮鞋。你到火车站看看，民工春节回家穿的也是皮鞋。我们现在面临的问题是，商店里的皮鞋多到卖也卖不掉的程度。我们在座的女士可以证明，大概每人没有三十双皮鞋也有二十七八双。高腰的、矮腰的，冬天的、夏天的。一阵子流行圆头的，后来又改方头的了，最近又改尖头的了；穿皮凉鞋还不行，后来又时兴穿皮拖鞋了；皮鞋不时髦了，大热天也得捂一双长筒皮靴子。人们有了这么多皮鞋，那中国的牛到底杀光了没有呢？我们一打听，敢情不仅没杀光，反而比以前更多了。多到有专门提供乳制品的牛，有专门供吃火锅的牛，还有专门提供牛绒的牛。

是谁创造出了这个按照计划经济的思维，人们怎么算也算不出来的奇迹呢？是市场。

这就是市场经济的活力、魅力、魔力和创造力。

由此就引出了一个有意思的话题：市场经济为什么会造就出那么多的“牛”？

1. 什么是市场经济

- 市场经济下的交换就是“亲兄弟明算账”的交换。交易双方必须计较多少，必须维护自己的利益。
- 否定了个别利益，实际上也就否定了公共利益。结果是大家共同受穷，谁的利益也没有得到保障。
- 要有秩序就得讲求规则。没有规则就乱套了。那就不是竞争，而是战争了。
- 市场经济下的各种秩序，是人们在万千次交易、竞争中总结出来的。建立秩序是有利于所有市场参与者的利益的。任何道德、法律或行政权力方面的不平等都会使等价交换的原则扭曲，市场交易规则中不能有任何的超经济强制。
- 把生产与消费区别为姓“公”和姓“私”的观念其实是所有制关系上姓“公”姓“私”的争论在消费领域中的延续。
- 改革发展到这一步，维护消费者权益已成为当前改革进程中社会经济关系调整最核心、最直接、最前沿的问题。
- 维护消费者权益就得按照国际标准，而不是按传统思维下的“中国国情”来说话。
- 信用也是一种资源。利用信用资源，可以放大实际的资源规模，可以大大提高资源的利用效率，可以动员更多的闲置资源投入到经济活动中去。
- 老百姓到银行贷款不是因为没钱，而是因为他们钱多了。是因为他们的钱多到需要“理财”的程度了。
- 信用这种资源不是和“大公无私”联系在一起，而是和财富、产权的多元化归属联系在一起的。

【2-1-1】市场经济就是按等价原则进行交换的经济。市场经济下的交换是“亲兄弟明算账”的交换。交易双方必须计较多少，必须维护自己的利益。马克思说，分工和生产要素分属不同所有者是市场经济存在和发展的前提。交换中这个“必须维护自己的利益”的行为非常重要。可以说，这是市场经济一切规律的根本出发点。在所有经济学中都存在一个无须证明的假定前提。这个假定前提就是，人都是趋利避害的。

什么叫市场经济呢？大概一百个经济学家可以提出一百零一种以上的说法。有人说，市场经济就是私有制的经济；有人说，市场经济就是价值经济。还有说是自发性的经济、竞争的经济、优胜劣汰的经济、信用经济、法制经济等等。

应当说，这些说法都有一定道理。包括“私有制”的说法。关于“所有制”的问题我们下面还要专门说到。但是这些说法都像是“盲人摸象”，都只触及一个局部，都没有总体的概括力。

什么是市场经济？其实很简单。市场经济就是按等价原则进行交换的经济。

市场经济得以存在和发展，其根本基础首先在于分工的普遍化。我们说到过，没有工业化就不会有市场经济。为什么呢？因为工业化、大机器生产才能造就社会普遍分工的物质基础。农业文明时代，农村妇女天天晚上摸黑纳鞋底也供不上一家人穿鞋。用机器生产，一个工人一天能缝 100 双鞋。现在工艺又改进了，不用缝制了，用胶粘。一个工人一天能粘 1000 双鞋。生产这么多鞋，当然不是他自己穿，或者给他家人穿，或者给他老板穿。干什么用呢？用于出售。就是交换。

分工还不是市场经济的惟一基础。刚才说到，在市场上出售就是交换。可分工引起的交换并非只有出售一种方式。计划经济下也有分工，但大量的产品是“计划调拨”的。不是真正的出售。为什么呢？因为“一大二公”体制下的传统理论认为，大家都是一家人，用不着算计那么清楚。“肉烂在锅里”。谁多谁少不都是“国家”的吗？或者说是“劳动者共同所有”的吗？我们在改革的初期就开始力图打破“大锅饭”。但那个时候所说的“大锅饭”主要指企业中“干好干坏一个样”的平均主义分配制度。其实原有体制下最大的“大锅饭”并不在平均主义的分配上，而在于否定等价交换的市场交易原则上。

市场经济下的交换是怎么样的交换呢？就是“亲兄弟明算账”的交换。交易双方必须计较多少，必须维护自己的利益。人们都在菜市场买菜，有和卖菜的小贩讨价还价的经验。萝卜白菜的价格贵一毛钱，小贩的利益就多一毛钱。价格便宜一毛钱，买方的利益就多一毛钱。谁的钱也不是白来的。

请注意，交换中这个“必须维护自己的利益”的行为非常重要。可以说，这是市场经济一切规律的根本出发点。在所有经济学中，其实都存在一个无须证明的、共同的假定前提。这个假定前提就是，人都是趋利避害的。

再请注意，市场经济就是等价交换的经济。这话是谁说的呢？一个大家很熟悉的名字。马克思说的。马克思说，价值规律是市场经济的最基本规律。什么是价值规律呢？依据商品价值等价交换的规律，和价格围绕价值上下波动的规律。上述市场经济得以存在的两个前提是谁说的呢？也是马克思说的。马克思说，分工和生产要素分属不同所有者是市场经济存在和发展的前提。

我们的改革实践已经明确无误地证明，公共利益、共同利益一定是建立在个别利益的基础上的。否定了个别利益，实际上也就否定了公共利益。20 世纪 70 年代末之前，在我国农村的人民公社中实行的是“工分制”。就是大家一起干活，只算“工分”不算钱，年底算总账。按集体一共收入多少钱来推算出每个工分多少钱。从理论上说，谁干活都会导致大家共同的分值提高。每个人的个别利益都可以通过集体利益的提高得到体现。这种“工分制”把大家的利益联系在一起了吧？但实践证明，这种否定个别利益的制度设计导致了农民“出工不出力”的反抗。无穷无尽的政治运动、反复的“大公无私”教育也无济于事。结果是什么呢？结果是大家共同受穷，谁的利益也没有得到保障。20 世纪 70 年代末，我们首先进行的改革就是“分田到户”，承认农民的个别利益。结果是什么呢？是 1984 年新中国成立 35 周年庆典时，邓小平在天安门阅兵那个时候，全国农民高唱“在希望的田野上”。

我们不想扯进“人是不是自私的”这种没有多大意义的争论中去。我认为，这个争论就像“无所不能的上帝能否提出一个连他自己也回答不了的问题”那样的一个悖论命题。悖论本身是门学问。研究悖论也是有意义的。下面我们就会讲到，市场经济的一切活动都充满悖论。比如，“分散的所有权能够更高效率地集中资源”。分散的财富归属反而会有利于资源集中，这不是悖论吗？的确是。但这个“自私”与否的争论是把人的本质这种哲学命题拿来解释现实、生动的社会经济生活。迄今动辄质问别人这种问题的，我们不能简单地把它理解为对理想社会向往的单纯。这是典型的“形而上”学。反驳这种无意义的诘难并不难。论证方式上有种方法叫作“归谬法”。例如我们可以问，人都是要死的，人就不应当避死求生了吗？

实际上，2002 年中国共产党的“十六大”报告已经对这个问题做出了回答。“十六大”报告说，不能以人有财产还是没有财产、财产多和少来区分人们在政治上的先进与落后。我认为，我们可以把这句话在理论上诠释为，不能以人们是否有趋利避害的利己动机来区分人们在政治上的先进与落后。“十六大”报告说，关键要看人们的财产是怎么来的。在我们的问题中，关键是趋利避害要有规则。我们后面还会专门讲到规则的问题。

【2-1-2】等价交换只能在供求双方平等的基础上才能真正实现。任何道德、法律或行政权力方面的不平等都会使等价交换的原则扭曲，都会导致市场经济关系紊乱。用理论化的语言说就是，市场交易规则中不能有任何的超经济强制。

我们在上一讲中特别讲到了，经济学有很多重要的基本概念，例如等价交换、竞争、优化、稀缺、边际、效率以及资源等。任何资源都是有限的，经济学重点研究的就是有限的资源，或者说稀缺的资源的优化配置问题。由于资源有限、机会有限，当人们都想趋利避害的时候怎么办呢？由此就产生了竞争的问题。

供给不足，大家都想买到，那就产生了需求方的竞争。供给充分而需求不足，卖方就希望买方优先买自己的产品。由此就有了供给方的竞争。供求双方讨价还价表现为供求之间的竞争。实际上，市场经济下的竞争是无所不在的。其表现形式也是变化万千。不仅同类行业之间、满足同种需求之间的产品会有竞争，例如出版社和电视台之间有竞争；生产完全不同产品之间的企业也会有竞争。因为有可能两个企业、两种行业会使用同一种资源。例如石油既可以作燃料，又可以生产化工产品，而石油是有限的。技术替代、功能替代、效用替代都会导致竞争。

在过去一些年的改革过程中，大家对竞争已经比较熟悉了。但对竞争的评价恐怕仍有不同看法。因为竞争必然牵扯到一个问题，就是公平的问题。还有人更把市场经济下的竞争道德化，说，承认人会“趋利避害”就已经颇有“抑善扬恶”的味道了，还要提倡竞争，这不是在倡导“弱肉强食”的罪恶理论吗？对这个诘问，我觉得有必要多说几句。

2002年的春运前夕，当时的国家计委就“旅客列车提价”问题举行听证会。我作为“专家代表”出席了那次听证会。这个会是电视台向全国实况转播的。当时，各界代表的发言纷纷表述的重点都是，我这个群体如何收入有限，如何有理由在春节回家。还有律师说，春节涨价是铁道部借机敛财，有违公平的原则。

听证会上每个代表的发言限定为五分钟。有个计分的大计时器在主席台上放着呢，电视画面上不一定看得见。

这五分钟说什么呢？我想了三天三夜，最后决定重点说一个道理。我说，我们的听证会要证明什么呢？是要证明哪个群体最有理由春节回家吗？是要证明哪个群体的收入能否承受涨价吗？是要证明春运是否真会引起铁路收不抵支吗？都不是。我们姑且承认各位说得都对，大家都有理由春节回家，民工就是无力承受车票涨价，铁路就是借机敛财。但是假定有十个人要回家，铁路最大运力充其量只能运走八个。我们即或证明了大家的上述论证，对解决这个问题有助吗？我们现在要解决的问题是什么呢？是用什么样的办法把这八个人从十个人里面挑出来。大家说，还有没有比价格杠杆效率更高、成本更低的办法呢？如果有，咱们就采取你说的那个办法。如果没有，我们就得采取价格调整的办法。我们要证明的就是这样一件事。

这个例子所说的，就是用价格竞争来解决资源优化配置问题。在春运这个例子中，我们还有没有其他解决办法呢？也有。例如，我们也可以不提价，沿用让大家提前排队的办法，谁买到算谁的。但这个办法中，旅客彻夜排队的代价、“走后门”的代价、让“票贩子”倒票赚走的代价加到一起，可以肯定地说，需求方多支付的代价要远远大于火车票涨价的代价。就是说，这个“涨价”部分实际上是已经客观存在的了。在经济学上，这个包含了需求方实际支付的代价总和叫“影子价格”。现在我们要研究的是，把这个“影子价格”与名义价格，就是未涨价的铁路调价，之间的差额支付给谁的问题。按照涨价方案，旅客们多支付的代价将直接有助于铁路今后增加供给，而在“排队”方案中旅客们多支付的代价则完全无助于铁路供给增加。再例如，我们还可以用计划经济下的配给方式。譬如给每个公民发500公里的铁路购票证，大家自己去相互调剂余缺。这个方案听起来够公平吧？但是社会能够承受，或者说有必要承受这么大的一个资源配置成本吗？而且可以断言，即或这个方案真的行得通，那“购票证”的黑市将立刻兴盛起来。真正需要购票的旅客真的能够少付代价吗？

这样看来，我们在竞争中就不需要关照弱势群体了吗？就不需要体现公平吗？需要。这个公平同样可以，而且应当通过价格杠杆实现。例如，我在听证会上说，应当首先把哪两个人从乘车需求中排挤出去呢？应当把最有能力选择替代方式的人、占有着更多社会资源的人排挤出去。比如说，能够不坐火车而改乘飞机的人，能够不去旅游而去到郊区住度假村的人。怎么排挤呢？很简单，加大软卧票的涨价幅度，降低硬座票的涨价幅度。后来实际实行的涨价方案基本上采取了我的这个建议。

我们说对软卧票多涨价，是不是就是一种非市场化的不公平呢？不是。这个建议是有充分的经济学道理的。听证会上没时间详细说，在这里顺便和大家简单交流一下。对我们这门课来说，了解这个分析、这个道理绝对不为多余。

经济学上有两个极为重要的概念，一个叫“影子价格”，一个叫“机会成本”。

刚才我们已经提到“影子价格”这个概念了。铁道部关于春运涨价的理由之一就是存在着“影子价格”。在火车票这个例子中，大致说，票贩子卖出来的价格就是春运票价的影子价格。票贩子们都知道，倒腾硬座票是挣不了多少钱的，加价幅度很有限，能挣钱的是卧铺票。为什么呢？因为稀缺。这个稀缺不仅表现为卧铺票少，而且表现在买卧铺票的人购买力强上。影子价格是最能表现资源稀缺程度的价格。既然你铁道部提出了“影子价格”的理由，那就应当遵从“影子价格”所表现出来的价格差。软卧的“影子价格”最高，所以软卧就应当多涨。

再说“机会成本”。什么叫机会成本呢？你来听 EMBA 课就得少做生意。少做生意的损失就是你上 EMBA 班的机会成本。要不我怎么说，感到讲这门课颇有压力呢？因为在座的很多人都是老板，机会成本很高。要让人家说听这门课“值”，上海人说“划算”，就得让大家觉得听这个课的收益大于你的机会成本才行。

那在春运这个例子中，铁路的机会成本是什么呢？我们假定正常情况下一节硬座车和一节软卧车的票价销售收入都是一万元。现在由于春运超员，硬座挤进了更多的人。比如说 50% 吧。票价不涨，一节硬座车厢已经可以有一万五千元的票价收入了。可是软卧一般不能超员，收入还是一万。诸位都是做生意的，你说铁路该不该考虑少挂一节软卧多挂一节硬座，或者对软卧提价 50% 呢？因为这时软卧车厢的机会成本已经提高了 50%。提价 50% 才能让软卧的机会成本和硬座的机会成本持平。这很公平。

道理讲到这儿还没完。硬座是在超员情况下增收 50% 的。就是说每个旅客享受的空间大大缩小了。而软卧即或提价 50%，因为并没有超员，旅客享受的空间并没有缩小。那么坐软卧的旅客该不该为供求失衡条件下占有优质资源再多付一些代价呢？应该。在这个例子中，在硬座不提价的情况下，软卧只涨 50% 还不行，应当涨 80%，甚至 100% 才合理，才公平。如果硬座提价，那软卧应当涨得更多。

这就是市场经济。这就是竞争。竞争有什么好处？竞争的好处主要有三条。一是优化资源配置。提高有限资源的利用效率。二是优胜劣汰。优胜劣汰不仅是把资源配置给更有效率的支配者的意思，更重要的是不断促进社会、市场、技术不断向前发展。三是降低社会交易成本。在很多场合，用不着开很多会，无休止地讨论个没完，谁出价高就卖给谁。决策变得非常简单。

2005 年召开的中共十六届五中全会形成了一个重要文件，就是关于“十一五规划”的建议。这个文件对我国在 2006 ~ 2010 年这样一个中期过程的发展做出了基本部署。这个文件明确指出，要“建立反映市场供求状况和资源稀缺程度的价格形成机制，更大程度地发挥市场在资源配置中的基础性作用，提高资源配置效率”。我们上面讲的，就是这个道理。

有了竞争，就必然引起另一件事，那就是秩序。近年来媒体上经常讨论的一个重点话题就是整顿和维护市场经济秩序。对市场经济秩序的讨论从一个角度反映出，我国的市场经济已经发展到了一个新的阶段。因为市场经济发展了，竞争普遍化了，人们才需要考虑和关注秩序。

要有秩序就得讲求规则。没有规则就乱套了。那就不是竞争，而是战争了。战争也没离开规则。战争的目的是什么？用经济学眼光看有两种，一是通过践踏规则掠夺资源，二是通过强制手段重建规则。

中国人说，“没有规矩不成方圆”。大家都看足球比赛的转播。足球赛一定要有胜负，这就是竞争。但你得想法把球往对方球门里面踢，不能专门踢对方球员的腿肚子。这就是规则。赛不出胜负就互射点球，非得罚出一个胜负来。这也是规则。如果哪个球队说，我明明实力比对手强，罚点球有太多运气成分，不公平，谁胜谁负应当由“组织”来定，让组委会开个会讨论决定行不行？或者说用民主的办法定，让所有球队的队员投票决定行不行？不行。游戏规则若此。大家都得遵守。遗憾、不满也得遵守。要不你就别参与。

规则、秩序都是一种制度安排。我们说到过，制度安排就是一种社会共同约定。那什么是市场经济秩序呢？由此而来，市场经济秩序就是为保证社会经济系统顺畅运行的社会共同约定。在交通规则中，“行人车辆靠右走”是一种社会约定；在自然经济向小商品经济发展过程中，“逢五赶集”是一种社会约定；在我国传统的经商理念中，“童叟无欺、货真价实”是一种社会约定；在工业化进程中，以银行等金融机构为中介的资本所有权与使用权的分离是一种约定，在市场经济普遍建立过程中，“一手钱一手货”发展为“货、款让渡在时间上分离”这也是一种社会约定，只不过是信用参与其中的一种社会约定。市场参与者之间的社会共同约定就是市场经济秩序。

市场经济下的各种秩序，或者说各种社会约定是怎么来的呢？是人们在万千次交易、竞争中总结出来的。人们在市场交易的实践中逐步懂得，建立秩序是有利于所有市场参与者的利益的。约束所有的人，也保护所有的人。最初的秩序、规则可能是自发的。但随着市场经济的不断发展，交易范围的不断扩大，科学技术的不断进步，自发的秩序、规则早已经不能满足需要。于是有了经过特定程序，由专门的社会管理部门制定、颁布的规则和规则约束下的秩序。社会共同约定是市场经济秩序。把这种约定上升为法律、法规、交易规则、技术质量标准以及道德准则等就是规则、制度。

人们对竞争经常有善恶褒贬的说法，但对秩序、规则本身则一般没有。不会有人说我们不需要秩序，不需要规则。但是对规则的认定则有很大的不同。给大家举几个例子。

到过欧洲的人可能知道，那里的商店星期日不营业，周六也只开门很短的时间。为什么人们都休息，都有时间逛商店的时候那里的商家不营业呢？因为那里的老板说，老板也应当有周末的权利。那愿意休息不愿意赚钱的老板就关门休息好了。还不行。主张休息的老板说，我关门别人不关门，岂不是让别人占了我的市场份额了吗？我们得通过一条法律，就是周末谁也不许开门。开门就违法。大概欧洲的老板都同意这个提议，消费者也接受这个规定，所以那里商家的“游戏规则”之一就是周末不开门。

依据管理学的基本理论，规范化的社会共同约定，或者说社会共同行为规范，应当包括“可以做什么”、“不可以做什么”和“违背规范的后果如何”三个基本方面。常识可以理解，完善、顺畅的交通秩序一定包括“行人车辆靠右走”、“非机动车不可以在机动车道行驶”和“违规要受到惩罚”三个组成部分。维护交通秩序的“硬件”设施、交通秩序的具体组织与维护者等都是“可以做什么”、“不可以做什么”和“违背规范的后果如何”这三方面基本约定的延伸。如果秩序出现混乱，一定是这三个方面中的某一个环节出现了漏洞。市场经济秩序及维护这个秩序的规则也同样如此。

现在人们在讨论秩序、规则时喜欢说“公正”、“公开”、“公平”的“三公”原则。这三项的确是建立良好秩序的根本基础。但怎么样才算公正、公平？大家的判断标准并不一致。我们说个维护消费者权益的问题。

在我国现实的市场环境中，我们经常碰到一些地方、行业、企业用种种形式搞垄断价、地区封锁的事。垄断价肯定是侵害消费者利益的行为。但搞垄断价的人也有很充足的理由。什么理由呢？为了保证国家税收，为了改善国有企业经营状况，为了国有资产“保值增值”。这话听起来理直气壮。你消费者不过是个私人，为了国家、公家、国有资产的利益吃点亏还不是应当的么？

这种说法有没有道理呢？完全没有道理。

市场经济有个最基本的规律，叫等价交换。怎样才能等价交换呢？只能在供求双方平等的基础上才能真正实现。任何道德、法律或行政权力方面的不平等都会使等价交换的原则扭曲，都会导致市场经济关系紊乱。用理论化的语言说就是，市场交易规则中不能有任何的超经济强制。

我们说，在市场经济条件下，生产者与消费者的基本关系是两个完全平等的经济主体之间的关系。它们之间不应当存在一方利益优先于另一方的特权。认为企业、供有者、政府一方是公，是公有利益；消费者是私，是私人利益，认为不能让公有利益吃亏的说法是完全站不住脚的。这是把不同的经济关系，把生产资料所有制方面的关系偷梁换柱地换到了供给与需求、生产者与消费者之间的经济关系上。在厂商与消费者的交易过程中，不存在任何公与私的关系，消费者不论面对国有、集体、个体或外资企业，都是等价交换的过程，要遵循等价交换的原则。消费者没有义务为任何企业的所有者利益承担责任，没有义务为政府的税费增收承担责任。

把生产与消费区别为姓“公”和姓“私”的观念其实是在所有制关系上姓“公”姓“私”的争论在消费领域中的延续。为什么我国的市场经济秩序会出现混乱？这种错误观念的存在，以及在这种错误观念下形成的市场规则不合理是重要原因之一。这就提出了一个很严肃的命题，我国的消费理论、消费政策也要拨乱反正，而且要从深层次拨乱反正。

有必要强调指出，消费者利用自己的合法收入，在合法的消费过程中支出货币以换取消费资料，这是市场经济下正常合理的经济行为。消费者在这个经济行为中丝毫也没有占公共利益的便宜。在市场经济条件下，生产与消费之间的经济关系，以及生产者与消费者之间的经济关系，与“公有利益”和“私人利益”之间的关系毫不搭界。不仅如此，在当前改革的过程中，我们所要推进的恰恰是消费的“私人化”进程，例如公车改革、住房货币化改革、职务消费货币化改革等。可以而且应当理直气壮地说，这个“私人化”代表着对客观规律的顺应，符合历史进步的方向。

别以为维护消费者利益是个小事。消费者这个概念本来就是市场经济的概念。在计划经济体制下，我们有“消费者”这个概念吗？没有。那时只有劳动者、创造者、贡献者的概念。人们认为消费是恶，生产、贡献是善，尽可能少地从社会索取，尽可能多地给社会贡献，才是必要的、崇高的。市场经济不是这样的，有生产就有消费，消费是经济发展过程中的一个必要环节。社会发展到今天，消费已经不再是生产发展过程中的一个附属的环节，而是关键的、第一位的环节。创造出需求，才有生产发展的余地；创造不出需求，生产就会停滞、萎缩，经济就无法增长。改革发展到这一步，维护消费者权益已成为当前改革进程中社会经济关系调整最核心、最直接、最前沿的问题。2004 年党的十六届三中全会提出的“科学发展观”明确强调，要“坚持以人为本”。在一定意义上说，“以人为本”就是要以满足人的最终需求为本。

为什么这样说呢？大家想，从 20 世纪 90 年代后期起，中国经济发展中最大的“瓶颈”是什么？是有效需求不足，是供大于求的失衡。世界金融危机爆发以来，人们普遍认识到，中国率先走出危机阴影的关键就是扩大内需，特别是扩大消费需求。2007 年末，国务院提出，为应对变化了的经济形势，不仅要把稳健的财政政策、从紧的货币政策立即转变为积极的财政政策和适度宽松的货币政策，而且政策调整“出手要快、出拳要重”。其中，就包含扩大消费需求的政策“出手要快、出拳要重”。从 1998 年以来，我国的城乡居民储蓄存款余额始终保持着两位数的增长，其中只有 2007 年除外，那一年股市大涨，人们的货币收入都被吸引到股市去了，到 2008 年末，这个余额已经突破 22 万亿元。中国有没有扩大内需，扩大消费需求的潜力？社会有没有这个物质基础？不仅有，而且非常巨大。

物质基础具备，为什么还要政策去启动、去刺激呢？原因很多。但原因再多，有一条不可否认，就是市场秩序中存在着不利于消费者的制度障碍，市场规则没有切实保护好消费者。当老百姓实现自己的消费行为时，他的利益总是受到侵害，你说他会愿意打开钱袋子吗？我们的消费者是理性的，是聪明的。他们不会因为市场规则的偏移而放弃自己的权利和利益，去选择那些质次、价高的产品。我们可以这样说，善待和尊重消费者，维护消费者利益就是扩大内需，就是代表最广大人民群众利益的具体体现形式之一，就是应对世界金融危机的最强有力的举措。

【2-1-3】市场经济秩序出现普遍性混乱的根本原因不在于社会中有一部分人唯利是图或法制、道德操守低下。如果在实际经济运行中，当人们发现，破坏制度总是可以比遵守制度获得更大的收益，那么这个社会的经济秩序一定会趋于紊乱。因为将会有越来越多的人自觉或不自觉地从遵守制度转向破坏制度。

市场秩序、市场规则不是哪个国家想怎么定就怎么定的。随着分工和交换范围的扩大，这种社会约定的范围也在不断扩大。中国加入世界贸易组织，实质上就是在加入一个世界公认的规则、秩序。WTO 的核心问题是什么呢？其核心是在“公平交易、自由竞争”基础上的一系列协定，即大家共同遵守的“游戏规则”。政府不能或只能尽可能少地设置障碍。我们必须遵守这些规则。否则无法加入国际竞争中去，无法与外部世界形成稳定的分工关系。

加入世界贸易组织后，中国的产业、企业和外来竞争者之间将处于面对面的竞争格局，面对质量、价格、服务、可持续发展以及维护消费者权益等诸多因素的较量。加入 WTO 后，我们面临的挑战不仅仅是在企业的规模、技术、资本实力、产品质量、售后服务等方面，更重要的是完善市场经济制度，完善交易规则的挑战。举个例子说，我们维护消费者权益就得按照国际标准，而不是按传统思维下的“中国国情”来说话。我们的出口产品质量必须符合国际通行的，或者进口国规定的标准，不然就会受到抵制。

目前我国的水果生产在规模上已经是世界第一，在品种、成本上也具有很强的竞争力，但遇到一个新问题，就是“农残”问题。农药残留在水果表皮及其深处，洗都洗不掉。制成果汁都去不掉。这个“农残”标准不是我们定的，是有国际标准的。这种标准既是一种市场规则，也是当前一种新的贸易保护、国际竞争工具，叫作非关税壁垒。非关税壁垒包括技术壁垒、环保壁垒、消费者保护壁垒等。

不仅在国际市场如此。在国内市场上也得遵守国际共同的“游戏”规则。例如，如果中国企业在国内市场上维护消费者权益的标准低于国际标准，那么消费者就会买外国企业的东西。中国企业就不可能在国内市场上的竞争中取胜。很多人担心中国的企业能否承受得了国际标准。为什么承受不了呢？为什么只能由中国的消费者承受较低的权益保护标准，不能由企业承受较高的国际竞争标准呢？一方面，不是你想不想承受。这个共同的“游戏”规则是回避不了的。另一方面，没有什么比危机更能促进进化、进步和群体素质提高的了。事情逼到那一步，我相信中国的企业只会做得更好，不会做得更坏。

要想建立规范的秩序，就得解决“不遵守秩序怎么办”的问题。这就要有法。法律就是专管“不能干什么”的。为什么人们说市场经济是法治的经济？因为离开法治，市场经济的秩序、规则寸步难行。

在 20 世纪 90 年代末，有段时间我国社会经济秩序的混乱状况已经发展到了失控的程度。当时我们在给中央的报告中有个分析，认为其根本原因，在“无法可依”与“有法不依”两方面中，有法不依是导致混乱的主要原因；在“体制内”因素和“体制外”因素两方面中，政府、执法机构腐败及“猫鼠串通”等体制内因素的失控是主要原因；在市场机制与非市场机制两方面中，依托行政权力的垄断行为、地方保护主义等非市场机制是主要原因。

有人把一段时期内我国市场经济秩序混乱的原因归结为计划经济向市场经济转轨过程中的制度“真空”。这种说法有一定道理，但其说明的只是表层原因。中国的市场经济运行规则尽管仍不健全，但禁止和惩处故意危害人民健康与社会安全行为的法律还是明确具备的。一个显然的事实是，“毒大米”、“‘豆腐渣’工程”以及曾引起社会轩然大波的“三鹿奶粉事件”出现的原因并非是无法可依，而是有法不依。

关键是为什么有法不依。

从经济学意义上说，市场经济秩序出现普遍性混乱的根本原因不在于社会中有一部分人唯利是图或道德操守低下。在任何制度背景下，唯利是图、损人利己、铤而走险或缺乏遵守共同行为准则意识的人总是存在的。我们说过，所有的经济学说都有一个共同假定，即人总是趋利避害的。不论社会具有怎样的公开约定，如果在实际经济运行中，当人们发现，破坏制度总是可以比遵守制度获得更大的收益，那么这个社会的经济秩序一定会趋于紊乱，因为将会有越来越多的人自觉或不自觉地从遵守制度转向破坏制度。譬如制售假货可以骗钱且不受惩戒，或违规成本远低于违规收益时。这一点从常识中就可以理解。为什么会出现普遍性的“有法不依”？因为维护制度的人或机构本身也在从破坏制度中捞取“好处”。可以断言，凡是违规、违法现象长期、普遍存在的地方，一定有执法者与违法者的串通，一定有执法者从违法行为的存在中获取利益。

【2-1-4】信用这种资源不是和“大公无私”联系在一起，而是和财富、产权的多元化归属联系在一起的，是和保护多元化的社会利益联系在一起的。不讲信用就侵犯了别人的所有权。在计划经济、“一大二公”的体制下，几乎所有的财富、所有的资源都是国家的，无所谓产权，也就无所谓信用。2003年党的十六届三中全会明确指出，要形成以产权为基础的社会信用制度。

在市场经济发展过程中，人们碰到一个问题。“一手钱一手货”的交易方式不能满足需要。有时候需要先交钱后付货，有时候需要先付货后收钱。交换这个过程在时间上被分割开了。还不仅如此，人们还看到，有时候做生意时自己的资金不够，可以和亲戚朋友借。在进一步发展中，人们发现，这种“借”还可以由一个专门的社会中介机构来承担，当成个生意来做。于是就有了银行。由此，就发展起了我们今天所说的信用经济。以后，随着工业化的不断发展，市场经济的不断完善，更多的信用工具、信用方式被创造了出来。比如说人们已经有一定了解的债市。企业发债，投资者买企业债。在这个借贷关系中，双方谁也不认识谁。那债权人为什么能够把自己的钱让债务人拿去用呢？因为有信用参与其中。

在实践中人们发现，信用原来也是一种资源。利用信用资源，可以放大实际的资源规模，可以大大提高资源的利用效率，可以动员更多的闲置资源投入到经济活动中去。

在我国过去30年的改革开放实践中，动用信用资源并不是一件新鲜事。我们的改革开放始终是伴随着信用资源的利用、优化配置和扩张而发展起来的。在20世纪80年代初期建设的上海宝钢，最开始就是借钱修建的。债权融资在我国不是一件新事物。从改革开放以来，我国经济发展过程中几乎所有重大事件都和债权债务关系的发展密切相关。借钱就是动用信用资源。但是当时动用的主要是政府和财政的信用资源。此后，我们不仅懂得了动用信用资源，而且这个信用资源的涉及领域和范围还越来越扩大。

20世纪80年代初中期，对内举债、发行国库券的重要举措帮助我们渡过了“拨乱反正”后财政赤字高涨和第二次国民经济大调整的艰难岁月。此后，在80年代中后期的“拨改贷”，也是利用信用资源。就是把原来国有企业“统收统支”，由国家整个包下来的核算方式改为企业要扩大再生产向银行贷款。后来看这个措施可能存在很多缺陷，很不完善，导致了不良的后果。但无论如何，从懂得利用信用资源这个意义上，这项改革还是具有一定的市场化意义的。在90年代后期，我们有以增发国债为基本内容之一的“积极的财政政策”等。这个历史过程表明，信用资源已经在我国的经济运行中占有着重要地位。

现在大家对国债这个信用形式的投资品种已经很熟悉了。最开始发行国库券时，各单位是摊派的，不买都不成，从你工资里扣。现在买国库券要排队。由于国库券具有风险低、收益高、流动性好等特点，现在这种信用品种已经为社会所普遍认同。

目前从我国的实际情况看，政府的信用资源动用得比较充分了，但不是没有余地，而是还有余地。最近几年，我国的国债规模的确是在明显扩大。这有三个原因。一是特定发展阶段的原因，例如“十一五”期间，协调社会发展和经济发展之间关系，必然要求政府提供更多的公共产品，例如建设更完善的社会保障体系；二是应对突如其来的一些特大灾害，例如2008年的冰冻雪灾和汶川地震；三是应对宏观调控中出现的极端情况，例如世界金融危机下的“救市”。但总体上说，我国继续动用财政资源不仅还有余地，而且还有很大余地。这一方面因为中国的国民经济总量在快速扩张，国债规模占GDP总额的比重仍明显低于国际公认的警戒线；另一方面，潜力巨大的地方政府信用资源动用得还远不充分，在应对金融危机中允许地方政府发“市政债”的政策已经明确提出。但应当指出的是，这个信用资源即便有余地，也要慎用。因为财政的信用资源也是有限的，这个信用资源应该在向市场经济转变过程中更多地配置到提供公共产品的领域，而不是简单地配置在经营性资产的扩张上。公共产品包括社会保障体系、社会公共卫生安全、推进城乡协调发展，以及减灾防灾、维护社会治安、保障国家安全等；也包括推动城市化进程、完善基础设施，以及调整社会公平程度等。这些方面都具有公共产品性质。

一方面，政府的信用资源动用得比较充分了；另一方面，企业的信用资源动用得比较过度了。正因为企业的信用资源动用得过度了，才有了人们所说的“三角债”、企业债务负担过重等诸多的社会现象，才有了银行不良资产的问题。但与政府信用、企业信用相对照，我国 13 亿人口的个人信用资源则几乎处在空白状态下。而个人信用资源恰好是我们国家一个巨大的资源宝库。

有人说中国现在信用缺失。我认为这个看法不对。信用是我们几千年文化传统的一个非常重要的组成部分，在中国人的语言中，“好借好还，再借不难”、“君子一言，驷马难追”这样注重信用的话俯拾即是。在中国的传统文化中，从贩夫走卒到文人士子都格外强调信用的重要。中国人怎么会没有信用呢？中国怎么会是个信用缺失的社会呢？关键问题有两个。一个是社会经济秩序存在着混乱，我们上面提到了。再一个是我们对市场经济下开拓信用资源的方式尚远不熟悉。

为什么说我们还远不熟悉呢？例如，在很多人的认识中，资本市场就是股票市场。其实这个认识很片面。资本市场包括两个最主要的组成部分。一个是股市，另一个是债市。一年期以上的债市也是资本市场。在所有市场经济发达国家，债市的规模都远远大于股市。在发达国家，债市的融资规模是股市的 7 倍。而在我们国家，债市小得可怜，和股市的规模相比明显失衡。

我国的个人信用资源没有被合理地动员出来，和我们的社会服务、社会投资、社会金融体系不完善是密切联系在一起的。

在过去 30 年中，改革开放给老百姓带来的一个好处是什么呢？就是私人财富有了一个初步的累积。这个私人财富的累积已经达到了相当规模，在很多地方已经超过了即期消费和远期消费这样一个分割的临界点。以前老百姓的钱没有花光把它存起来，是因为他为明年或者以后的消费留一个后手。他的收入主要满足近期消费和远期消费。但是现在相当多的城市中，人们收入的累积已经超过了近期消费和远期消费的区分。在一部分人群中已经出现了消费和投资的区分。私人财富达到这样一个程度的时候，我们提供的社会化信用工具仍不充分。

现在四大国有商业银行加上股份制银行发的各种各样的卡，数一数，没有一百种，大概五十种也有了。每一个银行自己发的卡就有很多种。如果在城市里生活了一段时间，你口袋里和抽屉里的卡，用的和不用的大概有十几种。但是这些卡在开拓个人信用资源的同时，实际上也在分割着个人信用资源。

假定你拥有某银行的信用卡。信用卡通常都有一个可以透支的额度，当你一不小心花的钱超过你的透支额度了，例如本来允许你有 5000 元的信用额度，你陪女朋友出去玩，不留神花了 7000 元，回来忘了还了。过了一个月，银行认为你是恶意透支，让公安局找你去了。这可能给你惹下很大麻烦。实际上，你的信用资源是不是连这 7000 元都不能支撑呢？远不是。可能在同一家银行，你的活期账户上还有 5000 元，一年期定期存单还有 3 万元，甚至美元存款还有几千上万。但就是在同一银行，所有这些账户中的个人资产信息是被分割的，不能够相互支撑。

前些年，老百姓逐渐熟悉了一个词，叫消费信贷。这个问题值得多说几句。在 1999 年上半年时，各种媒体在“消费信贷”问题上的报道几乎是众口一词地让老百姓转变观念，要人们“敢于花明天的钱”。有的媒体甚至还用“敢不敢”的说法来挑战读者。不客气地说，这是一种误导，会造成很不良的社会后果。

改革开放 30 多年来，中国老百姓生活的最大变化是什么？是人民积累了一定量的私人财富。“邓小平让中国人民富起来”的说法深入人心。而“敢于花明天的钱”的说法给人一种心理印象，好像小平同志尚未走远，国家就要把老百姓在过去 30 多年中千辛万苦积攒起来的钱折腾出去；折腾积蓄还嫌不够，还要人们把尚未挣到手的钱也提前消费。这种说法老百姓能“买账”吗？可见，把信贷消费说成就是要负债消费，这不仅是对开拓个人信用资源的曲解，而且会造成对改革进程的严重阻滞。

什么是信贷消费的真正意义呢？是开拓信用资源，放大社会和个人的消费及投资能力。举个例子说。假如你有了一笔 100 万元的私人资产。这笔钱可用于买个别墅住进去，改善你的住房条件；也可投资股市或者和你兄弟合伙开个饭馆，以便挣更多的钱。那怎么决策呢？市场经济下合理的选择是，或者说一个有益组合是，先买别墅住进去，然后把别墅抵押出贷款来再用于投资。

在这个例子中，对个人来说，是“一笔钱办成了两件事”，而且你的私人资产价值不仅没有因为动用信用资源而减少，反而增加了增值机会。更重要的是，社会经济发展可从这种组合中获取极大的好处。因为个人信用资源的参与使一份财富创造出了倍增的消费与投资需求。

在开拓信用资源的过程中，不光我们的媒体把信贷消费说成是让老百姓“花明天的钱”，我们的银行从内心深处、从骨子里也有这样的想法。银行总是假定每一个来贷款的都是穷人，贷款人即顾客都打算欺诈我。他们的规矩实际上是先假定来的100个人都是骗子，银行的任务就是把其中可能存在的一个好人挑出来。在这样的规矩和假定下，选择成本变得极其巨大，交易过程也变得极其复杂。你要申请消费信贷，银行就要求你有这个文件，要求你盖那个章。还得有人给你担保等诸多手续。实际上，我们的老百姓是不是那么没信用呢？不是。银行把信用资源单纯理解为了道德信用。其实，最有意义的信用资源不是道德信用，而是资产信用。

目前，中国老百姓的资产信用已经累积到了一个相当大的程度。从全国看，2008年末我国城乡居民储蓄已经有22万亿元。这还不算老百姓手里的国库券和企业债券，还不算他们在股票市场的金融资产。从理论意义上说，这22万亿元存款就足以担保人们借同样多的钱。在目前的城市居民中，保守的估计，有30%的家庭金融资产累计超过20万元。这是从人均抽样调查中得出的结论。在沿海开放城市，20万元的家庭金融资产算不上是一个令人吃惊的数字。但是请注意，中国城市家庭的30%是多少呢？是6000万户！开拓个人信用资源的时候，人们常常说要建立个人信用记录。我们的确需要完善信用记录这样一个社会信息系统。这是必要的。近年来，我国一些城市举办了征信公司，这无疑是一种社会进步，但是开拓社会信用资源，我以为最重要的还不是道德信用。

给大家作个比喻。我现在拿了一些文件来，有幼儿园老师给我开的证明，说我从小就不说假话；有小学同学给我写的书面证明，证明我上小学时就拾金不昧；有大学同学的证明，说我跟同学借钱都是按时还的；包括我们单位组织部门的证明，说这个同志一向廉洁奉公。拿着这么一些道德证明文件，银行敢不敢给我贷款？仍然不敢。反过来说，我现在就在同一个银行有5000美金的存单，还有10万元人民币定期存款。我把这些金融资产抵押给银行，从银行贷几万元炒股票成不成？肯定成。银行明知道对方是个无赖，也可以放心无疑地把钱贷给他。对不对？这就叫资产信用。

开拓个人信用资源首先需要做好的一件事情是开拓个人资产信用。我认为有必要向我们的银行家强调这样一个观点，千万别以为老百姓到你那里去借钱是因为他们太穷了，穷到像杨白劳一样吃不起饭了。不是。恰恰相反，老百姓到银行贷款不是因为没钱，而是因为他们钱多了。是因为他们的钱多到需要“理财”的程度了。理财是什么含义呢？首先你得有资产，而且有一定规模的金融资产。然后你需要为这一定规模的资产寻求一个收益最大化、风险最小化的组合。满足这个组合要求的工具之一，就是消费信贷，或者更准确一点说是私人信贷。2007年，中国共产党第十七次全国代表大会报告明确提出，要“创造条件让更多群众拥有财产性收入”。请注意，这个“财产性收入”在很大程度上是和资产信用的开拓联系在一起的。

市场经济是本很厚的教科书，其内容非常生动有趣，千变万化。讲这些内容，三天三夜也讲不完。但最后，我们就得说到一个要害。什么要害呢？市场经济一定要求多层次、多元化的财富归属，一定要求尊重、保障要素所有者的所有权，一定要求产权明晰。

我特别希望大家深想一下，信用这种资源是和什么联系在一起的呢？不是和“大公无私”联系在一起，而是和财富、产权的多元化归属联系在一起的，是和多元化的社会利益联系在一起的。你不讲信用，不按时还钱，就侵犯了别人的所有权。为什么我们在发展市场经济的时候才有了动用信用资源的可能性呢？因为在计划经济、“一大二公”的体制下，几乎所有的财富、所有的资源都是国家的，都是归于一个利益主体的。还钱不还钱只是一个记账的要求，国家欠国家的，无所谓产权。无所谓产权，也就无所谓信用。2003年时，中共十六届三中全会文件曾指出，要“建立健全社会信用体系。形成以道德为支撑、产权为基础、法律为保障的社会信用制度”。请注意以“产权为基础”的说法。中央这个文件的名字，就叫作“关于完善社会主义市场经济体制若干问题的决定”。市场经济是与信用制度密切相连的，信用制度是以产权制度为基础的。

产权的多元化并不等于就是所有的财富、资源都归私人，不等于就是“全盘私有化”。实际上市场经济下的产权形式是极其丰富多样的。例如，我们办企业的都知道，除了自然人所有的产权外还有企业法人所有的产权。近年来我们还知道，除了对应于实物资产的产权外还有知识产权。在2002年党的“十六大”报告中还提出，国有资产的管理体制改革措施之一将是中央与地方政府分级行使所有者职能。这其中，不仅私人产权应当是有严格法律界定、受到制度保护的，而且国家、政府所有的产权也必须受到制度保护。

前些年在改革过程中遇到过的一个问题，很多国企欠银行钱不还，借的时候就没打算还。为什么呢？因为在一些企业领导人脑子里，企业是国家的，银行也是国家的，国家借国家的还用还么？这种观念显然是从旧体制延续而来的。在市场经济条件下，谁也不能随意剥夺别人的产权。私人的不能剥夺，国家的、公有的也不能剥夺。有了这个制度，所谓的信用经济才能真正建立起来。这个问题我们在下面还会讲到。

2. 中国为什么需要社会主义市场经济

- 中国的改革还需要突破很多意识形态、习惯势力的障碍，经常需要在很多方面做出妥协。
- 人们为什么能够“隐性就业”呢？因为存在着隐性、半隐性的就业市场。
- 不触及产权的改革思路已经走到了尽头。经济体制改革的诸多思路不约而同地相交于一个共同点，这就是产权制度。
- 计划经济的前提是有一个无所不知、无所不能的政府。这在我们可以想象的时间范围内不可能做到。
- 市场经济是个优胜劣汰的经济。谁可以实现资源利用效率最高，谁就应成为资源的支配者。
- 在一定意义上可以说，市场经济就是“主观为自己，客观为大家”的经济。
- 公有制也要服从资本的运行规律。就赢利性领域说，国有资本与私人资本的职能并没有区别。
- 在真正的市场经济体制下，国民经济只区分为“公共部门”和“私人部门”。
- 在市场经济条件下，按劳分配中的“劳”不是实际付出的劳动消耗之“劳”，而是“社会必要劳动”之“劳”。

【2-2-1】我们的改革，最初并不是因为谁先知先觉地知道中国得走市场经济之路，中国还得加入世界贸易组织，还得和国际经济接轨。最初没人知道。20世纪70年代末，就是因为农民吃不上饭了，要饿死人了，才有了把土地分给农民的改革。但在这个“单干”中，分散决策、承认个别利益、独立承担风险、生产者自由处置产品、价格随行就市等市场经济的几乎所有内容都已经包括在内了。大家知道，我们的改革目标是向社会主义市场经济转变。我们走到这个目标，经历过一个曲曲折折的认识过程。

2008年，我们的一件大事是纪念改革开放30周年。这个今天看起来真是民族振兴的一个历史过程，当初并不是因为谁先知先觉地知道而搞起来的。当初没人能想到，中国得走市场经济之路，中国还得加入世界贸易组织，还得和国际经济接轨。20世纪70年代末，就是因为农民吃不上饭了，不改革要饿死人了，才有了农村“包产到户”，也就是把土地分给农民的改革。最开始还不能说是“分地”。地还是集体的。只能说是“联产计酬责任制”。叫作“交够国家的，留够集体的，剩下都是自己的”。其实就是单干。但在这个“单干”中，分散决策、承认个别利益、独立承担风险、生产者自由处置产品、价格随行就市等市场经济的几乎所有内容都已经包括在内了。

20世纪80年代初期，伴随着农村“联产计酬责任制”改革成功，人们开始思考城市经济体制的改革问题。当时由于就业的压力，城市已经出现了“个体户”等非公经济成分，并且表现出了明显的经济活力。但即或如此，人们对改革的认识并没有走出计划经济的基本框架。最初的思路叫“计划经济为主，商品经济为辅”。那时候还不认同市场经济，只能说“商品经济”。

为什么只说“商品经济”呢？当时的想法是只认同等价交换、企业核算等概念，不认同竞争。这个想法现在看起来很可笑。没有竞争怎么能有等价交换呢？而且真正有意义的核算应当是通过竞争和市场检验，按照市场承认的标准，就是理论上说的“社会必要标准”的核算，而不是财务账面上的核算。例如，现在大家都知道，你这个企业的产品卖多少钱，得以在市场上卖出去的那个销售价格，也就是市场接受的价格为准，而不可能以你自己的成本加你自己认为合理的利润来核算。但当时在理论上的突破远没有这么彻底。一直到20世纪80年代初期，我们的经济学教科书写的都是“社会主义只有竞赛，没有竞争”。

那个时候，虽然提出了要搞“商品经济”，但这个“商品经济”只是“为辅”的。资源配置的主导力量仍是计划、政府、国有企业。在这样一个“计划经济为主、商品经济为辅”的思路框架下，改革的措施主要集中在“奖金上不封顶下不保底”、“对企业减政放权、松绑让利”等方面。也就是说，在不触动计划、公有制这样一个根本格局的前提下调整政府和企业，那时就是指国有企业和城市集体企业之间的经济关系，以及企业和职工之间的经济关系。供和求这样两个市场经济的最重要因素并未成为影响资源配置的主要因素。

“计划经济为主、商品经济为辅”的思路实际仍然在延续计划经济的框架，仍然是改良的计划经济。这个改革思路到“翻两番”战略提出不久的80年代中后期就遇到了挑战。在国民经济发展实践中，我们发现，商品经济仅仅“为辅”还不行。首先是供求关系不断出现的变化使自发性的市场力量表现出了极大的活力。那个时候在流通领域已经涌现出了一大批非公成分。一些当时被称为“倒爷”的人们，在计划力量无法达及的领域中，把供给和需求之间的关系密切地连接了起来。当时这个变化叫作“多渠道、少环节”的流通领域改革。这个变化使国民经济呈现出了前所未有的发展活力。与此同时，农民不再满足于“土里刨食”的传统生存模式。乡镇企业开始有了蓬勃发展。农民们依靠着“千方百计、千山万水、千言万语、千辛万苦”的精神，利用当时的市场短缺，把自己生产的产品送到了城市，极大地丰富了市场。更为人们熟悉的是，纯粹利用市场机制的“特区经济”开始显示出了强大的生命力。就像歌里唱的，“一个老人在中国的南海边画了一个圈”。这个“圈”就划出了中国改革的一片新天地。

这个新天地就是计划经济的框架开始被突破。80年代中后期，我们的改革尝试提出了一个最新的思路，叫作“有计划的商品经济”。

“有计划的商品经济”是有它的历史贡献的。最重要的贡献之一是，这个提法使我们突破了计划经济的框架和束缚。请注意，不论这个说法是否完善，它毕竟是把“商品经济”放在了主要位置上。在语言逻辑上，商品经济是中心词，“有计划”只是一个起限定作用的修饰语。在语法上，这个词组叫作“偏正结构”。商品经济是“正”。有了这个理论上的突破，我们才可能有价格充分放开的改革，才可能开始探索“企业是什么”的问题；也才可能明确提出，中国经济在开放过程中要和世界经济接轨。

在这个过程中，我们的市场化改革取得了不容忽视的进展。例如，政府不再对价格实行管制。越来越多的市场价格由供求之间的竞争自主决定。这个进展的作用可以说是历史性的。要知道，一直到20世纪80年代中期，我们的火柴涨价还得“先党、团员后群众”，“先机关、企事业单位后居民”地层层传达呢。现在，人们对价格这个市场杠杆已经很熟悉和认同了。但是当时走过这样一段路是很不容易的。在这个改革过程中有过“价格闯关”的盲目冒进，出现过80年代后期通货膨胀的不良局面。但毕竟我们走过来了。再如，在这个过程中人们开始讨论企业的地位、作用，开始探索企业利益。由此就有了“厂长、经理负责制”的制度。特别值得一提的是，企业“破产”这个词也在这个时候走入了人们的经济生活。

“有计划的商品经济”这个提法本身是有毛病的。商品经济，又要有计划，如同当时一些学者就指出的，这个提法好像是在说“铁的木”、“方的圆”一样不可思议，不合逻辑。但我们现在没必要嘲笑当时的幼稚。人的认识就是这样走过来的。谁也不是神仙。何况，中国的改革并非认识到客观规律就能实行的，还需要突破很多意识形态、习惯势力的障碍。在实际的发展进程中，改革经常需要在很多方面做出妥协。当时不把“计划”两个字加上，“计划经济为主”的格局就可能打不破。

在那个阶段，妥协表现在很多方面。再比如，当时有个“核心”和“中心”的说法。企业要实行厂长、经理责任制，那么就有人诘问，党委书记往哪里摆？厂长、书记谁是一把手？写文件的人就煞费苦心地想出了这么两个词，说“厂长是中心，书记是核心”。这么一说，确实是“八面见光”了。其实到现在也没人能说清，“核心”和“中心”孰大孰小，以及这两个“心”是什么关系。也许我们现在看起来，这个争论像“朝三暮四”和“朝四暮三”一样地可笑。但是当时颇有不少学者一本正经地就这个问题写过不少长篇大论的文章。我估计不少人还凭这个评了职称。

还有个例子是大家熟悉的股市。一直到20世纪90年代初期，在一些地方，包括北京的重点高校，倡导股份制还要被当作“自由化”来追查的。那个时候动辄问“姓社姓资”的声音还很有市场。后来股市是怎样建立起来的呢？也是人们想出了一个妥协的办法，说开办股市是为了“扩大国有资产的支配力”。今天，我们又发展了，人们说，当初说股市是“为了扩大国有资产的支配力”的说法不对，不符合规范化的资本市场的要求；还说这个说法是导致国企为“圈钱”而上市、侵害中小投资者利益的根源。这个批评很对，我也非常同意。但这是现在的认识。当时要是不这么说，股市“姓什么”的问题就解决不了，我们向市场经济迈进的这一大步就迈不出去。

我们这门课不是叫作“理论与实践”吗？我想，这个“实践”不仅包括我们怎么做的，而且应当包括为什么这么做。不仅包括这么做的正面理由，而且应当包括在特定历史条件下存在缺陷的原因。

一直到20世纪90年代初期，到党的“十四大”的时候，我们终于明确地提出了要向社会主义市场经济转变的改革目标。市场经济四个字的分量，可以说有千钧之重。在这个目标下，我们才有了推进国企股份制改造、完善企业法人治理结构的措施，才有了大力发展非公经济的体制空间，才有了加入世界贸易组织的历史性进步。

1999年末，中美之间签订了关于中国加入世界贸易组织的双边协定。2001年末，中国正式成为世界贸易组织的成员国。当时，全国人民为此欢欣鼓舞。媒体称，这是20世纪70年代初期恢复中国在联合国合法席位之后，中国走向世界的又一大胜利。但不知大家是否注意到，“入世”的一个根本条件是什么呢？这个条件就是，申请国必须是“市场经济国家”；至少也得是市场化程度已经达到世贸组织要求的程度，并且承诺在特定时间内完成市场化改革的国家。没有向社会主义市场经济转变的改革，我们能够有这个胜利吗？不可能。

从1998年亚洲金融危机以来，大家逐渐熟悉了一个过去比较陌生的词，叫作“积极的财政政策”。当时积极的财政政策在我们应对通货紧缩威胁的过程中发挥了功不可没的作用。没有这个政策，我们就不可能成功地抵御亚洲金融危机的冲击，不可能在2001年和2002年的世界经济增长中呈现为“一枝独秀”。这个“积极的财政政策”也是市场经济才有的政策。最近两年来很多人讨论的“建立公共财政的制度框架”。这个问题也是市场经济下才能提出来的问题。

20世纪90年代后期以来，我国国民经济中的供求关系发生了极大的变化。过去长期普遍存在的短缺让位于相对过剩，卖方市场转变为了买方市场。在这样一个过程中，结构调整的原因、国企改革不断推进的原因、资源枯竭的原因等加在一起，“下岗”的问题骤然变得严峻起来。大量的国企职工离开劳动岗位。针对这样一种形势，我们坚决地推进了市场化就业的改革方向，大大加快了社会保障体系的完善步伐。前些年，大家肯定听说过“两个确保、三条保障线”的说法。“两个确保”就是确保养老金按时足额发放和确保下岗职工生活费按时足额发放。“三条保障线”就是“下岗职工再就业服务中心”、失业保险制度和最低生活保障制度三条保障线。这个政策极大地缓解了当时非常尖锐的社会矛盾。大家想想，如果不是养老金从企业发放转为社会发放的改革，那么多连工资都发不出来的停产、半停产企业的退休职工今天的生活会是一个什么样子！在过去几年中，媒体还经常提到一个词，叫“隐性就业”。隐性就业可能会掩盖真实的社会就业水平，可能会导致社保资源的浪费。比如有媒体说有人开着私家车去领社会救济。这些弊端肯定会有。但是隐性就业也有一个好处。它实际上缓解了我们这个社会中由失业导致的矛盾冲突。人们为什么能够“隐性就业”呢？因为存在着隐性、半隐性的就业市场。不夸张地说，没有市场化的发展与改革，我们今天的形势可能容不得大家坐在这么好的教室里上EMBA课。

【2-2-2】公有制只是一种资源要素的所有制形式。我们没必要把公有制“神话”。一个国家、一个民族、一个国民经济系统，其所能支配的资源总是有限的。对这个国家、这个民族的国民福利增加来说，究竟是这些资源写在谁的名下更重要，还是提高这些有限资源的利用效率更重要？市场经济是个优胜劣汰的经济。在保证社会公共利益的前提下，谁可以实现的资源利用效率最高，谁就应成为资源的支配者。

是不是我们提出向社会主义市场经济转变的改革目标后，我们在理论和实践上面临的问题就都解决了呢？远没有。

在提出向社会主义市场经济转变的改革目标的时候，实际上我们对市场经济的认识是很肤浅的。最初，我们对市场经济的认识主要停留在两个表层层面。一是所有实物产品的交换都通过市场实现，交换过程的价格依照市场供求关系决定。二是企业的人财物、供产销不再由政府主导，不再由计划决定。一直到20世纪90年代末期之前，我们在“减政放权”、“价格放开”以及让企业成为“自负盈亏、自主经营的市场主体”等方面的改革都是基于这样的认识。到了90年代末，一个不能再回避的新问题提到了我们面前。这就是产权的改革问题。

在以往很长时期内的改革实践中，我们一直希望通过“责任制”、“承包制”等方式来回避掉产权问题。企图不触动产权，特别是在不触动存量资产产权归属的前提下来寻求国企改革的出路。在这些努力中，人们熟悉的有“厂长经理责任制”和首钢“利润递增包干”的10年尝试，有“拨改贷”的改革和组建跨地区、跨产业的大企业集团等。比如说我们今天所在的这个屋子，我们不去追究其产权归属，也不去推动产权流动，而是通过“对外发包”或者责任制的方式来提高它的利用效率。这些想法的本意是绕过意识形态的争论。但可惜的是，这些努力都未能取得具有普遍意义的预期效果。到20世纪90年代末期，不触及产权的改革思路已经走到了尽头。经济体制改革的诸多思路不约而同地相交于一个共同点，这就是产权制度。

我们在哪些方面遇到了产权问题呢？

1997年党的“十五大”报告就提出，国有经济要进行有进有退的战略性调整。“有进有退”是不是要涉及产权的进退呢？1999年党的十五届四中全会提出，国有企业应当进行多元化的产权制度改造。这是不是产权问题呢？上届政府在“国企三年脱困”的努力中，朱镕基总理说“债转股”是“杀手锏”。“债转股”是什么呢？债权转股权当然是产权构成的调整。特别是转成股权之后的出路最终还要在市场上卖掉。大家知道，我们的社保基金有个“空账”问题。充实社保基金就要归还政府、国有资产的隐性负债。这必然要涉及产权的问题。在国有企业职工体制身份转换问题上，上届的朱镕基总理亲自给这个转换起了个名字，叫“有偿解除劳动合同”。有偿解除劳动合同，拿什么“有偿”？有钱拿现钱，没钱用资产。这也回避不了产权的问题。我们一大批国有企业到海外上市，卖的是什么？是产权。最近，媒体讨论的一个热点是“人力资本”的问题。称“资本”就要涉及产权。管理股、技术股的参与，必定引起产权构成的巨大变化。

2002 年党的“十六大”提出，国有资产管理体制的改革要点是建立资产权、人权、事权“三统一”的新国资委，是中央与地方政府分别行使国有资产的出资人职能。这无疑是产权领域的变革。至于“国有资产能不能卖”的问题，更是产权市场化的关键之点。实际上，目前国有资产转让已经没有制度性的障碍。包括上市公司的国有股，都已经明文规定可以向外资转让。目前的约束只有两个：一个是允许外资进入的产业领域还要根据国家有关规定，这个规定是和我们对 WTO 的承诺联系在一起的。另一个是国有资产转让需要履行的报批手续。但无论如何，已经没有“不能卖”的制度性规定了。

产权改革和产权的市场化问题是我们当前改革中的一个重点问题。在最后一讲中，时间允许的话我们还会专门涉及。

中国有句老话，叫作“知其然”还得“知其所以然”。我们从计划经济走向社会主义市场经济，上面只涉及了过程，并未深层次地触及“所以然”的问题。我们还得讨论一下“所以然”的问题。这个问题不讲不行。我认为，我们的理论界迄今对这个“所以然”讲得还不够。讲得不够，就经常有人跑出来怀疑改革的必要性。

我们前面提到过，传统的社会主义经济理论有三个基本支点，叫作计划经济、公有制、按劳分配。我们就把这三条和市场经济作个对比，深入解析一下。

计划经济是建立在人们对理想社会的设想基础上的。它的哲学基础是人可以事先理性地安排事物的发展进程。

人类社会的发展方向肯定是不断走向理性化的，人对自身命运的掌握程度肯定也是会不断提高的。但这是一个不断趋向的目标。我们目前能不能达到呢？

可以肯定地说，不能。

我们人类对自然、对社会、对我们自身的认识还远不充分。2003 年时，我们曾面临一个公共卫生危机的考验，就是 SARS 的威胁。SARS 袭来一段时间后，人类才发现，我们对这种最初等的微生物，这种病毒一无所知。科学家们以往所了解的病毒传播渠道、病毒发展特征和抵抗病毒侵害的经验等在这次疫情中几乎完全不适用。大家可能还记得，2003 年初时美国的哥伦比亚号航天飞机在返回地球时失事坠毁。美国打伊拉克的战争掩盖了人们对这件事的注意力。当时很少有人注意到，真正的危机远不止航天飞机坠毁，还有三个宇航员在宇宙空间站上没回来呢。没有新的航天飞机去接他们，这三个人就得永远留在外层空间围着地球转了。最近几年来，各种各样自然属性的灾害层出不穷。我们前面几次提到 2008 年发生在中国的大面积冰冻雪灾，人们甚至没有想到过，那么坚实的钢铁线塔会在异常低温下被结冰导线大面积拉倒。世界上地处寒冷地带的国家多得是，怎么那么多年，那么多地方并未出现这种灾害呢？2009 年，全世界都在防控一种叫作甲型 H1N1 型流感的传播。这种流感最初叫作“猪流感”。因为这种病毒以前确实就是在猪之间传播的，而且在猪身上大概存在和传播了亿万年了。但这次变异了，病毒不在猪之间传播了，在人类中间传播。为什么会有这种变异？人类还远未认识到其规律。人类连对自然界最常见的地震、台风等灾害的防御能力尚如此脆弱，连病毒这种最低等的生物种群都毫无防御之功。科技发达到今天，我们也还有太多的未知因素。有个哲学意义上的命题，人类是否应当知道上帝才该知道的事？这是个非常有意思的话题。我赞成“有限知道”的说法。一是因为人不可能穷尽自然规律；二是因为也许有些自然规律被人类破解后对人类本身反而是灾难。举个例子说，人类对生男生女过于随意了，可能最终导致的不仅是人口灾难，而且还可能是社会灾难。

就经济学领域说，计划经济究竟有没有现实性呢？

从逻辑上说，计划经济的确说得通。人们把未来发展过程中的一切问题都首先预料到了，然后把可支配资源按照最优的关系、全社会的共同利益安排好。这不是最好的发展模式么？

事实上，这个模式要真的成立，有两个不可缺少的前提。一个是我们得有一个无所不知、无所不能的政府，而且这个政府一切行为的出发点都是最大限度地维护社会共同利益。另一个是我们得有足够充分的信息收集、整理、优化的手段和能力。

这两个前提能不能做得到呢？确定无疑地回答：不可能做到。至少在我们可以想象的时间范围内不可能做到。

预见性是所有经济活动参与者都希望获得的能力。但是实际上预见、预知是非常难的事。为什么呢？因为客观世界的发展存在着太多的不确定因素。我国的股民据说有六千万，也有说真正活动的、实际操作账户的不过三千万。这千千万万的股民，在千百次的操作中，每个人每次买股票时的预期、判断都是上涨。没有一个人在任何一次买股票时的预期是下跌。除非她是成心替“大款”糟蹋钱的“二奶”。但结果如何呢？结果是这上千万、上亿次的决策中绝大多数是错的。不然为什么有70%的股民被“套”呢？

凡夫俗子不可能预知“天机”，那么我们能不能指望有什么“天才”、“神人”能够帮助我们获取这种预知力呢？几千年来，人类社会产生的各种宗教以致一些妄称宗教的人不知多少次地宣告过自己无所不知、无所不能的能力。但是实践总是证明这种宣告的破产。

经济学家总是在不停地预测经济发展前景。但是结果怎么样呢？结果比股民没强到哪里去。我们发现，即或到了今天，我们对信息的掌握程度、处理信息的技术手段都比以前不知强了多少倍，但我们预见错的经常多于预见对的。要不怎么有人给经济学家下定义，说什么是经济学家呢？就是那些不断对未来做出判断，但其准确率比天气预报还低50个百分点的那伙人。

我给大家举几个现实的例子。

1996年，我国制定了一个中长期发展战略规划，就是人们常说的“九五”计划。在这个中长期战略规划中，我们判断，在“九五”期间国民经济发展的主要危险仍是通货膨胀。而事实是，从1998年到2002年，我国国民经济运行的主要威胁是什么呢？恰好相反，是通货紧缩。在过去一些年中，我们的政策体系始终在致力于扩大内需。

另一个离现在更近的例子是，2008年上半年我们的政策还在“防通胀”，下半年却掉头去“防通缩”。2008年7月国际油价涨到了147美元/桶，仅仅半年后的2009年1月，油价最低跌到了36美元/桶。在这个国际市场价格大变动的过程中，我国石油石化、航空海运、钢铁有色等领域的大量企业在原料采购上和远期交割的“套期保值”操作中损失极为惨重。在关系国民经济战略全局的判断中，我们对最重要的趋势判断都估计错了。这个判断失误不是小错。就像一个股市中的股民，你对大盘是上升还是下跌这么一个基本趋势都估计反了，你再精选个股也非被动不可。

实际上，在国民经济运行过程中始料未及的方面是普遍、经常存在的。“九五”时期，我们未曾料到国企职工大量、普遍离开劳动岗位的下岗问题、亚洲金融危机及其导致的外部增长环境恶化问题，“十五”时期，我们未曾料到中国加入世贸组织之后的“中国成为世界制造中心”和大量尖锐的国际贸易摩擦问题、人民币升值压力问题，“十一五”时期，我们未曾料到国际市场剧烈波动问题、世界金融危机问题等。2008 年，我们原想举办一次前所未有的奥运盛会，把全世界的目光都吸引到中国来，在世人面前展示中国发展的巨大成就，同时进一步开拓中国在世界经济中的发展之路。因此在奥运前的很长时间内，媒体都在讨论“奥运经济”的问题。北京一些买房人甚至憋着在奥运期间依靠出租房子发一笔“小财”。北京的大量城市街道整治都按照奥运期间的旅游、商业需求将爆发式增长的预期展开的。但是现实是，2008 年国内、国际多方面的形势并未如我们预想的那样发展。最后，我们只能审时度势地把目标从“奥运经济”改为“平安奥运”。外地来京旅游几乎全部停止，北京也严控车辆出行，商业店铺一律缩短营业时间，国外入境限于运动员等奥运相关者和持有奥运票的人。简单说，生意可以不做，经济退居第二，首先确保安全和稳定。

如果说中国大陆的经济学家学问还没学到家，那我再给大家举个美国的例子。从 2008 年爆发的世界金融危机到现在，美国的政府、企业、个人的负债总额已经超过全美国的资产总额。也就是说，美国实际上已经是个资不抵债的破产国家了！在进入 21 世纪后，特别是在 2003 年美国经济走出“9·11”事件的阴影以后，美国经济进入了一个高涨繁荣期。全美国的人都相信，投资已经变成一个只赚不赔的游戏。那时全世界的经济学家都说，要防通胀。2008 年 7 月，国际油价涨破 147 美元/桶时，很多投资机构都预测，油价很快会攀升到 200 美元/桶。后来的结果大家都知道了。2007 年末，美国经济已经急转直下，美联储不得不紧急降息。在世界金融危机中，美国和发达国家受损失最大的不是“次级债”的债务人，而是那些世界顶级的投资机构和最富有的投资者。世界最大的保险公司 AIG，也就是美国国际集团（American International Group），如果不是美国政府不惜代价地投入上千亿美元的紧急援助，现在已经破产了。其董事长兼首席执行官爱德华在接受国会质询时说，根据所有专家的研究报告，我们的投资都是安全的；要知道并非仅仅是公司的资产，我个人的全部身家性命也都投入到其中了啊。这个董事长没说假话。上了这些专家当的并非他一人。世界前五大投资银行在这场金融危机中无一幸免。拥有 85 年历史的华尔街第五大投行贝尔斯登最先被摩根大通收购；拥有 94 年历史的美林被迫被美国银行收购；拥有 158 年投行历史的雷曼兄弟更惨，直接走向了破产；139 年历史的高盛和 73 年历史的摩根士丹利不得不将投资银行改制为从事零售业务的银行控股公司，也就是改作小买卖儿去了。

我们举上述例子是想说明，在经济发展过程中，不确定性因素是经常会出现的。人类现在还不具备充分掌握和了解这些不确定性因素的能力。我们现在有这么多的网络、计算机、数学模型、研究人员、博士也还办不到，何况过去搞计划经济的那个时候。

在我们以往的改革中，计划经济是最先被改掉的。前面我们已经讲到过，从“计划经济为主、市场调节为辅”到“有计划的商品经济”，到“社会主义市场经济”。2003 年“两会”之后，新一届政府的机构改革内容之一，就是把过去的“国家计委”改为了“国家发改委”，就是国家发展与改革委员会。彻底去掉了“计划”两个字。政府机构的这一改革意味着，政府不再行使制定计划和利用计划配置资源的职能。2005 年召开的中共十六届五中全会研究“十一五规划”时，第一次把采用了五十年之久的“国民经济五年计划”改称为了“规划”。

在传统的社会主义经济学理论中，第二个支点叫作“公有制”。对“公有制”这个概念，我们有必要追问一下当初传统理论的起源。

现在很多人以为，传统理论强调公有制是出于社会公平，或者共同富裕的目的。其实不是。公有制的必要性是由计划经济的必要性引起的。假定计划经济是必要的、合理的，那么怎么才能实行全社会的有计划呢？唯有把全社会的利益统一到一个主体头上才有可能。全社会没有个别利益，只有一个统一利益，那就是国家利益、政府利益。大家不分彼此，谁也没有更多的财富，人们的经济行为都服从于一个统一意志。那时全社会才能真正按照计划的要求行事。计划经济才能真正得以实施。请注意，这是马克思主义经济学的基本定理。不是谁今天才想出的诠释。

在传统社会主义经济学中，公有制的必要性是和计划经济联系在一起的，与“社会公平”并无直接的逻辑联系。只是在中国，在我们国家的实践中，“一大二公”在“劳动者共同占有生产资料”的体制中被更多赋予了实现社会“公平”的含义。

现在既然不实行计划经济了，那么公有制还有必要实行吗？可以肯定地说，公有制还有必要。但为满足计划经济要求而实行的全社会公有制已经没有必要了。什么是“为满足计划经济而实行的公有制”呢？就是全社会的公有制。在计划经济下，一部分公有，一部分私有是没意义的。我们现在已经没有必要，而且也明确无误地不再实行那种全社会的公有制了。在实践中，在我国的国民经济中已经发展起了一大批非公经济成分。如同大家所知，2002 年党的“十六大”报告明确指出，“必须毫不动摇地鼓励、支持和引导非公有制经济发展”。2007 年的“十七大”再次重申了这句话，要“毫不动摇地鼓励、支持、引导非公有制经济发展”。为什么要反复重申？因为确有试图否定这个所有制结构，恢复公有制“一统天下”的思潮存在。这个“毫不动摇”的认识，是我们这个民族、这个社会、这个国家以及执政党对客观规律的深刻认识，得来非常不易。

公有制只是一种资源要素的所有制形式。我们没必要把公有制“神话”，好像唯有公有制才是促进国民经济兴旺发达的惟一所有制形式。请大家一起来想一个问题。一个国家、一个民族、一个国民经济系统，其所能支配的资源总是有限的。对这个国家、这个民族的国民福利增加来说，究竟是这些资源写在谁的名下更重要，还是提高这些有限资源的利用效率更重要？我想，答案应当是显然的。国民经济兴旺发达的根本动因是资源利用效率的提高，而不是这些资源的归属写在谁的名下。市场经济是个优胜劣汰的经济。在保证社会公共利益的前提下，谁可以实现的资源利用效率最高，谁就应成为资源的支配者。

我们一再重复邓小平同志的一句话，“贫穷不是社会主义”。怎样才能不贫穷？“发展是硬道理”，提高资源的利用效率是硬道理。在“十五”计划以及“十一五规划”酝酿期间，我参加过很多地方政府的区域发展战略研究、研讨。相当多的地方政府都非常明确地提出了一个认识，叫作“不求所有，但求所在”。什么叫“不求所有，但求所在”呢？就是企业的产权是否归我政府所有，这不重要。重要的是这些经济资源是否留在我这个区域内发挥作用，并且不断发展壮大。资源留在区域内，并且不断优化组合和提高利用效率，本省、本市、本县的税收就增加，就业就增加，经济总量就扩大。对区域经济发展来说，这才是最重要的。在过去一些年中，中国的民营企业、民营经济展现出了极大的活力和竞争力。上海过去有个著名品牌的产品，叫“飞跃”牌缝纫机。以前老百姓家里娶媳妇，能买到一台“飞跃”牌缝纫机，那是很值得炫耀的一件事。那得走后门，“有路子”才行。但随着人们收入提高，生活水平改善，缝纫机已经退出了老百姓的消费领域。至少城市中，人们都买衣服穿了，谁还自己做衣服呢？更不要说补旧衣服了。由于市场急剧萎缩，又由于国企的机制不活，生产“飞跃”牌缝纫机的企业陷入了停产困境。一个叫邱继宝的浙江企业家独具慧眼，连品牌带设备从上海买走。现在这家企业是全球最大的工业用缝纫机出口制造商。这个邱继宝曾被朱镕基总理誉为“国宝”。

我们也没必要把公有制这种所有制形式“道德化”。迄今仍有很多人有种似是而非的想法，好像公有制毕竟是为全社会谋利益的，私人老板是为他自己谋利益的，由此认为，还是公有制好，我们还是应当多选择公有制，限制甚至抑制非公经济。

【2-2-3】千千万万的“老板”出资办企业本来是为自己谋取利益的，但要为自己谋取利益就得满足市场的需求，从而最终为全社会谋取了利益。“看不见的手”就是指导致这种主观与客观矛盾现象的市场机制。没有这个道理，我们就不会有市场经济中的活力和优胜劣汰。在一定意义上甚至可以概括说，市场经济就是“主观为自己，客观为大家”的经济。学过大学一年级公共课“政治经济学”的，都应当懂得什么叫“商品的二重性”。

此前，我们讨论过一个大家常听说的概念，叫作“看不见的手”。我们说过，媒体上用“看不见的手”来描述价格波动的不确定性，以为“看不见的手”是指影响价格的一种人以外的异己力量。其实这个理解不对。在经济学理论中，“看不见的手”的本意是指，千千万万的“老板”出资办企业本来是为自己谋取利益的，但要为自己谋取利益就得满足市场的需求，从而最终为全社会谋取了利益。人们把这种现象形象地概括为“主观为自己，客观为大家”。“看不见的手”就是指导致这种主观与客观矛盾现象的市场机制。

“主观为自己，客观为大家”不是小道理，是市场经济的大道理。没有这个道理，我们就不会有市场经济，不会有市场经济下的效率，就不会有市场经济中的活力和优胜劣汰。在一定意义上，我们甚至可以概括说，什么是市场经济呢？市场经济就是“主观为自己，客观为大家”的经济。还得说明，这个道理不是什么“西化”的结论，是马克思在《资本论》前三章重点阐述的结论。学过大学一年级公共课“政治经济学”的，都应当懂得什么叫“商品的二重性”。

什么是商品的二重性呢？用于出售的东西才叫商品，这大家都理解。要能够出售，这个东西首先必须有用。没用的东西谁买啊？有用性，在经济学上叫作商品的使用价值属性。这商品要能卖，还得有价值。有用的东西不一定有价值。人不呼吸不行。但呼吸空气不需要付费，所以空气不是商品。商品生产者出售商品是为了赚钱。要赚钱就得把东西卖出去。在经济学上，这叫作商品价值的实现。价值是商品的另一重属性。可要实现商品的价值属性，生产者就必须把商品的有用性，也即使用价值属性让渡给别人。对不对？这听起来像绕口令。但这是经济学的基本原理。这就叫“主观为自己，客观为他人”。如果有谁自恃“坚持马克思主义”而反对市场经济改革方向，我建议他重回大学认真读一回“政治经济学”公共课。

私人、民营、非公经济主观为自己，导致了全社会的经济发展。这好不好呢？没什么不好。我们说个管理学的道理。大家想，人在为自己的时候效率高呢，还是在被监督下的时候效率高呢？我们的国企在很长时间内曾企图用“监督”的办法解决效率问题、不负责的问题、贪污腐败的问题。现在我们已经发现，单纯依靠“监督”不是一个好办法。关键是要有好的制度设置。现代企业制度证明，经理人股票期权激励机制就是一种制度设置。事实上，我们的国企也在寻求用“主观为自己”的制度设置来替代单纯“监督”的制度设置。

【2-2-4】在真正的市场经济下，国民经济只区分为“公共部门”和“私人部门”。所有以赢利为目的的经济活动都归入“私人部门”，不论出资人是私人还是政府。也就是说，在市场经济下，“公”和“私”的区别只和职能联系，并不和所有制联系。

前面说到，对发展国民经济和提高国民福利来说，提高资源的利用效率比资源记在谁的名下更重要，这是不是就意味着，公有制就一定没效率，我们就不需要公有制了呢？我们还得对公有制说几句。

中国不仅要发展非公经济，同时需要“毫不动摇地巩固和发展公有制经济”。但是，我们得指出，这里说的公有制经济与传统理论所说的那种“一大二公”的公有制经济是有着重要区别的。有哪些区别呢？主要有三方面。

第一，我们现在要实行的公有制实际上是按照市场经济原则运行的，由国家、政府作为出资人的公有制，不是原来那种虚拟的“全民所有制”。首先是产权清晰，归政府所有。不是“谁都有份，但谁都不管”的公有制。其次是按市场经济原则运行。公有制的企业也要参与竞争，要实行经济核算，要对经营的后果负责。

第二，公有制的基本实现形式将从国有企业转变为国有资本。1997 年时我们就已经明确提出，要探索公有制的多种实现形式。这个“多种实现形式”的内涵之一，就是在不断推进的改革中，把所有制的概念从企业层面改变到资本层面。企业就是企业，企业其实没有所有制。出资人及其资本归属才有所有制。用老百姓的话说，钱是谁出的，这才是所有制。2002 年党的“十六大”报告中说到，要“毫不动摇地巩固和发展公有制经济”。为什么呢？因为“发展壮大国有经济，国有经济控制国民经济命脉，对于发挥社会主义制度的优越性，增强我国的经济实力、国防实力和民族凝聚力，具有关键性作用”。这段话很值得反复寻味。请大家注意，这里说的是“国有经济”，而不是“国有企业”。

第三，除特殊领域外，公有制也要服从资本的运行规律。我们的国有资产实际上可以分为行使不同职能的两个部分。一个部分是提供公共产品或者准公共产品的。比如国防、钞票印刷、重要交通基础设施等。人们很容易理解，这个部分不赚钱也得干。这是政府的责任。另一个部分是用来赢利的。这个部分则必须服从资本的运行规律。在市场经济体制下，就赢利性领域说，哪怕是百分之百的国有独资企业，其行为同样是出自“经济人”动机。在这个动机下，国有资本与私人资本的职能并没有区别，它们在参与社会经济活动过程中的运行规则、行为方式也没有区别。

其实，在真正的市场经济体制下，国民经济只区分为“公共部门”和“私人部门”。所有以赢利为目的的经济活动都归入“私人部门”，不论出资人是私人还是政府。也就是说，在市场经济下，“公”和“私”的区别只和职能联系，并不和所有制联系。

从国有企业到国有资本的改革，以及产权的市场化问题话题也很长。我们在第八讲关于改革的专题中还有机会涉及。

下面就要说到传统理论的第三个支点，也就是“按劳分配”的问题了。

按劳分配本身没什么不对或不好。市场经济也得讲按劳分配。就是在私人企业中，你能干，干的活多，你的薪水就会高。这个原则大家并无异议。但实际上，我们在原有体制下并没有真正实行过“按劳分配”。我们实行的是什么呢？是“干多干少一个样”的“大锅饭”。再加上当时国民经济处在短缺条件下，几乎所有的消费品都不得不实行“配给制”，凭票供应。那时有“按劳分配”吗？并没有。这个弊端早在20世纪80年代初期就已经为人们所认识。

市场经济下的按劳分配不仅要打破“大锅饭”，还得讲究一下按什么“劳”分配。曾有个记者在采访时问我，说某两个企业的职工付出是一样的，报酬相差很多，这是否公平？这就涉及一个马克思主义经济学就已经解释清楚了的重要理论概念，叫作“社会必要劳动”。

特别要强调，在市场经济条件下，按劳分配中的“劳”不是你实际付出的劳动消耗之“劳”，而是“社会必要劳动”之“劳”。不是按照每个人生理意义上的付出进行分配，而是把你的付出按照一定的社会必要标准折算以后再分配。通俗地说就是，得按社会对你劳动的承认程度进行分配。这很容易理解。你不会干，蛮干，即使你“出大力流大汗”，付出的劳动可能只是无效劳动。你生产的产品卖不出去，你付出的劳动也是无效劳动。

这里我们顺便说到一个“社会必要”的概念。这也是经济学中的一个非常重要的基本概念。当年马克思提出科学的“劳动价值论”时，曾遭到同时代一些无知之士的攻击，说劳动要能创造价值，那岂不是意味着人们不停地把石头在院子里搬来搬去就能挣钱了吗？马克思在《资本论》中无情地回击了这种肤浅的攻击，清楚无误地辨析清楚了，只有社会必要劳动才形成价值。在此基础上，马克思在论述资本的“循环与周转”中进一步引申出，只有社会必要成本才是社会承认的成本。

最近一些时候，颇有些无知的时评家、小报记者写文章嘲笑经济学家，说两个经济学家打赌，甲对乙说你吃了这摊牛粪，我给你一百万。于是乙吃了。乙又对甲说，你再吃一堆牛粪，我也给你一百万。于是甲也吃了。两个经济学家很高兴，说我们虽然没赚到钱，但创造了二百万的GDP，就是国内生产总值。其实，能干出这种“吃牛粪”傻事的，恐怕只会是那些无知的时评家和小报记者，而绝不会是任何一个经济学家。因为任何一个经济学家都不可能不懂得“社会必要”这个常识性的概念。这些小报记者自以为幽默的故事，其实只是重复了百多年前就被马克思批驳得体无完肤的一种论调。

市场经济不仅有“按劳分配”，而且有“按要素分配”。这个问题在2002年党的“十六大”报告中也专门讲到了，叫作要确立按照劳动、资本、技术和管理等生产要素的贡献分配的原则。劳动也是一种要素。各种要素的所有者凭借各自要素的贡献参与分配。这句话概括得非常好。不仅说到要按要素分配，而且强调要按照各种要素的贡献进行分配。包括按“劳”的部分，也要按贡献进行分配。

在向社会主义市场经济体制转变过程中，我们在分配制度上的改革主要是四个方面。一是打破“大锅饭”，真正实行多劳多得。二是按照市场化原则，根据社会承认程度进行分配。三是实行按劳分配和按照要素的贡献进行分配相结合。四是防止“两极分化”，完善社会保障体系。我们在以后的“构建和谐社会”专题中还会专门讲这个问题。

对“按劳分配”，我们还有必要讲到一个问题。在传统理论中，“按劳分配”这个概念说全了，本来是“各尽所能，按劳分配”。“各尽所能，按劳分配”实际上包含着两方面含义。一是人们的一切劳动能力都要全部参与到社会劳动中去。二是一切消费资料的获取都和对社会劳动的直接参与相联系。现在看，这样的理论出发点不符合市场经济的要求，也不符合我国的实际情况。

我国是一个人口和劳动力供给大国，就业岗位的供求矛盾将是一个长期存在的客观必然。我们不可能提供让每个人都“各尽所能”的机会。不仅就业岗位有限，而且有限的就业岗位还要不断向竞争力较强的群体倾斜。就是择优上岗。

因此我们就得承认一个现实：让一些劳动能力弱化的劳动者不断退出劳动力供给队伍，这是一个合理的选择。用理论化的语言说就是，适度降低劳动者对社会劳动的参与率。这是缓解就业压力不可避免的重要措施之一。失业、下岗职工的出路应当包括安置和再就业两个方面。其中“安置”的基本含义就是要依靠不断完善的社会保障制度使一部分劳动者退出劳动力供给队伍。

3. 市场经济运行的基本矛盾

- 每当人们协调好市场和政府之间的矛盾关系时，社会经济就向前发展；每当这个矛盾趋于激化时，社会经济就遇到麻烦。
- 竞争产生竞争效益，生产集中导致规模效益。后人把这个论断叫作“马歇尔两难”。我们面临的主要问题是竞争不足。一旦遇到新的经济矛盾，人们常常自觉不自觉地从旧体制的经验中寻求答案。
- 我国经济发展的最大“瓶颈”并非资源的稀缺，而是资源配置的无效率和非优化。政府总是要站在反垄断立场上的。
- 垄断是厂商的本能取向，反垄断是政府的天然职责。拿价格说话，这种尺度的单一性是人类文明进步的重要标志。
- 问题不在于存在着价格竞争，而在于那些劣的企业无法顺畅地从供给领域退出。
- 局部市场与统一市场之间的矛盾并非只是地方保护主义，国内市场与世界市场之间的矛盾关系也在激化。
- 要把资源集中起来，又不能打破资源归属的制度约定，市场经济就是在这两个约束条件下证明了自己的神奇。
- 不能公开剥夺，也不能暗中剥夺。前期股市发展的不完善就在于存在着允许暗中剥夺的漏洞。
- 资本市场的真谛不是把别人的钱装到自己口袋里的“游戏”，而是尊重、保护、维护多元化的产权归属的制度产物。

【2-3-1】我们的改革面临的大量问题，背后隐藏的是如何处理好市场与政府之间的关系，如何协调这个矛盾的问题。粮食流通体制改革问题，民航、电力、电信以及铁路等行业的资产重组问题，国企职工身份转换问题，完善社会保障体系问题、整顿与规范市场经济秩序问题，以致我国“入世”后面临的挑战问题等，无一不涉及市场与政府之间的这一矛盾。

我们前面讲到，市场经济是一个讲求效率和优化的社会经济形态。但如果再深入分析，效率和优化是从哪里来的呢？从竞争、分散决策、各种资源的自发动员能力等方面来。市场经济并不是一个完美的社会经济形态。就是最崇尚市场经济的经济学家也得承认，市场经济是有缺陷的经济形态。在市场经济的运行中，不可避免地存在着很多基本矛盾。

什么叫基本矛盾呢？我们不是说人和自然界之间的矛盾。这个矛盾永远是人类经济发展的基本矛盾。这是哲学意义上的。我们说的是特定经济形态下的基本矛盾。只要是市场经济，这些矛盾冲突就存在，而且是每时每刻都存在。我们在发展、改革中面临的各种经济难题实际上最终都出自这些基本矛盾。

有哪些矛盾呢？从各国市场经济发展的实践和迄今经济学的理性总结看，有这么四个矛盾是回避不了的。一是政府和市场的矛盾，二是竞争和垄断的矛盾，三是局部市场和统一市场的矛盾，四是产权多元化和资源集中的矛盾。每当人们把这些矛盾关系协调得好一些的时候，社会经济就出现较顺畅的发展。每当人们忽视了这些矛盾，人们的认识不符合客观规律时，这些矛盾就激化，社会经济发展就受到挫折。

第一，政府和市场的矛盾。

人类有政府的历史很长久了。但有和市场机制相对抗的政府，这个历史并不很长。在座很多同学可能去过欧洲。不知大家注意到没有，在欧洲的很多城市中都有一个非常有历史特色的广场。布鲁塞尔的那个小广场是个旅游景点，旅游团经常去。据说马克思写《资本论》时就住在那个广场角落里的一家小旅馆中。

布鲁塞尔的小广场很有代表性。那个城市小广场呈现为一个“天井”的格局。一面是王宫，也有说是市政厅，王权领导下的市政厅。王宫对面是教堂。两侧的建筑在历史上是商会。王宫和教堂的堂皇当然不用说。但那些商会的建筑迄今看起来仍可以想象，当初的豪华富丽程度应当不亚于王宫和教堂。这种格局的城市广场相当形象地体现着当初欧洲工业化和市场经济发展初期，市民阶层的“商会”挑战王权、神权的过程。在那个时候的欧洲，商会实际上是真正的市政府。他们拥有着制定交易规则、收取税赋的实际权力。王权、神权只能从他们收取的赋税中分取利益而已。为什么那个时候的商会能有这么大的社会权力呢？因为工业化带来了市场经济。市场经济一方面要求发展竞争，一方面又要求有对竞争进行协调的社会统一力量。这两件事王权和神权都管不了，只能交给商会来管。站在布鲁塞尔那个城市广场中，人们大概能够悟到，马克思是怎样站在那个小旅馆的窗前，亲眼看着资本借助机器生产力、通过竞争和协调竞争的能力从贵族和宗教手中攫取社会统治权力，从而写出不朽巨著《资本论》的。

我们举这个例子是想说明，自发竞争的市场机制和协调竞争的政府作用，从市场经济诞生的第一天起就始终是相伴相随的。

市场经济诞生的初期，人们相信自由竞争的力量，几乎“一边倒”地排斥社会统一管理经济、干预经济的政府。人们认为，最多有个商会，再有个法律，能够议定“游戏”规则、裁判争端就行了。不需要有个掌握资源并且干预经济的政府。那个时候有个历史上曾经有一定影响力的政治思潮，叫作“无政府主义”。这个“无政府主义”政治思潮的诞生和兴盛，和当时市场经济下方兴未艾的自由竞争发展密切相关。

当时只有马克思冷静地指出，自由竞争发展到一定程度，社会供求之间的矛盾、社会各个利益群体之间的矛盾一定会趋于激化。这种激化肯定会导致经济危机。他呼吁，社会要建立一个统一的协调力量才能避免经济危机的发生。当然，马克思的这个呼吁被后人发挥成了计划经济，把事情推到了另一个极端。这是后话。按下暂且不表。

自由竞争的确造就了大机器工业的迅速发展。最具代表性的就是19世纪末、20世纪初美国工业化的迅速实现。但马克思也不幸言中，我们在上一讲中提到，1929年到1933年，全球爆发了严重的过剩危机，世界经济陷入了一个大萧条时期。痛定思痛，人们开始认识到没有政府还真不行。于是此后就诞生了“凯恩斯主义”。如同我们前一讲提到的，宏观经济学强调，政府要干预经济，其中主要是干预总供给和总需求的平衡。请注意，宏观经济学强调的政府作用并不是我们现在很多人说的“制定规则”和“维护秩序”，而是“干预”。运用一定的资源配置力量干预。

宏观经济理论的确有效。由于市场和政府的关系得到一定程度的协调，市场经济又获得了一个较大的发展空间。从40年代末期开始，战后很多发达国家为什么在很长时间内越来越少地发生那种危机性的供求失衡了呢？为什么资本和劳动之间的对抗也日趋缓解了呢？这和政府对市场的适度干预，从而主动调整社会利益矛盾密切相关。

但经济再向前发展，新的矛盾又出来了。日本作为后起的工业化国家要实现经济赶超。50年代初期，美国人告诉日本人，市场机制是万能的，千万不要违背市场自身的要求。日本人认为，发达国家已经把最赚钱的行业都给垄断了，他们的企业也已经非常强大了，在这种“先行者利益”面前，单纯的自由竞争肯定不会有日本的“好果子”吃。日本要造就具有强大竞争力的出口产业，政府必须扶持。日本人还由此造出了一个词儿，叫作“市场失败”。就是市场机制在某些情况下会导致非良性后果的意思。比如不顾社会利益的污染、恶性竞争、无人肯投资基础设施等。由此就有了日本的产业政策。

日本的产业政策造就了市场与政府之间的一种新型格局。这种格局还真的使日本一举成为世界经济大国。于是人们说，日本的经验好，应当照日本的这个产业政策办，政府不仅应当干预总量，还应当干预结构、干预产业发展。韩国把日本的产业政策又进一步发挥，形成了政府扶持大企业的模式。韩国也有了举世公认的发展。到亚洲金融危机之前，韩国的发达程度在世界上排名第九。

但很不幸，就在人们沉溺于这些成功时，市场又提出了新的挑战。1997年亚洲金融危机爆发。1998年初，这个危机从东南亚蔓延到东亚。在这场危机中，日本、韩国模式的缺陷充分地暴露了出来。政府扶持下的企业、产业的脆弱性充分地暴露出来。此后，人们开始对以前崇尚的产业政策、大企业模式提出了很多反思和批判。

反思了不等于就真的充分认识了。先举个前些年的例子。2001年3月，美国的加州连续爆发了多次大规模的分区停电，近百万居民的生活受到影响。这就是对美国后来一系列政策发生重大影响的“加州电力危机事件”。

加州是个什么地方？是著名的“硅谷”所在地，可以说是当时最时兴的“新经济”的心脏地区。而电力是什么？是工业文明的基本标志，是最传统不过的工业产业。加州为什么会爆发电力危机？是美国人不会发电，或者没有能力协调电力供求？都不是。此前，美国在克林顿总统手里连续出现了八年多的经济景气。美国人相信，高科技主导下的“新经济”时代已经到来了，电力这种传统产业已经成为“夕阳产业”了。在此乐观估计下，市场导向下的资源配置机制出现了偏差，资源大量、集中地流向了高科技产业。到2000年5月时，作为“新经济”代表的纳斯达克指数达到创纪录的5400点高位。这造就了无数的新富翁，也给人们带来了关于财富神话的无尽想象。而在此时，被人们忽略的电力等传统产业已经无法通过市场、通过竞争获得足够多的资源，已经明显出现发展乏力的迹象。

偏偏在这个时候，美国政府认为，都到“新经济”时代了，我还扶持你一个夕阳产业干什么呢？于是打算进一步改革电力的资源配置格局，把电力供求全交给市场来调节，政府退出对电力产业的扶持。政府的一个失误，加州就爆发了震撼“新经济”心脏的电力危机。

别小看“加州电力危机”影响。美国后来许多重大政策都受到这个事件的影响。2001 年 5 月，刚上台不久的布什总统就签署了一项“新能源计划”，叫 New Energy Plan。按照这个“新能源计划”，美国打算在政府扶持下重新大力发展传统能源，甚至不惜降低美国的环境保护标准以及放弃减少温室气体排放、遏止全球变暖的国际义务。可以说，2003 年美国那么急切地打伊拉克，和对传统能源的再次关注密切相关。

到今天，在市场经济发达国家，政府和市场之间的关系处理好了没有呢？还没有。2008 年以来的世界金融危机，在一定意义上说，就是市场和政府之间矛盾不断累积后的总爆发。不停地修修补补不能协调市场和政府的矛盾了，于是就以危机的形式爆发出来了。

世界金融危机中，人们普遍注意到了一个现象，就是资本的贪婪。连所有的西方政治家都承认，这场世界金融危机就是资本无止境的贪婪欲望造成的。这话的确有一定道理。为了无限放大资本的增值能力，无穷无尽、充满风险的虚拟市场、金融衍生品市场被“创造”出来。一块钱赢利能力被各种各样的金融杠杆放大成为十块钱，甚至一百块钱的赢利能力。没有人注意到，或者说没有人愿意注意到，在赢利能力倍增的同时，风险也在以同样的倍数累积着。一旦一张“多米诺骨牌”倒掉，一场“雪崩”式的连锁反应就不可避免。这个灾难性的后果谁承担了？不仅仅是那些贪婪的投资者、国际大资本集团，更大、更严重的后果是由社会，由工薪阶层承担了。最终不得不由政府出面，用公共资源来收拾残局。

这场金融危机迫使全世界的经济学家都得重新审视市场和政府的关系。一方面，人们问，在危机孕育、累积的过程中，社会统一的监管力量、调整的力量哪里去了？为什么早没发现和制止那些危险的资本游戏呢？另一方面，全世界的经济大国也不得不接受，拯救危局必须由政府强力出手。这次危机中各国政府的“救市”政策可以说是人类历史上空前的，市场经济产生以来从未有过的。最近请求破产保护的“百年老店”通用汽车公司，其股价从近 100 美元直线跌至不到 1 美元！怎么拯救呢？改组方案中 70% 以上的股份为政府持有，其中美国政府持有 60%，另 10% 为加拿大政府持有。另有近 20% 为工会持有。这实际上不就是国有化了吗？其实通用并非被政府出手“国有化”的第一家。AIG，也就是美国国际集团，世界最大的保险公司，也是通过政府注资和收购不良资产才免于“猝死”的。美国花旗银行也是美国货币当局，即美联储依靠“印票子”，然后闭着眼高价收购其不良资产才幸免于难的。就是说，这场金融危机中，政府差不多是扮演了一个“危机保险公司”的角色。可以预见，危机过后，人们对市场和政府之间关系的认识一定会有一个新的飞跃。

这些历史与现实的例证让我们领悟到一个重要道理。每当人们协调好市场和政府之间的矛盾关系时，社会经济就向前发展；每当这个矛盾趋于激化时，社会经济就遇到麻烦。每当人们根据形势变化对矛盾双方的关系及时做出合理调整时，社会经济就顺畅发展；每当人们忽略了变化，矛盾双方的关系滞后于新的形势时，社会经济就面临新的危机。

我国在计划经济时期的实践正好是另一个极端。计划经济就是完全否定市场的作用，极度夸大政府作用的一种经济形态。世界上很多国家的发展实践已经证明了这种经济形态的失败。我们向社会主义市场经济转变的改革，就是让市场机制充分发育，充当资源配置主导性力量的改革。

向市场经济转变的改革，是不是就是“政府退出”和“市场进入”呢？也不是。我们的改革要想顺畅地向前推进，也得格外注重处理好政府和市场之间的关系。这里也给大家举两个例子。

一个是忽视政府作用而滥用市场机制的例子。20 世纪 80 年代中、后期，各地发展经济的呼声非常高涨。当时的中央领导人就提出了一个“有水快流”的战略，让各地有什么资源就发挥什么优势，“国家、集体、个人一块儿上”。把资源产业发展完全交给了市场。结果导致了小煤窑、小矿山遍地开花，人们不顾条件地对各种自然资源实行掠夺性开采。这种滥采滥挖造成了对资源、对环境的极大破坏。这个恶果到现在还没有完全消除。过去几年，严重缺乏基本安全措施的小煤窑连续出现特大恶性事故，屡禁不绝，其实就是那一段资源产业发展失控的后遗症。

另一个是排斥市场作用而滥用政府权力的例子。河南是我国小麦主产区，河南人爱吃馒头。于是在郑州就发展起了一个“馒头产业”，有人专门蒸馒头供应市场，做这个生意。前些年，郑州市政府说，馒头是吃的，这个事情关系到人民健康，政府得管这个市场。于是就成立了专门管馒头市场的“馒头办”。市政府成立了“馒头办”，区政府也成立“馒头办”。这些“馒头办”管什么呢？管批许可证。蒸馒头、卖馒头要有政府发的许可证。当然不白批，得交钱。交钱还不算，还得买“馒头办”指定厂家的面粉。大家很容易想见，这个“馒头办”是在规范市场呢，还是在滥用行政权力从市场中“寻租”，攫取利益呢？最后是市政府的“馒头办”和区政府的“馒头办”因为利益分配不均打起来了，互相不承认对方发的“证”，这个荒唐事才在媒体的报道下寿终正寝。

我们的改革面临的大量问题，实际上如果深入观察就会发现，这些问题背后隐藏的，也是如何处理好市场与政府之间的关系，如何协调这个矛盾的问题。前几年的粮食流通体制改革问题，进入21世纪以来，民航、电力、电信以及铁路等行业的资产重组问题，国企职工身份转换问题，完善社会保障体系问题，整顿与规范市场经济秩序问题，以致到2004年以来的宏观调控问题和近期的应对世界金融危机的问题等，无一不涉及市场与政府之间的这一矛盾。

【2-3-2】垄断是市场经济的大敌，是一种腐败，是一种市场暴力。垄断导致技术停滞与制度腐败。垄断没有什么“好”、“坏”之分。当生产力发展在客观上导致一定的垄断时，我们的选择不是维护垄断，而是寻求新的竞争机制，在更高层次上发展竞争。

第二，竞争和垄断的矛盾。

市场经济为什么能够实现资源的优化配置和效率的不断提高呢？根本动力是竞争。市场经济是依靠竞争来实现优胜劣汰的。竞争的对立面是垄断。市场经济一定要求抑制垄断和促进竞争。

但在实践中，人们还经常不得不向垄断妥协。为什么呢？因为工业化带来了一个重要的效益现象，叫作“规模效益”。

最近一些年来，“规模经济”的说法经常出现于各种媒体。一些地方政府也动辄说，要把当地某企业“做大做强”。这种把“做大做强”当成“规模经济”，其实是在“望文生义”地滥用。“规模经济”不是指大企业有实力，能够轻易排挤小企业的意思。这个概念是和工业化、和机器手段的不断发展密切联系在一起的。

人们从常识中可以知道，在很多工业产业中存在着一个共同的现象，就是产量规模越大，单位产品成本就越低。为什么呢？因为有个“固定成本”分摊的问题。

“固定成本”就是企业开不开工都得付的成本。比如地租、房租、银行利息、设备折旧等等。这个固定成本一般和产量无关。不会因为产量增加而增加。显然，产量越大，也就是规模越大，分摊到单位产品中的固定成本就会越少。产品成本低了价格就会低，产品就可以有更大的市场竞争力。这种现象叫作规模的经济性。

规模的经济性是工业化阶段的一个特有现象，是成批、大量生产的产物。也就是说，是生产力的要求。但问题就出在这里。成批、大量生产就要求有较大的市场。一家工厂的供应能力就可以满足方圆很大一块区域的需求。在工业化理论中，这叫“生产集中规律”。

生产集中给人们出了一个难题。因为生产一集中，市场供给就集中到了一家企业，就导致了垄断。要竞争就得一定程度地分散生产，缩小单厂规模。19 世纪末时，英国有个经济学派叫“新剑桥学派”，这个学派的创始人叫马歇尔。他认为，竞争产生竞争效益，生产集中导致规模效益。人们需要不断在这个两难中做出选择。后人把他这个论断，以及人类在市场经济发展中不断面临的竞争与垄断之间的矛盾叫作“马歇尔两难”。

在整个 20 世纪，可以说市场经济的发展始终和协调这个两难的矛盾密切联系在一起。俄国十月革命的领导人列宁最先提出，资本主义发展到帝国主义阶段的特征就是垄断，垄断了就要打世界大战。这个结论就是“列宁主义”的核心。后来的历史发展也不幸被他言中。美国人最强调“竞争优先”，说美国的富强就是因为崇尚竞争。在美国，反垄断法是发达国家中最严厉的。大家肯定听说过前几年“微软”被控垄断的案例。美国强行将规模大到在市场中占有绝对份额的公司拆分，这在历史上发生过很多例。日本人嘲笑美国人是“把下金蛋的鹅放到案板上剁”。日本经济政策的特点是在“马歇尔两难”中选择“生产集中优先”，选择规模优先。我们今天所知道的“新日铁”，当初就是在日本政府政策的左右下，由日本排名第一和第二的“八幡”和“富士”两家公司合并而成的。但美国人也并非不搞垄断。迄今世界上那些国际垄断资本巨头，那些跨国公司里面美国资本占绝对大头。日本也不是不搞竞争，它要搞的是国际竞争优先。从 20 世纪 70 年代起持续 30 年的“日美汽车贸易摩擦”就是国际竞争中的剧烈摩擦。

市场经济发展到今天，竞争与垄断之间的矛盾关系又有了新特点。消费需求不肯再满足于成批、大量生产下的价格便宜，而改为要求多样化、个性化。不仅如此，由于技术进步不断加速，规模的经济性往往成为阻碍技术升级的“拦路虎”。

给大家举个例子。我国在 20 世纪 80 年代中期发展家电业的时候，很多省区都纷纷引进设备，上马冰箱、彩电。因为一开始实力有限，往往引进的生产线规模都不够大。后来很多人就批评家电业“重复建设”、“重复引进”，不懂得利用规模的经济性。到 20 世纪 80 年代末，录像机又开始在市场上出现了。当时中央有关领导就下了个指示，说这次再不能重复建设、重复引进了，全国就建一座录像机厂，哪个省都不准单独建。中国这么大市场，就建一个录像机厂，那还能达不到经济规模吗？肯定能达到。但是没想到的是，经济规模的目标倒是达到了，但技术又进步了，录像机的技术寿命完结了。现在 VCD 都过时了，DVD 又出来了，网络视频又出来了。数字技术取代磁记录已经是市场中的普遍现象，广播电视、电话、互联网“三网合一”也已经趋近于大规模应用。人们现在从网上下载电影，观看转播以至打网络电话不是很普遍了吗？那个录像机厂的规模再经济，单位产品成本再低，价格再便宜，问题是谁还买呀？

大家知道，汽车产业是一个规模经济非常明显的产业。2000 年时，我国轿车业的发展曾面临过一个争执。当时很多人呼吁国产车降价。人们说，中国加入 WTO 在即了，那么高的价格谁买呀？汽车厂家说，你们消费者要是多买我就降价。消费者说，你要降价我就多买。结果形成了一段对峙局面。后来还是厂家先降价，由此引发了 2002 年中国的“轿车元年”。前两年轿车销售火爆，网上兴起了一种新的购车方式，叫作“团购”。有人发起，欲购车的消费者先在网上报名，报够了一定数量，再集中和厂家“砍价”。据说依车型不同，价格能比自己单独去买便宜 5000 元到 20000 元不等。2009 年是全世界汽车业的一个噩梦年头，那些世界级的汽车企业纷纷面临倒闭的临界点。谁也没想到，进入 2009 年，中国的汽车市场居然呈现为高涨繁荣。到二季度，由于上年估计不足，一些热销车型居然出现了“零库存”的现象。为什么会出现这种貌似非常的局面？除了购买力的客观基础之外，规模带来的降价余地起了很大的作用。

市场经济在我国的发展历史还不长。从我国的情况看，我们面临的主要问题是竞争不足。在中国加入世贸组织前后，很多人忧心忡忡于有些产业的国际竞争力不高。为什么不高呢？因为缺乏优胜劣汰的市场“洗礼”。

在我们的市场化改革中，反垄断的迫切性正在明显增加。一方面，我国正处于工业化过程中，大机器应用造就的生产集中很容易带来市场份额的过度集中。另一方面，我国又处于经济体制的转换过程中，依靠行政权力决定垄断价格的旧体制痕迹还远未清除干净。一旦遇到新的经济矛盾，人们常常自觉不自觉地从旧体制的经验中寻求答案。

中国的经济发展已经到了这样一个阶段：最大“瓶颈”并非资源的稀缺，而是资源配置的无效率和非优化。谁能完成资源配置的优化呢？是市场，是竞争。我国启动消费的根本难点在于旧体制遗留下来的垄断性消费条件抑制了消费者的消费欲望。我国投资需求不足的关键在于民间投资无法跨越很多产业的垄断性“进入壁垒”。国企改革的最终出路也在于赋予其优胜劣汰的机制。

说竞争和垄断是一对矛盾，人们在市场经济发展中经常会面临“两难”，并不是说垄断也有好的一面。垄断是什么？垄断是市场经济的大敌，是一种腐朽，是一种市场暴力。垄断导致技术停滞与制度腐败。我们可以明确无误地说，垄断没有什么“好”、“坏”之分。当生产力发展在客观上导致一定的垄断时，我们的选择不是维护垄断，而是寻求新的竞争机制，在更高层次上发展竞争。

竞争是市场经济优化配置资源的根本手段。但并非在任何情况下都能够实现充分竞争。在现实生活中，有时候还得容忍垄断的合理存在。例如，不可能在一个住宅小区内设置两个自来水公司供水。在这种“自然垄断”领域，市场机制的资源配置作用是失效的。为了利用规模经济、降低单位成本，就得在市场份额上容许一定垄断因素的存在。但这只是不得已而为之的被迫选择。自然垄断并不等于说无须贯彻市场原则。怎么贯彻呢？人们已经创造出了很多成熟的做法。例如，对参与主体采取招标方式进行优化选择；再如，通过“听证会”等方式要求那些实施必要垄断行为的主体证明其行为确实符合公众、社会的整体利益。

应当格外强调的是，容忍一定程度的垄断不等于说政府或者政策应当鼓励垄断。在市场经济条件下，厂商为了自身的利润最大化，总是不断趋向于获取垄断地位。而政府及其政策在什么时候都不能鼓励或纵容垄断。相反，在所有市场机制发展成熟的国家，政府都总是要站在反垄断立场上的。换言之，垄断是厂商的本能取向，反垄断是政府的天然职责。

【2-3-3】价格竞争本身没有什么不好。人们普遍关心价格，企业普遍学会用价格和社会对话，这是一种历史进步，是市场经济制度发展的表现嘛。市场经济的最大特点就是把交易过程中的一切条件都换算为单一的货币单位。拿价格说话，这种尺度的单一性是人类文明进步的重要标志。在这个“拿价格说话”的过程中，有限的资源就被配置到了那些“优”的生产者手中。

前几年，我们的媒体对“价格战”口诛笔伐的颇多。这个问题也许值得多说几句。说清楚这个道理，非常有助于大家理解市场经济下一个极为重要的杠杆作用，这就是价格。

在规范的经济学概念中，根本不存在什么“价格战”的说法，有的只是价格竞争。其实，同样的事在市场经济发达的国家长年累月每天都在发生，人们早已习以为常，没有谁会对此大惊小怪。

价格竞争本身有什么不好吗？价格是市场经济的产物。人们普遍关心价格，企业普遍学会用价格和社会对话，这难道不是一种历史进步，是市场经济制度发展的表现吗？这当然是好事。

我们一些媒体把“价格战”归结为卖方竞相削价。好像我们的厂家、商家都特别愿意把东西更便宜地卖给消费者似的。这是只见现象不见本质的认识。

厂家、商家为什么要竞相削价呢？因为资源有限、市场有限、机会有限。市场经济下的参与者都是平等的。要获取有限的资源、市场、机会，就得参与竞争，证明自己比别人更优。竞争过程就是社会的优化选择过程。

优化选择就得有个尺度。在市场经济条件下，价格就是社会评判优劣的最重要尺度。价格竞争是市场经济下最基本的竞争形式。其他所有竞争形式，包括品牌竞争、质量竞争、服务竞争、品种竞争以及技术竞争等，都只能是价格竞争的延伸。其实，在市场经济下其他所有形式的竞争力都是可以换算为价格的。

我们特别有必要指出一个深层次的道理：市场经济的最大特点就是把交易过程中的一切条件都换算为单一的货币单位。用通俗的话说，就是“拿钱说话”，“拿价格说话”。这种尺度的单一性是人类文明进步的重要标志。在这个“拿价格说话”的过程中，有限的资源就被配置到了那些“优”的生产者手中。

确实有很多人担心，价格竞争是否会导致一些行业出现“全行业垮台”。这种说法可以一言以蔽之，叫作“杞人忧天”。在全世界各国的市场经济发展过程中，从来没有过因为价格竞争而导致“全行业垮台”的先例。为什么？因为竞争总是导致效率的提高和技术的更快进步。严酷的竞争环境必将导致技术的加速进步。环境的变异推动进化，这已为自然界种群发展历史所证明。事实上，再没有比战争环境更严酷的考验了。如果没有两次世界大战，我们到今天也可能还没有喷气式客机、无线电通信以及核技术。这不是“本本”的说教，是已为实践证明了的真理。

在关于价格竞争的讨论中，人们很容易诘问的一个问题是，“价格战”确实导致了很多企业的亏损。其实，这个问题的另一个问法应当是，为什么这些无法赢利的企业仍不肯退出？在我国当前的市场经济发展过程中，问题不在于存在着价格竞争，而在于缺乏与价格竞争相应的退出机制；在于那些劣的企业不肯，或者无法顺畅地实现从供给领域的退出。

第三，局部市场与统一市场的矛盾。

在市场经济的完善过程中，我们遇到一个明显的障碍。这就是始终层出不穷的地方保护主义。其实，这不是什么新问题。市场经济的发展始终是和局部市场与统一市场之间的矛盾密切联系在一起的。

根据经济学常识可知，市场越大，资源配置的优化程度就越大。统一的大市场是发展竞争的必要条件。地方封锁、地方保护实际上是一种地方垄断行为。这种行为不仅不利于国民经济整体的发展，最终也不利于区域经济自身的发展。

过去一些年，地方保护主义已经从最初的市场分割与区域封锁发展为公然保护“假冒伪劣”，从维护局部经济利益的动机发展为利用行政权力攫取违法利益的“寻租”动机，从政府行政行为发展为司法行为。地方保护主义盛行已经成为一段时期以来市场经济秩序混乱的重要原因之一。

但是，是不是我们对地方保护主义、局部市场封锁一味谴责就够了呢？客观而论，地方保护主义的快速蔓延与改革措施不完善是密切联系在一起的。有几个因素不可忽略。其中，一是前期在区域倾斜政策中，政策资源配置的不平衡实际上成为地方保护主义产生的重要诱因。二是长期以来中央与地方之间的经济关系仍未理顺。中央赋予地方政府的区域经济发展责任与其相应的资源支配能力存在着明显的不平衡。三是一些相对滞后地区被迫采取高筑市场壁垒的方式避免利益流失。四是信用状况恶化使“自我保护”成为一些地方的主要应对措施。

进入21世纪，我们面临的局部市场与统一市场之间的矛盾并非只是地方保护主义、地方封锁一个表现形式。另一个重要表现形式是，中国已经成为世贸组织的正式成员国。在这种形势下，我们的国内市场与世界市场之间的矛盾关系也在激化。人们一方面在呼吁竞争，另一方面又都在担心国际竞争延伸到国内市场中来，担心我们的国内市场为别人所占有。

在最近这场世界金融危机中，国际贸易保护主义又有重新抬头的趋势。尽管很多发达国家也在呼吁绝不要搞贸易保护主义，那样将“损人不利己”，但实际上这些国家并未真心贯彻这个原则。美国政府对企业的援助就写入了，用政府的钱必须买美国货。在这轮危机的应对中，中国是最坚决反对国际贸易保护主义的。因为我们必须在更大范围内参与到国际竞争中去，唯此我们才能获得更多的发展机会。

当然另一方面，我们确实又得对我们自己的市场采取必要的保护措施。在2008年时，我们一些大企业到国际市场中去收购资产，结果吃了大亏。怎样才能把握好这个“度”，找好其中的平衡点？这是考验我们智慧的一个现实难题。

这个难题现在很多产业已经面临。也给大家举个例子。1998年，我们对全国的石油石化产业进行了一次全产业的资产重组，组建了“中石油”和“中石化”两大集团。重组的目的就是要发展国内市场的竞争力。但在前两年，又有人呼吁，建议把两大集团，以至包括“中海油”，统统合并到一块儿，成立一个全国统一的垄断性公司，以应对外来竞争。这个建议好不好呢？我看不好。根本的竞争力不是资产规模，而是内在运行机制。合起来不改机制也还是没有竞争力。

2004年时，我们的两大石油石化集团为应对外来竞争，也采取了一些措施。这些措施之一就是收购加油站。大家可能听说过加油站的收购大战。一些加油站的价格被抬到了天价。是不是把国内的加油站都收购完了，外国石油公司就没有机会到我们国内市场上和两大集团竞争了呢？恐怕没那么简单。因为加油站是可以不断再建的呀。大家在各个城市的餐饮业发展中可以清楚地看到，你把全城的餐馆都盘下来也不可能垄断这个城市的餐饮业。因为你不但阻止不了新餐馆的开张，而且你高价收购餐馆的行为正好向市场发出一个预期，引导着人们开更多的餐馆。人们开餐馆的目的就是以高价卖给你。这种收购发出的信号是让人们把卖餐馆、卖加油站本身当成生意来做。

举石油石化的例子是想说明，在如何处理好、协调好局部市场与统一市场之间的矛盾关系上，迄今我们这个社会的普遍认识还不够清晰，思路还不够完整。探索这个矛盾的运动规律仍然是我们改革与发展要面对的一个重大挑战。

【2－3－4】在一定意义上可以说，市场经济和计划经济的最大区别，就在于用什么办法实现资源集中。用革命的方式、剥夺的方式就是计划经济。弄清楚这一点并非无关紧要。改革的目标之一，就是要让人们合法的劳动收入和合法的非劳动收入都要受到保护。为什么？没有这个保护、这个制度，我们就没有了市场经济。

第四，产权多元化与资源集中的矛盾。

我们前面多次讲到，工业化要求资源集中。这道理很简单。要开矿山、办钢铁厂、建100万吨级的乙烯装置、1000万吨级的炼油厂，没有大量的资源积聚和集中不行。也就是说，一方面得把全社会的资源集中到一块儿，另一方面得把在今后许多年中连续发挥作用的资源在一个短期内集中投入。这种客观要求，靠单个特别能赚钱的老板不行。因为常识可知，铁路不能一公里一公里地修。要是靠单个老板赚了钱再不断地把利润投入到修铁路上来，可能到今天我们也有不了铁路。

但另一方面，市场经济又必须维护产权的多元化。没有这个“多元化”就成了计划经济了。当初计划经济的设想，就是企图用构建一个统一利益的办法来满足资源集中的要求。

又要把分属不同所有者的资源集中起来，而且还得是高效率、低成本地集中起来；又不能打破资源归属于多元化所有者的这个制度约定，各种要素原来是谁的还得是谁的，不能剥夺。这不是矛盾吗？这个矛盾是市场经济面临的最重要矛盾之一。

马克思的《资本论》有个精彩之处。他在论述利润又得在流通中产生，又不能在流通中产生时，说了一句话："这里是'罗陀斯'，你就在这里跳吧"。这句话像莎士比亚写的《哈姆雷特》中的"生，还是死，这是一个问题"那句话一样有名，但也一样费解。翻译家们不知道该怎样翻译这句话，就照着发音"硬译"了过来，然后在后面加了个注解，说马克思的意思就是，你就在这两个完全相悖的条件中证明你自己的才能吧。

市场经济就是在这样两个看起来完全相悖的约束条件下证明了自己的神奇。

这个"戏法"是怎样变成的呢？是通过一系列市场化的方式，一系列的制度约定变成的。一个人们最熟悉的方式是银行。人们把自己的钱存到银行，银行给储户开具一张具有法律效力的存单，表示你把钱交给银行并不等于你放弃对这些钱的所有权，钱的归属还是你个人。但银行可以把千千万万储户的钱集中起来贷给企业。由此就实现了资源集中。一方面不改变资产的归属，另一方面又实现了资源集中。

银行只是一种中介机构参与的方式。市场经济下更大的资源集中方式是资本市场。我们所说的产权是指用来谋取收益的资产产权。在市场经济下，这个产权主要有两种表现形式。一种是债权，一种是股权。

老百姓把钱存到银行，通过银行贷给企业，这只是利用债权方式实现资源集中的一种特例。更直接的方式是货币资本的所有者直接把钱借给企业。这就是企业债。

在经济发展中，更多的时候是，打算投资的人并不了解需要借钱的企业。都等到人们相互认识、相互了解了再借钱，那得等多久呀？实际上那也是不可能实现的。这显然不能满足工业化和市场经济发展的要求。怎么办呢？人们就创造出了债市。企业按照社会约定的统一规则在资本市场上发债，投资者自由地在市场上买卖企业债和流通企业债。由此就实现了资源集中。

股权不过是债权的进一步发展和延伸。这两种产权形式的区别就在于投资者对风险的承担程度不同。债市也给人们以启发。既然债权能够通过公众化的市场流通，那么风险共担、利益共享的股权也应当可以通过公众化的市场流通。由此就有了股市。

现在，我们中国的投资者对股市、债市的原理已经比较熟悉了。但人们最多把那里当作可以买卖有价证券的场所，很少想过和市场经济的深层次关系。这个深层次关系就是保证产权在资源集中的过程中不被剥夺。在一定意义上可以说，市场经济和计划经济的最大区别，就在于用什么办法实现资源集中。用革命的方式、剥夺的方式就是计划经济。弄清楚这一点并非无关紧要。我们在半个世纪前就已经懂得了工业化要求资源集中的道理。但那时人们的认识是，实现“资源集中”最简单的办法就是剥夺。新中国最早提出工业化目标的，是1953年制定的第一部宪法。这部宪法中提出了一个“一化三改”的目标。“一化”就是要“在不太长的时间内实现国家的社会主义工业化”；“三改”就是“对农业、手工业、资本主义工商业进行社会主义改造”，也就是要实行全面的公有制。那时认为，工业化的目标必须以对私有产权的剥夺为基础。现在我们认识到，这个“剥夺”的方式解决不了中国工业化的问题。怎么解决呢？2002年党的“十六大”报告指出，人们的合法的劳动收入和合法的非劳动收入都要受到保护。为什么？没有这个保护、这个制度，我们就没有了市场经济。

处理好产权归属多元化与资源集中这个矛盾也并非易事。不是定个说法就完了。不能公开剥夺，也不能暗中剥夺。我们的前期股市发展的不完善表现在什么地方？就在于没处理好这个矛盾，存在着允许暗中剥夺的漏洞。这就是股民们说的“企业上市圈钱”和“大股东掏空上市公司”。

在中国，建立和完善市场经济是个任重道远的事，不是有个资本市场的形式就行了。我们需要真正在理论和实践中弄明白，股市、资本市场的真谛不是把别人的钱装到自己口袋里的“游戏”，而是尊重、保护、维护多元化的产权归属的制度产物。我们不是为了把老百姓的钱更多拿到“国家”手里才需要股市。而是国家、社会、企业用了老百姓的钱，但这个钱的产权归属仍然是老百姓的，投资者为了这样的一个目标才建立股市、建立资本市场的。很长时间来，学者们一再呼吁，要人们把通过银行实现的间接投资转变为直接投资。完成这个转变其实并不难。关键就在于，直接投资下的产权归属能不能得到像银行一样或者比银行更明晰、有力的制度保障。不是说投资者不承担风险，没有受损失的可能性，而是说不能有变着法暗中改变所有权的制度漏洞。不仅公开市场如此，不入市的产权部分也得如此。这个话的分量很重。希望大家格外注意。

4. 提问与讨论

- 剥夺不是简单占有别人财富的意思，而是在经济发展中不断再生产出贫困和一无所有的意思。
- 造就市场和需求不仅得让人们有钱消费，还得让人们有时间消费。
- 创造与索取之间有节奏地轮动才能推动经济向前发展。
- 整顿与规范市场经济秩序的一个关键点应当是缩小而不是扩大政府制定规则的权力。
- 人们在自己的利益受到不公正侵害，而且不能向侵害人讨回利益时，最容易选择的行为趋向就是想办法把这种不公正导致的损失转嫁给别的对象。
- 如果政府的利益与市场交易主体的利益掺杂在一块儿，政府是不可能扮演好公平的秩序维护者角色的。
- 在维护市场经济秩序中，最坚定、最不会被收买的是消费者群体。
- 资本市场也是市场。
- 优胜劣汰的取舍标准是效率而不是所有者的性质。
- 家族式的民营企业能否扮演合格股东，这个问题应当留待市场的优化选择机制来回答。
- 可以确定无疑地说，我们需要大力发展虚拟经济，需要以积极、正面的态度来对待虚拟经济。

【提问一】：传统理论说资本主义才有对劳动者的剥夺，计划经济能说是“剥夺”吗？

答：什么是“剥夺”呢？这得说点理论。

在经济学意义上，剥夺不是简单占有别人财富的意思，而是在经济发展中不断再生产出贫困和一无所有的意思。马克思最先讲了资本主义的“剥夺”。他是怎么讲的呢？他说，由于资本要素所有者不断把利润投入扩大再生产，同时把劳动要素的收益压低到最低限度，由此就造就了一个事实：一方面是财富和资本的不断积累，另一方面是贫困的不断积累。马克思把这叫作“资本积累的一般规律”。

请大家务必注意，这里有两个要点。一是经济在不断扩张和发展，二是社会仍在不断再生产出一无所有的贫困人群。这才叫剥夺。我这里格外强调“再生产”这个概念。这一点在理论上非常重要。

在马克思那个时代，资本更多获取利润的方法就是两条。一条是不断把利润投入到经济活动中去，扩大再生产。另一条是延长劳动时间，或者让劳动者在同样的时间内干更多的活。马克思把后一条叫作攫取“绝对剩余价值”和“相对剩余价值”。大家如果在大学读过政治经济学公共课，对这个基本常识应当不陌生。在马克思那个时代，他没有说错。这样两条增加利润的办法导致的结果就是剥夺。

问题是后来实践又向前发展了。工业化进程又给人们提出一个新挑战，这就是成批、大量生产出来的产品由谁来消费的问题。要是社会的大多数人都没有能力、没有时间消费，东西卖不出去，资本还是赚不到钱。与此同时，在科学技术不断进步的过程中，资本所有者发现，依靠技术、设备、工艺的改进要比延长劳动时间或者增加劳动强度更容易办到，而且更能降低成本和增加利润。于是一个和马克思那个时代相反的趋势出现了。发达国家率先不断缩短劳动时间，同时提高工人工资。原来一周工作六天，后来改成工作五天。现在发达国家大都每周工作四天半，每天 6.5 个小时。一年中还有很多长假期，叫“Long Weekend”。

大家可能听说过美国“福特汽车”老一代掌门人的故事。老福特最先提出，我怎么才能靠造汽车发财呢？关键是要让我工厂里的工人，让普通老百姓都买得起、用得起汽车。能够更大规模地造出汽车不难，工业化已经完全有这个力量。关键是要造出这么一个巨大的需求，巨大的市场。老福特是第一个提出“平民车”思想的人。2003 年 2 月我去欧洲考察时，曾参观了“奔驰”的博物馆。奔驰就没有这个思想。在博物馆中展出的都是某年橄榄球明星用过的车、某年好莱坞影星用过的车、当年日本天皇用过的车等。奔驰在历史上以造“贵族车”为特点。老福特的“平民车”思想极大地推动了美国以致全世界汽车产业的发展。后来有人把老福特也称为“社会主义者”。老福特是不是社会主义者我不敢轻下断言，但他这个预见确实符合了客观规律。

那么是不是现在资本家都变得心疼老百姓，一心为工人着想了呢？我们别用道德眼光打量经济学现象。用理论化的语言说，这种缩短劳动时间、增加劳动者收益的趋势叫作“不断再生产出持续扩大的市场，持续扩大的需求”。延长劳动时间已经没必要了。因为改进技术已经比延长劳动时间更能有效地满足提高利润的要求。关键是造就市场，造就需求。造就市场和需求不仅得让人们有钱消费，还得让人们有时间消费。发达国家为什么最先提出了一周“双休日”的办法呢？因为生产与消费、创造与索取之间有节奏地轮动才能持续推动经济向前发展。

日本人在20世纪80年代时工资水平增长很快，老百姓积累了很多的钱。但日本人没功夫去消费。当时日本有个很流行的词儿叫“过劳死”。日本公司的员工跟机器似的，只知道工作不知道休息，经常出现身体透支而死亡的事件。这就叫“过劳死”。80年代末，日本开始实行5天工作日的时候我正在日本念书。刚开始是隔周休息两天。多休息的这一天，日本的职员整天坐在家里发愣，不知道该干什么。结果还得了一种病，叫“双休日病”。后来人们知道了，可以去打高尔夫球，可以去旅游。也就是说，“再生产”出了扩大的市场和需求。

那么我们原有的计划经济体制“再生产”出了什么呢？我举两个人们熟悉的例子。

20世纪60年代初、中期，我们极力提倡一种精神叫作“新三年，旧三年，缝缝补补又三年”，“在工作上向高标准看齐，在生活上向低标准看齐”。还有，能喝白开水不喝汽水什么的。这就是在要求老百姓把消费压缩到生理所能容忍的最低限度。让人们把所有消费都尽量减少，省出来全部投入到经济建设中去。那时候到银行存钱不叫投资，叫支援国家建设。

到了20世纪60年代中、后期，靠把人的消费需求压低到生理的最低限度都不能满足积累的要求了，就提出了大庆油田的“王铁人”这个新的英雄人物典型。王铁人有句名言，叫作“宁肯少活20年，拼命也要拿下大油田”。这句话所体现的英雄主义、为国争光的精神我们不仅不能否定，还得进一步发扬光大。但对这句话作一个经济学审视，就会发现，那个时代的这句口号要求人们做什么呢？要求人们把消费压低到生理限度以下。“大油田”是什么？是工业化的象征。“宁肯少活20年”是什么意思？就是要人们为了工业化把消费需求压低到生理限度以下。这比雷锋精神更进了一步。

大家从这两个例子中可以看到，我们原有的计划经济“再生产”出了什么？再生产出了贫困和一无所有。我们在很长时间内，几乎各种消费品都实行配给制，凭票供应。直到80年代初期，到民政局登记结婚时，民政局还管发票——家具票。在结婚证上盖个章，“家具票已领”。这个“家具票”能买什么呢？能买一张圆桌，或者四把折叠椅，或者一张木头板床，或者一个木头大立柜。你说我搞一回对象挺不容易的，这四样基本的东西我都得要呀！民政局的人回答挺幽默：您明天再来离婚，离三回结四回，您就把这四样东西都买齐了。

这样一种社会再生产状况有没有剥夺呢？我再说一遍，社会经济发展了，但大多数人未能相应地分享这个发展，这就叫剥夺。不管在名义上社会的总财富归谁，在社会经济发展的同时仍再生产出贫困，这就叫剥夺。这就不是社会主义。还是邓小平同志那句话：贫穷不是社会主义。

我郑重申明这个观点。

【提问二】：我看整顿市场经济秩序的关键还是要靠政府，政府才能动用强制力量。

答：我同意你说的一半，政府得在整顿市场经济秩序中有更大的作为。不同意一半，我们不能对政府指望太大。

在整顿市场经济秩序的过程中，人们很容易倾向于把责任付之于政府，不断呼吁“政府管”。政府该不该管呢？该管。但很长时期来，政府对大量破坏市场秩序的事并非没有管，而是没有管好、管住。

政府为什么没管好、管住？首先不是因为“政府管”的力度不够，而是“管政府”的力度不够。从我国的实际情况看，整顿市场经济秩序，恐怕需要从“管政府”入手。

其一，政府信用必须首先昭显。在市场经济条件下，作为市场参与者的企业、个人出现不守信用的现象并不奇怪。但如果社会信用存在着普遍失范，那么肯定地说，最值得质疑的就是维护信用的那个主体，也就是政府自身的信用是否存在着失范。如果警车在马路上横冲直撞，你能指望交通参与者遵章守则么？

但遗憾的是在很多时候，我们的政府在自身守信上并未做出让人信服的表率。例如，前几年春节，建筑业的民工因讨要拖欠工资而铤而走险的事愈演愈烈。是谁拖欠了民工的工资？政府工程拖欠是最重要的源头。2003年以后，新一届政府把“清理两欠”作为国务院的重要工作来抓。什么叫“两欠”呢？就是拖欠工程款和拖欠农民工工资。拖欠农民工工资由拖欠工程款引起。而拖欠工程款的又主要是“政府工程”。一些地方盲目上马的那些无资金保障的“政绩”工程是罪魁祸首。早在2001年末时就有许多专家呼吁，2002年的“积极财政政策”应当让地方政府承担更大责任，应当允许发行地方政府债。但最后论证的结果是，中央政府发债后转借给地方政府。为什么？因为中央政府信不过地方政府！直到2009年，一方面“保增长”成为当务之急，另一方面在经济增速下滑的影响下，很多地方的财政，包括沿海发达地区的财政，都出现了负增长。我们才允许中央政府替地方政府“代发”地方债券。管好政府，首先要管好政府的信用。政府失信，害莫大焉。

其二，政府的行为必须要有法来管。很多人说，政府应当发挥制定规则、维护规则的作用。这话只说对一半。实际上，整顿与规范市场经济秩序的一个关键点应当是缩小而不是扩大政府制定规则的权力。如果警察能够有随意制定交通法规的权力，那只能导致交通状况的无秩序。

无节制地扩大政府制定规则的权力必定会导致政府的“公权力”演变为从市场牟取一方私利的“私权力”。那种借规范秩序之名，要求必须到指定企业去购买、要求必须购买指定品牌及型号产品的政府行为可以说俯拾即是。某地卫生部门要求餐馆在厨房里张贴的“生案”、“熟案”标签必须买卫生部门印制的，价格是10元一张。某省蔬菜外运必须委托政府指定的公司才能申请到车皮。这不是破坏秩序的“强买强卖”是什么？这不是欺行霸市是什么？这里面无须查证，必有政府部门的利益参与其中。别以为这种政府行为仅仅是无关紧要的“小索取”。这种失范的政府行为正是导致秩序混乱的“瘟疫”源头之一。制度经济研究早就证明，人们在自己的利益受到不公正侵害，而且不能向侵害人讨回利益时，最容易选择的行为趋向就是想办法把这种不公正导致的损失转嫁给别的对象。

政府可以管什么，怎样管、依据什么管，都应当由法律来管。郑州市如果当初在成立“馒头办”之前先由人民代表大会立法，或者至少先依照法定程序召开社会公众的听证会后再决定，肯定不会出现最后把“馒头办”办成“馒头生产销售垄断公司”的荒唐闹剧。

其三，政府的利益应当退出市场。整顿市场经济秩序中必须解决的一个问题是，政府的利益必须退出市场。如果政府的利益与市场交易主体的利益掺杂在一块儿，政府是不可能扮演好公平的秩序维护者角色的。

除了上述以“公权力”牟取部门私利的形式外，政府利益延伸到市场中的表现形式主要有两点。一是税赋与政绩。很多地方保护主义就从此而来。目前实际上不仅地方封锁，很多假冒伪劣也经常是地方政府默许、包庇甚至纵容的结果。再一是国有企业。在新一轮国有资产管理体制的改革中，政府投资、政府产权的利益一定要和政府的行政权力形成明确的“隔火墙”。政府不能把“公权力”延伸到维护自己作为投资者的利益中。

其四，政府的权力需要受到更多制约。有一个长期没有引起人们足够思考、迫切需要辨明的问题是，究竟谁是市场经济秩序最坚决的维护者？是政府吗？不是。政府是由人组成的。而人是可以被收买的。组成政府的人并没有足够的利益动机去坚决维护市场经济秩序。正因如此，政府行为的公正性并非总是可靠的。

最可靠的是谁？是消费者群体。在市场经济秩序混乱时，受害最大的总是消费者群体。在维护市场经济秩序时，最坚定、最不会被收买的是消费者群体。那种“知假买假就不是消费者”的说法为什么能够堂而皇之地大行其道？就因为政府被制假、售假的人收买了，因为政府的公正性无法受到足够的制约，因为消费者没有相应的社会权力和力量来主张自己的权益。要整顿、规范好市场经济秩序，政府不但要坚定地依靠消费者，要坚决地维护消费者利益，而且要自觉地接受消费者、维护消费者权益的社会团体以及社会舆论的监督。社会要造就一个准则：市场经济秩序的最终裁判者是市场，是消费者，而不是政府。

【提问三】：民营企业参与产权购并目前还有很多限制。您对民营企业买国有资产怎么看？

答：近年来，我国的民营企业已经发展成为国民经济的重要投资主体。民营企业通过产权收购、参股、控股等方式，不仅实现了自身的发展壮大和竞争力的增强，而且进入了许多原来国有企业“一统天下”的领域。一段时间来，人们对民营企业参与产权购并有较多的不同看法。我认为，我们应当正面回答这些质疑。

其一，民营企业参与产权购并是否有悖于共同富裕的目标。当前，对民营企业参与产权购并的最大非议就在于，应否让“私人”取得对社会资源的更大支配权。

市场经济的基本原则是公平竞争，优胜劣汰。资本市场也是市场。指定哪一种经济成分才有资格“扩大支配力”，其实是对市场经济原则的否定。不论是在资本市场上还是在产权购并中，产权流动、产权竞争的目的都应当是高效率的要素支配者取代、驱逐那些低效率的要素支配者。优胜劣汰的取舍标准是效率而不是所有者的性质。

民营企业通过产权购并、支配更多的社会资源，可以有更大的获利机会。这将导致社会财富不断向少数人集中。但这并不妨碍我们“放手”让其活力充分迸发。因为这种“放手”的最终结果是造福于人民。这不是我说的。“放手让一切劳动、知识、技术、管理和资本的活力竞相迸发，让一切创造社会财富的源泉充分涌流，以造福于人民”。这是党的“十六大”报告说的。

其二，民营企业参与产权购并是否会导致国有资产流失。党的“十六大”报告指出，除极少数必须由国家独资经营的企业外都要积极推行股份制，发展混合所有制经济，实行投资主体多元化。显然，民营企业不仅是“多元化投资主体”中不可缺少的一元，而且应当成为“混合所有制经济”中的出资人之一。

在实践中，的确存在着国有资产的交易双方串通损害国家利益的现象。但这并非源于并购者是“民营”企业。制度不完善，在国有投资主体之间的产权交易活动中也可能发生同样的弊端。防止产权交易过程的国有资产流失不能靠“肉烂在锅里”的等待。积极地完善相应的产权交易制度，形成有效的国有资产经营体制和方式才是解决问题的根本出路。

其三，民营企业参与产权购并是否有利于企业法人治理结构的完善。有些舆论认为，很多家族式的民营企业不可能成为优秀和高效率的要素支配者。这个问题的核心是，民营企业能否在现代企业制度中扮演合格的出资人角色，能否成为合格的股东。

就整体而言，民营企业参与产权购并通常伴随着三个目标：一是扩大优势企业的市场占有率，整合市场资源；二是调整资源、要素的配置领域，扩大生产经营规模；三是改善要素组合状况，提高资源利用效率。对这样三个目标的追求，恰恰是对社会和对企业都最有意义的追求。

至于家族式的民营企业能否扮演合格的股东角色，这个问题应当留待市场的优化选择机制来回答。从目前世界各国的经验看，没有理由认为家族式企业就一定是低素质和落后的。家族式企业也有大量的成功先例，非家族式企业也不乏失败的教训。产权市场的竞争和产品市场的竞争是同一个法则，那就是优胜劣汰。

其四，民营企业参与产权购并是否会加大金融风险。在产权购并中有可能会出现“资产购并—抵押贷款—再购并—再贷款”的“老鼠仓”式融资。防止这种恶意融资的根本之举是完善金融监管、建立预警制度，而不是按照企业的所有权性质设立准入壁垒。实际上在我国，过去一些年来和产权投资相联系的金融风险主要来自于经济运行的制度缺陷，而非企业的所有权性质。一个明显例证是，国企“债转股”的14万亿元不良资产就是前期“拨改贷”等改革措施不完善遗留的后果。

【提问四】：计划经济是否也有一定的优越性？比如抵御危机时计划经济可能有更强的抗风险能力。

答：2003年时好像有种说法，说上海之所以疫情相对较轻，就是因为上海的国有企业多。我完全不能赞同这种说法。

计划经济有更强的抗风险能力吗？人们还远未忘记的事实是，在20世纪60年代初期，因“大跃进”导致的人祸和连续的天灾，三年中因饥饿而死的人数达上千万！是向市场靠拢的“三自一包”挽救了已达崩溃边缘的国民经济。70年代末大批返城知青带来了就业压力，政府已经无力化解这个危机，不得不允许“个体户”等新的市场经济成分诞生和发展，由此才导致了后来中国经济体制的深刻变化。今天，我国完善社会保障体系面临的最大难题恰恰是计划经济遗留下来的养老金“空账”问题。如果不是向社会主义市场经济转变的改革，中国在老龄化社会日渐到来的过程中将根本无以应对这个重大的隐性危机。

在很多减灾防灾过程中，人们的确看到了政府采用非市场化手段动员各种资源的能力。但市场经济并不等于不要政府。在市场经济条件下，政府的职责本来就是，平时维护市场经济秩序和社会公平，面临危机时动员各种资源抵御灾害、战争等危险。政府应当有面临危机时动员一切必要资源的能力、权力和效率，这在各国皆然。这种职能和作用是法律赋予的，社会赋予的，人民赋予的，与“计划经济”体制无任何必然的因果关系。

由于我国市场经济发展的时间还不长，人们可能不甚熟悉的是，实际上在市场经济下，政府动员资源应对危机的能力要比计划经济条件下强大得多。为什么呢？因为政府可以借助大量市场化的工具、手段极大地放大自己的力量。在1998年抗洪救灾中，我们已经发行过“赈灾彩票”。在2003年抗击“非典”的过程中，中央、地方两级财政的初步预算是70亿元。现在假定我们发行100亿元10年期的“公共卫生特种国债”，分10年偿还，每年只需分摊10亿元。政府财政可以轻而易举地应对这笔支出。汶川地震灾后重建可能需要1万亿元的投入，2009年关于资金问题的讨论中，也有专家提出，可以考虑发行特别国债即赈灾国债筹集资金。

此外，通过银行贷款、财政贴息的方式为企业提供应对生产救灾物资的周转资金，通过政府购买特定灾害保险的方式化解不确定性风险，都可以起到更大程度地团结全社会同舟共济的作用。相反，“计划经济”方式的“政府直接包下来”，其后果只能是弱化全社会平时减灾防灾的责任意识，强化人们对政府的风险依赖。我们在社会发展过程中应当努力避免形成的，恰好是这种不良预期。

【提问五】：前几年有人提出一个叫作“虚拟经济”的概念；近期世界金融危机中，很多人认为，虚拟经济层面的“泡沫”是金融危机的祸首，但迄今对这个概念的解释很少。什么是虚拟经济呢？

答：回答这个问题又得讲理论。什么是虚拟经济呢？用理论化的语言说，虚拟经济就是资本独立化运作的经济。

虚拟经济并非现代经济的新产物。我们知道“借贷资本”诞生得很早。出借方暂时让渡了一个价值额，在约定期满后取回了一个带有增值部分的价值额。这就是一个完整、典型的以赢利为目的的、独立化的资本运作过程。在市场经济发展过程中，货币资本市场、股市、债市、期市、汇市以及金融衍生品市场都不过是上述简单过程的进一步演绎。

虚拟经济存在与发展的基础是产权交易。在规模不断扩大、形式日益复杂的产权交易过程中，资本的所有权与使用权不断分离而支配权不断集中，资本运动就成为一个与实物经济相脱离的过程，成为一个“虚拟”的经济活动过程。

例如，人们在股市上用货币资本买到一定量的产权时，这个产权实际上是虚拟的。因为这个产权并没有具体的实物指向。股民作为股东得到的只是某种资本所有权的信用保证。人们从用贷款形成的实物资产可以再抵押贷款的事实中认识到，在相当多的虚拟经济活动过程中，只要有与风险相当的信用抵押，交易就可以进行。于是就有了“边际”保证金方式的期权交易。由此，风险开始成为交易的组成部分。以信用为对象的交易又被发展为直接以风险为对象的交易。于是就有了各种金融衍生品的交易。至此，虚拟经济的扩张已经发展为与实物经济的扩张完全无关。

理论推导最终要回到这样一个题目上来：我们究竟需不需要发展虚拟经济。可以确定无疑地说，我们需要大力发展虚拟经济，需要以积极、正面的态度来对待虚拟经济。我国改革与发展面临的诸多重大难题只有在虚拟经济的运行过程中才有可能获取答案。

简单分析就可以看出，20 世纪 90 年代末期，“国企三年脱困”过程中的“债转股”就是一个虚拟经济的运行过程。这个过程中的运动主体是什么？是产权，是资本。这个“虚拟”过程并非游戏。在这个运作过程中，银行的不良资产将获得剥离，企业的债务负担将被卸下；更重要的是，由那些陷入债务困境企业占用的大量国民财富的利用效率将大大提高，社会经济关系将趋于协调。

2008 年 7 月，国际油价暴涨到 147 美元/桶，2009 年 1 月又暴跌到 36 美元/桶。我们这里说的石油价格，实际上是国际石油期货价格。期货市场就是一个典型的虚拟经济市场。人们可能不了解，期货价格有个特点，它和实物层面的供求没有关系。即石油期货价格实际上和全世界每天能产多少油、每天需要多少油之间的对比关系无关。媒体经常有由于 OPEC 限产，石油价格上涨多少的新闻。其实这种增产或限产的新闻最多不过是石油“炒家”借机拉高或打压期货价格的一种题材。股市不是常有“庄家借题材拉高出货”的说法吗？期货市场价格不取决于全世界实物层面的石油供求状况，而取决于期货市场上多空双方的资金对比情况。这就是虚拟经济的“虚拟”属性。这个道理我将在关于世界金融危机的有关内容中和大家交流。

第3讲

中国就业战略

ZHONGGUOJIUYEZHANLUE

今天开始，我们将更多地触及中国国民经济发展的前沿问题。从现实问题的解析中，我们来认识理论和规律。

我前面说过，中国将为“发展经济学”和“转轨经济学”做出无可替代的贡献。为什么？因为中国正在进行的发展和改革，可以说是人类历史上在工业革命之后最大、最深刻的一场实践过程。人类在这个过程中将重新审视自己的经验，验证已有的认识，发现制度上的缺陷，探索未知的领域并且使自己的行为更大程度地顺应客观规律。可以这样说，中国的发展与改革实践将使人类在自己的文明史上迈出新的一步。

我们今天讲就业问题。

发达国家的工业化过程是人类的一个饱受痛苦的过程。这个过程的痛苦集中地表现在劳动者就业、失业的命运跌宕上。当然这个阶段的人类痛苦还包括殖民地掠夺等。但在工业化国家内部主要是就业、失业。正因为如此，在这个阶段产生了很多著名的大文学家，留下了许多不朽之作。法国雨果的《悲惨世界》、英国狄更斯的《艰难时世》、俄国高尔基的《在人间》以及美国卓别林的电影《摩登时代》等，都是脍炙人口的名作，都极为震撼人心地描述了那个时代失业对社会的影响。

在中国经济发展面临的种种重大难题中，不论以怎样的顺序排序，就业都应当排在第一位。为什么？因为中国人口众多，因为中国正处于机器取代手工劳动的工业化过程中，因为中国正处于从农业国向工业国转变的过程中。现在很多企业，不论民营还是国有，都在门口或者工作地挂一幅标语，“今天工作不努力，明天努力找工作”。我看这幅标语不仅是对劳动者、对职工的警示，也应当是对政府的警示。在一定意义上可以说，我们的国家在今天、明天以致在很长的一段历史时期内，最大难题就是“找工作”。

1. 中国面临新的就业压力不断显现期

- “今天工作不努力，明天努力找工作”。我们的国家在较长时间内最大的一个难题就是“找工作”。
- 中国老百姓首先需要的不是救济，而是就业和就业保障。
- 提高产业的国际竞争力就得采用自动化程度更高的先进设备，这就决定了经济系统仍要持续地大量排出富余人员。
- 解决“大学生就业难”问题的根本出路在于创业，特别是自主创业。
- “民工荒”意味着我国依靠廉价劳动力获取国际比较利益之路已经走到头了。
- 新劳动合同法标志着需要进一步建立和完善的是公平的劳动契约制度。
- 我国就业容纳能力上的脆弱性要求就业战略和中小城镇的发展战略密切结合起来。

【3-1-1】在中国经济发展面临的种种重大难题中，不论以怎样的顺序排序，就业都应当排在第一位。我们已经走出了“吃饭是民生之本”这个阶段，民生问题已经更多地和社会化就业、获取工资性收入密切联系在一起了。城镇化、社会化就业已经成为我们这个社会提高人民收入水平、改善老百姓生活状况的根本途径。

从现在算起，未来20年，我国城镇将至少需要1.5亿个新增就业岗位。我们在“理论的回顾与总结”一讲中提到马克思主义经济学。请注意马克思主义经济学的一个特点，马克思对市场经济、对工业化、对资本主义制度的解析从始至终都是以就业为基本线索的。

马克思说什么了呢？说了三条很重要的结论。第一，工业化、市场经济得以确立的前提是把小生产者和他们的生产资料分离开，让他们成为必须受雇于资本的“自由劳动力”。没有这一条就有不了市场经济，有不了自由资本主义的确立。大家熟知的“珍妮纺织机”其实只是工业革命的技术起点。工业革命真正的社会起点是英国的“圈地运动”，史称“羊吃人”，就是把小农经济下的个体劳动者强制地和土地分离，使之成为一无所有的雇佣劳动者。第二，劳动者为什么必须得忍受工厂制度下的苦难呢？因为资本家用“金锁链”把他们锁住了。劳动者完全有“自由”不干。但这种“不干”的自由是以失业的更大痛苦为代价的。第三，在工业化初期的那个时候，社会靠什么来维持较低工资水平，对抗劳动者提高工资的要求呢？靠客观上不断存在的“失业后备军”，靠劳动者之间对有限就业岗位的竞争。

就业是什么？2002年中国共产党的“十六大”报告有个极为精要的概括：“就业是民生之本”。在工业化和市场经济诞生以来，就业始终是一切社会经济矛盾的交汇点。在21世纪的中国，“就业是民生之本”还有另一重含义。我们已经走出了“吃饭是民生之本”这个阶段。在新中国成立以后的最初三四十年中，中国老百姓的“民生之本”是吃饱肚子，是活下去。当年的“以粮为纲”是有特定历史原因的。但是现在，我们已经走过了这个阶段。工业化与城市化、城镇化以及市场化、国际化非常紧密地结合在了一起。我们这里所说的“就业”，已经不是单纯的有活干、有饭吃的含义，不是“土里刨食吃”的自给自足小生产的含义。民生问题已经更多地和社会化就业、获取工资性收入密切联系在一起了。这个“就业是民生之本”的内涵就是，城镇化、社会化就业已经成为我们这个社会提高人民收入水平、改善老百姓生活状况的根本途径。

只要是生活在中国这块土地上，不管是“发薪”阶层还是工薪阶层，每个人实际上都得关心就业问题。每个人的利益都始终和就业形势的变化密切联系在一起。不仅劳动者如此，就是当老板的，也不可能离开这个根本的环境因素制约。为什么呢？因为人是企业经济活动、社会经济活动中惟一具有主观能动性的主体，是最重要的、具有创造性的要素。这个要素所有者的利益不能满足，整个社会就不可能安定。就业市场发展不充分，企业就无法通过合理代价找到所需要的劳动力。就业秩序出现混乱，社会就会出现很多严重冲突。最近几年来，媒体报道经常能看到，一些地方的老板因为开除职工，遭到被开除人的报复，出现了把老板的家人绑架甚至杀害的恶性案件。这些问题背后都有就业矛盾激化的影子。

我们到2020年的发展目标是全面建设小康社会。“全面小康”不仅是要让老百姓“衣食有余”，而且要有家底，有保障。在一定意义上说，“全面小康社会”中的“全面”俩字，在人民群众的利益诉求上，主要就是两个立足点：一是“有家底”，二是“有保障”。

有保障就是民生。最大的民生保障在哪里？完善社会保障体系固然重要，但关键还在就业。靠政府每天给老百姓发救济金行吗？不行。落脚点在就业。

2003 年，美国打伊拉克的战争曾引起了人们的广泛关注。伊拉克的萨达姆政权为什么会被推翻？其原因可能有很多，大国间的矛盾、石油利益、各种国际政治势力的角逐等。我们不去评价这些，单说一个客观事实。一个国家在战前长达 12 年的时间里，60% ~65% 的国民靠“石油换食品”的准救济方式来生活，这个国家的社会基础能稳固吗？石油换食品，那真是在靠卖“家底”维持生计，而且也不打算变革，不打算发展。这样的国民经济是绝不可能持久的。当时有个军事专家在中央电视台评论伊拉克战局，这个专家曾经在伊拉克待过 2 年多，我相信他是个懂行的军事专家。他说我对伊拉克老百姓比较了解。那里很多人并不肯发愤图强。有些人懒到什么程度呢？和美国人打仗埋地雷，他们觉得埋地雷还得用铁锹挖个坑，这多累得慌啊。于是就把地雷搁在高速公路上，等着敌军的坦克往上撞。这样的国民素质也不可能打胜仗。

我记得有次电视节目中，民政部的一个司长在那里讲，我们国家最好不要建“社会保障系统”，因为资源不够，我们不如建“社会救济系统”。这样我们可以用有限的资源谁困难就救助谁。这个司长的话有一定道理，但有片面性。为什么呢？因为中国老百姓首先需要的不是救济，而是就业和就业保障。

【3 -1 -2】中华民族是世界上公认的最勤奋的民族。在我们这个民族的传统理念中，大多数老百姓是宁愿要一份工作而不愿意靠社会救济金活着的。这种理念在我们中国老百姓的心中是根深蒂固的。

中国迄今仍是发展中国家。中国经济的落后并不是中国人不肯干活、不勤奋造成的。中国老百姓是最肯吃苦的老百姓，中华民族是世界上公认的最勤奋的民族。“脸朝黄土背朝天”，咬牙刻苦的精神可以说世界上没有其他民族能比。

我给大家讲个故事。90 年代初期我在美国斯坦福大学的时候，那时中国留学生一年的奖学金也就万把块美金。有的还没有，得靠自己打工。边上学边刷盘子，拿点很低的工资小费。但相当多的中国留学生，四年下来不但拿了个文凭，还攒了万把块美金。这让美国人非常吃惊，无论如何不能理解。美国人说这点钱对他们来说，根本就活不下去。在美国，就是中等收入的家庭，一下子能拿出两三万美金积蓄的也并不很多。因为他们多数是负债消费。美国人问中国留学生，你们怎么居然还能存下钱啊？真是不可理解。简单说，就是靠吃苦耐劳。

这种吃苦耐劳的精神也造就了全世界华人的经济地位。不管是在发达国家，还是在很落后的国家，华人一般至少是中产阶级，是相对过着安定生活的一个群体，流落于社会底层的很少。老一代很多是中餐馆老板。在洛杉矶有个“新中国城”，那里大多是20世纪80年代以后从台湾、香港以及大陆去的移民。他们大都是电脑工程师、医生、律师、高科技企业老板等相对富裕的阶层。那里中餐馆的档次都和老的“唐人街”不一样。

在东南亚一带，华人更是社会财富的主要占有者。我有一次去印尼，问到那里的学者，印尼社会为什么老发生“排华”事件啊？华人那么坏吗？对方说，不是因为华人给社会找了麻烦，而是因为他们太有钱。印尼学者说，你在雅加达的商业街上从这头走到那头，几乎每个店，不管是超市还是小商店，老板差不多百分之百都是华人。这种社会财富的分布状态导致了一些很尖锐的社会矛盾。印尼这个地方地处热带，跨越赤道，自然物产非常丰富。历史上，那里的土著是用不着去干活的，他们饿了爬到树上摘个果子吃就能填饱肚子。所以他们不懂得放牛放羊种地，不懂得去生产。华人来了后在那里开工厂，办企业，很快就赚钱发财了。印尼人口众多，两亿多人，华人华侨的比重只占3%～4%。但就是这样一个很小比重的人群，拥有印尼国民财富的70%。

马来西亚的华人比重大点，占30%略多。那里的华人也占有了社会绝大部分的财富。那里还有10%左右的印度人也比较富有。以前，马来西亚的民族对立很严重，老是闹矛盾，发生社会对抗。前总理马哈蒂尔主政时期采取了很多民族和解的对策。和解的办法就是发展经济。发展是硬道理。发展了，大家都好。马来族也好，印度族也好，华族也好，大家不要对抗，不要谁把谁吃掉，每个民族都要做出妥协，让对方有一个可以接受的利益格局，大家就和解了。现在在马来西亚，华人可以去做生意赚钱，但不许当政府官员，只许马来人当政。华人可以自己办华文学校，但政府不给钱。不仅不给，还得给政府交钱。理由就是华人有钱，应当为社会发展多承担一些义务，吃点亏。华人办的工厂、超市还必须按一定比例雇佣马来人。

在有些国家，有些群体是有工作不去干，就愿意接受救济。这样的人肯定不是华人。美国法律招工不许有歧视性条款。但在美国，中餐馆一般看不到有黑人在端盘子。这不仅是老板不愿意，客人也觉得不习惯。但是中餐馆招工的时候不能有歧视性条款，不能说只招华人，不招其他人。但事实上也招不到黑人。有时候也有黑人应聘。但老板问他有这方面经验吗？他说没有。问他能按时上班吗？他说我很难说。问他上班时能不嚼口香糖吗？他说这个习惯我不大愿意改。那老板怎么办？只能说你不适合这个工作，在他求职单上写上一个批语。不接受他，这个黑人往往还很高兴，说 Thank you，谢谢老板。为什么呢？因为美国领失业救济金的时候有个规定，失业者必须主动去应聘过若干家企业没有成功。上面说的这个应聘者其实并不想找工作，就是为让老板给他写这个不录取的批语才去应聘的。

我们举这些例子就是想证明，在我们这个民族的传统理念中，大多数老百姓是宁愿要一份工作而不愿意靠社会救济金活着的。这种理念在我们中国老百姓的心中是根深蒂固的。

【3-1-3】体制性失业压力已逐步减轻，但城镇社会登记失业率明显上升。2008 年末，我国城镇登记失业人口为 886 万人，把下岗职工、城镇新成长劳动力等包括进来，城镇实际失业人口约为 1800 万至 2000 万人；同年城镇登记失业率为 4.2%。

我国此前一次失业高峰期是 20 世纪 90 年代末，亚洲金融危机爆发之后。那时由于国际环境的恶化，国内供求形势逆转为供大于求，一大批“国企”在旧体制下“三个人饭五个人吃”的“冗员”问题集中暴露了出来，“下岗”问题成为社会矛盾的焦点。

朱镕基总理那一届政府在 1998 年初上任时，亚洲金融危机发展到“第二波”，从东南亚蔓延到了东亚，就是日本、韩国等亚洲发达国家。不仅外部市场出现了急剧萎缩；更重要的是，由于需求下降，市场价格出现了前所未有的负增长。在这样的市场形势下，一大批企业在原有体制下就活不下去了。当时叫“三大负担”，债务负担、社会负担、冗员负担。后两个负担其实都是和用人体制联系在一起的。在这种形势下，企业，特别是一大批“国企”，改革用工制度就变得极为迫切。当时朱总理推进“国企三年脱困”的措施之一，就是“减员增效”。经历过那个过程的很多人肯定还对这些提法记忆犹新。不论后人对“减员增效”措施如何评价，当时确有迫不得已的背景。但由此，也就产生了“下岗”的问题。当时朱总理面对的就业形势是怎样的呢？1997 年末全国累计未安置的下岗职工总数是 1151 万人。

1998年初时，最严峻的就业问题是下岗问题，就是国有企业职工大量、普遍离开劳动岗位的问题。可以说，这个问题是1996年制定的“九五”计划始料未及的。当时我们没有充分的思想准备。

1998年时，面对“下岗现象普遍化”这样的形势，当年国务院召开了两次全国“再就业工作会议”。为什么开了两次呢？第一次会议时的研究重点确实是“再就业”。就是如何通过政府政策的援助，通过国家投资等方式创造出更多的就业岗位，让下岗职工重新就业。后来我们很快就发现，这样一个目标是根本办不到的。一方面当时“积极的财政政策”首先要引导投资需求，确保国民经济的增长速度，还要推进扩大内需。后来财政还要应对长江、松花江流域的南北洪水造成的灾害。“保岗位”实际上办不到。另一方面，我们发现一个新问题，就是引起当时下岗问题的首要原因并非投资不足，而是供大于求的失衡，东西卖不出去。政府加大投资并不能在短期内解决问题。即使有了投资，也不知道把人们组织起来干什么。于是就开了第二次会。

第二次会叫作“再就业与安置工作会议”。虽然也说“再就业”，相关政策仍叫“再就业政策”，但政策的重点从帮助下岗职工“找工作”转向了帮他们解决基本生活来源。由此就有了以“再就业服务中心”为核心的“三条保障线”。从这两次会议主题和政策重心的变化中，人们大约可以看出当时对下岗这个问题的思想准备、政策准备是不充分的。在实际应对中经历过一个不断调整的过程。

“再就业服务中心”是上海最先创造出来的一个应对措施。在全国的下岗高峰到来之前就创造出来了。1996年时我专门就这个问题到上海做过调研。

“再就业服务中心”的主要职能其实不是“再就业”。它有帮助下岗职工找工作、提供就业技能培训等职能，但不是主要的。主要的职能是筹集下岗职工的生活费。

当时上海的做法是“三个三分之一”。政府出三分之一，企业出三分之一，社会筹集三分之一。什么是“社会筹集”呢？就是向来上海打工的外地人员征收。当时上海规定，每月向在上海的外地打工者每人收50元。安置上海的下岗职工，凭什么要向外来打工者收费？当时上海的理由是，因为外地人打工抢了上海人的饭碗。现在看来，这种歧视性的劳动力市场政策是不合适的。对上海当初安置下岗职工的政策评价也是褒贬各有。后来各地也没有普遍采用这个从外地务工人员头上收钱的政策。但“再就业服务中心”的确是个创造。

大家对“下岗”这个词耳熟能详。我们的媒体在反映城镇居民中一些困难群体的问题时也经常用这个词，但经常用得并不准确。在政策领域，“下岗”这个词是有特定政策含义的，不是失去工作的都能叫“下岗”。

什么是“下岗职工”呢？按照准确的政策界定，1985 年全国普遍实行劳动合同制之前参加工作的、具有全民所有制或城镇集体所有制身份、离开劳动岗位、又没有和企业解除劳动关系的那部分职工才叫下岗职工。2005 年起，“下岗”的政策覆盖范围又增加了一个“厂办大集体”身份的职工。这是根据我国国情和历史原因做出的调整。这里很重要的一点是，“离开劳动岗位又没有和企业解除劳动关系”这个说法。

1998 年时，我们还没有充分发育的劳动力市场，对国企职工转换体制身份也几乎没有任何政策规定。在突如其来的下岗问题面前，我们必须有一种临时性的措施先把矛盾缓解下来。“再就业服务中心”就起到了这样一个作用。一方面，下岗职工并不和企业解除劳动关系，国企职工这个身份暂仍保留；另一方面，没有工作没关系，可以从“再就业服务中心”那里领取生活费。

20 世纪 90 年代末期时，我们还看不清楚离开劳动岗位的这部分国企职工的最后去向。国家、企业当时都没有最终解除原有体制下的“终身就业”这个承诺的决心。国企职工也没有这个思想准备。当时人们指望，经过一段时间，企业经营情况好转后还会把这些下岗职工再招回来。因此下岗职工并未和企业解除劳动关系。在当时情况下，这样一个举措起到了很大的稳定人心、缓解社会矛盾的作用。在措手不及的情况下，这个过渡性的政策给了我们一个寻找更好解决方案、完善政策措施的时间余地。

到 2003 年初温总理这一届政府组成时，2002 年末全国累计未安置的下岗职工总数是 410 万人，2003 年为 260 万人，2004 年为 153 万人。到“十一五规划”期间，我们已经不单独对“下岗”职工做出统计。国有企业下岗职工的问题，就数量上说，已经不是第一位的突出矛盾。

不再单独统计下岗职工数字，是不是说，中国城镇就业矛盾已经大大缓解了呢？远不是。

迄今反映我们国家城镇失业状况的指标有两个。一个是下岗职工总数，另一个叫作城镇社会登记失业人员总数。同一个问题，我们现在面临的是另一面，社会登记失业率的上升。

1990 年时我国的城镇登记失业率是 2.5%，1995 年时是 2.9%，1998 年时是 3.1%；2001～2008 年，这个数字分别为 3.6%、4.0%、4.3%、4.2%、4.2%、4.1%、4.0% 和 4.2%。也就是说，进入 21 世纪后我国的城镇社会登记失业率与此前相比是快速上升的。这是否意味着我国就业形势正在恶化？我对这个问题做点解释。

下岗职工总数明显减少并不意味着就业形势已经缓解，社会登记失业率的快速上升也不意味着就业形势正在恶化。为什么呢？因为从2000年以来，我国已经在推进一项改革，这就是国企职工的体制身份转换。

这项改革首先是从下岗职工开始的。我们前面说过，下岗的国企职工进入“再就业服务中心”时并不和企业解除劳动关系，还可以从“中心”领取生活费。但“再就业服务中心”这个政策是临时性、过渡性的，还可以说是妥协性的。经过一段时期的政策准备以后，从2000年起，这个政策已经不再继续实行。

按照当时的政策，一般说，下岗职工最多可在“再就业服务中心”领取三年生活费。如果三年内仍没有找到工作，那就要转归一般社会失业保障体系救助，同时要和企业解除劳动关系。2000年后下岗的国企职工一般也不再进“中心”，而是直接和企业解除劳动合同并纳入社会失业保障体系救助。与这个改革配套，我们实施了一项非常重要的措施，叫作“国企职工有偿解除劳动合同”。

“再就业服务中心”的政策停止以后，一个必然的趋势就是很多原来纳入下岗职工统计口径的人员现在纳入了一般社会登记失业人口。统计口径的变化造成了我们前面提到的，一方面下岗职工总数明显减少，另一方面城镇的社会登记失业率明显上升。把这两部分人员相加，大致可以代表我国城镇的实际失业人数和实际失业率。

目前我们的城镇实际失业状况是怎样的呢？2008年末，我国城镇登记失业人口为886万人，把下岗职工、城镇新成长劳动力等包括进来，城镇实际失业人口约为1800万至2000万人。同年我国城镇就业总人数为3.02亿人。这都是国家统计局正式发布的官方数字。

城镇登记失业人口也有个政策界定，那些有就业愿望，并且到当地政府指定的劳动部门去登记的失业人员才纳入统计。从我国的实际情况看，显然有些人并未到政府指定的部门去登记，可能在自己找工作，或者处于流动状态中等等。我国的失业保障体系建立不久，尚在完善中。人们还不太熟悉，很多人未能及时登记。

与过去相比，我们已经积累了很多有益的经验。我们不仅创造了“再就业服务中心”这种临时性、过渡性措施来缓解矛盾，而且从2002年起，我国对下岗职工开始实行“带资安置”的政策。就是允许分离一部分国有资产安置下岗职工和支持他们的再就业。2005年时中央提出，“国有企业要尽可能通过主辅分离、辅业改制等措施安置富余人员”。这意味着“下岗”与“再就业”之间要建立起更紧密的政策联系。2007年前，国企退出市场时还可实行“政策性破产”。政策性破产的最大特点，就是企业破产时的清算资金要优先用于职工安置。但从

2008年起，这个清算资金优先用于安置职工的政策已经停止，此后企业破产一律实行“依法破产”。

与20世纪90年代末期相比，我们的另一进步是已经初步形成了较为完善的社会保障体系。我们已在城市中普遍建立了最低工资制度和最低生活保障制度。同时，我们还探索出一些援助下岗职工再就业的新措施。比如提供新的劳动技能培训、对吸收下岗职工再就业的企业提供税收减免等。

上海在这方面有过不少创造。很多纺织女工去做“月嫂”，做家政服务以及社区服务等。上海有关方面曾给我介绍过一个例子。上海纺织行业的一些三四十岁的女车间主任、党支部书记下岗后充实到了里弄、社区，去当居委会主任。这就大大改变了原来居民社区的领导、组织力量，对开发社区资源、扩大内需、满足老百姓日常生活需要和增加就业岗位起到了非常好的作用。一举两得。

体制转轨导致的下岗规模有所减少，但这个问题并未彻底消除。进入21世纪以来，特别是“十一五规划”实施以来，随着当初一批下岗职工年龄的不断增大，新的问题又在出现。例如一批未能实现再就业的年龄偏大职工还得自己缴纳养老保险到法定退休年龄，才能享受社保退休待遇；随着社会发展，养老金社会发放的企业退休人员和仍由单位发放养老金的公务员退休人员之间的待遇差距过分拉大等。但这些实际已经是劳动就业制度和社会保障制度的完善问题，是原有“下岗”问题的延续，和就业岗位的联系已经弱化。

【3-1-4】工业化阶段“机器排挤人”导致的就业压力正在日益取代体制转轨带来的就业压力；第二产业就业比重不断下降，而第三产业、社会服务业就业比重不断上升是一个必然趋势；从没有哪一个国家在就业问题上给予“大学毕业生”以过多政策救助的；高素质新成长劳动力的根本就业出路在于创业，特别是自主创业。

进入21世纪以来，随着中国工业化、城市化的加速，在经济全球化过程中“中国成为世界制造中心”的趋势发展，企业改革的不断推进和社会保障机制的不断完善，体制性的失业高峰我们已经平稳应对了，总体没有酿成大的社会危机。

但在新形势下，中国的就业压力并未减轻。我们正在面临一个新的压力不断显现期。

2003年3月18日，新当选的温家宝总理在“两会”之后召开了一次记者招待会。央视作了实况转播，很多人都看过。作为当选总理后第一次在媒体、社会公众面前“亮相”，温总理那次记者招待会肯定是有备而来的。在那次会上他说了很多信息，提到很多数字。

温总理讲到，新政府要解决好三个重大的经济问题。其中第一个问题就是就业和社会保障。他在列举了一系列数字后说：“这几个数字，已经点出了三个问题：农村问题，就业和贫困人口的问题，东西部地区差距问题。因此，当好中国的总理不容易。如果要我说现在的心情，我觉得身上的担子有千钧重。”温总理说到“千钧重”时的表情好像犹在我的眼前。新一届政府显然把就业摆在了极其重要的位置上了。2005 年党的十六届五中全会关于“十一五规划”的建议中，在讲到未来五年的战略与政策时格外强调，“要把扩大就业摆在经济社会发展更加突出位置，坚持实施积极的就业政策”。

中国新的城镇就业压力主要来自四个方面。一是工业化过程中机器对人的排挤，二是农村剩余劳动力向城镇的聚集，三是新成长劳动力在岗位供求上的结构性矛盾，四是就业岗位的国际化竞争。咱们先重点讲第一和第三，其他两个问题后面再专门说。

从 20 世纪 90 年代后期起，我们的城镇国有和集体经济系统一共排出了多少职工呢？1995 年时，我国的国有和城镇集体单位在岗职工总数是 1.4 亿人，2008 年末这个数字下降到 7109 万人。也就是说，从“九五”计划开始到现在，国有和城镇集体企业就业总人数至少已减少了一半，就业岗位减少了 7000 万个！

目前估计，我国国有经济系统的富余人员还在 1/3 以上。经过了这么大规模的减员，我们的国有经济系统还有 1/3 的富余人员？人们可能不相信。依我们的研究、观察，我认为 1/3 的估计可能还太乐观。因为前期体制性减员的过程虽然已经趋近尾声，但随着我国经济体系对外开放的不断发展和国际化程度的提高，我们的市场竞争环境已经是国际化的竞争了。要提高企业的国际竞争能力，采用先进技术、提高装备和工艺水平是一个必然选择。由此而来，工业化阶段“机器排挤人”导致的就业压力正在日益取代体制转轨带来的就业压力。

给大家举个钢铁业的例子。

我国从 1996 年起就已经是世界排位第一的钢铁大国。2008 年，我国的钢产量超 5 亿吨。但我国钢铁业在国际竞争力上的最大弱项，是工艺装备水平落后。

我国钢铁业有个很著名的企业，鞍钢。在过去很多年中，鞍钢不仅是我国钢铁业的“龙头老大”，而且还曾是我国所有企业中的“龙头老大”。90 年代末期时，鞍钢年产 880 万吨到 890 万吨钢。到“十一五”期间，鞍钢的钢产量大概能达到 2000 万吨。这是一个了不起的发展。但与此同时，鞍钢的职工总数并未按照产量的增长而增长。为什么呢？因为技术装备的自动化、高科技化水平在迅速提高。我们在 20 世纪末时，一个 800 万吨的大型钢铁企业的职工总数要达二十余万人。国外先进水平，在 20 世纪 80 年代就实现的水平是千万吨级的钢铁厂只需 6000 人。假如国家现在出台一个改造、振兴钢铁工业的政策，把我国钢铁企业的设备、工艺全部更新。而且这个更新还不用选 21 世纪最新的设备，例如数字化的、全智能模拟的。只选大约 30 年前一般自动化水平的。那么目前钢铁企业的就业人数大约要下降 70%。

我国宝钢的工艺设备水平是最接近国际先进水平的。宝钢现在的生产能力大约也是 2000 万吨。宝钢一共有多少职工呢？一共只有 1.2 万职工。宝钢的领导人有一次和我说到，如果让宝钢把原有体制遗留下来的政治职能、社会职能再剥离一些，再去掉 2000～3000 人一点不会影响宝钢的产能。

我国的特点，国有大企业的资产主要集中于重要基础产业，例如钢铁、石油石化等。为什么这些产业今后还得大规模分流人员呢？因为这些产业目前面临一个重大挑战，就是迅速提高国际竞争力，应对“入世”后的外来竞争。怎么才能提高国际竞争力呢？无须争议的一个措施就是，大大加快产业主体技术的更新改造。不是一般的更新改造，而是直接瞄准国际先进水平的改造。提高产业的国际竞争力就得采用自动化程度更高的先进设备、工艺。不是一两个企业要改造，而是几乎全产业的设备、工艺都要进入一个大规模更新的高潮。就这一条，就决定了我们的这些资源密集型的重要基础产业在今后的发展过程中，恐怕仍要持续地大量排出富余人员。

我们差不多可以得出一个结论，在今后一段不短的时期内，我国的经济越发展，“机器排挤人”带来的就业压力就会越大。我们前面说过，工业化就是用机器取代手工劳动的过程。机器取代手工劳动，既给我们带来生产效率的大规模提高，也必然会带来机器对人的替代。这个在所有发达国家都经历过的痛苦过程，在未来 20～30 年中，在我国会日益显现得格外尖锐。

需要强调的是，“机器排挤人”不一定都是表现为工业生产领域的总就业人数绝对减少。这个过程可能将更多地表现为就业岗位中，生产岗位的就业人数不断相对减少。也就是说，随着社会总就业人数的增长，生产岗位的就业人数所占并重会不断下降。在所有发达国家，最终解决这一经济发展与社会发展之间重大矛盾的出路在于社会服务业的发展。在工业化中后期，第二产业就业比重不断下降，而第三产业、社会服务业就业比重不断上升是一个必然趋势。

【3-1-5】高素质新成长劳动力的根本就业出路在于创业，特别是自主创业；政府不应当对大学生实行“娇纵”式的就业保护政策；解决“大学生就业难”问题，不仅要从提供就业岗位上做文章，更要从提高他们的就业技能、劳动力市场的竞争力和风险承受能力上下功夫。

近年来，我国城镇就业的一个新的突出问题是“大学生就业难”。2008 年，由于世界金融危机的影响，很多外资企业不仅不吸收新的就业，反而在不断裁员；大国企也纷纷减少了新增就业岗位的计划。一时间，“大学生就业难”甚至成为国务院领导重点关注的就业问题。国家为此出台了很多专门政策，例如鼓励大学生到农村去当“村官”，鼓励高校为毕业生提供延迟社会就业的助教、助研机会，甚至给学校和老师下达为毕业生找工作的“指标”等。最近有个新词，叫“被就业”，说的是有些学校迫于毕业生就业率的压力，在派遣就业人数上弄虚作假的现象。这个负面事例实际上也反映了我国在城镇就业形势上面临的新压力。

所谓的“大学生就业难”问题，从根本上说，是个新成长劳动力就业结构的问题。从任何方面说，中国受过正规良好教育的高素质劳动力都不是太多，而是远远不够。这其中既有教育结构的问题，有大学生就业观念的问题，也有我们的就业岗位不能适应劳动力供给结构变化的问题。

我不认为“大学生就业难”问题是个持续的就业问题。但在今后一段时期，至少在 3~5 年内，这个问题仍将成为我国城镇就业压力的重要方面。我认为，解决这个问题的最终出路，其实并非国家政策。从没有哪一个国家在就业问题上给予“大学毕业生”以过多的政策救助的。因为不论从年龄、受教育程度、流动性和风险承受能力等任何方面说，这个群体都不是劳动力市场上缺乏竞争力的弱势群体。而就业政策的本质是一个对弱势群体的扶持政策。

“大学生就业难”也不能仅仅依靠大企业“扩招”。根据国际经验，高素质新成长劳动力的根本就业出路在于创业，特别是自主创业。一个社会的创新能力高低，在很大程度上依赖于新成长劳动力的创业能力大小。在美国、日本以致我国的台湾省，自主创业都是高素质新增劳动力的第一选择。但很遗憾的是，迄今在我国看到的现象是，年轻学子们千军万马在争挤考公务员的“独木桥”。这不能不说是一个值得政策重视的现象。前期网上有不少揭露公务员待遇过于脱离社会平均水平的意见，有不少人贴帖子反驳说，这是因为公务员是“社会精英”，所以他们应当享受超过一般国民的待遇。这种说法完全是“官本位”、“权力本位”体制下的一种价值观变态。在任何国家，科技人员才是社会精英，企业家才是社会精英。从未听说过“公务员是社会精英”的说法。这种就业价值取向一日不扭转，中国的“大学生就业难”这种独特的就业问题就一日解决不了。

政府不应当对大学生实行“娇纵”式的就业保护政策。但针对这种非良性趋势，就确有必要实行政策引导。“村官”尝试是值得肯定的创业性方向。但这个取向毕竟仍和“官本位”的预期密切相连。近期一些地方提出的，“零资本金”注册公司等，虽然失之于违背市场游戏规则，有向社会转嫁风险的弊端，但其方向是非常值得肯定的。一些地方为大学生创业提供税赋减免，提供小额优惠利率的贷款等做法，则是更加接近市场经济原则的做法。

从根本上说，解决“大学生就业难”问题，不仅要从提供就业岗位、就业出路上做文章，更要从提高他们的就业技能、劳动力市场的竞争力和风险承受能力上下功夫。

【3－1－6】按1800万实际失业人口算，我们的实际失业率仍在可承受的范围内；2008年末时我国城镇就业人员总数已达3.02亿人。由此推算的城镇实际失业率不过6%左右。一般说，中国作为一个人口大国，一个发展中国家，社会危机的警戒线大约为实际失业率8%。

值得特别说明的是，在过去10年中，我们的就业岗位增长速度是不慢的。1999年到2002年，我国每年城镇新增就业总人数都在800万至900万人规模。2003年到2008年，每年城镇新增就业总人数进一步提高到900万至1000万人规模。2007年和2008年更达到1000万以上。最近三年，每年的实际增长都远超过预定目标。

还得注意到，这些数字说的是城镇新增就业人数。“新增就业人数”不同于“新增就业岗位”。因为新增就业岗位肯定得远大于新增就业人数。新增就业岗位得把当年减少的就业岗位抵消掉，才是新增就业人数。

2003年“两会”的时候，央视采访我，问我怎么看待新一届政府面临的主要难题。我说，如果用一句话概括的话，温家宝总理这届政府面临的形势是老问题、新特点。这和朱总理上任时面临的形势不同。朱镕基总理上任时，面临的是一系列始料未及的新问题。比如下岗、国企脱困、亚洲金融危机、长江大水、通货紧缩趋势、可持续发展以及后来加入世界贸易组织的挑战等。温总理面临的是什么形势呢？一方面所有这些问题没有一个是真正彻底解决了的，所有问题都同样尖锐存在，包括“国企脱困”问题。财务意义上的脱困并不等于根本转变了运行机制。所有这些问题温总理都得接过来，包括“三农”这个老问题。但另一方面，这些问题又都呈现出了不同的新特点。比如加入 WTO 的问题。我们想到的那些挑战没来，我们没想到的挑战却不期而遇。我们现在不是经常说到中国能否成为世界制造中心这个话题吗？这个新挑战正在考验我们的智慧。

从失业人员总量上说，按 1800 万实际失业人口算，我们的实际失业率也仍在可承受的范围内。2008 年末时我国城镇就业人员总数已达 3.02 亿人。由此推算的城镇实际失业率不过 6% 左右。一般说，中国作为一个人口大国，一个发展中国家，社会危机的警戒线大约为实际失业率 8%。就是到 2020 年全面小康实现之日，我国城镇劳动力中有 5% ~6% 左右的闲置也属正常。完全就业实际上是个不可能达到的目标。

【3－1－7】今后 20 年，我们必须面对一个经济学上的基本矛盾，那就是提高劳动力成本和增加就业岗位的矛盾。我们的政策得在提高社会工资水平和提高就业率这两个维护劳动者利益的目标间不断寻求新的平衡了。

总失业率尚在危机临界点以下，并不等于我国的就业形势已经基本好转。从“十一五”以来，除上述“大学生就业难”的问题外，还有一些新的矛盾又不断显现出来。

从 2005 年起，在华南、华东等外向型经济发达地区持续出现了一股“民工荒”的趋势。大量劳动密集型企业招不到足够的人手。在很长一段时期内，我经常听到广东的老板抱怨说，工资已经提高到企业承受力的临界点还是招不到足够的工。这个现象的背后，不是中国就业岗位已经出现剩余，而是原有依靠廉价农村剩余劳动力发展起来的出口产业已经面对劳动力成本迅速上升的挑战。2007 年末世界金融危机爆发，出口订单大幅度减少，“民工荒”问题似暂时缓解。但这只是一时的表面现象。在一定意义上说，我国依靠廉价劳动力获取国际比较利益之路已经走到头了。今后 20 年，我们必须面对一个经济学上的基本矛盾，那就是提高劳动力成本和增加就业岗位的矛盾。我们的政策得在提高社会工资水平和提高就业率这两个维护劳动者利益的目标间不断寻求新的平衡了。

【3-1-8】不论新《劳动合同法》完善与否，从“打破铁饭碗”、“发育劳动力市场”起步的制度改革已经走到了一个新的转折点；单纯的资本选择权和市场的优胜劣汰已经不能适应需要；我们需要进一步建立和完善的，是公平的劳动契约制度。

2007年，我国通过了新的《劳动合同法》。新《劳动合同法》实施的背景是，在改革开放过程中，“一部分人先富起来”的政策、“招商引资”的政策的确促进了我国国民经济的发展；但与此同时，“效率优先”下不得不向资本妥协的政策也确实导致了资本要素和劳动要素之间矛盾在不断累积。血汗工厂、随意解雇工人、恶劣的劳动条件、拖欠工资、工伤和伤病保障缺位等事件层出不穷。新《劳动合同法》的本意，是为了在经济发展水平不断提高的基础上，用法的方式维护劳动者权益，以对抗此前过度膨胀的资本权力，实现经济与社会的协调发展。

我认为，新《劳动合同法》的出台是适时的。它是我国走过了首先“把蛋糕做大”的市场经济初期发展阶段后，进一步调整社会利益结构的必要措施。我国的确走到了需要更加注重劳动者利益的阶段了。单纯强调通过资本的积累、积聚和集中实现增长的社会发展任务已经相对弱化，“发展是硬道理”应当逐步提升为“协调发展是硬道理”了。

但新《劳动合同法》出台后，一个引人注目的现象是，这个法律制度在实施中受到了很多企业雇主的反对和不少专家的质疑。为什么一个维护劳动者利益的法律会引起这样的后果呢？我个人认为，这个法律的确也有不够完善之处。它把维护劳动者利益的重心过多地放在了“无期限劳动合同”上，也就是过多地放在了固定就业岗位和减少失业上了；企图用近似“终身雇佣”的办法来强化劳动者利益。这个良好初衷可能并未落在符合实际的关键点上。为什么呢？因为要求中小企业实行过度稳定的就业制度，在市场经济下是很难办到的。很多中小企业，连老板都不知道这个企业能否长期存在，实际上怎么能够保障劳动者的“无期限劳动合同”呢？进一步说，劳动力的适度流动也是优化劳动力与就业岗位之间配置关系不可或缺的条件，而且劳动力的流动性也是工资谈判的重要“筹码”。在目前的发展阶段上，维护劳动者利益的重心并非是固化就业岗位，而是提高劳动者与资本的集体谈判地位，改善劳动环境，强化法定的劳动保护制度，加强对劳动者技能的培训，提高劳动者在就业市场上的竞争力，以及完善失业保障体系上。

不论新《劳动合同法》完善与否，我们应当看到，这个问题反映出，我们已经需要重视的一个新问题是，在“有工作”和“有稳定工作”之间寻求新的平衡。从“打破铁饭碗”、“发育劳动力市场”起步的制度改革已经走到了一个新的转折点。单纯的资本选择权和市场的优胜劣汰已经不能适应需要。新阶段，我们需要进一步建立和完善的，是公平的劳动契约制度。

2007年末爆发的世界金融危机，对我国的最明显影响之一，是沿海外向型经济发达地区多达数千万农民工的被动返乡。由于国际市场萎缩，大量出口企业由于海外订单的减少甚至枯竭，不得不采取裁员、放长假、轮班工作等方式减少对劳动力的需求。这个新问题一下暴露出了我国经济体系中就业容纳能力的脆弱性。实际上，在中国加入WTO后人民币不断升值的过程中，这个危机早就在不断潜伏和累积了。世界金融危机不过是使矛盾提前和集中地爆发出来了而已。在过去几年中，快速增长的就业岗位掩盖了就业能力的脆弱性。

从这次金融危机中，我们看出，我国就业容纳能力上的脆弱性并非仅仅在于对外需的依赖程度过大，也不仅仅是劳动密集型的低端就业比重过大；一个明显的薄弱环节是，具有产业支撑和就业容纳能力的中小城镇发展严重不足。农村剩余劳动力就业，要么是少数沿海特大城市，要么是农村老家。没有任何可以过渡、缓冲的中间层次。我们的就业战略已经需要和中小城镇的发展战略更加密切地结合起来了。

我国就业矛盾的另一尖锐之处还在于局部地区失业率过高。其中，主要是一些国企特别集中的老工业基地、过度依靠单一产业的资源型城市。

在东北老工业基地振兴战略的实施过程中，人们注意到，东北的问题之一就是，那里有很多单纯依靠单一产业、单一国有大企业的基地型城市。有些城市经过几十年的开采，地下的资源已经趋于枯竭。还有的城市，由于单一的大型国企不景气，整个区域经济陷入了困境。一个以煤炭为支柱产业的城市，煤炭挖光了，20万煤炭工人下岗。那里的实际失业率可能高达20%甚至30%。在这样的地区，失业引起的社会矛盾极其尖锐。

在20世纪最后几年，辽宁是我去过次数最多的省份，写了不知多少研究报告。1996年时我就写了一篇供中央领导决策参考的研究报告，题目就是《东北老工业基地改造要以再就业为核心》。这篇报告后来被辽宁评为省社科成果一等奖。当时劳动部的部长、副部长，辽宁省的省委书记都对这个报告有批示。那时我们到辽宁一些城市中调研，市长接见我们，不能走市政府的前门。因为前门都被集访、群访的人群堵满了。东北的“三九”天，地上的大雪没膝深。那些下岗的老百姓在雪地上苦苦等待。他们要求什么？他们只要求一份工作。看到这些，我真的感到心痛不已，泪水夺眶。

从2000年起，我国的就业方针已经调整为“市场导向下的竞争就业”。但我们的劳动力市场还远未发育成熟。正因如此，2005年党的十六届五中全会关于“十一五规划”的建议中再次强调，要大力发育包括劳动力市场在内的要素市场。最近两年在就业问题上又有一个新提法，叫作“实施积极的就业政策”。这个问题我们放到后面有时间时再讨论。

2. 农村剩余劳动力向城镇转移是中国就业战略的核心

- 就业的主要压力已经不在城镇，而在于农村剩余劳动力向城镇的转移。
- 农民不买东西，关键是收入不能支持他们大规模消费城市生产的工业品。
- 对提高农民收入贡献最大、最可持续的因素，还是工资性收入的增长。
- 启动农村市场和提高农民收入的主意特别简单，就四个字，“减少农民”。
- 并不是没有地种的农民才是剩余劳动力。导致生产率降低的那些追加要素都是“剩余”的。
- 到 2020 年左右的周期内，我国还将有 2 亿左右的农村人口要转移到城镇。
- 如果把我国的农业生产率提高到国际先进水平，需要 6000 万农民就足够了。
- 从时间上说，中国农村剩余劳动力转移的问题已经没有了后推的历史余地。
- 城乡劳动力对有限就业岗位的竞争是不可避免的。

【3-2-1】在就业问题上，最尖锐的矛盾在于农村剩余劳动力的转移；如果农村市场启动的话，我们应当不会在现在这个发展阶段就面临这么严重的供大于求的失衡；关键是农民的收入不能支持他们大规模消费城市生产的工业品。

从20世纪90年代后期起，我国的下岗问题曾在很长时期内引起社会的普遍关注。但实际上在未来发展过程中，下岗问题已经不是中国就业形势严峻的主要原因。现在我们面临的最大就业压力并非来自城镇劳动力。

目前，尽管我国累计未安置的下岗职工仍可能达数百万，但这个数字不足以给我们的社会造成危机。极而言之，我们就是采取“包下来”的办法，长期发生活费，也是可以办得到的了。从实际情况看，“下岗职工”这个和原有体制身份相联系的人群会随着时间的推移逐步自然减少。就像当初的“离休”一样。下岗职工所需要的政策，更多的是怎样和养老保障制度接续，怎样援助他们中的一部分年龄偏大、劳动技艺单一的人退出对劳动岗位的竞争，怎样合理兑现体制身份转换的补偿等方面问题。

下岗职工以外的另一部分人群，城镇登记失业人口的问题主要要通过发育劳动力市场和完善社会保障制度两方面措施来解决。

给大家算个大账。

2008年末我国的城镇就业人员总数是3.02亿人。如果单说城镇，由于我国是个人口大国，区域间存在着明显的发展不平衡，经常性地存在着一个5%～6%左右的社会失业率是不可避免的现象，甚至在一定程度上说是一个合理的现象。在市场经济条件下，包括那些经济发达的国家，就是在他们的经济景气状态非常高涨的情况下，也会不可避免地存在着一个经常性的失业人群和失业率。5%～6%的失业率是多少失业人口呢？按目前的城镇就业人员总数算，大约就要有1500万～1800万人左右。随着我国城市化水平的提高，经常性存在的失业人口数字可能还会增加。

我们说，一个经常性的失业人口存在很正常。但这并不意味着存在这么一个规模的城镇失业人口无足轻重，不需要社会和政策的关注。但关注的侧重点不一样。

在“国企职工体制身份转换”这个特定历史任务完成以后，政策应当关注的主要是三个方面的问题。一是局部地区的就业问题。例如因为产业结构升级、资源枯竭导致的局部经济衰退和就业状况恶化。这在各国皆然。各国都有过老工业基地的改造问题。二是对失业人员的社会保障和就业不稳定的“边缘化”人群的社会救济问题。例如对残疾人员就业、特困家庭最低生活保障等。三是所谓的"40/50人群"，就是女性40多岁、男性50多岁的下岗人群。他们中相当大一部分人，由于年龄偏大、体力衰退、劳动技能单一、文化水平不高等原因，在劳动力市场上处于弱势地位。这三个问题，目前已经有一定的具体政策措施。例如在"十一五"期间，国家财政部、国家税务总局出台了下岗失业人员再就业税收优惠政策，规定每招收一名下岗失业人员再就业，企业最高可享受8000元的减免税优惠。

就业的主要压力已经不在城镇劳动力。在哪里呢？在于农村剩余劳动力向城镇的转移。

我们前面说到过，进入21世纪后，特别是"十一五规划"以来，我国在就业形势上面临的是老问题、新特点。当前问题的最大新特点就是农村剩余劳动力正在加速转移的问题。

农村剩余劳动力向城镇转移这个问题，在20世纪90年代初、中期的时候就已经成规模地开始了。但在朱总理上任的时候还不是很突出，由此引起的矛盾不是很尖锐。这有两个原因。一个原因是那时候我们推行的是叫农民"进厂不进城、离土不离乡"的政策。另一个原因是在过去一段比较长的时期内，农村剩余劳动力到城镇务工的就业市场实际上和城镇劳动力的就业市场是分割的。由于文化水平、技能素质等方面的差异，农村进城务工人员和城镇劳动力在就业岗位的选择上也有比较明显的差异。农村劳动力从事的主要是保姆、餐馆服务员、建筑等领域的工作。他们与城镇劳动力在同一个市场范围内竞争的机会很少，城乡劳动力对劳动岗位的直接竞争并不十分普遍。在1998~2002年这一区间，就业问题上最尖锐的矛盾是下岗问题。

但从"十五"中、后期，也就是2002年以后，情况发生变化了。现在在就业问题上，最尖锐的矛盾在于农村剩余劳动力的转移。

我们先说一个影响国民经济全局运行的问题。从1998年初到2003年初，我国曾面临一个长周期的物价总水平负增长。在那个时候，中国老百姓开始熟悉了一个新词，叫作"通货紧缩"。2007年末，世界金融危机爆发，到2008年三季度，我国物价指数再次进入负增长。这个负增长到2009年三季度尚未缓解。目前最乐观的看法是在2009年第四季度"扳正"。现在尽管有些人提出所谓"通胀预期"的问题，但仍有很多学者担心，通货紧缩可能卷土重来。

我们为什么要提到物价呢？因为在市场经济下，价格是所有市场参与者之间最通用的语言。人们做生意，不管你说上海话，广东话，南京话，北京话，不管是中国话还是外国话，相互间最能沟通的语言就是价格。我们可以说，价格几乎包含了交易过程中的一切必要信息。从经济学角度看，价格信号中包含着所有市场参与者之间的利益关系及其状态。市场中存在着各种各样的利益矛盾。这些矛盾是趋于激化还是趋于缓和，所有有关信息都可以通过价格变化反映出来。举个例子说，政策为什么要特别关心农产品价格呢？因为这个价格是影响城乡之间利益关系的最重要杠杆。

那么持续的价格负增长或者价格走低反映出了什么问题呢？物价总水平的低迷反映出，目前在我们国家的总量关系中，总供给和总需求关系仍然处于不平衡状态，而且是严重的供大于求的失衡。严重到什么程度呢？人常说，价格是调整市场供求之间关系的杠杆。如果价格持续低迷，说明供求失衡已经严重到超出了价格杠杆能够自动调节的范围。

那么供大于求的失衡跟就业有什么关系？这就要说到农村市场。

人们在 10 年前应对亚洲金融危机时就发现，将近 8 亿人的农村人口对工业品的消费程度还是非常低的，农村市场还远远没有启动。显而易见，如果农村市场启动的话，我们应当不会在现在这个发展阶段就面临这么严重的供大于求的失衡。

从 1998 年以来，我们始终致力于研究扩大内需、平衡供求的问题，想了不知多少主意。1998 年时曾有人在媒体上写文章，说我们国家白供养了这么多专家了，又是研究员，又是教授、博士什么的，还有国务院发展研究中心、社科院、国家计委宏观经济研究院这些研究机构。这么多人怎么连这么点问题都想不明白？启动农村市场啊。让农民买东西，供求失衡的问题不就解决了吗？

启动农村市场的答案其实人们很容易想到。中国 13 亿人口中还有 68% 是农民。启动农村市场，国民经济中的供求失衡不是就可以大大缓解了吗？

问题是怎么启动。问题是农民为什么不买东西。

回答这个问题也并不难。关键是农民的收入不能支持他们大规模消费城市生产的工业品。再下一个问题可就不那么容易回答了。

这个问题是，究竟怎么才能提高农民收入。

【3－2－2】启动农村市场和提高农民收入的主意特别简单。就四个字，“减少农民”。农业技术进步所能导致的产出增长和生产率提高总是不断趋近于一个极限。农产品的需求有自然限度。这些特点决定，农民的增收就不可能依靠本产业的规模扩张来实现。这一点，不仅已经为经济学的理论所证明，而且也为各国的发展实践所普遍证明。

我们没有关心提高农民收入的问题吗？大家可以把过去十年，甚至更长一些时候的重要报纸找出来，比如人民日报、上海的解放日报等。你任意抽取一张，可以说几乎每天的报纸上都可以找到有关提高农民收入的字眼。

朱总理那届政府在提高农民收入问题上可以说是千方百计了。在他任内曾在粮食购销体制上实行过一项改革，叫作“敞开收购、顺价销售、封闭运行”。这个政策的目的何在呢？就在于防止“谷贱伤农”。试图通过政策补贴和政府强制拉高粮价的办法保护农民的利益。这个政策的成败得失可能还有很多值得总结之处。但目标是保护和提高农民收入，这丝毫没有疑问。

不仅在产品的“出口端”，在投入端，政策也采取了强力介入的措施。在化肥、农药、种子、农机具、农膜等各种支农物资上，政府想尽一切办法减免税费和降低价格。政府尽量少收税或者不收税。通过指定专营的办法减少流通加价。在减轻农民负担上，这些年我们不知发过多少文件。

2002年的“两会”结束时，朱镕基总理也有个记者招待会。当时有香港记者问道，朱总理您的任期还有一年，在您任期内让您最头疼的是什么事呢？朱总理回答，最让他头疼的问题是“三农”问题，其中头疼得睡不着觉的问题就是农民收入问题。朱总理这番话也是电视实况转播的，人们记忆犹新。

通过这样的强调，采取了这么多措施，农民收入增长了没有呢？年年还是增长的。但是，令我们尴尬的是，曾经在一个很长时期内，农民收入的增长速度呈现为连年下降的趋势。在整个“九五”计划期间，农民人均纯收入增长速度一年比一年低。1996年我国农民人均纯收入的增长速度是8.99%，2000年时这个指标下降到2.11%。

收入增长速度持续下滑，收入预期不断恶化，你说让农民拿什么买东西？在座各位将心比心，如果你的收入增长速度连年下降，你的支出增长会每年不断提高吗？

“十五”期间，这种状况有了比较明显的改善。到“十五”末的2005年，我国农民人均纯收入的增长速度恢复到6.2%。但这也只是恢复到1997年到1998年的增长水平。

2003年温家宝总理一上任就着重强调指出，“当前摆在我们面前的主要问题，第一是农业发展滞后，农民收入增长缓慢，这已经成为制约扩大内需的一个重要因素”。从2003年以来，党中央、国务院每年都发一个关于农业问题的一号文件。中央关于“十一五规划”的建议中明确提出，未来五年要“千方百计增加农民收入”。“十一五”期间的2006~2008年，我国农民人均纯收入的增长速度进一步加快，分别为7.4%、9.5%和8.0%。

应对供求失衡，实施扩大内需的战略，根本举措在于开拓农村市场。开拓农村市场的关键在于提高农民收入。那么提高农民收入的关键何在呢？

“十五”和“十一五”期间，农民人均纯收入的增长速度呈不断提高的趋势。这其中，有减免农业税费、对农民实行“直补”、调整农业产业结构、通过土地流转发展规模化经营等措施的贡献。但说到底，对提高农民收入贡献最大、最可持续的因素，还是工资性收入的增长。通俗说，就是打工收入。要最终解决中国农民的持续增收问题，最终要靠把农村剩余劳动力从土地上解脱出来，转移到城镇和非农产业就业。没有别的出路。

在过去10年中，为了研究扩大内需、启动农村市场和提高农民收入的问题，我们把中国最好的学者都集中起来一块儿想主意。包括留学美国的、留学日本的、留学欧洲的，都集中起来，大家想了很长时间，终于想了一个主意。这个主意特别简单。什么主意呢？就四个字，“减少农民”。

人们认识到，局限在农村、农业这个领域里是不可能根本解决农民收入持续增长的问题的。为什么呢？这需要说个经济学道理。

由于对自然的依赖程度和市场的特殊性等方面的决定，农业的生产率提高速度永远赶不上工业和其他国民经济领域。工业领域可能靠一个技术更新，一夜之间就可以使生产率成倍提高。上海的“磁浮”列车可以把轨道交通的运行速度一下子提高4倍。农业不可能有这个前景。技术进步过程有个客观规律，农业技术进步所能导致的产出增长和生产率提高总是不断趋近于一个极限。简单逻辑就可以很容易地反证这个道理。如果农业产出增长或者生产率增长不存在极限，我们不就可以在一亩地中打出够全世界人吃的粮食了吗？

此外，农产品的市场也不同于其他产业。20世纪90年代初，手机在中国叫“大哥大”，很有钱的人才能拿在手里炫耀。现在中国拥有全世界最大的移动通信用户群。10余年前，旅游还是和外国人联系在一起的，最多是和商务、公务活动联系在一起的，现在寻常百姓举家出游不算新鲜事。这些产业的市场扩张是没有自然限度的。但农产品不行。农产品的需求有自然限度。你再往好里吃，也有自然限度。这些特点决定，农民的增收就不可能依靠本产业的规模扩张来实现。这一点，不仅已经为经济学的理论所证明，而且也为各国的发展实践所普遍证明。

那么靠政府补贴、政策扶持行不行？也不行。农业发展应当有政策干预，不能单靠市场竞争。但政府补贴、政策扶持并不是根本解决农民收入问题的最终途径。假定说，政府今年用政策补贴的办法把粮价从每公斤1.4元提到1.6元，明年从1.6元提到1.8元。政府能持续地不断提价吗？我们得有多大的财政力量才能持续地补贴下去？而且还得不断提高标准地补贴下去？那是不可能办到的。政府扶持、政策补贴不可能最终解决农民的富裕问题，甚至连彻底脱贫这个根本问题都无法真正解决。因为即或在一段时间内，通过政府政策支持实现了脱贫，一遇天灾人祸、市场变化，这些地方还会返贫。这种情况在过去几年中我们已经反复遇到过。

【3-2-3】生产率是社会走向富裕的物质基础。不断提高生产率，人们分享到的社会福利才能增加。一个农民种一亩地能打500斤粮食，两个农民种一亩地能打600斤。两个农民种一亩地的结果是生产率大幅度降低，农民的收入不可能有效增长。

假定一个农民种一亩地能打500斤粮食，两个农民种一亩地能打600斤。要是按照过去"以粮为纲"的指导思想，这一亩地就该两个人种。那时提倡"千里百担一亩田"的精神。就是抗旱时走一千里地，去挑一百担水，来浇这一亩地的庄稼。你说，这块地庄稼的成本得多高呀。这种指导思想，用经济学的语言归纳就是，能够导致实物产出增加的追加投入都是正确的。按这个思想，如果三个人种一亩地能打650斤粮食，那一亩地就应当由三个人来种。

这是计划经济的思想。市场经济不这样看。市场经济认为，一亩地一个人种打500斤粮食，叫作"人均实物劳动生产率500斤"；两个人种打600斤粮食，叫作"人均实物劳动生产率300斤"。两个人种一亩地时，尽管粮食的产出量增加了，但生产率却大大下降了。而在市场经济下，生产率是提高收入最重要的物质基础。一个显然的道理，为什么在工业文明时代，人口和土地还是这么多，而社会享受的福利资源要比农业文明时代多得多呢？因为人们在生产过程中使用了机器，由此带来了生产率的大规模提高。

生产率是社会走向富裕的物质基础。不断提高生产率，人们分享到的社会福利才能增加。两个农民种一亩地，结果是生产率大幅度降低。农民的收入就不可能有效增长。正确的办法是把第二个农民从土地上转移出去。一方面，我们把第二个农民从土地上转移出来，留在土地上的第一个农民就会增收，他的收益就从300斤粮食提高到了500斤；另一方面，第二个农民从事其他职业而获得收入，两个农民平均的收入水平就会进一步提高。

有学者不赞成"农村剩余劳动力"这个提法，认为应当叫"农村富余劳动力"。我看这个叫法还不能改。"剩余"是经济学上具有特定含义的概念。"剩余劳动力"不是没活可干的人，不是"富余"。并不是没有地种的农民才是剩余劳动力。在经济学意义上，导致生产率降低的那些追加要素都是"剩余"的。

当剩余要素不能顺畅转出时会怎么样呢？剩余劳动力也得吃饭呀。这就会迫使两个人去种一亩地。由此就导致了农业生产率的下降。实际上，剩余劳动力被强制地束缚在土地上的后果不仅是导致生产率下降。农产品的产出增加还会导致供大于求，由此引起农产品价格下跌。增产不增收。我国农业在过去几年面临的恰好就是这个问题。

此外，农村剩余劳动力不能转出还会造成另一个严重恶果，这就是土地与人口的比例关系严重失调，导致对土地的过度垦殖。在土地上超过合理限度地追加要素来增加产出，结果就是土地过载和对生态环境的严重破坏。这个后果也不能忽略。

那么怎么减少农民呢？只能向城镇和非农产业转移。

这个问题我们已经讨论了很长时间。有一年春节前后，外交部的驻外使节都回国休假、述职。外交部请我去讲讲国内经济形势。我就讲到了减少农民这个问题。我说，你们这些驻外使节都是交际极广的人物，在国外公交、私交的朋友很多。你们谁能帮咱们走个后门，托托人，把咱们中国的农民往别的国家转移上两个亿？大家说，估计是不行。没这个可能。惟一的出路就是在我们国内自己解决，向城镇和非农产业转移。我们面临的农村剩余劳动力转出的规模有多大呢？2003 年时温家宝总理估计进城务工经商的农民大约是 1.2 亿人。到 2008 年末，这个数字大约是 1.4 亿人左右。

【3－2－4】如果把我国的农业生产率提高到国际先进水平，需要多少农民就够了呢？不超过 4000 万人就够了。有学者说，中国的自然禀赋条件较差、生态脆弱。考虑到这一层，6000 万人也足够了。我们现在的农村劳动力有多少呢？2008 年末的数字，我国乡村就业人员总数为 4.73 亿人！

那么还得有多少农村剩余劳动力向城市和非农产业转移呢？

是不是已经转移出了 1.4 亿人，这个问题解决得差不多了呢？远不是。事实上，从农村的发展需要和提高农业生产率的要求看，从城乡平衡发展的要求看，我们需要在 2020 年前的周期内，每年向城镇和非农产业转出 1000 万到 1500 万农村剩余劳动力，再加上随转的非劳动力，到 2020 年左右的周期内，我国还得再有约两亿人农村人口转移到城镇。

为帮助大家有个基本估计，我给大家一组数字来说明中国农村剩余劳动力转出的规模需要有多大。我们国家粮食供求平衡点在 4.7 亿到 4.8 亿吨。有这个产量就足够全国人吃马嚼了，包括工业用粮也够了。2007 年和 2008 年，我国粮食总产量分别达到 4.97 亿吨和 5.29 亿吨。我们一共有 18 亿亩耕地。在我国加入 WTO 的过程中，不是有很多专家担心中国的农业缺乏国际竞争力，会遭受比较大的冲击吗？如果把我国的农业生产率提高到国际先进水平，也就是平均每个农民能种多少亩地、每个农民种地能打多少斤粮食的指标提高到国际先进水平，那我们的农业就不怕入世的冲击了。

假定我们能够做到这一点，种 18 亿亩耕地，打 5 亿吨粮食，需要多少农民就够了呢？不超过 4000 万人就够了。有学者说，中国的自然禀赋条件较差，生态脆弱。考虑到这一层，6000 万人也足够了。我们现在的农村劳动力有多少呢？2008 年末的数字，我国乡村就业人员总数为 4.73 亿人！

可能会有人争辩说，中国农村就业人员中不都是从事农业生产劳动的。这没错。比如还有开小饭馆的。但是，在中国农村劳动力的就业构成中，直接从事农业生产劳动的占绝对比重，这是个无须争议的事实。

为了说明中国农村剩余劳动力转移的潜在规模之大，我再给大家一个参照系。目前欧美所有发达国家的劳动力是 4.3 亿人。这个“所有发达国家”主要指世界上的三大经济区。就是北美经济区，以美国、加拿大为代表；东亚经济区，以日本、韩国为代表；欧洲经济区，以欧盟中的英、法、德等国家为代表。在这些国家中一共有 4.2 亿个就业岗位。就是说，假定我们真有个办法让这些发达国家的人都“下岗”，把所有的就业岗位都让给我们中国农民，连他们的总统、议长、企业的 CEO 什么的都由我们中国农民替他们当了，那也不够满足我国农村剩余劳动力对就业岗位的需求。

说到这里，很多人可能会问，我们能否推迟这样历史进程呢？

不能。实现这样一个转出规模，我们才能保证留在土地上的农民的收入增长速度跟上国民经济扩张的速度、跟上城镇居民收入的增长速度，才能保证城乡之间的利益矛盾不致激化。

什么叫“矛盾激化”呢？现在一些农村剩余劳动力上北京、下广州、奔上海、到深圳去打工，一时找不到活干，少数素质差的就把马路上的下水道井盖偷去卖废铁。再恶劣一些的还有溜门撬锁的，极少数还有拦路抢劫的。我们说，这些现象不能简单归咎为“素质问题”或“法制观念”。它们是城乡发展不平衡矛盾的外在现象。如果我们不能让农村居民在未来的一个战略周期内更大程度地分享经济发展的好处，那么可以断言，城乡发展不平衡矛盾导致的现象可就没这么简单了。那时群体性、暴力性的对抗就会发生。不要说经济发展，连社会稳定、制度安全都会受到极大的威胁。从时间上说，中国农村剩余劳动力转移的问题已经没有了后推的历史余地。不做好这件事，中国向市场经济转变的改革就没有希望，工业化、现代化就没有希望。

事实上，在过去几年中，我们的政策已经从限制农民进城逐步调整为降低农民进城的种种制度、政策壁垒。大家可能已经注意到，实行了几十年的城乡分割的户口壁垒已经明显松动。例如，很多城市已经出台大幅度降低城市户口“门槛”的规定。一些经济较发达省区已经开始了取消城乡户口差别的操作。在劳动力市场上，前期一些地方保护下岗职工的歧视性政策正在被加快清理。北京已经明确规定，用人单位不许在招工时规定“只招北京户口”等条件。2005 年中央关于“十一五规划”的建议中已经明确提出，要“逐步建立城乡统一的劳动力市场和公平竞争的就业制度”。

我们说就业形势严峻，还不仅在于农村剩余劳动力向城镇转移的规模有多大。农村剩余劳动力向城镇转移必然会带来一个问题，这就是城乡劳动力对有限就业岗位的竞争。可以说，这个趋势是不可避免的。

目前，随着时间的推移，一方面城市劳动力正在不断降低选择就业岗位的条件，而另一方面农村进城务工人员正在通过种种就业技能的学习途径努力提高自己对就业岗位的竞争能力。城乡劳动力对有限就业岗位的直接竞争态势已经明显出现。问题的严峻性还不止于此。这两部分劳动力群体中最先相互“碰撞”的，很可能是农村剩余劳动力中年轻力壮、流动性强、具有一定文化基础的相对强势群体和城市劳动力中年龄偏大、劳动技能单一、文化素质较差的“下岗”职工等弱势群体。就是说，我们面对的不仅是就业岗位的供不应求，形势的严峻性还在于，我们还将面对协调社会群体间的利益矛盾问题。

3. 我国正面临对就业岗位的国际化竞争

- 在当前的国际经贸争端中，贸易顺、逆差已不是主要原因了。主要原因是对“饭碗”的竞争。
- 在当前的经济全球化竞争中，最稀缺的资源是就业岗位。我们最需要的是就业岗位。
- 有了这个资源，我们什么事情都好办；没有这个资源，我们可能什么事情都办不成。
- 我们要做的就是要争取让更多的就业岗位配置到中国来，转移到中国来。

【3－3－1】在可以预见的未来10年内，即使世界经济规模不断扩大，国际贸易总量不断扩张，世界范围内的就业岗位也几乎不能增长。哪个国家要想增加就业，就得争取把有限的存量岗位更多转移到本国国内来。在过去一段时期内，在我国面临的国际经贸争端中，贸易顺、逆差已经不是引起争端的最主要原因了。最主要原因是对“饭碗”的竞争。

农村剩余劳动力的转出对就业形势的压力有多大，大家已经有个基本概念。是不是中国就业问题的难点到此为止了呢？还没有。还有新的难点。

进入21世纪以来，我们注意到，对就业岗位的竞争已经发展成为一个国际化的竞争。国家间对就业岗位的竞争矛盾正在趋于激化。

什么叫“就业竞争的国际化”趋势呢？这个趋势不是指有多少中国劳动力输出到国外劳务市场中去，也不是指有多少外国人打算到中国来打工。这方面内容也有。比如劳务输出对中国来说仍是重要的。但劳务输出不是我们面临的国际化竞争的主要内容。

全世界的经济学家有个共识，即使从明天起，整个世界经济走出金融危机的阴影，逆转为持续的高涨、繁荣，而且持续上10年，全球就业岗位的增加也将是微乎其微。

为什么世界经济规模扩大、国际贸易总量扩张，世界范围内的就业岗位也几乎不能增长呢？因为有高新技术的加速发展，因为有“新经济”下的发达国家产业结构不断升级，因为在“经济全球化”进程中世界范围内的重新分工和资本重新优化配置。

经济扩张和就业岗位难以增加必然带来对有限就业岗位的国际化竞争。哪个国家要想增加就业，就得争取把有限的存量岗位更多转移到本国国内来。

进入21世纪以来，中国遇到了一件让我们百思不得其解的事。什么事呢？全世界的大国、小国，穷国、富国都对我们有意见，嫌我们卖给他们的东西太便宜，因为我们没向他们多要钱，他们感到郁闷。天下买家还有对卖方不多要钱有意见的？这个新鲜事就让我们中国碰上了。这个新鲜事的背后，就是对国际岗位的国际化竞争。

在过去的几年中，中国已经成为世界上被诉“反倾销”最多的国家。稍加深入观察我们就会很容易地注意到，在我国面临的这些国际经贸争端中，贸易顺、逆差已经不是引起争端的最主要原因了。最主要原因是什么呢？是对“饭碗”的竞争。进入21世纪之后，“中国威胁论”的一个最新版本就是“中国正在抢全世界的饭碗”。

2008年，在咱们北京奥运会开幕之前的境外火炬传递仪式中，一伙“藏独”分子借机闹事，抢夺我们的圣火火炬。其中在法国的巴黎闹得最凶。大家都听说过这个事件。其实，仅仅几个“藏独”分子并无多大能量。事件闹大的根本原因，在于这些反奥林匹克精神的捣乱活动居然得到了当地居民的支持。

法国巴黎“抢火炬”事件后，我们在巴黎的华人、华侨、留学生很气不忿，制作了一个巨大的中国地图标版抬到了巴黎的香榭丽舍大街上。他们叫住那些高喊支持“藏独”口号的法国人说，你们在这个中国地图上指指，西藏在哪？没有一个法国人能说得出来。我们的人就问这些法国人，你们连西藏在哪里都没搞明白，你瞎喊什么支持“藏独”啊？这些法国人说，我们也不知道什么是“藏独”，反正反对你们中国人的我们就支持；因为你们抢我们的饭碗。

过去一些年来，这种指责中国人“抢饭碗”的声音在国外已经比较普遍。大家可能听说过，前些年中日之间出现过一个贸易争端，日本要抵制中国的大葱、大蒜，还有浴巾什么的，中国采取了一系列反制裁措施，对日本进口产品加征特别关税。当时日本经济已经连续12年没有走出低迷、萧条的泥潭了。日本人真打算靠抵制中国的大葱、大蒜摆脱经济困境？不可能。日本人没那么傻。真正的目的是想挑起争端，抑制日本制造业向中国转移的趋势。日本这些年经济不景气，他们将不景气的原因归结为所谓的“产业空心化”。

什么叫“产业空心化”呢？日本一些政客、学者认为，由于中国的崛起，特别是中国制造业的发展，把日本的资本都吸引到中国去了。日本最具国际竞争力的产业是制造业。但是现在，制造业真正的生产重心已经不在日本，要么已经把制造基地转移到了中国，要么干脆委托中国企业“贴牌生产”。日本的制造业由此已经变成了“空心”的产业。这就是所谓“产业空心化”的含义。

“产业空心化”的结果会怎么样呢？提出这种说法的人认为，这个趋势的直接结果就是日本的就业岗位被中国人抢走了。2002 年以后，日本的失业率达到 5.5%。2007 年末世界金融危机爆发以后，更是雪上加霜。要知道，在 90 年代初期，日本还是一个劳动力不足的国家。5% 左右的失业率放在欧洲大陆可能不算什么，但放在日本可就很严重了。因为日本的文化、社会传统很特殊。

在日本有个其他国家不具备的“官民协调体制”和“劳资协调体制”。那里的工会代表雇员和老板谈判时谈什么呢？不光谈涨工资，而且有时还会谈“降工资”。这让美国人听起来可能不可思议。但这的确是真的。比如在 20 世纪 70 年代石油危机时，日本的会社也同样面临困境，经营不下去，就得缩减生意、降低成本。这时日本的工会就找老板谈，建议说，我们大家都同意只拿六成工资，每人每周只上三天班，大家轮着干，公司能不能不裁员？这是日本特色，别的国家没有。所以日本的失业率到 5% 以上时就是很严重的了。

日本的失业率上升，归根结底是两个原因，一个原因是和美国在高科技产业的竞争中打了败仗，20 世纪 90 年代日本想成为计算机大国，结果没成功。另一个原因是日本从 90 年代初期开始的“内需扩大”战略未能取得实效，反反复复的过程反而使财政陷入了极大的赤字危机。此外还有，亚洲金融危机也使日本经济中原有的“泡沫”进一步破灭。这些原因都和中国人无关，和中国的制造业发展无关。但日本总有一些别有用心的人，企图把矛头引向中国。在日本媒体上，总是不断有把矛盾归咎于中国竞争的声音。日本政界、经济界众口一词地强调，中国以低廉劳动力成本为优势的制造业竞争已经成为日本经济难以复苏的主要障碍。

在整个 20 世纪中，美国一直以高举自由贸易大旗的“旗手”自居。但过去一些年中，美国社会公众中反对“贸易自由化”、“经济全球化”的声音成为主流。1999 年在世界贸易组织召开会议的过程中，在西雅图爆发的对经济全球化的抗议活动几乎酿成暴力冲突。其原因就在于抗议者担心全球化将导致美国就业岗位的减少。

2003 年时，美国启动了一个新的贸易保护条款，叫作“201 条款”，就是对进口钢材加征特别关税。大家可能听说过这件事。启动这个条款是要以很大的政治、外交资源为代价的。因为要得罪日本、韩国、德国、俄罗斯、中国、巴西以及印度等很多国家。美国可能在不同的国际政治、经济领域中需要这些国家的合作。那为什么美国还要不顾国际社会的强烈反对启动这个"201 条款"呢？是因为布什或者美国的经济学家忽然认为钢铁业将成为新的经济增长带头产业，或者将成为高科技的主要领域了吗？肯定不是。最先把钢铁业称为"夕阳产业"的就是美国人。美国之所以不惜代价地启动"201 条款"，原因很简单，就是因为现在在美国，钢铁业还提供着 15 万个就业岗位。关系到这么多就业岗位的存留，政治家是不敢轻易放弃的。保护"饭碗"成为政府政策的首要选择。

欧洲的情况呢？欧洲的矛盾更尖锐。在过去很长时期内，不算英国，欧洲大陆的失业率曾连续十余年在两位数以上。2003 年才勉强降到一位数。2004 年又重回两位数。2008 年以来，由于经济增速在金融危机的冲击下陷于负增长，欧洲的失业情况更是达于历史最糟。

2002 年，欧洲政坛出了一件让全世界震惊的事。法国总统大选爆出惊人冷门，极右翼民族阵线党领袖勒庞击败社会党候选人若斯潘，进入大选第二轮。这是法国总统大选历史上首次有极右翼领袖成功进入第二轮角逐；这一结果令法国朝野左右两翼大为震惊，以致有人称其不亚于一次"政治地震"。这个叫勒庞的人是一个"新纳粹"的代表人物。法国不仅号称最有民主传统，而且社会主义思想也具有很深的社会基础，且历史上曾饱受纳粹之苦。为什么会选出这样一个结果来呢？原因同样很简单。这个"新纳粹"人物的竞选纲领就是把移民都赶走，保护"真正的法国人"的饭碗。这个竞选纲领很有诱惑力。因为一些年来，失业已经成为法国社会矛盾的最尖锐之处。后来在世界各国的政治压力之下，这个候选人才被迫退出了对总统职位的角逐。2005 年 10 月末，法国巴黎突发一场持续二十余天，波及数十城镇的暴乱。暴乱中被烧毁的汽车达两千多辆。什么原因会引起这样严重的社会危机？长期居高不下的失业率引起的对移民的仇恨是重要原因之一。

2002 年，在海南的博鳌召开了一个国际会议，叫作"亚洲经济论坛"。朱镕基总理亲自出席。在会后的记者招待会上，有个温州企业家提问说，朱总理我问个问题，我们温州的民营企业生产的一次性打火机出口到欧洲去，欧盟抵制我们，说我们的产品不安全，非要让我们在产品上加装一个保险开关。中国不过是一个发展中国家，我们不过是一些民营企业，一次性打火机不过是制造业最末梢的一个简单产品，欧盟值当这样大动干戈，动用法律的、行政的力量，动用"技术壁垒"，14 个国家联合起来抵制我们吗？朱总理当时没正面回答这个问题，说加入 WTO 后经贸关系主要靠企业去对垒，政府不能有太多干预。

其实这个问题的答案很简单。欧洲这些国家并不是真的认为中国的一次性打火机不安全。我们的温州企业家调查过了，在过去 10 年中，欧洲从未有过因为儿童玩弄一次性打火机而失火的事件。真正的问题是在哪里呢？在于打火机在中国还是在欧洲生产，关系到 2 万个就业岗位配置到欧洲还是配置到中国。现在全世界一次性打火机中 80% 是在中国生产的，其中绝大部分在温州。欧盟的真实意图就是保护“饭碗”。

【3－3－2】在当前的经济全球化竞争中，什么资源最稀缺？不是资本，不是技术，而是就业岗位。中国成为世界制造业中心的内在含义之一，就在于中国正在参与到对全球有限就业岗位的竞争中去，让更多的就业岗位配置到中国来，流动到中国来，转移到中国来。

在当前的经济全球化竞争中，什么资源最稀缺？不是资本，不是技术，而是就业岗位。全球的资本已经明显过剩。找不到有利投资领域的资本到处充斥。要不也不会集结起那么多的投机资本，叫作 Hot Money，就是“热钱”。全世界的技术创新能力也非常充裕。美国前些年“下岗”最多的是电脑工程师，金融危机爆发之后是华尔街的操盘手和理财专家，最稀缺的资源是就业岗位。

近年来人们经常提到“经济全球化”这个说法。经济全球化是什么呢？就是国际资本在全球范围内的重新优化配置和国家间的重新分工。资本加速流动，就带来了就业岗位在全球范围的流动，也就带来了对就业岗位的国际化竞争。

过去有一段时间，在讨论“中国能否成为世界制造中心”的过程中有个声音很值得注意。有些人说，中国不应当成为制造中心，因为那是没有核心竞争力的表现。还有人说 OEM 方式，也就是“贴牌生产”，是给别人打工。这些意见认为，我们中国应当集中力量发展高科技产业。要是 13 亿人都写软件，搞技术创新，那我们中国得赚多少钱呀。我看这样的专家是“伪专家”，至少是书生误国。全世界写软件的就业岗位一共才有多少？13 亿人都写软件卖给谁啊？

实现中国的经济发展，提高老百姓的福利和收入水平，协调我国社会利益矛盾，我们最需要的是什么？是就业岗位。有了这个资源，我们什么事情都好办。没有这个资源，我们可能什么事情都办不成。从一定意义上说，资本在全球范围内的重新配置就意味着有限就业岗位在全球的重新配置。中国成为世界制造业中心的内在含义之一，就在于中国正在参与到对全球有限就业岗位的竞争中去。我们努力要做的，恰好就是要争取在这场国际化竞争中让更多的就业岗位配置到中国来，流动到中国来，转移到中国来。

再给大家举个例子。广东有家有名的民营企业，叫“格兰仕”。现在全世界的微波炉、光波炉有一多半是这家企业生产的。当然有些是“贴牌生产”，挂的是人家的商标。

我曾经有次问这个企业的老总，格兰仕怎么能够扩张得这么快呢？老总说，欧洲一些企业的老板把他们的生产线白送给我了，不要钱。我说这就奇怪了。莫非欧洲那些老板都“心太软”，要不就是你们两家结亲戚了？

老总说都不是。原因很简单。欧洲那个地方的福利化程度很高，原来企业一周开工六天，后来改成开工五天，现在每周开工四天半。原来每天工作八小时，现在每天工作六个半小时，而且中间还得有两次“Coffee Break”，就是停下来休息喝咖啡。你说这样的开工率，设备、生产线的利用率能有多高？而在我们顺德这个地方，工厂里不仅没有节假日，连白天黑夜都是三班倒。你说这个开工率又有多高？欧洲老板把生产线送给我有个条件，就是他原来在欧洲生产多少万台微波炉，我还得给他“贴牌生产”多少，而且加工费还得比他自己生产时的成本低。我说这容易。在我这样的开工率下，分摊到单位产品里的固定成本要比欧洲不知道低多少。不仅给他“贴牌生产”的成本低，富余的产能我差不多都是白用。这就是格兰仕为什么能发动降价行动的秘密。

格兰仕把生产线从欧洲搬到了中国，客观上就是把就业岗位从欧洲搬到了中国。现在格兰仕有多少员工？有四万多人。这四万打工仔、打工妹在格兰仕干活，在中西部就有四万个家庭脱贫，实现温饱。这有什么不好吗？这是对中国发展最大的好。2003 年有个事件，有家媒体报道说，格兰仕自称“世界名牌”是“假冒伪劣”。这个报道一出去，对格兰仕产品在市场上的打击很大。格兰仕有没有自称是“世界名牌”？我没有充分调查。但我想，一家民营企业的产品能够占到全世界同类产品的一大半，这还不是“世界名牌”，那什么是“世界名牌”呢？

其实，这个事件的真实背景是我们有些政府的行政权力机构，企图把评比“名牌”的权力拿在自己手里。我对这种旧体制留下的恶习可以说深恶痛绝。这些为了一己之私利打击格兰仕的人不知想过没有，你打击的不是格兰仕的老板，你打击的是老百姓的饭碗啊。

参与对就业岗位的国际化竞争，对我们中国来说意义极其重大。一切有利于这个竞争的事我们都要做。一切有利于这个竞争的行为我们都要支持。我们的一些民营企业已经在这方面做出了很大成绩。我们的政策、我们的媒体要支持他们，给他们以鼓励。在这个问题上要有大局、全局、长远的眼光。从我国的切身利益出发，我们需要高度重视这一态势。要积极参与而不是回避这一竞争。在世界金融危机的背景下，我们的产业政策调整、产业结构升级以及经济体制改革等各项战略措施，更要有利于参与这一竞争。争取把全球有限的就业岗位更多地配置到中国来，这应当成为我们加入世界贸易组织后的一个新的战略目标。

4. 提问与讨论

- 让老百姓过好日子就是创造市场，创造市场就是创造就业岗位。
- 劳动者利益要适度优先于资本利益，就业岗位增加要优先于社会收入水平提高。
- 政府什么时候都不应当鼓励“减员”。
- 为什么维护政府利益的税收制度越来越严格，而维护劳动者利益的工资制度则明显松弛以致懈怠呢?
- 欠发工资是劳动要素与资本要素之间的交易规则失范，因而也是市场经济秩序混乱的一种表现。
- “蓝领”是工业化进程中实现“人机对话”不可或缺的媒介。
- 应当让进城务工的农村劳动力有进入城镇的第一步台阶，而不能简单地要求所有岗位一律“持证上岗”。
- 中国没抢日本人的饭碗。

【提问一】：我们在就业问题上面临的压力很大，那解决这个问题的出路究竟何在呢？就业战略的核心是什么？

答：因为时间关系，我们刚才更多地讲到了就业形势，对策方面涉及得不多。借这个问题补救一些。

在就业问题上，中国面临这么多不利因素，我们究竟能不能最终解决这个就业问题呢？我认为一定能。怎么解决？就是发展。发展是硬道理，千真万确。

从目前看，我们在就业岗位的国际化竞争中还是占了一点先机的。在各种要素中，最难跨国界流动的就是劳动力。我们说，把中国建成世界制造中心，本质上就是劳动力出口。但这不是解决问题的最终之策。最终解决还得靠我们现在一个很重要的战略，叫作扩大内需。

扩大内需最初提出来，是为了应对通货紧缩、供大于求的失衡的。1999 年时，中央就明确提出，扩大内需要成为一项战略方针。2001 年末，中央经济工作会议再次强调，扩大内需要成为一项长期坚持的战略方针。这个判断很重要。为什么要长期坚持？因为就业岗位的增加最终依赖于市场需求的扩大。中国的劳动力有 7.8 亿人。这还是现在的数字。我们的全面小康实现之日，那时全国将有 15 亿人口，劳动力将达到 8.9 亿人。到哪里去找能容纳 8.9 亿劳动力就业的市场呢？只能在我们国民经济的内部创造。

怎么创造市场？全面建设小康社会就是创造市场。让我们的老百姓过好日子就是创造市场。创造市场就是创造就业岗位。

从过去五年的情况看，我们的就业岗位增长有两个重要的支持因素。一个是产业结构调整，另一个是城市化的加速。城市化不仅为最能容纳就业的社会服务业提供基础，而且建设城市的过程本身就可以直接提供大量就业岗位。这两个问题我们也还有“结构”和“区域经济”两个专题来探讨。

最终要解决中国的就业问题，我们需要在长期发展战略中确立“就业优先”的原则。这个问题在“十五”计划的酝酿过程就已经提出来了。但迄今，在很多涉及全局的战略问题上，这个原则体现得仍不够坚决，仍有必要大声疾呼。

什么叫“就业优先”呢？可以从理论和实践两方面说。

从理论层次上看，工业化阶段的经济发展历来有两条基本思路。一条是物的扩大再生产优先，另一条是解决人的问题优先。

物的扩大再生产优先也不能说没道理。为什么呢？因为解决人的问题，例如就业问题、收入提高问题、生活质量改善问题等根本地依靠于生产发展，依赖于经济总量扩大，依赖于效益提高。因此，一般战略中总是扩大再生产优先，人的问题服从于物的扩张。例如国际上发达国家的工业化过程中都始终是把资本积累、资源获取、技术变革、管理改进、结构优化、产品升级等等问题放在首位。我国的工业化战略，从历史过程看，也基本延续的是这样一条思路。不仅原有体制下“先生产后生活”的口号明显地反映了这一特征，改革开放以来深圳等“特区型经济”发展也是以物的聚集为核心的，例如特区优惠政策始终围绕着吸引资金展开。

但是，在我国的中长期战略发展过程中，我们更需要正视的是特殊性。

什么是我国的特殊性呢？我国的特殊性在于，一是老百姓个人资产的积累程度还很低，生活来源对就业的依赖程度还相当大；二是农村剩余劳动力向非农产业转移的高潮才刚刚开始；三是经济体制改革正在处于社会利益结构剧烈调整阶段，在缓解各种社会矛盾的问题上，就业处于核心的位置。所以说，在我国的国民经济发展战略中贯彻“就业优先”是一个必然选择。

从实践看，目前“就业优先”的原则应当重点体现在五个方面。

第一，劳动力市场发育要优先于其他要素的市场发育。特别强调，我国的发展战略应当是逐步建立起符合工业化、城市化方向的非歧视性劳动力市场，消除城乡、工农利益矛盾趋于激化的潜在威胁。劳动力的市场参与规则不但要协调竞争秩序，而且要协调不同群体之间对有限岗位的竞争矛盾。

第二，劳动者利益要适度优先于资本利益。规模经济、减人增效等都是提高资本收益的措施。促进中小企业、劳动密集型产业发展的政策都是有利于就业和劳动者利益的政策。国企改革、结构转换、企业规模结构调整以及技术手段改进等方面政策需要与就业岗位的增加密切结合起来。

第三，降低失业率的政策要优先于其他总量平衡的政策。在我国的宏观调控政策中，对增长速度、信贷规模、货币发行、财政与外汇平衡等方面的控制应当适度服从于降低失业率的要求。

第四，有利于促进就业和完善社会保障制度方面的政策成本要优先于其他财政支出给予安排。城镇扶困、完善社会基本保障制度、国有企业职工体制身份转换、社会培训成本、下岗职工再就业工资补贴以及向衰退区域导入新产业等方面的政策成本应当在中央与地方政府的财政支出中给以优先保证。对就业矛盾格外突出的局部区域还应采取特殊对策。

第五，就业岗位增加要优先于社会收入水平提高。按照一般规律，收入水平增加总是建立在生产率提高基础之上的，而生产率提高总是会形成对就业岗位的排斥。在我国未来一段时期内的战略措施中，有必要特别注意控制社会收入水平的提高速度，尽量减低由此形成的对就业岗位的排斥。

【提问二】：在市场经济体制下，政府在就业方面应当做什么呢？

答：这个问题问得好。我们前面说过，政府在什么时候都应当强调增加就业岗位。“减员”是出资人、老板维护自己利益的行为，政府什么时候都不应当鼓励“减员”。但是我们也得澄清一个认识，那就是我们不能指望由政府“创造”出足够的就业岗位来，特别是不能指望依靠政府投资来解决就业岗位的不足。

政府应当做什么呢？例如调整产业结构，让能够更多容纳就业的社会服务业更快发展；帮助中小企业提高竞争力，使他们成为提供就业岗位的主力军；为老工业基地等特定区域提供导入新产业的政策援助；在经济发展趋缓时鼓励扩大投资，增加就业机会等。但大家不要误解的是，这些都不是真正的就业政策，而是结构政策、区域政策、宏观调控政策的内容。这些政策在客观上有利于就业岗位增加。政府也应当在这些政策上有意识地突出对就业的作用，就是我们上面讲到的“就业优先”。但我们不要把这些政策误认为是就业政策。

“十一五”期间，我们要实施“积极的就业政策”。这是已定的政策原则。什么是积极的就业政策呢？或者说，在就业问题上政府政策应当在哪些方面起到更积极的作用呢？我认为有以下几个方面。

第一，促进就业岗位供求信息的充分传达。尽快建立起社会化、高效率的就业信息网络应当成为中国最重要的就业援助政策之一。

第二，防止供求不平衡导致交易价格被压低到供给成本之下。政策干预价格的目的是维护公平。干预的方式是实施最低工资制度。

第三，保证有限的就业机会优先分配给最优秀、最有效率的群体。当不能保证全社会劳动力的就业需求都得到满足时，就业机会分配的基本原则就应当向最有效率的劳动者群体倾斜。

第四，通过援助的方式帮助特定群体退出对就业岗位的竞争。一部分劳动力退出对就业岗位的竞争是有代价的。这个代价在一定程度上需要政策承担。

第五，适度设立进入壁垒，迟滞某些群体进入劳动力供给行列的速度。发展就业前的职业教育、实行严格的岗位资格证书制度等是加高壁垒最有效的方式。

此外，就业政策还包括提高劳动力的市场竞争效率等方面。

【提问三】：最近一些年，欠发农民工工资的问题已成为一个严重问题。特别是在建筑业。有就业岗位，但是拿不到工资。欠发工资的问题应当怎么解决呢？

答：欠发工资的问题前几年就已经引起了中央的高度关注。2002 年 3 月，朱镕基总理在全国人大会议上所作的政府工作报告中有 10 处提到了工资问题。在这 10 处中，有 8 处是和欠发工资有关。国务院总理向全国人大述职的政府工作报告中居然要反复提到欠发工资问题，而且具体到欠发职工工资、欠发干部工资、欠发干警工资、欠发教师工资；具体到要采取财政措施，要各地政府先发工资后上项目。这说明什么？说明当前欠发工资问题已经成为一个普遍存在的社会现象。其中最严重的、最普遍的，的确是建筑业。2004 ~ 2005 年，国务院已经把清理“两欠”问题，就是拖欠工程款和拖欠农民工工资问题列入重点工作，严令有关部委限期解决。

根据我们的研究，欠发工资的现象主要集中于四类情况。一是由于经营不景气，处于停产、半停产状态的国有企业。最近两年，由于国企职工与企业有偿解除劳动关系的相关政策尚待完善，国企欠发工资的规模呈现出不断累积的态势。

二是县、乡两级的财政供养人员。由于区域间发展不平衡，一些贫困落后地区的县乡财政实际上无法支撑现有的公职人员、教师的工资性开支。三是一些三资企业、私企、私人包工队等也成为欠发工资的“重灾区”。制度环境的松懈给了一些私人老板以盘剥劳动者的可乘之机。四是建筑业。我国建筑业有个不成文的“行规”，到年底才给农民工发一年的工资。这实际上不仅无偿占用了劳动者的钱，而且把资金周转，甚至楼盘销售的风险转嫁到了收入最低、工作最辛苦的农民工头上。

最近一些年，每当春节临近，各地关于农民工返乡前领不到工资的报道就会骤然增多。一些地方甚至出现了拿不到“血汗钱”的打工者爬到高楼、高压线塔上以死相拼的事件。显然，拖欠工资极大地放大了失业问题对社会安定造成的威胁。

在市场经济条件下，劳动者利益的基本表现形式是就业和工资。一个值得引起高度重视的问题是，劳动者利益在社会利益构成中的地位正在趋于弱化。一些地方政府说，欠发工资是因为财政没钱。当时朱总理曾经明确批评说，“有的地方连工资都不能按时发放，还在乱上建设项目，违反规定兴建楼堂馆所”。

有必要对“政府没钱”的问题多说几句。

政府是没钱吗？1999 年，我国的税收总额突破 1 万亿元，2003 年突破 2 万亿元，2005 年突破 3 万亿元。2008 年更突破了 5 万亿元。这个增长速度远远超过了这几年国民经济的平均增长速度。国家税收总额每年的增长都在 20% 以上。

我们不能说财政增收就一定有钱发工资，因为欠发工资的还有企业。我们只说一个制度建设方面的尖锐对比。我国税收的快速增长是在基本没有增税的情况下实现的。没有增税为什么会有税收的快速增长？一个基本解释是，税收总额的增长主要来源于堵塞了原有的税收漏洞、严肃税收征管的制度环境所致。

依法治税、从严治税、严肃税收征管的制度环境很应该，没有人反对，但与欠发工资成为普遍现象的问题对照起来看，则不能不令人得出一个值得深思的重要结论。为什么维护政府利益的税收制度越来越严格，而维护劳动者利益的工资制度则明显松弛以致懈怠呢？是不是存在着在制度建设上重视政府利益而忽视劳动者利益的现象呢？

制度建设的发展不平衡值得引起高度警惕。前期普遍性的欠发工资现象正在成为国民经济发展过程中的一个明显隐患。扩大内需，说到底要依靠扩大最终消费需求。对绝大多数社会成员来说，工资收入是其消费需求的基本来源。欠发工资现象已经极大地抵消了我们在过去几年中的政策努力，恶化了社会经济预期，形成了对扩大内需战略的直接阻滞。

一段时期来，欠发工资之所以成为普遍现象，除了国企不景气、一些地方财政困难等原有因素外，还存在着一些深层次原因。一是中央与地方的经济利益关系未理顺，一些地方把工资发放当成向中央讨价还价的“筹码”。二是我们前期政策不适当地强调要企业“减债增资”，一些企业就从欠发工资中找出路，把欠银行的显性债务转化为欠职工的隐性债务，把拖欠工资当成降低财务风险、节省财务费用以及实现“减债”的途径。三是向市场经济体制转变过程中，一些企业不适当地把经营性风险转嫁给了劳动者。一些企业，包括一些国有企业，借口“形成利益共同体”，以“风险工资”等形式把市场的经营性风险也强加给了劳动者。由此而来，市场出现“价格战”、应收款出现呆坏账、产品出现滞销等都成为一些企业欠发、扣发职工工资的理由。四是强化税收征管的过程中一些地方出现了先缴税后发工资，以及以工资抵税等不良趋势。

在一定意义上说，欠发工资是劳动要素与资本要素之间的交易规则失范。因而欠发工资也是市场经济秩序混乱的一种表现。从我国的现实情况看，有必要通过完善法律制度，严格执法来保护劳动者利益。

欠发工资的根本原因并不在于企业没钱、财政没钱，而在于欠发工资远未上升到违法的高度。欠税违法而欠工资不违法，或者不那么明显地违法；欠银行钱有可能被法律力量强制偿还而欠职工工资则不会受到法律惩罚。这是欠发工资现象愈演愈烈的根本制度漏洞所在。形成工资按时发放的法律制度，其根本意义在于在社会利益构成中确立劳动者利益优先的社会共同行为规范。

【提问四】：现在人们都很重视服务业对就业的贡献。但前不久有个报道说，中国实际上最缺乏的是高级技工。在这方面有就业的开发潜力吗?

答：你提出的实际上是个“蓝领就业”的问题。探索扩大就业、缓解就业矛盾的途径，确实不应忽略蓝领就业的问题。

一段时期以来，在就业问题上存在着一个普遍性的认识误区。很多人认为，随着新经济的发展，以“白领”为代表的人力资源才是经济增长的动力，传统工业领域的“蓝领”将趋于消亡。这个认识并不正确。

无须否认，在过去几年中“下岗”现象主要是由“工厂”排出冗员为主引起的，但这是否意味着，蓝领就业岗位在中国已经不需要了呢？恐怕未必。最近几年来，人们对“中国成为世界制造中心”和“提高产业技术创新能力和核心竞争力”的问题争论很激烈。其实，一个成熟、庞大的蓝领技工队伍就是制造业的核心竞争力之一。我国的民用汽车保有量从 1995 年的 1040 万辆增长到了 2008 年的 5100 万辆，差不多增长了 5 倍。其中载货汽车从 585 万辆增长到 1126 万辆。这个过程至少提供了上千万个汽车驾驶员的就业岗位，还不算由此引起的汽车维修等领域就业岗位的增加。

工业化是一个艰巨、长期的历史发展过程。其间，“造机器”和“用机器”将始终是社会经济系统中最重要的分工领域。从本质上说，“蓝领”是工业化进程中实现“人机对话”不可或缺的媒介。要让13亿人认识机器文明、驾驭机器文明、享受机器文明，中国的“蓝领”绝对不是太多，而是太少。目前估计，2015年时中国的汽车保有量将达到1亿辆。按照每20辆车需要1个专职维修人员的国际经验，届时我们至少需要500万个合格的汽车修理技师。在美国，汽车维修技师是要有专门的资格证书的，他们的收入通常远高于一般的办公室“白领”文员。

我们前面说到过中国成为世界制造中心的问题。但我们得看到，前期我国的制造业产品出口和外资流入曾呈现出较好势头，但其基础主要是劳动力的成本低廉而不是劳动力的群体素质。这个基础是不稳固的。要把这样一个势头保持下去，要让中国真正成为世界制造中心，我们还必须加快蓝领队伍的培育和发展。

“中国制造”的长期国际竞争力将在很大程度上来源于一支高素质的蓝领队伍。企业的技术研发能力固然重要，但技术产品是具有很强的“可贸性”的。韩国以及我国的台湾省之所以成为全球最重要的IT产品采购基地，关键在于其蓝领队伍的强大。在一定意义上可以说，全球有限就业岗位的国际化竞争将主要是一场蓝领竞争。

【提问五】：现在要求有资格证书的就业岗位越来越多。这对那些农村剩余劳动力来说是不是一种就业壁垒呢？政府应当怎样帮助他们呢？

答：就业岗位的资格认证制度在我国叫“劳动预备制度”，我国是从1999年开始在全国普遍推行的。从国民经济整体上说，建立劳动预备制度是为了优化劳动力配置，使有限的劳动岗位优先配置到那些效率最高的劳动者头上。从劳动者利益的角度说，建立劳动预备制度是为了提高劳动者对有限就业岗位的竞争力。不是政府提高了就业的准入“门槛”，首先是就业岗位长期供不应求的客观趋势提高了这个“门槛”。

建立劳动预备制度很有必要。但一个新的问题是，我们怎么来保护农村剩余劳动力的利益，怎么使这项制度和农村剩余劳动力向城镇转移的战略接轨。目前，不论从培训费用的负担方式还是培训的时间长度看，这项制度很可能成为对农村剩余劳动力的歧视性政策。我们有必要在这项制度建设中更多地补充对农村进城务工人员的援助性政策。例如，应当让进城务工的农村劳动力有进入城镇的第一步台阶，而不能简单地要求所有岗位一律“持证上岗”。政府还应当采取措施，为进城务工的农村劳动力提供接受培训的低息或无息贷款。农村进城务工人员自愿接受较高成本的复杂岗位培训时，政府应当有明确的鼓励性措施等。

从我国目前已经建立和正在完善的各项劳动用工制度看，可以考虑逐步将目前的城镇最低工资制度适度扩展为岗位最低工资制度，将劳动预备制度与岗位最低工资制度结合起来。一方面，把必须持证上岗的“门槛”与持证的基本收益结合起来，政策才能真正成为完善的政策。另一方面，由此可以激发劳动者自觉自愿接受岗位培训、获取资格证书的积极性，并为他们提供向雇主争取相应权益的政策依据。

建立和完善劳动预备制度应当特别强调因地制宜。城乡之间应当有差别，大城市与小城镇之间应有差别，不同产业、不同岗位之间应当有差别。在劳动预备制度的法律体系完善过程中，在一个较长时期内宜以地方法规为主，赋予地方立法机构根据区域内经济发展情况以更多立法权限。

【提问六】：您刚才提到，日本版的“中国威胁论”是“产业空心化”，在这个竞争中中国究竟抢没抢日本人的饭碗呢？

答：在日本，这种“中国抢饭碗”之说不仅在民间、舆论中流行，连严肃的学者也深信不疑。在2003年初召开的一次国际研讨会上，“日本劳动研究机构”的专家就明确提出了这样的观点。

严肃的学者应当用事实说话，用理性的分析说话，不能以表面现象故意耸人听闻。

我们说，日本的确存在着“产业空心化”的现象，日本的确面临比较严重的就业问题。但需要辨析的问题是，日本的失业率高涨是否是中国人，或者说中国的经济发展造成的？这个诘难毫无根据。

先说，中国的就业是否真的受惠于日本制造业向中国的转移。

根据中国国家统计局公布的数据，在1995年到2008年期间，中国制造业中的就业总人数从9803万人下降为3465万人，减少了6338万人，降幅为64.6%；其中同期国有制造业的就业总人数从3326万人下降为518万人，减少2808万人，降幅为84.4%。而1995年到2008年，中国城镇就业人员总数从19093万人增长到了3.02亿人，增长5687万人，增幅为58.2%。显而易见，中国过去几年就业岗位的增长并没有受惠于制造业。

即或按照日本专家的资料，目前在华“日系”企业雇员不过58万人。这个数字只占中国从1995年到2008年城镇新增就业岗位的0.52%，占目前中国城镇就业总人数的0.19%。"日系"企业所提供的就业岗位不过相当于中国这些年中的出租车司机就业岗位增加数的几十分之一。

再说，在华日资企业生产的产品打算卖到哪里去。

世人皆知，中国是目前世界上潜力最大的市场。日本人对此是心知肚明的。近年来，日本汽车企业大幅调整了对华投资的战略。大家可能注意到了，一段时期来中国汽车产业中发生的并购、扩张事件大多和日资企业扩大在华投资有关。从本田与"广汽"的合作，到以丰田参与为背景的"一汽"收购"天汽"。日本的汽车制造业打算把在中国生产的汽车卖到哪儿去？无须遮掩，是瞄准中国本土的汽车市场而来，绝没打算销往日本。"威驰"的广告就坦率得多，说这是专为中国人设计的车。就是说，即或日本企业在华投资为中国带来了一定的就业岗位，那这个就业岗位的增加也是以中国市场的急剧扩张为依托的，是中国自身的需求增量带来的。根本不存在中国制造业"抢谁的饭碗"的问题。

当然，还有一个日本专家不好意思说的问题，那就是对第三国市场的竞争。这个问题其实真的不需多说。中国已经是世界贸易组织的正式成员。在第三国市场上，我们共同公平地按"游戏规则"参与就是。WTO从没规定哪一国的市场只能是谁的"饭碗"。

2003年，日本财务省发表的"日中经贸关系研究报告"有个比较理性的说法。这个报告认为，日本制造业向海外转移是产业结构调整所致；日企投资中国实际上促进了日本产业结构的调整；从中国进口的商品对日本经济产生的影响有限。我们欢迎这种理性认识。值得注意的是，从2004年下半年开始，日本主流媒体一改过去说"中国抢日本人饭碗"的论调，开始大讲"中国带动论"。其背景，是中国对自己的宏观经济运行状况开始进行比较坚决的调控。日本的经济明显感受到了中国经济增长对日本的影响作用。2009年上半年，在世界金融危机的背景下，欧美汽车市场销量急剧萎缩了39%，而中国市场的汽车销量却令全世界汽车厂商目瞪口呆地增长了22%！在这个时候，日本恐怕比以往任何时候都更加体会到，究竟是中国抢了日本的饭碗，还是给日本提供了饭碗。

第4讲

中国结构战略

ZHONGGUOJIEGOUZHANLUE

这一讲还是和中国具体发展实践非常贴近的内容。我们讲讲结构的问题。

进入21世纪之后，在中国的工业化进程中，结构战略已经成为最重要的战略之一。2001年制定的“十五”计划提出，我们的战略发展要“以结构调整为主线”，还说要“实现全面优化的结构”；另外还提出，要“以信息化带动工业化”，这也是结构问题。我们数了数，在“十五”计划中，“结构”这个词出现了将近100次。2006年开始实施的“十一五”规划指出，要“加快经济结构的战略性调整”，要“推进产业结构优化升级”。

为什么这么频繁地讲到结构？“十五”计划有个基本判断：因为“我国已经进入必须通过结构调整才能促进经济发展的阶段”。“十一五”规划也明确提出，未来五年，在优化结构、提高效益和降低消耗的基础上，我们才能实现2010年人均国内生产总值比2000年翻一番的中期战略任务。

什么是结构？一种物质由哪些部分组成，这些组成部分之间是个什么样的比例关系以及按照什么样的方式相互结合，就叫结构。物理学家早就发现，金刚石和石墨的组成成分是一样的，仅仅是成分的比例关系不同，这两种物质的硬度就截然不同。磁铁掉在地上很容易摔碎，没有磁性的熟铁则不容易摔碎。为什么？因为同样成分的排列方式不一样。中国人早就知道，“男女搭配，干活不累”。这个道理让经济学家一说就高深了，这叫作“合理的要素组合可以提高生产率”，叫作“结构效益”。

和经济有关的结构问题非常多。城乡结构、区域结构、能源结构等都是结构问题。最近几年人们注意到，企业内部的产权关系对企业行为、企业利益取向影响很大，由此就提出了一个“企业法人治理结构”的问题。但我们这一讲所说的结构，主要指产业结构，不涉及那么宽。

1. 产业结构与经济发展的关系

- 我们面临一个总结与思考，比较与选择的时代。
- 在国际分工中占据什么样的领域，关系到一个国家在分工中获取利益的多和少，在这个问题上不能“发扬风格”。
- 不断优化结构，才能实现人类经济系统与自然界之间关系的协调。
- 实践证明，越是实行了计划经济，我们反而越是未能解决好结构问题。
- 随着产业链的延长，同样的资源投入可以获取更大的国民生产总值、国民福利和国际比较利益。
- 很多发达国家的省能结构、清洁型结构是建立在损人利己的基础上的，是靠把污染产业转移到别的国家来实现的。

【4－1－1】结构理论认为，过剩危机、萧条等都是结构性比例关系失调的结果；认为国民经济的规模扩张不是经济发展的主要目标，经济规模扩大，社会享受的福利资源不一定会增多；还认为，不断优化结构，人类才能实现经济发展与社会发展之间关系的协调，才能实现人类经济系统与自然界之间关系的协调。

我们面临一个总结与思考，比较与选择的时代。从20世纪80年代初以来，人们普遍思索着一些共同关心的问题：为什么一些先发达的国家会抑制不住衰落的趋势而一些后起国家却能跻身经济列强？为什么一些长期实行计划经济的国家却总是在发展过程中出现大起大落？为什么一些拥有丰富资源的国家未能实现经济与社会的平衡发展而一些资源贫乏的国家却捷足先登？为什么同是振兴民族经济的努力，有些成为经济发展的后起之秀，有些却陷入了严重的债务危机或尖锐的城乡对立、贫富分化？

多种多样的原因，形形色色的答案。但有一点为人们所共同注意到，这就是工业化过程中产业结构形态的重大影响。任何成功都具有开放、优化选择、适时转换的结构特征；任何失败都同与此相反的状态相对应。

人们从常识可知，一个国家的国民经济总是会受到资源禀赋的限制，不可能想生产什么就有什么资源。显然，资源的构成和一个国家的产业构成密切相关。例如，大家熟知的石油输出国有极为丰饶的石油资源，这种资源禀赋就使得它们的石油采掘业和石油化工产业发展得快。

发挥本国的资源优势，可以使国民经济在世界分工中获得更多的好处。地下的石油资源使这些地表资源贫乏的国家一跃成为人均按收入排名很靠前的国家。亚洲有个小国叫文莱。据说那里的富豪不睡席梦思床，也不睡水床，而是睡黄金床。文莱人不需要交税，而且所有的教育费用都由政府承担。因为那里富产石油。现在人们所熟知的国际投机资本，也就是所谓“热钱”，最初的来源并不是索罗斯领导下的“基金”，而是由石油输出国在20世纪70年代两次石油危机中赚取的“石油美元”。

自然禀赋非常重要，但单纯依靠自然禀赋形成的产业结构并不能保证社会走向发达。有些石油输出国的人均国民收入很高，国民财富的数量也非常巨大。但这些国家并没有因获得大量财富而发展起足够强大的工业体系。我们看到，海湾各国中真正实现了工业化的并不多。大家别以为伊拉克是个穷国。在两伊战争以前，伊拉克的人均国民收入曾达到4000美金。很多巴格达居民家里都雇着保姆。伊拉克老一代人的受教育程度是很高的。为什么美国老怀疑它有大规模杀伤性武器呢？就是因为伊拉克老一代人中物理学家、化学家非常多。

而另一方面，日本并没有什么资源，但第二次世界大战之后，日本的经济发展仍然非常迅速，成为世界一流的工业大国。日本靠什么呢？一个重要原因是结构战略的成功。资源很大程度上影响一个国家的产业结构状态，但并不能根本决定一个国家的产业是先进还是落后。

不论国土面积大小、人口多少，任何国家都不可能做到什么都自给自足，总会与国际社会发生一定的分工和交换。分工的好处就是使相同的资源投入获得更多的产出，更多的社会福利。

国际分工也是一样。国际分工也是一个国家产业结构的重要影响因素。有的国家专门发展高科技产业，有的专门发展机械制造业，有的专门发展流通业、转口贸易等。由此，国际分工就影响了一个国家的产业结构。

在一个经济系统中，产业结构的概念就是分工的概念。但在国际分工中可不是干什么都一样。人们注意到，在国际分工中占据什么样的领域，关系到一个国家在分工中获取利益的多和少，在竞争中处于上风头还是下风头，是受人控制还是左右世界经济格局。在这个问题上不能“发扬风格”。实际上，对结构问题的研究始终是和经济赶超、和参与国际竞争密切联系在一起的。

对经济结构，特别是产业结构专门研究逐步形成了一个独特的理论，叫作结构理论。在经济领域，结构理论研究的实际上是资源有限的情况下如何实现这些资源的最优化分配和组合。就产业领域说，结构研究的主要内容是分工，包括国民经济中的分工形式和一个国家的国民经济如何参与国际分工。

结构理论不重视总量关系，认为总供给和总平衡不是最重要的，过剩危机、萧条等都是结构性比例关系失调的结果；认为国民经济的规模扩张也不是经济发展的主要目标，经济规模扩大，社会享受的福利资源不一定会增多；还认为，不断优化结构，人类才能实现经济发展与社会发展之间关系的协调，才能实现人类经济系统与自然界之间关系的协调。

迄今结构研究形成的这些认识都是很有意义的，对我们观察、思考我国国民经济的战略发展具有很重要的启示。在前面的专题中，我们多次提到“社会主义”和“资本主义”的比较。结构问题本来是个经济发展过程中的资源配置与分工优化问题，不涉及意识形态和社会经济制度。但这个“姓社”、“姓资”的问题还真的对迄今的结构研究发生过不小的影响。

【4-1-2】计划经济造成的恶果不仅是短缺和比例失调，还有一个经济发展失去方向的大问题。20世纪80年代初期理论界讨论“生产的目的是什么”。是为了生产本身还是为了人民过好日子。现在看来连小孩子都懂的问题，那时要全国最优秀的经济学家们一本正经地去讨论才能弄明白。为什么呢？因为在传统理论中，为了发展生产而发展生产，为了发展生产而按比例，研究了半天，把人自己这个主体都给研究没了。

在一定意义上，传统的计划经济理论其实可以说是最早研究结构问题的理论。计划经济这个概念，说全了叫作“有计划、按比例”的经济。“按比例”指的就是产业间、部门间的数量平衡关系，就是个结构概念。有计划的目的是什么呢？是按比例。按比例要求有计划，有计划要求公有制，公有制要求按劳分配。这就是传统社会主义经济理论中几个主要组成部分之间的逻辑关系。

人们可能会觉得奇怪，敢情原有传统社会主义经济理论的出发点不是公平，不是消灭剥削，也不是大公无私，而是“按比例”。这不是随便说的，是确凿的事实。如若不信，你可以找任何一个有学问的大学经济学教授去证实一下。

那么传统理论为什么要强调“按比例”呢？因为这个理论认为，生产过程就是消费，消费过程就是生产，供和求总是同时产生的，怎么会有过剩或者短缺的失衡呢？本来不应当有。市场经济下的供大于求、供不应求的周期性往复不是总量的问题，而是产业之间的结构性问题。解决这个问题的出路就是按比例，哪个产业、哪个部门也不要过分大或者过分小，大家实现一种数量关系的协调，社会经济就可以顺畅发展了。那怎么才能实现这种“按比例”呢？自发的竞争不行。自发竞争一定导致产业、部门之间供大于求、供不应求的不断周期往复。解决的办法是事先有计划。这就是计划经济最初的理论依据。

我国的计划经济实践就是建立在这样一个理论假定基础上的。那时的国家计委每年制定计划时有个第一位的原则，叫作“综合平衡”。什么叫“综合平衡”呢？就是根据国家所掌握的资源量来制定统一计划，决定机械、钢铁、纺织、化工、石油等领域中各自配置多少资源。总量上别突破实际能力，还得让这些产业之间的数量关系实现协调。这就叫“综合平衡”。

这些设想不是挺好吗？设想是不错。但不幸的是，我们原有的计划经济实践证明，越是实行了计划经济，我们反而越是未能解决好结构问题。我们在过去几十年的发展过程中，最大的失误、最明显的教训恰好是各个产业领域之间的比例失衡和结构性的危机反复出现。我们几次国民经济大调整，都是对结构关系的调整。

前面讲过，20 世纪 50 年代末我们发动了“全民大炼钢铁”的运动，把重工业化简单化为钢铁先行。结果是钢铁工业没有像我们想象得那样带动国民经济其他部门万马奔腾，钢铁工业自身实际上也没有多大发展，反而给国民经济带来了极大的危机。在“文革”的政治动乱中，我们依靠计划的结构战略表现出了一种更为畸形的特征。当时提出了许多现在看来非常可笑的目标。比如要求各地都要建成“完整的工业省”，要扭转南粮北调、北煤南运等等。很多区域性的生产系统不仅不能扬长避短，反而扬短避长。没有煤炭资源的地方也要努力找煤、挖煤，没有钢铁生产条件的地方要出钢。区域性的产业结构进一步畸形化。20 世纪 70 年代末期“文革”动乱结束时，当时的领导人头脑发热，又提出要“搞十来个大庆，十来个鞍钢”，由此导致了国民经济的第二次比例关系重大失调，几乎把国民经济推到了崩溃的边缘。到 20 世纪 80 年代初期，我们不得不将重工业实行全面后退，又用了两年半到三年的时间来调整，才使国民经济恢复到相对良性的状态。

产业之间关系没搞好，那么总量关系如何呢？大家熟知，在计划经济下，我们长期面临的是严重短缺。当时居然还有所谓的经济学家写文章论证说，短缺是社会主义优越性的体现，因为短缺说明需求增长总是超过供给的增长。真是热昏了头的胡说。这个说法也够“非典型”的。要是放在 2003 年，恐怕就得给这个学者量量体温，看他是不是得了“SARS”。

其实，计划经济造成的恶果还不仅是短缺和比例失调，还有一个经济发展失去方向的大问题。我们在改革前的好几十年中，挖出煤来炼钢，炼出钢来造机器，造出机器来再挖煤。形成了一个生产系统自我循环的格局。大家想一想，这种格局下即或没有比例失调，即或总量扩张很迅速，对社会有什么好处呢？我们这个“有计划、按比例”的体制，连这样一个简单问题都没想过。20 世纪 80 年代初期理论界有个“拨乱反正”的思想解放运动。那时经济学界有场大讨论。讨论什么呢？讨论“生产的目的是什么”。是为了生产本身还是为了人民过好日子。现在看来连小孩子都懂的问题，那时要全国最优秀的经济学家们一本正经地去讨论才能弄明白。为什么呢？因为在传统理论中，为了发展生产而发展生产，为了发展生产而按比例，研究了半天，把人自己这个主体都给研究没了。

我们这个教训并非无足轻重。在传统的社会主义计划经济理论中，人们关注的主要是数量比例关系。用系统论的眼光看，我们追求的是一个没有目的性的系统。在“回顾与总结”一讲中，我们提到过一个重要的经济学研究方法，叫作“投入产出法”。投入产出法就是一种定量化地研究产业之间、各分工领域之间资源优化配置的方法。它的发明者是苏联的一位经济学家，后来到了美国定居。

投入产出理论的贡献是很大的。它用矩阵方式、数量模型方式来求解资源在全社会合理配置的问题、求解国民经济中各产业之间的供求关系和数量比例关系问题，寻求最优解。但投入产出法的基础是计划经济的“按比例”，它把“有计划、按比例”思想的缺陷也同样继承了下来。这个理论的最大缺陷就是，无法说明这样一个最优化的经济系统为了什么而运转。极而言之，如果我们按照投入产出法求出的一组解来配置资源，那我们有可能造就这样一个经济系统，在这个系统中每一个局部环节的供求关系都是非常均衡的，但社会从这个系统的运行中几乎得不到任何好处。

【4-1-3】了解产业结构与经济发展的关系，有两个方面认识不可缺少。一个是产业结构演变规律，另一个是产业政策。前一个是对客观趋势的总结，后一个是在认识客观规律的基础上对经济发展过程的主动干预。要把握中国的结构战略，首先需要知道，不以人的意志为转移的客观规律是怎样的；其次还要知道，对这样一个客观演进过程，人能在哪些方面发挥主观能动性。

在很长时期内，美国人不承认结构研究的必要性，在美国人眼里，研究结构的理论都是和计划经济相联系的理论。美国人认为，市场经济用不着研究结构。市场经济的问题只是周期性的通货膨胀、通货紧缩的问题，只是投资过热或投资过冷的循环。以市场经济为基础的经济学研究总量平衡问题就够了。至于一定量资源究竟投在哪个产业更合适，这个问题交给自发的市场机制就行了，人们根本用不着去操那么多心，政府更不必去干预。

在结构理论和实践上做得最出色的是日本。

第二次世界大战结束后，有个美国派驻日本的占领军司令，叫道奇。他曾经帮日本制定过一个复兴计划。这个计划就叫“道奇计划”。这个复兴计划的核心就是要日本从政治制度到经济制度全盘接受美国的一套。在政治上实施美国所谓的民主制度，解散财阀，削弱天皇的权力，建立一个民选的政府。经济上它希望日本学习美国的自由竞争制度。企业生产什么由市场决定，政府不要干预资源配置。究竟日本适合发展纺织还是化工？政府不要管，让市场自发地选择。

道奇复兴计划对日本的惟一帮助就是把美元对日元的汇率一下子贬到了1∶360，使日本的产品在国际市场上获取了很大的竞争优势。这个汇率曾经维持了22年的时间，日本的很多产业能够发展到今天的地位，很大程度上受惠于这个低值汇率。

但日本在产业结构的选择上并没有接受道奇的意见。日本学者认为，如果按照道奇计划，日本原来有什么传统就去发展什么产业，那日本永远也别想赶上和超过美国。比如，明治维新之后日本的纺织业在世界上曾有过一定的位置。如果日本当初接受道奇的意见，主要发展纺织业，那根本就不会有后来的日本钢铁产业、汽车产业。恰好是因为没听美国人的话，才有了今天的日本。

日本人明智地认识到，日本是一个国土狭小、资源匮乏的国家，要把日本建成一个经济强国，必须走一条贸易立国之路，也就是大力发展出口产业。实际上，日本这个“贸易立国”的说法并不准确。日本真正实施的是出口产业立国。

因为日本并非把功夫下在流通领域上，而是下在了出口产业的选择和培育上的。战略的重心是在生产领域，而不是在贸易领域。简单说，日本人的成功不在于卖得好，而在于生产得好，在于培育出了最有国际竞争力的出口产业。在一定意义上说，日本经济赶超的成功就是结构战略的成功。

了解产业结构与经济发展的关系，有两个方面的认识不可缺少。一个是产业结构演变规律，另一个是产业政策。前一个是对客观趋势的总结，后一个是在认识客观规律的基础上对经济发展过程的主动干预。战略总是一种主观认识的结果。要把握中国的结构战略，首先需要知道，不以人的意志为转移的客观规律是怎样的；其次还要知道，对这样一个客观演进过程，人能在哪些方面发挥主观能动性。

从对世界各国历史经验的理性总结中，人们逐步认识到，在工业化发展过程中，产业结构的演进、升级是有规律的。一般说，大致可分为重、化学工业化阶段，高加工度化阶段，高开放度化阶段，资源节约化阶段以及技术密集化阶段等。这些阶段的叫法听起来好像有些别扭，好像是日本话。这些概括的确是从日文照搬过来的。因为这些叫法最初是日本人归纳出来的，后人也就接受了日文中的这种说法。中文中很多词汇都是从日文中直接借用过来的。过去有物理、通勤等词儿，比较新的还有“料理”、“营业中”等说法。我看上海的大小餐馆都比较喜欢在门上贴这样的词儿，这也算是一种时髦吧。我们不妨继续沿用就是。

我们前面说过，人类在工业文明阶段所获得的一个重要认识就是，所有人都投入到直接谋取吃、穿、用的消费资料生产中，社会仍不能保证所有成员都吃饱穿暖；一部分人不直接去谋取消费资料，而是去造工具、造机器，满足全社会吃、穿、用的消费资料反而会增多。这个变化，实际上就是产业结构的演进与升级。

在工业化起步阶段，由于大机器生产的客观要求，人们需要把资源向获取能源、原材料的产业集中。首先是能、矿产业要有较大发展。没有大规模取自自然界的资源，工业化是无法进行的。为什么我们需要在20世纪90年代修建三峡大坝呢？因为我们首先需要从自然界大规模地获取资源。有了资源还得有能够造机器的原材料，于是就有了钢铁、有色等冶金业的发展。我们前面提到法国在100多年前建的埃菲尔铁塔。在以石头建筑为主要特点的巴黎，建那个钢铁建筑物就是在炫耀当时冶金业的发展成就。有了金属材料还不够，还需要有化工原料，还需要利用化学工艺。于是就有了化工产业的发展。

在工业化过程中一定不可缺少的一个阶段就是重、化学工业的发展。在这个阶段上，全社会的资源迅速向工业再生产链上游的产业集中，这些产业的扩张速度当然就远快于其他产业。国民经济的发展在很大程度上依赖于这些重工业、化学工业的发展。人们把这个阶段叫作“重、化学工业化阶段”。

在重、化学工业有了一定发展之后，社会资源的配置重心会逐步地向再生产链的下游移动。就是像我们现在经常说的，提高产品的加工层次和附加价值。由此，机械制造、用于最终消费的各种工业品生产会出现一个较快的增长期。这个阶段的特点是，同样的资源被多次、反复加工，形成更为值钱的产品。与此相应的，经济增长对资源的依赖程度会趋于降低。为什么对资源的依赖程度会降低呢？因为随着产业链的延长，同样的资源投入可以获取更大的国民生产总值、国民福利和国际比较利益。炼钢、炼铝这样的原料产业对自然资源投入的依赖程度很大。如果把钢材造成精密仪器，那么同样资源获取的经济效益就可以多得多。这个阶段叫作高加工度化阶段。汽车是这个阶段具有代表性的典型产品。因为汽车综合代表了国民经济中加工、制造产业的发展水平。

在工业化发展过程中，产业链条的不断延伸带来两个结果。

一个结果是国民经济与外部市场的交换不断扩大，也就是我们说的“和世界经济接轨”。这个“接轨”不仅表现为更多的互通互访，更重要的是表现为稳定分工。为什么要“高加工度化”呢？因为多生产高加工层次的产品，可以在同样人财物投入的情况下，通过国际交换获取更大的国际比较利益。由此就有了高开放度化。

另一个结果是国民经济发展日益摆脱对资源的依赖。我们前面已经说过，延伸加工层次的一个重要好处就是 GDP 的增长不再依赖于资源投入的增长。这就是资源节约化阶段。大家知道，瑞士曾经以造手表名扬天下。一吨金属材料能造多少手表呀？这个国家的产业结构中显然对资源的依赖程度较低。实际上在发达国家，资源节约化的结构变动趋势并非仅仅是加工层次不断延伸的自然结果。人们注意到，工业化过程中的污染程度、对环境的破坏程度和产业结构的状态是密切相关的。发达国家早就提出了一个新概念，叫作“清洁结构”。就是要通过主动调整产业构成，实现对环境、对资源的保护。

在工业化后期，高新技术产业的发展成为国民经济增长的主要支持力量，社会资源开始迅速向技术密集型的产业集中，由此就导致了产业结构的技术密集化趋势。

当然，上述归纳并非惟一的。

有学者提出，工业化初、中期是生产带动消费，有什么样的生产发展就有什么样的产业结构；后期是消费主导生产，有什么样的消费结构就有什么样的产业结构。因此应当明确提出一个消费主导型的产业结构演变阶段。要没有这样一个阶段，我们就无法说明在工业化后期为什么社会服务业会发展那么快；为什么旅游、餐饮、商业、金融、保险等业会成为就业构成中占主导地位的产业。人们形象地说，是“一周五天工作日”的实行带来了上述产业结构的变化。这个分类对我国也非常重要。2006 年开始实施的“十一五规划”就提出，“发展先进制造业、提高服务业比重和加强基础产业基础设施建设，是产业结构调整的重要任务”；“大城市要把发展服务业放在优先位置，有条件的要逐步形成服务经济为主的产业结构”。

还有学者提出，上述归纳都仅仅是对工业化阶段的归纳，实际上发达国家的产业结构已经走到了“后工业化阶段”，或者叫现代化阶段、信息化阶段、新经济阶段等等。因为在这个阶段，国民经济的发展、扩张已经在很大程度上依赖于信息资源的开拓、投入，依赖于技术要素的聚集，依赖于人工合成的材料发展等。

最近又有学者提出，在现代经济中，一个国家的产业结构升级、变化已经说明不了规律了，因为我们现在面临的是全球重新分工，产业结构的演进应当有一个全球化阶段。发达国家在过去几年中干什么了？不就是抢占高新技术的产业领域吗？在这个趋势下，才有了一般加工制造业向后发国家的转移。“中国成为世界制造中心”就是这个趋势的一个组成部分。发达国家的产业结构升级实际上主导了全世界的产业结构升级。

还有学者提出，对发展中国家来说，还应当注重从农业国向工业国转变过程中的规律研究，还应当格外注重与城市化进程密切相关的产业结构变化。20 世纪 60 年代以后，一些发展中国家在初步实现了工业化以后出现了严重的城乡“二元结构”。这个教训我们要深刻汲取。

应当说，这些意见都很有道理，很有意义；都在一定程度上补充、完善了我们对产业结构变动、演进规律的认识。但我们并不应因此就否认或者轻视对一般变动规律的认识。前面对产业结构变动一般规律的概括是有充分实践依据的。

日本的国民经济曾是一个赶超型的经济，它比较明显地浓缩了产业结构变化的过程。从日本的经济发展过程中，我们可以很清晰地看出产业结构变动的不断升级过程。

日本在 20 世纪 60 年代成为世界级的钢铁大国，在 70 年代成为汽车大国，在 80 年代成为家电大国。从 60 年代的钢铁大国到 80 年代的家电大国，日本也是很清晰地走过了一条“为全世界生产”的高开放度化之路。在 20 世纪 90 年代，日本很想成为计算机大国，但是没成功。日本从 80 年代起就扶持计算机产业，日本的集成电路曾经在世界上处于领先水平。现在很时兴的笔记本电脑、液晶显示屏等最初也是日本人发明的。但是日本在产业政策上的失误使它最终在技术密集化的结构竞争中败给了美国人。

实际上，我国在改革开放20余年来的发展历程也可以明显看出产业结构变动的上述规律。

在20世纪80年代初期，中国的钢产量只有3600万吨。“九五”计划最后一年，即2000年，我国的钢产量达1.2亿吨；以后，2003年2.4亿吨，2007年4.8亿吨；2008年，我国钢产量达到5.2亿吨。从2005年到2008年，我国平均每年的钢产量净增量高达7000万吨。从1996年起，我国就始终保持了世界第一大产钢国的地位。现在世界上排位第二、第三、第四的三个国家钢产量加起来，还没有我国一国的产量大。现在我们是当之无愧的世界钢铁大国。

2002年我国的汽车产业明显地全面启动，产量与上年相比增长了36%。其中轿车产量增长了51%。这一年我们一共卖了310万辆汽车。此后，中国的汽车产量一直保持了持续快速增长态势。2008年，我国全年生产汽车935万辆；与2000年相比，增长了251.7%！2000年时我国的汽车产量为207万辆，其中轿车产量只有60.7万辆，轿车所占比重不到30%。2008年，我国汽车年产量中轿车为504万辆，轿车比重达到53.9%。2000年末时我国的民用汽车保有量为1609万辆，2008年末时为5100万辆，增长了117%；2000年末时我国的私人轿车保有量为625万辆，2008年末时为3501万辆，增长了360%！

给大家一个参照系。2002年时包括中国在内，全世界的汽车生产能力是5400万辆，2008年是6300万辆。大家很容易推算出，如果没有中国汽车产销量的增长，全世界汽车工业的规模是负增长。

以汽车工业的迅速扩张为标志，我国产业结构的高加工度化趋势已经明显显现。从80年代初期的“六五”计划起，一直到“七五”、“八五”计划，我们一直在强调以能源、原材料为产业发展的重点。现在我们大家在讨论什么？在讨论中国能否成为世界制造中心。就是说，中国的产业结构也已进入高加工度化阶段。

在20世纪80年代初期，我们有24%的工业生产能力因为缺能、缺电而闲置。那个时候很多工厂实行“停三保四”。就是一周内只能保证四天供电，另外三天只能停工。90年代初期，1993年我从美国回来的时候，那个时候北京还限制居民用电，严禁老百姓装空调。有钱也不让装，因为缺电。要用空调，得按比正常电价高出四五倍的惩罚性电价交费。到90年代后期，1998年以后，我们面临什么问题呢？面临煤炭“关井”的问题，面临电力供应过剩的问题。当时的问题是，“二滩”电站建好后电卖不出去，不知道该卖给谁，这才有了“西电东送”的工程。

2003年到2008年期间，我国多次遇到了“煤电油运紧张”的新问题。但这个“煤电油运紧张”的原因有个辩证法。并非由于能源工业发展太慢，而是由于制造业发展太快。一方面发展太快，另一方面又没有及时地延伸产业链。“十一五规划”制定时，我们担心的不是电力短缺，而是电能可能再次出现过剩。

【4-1-4】2008年7月，国际油价曾暴涨到147美元一桶。“中国崩溃论”的说法又变成了“中国威胁论”。说中国这么大的经济总量，增长这么快，全世界的能源都给中国用也不够；国际油价暴涨就是让中国人买上去的。不论从进口能源在我国一次能源消费总量中所占比重、人均能源消费量看，还是与世界其他工业化国家的人均能源消耗量比，这个说法都毫无根据。中国在其后的工业化过程中，一定会符合规律地走上产业结构向省能型、资源节约型转变之路的。

20世纪90年代末，国外有个对中国抱有敌意的说法，叫作“中国崩溃论”。大家可能听说过。这个“中国崩溃论”的理由何在呢？其中一个主要的理由说，怎么这几年中国自己公布的国民经济增长速度仍然很快，而能源消耗量增长会愈来愈慢呢？这不可能。一定是中国的统计数字有假，国民经济实际上没增长那么快。中国离崩溃不远了。结果到2005年，我们自己开展经济普查，发现统计数字的确有误。不是统计多了，而是统计少了。有2.3万亿元人民币的GDP没有统计进去。由于这2.3万亿元是前几年漏统计的累积，我们不得不调整2001~2005年各年的增长速度。不是往下调，而是往上调。2008年7月，国际油价曾暴涨到147美元一桶。“中国崩溃论”的说法又变了，变成了“中国威胁论”。说中国这么大的经济总量，增长这么快，全世界的能源都给中国用也不够；国际油价暴涨就是让中国人买上去的。这个耸人听闻的说法在西方还挺有市场。

这个说法完全没道理。不论从进口能源在我国一次能源消费总量中所占比重、人均能源消费量看，还是与世界其他工业化国家的人均能源消耗量比，这个说法都毫无根据。这个问题我们留待资源专题再讲。这里我们只说，“中国崩溃论”也好，“中国威胁论”也好，持这种观点的人一定没有学过产业结构的变动规律。如果他们肯虚心一点，也许我会有兴趣告诉他，日本是怎样在20世纪70年代到80年代的发展过程中实现了能源消费增长速度不断慢于国民经济增长的，教教他们什么叫产业结构的资源节约化阶段。中国在其后的工业化过程中，一定会符合规律地走上产业结构向省能型、资源节约型转变之路的。

我们不用刻意去批驳这种“崩溃论”的说法。稍微有点脑子的人应当可以清楚地看到，中国从一个落后的发展中国家的基础起步，在过去20年的时间中在城市中普及了家电，在过去15年中拥有了世界第一大的移动通信用户群，在过去五六年的时间中私人轿车大踏步地进入了寻常百姓家。这样一番景象，像一个即将“崩溃”的经济景象吗?

我不想用政治眼光来评价“中国崩溃论”的说法。西方很多人，包括相当多的受过教育的人，对中国的了解是极其肤浅的。中国大学生对美国的了解和美国大学生对中国的了解相比，高出10倍恐怕都不止。2006年时曾经有个日本的政治家发表言论，说中国经济如何落后，证据是陕西很多农民迄今住的还不是房子而是“山洞”。后来才有人给他启蒙说，陕西那种“山洞”叫窑洞，冬暖夏凉，省能、建筑成本低，是一种很科学的民居形式。著名的政治家尚且无知到这种地步。

20世纪90年代末期，“中国崩溃论”还有一个理由，说中国的四大国有商业银行呆、坏账比重很大，按照西方的理论标准，中国的金融体系眼见就会全面崩溃。西方银行理论的确有这么个说法，这种说法也不是没有根据。在座同学中一定有比较“专业”的球迷。大家知道2002年的世界杯足球赛第一次在亚洲举行时，夺冠呼声那么高的阿根廷队为什么很快就被淘汰了吗？当时阿根廷国内正闹金融危机，就是银行系统的呆、坏账太多，老百姓失去了对银行的信任，都去挤兑。阿根廷政府没办法，只好冻结了所有存款。你想想，阿根廷的球员刚要上场，老婆来电话告诉他，咱们家的存款都被政府冻结了，你说球员能踢好吗?

这个理论在阿根廷确实应验了，但在中国不可能应验。“中国崩溃论”的上述说法是2000年时提出来的。现在2008年了，中国的金融体系不仅没崩溃，老百姓还是相信银行，还是愿意把钱存进银行，中国的城乡居民储蓄还是持续高增长。到2008年末，中国城乡居民储蓄存款总额突破22万亿元。比上年增长25.7%。现在投资渠道多了，不仅有股市、债市、楼市，还有很多种银行理财或投资基金品种。但中国老百姓还是相信银行的储蓄是最可靠的。2009年，我国国民经济运行的关键点仍是扩大内需，促进消费。

【4-1-5】很多发达国家的省能结构、清洁型结构是建立在损人利己的基础上的，是靠把污染产业转移到别的国家来实现的。日本专门从中国买一次性筷子。由此带来，日本人用的一次性筷子砍的都是中国的树。问题的关键在于，我们不能停留在这个低层次、低水平的台阶上。未来五年我国产业发展的最重要任务之一，就是提高自主创新能力，提升产业技术水平，发展先进制造业。

我们说，产业结构变动是有规律的。但也不能把规律绝对化。在前面的专题中，我们曾多次提到经济发展过程中的辩证法。在历史上，我们曾多年强调要“优先发展重工业”。而且把这个问题强调到什么程度呢？强调到“姓社”、“姓资”的程度。以前我国的经济学教科书上都写着，“先发展重工业是社会主义的工业化之路，先发展轻工业是资本主义的工业化之路”。努力想发展重工业的战略并没有使重工业真正发展起来。但在20世纪80年代的改革开放初期，我们最早的一个结构政策是对重工业实行“后退”的调整，实行了一个“轻纺工业六优先”的政策。恰好是因为“轻纺优先”了，我们才有了后来重、化工业的大发展。刚才说过，中国2008年的钢产量是5.2亿吨。

当然，国外的经验也并非都是成功的、好的经验。比如说，资源节约型结构、省能结构、清洁型结构的确是一种优化的结构形态。但很多发达国家的省能结构、清洁型结构是建立在损人利己的基础上的，是靠把污染产业转移到别的国家来实现的。

日本人吃饭都用筷子，一次性筷子最初就是日本人发明的。但日本人注意到，一次性筷子对森林资源的破坏很大，于是日本就专门从中国买一次性筷子。由此带来，日本人用的一次性筷子砍的都是中国的树。20世纪90年代初、中期，我国北方一些省区的乡镇企业中铁合金生产发展很快，而且产品大部分还能出口。是日本和其他发达国家不会生产铁合金？不是。是他们刻意把铁合金这种高耗能、高污染的产品生产转移给了中国。

进入21世纪后，确实存在的一个趋势是，发达国家想把较低层次的分工转移给中国。但在一定发展阶段上，接过这个分工对我们是有利的，我们也没必要拒绝这个分工和这个结构变化趋势。例如，服装鞋帽生产算不上什么高加工度化的产业，但现在全世界的超市里都卖中国生产的服装鞋帽。这有什么不好吗？在一个特定发展过程中，接过这个较低层次的分工是我们获取更高竞争能力的必要台阶。问题的关键在于，我们不能停留在这个低层次、低水平的台阶上。按照“十一五规划”，未来五年我国产业发展的最重要任务之一，就是提高自主创新能力，提升产业技术水平，发展先进制造业。

2. 我国产业结构战略调整的主要方向

- “新型工业化道路”的基本落脚点就在产业结构的调整、升级上。
- 老百姓想买的没生产出来，市场上卖的老百姓不想买。这是我们面临的根本性问题。
- 人们的认识不“饱和”，市场就永远不会“饱和”。
- 老百姓并非不需要更多的彩电，但是要有条件，要么足够便宜，要么足够好。
- 消费结构升级并非一个均衡的过程。收入出现了分层，消费构成也就出现了分层。
- 我们的城市经济普遍缺乏的，就是与区域经济相匹配的充分发达的社会服务业。
- 中国目前刷卡消费的购物环境这么落后，全国的旅游收入至少因此减少了一半。
- 目前政府网站是做得最差的。很多部委就和一幅宣传画差不多，没有什么信息化的意义。
- 我们的产业发展已经到了这样一个时候：面临国际市场上的全面竞争，我们需要有最精良的装备才行。
- 抱着“套牢”的旧技术不“割肉”的企业，在市场经济下是死定了的企业。
- 大企业消灭不了小企业，因为市场永远是多样化的；小企业永远是创新的最肥沃土壤，因为它们总是面临着不创新就无法生存下去的严酷环境。

【4-2-1】我们已经走过了单纯追求产业扩张的阶段，中国的诸多重要基础产业已经在规模上实现了世界第一或名列前茅；走过了打破封闭体系、努力参与世界分工的初级阶段。我们所要追求的新目标，是实现经济赶超和最大限度地获取国际比较利益，是实现资源节约以及与环境友好，是实现经济与社会之间关系的协调发展，是在城镇化过程中充分满足农村剩余劳动力转移的需要，是更大程度地兼顾短期内国民经济稳定运行与长期战略发展目标。我们的结构战略已经升级为追求最优化的战略。在一定意义上说，新型工业化道路的主题就是新型的结构战略。

从历史看，中国的工业化进程始终是和结构战略密切连在一起的。从未来看，结构战略仍将在经济发展过程中占据主导地位。2002 年党的“十六大”报告提出，要全面建设小康社会，我们就必须走一条新型工业化的道路。这个“新型工业化道路”的基本落脚点就在产业结构的调整、升级上。

新型工业化道路“新”在何处？人们共识有三个要点。一是要以信息化带动工业化。毫无疑问，产业间的相互带动是一个结构升级的问题。因为这关系到资源主要向哪个方面集中。二是要能够实现经济可持续发展，减轻对自然资源的依赖。按照现有的产业构成，我国的自然资源禀赋是不可能支持国民经济到 2020 年比 2000 年翻两番的战略目标的。三是要能够充分发挥我国的人力资源优势。也就是说，要能提供足够多的就业岗位。就业岗位的多少和产业构成密切相关。我们必须把劳动密集型产业摆到一个合理位置，利用人力资源优势获取更多国际比较利益。

从过去 10 年的经验看，这三条可能还不充分，还应该添加两条。

一条是要能够满足从生产扩张推动经济增长到需求扩大拉动经济增长这样一个转变的要求。有必要强调，中国的经济发展已经走到了一个非常重要的转折点，扩张生产不难，难的是形成足够的消费力。从 1998 年的亚洲金融危机到 2008 年的世界金融危机，我们已经明确无误地认识到，中国的产业结构必须尽快完成向“需求主导型”的转变。2005 年制定的“十一五规划”提出，要增强消费对经济的拉动作用。现在看，“增强”恐怕仍不充分，得形成以消费为导向的生产结构。

另一条是要提高产业结构的抗风险能力。2007 年末以来的世界金融危机给我们的最大启示就是，局部风险可以通过不良的结构状态不断放大。我国产业结构已经是一个外向依存度非常高的结构，整个社会生产系统和国际市场已经形成了非常紧密的多重联系。这种联系不仅存在于分工，而且存在于市场的相互依赖，存在于信用、金融、币值、价格等多方面。外部市场的需求动荡或者币值波动，就可能对我们的生产系统整体带来非常大的影响。如果产业结构内部各个环节之间的连接关系缺乏必要的风险弹性，那么一个产业的萎缩就可能形成“多米诺骨牌”效应般的连锁震荡。一个健康、优化的产业结构，不仅要有利于增长，而且还要有利于抵御和防范外部风险。

所有上述关于“新兴工业化道路”的要点，其实都是在强调结构优化。2005年制定的“十一五规划”和“十五计划”相比有个重要特点，就是特别强调优化。凡是提到结构的地方，几乎无一例外地强调优化，提出，要优化产业结构、优化农业结构、优化科技结构、优化教育结构、优化进出口商品结构、优化企业组织结构以及优化创新环境。

为什么要强调优化？因为我们已经走过了单纯追求产业扩张的阶段，中国的诸多重要基础产业已经在规模上实现了世界第一或名列前茅；走过了打破封闭体系、努力参与世界分工的初级阶段；也走过了产业间比例关系实现协调的良性化阶段，轻重工业之间关系、原材料与加工工业之间关系、生产资料与消费资料之间关系已经退居次要矛盾。我们所要追求的新目标，是实现经济赶超和最大限度地获取国际比较利益，是实现资源节约以及与环境友好，是实现经济与社会之间关系的协调发展，是在城镇化过程中充分满足农村剩余劳动力转移的需要，是更大程度地兼顾短期内国民经济稳定运行与长期战略发展目标。我们的目标是比过去更高的目标，我们的结构战略已经升级为追求最优化的战略。

新型工业化道路就是追求最优化的道路；在一定意义上说，新型工业化道路的主题就是新型的结构战略。

从20世纪90年代末期以来，我们的国民经济面临一个现实的矛盾，这就是供大于求的失衡。这些年，人们已经逐渐熟悉了一个宏观经济学中的概念，叫作通货紧缩。

从1998年到2003年初，我们一直在和供大于求的不良趋势作斗争。各种经济政策的首要指向就是扩大内需，平衡供求。在一个比较长的阶段内，增发国债、连续7次降息、恢复征收利息税、给公职人员加薪、增加法定假日和启动“假日经济”、发展消费信贷、鼓励住房与汽车消费需求等政策为人们耳熟能详。此外，完善社会保障体系也和扩大内需、平衡供求的目标密切相关。建立最低生活保障制度、最低工资制度以及失业救济制度等不仅可以直接有助于保障低收入人群的收入，而且可以改善社会的经济预期，有助于调整人们的消费行为。

2003年下半年起，由于钢铁、水泥、房地产等领域投资的快速增长，人们开始担心“经济过热”和通货膨胀的危险。在此阶段，我们实行了一系列抑制投资规模过快增长的宏观调控政策。到2007年末时，中央经济工作会议时提出，要把防止经济增长由偏快转为过热、防止价格由结构性上涨演变为明显通货膨胀作为当前宏观调控的首要任务。到2008年7月时，由于国际油价和粮价暴涨，我国的通胀率达到了7.8%的高位。2008年8月北京奥运会开幕式上，刘欢高歌一首“You and Me”，后来被国人演绎为“油和米”，就是反映了当时这种输入型、成本推动型通胀的特征。但仅仅时隔一个季度，到第四季度，随着美国金融危机蔓延到全世界，形势急转直下。我国也出现了经济增速和物价双下降的趋势。新一轮紧缩趋势再度形成。

2008年11月中，国务院出台了“扩内需、保增长”的十条措施。温家宝总理格外强调，“出手要快，出拳要重”，要实施坚决有力的措施，从根本上扭转经济增速过快下滑趋势。与此相应，各项宏观调控政策出现了180度大转弯，紧缩的货币政策改为“相对宽松”的货币政策。在这个过程中，我们进一步认识到，扩大内需的确是一项需要长期坚持的战略方针。

【4-2-2】过去10年是我国1979年以来职工平均工资水平增长最快时期。1997年末时我国城乡居民储蓄存款余额是4.6万亿元，2008年末时这个数字已突破22万亿元。“扩内需、保增长”的主要障碍之一还是产业结构。老百姓想买的没生产出来，市场上卖的老百姓不想买。这是我们面临的根本性问题。

在过去几年应对通货紧缩以及防止“过热”的政策研究中，人们日益清楚地看到，中国面临的供求失衡问题和发达国家面临的类似问题是不同的。问题的根子不在总量，而主要在于结构。

通货膨胀和通货紧缩，供大于求和供不应求等都是总量平衡的概念。为什么说中国经济出现总量失衡时，根子在结构呢？我们举通货紧缩下供大于求为例。

一个显而易见的事实是，我国还远不到社会所生产的产品超出人们需要的阶段。中国还是一个发展中国家。就是在沿海发达地区，人们的生活水平与发达国家相比也还有着不小的距离。老百姓享受的物质文明、国民福利远不到饱和的程度。也就是说，我们面临的不是绝对过剩问题。

不是绝对过剩，那么是否是相对过剩呢？相对过剩是说，社会所生产的产品超出了社会普遍的购买力所导致的过剩。相对过剩的理由也不充分。扣除了物价变动因素，2008 年时我们的城镇居民人均可支配收入是 15781 元，而亚洲金融危机爆发时的 1997 年是 5160 元。这个增长速度与国民经济的增长速度是相适应的。从 1998 年到 2008 年，我们的职工平均工资水平从 7479 元增长到 2008 年的 29229 元。这 10 年的工资增长速度也是 1979 年以来各时期中最快的。

更能说明问题的是储蓄。1997 年末，我国城乡居民储蓄存款余额是 4.6 万亿元，2008 年末时这个数字已突破 22 万亿元。22 万亿元是个什么概念？2008 年我国国内生产总值是 30 万亿元。请注意，我国城乡居民储蓄存款大幅度增加还有一个背景，就是在过去几年中，老百姓不仅有储蓄，而且还愈来愈多地持有了其他金融资产，如股票、债券等。2004 年以来，房价成为社会关注的焦点，这意味着购房已经进入老百姓的支出结构。在这样的背景下储蓄还有大规模增长，说明有支付能力的社会购买力是存在的。

既然老百姓有钱买，为什么我们会不断面临东西卖不出去的现象呢？问题主要出在结构上。生产结构、供给结构和消费结构不对称。老百姓想买的没生产出来，市场上卖的老百姓不想买。这是我们面临的根本性问题。

可能有人会质疑说，不对吧，现在老百姓家里该买的都买得差不多了。至少是在城镇，冰箱、彩电、洗衣机已经在家庭中普及了，私人轿车在一些大城市也不是什么稀罕物了。你还让老百姓买什么呢？我想，我们在座很多人也都很关心产业的市场前景问题。我们就给大家分析一下这个前景。咱们以家电产业为例来说明一下怎么判断市场前景。

一个明显的事实是，我国家电这种产品在城镇老百姓家庭中已经有比较高的普及率了。高到什么程度呢？到 2008 年末，我国每百户城镇家庭拥有的彩电数量是 132.9 台，电冰箱是 93.6 台，洗衣机是 94.7 台，空调是 100.3 台。“十五计划”开局的 2001 年时，彩电价格大战硝烟弥漫。那时就有专家分析说，我国的彩电市场已经饱和，每年最多能卖出 2500 万台，而我们的彩电生产能力已达 4000 万台。由此很多人忧心忡忡，说我们的彩电生产能力严重过剩了，这样下去可怎么办呀？当时媒体的记者们就这个问题问过我 100 次以上。我说，你怎么知道市场只能卖出 2500 万台而不能卖出 4000 万台呢？你的根据是什么呢？是现时的市场销量。而这个 2500 万台的销量仅仅是现在的价格和收入下的需求量。依据这个经验数据对未来市场所作出的判断恐怕失之武断。

什么是市场经济的规律呢？老百姓都知道，价格贵就卖得少，价格便宜就卖得多。这就是市场经济的规律。商家们管这叫“薄利多销”。“薄利”就是降价。降价时销售量就会增加。用经济学家的话说，这叫作“价格与销量成反比”。再高深一点，我们还可以把价格和销量的关系用曲线方式来表示。当我们分别以销售量和价格为横、纵两个坐标轴时，需求价格曲线表现为一条由左上角向右下角倾斜的连续曲线。

这个曲线说明什么问题呢？说明的问题很简单。对彩电的销售量来说，根本不存在一个市场“饱和”的极值。有人可能不相信老百姓会因为便宜而多买彩电。我们不妨借这个产业发展前景的问题给大家讲点市场学的道理。

我们假定人们在4000元一台的时候买了一台彩电。彩电在人们的生活中可提供多方面的效用，一台彩电就可以使人们90%的效用需求都得到满足。例如接受信息、娱乐、孩子受教育等。但还有10%的需求没有满足，例如老公要看足球时妻子偏要看时装，这时还有一些不便。由于这种不便可能只代表10%的效用，我们可以在理论上假定，消费者不会再去花4000元的同样价钱来满足那10%的效用。因为人们会觉得“不值”。

如果彩电降价，降到1500元一台甚至更低，人们就有可能考虑为尚未满足的10%需求买第二台彩电。再有足球赛时，两口子各看各的，省得打架，多好。

两台彩电可能会满足人们99%的效用需求。还有1%的需求没满足。如果彩电再降价，降到足够低，比如600元，甚至400元一台时，人们还可能买第三台。放在卫生间，一边“方便”一边看。为什么呢？省得在最精彩的进球那一瞬间恰好憋不住拉屎而留下遗憾。也就是说，一家买三台甚至更多彩电的可能性是存在的。关键看价格。

是不是单一的价格因素决定着彩电市场的需求量呢？也不是。实际上在市场上卖得最好的并非最便宜的彩电。2007年到2009年时，液晶大屏幕、等离子、背投、高清晰度、立体声、双画面甚至数字化等，各种具有新功能的彩电都卖得很好。也就是说，老百姓并非不需要更多的彩电，但是要有条件。这个条件就是，要么足够便宜，要么足够好。

后来的实践是不是证明了市场经济的这个道理呢？确实证明了这个道理。2001年媒体热炒“中国彩电业价格大战将导致全军覆没”。但2002年大家几乎没怎么听说彩电厂家抱怨压价。不仅没抱怨，在2002年，彩电厂家还一举扭转了上年“全行业亏损”的局面，上半年就实现了全行业赢利。怎么实现的呢？一是产品结构升级，大量具有新技术、新功能概念的新产品推向了市场。二是进一步开拓了国际市场。这一年中国的彩电出口增长了45%。2005年经济普查，一查发现，2004年我国彩色电视机的实际产量为7431.8万台，这个产量是2001年预测需求数的三倍，实际生产能力是2001年的两倍。再告诉大家一个数字。2008年中国生产了多少台彩电？9033.1万台！也都卖出去了。

这就是市场。这就是市场经济。市场经济永远会创造出你想象不出来的奇迹。中国老百姓普遍用家电的时间才不过20年的时间，怎么就会饱和了呢？现在那么多人买房子，不论买新房子还是二手房，和中国正在加速的住房条件改善以及城镇化、城市化进程相适应，你说仅此一项就需要多少彩电吧。发达国家卖了那么多年的彩电，迄今也没有饱和。可以说，人们的认识不“饱和”，市场就永远不会“饱和”。

生产和消费需求对不上号，就出现过剩、积压。对上号了，供求关系就趋于协调。彩电的例子可以给我们很多启发。实际上，我国产业结构与需求结构不相匹配的问题远不止彩电产业这样简单。

在过去30余年的发展过程中，我国国民经济中的各个产业都有了长足的发展。我们的家电产业从无到有，现在已经成长为世界第一的家电大国。我们的钢铁、水泥、很多重要化工产品、摩托车等的产量也是世界第一。这个发展成就是举世公认的。但也正由于发展速度非常快，产业的升级和产业间相互关系的调整来不及适应经济规模的扩张，就出现了结构性的矛盾。可以这样说，我们的产业构成在很大程度上还停留在短缺时代，停留在人民收入水平较低的时代，没能及时跟上消费结构变化的步伐。

【4-2-3】即使在市场“疲软”最严重的时候，餐饮业的增长始终没有“疲软”。在中国老百姓的收入中，已经可以有更多的部分用于购买劳务性产品了。到2008年末时，北京城镇家庭私人轿车的普及程度已达40%以上。在上述过程中还有计算机热，还有住房消费的升温等。我们一点也不怀疑，在新的一轮城市化过程中，住房消费将是未来20年扩大内需最重要的支撑点；房地产业将会在一个不短的时期内成为国民经济的支柱产业。

“九五”后期时曾有人提出，我国出现供大于求的失衡主要并非产业结构的问题，而是因为老百姓的收入正处于一个消费结构升级的积累过程。在城镇，万元级以下的耐用消费品人们买得差不多了，十万元级的东西人们还没攒够钱。

应当说，这个看法有一定道理。消费结构升级并非一个均衡的过程。实际上从20世纪80年代以来，我国的社会消费热点的确呈现出一个此起彼伏的高、低潮不断交替。并不是每个时候都是消费的高潮。特别是在我国以前还有一个特点，社会收入水平比较平均，大家老是共同进入对某种消费品的需求高潮，然后又一块儿退出这个高潮。这在20世纪80年代后期的家电普及过程中表现得非常明显。但从90年代中后期开始，这个特点已经趋于淡化。收入出现了分层，消费构成也就出现了分层。

目前，很多城市都有些专门针对所谓“白领”阶层的名牌、精品店，这些商店的东西并不便宜；与此同时，各地也都出现了专门以廉价为特点的“大卖场”、“小商品批发市场”等商业业态。大家知道，其实“小商品市场”并非只卖小商品，家电、建材、家具、通信器材、食品，甚至乐器、药品，什么都卖。两种业态的商家都有很好的销路，都有自己的顾客群。这就是市场细分的结果。

实际上从20世纪90年代以来，我们这个社会的消费分层已经明显显现。这对产业结构调整、对生产厂家来说是好事。因为他们的生产能力由此就可以获得长一些的市场寿命。

不仅如此。在过去一些年中，我们这个社会的消费热点也并未出现过所谓的“断层”。我们大家一起回想一下。

从20世纪90年代初、中期开始，通信消费开始成为热点。那个时候有个漫画，公共汽车上BP机一响，全车的人都低头看自己的腰间。信息消费的热潮到现在也没有退去，但寻呼机早已为手机所取代。不仅手机等信息接收终端的销售仍方兴未艾，而且通信服务本身的消费也在以超过其他任何一个产业的速度增长。前两年时兴一种很灵活的通信方式，就是手机短信。据说是手机短信的发展救了网络产业中那些门户网站的命。他们原本把广告作为基本的赢利模式，现在以手机短信为核心的增值服务大大缩短了他们赢利的时间期限。20世纪90年代中期，移动电话还是少数富人的炫耀性消费品。90年代后期，中央有关部门还发文说要防止“耳朵腐败”，严格限制领导干部配手机。但到1999年新中国成立50周年时，我国就一跃成为拥有世界第二大移动通信用户群的国家。到2002年，我们拥有了世界第一大的移动通信用户群。到2005年，全世界的手机生产厂商都把研发基地搬到了中国。我查了2000年版的《现代汉语大词典》，那时“手机”这个词还没收录进去。现在大概全中国没人不知道“手机”这个词了。2003年冯小刚导演了一部“贺岁片”，讲的就是“手机”对现代社会中的人际关系、家庭结构产生的巨大影响。到2005年，影视界的导演们正在竞争的是拍“手机电影”。不是片名叫“手机”的电影，是专门供人们用手机观看的电影。

再讲一个消费结构升级的例子。在20世纪90年代中、后期，餐饮、旅游等社会服务业开始成为新的消费热点。1998年到2000年，我们在扩大内需的研究中发现，即使在市场“疲软”最严重的时候，餐饮业的增长始终没有“疲软”。谁都知道，在餐馆就餐肯定比在自己家里就餐的花费要大得多。那为什么人们还乐于扩张这方面的开支呢？从中我们受到一个启发。这个启发就是，在中国老百姓的收入中，已经可以有更多的部分用于购买劳务性产品了。到现在，不仅官员、老板们的公务、商务活动上大酒楼，就是进城务工的农民工老乡聚会，也普遍去“大排档”喝瓶啤酒了。有个有趣的现象，大概可以以2000年为界，此前每逢春节酒楼饭馆就关门。因为中国人过年是家人团聚的时候，谁会到外面饭馆去吃饭呢？但过去一些年，这个习惯发生了180度大转弯。越是春节，酒楼、餐馆的生意越火爆。为什么呢？因为人们把家庭团聚搬到了酒楼、餐馆。

在过去收入低下的时代，老百姓花钱是格外讲究物美价廉的。钱花了，一定要有某种东西拿回家。花钱买服务？人们很难接受这种观念。其实不是头脑不接受这种观念，是钱包不接受这种观念。后来随着“长假期”的实行，旅游这种新型消费品一下子就大规模地进入了寻常百姓家。人们为什么旅游？可以有很多答案，例如为了开阔眼界，为了联络亲情，为了锻炼身体，为了享受闲暇，为了调整身心等等。但是钱花给谁了呢？主要花在了为人们提供食、住、行方面服务的劳务产品上了。

进入21世纪，汽车消费就开始启动。最初是在北京、深圳等高收入人群较密集的地方。到2002年时，这个趋势已经明显显现出向普通家庭扩展的趋势。这个趋势之猛，可以给大家一个数量概念。到2008年末时，北京城镇家庭私人轿车的普及程度已达40%。就是说每百户家庭中拥有私车的已达40户。实际上还不止。北京这个地方，机关多，企业多，还不知道有多大规模的人开公车呢。

其实，在上述过程中还有计算机热，还有住房消费的升温等。我们不一一列举。2004年以来，我国各地的房价居高不下。从2005年开始，中央出台了一系列对房地产的调控政策。之所以调控，不是因为房地产的需求太小，而是因为增长太快。增长太快，价格就很容易被投机性资金所利用。我们一点也不怀疑，在新的一轮城市化过程中，住房消费将是未来20年中国扩大内需最重要的支撑点；房地产业将会在一个不短的时期内成为国民经济的支柱产业。

简单说，我们的产业结构正在经历着一个从生产决定消费到消费引导生产的转变。在这个过程中，产业的发展，各产业在国民经济中所占比重的变化明显服从着消费需求的变化。

产业结构要与消费、需求结构相匹配，这还只是产业结构调整、升级的一个原因。我国的经济发展过程，是一个赶超型的经济发展过程。我们只和自己比还不行，还必须和国际先进水平比。进入21世纪以后，我国国民经济面临的一个重大挑战就是，我们必须应对日益激烈的国际竞争。这个竞争包括我们走出去的竞争，也包括人家到我们的市场中来的竞争。

一个国家的国民经济对各种资源的利用程度、依赖程度，受产业结构的构成状态影响很大。我们现在的产业结构，是为完成工业化初、中期的任务而形成的结构。产业分类本身就包括按照劳动密集型、资金密集型、技术密集型、资源密集型等的分类。这些产业的相互构成关系，也是产业结构的一种表现形式。现在看，要完成全面小康建设这个战略任务，实现经济发展与社会发展之间关系的协调、与自然界之间关系的协调，我们这个结构还必须按照少用自然资源，多用人的方向调整。

为什么必须满足多用人的要求？我们在就业专题中已经讲了，中国的经济发展，单纯讲求规模、讲求速度都不行，必须和农村剩余劳动力进城的客观趋势联系起来，必须和充分发挥人力资源优势密切联系起来。

要满足就业要求，肯定就要发展劳动密集型产业。发展高科技产业好不好呢？当然好。但是一个写软件的上市公司，可能只需要几十个人就够了。都搞高科技，我们的经济发展与社会发展之间的关系就不可能协调。所以在中国的产业结构选择中，我们还必须注重对劳动要素容纳程度比较高的产业发展。

别以为劳动密集型的产业就是落后产业。大家可能听说过一个生产羽绒服的民营企业，叫“波司登”。我曾经去过这个企业。这个企业的厂区非常漂亮，有俱乐部、职工宿舍、球场、绿地等设施。此外就是若干座厂房。这些厂房每座都是四层楼。每层楼能容纳一千多人生产。昼夜三班倒。大家想想这个企业容纳了多少人就业吧。现在这个企业的产品行销全世界。我们大量需要的就是这样的企业。当然，制造业尽管对容纳就业具有一定优势，但真正解决中国的就业问题，我们还得更多靠社会服务业的发展。

【4－2－4】“十一五规划”明确提出，提高服务业比重是产业结构调整的重要任务，大城市要把发展服务业放在优先位置。没有饮食文化传统的美国人现在跑到最有饮食文化传统的中国来开餐馆了。他们的诀窍何在？中国没汽车文化，但有儿童文化呀。麦当劳、肯德基就把自己社会文化的立足点转移到了儿童文化上，把他们的产品改造成了“儿童食品”。就这么一招，就把中国的儿童给征服了。能把生意做到这样的文化精深之处，没有深厚的管理基础是不可能的。我们的城市经济普遍缺乏的就是充分发达的社会服务业。

2006年是“十一五规划”开始实施的第一年。不知大家是否注意到“十一五规划”中关于结构战略的一个很重要的变化。“十一五规划”明确提出，提高服务业比重是产业结构调整的重要任务；还提出，大城市要把发展服务业放在优先位置，有条件的要逐步形成以服务经济为主的产业结构。

从“十五计划”起，我们就不再沿用原来人们常说的“第三产业”这个提法，而用了“社会服务业”的提法。三次产业划分也是产业分类的一种。因而三次产业之间的构成关系也是产业结构的一种形态。这个划分方法是我们从国外学来的。从20世纪80年代中后期的“七五”计划时期起，我们也比较多地在结构研究、结构调整中沿用了这种分类。但这种划分有个缺陷，就是产业之间的界限不清晰。外国人也发现了这个缺陷。于是就有人提出，把信息产业算作第四产业，把政府算作第五产业等等。这就越发让人弄不清楚各个分类的内涵了。所以从“十五计划”起，在正式的战略性文件中，我们就不再用这个“第三产业”的概念，而用中国人一听就懂，内涵外延都很清楚的“社会服务业”的概念了。

“十一五规划”特别强调发展社会服务业。为什么呢？因为社会服务业不仅是最有利于就业的产业，而且这个产业的充分发展是现代化的产业构成中不可缺少的组成部分。“十一五规划”特别强调，未来五年，我们要制定和完善促进服务业发展的政策措施，大力发展金融、保险、物流、信息和法律服务等现代服务业，积极发展文化、旅游、社区服务等需求潜力大的产业，运用现代经营方式和信息技术改造提升传统服务业，提高服务业的比重和水平。现在预计，我国社会服务业的发展可能要比原来设想的快得多。正在酝酿的“十二五”中，社会服务业的发展肯定将占据重要位置。

我们上海的浦东建设得那么漂亮，2002年开APEC会议时让那些见多识广的大国领导人都赞叹不已。我也去过不少国家，也有点资历可以进行一点国际比较。浦东的硬件确实堪称是世界先进水平的。这个评价一点都不过分。纽约的曼哈顿岛是世界级的商务中心，那里的很多楼房建筑已经老旧了，其酒店设施还不如我们浦东的先进、堂皇呢。这是实话。但我们的浦东还缺些东西，就是与这个区域经济相匹配的充分发达的社会服务系统。我们的城市经济普遍缺乏的就是充分发达的社会服务业。

完善这个社会化的软件系统，我们还需要长期努力。在日本，从任何一个街区角落，包括离东京数百公里的地方，你要去机场、港口，行李是不用你随身搬着、提着的。打个电话就有“宅急便”给你送到。你到机场，行李一定到机场，不会损坏，不会误事。就是在上海这样的大城市，我估计我们还做不到这样方便。

我在美国时，有一次领着国内几个部委的司、局长组成的代表团考察。我说坐飞机、住酒店你们看不到美国的全部。我们租了一辆车，我开车领着他们到处看，住 Motel，就是汽车旅馆。这些国内来人想吃中餐，我说这很容易。每个 Motel 都有当地的中餐馆广告，打个电话就有人给你送到住的地方。包括红烧鱼、酸辣汤都可以给你送来热的。不仅仅是在大城市可以做到，几乎在任何一个地方都可以做到。

社会服务业还是提高人民生活水平的最重要产业。你想旅游，想吃海鲜，那不是有钱就一定能办到的。必须得有与人们收入水平相称的、发达的社会服务系统才行。在发达国家，只要你能想得出来，几乎什么样的社会服务都有供给。你想到海底去结婚，到山顶上去度假，到无人的海岛去关几天，都有人能给你办到。只要你肯出钱。

社会服务业本身也是一个多层次的构成。从我国目前的情况看，大致可以分成三个层次。

第一个层次是传统型的社会服务业。在国外和我们国家都是传统的，比如餐饮、商贸流通等。很多人说，中国的餐馆够多了，随便哪条街上都能找到好几家。我们还要发展这个领域吗？是的。我们还要发展。我们现有的餐饮业是不是发展充分了呢？我给大家举个例子。

中国具有悠久的饮食文化，这没有什么争议。走遍全世界的任何一个角落，你都可以轻易地找到中餐馆。从最繁华的纽约曼哈顿街区、巴黎的香榭丽舍大街到最危险的巴以冲突前沿地带、最荒凉的撒哈拉大沙漠边上。没有人认为美国人善于做餐馆。美国有什么饮食文化吗？没有。炸薯条和冰激凌是美国人发明的，仅此而已。再有就是可口可乐了。但我们注意到一个现象，没有饮食文化传统的美国人现在跑到最有饮食文化传统的中国来开餐馆了。“麦当劳”、“肯德基”等，在中国的很多城市中开一家火一家。

美国人向中国人“叫板”。中国人说，“没有金刚钻不揽瓷器活”。美国人必有它的过人之处。他们的诀窍何在？

美国是个以汽车文化为基础的社会。美国人自诩为“移动的民族”，把汽车当成朋友，当成第二个家。人们调侃，在美国老婆都能借，汽车不能借。麦当劳、肯德基就是在这样的社会文化基础之上诞生的“汽车食品”。大家可能注意到，麦当劳、肯德基的食品不用碗盘来装。它的饮料用密封性很好的纸杯，汉堡包用纸包着，再装进一个纸盒。为什么呢？为了方便一边开车一边吃。麦当劳、肯德基在美国的主要销售方式不是“堂吃”，而是从窗口购买后带走吃。人们把汽车开到餐馆窗边，不用下车，递上钱拿上食品开车就走。

他们这些食品就是为一边开车一边吃的人提供的，为“Very Busy Person”提供的。但是前几年中国没有汽车文化。怎么打入中国呢？就有高人给他们出主意了，说中国没汽车文化，但有儿童文化呀。麦当劳、肯德基就把自己社会文化的立足点转移到了儿童文化上，把他们的产品改造成了“儿童食品”。

大家看到，麦当劳、肯德基的店堂摆放、家具、色彩都是适应儿童心理的，店员都戴着卡通形象的纸帽子。碰到有小顾客过生日，他们还专门给你放音乐，送小礼物。就连厕所都有专门给小孩子撒尿用的矮的小便池。就这么一招，就把中国的儿童给征服了。把儿童征服了，就把负责买单的家长给征服了。有些经营之道，说穿了可能就是一张“窗户纸”，一捅就破。但是能把生意做到这样的文化精深之处，没有深厚的管理基础是不可能的。

这一比，比没比出我们的餐饮业的差距来呢？其实，麦当劳、肯德基的长项还不止于此呢。你要出国旅游，要是因为语言不通找不到厕所别着急，我告诉你个诀窍。你就找麦当劳、肯德基的标志。那里肯定有打扫得干干净净的厕所，而且不管你在不在那里消费都让你用。他们全世界的门店都做得到这一点。我们有几家餐馆做到这一点了？有几个人想到用厕所来树立企业形象、传播无形广告了？

可见，我们在传统的社会服务业领域也还有个发展、应对外来竞争以及提高到国际先进水平的问题。

第二个层次是在国外属于传统领域，在我国属于新兴领域的社会服务业。比如金融服务、家庭理财、保险、旅游等行业。有个很老的电影叫《百万英镑》，英国人在一百多年前就用个人支票了。我们到现在还难于发展。2002 年时有家银行推出了个人支票的金融服务品种，我们上海有个顾客最先“尝”这个鲜，兴冲冲地办理了手续就拿去买东西，结果商家不认。磨破嘴皮说到最后的结果是，你三天后再来取货吧。

这几年到中国旅游的外国团队发展很快。有老外给我们提意见，说中国目前刷卡消费的购物环境这么落后，中国的旅游收入至少因此减少了一半。人来了，没在中国花多少钱就走了。你说我们冤不冤？在国外的旅游地，任何一个小餐馆刷卡消费都不会有问题。

我们的老百姓过去到银行去就是存取款，哪里知道还有个理财的金融服务？别说老百姓，银行里面真正了解这个服务的内涵、形式的人也不多。前不久建行的人还和我说，咱们能不能合作一个课题，就研究一下这个个人理财的金融品种究竟怎么开发。

大家注意到这几年有个现象，就是“春运”。大量农村进城经商务工的人员都要在春节前回家。每年“春运”期间都有高达 20 亿人次在城乡之间的路上往返。其中相当大的部分是农民工的“返乡流”。这些人回家都要把一年的辛苦钱带回去，娶媳妇、盖房子、过年给家里添置些东西什么的。迄今我们的银行尚做不到给这样一个巨大的金融潮提供一个安全、便捷、成本低廉的汇兑方式。有些银行有异地存取款业务，但要收不低的手续费，还要到县城去取。还有的地方当地有土政策，汇到家的钱必须在当地存够三个月、半年才取给你。那不把娶媳妇给耽误了吗？那不管。领导就这么规定的。我们的农民兄弟怎么办呢？他们就只好把现金揣在身上随身携带。每人少则三五千，多则若干万。这样一个全国性的现金大流动，不仅极其不安全，而且也造成极大的金融资源浪费。大量现金被迫停滞在金融系统之外的途中。为什么连这么一个简单的金融品种我们都办不到呢？大概是我们的银行家们都心太软，怕那些拦路抢劫的车匪路霸，或者违规上路罚款的公安们没机会挣钱。

第三个层次是在国外和在我们国家都属于新兴领域的社会服务业。例如信息服务业。

一方面，中国的信息服务业发展还是很快的。现在你到一个很偏远的小县城也很容易发现那里居然还有“网吧”。但另一方面，我们在基础信息平台上的工作做得还非常不充分。我举个例子，在美国开车，到一个不熟悉的地方去也很容易。因为你可以很轻易地得到非常详尽的地图。详尽到一个城市的每一条路，在两个路口之间路段上的门牌号是多少到多少，哪条路是单行线或禁行线。不仅信息详尽，而且检索极其容易。按照街名的字母拼法就马上可以检索到目的地在地图上的坐标。

这个地图是怎么得到的呢？在美国高速路上各州之间分界线的地方一般都会有个叫“Welcome Center”的休息地，就是本州的“接待站”似的。那里可以免费索取本州的地图。进入该州后，州内各城市的边界地也会有类似设施。你又可以免费取得这个城市的地图。有些城市比较大，比如洛杉矶，还会有城市分区的地图。1997 年我再次去美国时，也是租了个车自己开着，走了很多地方。那时就可以办到，在相应的旅游网站上，你只要输入出发地和目的地，就可以得到一张最优的行车路线图。从几号高速在什么地方转道几号高速，什么方向，应有尽有。不仅是短途，包括从美国东部到西部的长途，都办得到。我们现在还做不到这个程度。包括北京在内，那个地图不仅不详尽，而且有个最大的毛病，就是无法检索。如果不熟悉你要找的那个目的地是在哪个街区，那你两个钟头也别想看出个所以然。

我们现在说，要以信息化带动工业化。这个信息化不仅是把生产过程的管理要通过自动化的信息处理手段完成，也不仅是把各种管理信息数字化，更重要的是形成一个社会信息汇集的平台。在这个信息足够充分的平台上，信息服务业才能真正发展起来。可以这样说，在目前中国的网站中，政府网站是做得最差的。前几年各中央部委的网站几乎没有什么有用的信息，而且非常陈旧，几乎很少更新。原来有些网站还有个部门的联系电话，后来很多部委连这样一个最基础的信息都不提供。那个网站就和一幅宣传画差不多，没有什么信息化的意义。2005年末，由中央牵头，我们已正式开通了“中国政府网”。今后，政务信息公开将成为各政府部门的一个最重要的“政绩工程”。

我们目前信息服务业发展的制度环境也远不理想。旧体制留下的部门利益仍在严重影响着信息服务业的发展。前几年，关于联通、移动、铁通、电信等各家电信运营商之间恶性竞争，采用不正当手段破坏互联互通的报道始终不绝于耳。在这样一个新兴的社会服务领域，我们还有太多的工作要做。

【4-2-5】中国人有一句老话，“一分钱一分货”。外国人为什么把用得好好的“二手设备”卖给你呢？因为这个设备的技术寿命、市场寿命已经完结了。尽管自然寿命还没完结，但用这个设备造出来的产品一定在市场上没有竞争力。我国现在的钢产量是世界第一。但这么大的钢产量中，真正采用高端技术生产的所占比重很小。我们把这种现象称为产业技术构成的低度化。

我们产业结构调整、升级不仅表现在哪个产业发展快一些、哪个产业趋于缩减这样一个层面上。在当前的新形势下，还有一个重大问题迫切需要解决。这就是产业技术构成的全面升级。

在前期关于入世问题的讨论中，为什么人们对我国相当多产业的国际竞争力表现出那么多的担心呢？一个原因是，目前我国产业结构的总体技术基础是比较落后的。

我国产业结构的技术基础落后有个客观原因。在20世纪80年代初期开始的“翻两番”战略中，由于当时资金与成本限制，我们的很多产业不得不采取了倚重初级技术、适用技术的结构选择。主要表现在大量引进二手设备、接替发达国家淘汰产业、“三来一补”推动下的劳动密集型组装业大发展等。那时叫“少花钱多办事”，“不花钱也办事”。

这在我国的钢铁产业中表现得最为典型。当时首钢创造了一个经验，就是用新设备三分之一的价格从国外买回“二手设备”实现了生产规模迅速扩大。现在我们看明白了，中国人有一句老话，“一分钱一分货”，这句话是真理。你想想，外国人为什么把用得好好的“二手设备”卖给你呢？因为这个设备的技术寿命、市场寿命已经完结了。尽管自然寿命还没完结，还能用一阵，但用这个设备造出来的产品一定是技术上落后的，或者是不经济、在市场上没有竞争力的。我们前面说到过，我国现在的钢产量是世界第一。但这么大的钢产量中，真正采用高端技术生产的所占比重很小。

这个现象并非仅仅存在于钢铁业。在我国很多产业都普遍存在。我们的轿车业，最早引进的“桑塔纳”，从引进的时候就已经是落后10年的车型了。这个基础怎么能发展起具有国际竞争力的产业呢？我们把这种现象称为产业技术构成的低度化。

当前，这种低度化的技术构成已成为产业国际竞争力不强的最重要原因。到21世纪初期，中国钢铁工业生产能力中的铁钢比还仅为1.06，而日本为0.76，美国为0.52；中国连铸比仅为53.3%，而发达国家均在90%以上。由此导致，中国每吨钢比世界先进水平多耗能0.2~0.3吨，1亿吨钢就要多耗2000万~3000万吨标准煤。我们多次提到，2008年中国的钢产量已达5.2亿吨。

由此可以得出一个重要结论。我国的产业结构升级，将在很大程度上表现为技术结构的升级。我们几乎所有重要基础产业的主体技术都得大规模更新。具体说就是，在各个产业中淘汰落后技术和缺乏竞争力的中间技术，加大对先进技术的倚重程度，全面更新工艺设备。这个更新，不是简单地以旧换新，而是直接瞄准国际先进水平的大规模更新。未来五年，我们要把增强自主创新能力作为科学技术发展的战略基点和调整产业结构、转变增长方式的中心环节。

在过去很多年中，我们曾经特别提倡依托老企业、原有生产能力进行技术改造。那时我们认为这是一条“多快好省”的技术进步之路。现在看，这个传统思路不行了。就好像我们在比较穷的时候先买了一辆旧车开着，当时看省钱又实惠。以后我们如果老是对这个破车修修补补，再怎么修它也是一辆破车了，怎么也不能适应公司的业务要求了，现在我们需要换一辆好车、新车。我们的产业发展已经到了这样一个时候。面临的国际市场上的全面竞争，我们需要有最精良的装备才行。

湖南长沙附近有个县，有家很有名的民营企业就在那里，叫作“远大空调”。“远大”主要生产中央空调，客户对象是高档酒店、写字楼等。我去参观过。这家企业怎么起步的呢？它的诀窍就是，直接瞄准最好的设备、工艺，直接引进世界上最好的产品。现在，在“远大”总部的监控室中就可以通过网络随时监控所有销售出去的产品的运转状态、各种使用数据。如果有什么异常，“远大”会马上通知用户。2005年，温家宝总理还去视察了这家民营企业。

不仅传统产业要更新技术设备，一些新兴产业也面临同样挑战。以彩电业为例，传统的模拟彩电技术正在为数字技术所取代，单纯视听功能面临“三网合一”功能的替代。

我们刚才说过，2001 年时彩电行业有个“价格战”。当时很多媒体把这个现象归咎于厂家的“恶性竞争”。厂家也一肚子委屈，到处抱怨说价格已经让他们“全行业亏损”了，并且企图用“最低限价”的垄断办法来抑制这个降价趋势。其实，当时彩电行业究竟亏在哪儿了？是亏在消费者出价太低上了，还是出在个别厂家“破坏价格秩序”上了？都不是。那些都是表面现象。厂家亏在了技术进步过程中的固定资产无形损耗上了。

什么叫“无形损耗”？由于技术寿命趋于完结，社会不再承认你的设备、技术还值原来那么多钱，就叫无形损耗。设备还是那些设备，完好程度也没有降低，就是技术过时了，社会不承认了。这种“损耗”是市场经济下特有的一种损耗，而且是一种无法弥补的损耗。

我们很多人都有买电脑的经验。现在很多老百姓都知道，你一年前花两万元买的配置很高的笔记本电脑，即使连包装箱都没打开，也就是说，自然寿命还没开始启用，现在要卖的话，恐怕连一半价钱都不一定卖得出去。为什么呢？技术过时导致了自然贬值。

无形损耗的存在，就使原有设备无法按原投资额分摊折旧。因为你摊进去社会不接受。还以彩电业为例。数字技术、“三网合一”的预期使得市场已经不承认厂家现有的固定资产还值原来那么多钱。假定原来每台彩电得分摊 600 元折旧费才能不亏，现在最多只能摊入 300 元，甚至 200 元。厂家亏在哪里？就亏在这个“无形损耗”上。

降价其实是聪明的选择。因为赶快降价，厂家还可以在固定资产的技术寿命彻底完结之前尽量收回部分投资。不降价的结果就是血本无归。这个损失是技术进步带来的，技术进步导致的资产“缩水”是市场经济下的一种不可避免的风险。这个风险只能由厂家或者厂家的出资人自行承担。能不能通过价格垄断的办法把这个技术进步造成的无形损耗转嫁给消费者呢？我想中国的消费者不弱智，这个办法肯定行不通。实践已经证明了这一点。

那厂家应当怎么办呢？惟一的办法是力争在行业内率先实施技术、设备更新。什么时候都是走在技术寿命周期前面的厂家才能赚钱。抱着“套牢”的旧技术不“割肉”的企业，在市场经济下是死定了的企业。

【4-2-6】美国《财富》杂志关于世界500强的排行榜中，中国大陆的企业有34家榜上有名。但世界500强中的其他466家之所以大，都是市场选择的结果，是市场力量导致的资源集中。唯有中国这34家中绝大部分并未经过市场的充分竞争“洗礼”。不论资产规模大，还是销售额大，都还只是人为合并的结果。迄今在国际竞争中，我们这个依靠行政力量实现“做大”的基本格局并未改变。

产业结构涉及的主要是供给领域、生产领域的构成关系。这个构成关系不仅包括各产业之间的数量比例、再生产接续关系，而且还包括技术结构、组织结构等多方面内容。

其中技术结构就是我们前面提到的，社会生产主要依靠初级实用技术、中间技术还是先进技术，各种技术在经济系统中所占比重如何。以信息化带动工业化，不仅是传统工业领域和高新技术领域之间的关系调整，而且是经济系统自身技术结构的调整。

产业组织结构主要指大、中、小企业之间的构成关系。大有大的难处，小有小的弱点。在入世这个问题的讨论中有一种声音，认为中国各产业的企业应当尽量合并，组成“航空母舰”，以抵御外来竞争。这种看法恐怕失之偏颇。

2009年7月，美国《财富》杂志公布的世界500强排行榜中，中国企业有43家榜上有名。这43家中有9家是我国香港、台湾的企业，大陆企业34家。2002年时，中国大陆入榜企业是12家。进入21世纪以来，我国企业“做大”的速度确实是不慢的。但这是否意味着中国已经拥有了很多具有国际竞争力的大企业呢？下这个判断恐怕还为时过早。为什么呢？因为世界500强中的其他466家之所以大，都是市场选择的结果，是市场力量导致的资源集中。唯有中国这34家中绝大多数并未经过市场的充分竞争“洗礼”。其中除了国家电网、宝钢、交通银行这三家大国企外，只有排位第444位的沙钢不是“中国”字头的。因此这些企业不论资产规模大，还是销售额大，都还只是人为合并的结果。迄今，中国企业在国际竞争中依靠行政力量实现“做大”的基本格局并未改变。

还有媒体提出，在一些竞争比较激烈的产业，能生存下来的最后可能只有几家“龙头”企业，小企业恐怕很快就会被淘汰。我认为这种估计也过于悲观。就是在竞争最激烈的产业领域，小企业一样可以有很充分的发展空间。

没有比计算机产业的技术垄断性更强的了。但就是在美国“硅谷”，仍有千百家小型的IT公司充满生机地存在着。在一些领域，在竞争中市场份额可能会很快集中于少数几家大企业。比如说80%甚至更高的市场份额集中于七八家甚至更少的几家企业。但剩下的很少一部分市场份额仍将由几十、上百家小企业分享。大企业消灭不了这些小企业。因为市场永远是多样化的。大企业要想把最后的一点市场份额夺过来，那成本代价可能要高到非常不经济的程度。而且大企业还不能掉以轻心，因为在众多小企业中，随时有可能发展起向大企业挑战的新的竞争者。小企业永远是创新的最肥沃土壤。因为它们总是面临着不创新就无法生存下去的严酷环境。

很多人都看过水下生物世界的科教电视片。人们可能会惊叹，大自然怎么会如此神奇地造就一个极其精密的生物链。其实就是亿万年自然竞争、优化选择的结果。自然规律也同样表现在社会活动中。给大家讲一个美国汽车产业大、中、小企业之间分工的例子。

在美国，汽车的车型是非常五花八门的。但你去买任何一种车型的配件，哪怕是20年前，甚至30年前的车型，其配件也能买得到。那是怎么办到的呢？美国的汽车生产企业及其直接的配套企业，一般只保证新车型一年左右周期内的配件供应。大企业长期保证配件供应是很不经济的。但汽车又是一个和售后服务联系异常密切的产业。没有充足、方便的配件供应的汽车是不会有人买的。大企业的办法，就是把老车型的模具低价，甚至无偿地提供给一些中小企业，和这些中小企业签订合同，由它们保证在若干年内的配件供应。就像小鱼围在大鱼周围“捡剩”一样。小企业也不能保证20年的配件供应呀。没关系，如果是很老的车型，还有很多手工制作的“个体户”接着吃这碗饭。你说我有个30年的“老爷车”，我非要把它修好不可，配件商也可以办到。你登记下来一周后拿货。他去找这些专门手工制作配件的人给你单造一个。但是有一条，假定一个化油器一般也就30美元，给你单造一个可能得300美元。问题是市场中就有这种需求，就有人宁愿花这个钱。于是不同层次的企业就都有了自己的生存空间。

实际上小企业更大的生存空间还在于专业化分工。日本的制造业企业很多都是世界级的，但日本的制造业产品其实主要是依靠中小企业生产出来的。在日本，这叫“下请制”。就是大企业把万万千千的零部件承包给具有固定合作关系的中小企业生产。我在日本时有个朋友，他的企业就是一家“夫妻店”式企业。有几台全自动的注塑机，模具由母公司提供。原料从社会化的供应商处买，打个电话就送来了。老板管取货送货、调试机器，老婆管记账、给打工仔做饭。再雇几个学生打工，就行了。但其生产的产品是日本大公司的配件，是卖到国际市场上去的。

我国国民经济中的结构性矛盾，不仅表现在产业与消费结构之间不匹配，还表现为与资源结构之间的一种冲突。在前一个“翻两番”战略中，我们重点发展了再生产链上游的能矿、原材料产业。钢铁、化工、水泥等重要基础产业都实现了很大的规模扩张。但我们不可能继续沿着这样一个结构形态发展下去。2004年，我们提出要贯彻“科学发展观”。这个“科学发展观”的重要体现之一，就是要转变粗放式的增长方式，调整产业结构，实现资源节约，统筹经济发展与自然界之间的关系。因为到2020年国民经济总量比2000年再“翻两番”，我国资源禀赋不可能支持目前这样一个结构形态。

我们国家的资源禀赋是比较差的。很多重要矿产品都严重短缺。省能、省资源、保护环境已经成为结构调整、升级的重要目标。这些内容，我们将在“资源战略”的专题进行分析。

进入21世纪以来，我国产业结构调整还有一个明显趋势，就是在全局性的调整之外，各地因地制宜的区域性结构调整非常活跃。区域产业结构调整、升级已经成为我国结构战略的重要组成部分。我国在区域结构上有经验也有教训。这个问题，我们也留待下面“区域战略”的专题里面再讲。

总体上说，我们已经走出了前20年中以选择“战略重点部门”为核心的结构战略时期。依靠产业快速扩张来支持国民经济增长的时期已经基本过去。我们目前的产业组合状态已经不能适应国民经济的进一步发展要求。从短、中期看，缓解结构性矛盾的主要任务，一是淘汰上游产业的过剩生产能力，实现资源配置的重心后移。二是推进技术结构升级，从物质技术基础上提高产业的国际竞争力。三是加速高科技产业发展和提高技术自主创新能力，其中特别是要加快国民经济和社会信息化的步伐，以信息化带动工业化，利用网络技术、电子商务等提高资源配置效率。四是与培育新的经济点相配合，大力扶持教育、旅游、娱乐、保险等新型社会服务业的发展。

3. 产业政策与资源优化配置

- 产业政策是市场经济体制下政府干预供给领域中资源配置的中、长期政策。
- 我们的产业政策存在着明显的"越位"。对产业保护、扶持的范围过大。产业政策实际上被严重"扩大化"了。
- 后发优势就是少走弯路的优势。后起国家可以规避发达国家发展过程中出现的教训，直接实现优化的资源组合状态。
- 如果有更多的资本在逐利动机驱动下涌入这个产业，这个产业就没必要当作"幼稚产业"来加以政策扶持。
- 我们面临一个产业退出的问题。怎么缩减产业规模、淘汰过剩生产能力的问题摆在了我们面前。
- 有时候市场机制不仅不能诱导资源向优化的方向流动，反而会进一步推动结构性矛盾激化。

【4－3－1】产业政策是市场经济下政府干预供给领域中资源配置的中、长期政策。这里面有几个关键词。一个是供给领域，不是宏观调控领域，不是收入分配领域。再一个是政府干预，不是政府包办。第三个是中长期，不是一两年。产业政策主要解决三个问题。一是促进重要战略产业的发展，二是协调国内外的产业竞争关系，三是推动产业结构的适时升级。

说产业结构，就不能不提到产业政策。什么是产业政策呢？产业政策是市场经济体制下政府干预供给领域中资源配置的中、长期政策。这里面有几个关键词。一个是供给领域，不是宏观调控领域，不是收入分配领域。再一个是政府干预，不是政府包办，政府包办就成了计划经济了，就不是产业政策了。第三个是中长期，不是一两年，而是注重长期的产业发展。

产业政策主要解决三个问题。一是促进重要战略产业的发展，二是协调国内外的产业竞争关系，三是推动产业结构的适时升级。产业政策是政府行为。但应当特别指出的是，产业政策格外强调发挥市场的作用。在市场机制不能发挥作用，或者不能实现资源配置最优化的地方才需要产业政策。这一点很重要。

我国的产业政策是在对计划经济的渐进式改造中发展起来的。在相当一段时期中，人们把产业政策当成了计划的替代品，总是把产业发展的主要责任付之于政府的政策。这个认识是不对的。

前期我们的产业政策存在着明显的“越位”。对产业保护、扶持的范围过大，连产业中应当发展什么样的产品，应当由哪个企业来生产等问题都被纳入了产业政策。产业政策实际上被严重“扩大化”了。这个缺陷的后遗症迄今仍随处可见。比如曾有段时间，前信息产业部直接规定，“小灵通”是低水平的技术，要严格限制发展。现在人们一说到产业发展，首先问的问题仍然是，国家将给什么样的政策扶持。在2008年末到2009年“保增长”的政策中，人们高度关注哪个产业被列入了“十大产业振兴规划”。其实，那些依靠市场活不下去，或者在国际竞争中过于弱小的产业才需要进“振兴规划”。

产业政策是日本人发明的。日本人在产业政策理论中的一个重要贡献，就是提出了“培育优势”、“后发优势”的概念。

在传统的国际分工理论中，人们认为，一个国家应当根据自己的资源、传统优势来选择主要应当发展的产业。20世纪50年代后期，日本人对这个理论提出了质疑。为什么呢？因为日本什么资源都没有，国土面积都非常狭小，能发挥什么优势？没有自然的、传统优势怎么办？日本人创造性地提出了“培育优势”的理论，说我们能够自己“造”出一个优势来。这就是很多人听说过的“幼稚产业育成论”。什么是“后发优势”呢？简单说，后发优势就是少走弯路的优势。后起国家可以规避发达国家发展过程中出现的教训，直接实现优化的资源组合状态。

日本的产业政策曾在钢铁、化工、造船、汽车以及计算机等产业的发展中下过很大功夫。政府通过政策扶持、政策保护来干预资源配置，促进资源向战略重点产业集中，由此培养起具有国际竞争力的新的优势产业。大家熟知的“新日铁”就是在日本政府的政策撮合下，由“八番”和“富士”这两个在日本排名第一、第二的大企业合并而成的。日本的钢铁企业由此就一下跻身于世界钢铁企业的前几位。在产业政策的强力扶持下，日本的钢铁业迅速成长，国际竞争力大为提高。到1971年时，日本普通钢、热轧薄板和冷轧钢板的成本分别只相当于美国同期成本的56%、70%和68%。在既没有铁矿石，也没有能源的日本，钢铁业一举成为优势产业。

在20世纪70年代，日本成为世界汽车大国。但日本的企业界后来不承认汽车产业发展曾经受惠于政府政策的扶持。这恐怕不符合实际。我给大家举个日本政府政策保护汽车产业的例子。

日本的汽车业从20世纪60年代后期起步，到70年代初期，日本在这个领域中已成为老牌霸主美国的强大竞争对手。1970年，日本成为世界第三大汽车出口国，1975年跃居世界第一大汽车出口国，出口量达268万辆。1980年那一年，日本人卖给了美国人395万辆汽车，却只从美国买了1.05万辆车。差不多是400:1。1981年，日本尽管实行对欧美市场的“自主限制”，汽车出口仍达605万辆；同年排世界汽车出口第二位的联邦德国仅出口215万辆，而一向号称汽车大国的美国当年仅出口了69万辆。

这样一个严重不均衡的市场格局引发了长达二十年的日美汽车贸易摩擦。在这一过程中，日本政府用“口惠实不至”的办法极尽对汽车产业的保护。美国人对400:1的悬殊进出口比例非常恼怒，1981年以后，日美间几乎每年都要就日本“自主限制”的问题进行谈判。

在贸易谈判中，日本人的态度总是很好。再三鞠躬说，是我们不对，我们要“检讨”，我们要“反省”，我们回去后一定要自我限制。美国人就相信了日本人的话，等着他们自我限制。第二年，日美汽车贸易的顺、逆差还是“涛声依旧”。日本人态度仍然很好。又是深刻检讨。说我们回去批评企业了，号召他们到美国投资就地生产，只是政策力度不够。这次回去我们一定采取有效的措施。美国人又相信了日本人的话。年年谈，但美国对日的贸易赤字年年不见好转。就这样三拖两拖，一直到1985年，美国人才发现自己有多么的幼稚和天真。

日本汽车产品大举占领美国市场的态势和日本年复一年的拖延终于让美国人失去了耐心。1985年9月，美国召集其他一些发达国家的财长和央行行长在纽约一个叫“广场饭店”的地方开了一个秘密会议。这个会议的主题就是各国采取联合行动，迫使日元升值。这就是所谓的“广场协议”。“广场协议”尽管有助于缓解美日贸易摩擦，但此时，日本汽车在美国和世界市场上的地位已经稳固。

当然，日本的产业政策也不都是成功的。在汽车产业发展过程中，日本政府曾想照搬钢铁工业用过的政策，强制企业大量兼并，只许兼并后的很少几家“定点”企业生产轿车，以实现所谓的规模经济。但后来的事实证明，日本政府促成的合并没有发生，而它不允许生产汽车的企业反而发展得很好。

大家知道日本有个汽车厂家叫“本田”。就是接替法国人和广汽合作的那个企业。本田原来不会造汽车，它是造摩托车的。在汽车产业的扩张中，本田也想造汽车。但政府不给它报“户口”。本田咬咬牙说，日本国内不让造，我就到海外去造。由此就打下了海外市场的一片天地。尽管到今天本田也不是日本最大的汽车生产厂家，但在早期，它是日本最大的汽车出口商，远远超过丰田。实际上，日本汽车的海外市场最早是在产业政策中连“户口”都报不上的本田打下的。

【4－3－2】产业政策的成败在很大程度上取决于战略重点产业选择。战略重点产业不是仅仅按照重要程度来选的。如果有更多的资本在逐利动机驱动下涌入这个产业，这个产业就没必要当作“幼稚产业”来加以政策扶持。

产业政策包括产业培育、产业保护、产业扶持、产业退出等多方面内容。

产业培育就是前面说过的“幼稚产业育成论”。这个理论的核心是战略重点产业的选择。从历史经验看，产业政策的成败在很大程度上取决于战略重点产业选择。我们有必要特别说说这个战略重点产业的选择问题。

现在回首看，我们在 20 世纪 80 年代初、中期的战略重点产业选择是比较成功的。但现在面临的一个问题是，高科技、制造业、农业、社会服务业，你说哪个不重要？都重要。还有能源。2003 年的伊拉克战争、2008 年国际油价暴涨到 147 美元一桶，这些危机给我们的提示就是，中国的能源、石油安全不能不占据更高的战略位置。汽车不重要吗？从“九五”计划中我们就把汽车、住宅列为支持国民经济增长的支柱产业。2008 年末在世界金融危机的影响下，我国的经济增速也出现了快速下滑。但到 2009 年一季度，我国最早复苏的不是房地产，而是汽车业。如果都重要，都选为战略重点产业，这等于没选。

在未来的发展过程中，我们仍需要有自己的战略重点产业。但应当辨明的一个重要问题是，战略重点产业不是仅仅按照重要程度来选的。

我们前面说过，产业政策是政府干预经济的一种方式，而且这种干预必须是首先让市场经济发挥作用。在市场机制力所不逮的地方才需要产业政策介入。选择战略重点产业，关键是看市场机制能否保证这个产业获取足够的资源配置。汽车产业的确很重要。但目前看，这个产业已经可以从市场中获得比较充分的资源。产业政策，特别是产业培育方面的政策就不一定需要。

请注意，这个市场指的不只是产品市场。不是说汽车卖得有多么好，已经可以有充分的自我积累能力了。这个市场更多地指的是资本市场。如果有更多的资本在逐利动机驱动下涌入这个产业，这个产业就没必要当作“幼稚产业”来加以政策扶持。这可能和我们很多人的理解有很大不同。

产业保护是人们最熟悉的产业政策。不仅过去的关税壁垒，最近几年，在中国加入世贸组织的问题上，人们也逐渐了解了很多新的概念。例如“非关税壁垒”。非关税壁垒也包括很多方面，如环保壁垒、安全壁垒、技术壁垒等。这几年，我国很多企业在出口上就经常遇到对方的非关税壁垒。比如农产品的“农残”问题。提高水果、蔬菜上的农药、化学物的残留量标准已经成为发达国家抵制中国农产品的常用手段。前面说到过的，欧洲抵制中国一次性打火机的事件，采用的就是典型的技术壁垒、安全壁垒。通过提高技术标准、安全标准来阻止外来竞争。

在非关税壁垒上，日本人还有更绝的一招，叫作社会文化壁垒。因为农产品自由化问题，美国人和日本人争吵了很多年。日本的农业主要是小农经济，国际竞争力不强。日本市场上的大米价格比国际市场贵7倍。但日本的农民是自民党的“铁杆”选民。而且日本农业也是日本维护自身经济安全的一个重要“保留地”。所以日本的产业政策始终不肯放弃对农业的保护。

在“拖延”战略不灵以后，20世纪90年代末，日本被迫降低了美国牛肉、大米进入日本的关税壁垒。美国人兴高采烈，以为终于可以在日本市场长驱直入了。但很快发现，事情远不是那么简单。美国牛肉在日本市场上就是卖不动。为什么呢？原来日本的媒体不断发表专家的文章说，日本的“和牛肉”虽然比“洋牛肉”贵很多，但“和牛肉”的味道和营养是“洋牛肉”没法比的。理由是，日本的牛都是喝啤酒、听音乐长大的。

历史上，日本在计算机业发展过程中曾经采取过的一个保护政策是，规定政府机关、公立大学等所有靠财政支付的部门要买计算机，必须买日本的国产计算机。现在这种公开的保护行不通了，但潜在的保护壁垒并没有根除。在日本，坐高档进口轿车的只有两种人，企业界的大亨和黑社会“老大”。政治家、官员是不敢坐外国车的。如果哪个政治家违背了这个社会“游戏”规则，他私家车库的照片往媒体上一“曝光”，他的政治前途就完了。

产业扶持和产业培育、产业保护是相通的。扶持就需要保护。我们前面说过，日美汽车贸易摩擦时，日本政府采取的是“口惠实不至”的拖延政策。这就是一种扶持。我们经常在研究报告中提醒中央决策层领导，千万别相信日本人的“反省”、“检讨”之类的“软”承诺。要谈就拿出实实在在的具体措施来，“光说不练”的游戏就不用再玩了。

产业扶持并不只是保护。比如日本在造船业发展过程中曾在很长时期内实行出口信贷政策。谁买日本造的船，日本政府支持下的政策性银行可以给买主提供优惠贷款。

我们上海的宝钢最初也是利用日本的这种政府贷款引进的。日本人也很诡，政策资源也不是滥用的。我们在引进宝钢时，第一期引进有日本政府的优惠贷款，诱惑你签合同。第一期工程只是开头，第二期的资金还不够怎么办？那就对不起，只能从商业银行贷款了。

改革开放初期引进宝钢时曾有个事件。当时的冶金部长叫唐克，全国人大开会时被人大代表叫去质询了三天。代表们质疑，我国发展钢铁产业为什么不自力更生，却去借外国钱呢？借外国钱，借政府贷款还不算，为什么还要借高利息的外国商业贷款？借外国钱还不算，为什么还要专门拿这个钱买外国的设备？买外国设备还不算，为什么建成后还只能吃进口矿？当时很多人大代表就质询，你们冶金部是不是有汉奸，是不是让日本人收买了？后来因为这个事，宝钢的二期引进还停了一阵子。日本又提供了一些政府贷款，我们的设备进口也从单一的日本调整为德国等多个国家，这个事件才算平息。

现在看，日本当时的政策其实并无异常。人家借给你的是政策性贷款，条件就是你得买人家的设备。一方面当时我们的确在引进中缺乏经验，有些吃亏之处。另一方面，我们对人家的政策目标也缺乏了解，把日本促进设备出口的政策当成"友谊第一"了。后来一看没有"友谊第一"的意思，又有些反应过度。当然现在看，引进宝钢是我国钢铁产业发展过程中一个非常正确的决策。

【4-3-3】在一个供大于求的领域中，在市场机制、自发竞争不能导致一个良性结果时，就需要政府政策的介入。一个简单办法就是政府收购过剩生产能力。政府帮助私人资本、市场化的投资力量从过剩领域退出，全社会的总投资规模并不会减少。这比政府直接投资要好得多。因为市场化投资力量可以大大增加经济的竞争活力。

在产业政策中，最值得说的，是产业退出政策。在过去很长一段发展时期内，我们对产业政策的研究主要集中于培育、保护、扶持等方面。几乎没想过，产业还需要缩减。而且产业缩减的时候还需要政策的介入。因为那个时候，我们面临的主要问题是短缺，是发展不足。几乎所有的产业都发展不足。发展、扩张在很长一段时期内是我们产业政策关注的主要方面。但是到了"九五"计划中期，也就是20世纪90年代后期，我们也开始面临一个问题，这就是产业退出的问题。怎么缩减产业规模、淘汰过剩生产能力的问题也摆在了我们面前。这时我们才注意到，原来产业政策还有一个重要的组成部分，叫作产业退出政策。

在日文中，产业退出政策叫作“产业调整政策”。日本人说的“调整”和我们的理解不一样。这个“调整”就是退出。

产业结构的变动是一个各产业此长彼消的相对概念。在全社会资源总量为一定的情况下，一些产业在国民经济中所占比重上升，一定意味着另一些产业所占比重下降。这种下降经常还会伴随着产业规模的绝对缩减。产业结构升级的道理其实很容易理解。就是把资源尽可能多地配置在对提高本国国民福利最有利的领域，或者能够发挥本国优势、获取更多国际比较利益的领域。股民都知道，自己的本钱是有限的。要想多获利，就得把自己的资金从那些上涨机会小的股票中撤出来，买入价格上涨机会大的股票。国民经济也是一样。在产业结构调整、升级中，有些资源需要从原有产业撤出，投入到新的产业领域中去。

资源退出的道理不难理解。关键是这个过程需要政府政策介入的理由何在。日本人在他们的产业政策理论中有个解释，叫作防止“市场失败”。

什么叫“市场失败”呢？就是有时候市场机制不仅不能诱导资源向优化的方向流动，反而会进一步推动结构性矛盾激化。

举个例子说。假定因为种种原因，有个产业的供给严重大于需求了。正常情况下供大于求会导致价格下跌，一部分无法赢利的资源、生产能力就会退出这个产业。这是市场机制发挥作用的正常情况。

但是这个趋势并不是什么时候都是必然出现的。因为人们在投资时，货币资本已经转换为实物资本，供大于求时，资产价格一定下跌。因为这个行当不赚钱，没人愿意买赔钱的资产。那么这时投资者就像买股票被“套牢”一样，实物资产无法变回货币资产。

这个时候，谁先退出谁吃亏。每个人都希望自己留下，别人退出。别人退出了，供给减少了，价格就会回升。这样供求恢复平衡时自己的投资就可以不受损失。当出现这种僵局时，产业结构的调整就会变得非常缓慢。社会资源长期滞留在一些非优化的领域会造成社会整体利益的受损。

问题到此还没完。在一个供大于求的领域中，很多人会想：怎么才能让别人退出而我留下呢？一个办法就是继续扩大投资，扩张规模、降低成本，或者引进更先进的技术设备来提高产品档次，通过追加投资来提高自己的竞争力，想法把别人挤出去。如果每个人都这样想，结果就是在这个产业中，生产能力不仅不能自动缩减，反而会出现新的一轮扩张。由此导致更大程度的供大于求。这就叫“市场失败”。在市场机制、自发竞争不能导致一个良性结果时，就需要政府政策的介入。

政策怎么介入呢？一个简单办法就是政府收购过剩生产能力。比如说，按原来投资总额打个八折，政府把一部分多余的生产能力买下，长期封存甚者干脆销毁。在供大于求的情况下，如果率先退出的资本损失太大，这个资本就会选择继续扩张而不是退出。就像股民在股价下滑太多，套得太深时，他的选择往往不是“割肉”，而是加仓以摊低成本。如果政府能够出一个减少损失的政策收购价，保护这部分资本的利益，就会有一些资本愿意选择退出。由此就加快了产业结构调整、升级的速度。

有些人可能想不通。资本自己投错了领域让政府买单？就像股民深度套牢后有人出高价收购一样，这不是太不公平了吗？政府为什么要承担这个私人资本投资失误的代价呢？人们还会联想，政府要是有这个资金财力，还不如直接投入新兴领域去呢。

回答这个问题，就要问问产业政策是干什么的了。产业政策不是取代市场机制由政府直接配置资源的政策，也不是和市场机制各自独立地并行配置资源的政策，而是利用市场机制、同时弥补市场机制不足的政策。我们假定政府有1000亿元的投资能力，这时的政策资源配置的确有两个选择。一个政府自己直接投资新兴领域，另一个是政府帮助私人资本、市场化的投资力量从过剩领域退出。假定政府把这1000亿元用于援助资本退出了，那这1000亿元最终会到哪里去呢？最终仍会投入到政策鼓励的新兴产业领域中去。全社会的总投资规模并不会因为政府选择了产业退出政策而减少。但在这种情况下，投资的主体仍然是市场化力量而不是政府。这比政府直接投资要好得多。因为市场化投资力量可以大大增加经济的竞争活力。

日本人在产业结构升级上也曾犯过一个大错误。在20世纪60年代初期，日本的炼铝工业生产能力还不到20万吨。由于铝合金材料对传统黑色金属材料的替代过程导致了价格上涨，再加上当时廉价石油的刺激，日本的铝锭生产能力和同期的钢铁产业一样出现了急剧扩张。到1978年时，日本炼铝生产能力达到了164万吨，成为世界当时第一大铝锭生产国。但是日本是个资源贫乏的国家。日本的铝矾土资源几乎100%要依靠进口。而且发展炼铝工业光有铝矾土还不行，还要有大量的能源供给才行。生产电解铝需要大量消耗电力，日本人形象地称铝锭为“电罐头”。消耗电力又要大量进口石油。这还不算，炼铝还是个污染很严重的产业。显然，日本发展这个产业是个明显失误。20世纪70年代两次石油危机使这个结构缺陷充分地暴露了出来。

日本的产业政策在纠正这个缺陷上发挥了非常明显的作用。日本人在发现炼铝业的缺陷以后，采取了几乎是全面撤退的战略。到1986年，日本铝锭的实际产量降到了14万吨。之所以能够有这么一个快速的缩减，关键在于政府采取了一系列帮助资本退出的政策。这些政策不仅包括前面所说的政府收购过剩生产能力，而且还有政府收购过剩的库存产品长期封存。哪个企业愿意从生产铝锭转为经营进口铝锭，政府还给若干年的进口免税政策。

我们之所以重点描述日本的产业退出政策，是因为在今后一个比较长的时期内，我国产业政策的重心可能需要从产业培育、产业保护、产业扶持转向产业退出。我们前期的产业结构调整中，仍比较多地沿用了计划经济时期"关停并转"的老方法。比如在 1996 年的纺织"压锭"、1997 年的煤炭"关井"、1998 年的钢铁"限产"和 2001 年到 2002 年的关停小煤窑、小炼油厂等"五小"的过程中，我们主要采取的还是行政命令的办法。现在看，这个方法已经不能适应市场经济不断发展的需要了。为什么很多小煤矿明关暗不关？一个原因是资本无法得到合理的补偿，这些资本就不肯轻易退出。由此不仅带来了结构升级的迟缓，而且实际上政策成本也是得不偿失的。因为这种政策打击的恰好是市场经济下最活跃的投资主体。

当然，日本的产业结构理论和产业政策理论也不是百试不爽。20 世纪 90 年代后期的亚洲经济危机之后，产业政策曾受到了国内外很多经济学家的质疑。我国在 80 年代中后期，曾有一段学习日本产业政策的高潮。但那时，日本自己的学者并不认可对日本产业政策的过高评价。日本的经济学家们共识，日本的经济发展不能否认政府积极干预的作用，也不能否认日本结构战略的成功；但是说到底，第一位的力量还得归于市场机制，而不是政府干预。我在日本学习时，我的教授给我形象地比喻说，日本的经济发展就像是赛马。赛马比赛赢得冠军时，你说主要是骑手的功劳呢，还是马的功劳？实际上是马跑得快。

1997 年亚洲经济危机爆发后，日本产业政策的一些缺陷集中地暴露了出来。在世界范围内，人们对日本的产业政策形成了一股反思的高潮。其实，如同在前面的专题中说到过的，反思也好，重新认识也好，说到底，我们面临的是一个如何处理好市场与政府之间关系的问题。这个关系处理好了，产业政策就是一个好政策。这个关系处理不好，产业政策就是一个不好的政策。

4. 提问与讨论

- 企业其实没有自觉遵守诚信义务的动机。
- 企业之所以会注重“诚信”，那是制度外在约束的结果。
- 为什么造假账呢？因为技术加速进步导致的资本面临无法补偿的危机。

竞争就是“狼”。竞争，包括外来竞争，只会造就一个结果，那就是中国产业的突变、升级。十多年前我们没有被国外的竞争者扼杀，现在我们成为世界产量第一了，我们倒惧怕起外来竞争了？我想没这个道理。赚钱就是核心竞争力。全世界的家电业生产能力为什么向中国集中？因为在中国生产最赚钱。这就是核心竞争力。如果用一句话概括就是，严酷的竞争一定会来，产业灾难一定不会来。退出政策将成为政策体系新的重心所在。反垄断已成为必然趋势。与城市化相结合的区域经济结构再组合将成为产业政策的新特点。我们的房子不是盖得太多了，而是远远不够呀。人民币升值与“广场协议”后的日本面临的不是同一发展阶段。如果我们在产权竞争中打了败仗，那丢饭碗的就是现在的董事长、总经理们。商业资本的“神奇”之处就在于可以使生产者不吃亏而消费者又买到便宜货。要率先实现现代化，必不可少的一步就是要率先构建现代化的商业体系。

【提问一】：老师刚才提到，技术进步会导致“无形损耗”。这个问题对产业发展的影响是否很大？发达国家是怎么解决这个问题的？

答：这个问题问得好。可以说，这个问题触及了不断加速的技术进步对全世界社会经济制度的一个重大挑战。寻求这个问题的答案，对高科技产业的发展尤为重要。

我们从一个大家都肯定听说过的事情讲起。就是 2002 年美国一些大公司接连不断的假账丑闻。

2002 年 6 月，美国第二大长途电话公司的世通公司承认夸大盈利达 38 亿美元。同年7月，美国药品制造业巨头默克公司虚报124亿美元营业收入的财务丑闻又被媒体揭出。这一系列令人难堪的事件不得不让人们发问：美国的大企业怎么了？

人们最容易想到的答案，一个是诚信，再一个是监管。其实，最根本的问题并不在这两个方面。其深层次原因可能比人们的想象复杂得多。

毫无疑问，“假账”是对社会经济运行过程中诚信原则的背叛。导致这些企业造假的原因首先在于社会出现了诚信缺失。但仅靠提倡“诚信”能不能解决“假账”问题呢？不能。市场经济下的企业都是“主观为自己，客观为社会”的。企业其实没有自觉遵守诚信义务的动机。企业之所以会注重“诚信”，那是制度外在约束的结果。

那么靠加强“监管”能不能解决问题？也不能根本解决问题。因为社会不可能在每一个经济运行环节都在资源支配者背后派一个“监管人”，然后在“监管人”背后再建立一个监管“监管人”的体系。一方面，这样一个依靠监管维持经济运行的制度成本实际上是任何社会都不可能承受的。另一方面，客观上也很难保证监管人不被收买以及和被监管方串通。

我们面临的问题，实际上是技术进步对迄今建立在工业化基础上的社会经济制度的挑战。

如果透过“造假”这一现象层面深入观察，人们便可发现这些大公司的假账事件有一个共同点，就是都不是为“逃税”而造假账，而是为蒙骗投资者而造假账。有些造假者为了造得更像真的，还特意按假账收入主动向政府纳税。

不为逃税，那为什么造假账呢？因为技术加速进步导致的资本面临无法补偿的危机。

近年来，媒体、专家不断地告诉人们，现代经济的发展已经走出了依靠自然资源大量投入来支持经济规模扩张的阶段，甚至已经走出了依靠资本要素高度集聚与集中的工业文明阶段。信息资源、“人力资本”已经成为经济增长的主要支持要素。正是在这样一个普遍认识下，当人们关注于高新科技发展带来的生产率提高和福利增加时，很少有人注意到“资本”这个传统要素的生存命运。

资本是什么？是用来获取利润的“本钱”。“将本求利”是做生意的最基本常识。在经济学上，资本是个社会“有机体”。资本要获利，首先要生存。资本生存的标志，是在经济活动中在数量上得到充分补偿。通俗地说，就是做买卖首先得“捞回本”。

在工业化和市场经济发展过程中，为适应这种资本密集型产业的发展特点，“摆平”资本要素的利益，人们摸索出了一种社会约定，这种约定叫作“折旧”。

就是把资本在机器设备上的投入分摊到若干年的成本中逐步收回。

“折旧”方式的确适应了传统的大机器工业发展。但在高科技产业不断发展的今天，这种资本补偿的方式遇到了前所未有的挑战。

如同我们前面讲到的，技术进步速度不断加快带来了极其迅速的“无形损耗”。在很多领域，前期研发费用、固定资产投资已经不可能用 20 年、30 年的分摊方式补偿。因为新技术、新工艺、新材料、新产品的诞生很快会导致老技术、老产品过时而不再值钱。

其实，近年来技术进步对资本生存命运的挑战可以找到很多例证。为什么世界上很多制造“手机”的企业纷纷声称，他们开发的最新型号产品总是在中国市场上最先推出？因为唯有中国这样一个基数极大的市场才有可能满足在短期内分摊并且收回研发等资本投入的要求。为什么开发最先进的“卫星移动通信”技术的美国铱星公司在技术上成功以后，在财务上会破产？因为它无法找到足够满足资本补偿要求的市场规模。

我们得注意到一个重要的事实，那就是，在当今这个世界上，支撑市场经济运行的制度仍停留在工业化阶段的基础上。而在现实中，原有的资本补偿方式已经不能满足资本利益的基本要求，但新的方式还没找到。之所以出现许多世界著名大公司造“假账”的事件，根本原因在于世界还没有找到适应“新经济”的新制度。“世通”公司造假的方式其实很简单，就是把“经常性支出”的账记到了“资本性支出”栏目。通俗说就是，把应当摊入成本的支出还当成投资记在账上。用中国企业更熟悉的语言说，就是“不摊折旧”。不摊折旧不就虚增利润了么？

资本面临无法补偿的危机，于是就“饮鸩止渴”。靠造假账，特别是虚增利润的假账来吸引投资者，以促进资源向这个领域大规模集中。因为离开资源的大规模集中就不可能有新经济。可以断言的是，监管、审计、公司治理实际上都难以应对技术进步的这个挑战。一个极其重大的新问题在考验人类智慧：新经济条件下，资本该怎么活？

【提问二】：我们很多产业核心竞争力还非常弱小，入世后的国际化竞争究竟会不会给很多产业带来灾难呢？

答：中国在 2001 年加入世贸组织之前，这个问题曾为社会普遍担心。直到今天，质疑入世会给我们带来产业灾难的声音也一直不绝于耳。我国的产业确实还缺乏充分的市场竞争考验，在很多方面还技不如人。这是事实。但在过去几年关于入世的利弊争论中，我始终持乐观态度。

颇有一些人把竞争视为“狼”，更把强大的外部竞争视为是“狼中首恶”，把入世视为“引狼入室”。我认为这种认识确实是一种“形而上”的认识，是孤立、静止、片面看问题的认识。

“狼来了”有什么不好吗？人们从对自然界进化规律的研究中早就知道，狼的存在是羊这一物种发展不可或缺的必要条件。正是由于亿万年来狼对羊群的不断追逐，不断淘汰其中的病弱个体，羊的群体才得以强壮和进化。如果没有这种强制性的外在淘汰机制，即或有充足的食物供给，羊群也会因退化而自然消亡。这个道理听起来残酷，然而这是不以人的意志为转移的客观规律。这个规律同样适用于社会经济发展过程。竞争就是“狼”。竞争，包括外来竞争，只会造就一个结果，那就是中国产业的突变、升级。

大家想想，20 余年前中国家电业是在什么条件下起步的？一是几乎一片空白；二是国外厂家从技术设备到营销经验都已经高度成熟。现在怎样呢？现在中国当之无愧是世界第一的家电大国。从一个没有基础、外部竞争对手极其强大、市场没有等待余地的起点开始，我们是怎样取得这个成就的？没有别的，就是在这个产业中率先引入了残酷、激烈的市场竞争。靠充分的竞争，靠不断淘汰“病弱”个体而使群体趋于优化的竞争，我们就有了现在的家电业。

20 余年前我们没有被国外的竞争者扼杀，现在我们成为世界产量第一了，我们倒惧怕起外来竞争了？我想没这个道理。

当然中国的产业也不是没有弱点。但有些弱点也不是像人们想象的那样不堪一击。我们还以家电业为例。我接触到的很多记者说，中国的家电业没有核心竞争力。证据是很多关键元器件仍依靠进口。我说，中国家电业很多关键元器件仍依靠进口不假。但那不是家电业的弱项，那是中国 IT 产业的弱项。比如大规模集成电路、数字化的芯片、液晶屏幕以及一些程序软件等，都要依赖信息产业的发展。中国不产澳洲大龙虾，我没听谁说这是中国的海鲜大酒楼核心竞争力不强的表现。我到处说的一个观点是，什么是核心竞争力？赚钱就是核心竞争力。全世界的家电业生产能力为什么向中国集中？因为在中国生产最赚钱。这就是核心竞争力。

我们再举个农业的例子。很多人曾说，中国的农产品成本普遍高于国际市场的价格，入世后中国的农业恐怕要全军覆没。我说这叫“杞人忧天”。这个前景根本不可能存在。

中国的农业需要不需要提高国际竞争力呢？迫切需要。发展现代农业、实行农业产业化、不断采用最新的生物技术等。这些都没有疑义。但以中国农业的成本和国际市场价格的简单比较为由，就说中国农业会“全军覆没”，这完全不符合基本的经济学道理。

首先，我们说，中国入世，不仅是中国的供给能力、中国的产业入世，而且还包括中国需求也要同时入世。现在国际市场农产品价格，是中国还在自己生产着所需粮食的情况下的价格。大家想想，要是中国农业真的停产，13 亿人都到国际市场上去买粮食，那国际市场还会是现在这个价格吗？

还不止于此。我们前面讲过“机会成本”的概念。国际市场的竞争者要想挤垮中国农业，仅仅是价格比我们的实际成本低还不行。这个价格还得比中国农民的机会成本更低才行。例如，一个美国农民种地时一天能挣 50 美元。如果这个美国农民不种地，去找别的工作，他一天最多能挣 48 美元。这 48 美元就是这个美国农民的机会成本。你要打垮这个美国农民，非得让他的产品价格低到一天连 48 美元也挣不到的时候，他才会放弃种地去干别的。现在我们假定一个中国农民种一天地的平均收入是 30 元人民币。但如果他不种地，连一天挣 10 元钱的工作也不一定找得到。也就是说，中国农民的机会成本非常低。外来竞争者要想打败中国农业，他就得把产品价格降到中国农民的机会成本以下，降到让农民连一天 10 元也挣不到的水平。就是在发达国家，把价格降到这种程度也是绝对做不到的。

再说个最新的例子。世界金融危机爆发以后，美国汽车业的巨头，通用、克莱斯勒等都走到了申请破产保护，或者被收购的地步。债务重组后的新通用发现，那些不赚钱的烂资产都在发达国家，清理了这些烂资产后被保留下来的优质资产中，最优质的就是上海通用。世界金融危机中那些“世界 500 强”企业普遍发现，前些年进军中国的资产是都是最优良的资产。

所以我说，在入世面前，我们的确要认真应对，但绝不要危言耸听。如果用一句话概括就是，严酷的竞争一定会来，产业灾难一定不会来。

【提问三】：产业政策说到底是一种政府干预，这种干预和 WTO 条款是否相容？我国入世后的产业政策主要有哪些变化？

答：中国已经成为世界贸易组织的正式成员。我们必须信守保证市场上公平竞争的这样一个根本承诺。这个趋势是肯定的。

我曾在原外经贸部召开的一次 WTO 研讨会上就中国产业政策的变化趋势发言。我认为，随着改革与开放的推进，中国的产业政策将发生十大方面的变化。

第一，退出政策将成为政策体系新的重心所在。包括区域产业退出、淘汰过剩生产能力、国有经济有进有退的战略性调整与布局优化配置、政府援助下的资本退出、资源枯竭或可持续发展等原因导致的劳动力退出、减轻就业压力与减少劳动力供给的劳动力市场退出、体制转轨过程中的政府退出等。

第二，将尽量利用市场机制下的产权流动推进资源优化配置。资本运营、资产重组等实际上都是这一政策趋势的基本体现。过去那种依靠行政力量“关停并转”的结构调整方式肯定会逐步淡出。

第三，反垄断已成为必然趋势。从 1998 年起，我国已经对石油石化、电信、民航、电力等多个产业进行了市场化重组。铁路的市场化以及“网路分开”也在酝酿中。一方面，哪怕是具有自然垄断地位的产业，也将面临市场竞争的挑战。另一方面，政府政策将在更大程度上体现鼓励竞争和反垄断。

第四，促进工艺设备瞄准世界先进水平的固定资产大规模更新。利用二手设备、“三来一补”等扩张产业规模的弊端已经充分显露出来了。实际上进入 21 世纪以来，我国产业政策已经明显体现出的一个趋势：在产业的进入壁垒中，所有制、内外资等方面的政策性壁垒越来越低，而技术、环保方面的壁垒越来越高。换言之，政策将主要管一件事，投资任何产业都必须能够跨越技术先进性方面的政策门槛。

第五，加大促进集中化、规模经济以及产品结构更新的政策力度、规模起点。在很多产业，产品目录等已经取代原来的“项目审批”方式成为新的产业政策体系中重要组成部分。

第六，短期宏观调控的财政政策、货币政策向产业政策延伸。从 1999 年起，我国的财政贴息支持技术改造等政策已经成为扩大内需的政策体系组成部分。国债项目也日益具有明显的产业指向。

第七，与资本市场的发育密切结合，高新技术产业和重要基础产业都可能获得新的重大发展机会。一方面，为了促进资源向高新技术产业集中的步伐，尽快实现产业结构升级，与高新技术产业发展密切相关的“创业板”市场已经经过了较长时期的酝酿。另一方面，中国的债市也在静悄悄地萌动，未来十年将是中国债市大扩张的过程。其中大型、特大型企业的企业债必将成为债市大扩张的主要推动力量。以资金密集型的基础产业将获得新的资本积聚机会。利用市场机制推动产业发展和结构升级正在成为新的政策趋势。

第八，与城市化相结合的区域经济结构再组合将成为产业政策的新特点。一方面，政策重心正在从传统的工业领域向旅游、金融、保险、信息服务、网络商务等新型服务业移动，社区经济、假日经济等也成为政策鼓励的新领域；另一方面，浦东开发、东北老工业基地再振兴、重庆设市、西部大开发等的核心实际上都是区域产业结构的再组合。

第九，与国际趋势相适应，促进就业岗位增加以及促进环境治理将成为援助性、保护性政策重心。中国加入世界贸易组织以后，单纯抵御外来竞争的保护性、援助性政策的不断削弱是不可避免的必然趋势。在产业发展和结构调整方面，新的保护性、援助性政策将着重于提供更多就业岗位方面和实现可持续发展方面。引入新产业的工资补贴、改善环境、治理污染农户资源的关停补贴或政府收购等将成为国际认可的政策趋势。

第十，大力推进“走出去”战略的实施。中国的工业化已经走到了一个新的历史阶段，经济系统内部的资源与市场已经不能满足经济扩张的要求。资源约束已经成为战略发展的心腹大患。中国入世的根本动机是要“走出去”。中国要在国际市场的价格形成与游戏规则制定上有更大的影响力与发言权。

【提问四】：您刚才提到1985年的“广场协议”，最近几年经常有专家发表意见说，“广场协议”迫使日元升值导致了日本的房地产业出现了“泡沫”。最近一些年我国的人民币也呈现出升值的趋势，我国是否会重蹈日本房地产业“泡沫”累积以及后来破灭的后尘呢？

答：2004年以来，人们经常听到一种流传甚广的说法：我国正面临日本在1985年“广场协议”后的情况，房地产业将因人民币升值而出现大量“泡沫”，国民经济已被房地产价格的快速膨胀所胁持，日本10年衰退的教训有可能在中国重演。前期，在我国房地产业市场的确出现了价格过快上涨现象，再加上人民币升值的市场预期一直很强烈，出现这样的舆论声音是可以理解的。但这种联想缺乏客观依据，很大程度上是以讹传讹。

在日元升值与房地产之间关系的讨论中，一些爆炒“新盛世危言”的舆论普遍存在一个相当偏颇的前提，就是把1985年的“广场协议”当成了日元升值的起点，并由此来分析我国可能面临的问题。

这个前提本身就是错的。因为日元升值远不是从“广场协议”开始的。

我们曾提到，第二次世界大战后，按照美国占领军帮助制定的“道奇计划”，日本于1949年将本币一下子贬到360日元比1美元，并执行固定汇率。这个固定汇率一直执行了22年。这个长期的低汇率对日本成长为一个外向型经济发达的国家帮助极大。1971年，由于美国突然公布“新经济政策”，停止美元与黄金挂钩，同年11月日本不得不同意日元对美元大幅度升值为306∶1。1973年2月，“布雷顿森林体制”解体，日本和其他发达国家共同开始实行浮动汇率。1971年到“广场协议”实行的1985年，这中间相隔着14年！在这14年中，日元对美元的汇率逐步升值为240∶1。

这才是日元升值的第一阶段。这个阶段才是我们真正应当高度关注的阶段。

为什么呢？因为我国的实际经济发展水平和这个阶段的日本相似。

从1971年到1985年长达14年的日元升值给日本带来的，首先是由于本币升值使出口产品的价格竞争力快速丧失。但恰恰是这一“弊”，再加上1973年和1979年两次“石油危机”的影响，日本企业被迫转向提高质量、改进技术、树立品牌、节约资源等非价格竞争方面。我们前面提到，到20世纪70年代中期，日本普通钢、热轧薄板和冷轧钢板的成本分别只相当于美国同期成本的56%、70%和68%。在既没有铁矿石，也没有能源的日本，钢铁业一举成为优势产业。到1975年，日本跃居世界第一大汽车出口国。到1981年时，日本尽管实行对欧美市场的“自主限制”，汽车出口仍达605万辆；同年排世界汽车出口第二位的联邦德国仅出口215万辆，而一向号称汽车大国的美国当年仅出口了69万辆。

在这14年中，日本在所有工业化国家中最成功地应对了20世纪70年代两次严重的全球性石油危机；在这14年中，日本建成了包括新干线在内的基础设施系统；在这14年中，日本完成了东京、大阪两大都市圈的城市化建设，完成了老百姓住房从“脱困期”向“改善期”的转变；也在这14年中，日本发动了一场全新的管理革命，创造出了“全面质量管理”、“价值工程”、“量本利管理”等运用系统思想的管理理论。日本企业的生产效率由此迅速提高，产业竞争力得到极大增强。

这一阶段的日元升值和“广场协议”后的日元升值对经济发展的影响是非常不同的。其最大不同在于，第一阶段的日元升值发生在日本的工业化和城市化的高潮中，也就是资本密集型的重工业迅速发展的过程中。“广场协议”后的日元升值发生在重工业化已经基本完成，资本已经出现过剩的过程中。

当前对我国真正有借鉴意义的，首先是日元升值的这个第一阶段。我国面临的，实际上是日元第一次升值时的发展水平。就国际竞争力说，我国目前的发展阶段与日本这个时期的水平相当；和“广场协议”时的日本根本不在同一发展阶段上。

从根本上说，造就日本在20世纪90年代初期出现严重房地产“泡沫”的原因是资本过剩，是实业领域已经无法容纳不断积累起来的货币资本。

中国发展到资本过剩的阶段了吗？远未发展到这个阶段。2003年到2005年，还有2008年初“冰冻雪灾”的时候，我国都出现过“煤电油运紧张”；过去几年来人们不断呼吁，“要转变粗放型增长方式”、“面对国际大资本的严峻挑战”等说法。这些其实都证明了这一点。我们面临的实际情况是什么呢？是大量基础产业固定资产的大规模更新高潮。

为什么很多声音把“广场协议”后的日元升值说成是造成日本“房地产泡

沫”的原因呢？人们很容易想象，在本币升值的预期下，外币会大量涌入国内，导致包括房地产在内的资产价格上升而形成“泡沫”；一旦升值预期减弱，外资撤离必定会导致房价大跌和“泡沫”破灭；由此会带来国民经济的长期衰退。很多评论文章都是持的这个逻辑。

这个逻辑听起来是成立的。但是人们显然忽略了一个历史的真实：那就是日本从来没有过“引进外资”的政策。不仅不引进，而且始终奉行的是排斥外资进入的政策。即使“广场协议”之后，外资也并未获得过多大机会买日本的房地产，更不要说投资日本的房地产业。

20 世纪 80 年代后期日本房地产“泡沫”出现和破灭的真实原因是日本政府的货币政策和住房保障制度的严重失误。

“广场协议”之后，日本为了缓解本币升值对出口的冲击，大幅放松了银根，试图以货币对内贬值代替对外升值。在此政策下，货币供应量持续快速增长。这些过剩资本的流向很自然地就选择了股票与房地产市场。大量过剩资本的充斥造就了房地产泡沫的物质基础。

日本政府急于“赶超”欧美的住宅政策也难辞其咎。

日本的历届政府都把改善国民生活作为自己的政治纲领。其中最具代表性的有 20 世纪 60 年代初池田内阁的《国民收入倍增计划》，70 年代田中内阁的《社会经济基本计划》（日本列岛改造论）、80 年代中曾根内阁的《80 年代社会经济的展望和方针》和 90 年代宫泽内阁的《生活大国五年计划》等。努力使社会发展实现为与经济发展同步，这本来是一种良性目标。但政治家们过度迎合日本社会急于赶超欧美生活水平的诉求，则为房地产业的过度扩张埋下了伏笔。

20 世纪 80 年代初起，日本在继续开发新建住宅区的同时，提出了“向 21 世纪新城镇目标迈进”的计划，开始加快旧区改造工作。也就是开始了一轮“大拆大建”。政策则在原有的最低居住水准基础上，进一步提出了所谓“诱导性居住水准”。这个“诱导性居住水准”的居住面积比此前的最低居住标准将近翻了一番。正是这种鼓励人们“住大房子、好房子”的政策，促使了日本的房地产投资规模的急剧扩张和地价的快速上涨。到 1990 年，日本地产的总价值约为 20 万亿美元，大约是 1955 年的 75 倍。就是说，日本当年的房地产“泡沫”也和“政绩工程”有关。

1990 年，日本政府已经意识到过度快速上涨的房地产价格可能给金融和国民经济带来的风险，开始采取措施，也就是“宏观调控”。但其政策采取了“硬着陆”的方式。一方面，突然快速抽紧银根，央行通过连续五次加息，把利率从 2.5%一下提高到 1990 年 8 月的 6%。货币政策 180 度大转弯，银根大幅收紧，房地产市场来不及做出调整而导致了迅速崩溃。另一方面，政府主导大造压低房地产价格的舆论。1990 年 9 月，日本国营广播电视台 NHK 连续五个晚上在黄金时段播放了有关土地问题的特别节目，提出应让日本的地价下降一半；主张进行土地税制的改革，限制房地产融资。这一节目像颗重磅炸弹，成为社会价格预期的转折点。1991 年 6 月，宫泽喜一内阁提出《生活大国五年计划》，进一步提出，要“确保国民能用五年的家庭年收入购买一套住房的目标”，也就是房价收入比要压低到五年的政策性价格目标。前期过度迎合社会急于赶超欧美心理，鼓励住大房子、好房子的政策急剧吹大了需求，膨胀了价格；后期同样过度迎合社会心理，让国民买到便宜房子的政策宣言又一举刺破了“泡沫”，完全打乱了社会价格预期。这个循环构成了日本房地产“泡沫”从产生到破灭的政策基础。

“广场协议”、日元升值对日本房地产“泡沫”的产生及其破灭是有影响的，但把它们之间的关系夸大到必然因果关系则不符合事实。因为“广场协议”并非只是针对日本，而是针对多个发达国家货币对美元的关系的。其内容主要是五个发达国家政府联合干预外汇市场，“有秩序地使世界各国主要货币对美元升值，解决美国的贸易赤字”！也就是说，其目的是美元对世界主要货币贬值而不是单纯的迫使日元升值。战后，西德马克对美元汇率固定为4. 20:1，到 1987 年底升至1. 58:1，累计升幅达 166%，同期日元也升值了 193%，升幅大致相近。但当时的西德并未因此出现泡沫经济。

最近两年来，房地产成为社会关注的焦点。因为是一个现实的热点问题，大家对此也非常关心，肯定有很多问题集中于这个产业。但房地产的问题比较复杂。如果时间允许，校方同意，我们可以专门安排一个专题，另外讨论。

【提问五】：中国入世时，人们普遍担心的一个产业就是汽车产业。我国的汽车产业有长期增长潜力吗？中国的汽车市场能在多长时间内支持中国的经济增长？

答：我们先说市场，先说中国的市场有多大，中国需要多少车。我们在 2002 年就做了一个关于汽车市场的研究报告。我给大家几组数据。

2002 年中国的汽车销量同比增长了 36%，其中轿车销量增长了 51%。这是一个让全世界汽车厂家垂涎不已的增长速度。把中国的销量加上，全世界 2002 年的汽车销量只增长了 2% 左右。也就是说，2002 年全世界汽车市场上销量增长的部分主要在中国。实际上从 2002 年到 2005 年，中国市场都几乎是世界汽车市场惟一的成规模的增量来源。这是第一组数据。

2008 年，全世界汽车市场遭遇金融危机的巨大影响，但中国仍然卖出了 938 万辆汽车。这已经是连年快速增长的数字了。但可以相对照的是，美国人口只有中国的1/4不到，美国人买车只是更新，没有新的需求增量，金融危机下的美国在2008年一年卖出多少汽车呢？1320万辆！大家可以想想中国的汽车市场还有多大潜力吧。如果我们的人均汽车保有量达到美国现在的水平，需要全世界的汽车生产能力专门为中国生产26年半。这26年半中全世界的人都不买车，而且也不更新才行。这是第二组数据。

世界最大的汽车生产厂商，美国通用的总裁在2005年说，他原来估计中国到2025年时汽车年销量可能会达到1000万辆，现在看这个时间表至少要提前15年。他的修正说法也过于保守了。如果不是世界金融危机的影响，我国的汽车销量在2008年就可以实现超1000万辆；2009年，我们预计有可能要达到1200万辆！人们预计，最多到2015年，中国民用汽车保有量就将达到1亿辆。而在2008年末，中国的民用汽车保有量才只有5100万辆。据此推算，要2015年有1亿辆汽车保有量，从现在起，我们得平均每年卖出1400万辆到1500万辆汽车才行。按照国际经验，汽车平均是5~7年一更新。货车为3~4年一更新，家庭用轿车为8~10年一更新。平均每年达到这样一个销售量，除去更新后，我们才能在2015年时拥有1亿辆的汽车保有量。这是第三组数据。

2002年时，我们根据国家统计局每年发布的城市居民抽样调查统计资料预计，我国的城市居民中有超过20%的家庭现在就买得起、用得起私人轿车，或者在汽车信贷的帮助下买得起或者用得起车。当时这个20%家庭的划分标准是什么呢？家庭金融资产存量在10万元以上，或者家庭月收入稳定在5000元以上。按这个标准，20%城市居民家庭可以达到。现在看，这个估计一点不过分。北京在2008年就已经有40%的居民家庭拥有私人轿车了。那么中国城市居民家庭的20%是多少户呢？2008年末中国城镇居民人口数为6.07亿人，户均2.8人，也就是有2168万户。不算农村，2168多万户家庭现在就买得起私人轿车。我国2008年的轿车产量连年快速增长，也才不过504万辆。你说中国的汽车产业还有多少年可以挂“高速挡”？这是第四组数据。

很多人担心我国的市场会为进口车所占据。其实这种担心不必要。外国厂家就是想抢占中国市场，也得到中国来生产才行。商品输出在20世纪前半叶就已经过时了。现在国际资本从发展中国家获取国际比较利益的基本方法是资本输出。

我们真正担心的不是汽车市场上的产品竞争，而是汽车产业中的产权竞争。我曾经在“二汽”和其他一些汽车产业的研讨会上讲过，入世以后，中国的汽车企业是不是会被挤垮？这个问题车间主任以下的不必担心。因为在中国这块土地上，汽车产业的生产规模一定会持续地扩大。现有汽车生产能力都会有人来收买。

大家可以看到，进入21世纪后，日本汽车企业大幅度地调整了他们对华投资战略，异常积极地和我们的汽车生产厂家合资合作。和广汽合作的法国人不干了，日本的本田立即接班。现在一汽已经和丰田全面合作。二汽也和日产在集团公司的层面进行合作。需要担心的是那些高层管理者。如果我们在产权竞争中打了败仗，那主导中国汽车生产的就不再是中国的出资人，而是外国的老板。那时丢饭碗的就是现在的董事长、总经理们。

【提问六】：现在有个争论，有人说我们过度重视商业了，曾有一段是“全民经商”；也有人说，我们从计划经济时代到改革开放时代一直不重视商业，而中国的真正弱项恰好是商贸流通业。在中国未来的战略发展过程中，商业处在什么样的战略地位呢？

答：的确有这样的争论。前几年，在媒体上经常见到的一个说法是，美国“沃尔玛”一家的销售额比我们全国所有大型百货店的零售商品总额加到一起还大，这样的国际大企业进到中国来，我们的商业肯定无路可走。还有人把零售业的问题抬到国家经济安全的高度，坚决反对在商业，特别是零售业对外开放。

我看这样的认识是反应过度了。一种商业业态永远垄断不了全部市场。就是在美国，人们的大部分消费需求也并非“沃尔玛”一家满足的。就单说连锁超市，美国也有很多家。我想，“沃尔玛”把中国的市场全占了的可能性是根本不存在的。

但是，我们迄今对商业的战略地位认识的确有不充分的地方。在新的战略发展过程中，我们应当重提“重商主义”的思想，格外重视商业在发展与改革过程中的作用。为什么要提出“重商”呢？有以下的理由。

第一，商业的再振兴对扩大内需至关重要。

我国经济发展的主要障碍已经从供给领域转移到了需求领域，经济增长的动力来源已经从产业与供给扩张转变为需求拉动。要实现国民经济继续保持较高增长速度这一目标，关键要依靠扩大内需。这个问题已经没有多少争议。

但人们在现实的经济活动中发现，生产者与消费者之间的连接障碍实际上已经成为供求失衡的一个重要原因。在我们现实的经济运行中，为什么关于“垄断价”的争论总是持续不休，而诸多领域中“价格大战”又总是此起彼伏呢？因为生产者的供给价格与消费者的需求价格之间存在着尖锐的矛盾，在这两个价格之间缺乏一个缓冲和协调的主体。

在市场经济条件下，这个主体就是独立承担流通风险、降低交易成本的商业资本。商业资本的“神奇”之处就在于可以使生产者不吃亏而消费者又买到便宜货。用理论语言概括就是，可以起到使供给价格与需求价格趋于协调、衔接的作用。扩大内需，不仅要启动有效需求，而且要振兴商业资本。在一定意义上可以说，在中国的电视台中，商家广告取代厂家广告“标王”地位之日，就是扩大内需战略的真正实现之时。

第二，商业的繁荣是提高城市资源价值的根本措施之一。

传统上人们认为，商业的存在价值就是可以降低把产品送到消费者手中的社会流通费用。但在现代经济生活中，特别是在城市经济的发展过程中，人们正在逐步认识到，商业的作用还在于提高城市资源的自身价值。为什么香港营业员的收入要比内地城市高出许多倍？并非因为香港营业员销货过程中的递拿效率比内地营业员高多少，而是因为香港的经济发展水平，其中特别是商业发展水平使包括劳动力在内的各种要素价值远高于内地。

未来20年，我国经济发展的重要战略措施之一仍是推进城市化。我们的城市化不仅要依靠新经济增长点，而且要依靠商业繁荣带来的土地、房产、劳动力以及基础设施等要素的普遍升值。

第三，商业的发达与成熟已经成为现代化的基本标志。

现代化的重要外在标志之一，就是要有高度发达、成熟的商业体系。一个已为国际经验所证明的基本规律是，几乎所有经济发达的现代化城市都是商业高度发达、成熟的城市。为什么？因为唯有流通活跃，经济才有活力、要素的不断流动与重新优化配置才能充分实现。对那些经济较发达地区来说，要率先实现现代化，必不可少的一步就是要率先构建现代化的商业体系。

第四，现代商业的发展是现代化资源配置手段的重要载体。

目前恐怕已经没有人怀疑，将最先、最大规模地跨入“网络时代”的传统产业将是商业。显然，发展电子化、网络化的现代商业就是在“用信息化带动工业化”，就是在发展“新经济”。

第5讲

中国资源战略

ZHONGGUOZIYUANZHANLUE

进入21世纪，世界面临三大竞争。一是饭碗之争，也就是对就业岗位的竞争；二是资源之争，就是对全世界的有限资源展开新一轮大国竞争；三是资产定价权之争，股价、债市、汇市的价格决定权实际上决定着全球资产配置的主动权。2007以来的世界金融危机，把这三大竞争推到了激化的程度。我们仔细琢磨一下，金融危机中一切现象，背后实际上都是围绕这三大竞争展开的。

实际上，这三大竞争并非因金融危机才存在，才发生。我们刚才用了一个时间界定词，“进入21世纪”以来。以资源为例，最近一些年来的政治、经济、宗教、地缘、民族、种族以致历史遗留问题引起的对抗、冲突始终不断，几乎所有引人注目的事件背后都有对资源争夺的背景。2008年7月国际油价暴涨到每桶147美元，2009年1月又暴跌到36美元；为什么？不是价格和供求关系的问题，是大国对资源控制权的竞争导致。日本为什么要把自卫队升格为“自卫军”？真实意图和“东海石油问题”密切相关。前几年在普京当总统时，俄罗斯对欧盟、北约、美国持很强硬的态度，凭什么？凭在资源上的优势。“朝核问题”、“伊朗核问题”无一不和资源、能源密切联系。中国最高领导人频频出访，访问国几乎无一不和中国的资源安全有关。

2003年的时候，美国打击伊拉克的战争曾成为人们关注的焦点。萨达姆知道，布什知道，其实世人都知道，美国人是冲着伊拉克的石油资源来的。实际上，这场战争的参与者并非只是美、英和伊拉克。世界上的大国，包括俄罗斯、德国、法国、日本，也包括中国，都已经参与到这场资源战争中去了。尽管这里面的角逐有的是半明半暗，例如俄、法、德的参与，有的是表面看不见，例如日本和中国。但这个角逐的激烈程度绝不亚于我们在电视画面上每天见到的，在航空母舰、巡航导弹、精确制导导弹等威胁下的巴格达。在一个没有硝烟的领域，正在进行着一个为获取有限资源所进行的竞争与对抗。到今天2009年，美国打下巴格达已经整整六年，伊拉克仍是一片混乱，几乎没有一天不发生自杀性爆炸事件的。别以为这仅仅是简单的民族、宗教或者“反恐”问题。是谁在支持所谓的“反美武装”？你就在那些从国际油价暴涨中获益的人中找就行了。

我们今天这一讲就讨论资源。以下我们会逐步对各种国际争端、局部战争等表面现象背后的对抗进行解析。

从1999年中美之间签订中国加入世界贸易组织的双边协定算起，关于中国“入世”面临的“挑战与机遇”问题迄今已讨论了有十年了。中国正式成为世贸组织成员也已经八年了。但仍要问的一个问题是，中国为什么要加入世界贸易组织？

人们可以从不同的角度得出很多结论。但有一个问题不能忽略，中国的工业化已经发展到必须突破有限资源的限制、获取更大资源支持的阶段了。

我们再三强调工业化这个经济发展阶段的特点。机器体系的普遍应用不仅带来了生产效率大规模提高，而且一定会带来对资源的大规模消耗。工业化发展到一定程度的时候，有一个依靠大规模自然资源投入支持的阶段。在这个阶段上，本国有限的资源和市场往往难以满足经济继续扩张的要求。从更大范围内获取资源、获得市场成为经济继续发展的必要条件。这是一个符合规律的现象。

我们可以简单回顾一下发达国家工业化走过的道路。早期的工业化国家为什么去掠夺海外殖民地？因为要满足机器生产力进一步发展的资源要求。在19世纪后期的“明治维新”后，日本的工业化开始起步。其后日本发动全面侵华战争和太平洋战争的目的，就是要获得支持其工业化的资源。

我们今天也走到了这样一个不可回避的历史阶段。我们自己的资源禀赋已经不可能继续充分支持中国的工业化进程。

我们怎么办？我们不可能重走发达国家的掠夺之路，也不能指望20世纪50年代后期世界“石油大发现”的历史机遇重现。惟一的办法，就是更大程度地参与国际市场，通过符合游戏规则的交换来分享全球的资源。

1. 我国自然矿产资源的基本状况

- 我们所说的所有近、现代经济学理论，以及我们所要讨论的实践中所面临的经济发展难题，都是和工业化这个进程密切联系在一起的。
- 中国实在算不上一个“物博”的国家，应当说我们是一个自然资源匮乏的国家。
- 我国支持工业化的45种主要矿产品中有25种是严重短缺的。
- 从2001年到2020年，我们只能用翻一番的能源来支持国民经济翻两番。
- 如果中国的人均石油消耗量达到美国的水平，把全部后备资源都采出来，只够用1年零8个月的。
- 我国的人均石油资源占有量只有世界平均水平的21%，天然气资源人均储量只是世界平均水平的4%左右。
- 从现在起，我国的所有的新增石油需求百分之百都要依靠进口才能满足。

【5－1－1】我国国民经济的战略发展有个心腹大患。这个心腹大患就是，我们所面临的资源约束比任何一个大国在工业化过程中所受到的约束都要大得多。从目前的勘探结果看，一个基本结论是，我国支持工业化的45种主要矿产品中有25种是严重短缺的。

一个国家的资源禀赋是不可改变的自然状况，是不以人的意志为转移的事实。

当初“上帝”决定自然资源在地球上的分布时是很不公平的。我们知道非洲有个国家叫南非。不知为什么，“上帝”把最值钱的几样东西都留在了那个地方。在这个4500万人口的国家中，其黄金储量占全球总储量的35%，居世界第一；钻石储量居世界第五；还有造原子弹的那个铀矿，南非储量居世界第四。人所共知，这些都是最昂贵的矿产资源。另外，这个国家的钒资源占到世界储量的44.5%，铂族金属储量占55.7%，铬矿占68.3%，锰矿竟然占到80%，都是世界储量第一，可以说居绝对垄断地位。人们熟悉的一些支持工业化的主要矿产资源中，南非的铁矿石在全世界居第九位，铜居第十三位。其煤炭资源超过全球储量的1/10。不足全世界百分之一的人口占有了这么多的优质资源。

我们前面曾提到过一个叫作文莱的亚洲小国。这个国家只有27万人口，却拥有1.8亿吨石油储量，4000亿立方米的天然气储量。其人均石油储量是世界平均水平的30倍，是我国的140倍；人均天然气储量是世界平均水平的60倍，是我国的1380倍！这个国家的国民从不用缴税，终身享受免费医疗，孩子从小学、中学到大学甚至出国留学都实行免费教育。

那我们中国的资源状况如何？

我们从小学起，老师就告诉我们，中国是一个地大物博的国家。现在我们得对这个概念有个纠正。

中国地大，960多万平方公里。不论在世界上怎么排序，中国属于国土辽阔的大国，这没有什么争议。

中国的人口众多，是世界第一的人口大国，这也毫无争议。目前我国有13亿人口。印度近些年来人口增长很快，现在超过10亿。有专家估计印度人口在若干年后要超过中国。这个“超过”也没有什么特别意义，说明不了经济的发达程度。

中国的历史文化悠久，这也无人否认。目前全世界每四个人中就有一个说华语的。将来计算机的统治语言究竟是什么，恐怕现在还很难说。中国的经济强盛必将带来文化的强盛。曾有人断言，说中国的汉字在互联网时代已经没有出路。我看这个说法没有任何科学根据。汉字可以用表形、表意和表音等多种方式同时传达信息。在全世界所有的文字中，中文所传达的信息量是最大的。现在联合国所使用的七种官方语言中，在各种版本里，中文版的一定是最薄的。大家如果看过英文小说就会发现，英文小说的字比中文字小得多。即使如此，同一本小说的英文版也比中文版厚得多。这还只是说文字。如果说词汇，那么中文的词汇之丰富，在全世界就更无可比拟了。

也正是由于中文词汇的丰富多彩，才让我们的政策有了掩饰某种东西的机会。比如我们就有了“失业”和“下岗”、“待业”的区别。这个区别“老外”

怎么也闹不明白。当然这个区别有没有意义则另当别论。“老外”就是个新词，就是个生活与时代的创造。前不久的电视节目中有个对《现代汉语大词典》编辑的采访。这个语言专家说，现在是中文词汇的“大爆炸”时期，许多新词汇日新月异地进入我们的生活，以至于《现代汉语大词典》都来不及编入，只好在后面加附页。现在附页都占到正文的1/3了。

文字、文化也是一种资源。这个资源的深厚程度不是我们今天讨论的对象。我们重点说自然资源。

说到自然资源，我们不得不坦言，中国实在算不上一个“物博”的国家。不仅“物”不“博”，应当说我们是一个自然资源匮乏的国家。

人类生存要依赖于两个最基本的资源。一个是水，一个是土地。

从水资源看，我国是世界上13个贫水国之一。我国的淡水总资源虽位居世界第六，但人均占有量仅为世界人均的1/4，居世界第121位。我国的北部和西北很多地区，最大的经济发展难题就是缺水。我到新疆很多地方看过，那里绿洲和荒漠的区别就在于有没有水。我们的很多重要经济中心城市、工业城市都依靠对地下水的“超采”来维持运行。进入21世纪以来，我国有400个城市存在供水不足，缺水量达60亿吨。农村居民生活和农业也严重缺水，目前农村居民仍有4000万人饮水困难，农作物供水不足，每年平均干旱面积达4亿亩，缺水300亿立方米。正因如此，大家可能听说过，我们不得不启动一个非常巨大的可持续发展工程，叫作“南水北调”。把长江水调到北方一些地区来。

国土面积不等于可经济利用的土地，特别是可耕地。中国的国土面积中，高山、荒漠化地区等不适宜人类居住的占大多数。在现在正在进行的西部大开发战略中，我们不是要把东部地区的人口西迁，反而要努力把西部一些自然生态环境脆弱地区的人口迁出来。我国的最大国情是人多地少。我国目前的耕地面积只占全世界耕地资源总量的7%。而我国的人口占世界人口的22%。不仅如此，我们今后的发展方向还不能是开垦荒地，还得把大量的土地资源“还荒”。非如此不能实现我国国民经济的可持续发展。我国正在制定一个新的科技发展战略。在这个新战略中，最大的科技发展新方向之一，就是如何实现人类与自然界之间的关系协调。我们正在论证怎样把内蒙古的230万牧民从草原上撤出来，全面“休牧”。

土地资源、水资源还不是我们重点要说的。我们重点要说的是和工业化关系密切的自然矿产资源状况。

我国国民经济的战略发展有个心腹大患。这个心腹大患就是，我们所面临的资源约束比任何一个大国在工业化过程中所受到的约束都要大得多。从20世纪

90 年代后期的“九五”计划以来，我国在资源勘探上的投入力度和规模是比此前任何一个时期都要大得多的。不仅投入大，取得的成果也是最多的。但是即或如此，我们还是得承认，我们的自然资源是相当匮乏的。

从目前的勘探结果看，一个基本结论是，我国支持工业化的 45 种主要矿产品中有 25 种是严重短缺的。

支持工业化的这 45 种矿产品并不是我们自己定的，是全世界公认的。这些完成工业化不可缺少的资源包括黑色金属、有色金属、石油、煤炭、稀土等多方面。在这其中，我们有 25 种是严重短缺的。而且这 25 种还不是小矿种。每一样都是致命的、至关重要的。

在前几讲中我们曾多次提到钢铁工业。早在 2000 年我国的钢产量达到 1.2 亿吨时，专家就提出，按照这个产量，我们的铁矿石将有超过 1/3 的部分需要依赖进口。2008 年，我们的钢产量达到 5.2 亿吨，和 2000 年相比增长了将近 300%。从 2004 年起，我国的铁矿石的供给中超过一半要依靠进口。最近一些年，大家一定会注意到的一个事件是，中国和力拓、必和必拓以及淡水河谷等澳洲、南美的主要铁矿石出口国之间的价格谈判越来越艰苦。2009 年，铁矿石价格谈判甚至影响到中澳两国间关系的程度。2009 年媒体揭露出来的“力拓间谍案”，实际上就是这个价格矛盾趋于尖锐时的背后“小动作”。不论对方是否光明正大，我们的资源弱点确实让对方有空子可钻。

中国的钢铁业需要依靠进口矿石，这不是短期、偶然的现象。从长期看，更多地吃进口矿是已成定局之势。为什么呢？这不仅是因为我们的铁矿资源少。中国的铁矿资源虽然少，但还是有一些的。铁矿的储量比石油还是强一些的。但我国铁矿中的大多数品位低，杂质多，无法满足生产高精尖产品的要求。在我国的铁矿储量中，难以直接利用的贫矿占到 95% 以上，含铁平均品位只有 33%。

我国铁矿资源的这个缺陷，我们在 20 世纪 80 年代初期就知道。这就是当时建的宝钢为什么“吃”进口矿的原因。目前世界上铁矿资源富集的国家主要是澳大利亚。我们进口的优质铁矿石主要是“澳矿”。另外还有南非和南美一些国家也是铁矿石主要出口国。

在金属矿产资源中，铁矿石的短缺还不是最严重的。我们的有色金属资源比黑色金属更不乐观，除了少量的小金属我们富裕一点外，铜、铝等大量需要的矿产资源我们都是匮乏的。

人们现在很少关注到铜这种金属。实际上从 1996 年起，我国就有 2/3 以上的铜需要进口。迄今这个进口比重已经保持了十余年。中华民族是最早学会铜的冶炼铸造技术的。但是现在我们的铜资源已经非常短缺了。目前，我国铜矿保有储量6300万吨左右，其中可利用储量只有3500万吨。有研究报告估计，从2001年到2010年的10年内，中国铜的累计需求量可能要达到3000万吨，2001年到2020年的20年内，累计需求量可能要达到8000万吨左右。目前已知范围内，我国铜资源的人均储量只有13.2公斤。这个指标只相当于世界平均水平的18%，俄罗斯的10%，相当于美国的8%，加拿大的4%。

不知道大家对铜这种资源的重要性有没有一些了解。前不久，我曾在有色金属协会，就是以前的中国有色集团，讲资源战略时讲过一个“铜文化”的问题。我们可以发现，人类文明史的每一次重大进步几乎都是和铜的发现、铜的开采和铜的利用联系在一块儿的。

历史学家告诉我们，真正的农业文明是从人学会使用金属工具才开始的。在农业文明的起步阶段，最初的金属工具是什么呢？是铜器。宗教文明的产生也和铜器的应用密切相关。农业文明产生以后，人们开始系统地思考人和自然界之间的关系，由此就有了具有哲学意义的、系统化的宗教。在几乎所有这些宗教中，最初作为人“天”对话的媒介就是铜器。人把想对“天”、对自然、对神、对灵魂、对故去的人说的话铸刻在铜器上作为祭器。我们知道中国有一种古老的乐器叫作“编钟”。“编钟”既是祭器，也是乐器。最早的有音阶、韵律的乐器也是铜器。最早的这种乐器并非奏给人听的，而是奏给“天”、奏给神听的，也是人“天”对话的媒介。

金属工具的诞生促进了生产率的提高，人类生产的产品开始出现了剩余。于是就产生了交换。在物物交换的发展过程中，人们逐渐创造出了一个伟大的文明结晶。这就是作为一般等价物的货币。货币的产生极大地促进了交换和分工的发展。没有货币也就不会有后来的市场经济。但最初能够在更大范围流通的、社会统一的、制度化的货币是以铜为原料的铸币。人类以前用的货币是什么呢？是贝壳、羊皮等。这些都不具有制度化的意义。统一铸制的铜币使货币的内在价值量有了社会的共同约定。人们在铜币上面铸上国号、重量、成色等，使货币具有了社会公认的权威性，使这种一般等价物为社会所普遍认可。

我们在前面说过，发电的技术早在18世纪80年代就诞生和为人们所掌握了。但此后很长一段时间内电力并没有迅速普及。为什么呢？因为电力的普遍应用受到一个制约，就是电力输送的问题难以解决。人们已经知道铜是造电力输送导线的最好材料，但找不到足够的铜来满足这个需求。直到在南非、赞比亚、智利等非洲、南美洲殖民地发现大规模的铜矿以后，铜的价格大幅度下降，人们才真正开始使用铜导线和实现远距离输送电力。

大家知道，电力的普遍应用是工业化进程中的一个里程碑。但世界上的铜资源还是太少，人们就开始寻找替代品。在最初发现铝可以在电力输送上取代铜的时候，铝的价格比白银还昂贵。直到后来人们又发明了电解铝技术，铝导线才在很大程度上取代了铜。

再举个例子。人们看《甲午海战》等反映清末我们民族抵御西方列强入侵的电影时都会注意到，那时的大炮炮弹都是圆圆的，像个大中药丸子，没有弹壳。士卒把炮弹从炮口塞进去。用火把一点，砰的一声打出去。这种炮弹打不多远，也没有多少准确度。直到人们找到铜这种金属，造出了铜弹壳，我们才有了近、现代意义的热兵器。也就是人们后来看到的，一搂扳机就能打的、能够瞄准射击的枪炮。只有铜这种金属才能满足造后膛击发的子弹、炮弹的要求。迄今除了榴弹式的武器自己向后喷火，其他热兵器的情况没有多少变化。

人们现在热衷于讨论的 IT 产业发展其实也和铜的应用有不解之缘。微电子业的“微”最初是靠铜的物理特性才实现的。在电子业的发展过程中，人们最先发明的是真空管，就是像小灯泡那样的电子管。后来发明了晶体管。晶体管使元器件的体积大大缩小了，那电路板的体积怎么缩小呢？人们发现铜具有很好的压延性和化学性能，就用铜来制造印刷电路。线路印在很薄的铜箔上，然后用溶液将不用的部分腐蚀掉，就得到了不用导线、不用焊接的完整的电路板。这种叫作“印刷电路”的工艺使得生产率大规模提高。集成电路也是在这个基础上发展起来的。

铜这么重要，但令人失望的是，我国这些年来一直没有找到足够的铜矿资源。除了传统的江西、安徽等地的铜矿资源外，我国新发现的铜矿资源在西藏。但那里生态和地质条件实在太脆弱，一时恐怕难以开采。

有色金属中另一个大宗需求是铝。我们的铝土资源比铜矿还短缺。我国人均铝土矿资源只有 283 公斤，只相当于世界平均水平的 7.3%。而且我们自己的铝土矿几乎全部为很难选、冶的硬铝石。目前我国的氧化铝需求已经有 1/3 靠进口。而且在 10 年左右的周期内，铝的需求中将有一半以上依赖于进口才能满足。下面就要说到人们最关心的能源，特别是石油了。

【5-1-2】我们只能用翻一番的能源来支持国民经济翻两番。在我国的一次能源构成中，煤炭比重占四分之三。在国际经验中，还没有一个大国是以煤为主力能源完成工业化的先例。别以为我们的煤很多。我国的人均煤炭资源占有量只相当于世界平均水平的一半略多，55% 左右；只相当于美国的 1/10。

从20世纪80年代初期开始，我国在“六五”、“七五”和“八五”的连续几个五年计划中都明确规定要重点发展能源产业。到“九五”中期，也就是1998年以后，令人们始料未及的是，我国国民经济中出现了一阵能源过剩现象。煤炭过剩、电力过剩。由此导致了我们在“九五”后期煤炭“关井”的结构调整政策。

那一段时期的能源过剩现象是不是表明中国的能源问题已经解决了呢？远没有解决。从中、长期看，不论从总量上还是从结构上，我们的能源仍是我国国民经济的重大隐患。

2008年我国一次能源总产量是26亿吨标准煤。标准煤是把各种一次能源形式，例如煤炭、石油、天然气、水电、核能等都按热值折合后的一种计量单位。应当说，我国的能源产量增长速度是惊人的。1980年我们的一次能源总产量只有6.4亿吨，2000年也只有12.9亿吨。2008年比1980年增长了306%，比2000年也翻了一番以上。但到2020年，能源产量再翻一番是不可能的。我们在到2020年的周期内，要实现国民经济比2000年翻两番。但这20年中我们要用也只能用翻一番的能源来支持国民经济翻两番。以这么小的一个能源增长规模来支持那么大一个国内生产总值的扩张规模，迄今我们不仅没有十足的把握，而且非常担心。这还只是总量。

目前在我国的一次能源构成中，煤炭占四分之三。油气能源加在一起只占14%左右。“以煤为主”的结构是一种很不利的能源结构。在国际经验中，还没有一个大国是以煤为主力能源完成工业化的先例。但我国的资源结构决定，我们自产能源增长几乎只能靠煤。我国一次能源产量中煤炭所占比重从1980年的69.4%一路提高，到2008年所占比重达到76.7%。

很多人都知道，与其他能源形式相比较，煤是一种低热值、高污染、高运输成本的劣质能源。煤的能源转换形式也比较麻烦。为什么在工业化过程中人们造出了“汽车”而没有造“煤车”呢？因为汽油可以灌进油箱，液体形式可以很容易地自流和雾化。而煤则无法实现这些。从长远看，要提高我国国民经济的运行效率，提高油气资源所占比重恐怕不可避免。一个简单道理，内燃机车就是比蒸汽机车拉得多、跑得快。

煤这种能源形式有很多缺点，但大家别以为我们的煤很多。我国的煤炭资源储量还是比较大的，但中国的人多。按照人均水平一算，我国的人均煤炭资源占有量只相当于世界平均水平的一半略多，55%左右；只相当于美国的1/10。在我国的资源禀赋中，对国民经济威胁最大的是油气资源的短缺。

【5-1-3】我们的石油资源人均储量是5吨，世界平均水平是23.5吨，美国是13.1吨；我国天然气资源的人均可采储量是1074立方米，世界平均水平是24796立方米，美国是16843立方米。也就是说，我国的人均石油资源占有量只有世界平均水平的21%左右，我国天然气资源的人均储量也只是世界平均水平的4%左右。

大家很关心我们目前石油的供给状况。我国从1996年起，就已经成为石油净进口国。2002年，我国的进口石油总量是7000万吨，到2008年，进口总量已达1.4亿吨。与此同时，我们每年还要进口大量的成品油。2008年我国进口成品油3000余万吨。前面提到，我国2008年一次能源产量是26亿吨标准煤，但同年我国能源消费总量是28.5亿吨标准煤。高于产量的那部分消费量从哪里来？只能是进口。也就是说，2008年我国至少进口了2.5亿吨标准煤的能源。进一步说，2008年我国煤炭在一次能源产量中所占比重是76.7%，但煤炭在能源消费总量中所占比重只有68.7%。这个差别说明什么？说明我国进口能源中主要是油气能源。2008年我国石油在一次能源产量中所占比重为10.4%，在消费总量中所占比重为18.7%。消费比重比生产比重高出的那8.3个百分点就是进口量。大家很容易算出，28.5亿吨标准煤的8.3个百分点是多少。当然，由于石油的热值高，一吨石油和一吨标准煤的石油还不是一个概念。但我国进口能源中油气占据主要比重应是无须质疑的。目前，我们的油品需求大约有2/5依赖进口。

随着国民经济的不断发展，我国石油供给中的短缺状况会越来越严重。2008年，我国自产石油1.8亿吨。从长期看，在未来的发展过程中，如果海上石油有明显的突破，到2020年时我们的石油产量可能会有微弱的正增长。如果海上石油没有大的进展，我们最乐观的预期也就是保住这1.8亿吨左右的产量。为什么？因为我们没有后备资源可采。现在即便我们加大开发力度，有更多的资金投入到石油产业中去，石油产量也很难增长。这是我们面临的最尴尬之处。

从理论上来说，我国陆基石油已探明储量为220亿~250亿吨。但是已探明储量并非都是可采的。通常探明储量最多只有三分之一可用于工业开采，叫作已探明可采储量。我们已探明可进行工业开采的储量只有70亿吨。这个数字是个什么含义呢？我们有13亿人口。用人口数一除，我们的后备资源只有人均5吨多一点。

人均5吨又是个什么概念呢？给大家一个参照系。美国有3亿人口。不算其他一次能源形式，美国一年消耗的石油总量超过9亿吨，人均消耗将近3吨。就是说，如果中国的人均石油消耗量达到美国现在的水平，我们把全部后备资源都采出来，包括边角余料都采出来，也只够我们用 1 年零 8 个月的。

我们前面说过，我国的煤炭资源人均储量仅比世界平均水平的一半略高，为 55%。煤炭的情况要比油气资源好得多。我们的石油资源人均储量是 5 吨，世界平均水平是 23.5 吨，美国是 13.1 吨；我国天然气资源的人均可采储量是 1074 立方米，世界平均水平是 24796 立方米，美国是 16843 立方米。也就是说，我国的人均石油资源占有量只有世界平均的 1/5 略强一点点，21% 左右。过去十年间，我们发现了一些较大的气田，天然气储量增长还是比较快的。这才有了“西气东输”工程。但即便如此，我国天然气资源的人均储量也只是世界平均水平的 1/25，4% 左右，少得可怜。这就是我们的后备资源状况。

我刚才说，未来 10 年左右的周期内自产石油的最乐观预期就是保住目前的 1.8 亿吨。这个“最乐观预期”，还得是不计成本地开采的情况下才能实现。

大家知道，国际市场的油价是经常变动的。有时候变动幅度还非常大。不计成本的含义是说，哪怕国际油价低过我们自己的成本，我们也得自己开采的情况。从长期的历史数据看，海湾地区石油的平均成本是每桶 5 ~ 7 美元；我们最好的主力油田，大庆油田的开采成本是 17 ~ 19 美元一桶。国际油价跌到 17 美元以下时，我们的油井绝对亏损。石油产业的成本不像一般的工业生产。采掘业的成本高低不仅取决于工艺、设备、管理等因素，还在很大程度上取决于自然条件。例如石油储量的丰富程度、埋藏的深浅，是早期的开采过程还是后期的开采过程都有很大的关系。

我们的情况是怎样的呢？大庆油田是我们最大的主力油田，年产 5000 万吨油。但经过 50 年的开采，大庆油田已经到了开采后期。“大庆”这个名字就是从 1959 年新中国成立十年大庆而来的。到现在已经开采了 50 年了。大庆现在相当多的油井要靠注水加压才能把油采上来。有的单靠注水都不行了，要靠注化学试剂才行。由此采上来的 90% 是泥浆，得二次分离才能拿出一点油来，成本很高。

最近一些媒体说我们在西部地区发现很多资源。的确是有一些发现。目前我国的新疆年产石油 2600 多万吨。乐观一些估计，10 年内可提高到 4000 万吨。媒体经常提到的塔里木油田是我们新开发的较大油田。但大家要知道，塔里木油田只是 500 万吨级的油田，而大庆油田是 5000 万吨级的油田。大庆的油层深度在 1200 米左右，而塔里木油田要打 6000 米深才开始见油。6000 米是什么含义？垂直向地下走 12 里地。而且塔里木油田的开采条件非常严酷，油采出来以后要经过自然环境很恶劣的漫长戈壁滩、沙漠地区，输油管道还需要在沿途不断加温、加压，才能把油送出来。显然，新油田的成本也是极高的。新油田替代大庆这样的已经进入衰退期的老油田的可能性几乎没有。2020 年以后，中国的石油产量肯定是递减的。

【5-1-4】保守估计，到 2020 年时中国的石油需求量将达到 5 亿吨。从现在起，我国的新增石油需求百分之百都要依靠进口。2020 年时我们每年至少要进口 3 亿吨石油。

我们自己的石油供给能力若此，那我们的需求情况是怎么样的呢？

目前看，保守估计，到 2020 年时中国的石油需求量将达到 5 亿吨。也就是说，10 年略多的周期内我国的石油需求中将有超过六成要依靠进口才能满足。那时我们每年至少要进口 3 亿吨石油。

为什么说这个估计是“保守”的呢？因为这个预测中还有两个很重要的因素肯定估计不足。哪两个因素呢？一个是“汽车进家庭”引起的油品需求增长。另一个是实施可持续发展战略，改善环境的要求引起的能源需求结构变化。

从 1998 年开始，为了寻求扩大内需的新思路，我们一直在不断地研究新的消费热点问题。当时很多人提出，应当提倡“汽车进家庭”。但这个意见未获通过。“汽车进家庭”是 2001 年才写进“十五”计划的。大家看到，2002 年中国的汽车“元年”已经启动。开汽车就得有油。由此带来的油品需求必然会呈现出一个长期的增长态势。2008 年，我国的私人汽车保有量为 3501 万辆，比 2000 年的 625 万辆增长了 460%！

最近一些年，北京举办了奥运会，上海即将举办世界博览会，广州也要办亚运会。由此带来，我们的一些大城市正完成向国际化大都市的转变。这个转变的内涵之一，就是要实现国际标准的环境状况。要实现这个环境状况，基本措施之一就是用高热值、低污染的优质能源取代那些低热值、高污染、高运输成本的劣质能源。也就是要调整区域能源消费结构。这个调整，不可避免的趋势之一就是“煤改油”。

大家知道，北京在“申奥”时，国际上的反对势力主要就两条理由。一条是“人权”问题。这个是政治问题，我们不去说它。实际上奥运会的宗旨之一就是超越政治、宗教、种族、意识形态等的体育竞技。把这个理由和“申奥”连在一起是没道理的。另一条就是北京的环境污染。这一条可确确实实是我们的弱项。现在，在北京工作的外籍职员都由公司发给很高的环境补贴。为什么呢？因为人家说，北京的空气质量太差，到北京工作要付出很高的健康代价。为了

“申奥”成功，我们是向国际奥委会作了承诺的。我们保证说，一定在2006年之前把北京的空气质量改善到符合国际标准，国际奥委会认可的程度。这个承诺是一定要兑现的。不然人家可以终止你的举办权。

实际上，北京从“申奥”成功之前就已经开始采取措施了。措置之一就是用低硫原煤取代高硫原煤。但从执行的结果看，到2006年冬天，空气质量改善的效果远不理想。所以北京又出台了一个政策，要求彻底淘汰烧煤。要么烧气，要么干脆用电。包括民用和工业锅炉。

其实，这个趋势并非北京、上海才有，我们的很多大城市都已经开始致力于改善自己的环境状况。随着社会生活水平的不断提高，人们对环境质量的要求也越来越高。由此带来的“煤改油”的趋势还没估计在上述预测之内。

2. 世界石油市场上的基本竞争格局

- 一个相当明确的基本判断是，世界有油卖，中国有钱买。
- 更多利用海外资源，我们已经具备了充分的物质基础。
- 我国有两万亿美元的外汇储备，其实这意味着人家从我们这儿拉走了价值两万亿美元的实物资源，然后给我们打了一张欠条。
- 石油价格的涨跌不取决于实物层面的供求关系，而是取决于期货市场上看多和看空双方谁的钱多。
- 国际油价巨幅波动的实质是西方大国在力图利用市场化手段争夺资源控制权。
- 威胁我国石油安全的首要因素不是战争，不是短缺，而是价格风险。
- 让国际油市的供给大规模增加，这就符合中国的根本利益。

【5－2－1】把节约放在资源、能源战略的首位，这是我国新时期能源战略的重心所在。具体的硬指标是，到2010年我国单位国内生产总值能源消耗要比2005年降低20%。

我们自己的自然资源匮乏，今后必将在越来越大的程度上依赖进口。买资源是不可避免的。那我们能不能买到呢？买资源会有什么弊端吗？国际市场上究竟能否有我们买资源的余地呢？我们现在就给大家介绍一些这方面的信息。

国际能矿产品市场涉及的方面很广。我们这里主要以最典型的国际石油市场的情况为例来说明。石油也是过去几年和当前人们关心的热点。国际油市也是我们关注最多的市场。

我们要依赖国际市场买油，这就引发了一个经济安全的问题。在过去几年中，就“石油安全”的问题，各个部门不知道开了多少研讨会。包括中央一些研究机构、国家计委、经贸委，也包括参与石油市场的各大石油石化集团，也包括外交、军事以及其他一些在国外工作的信息部门。

好几年前，有一次在某个部门的会议上，对方说，在石油这个重大问题上，我们能帮助做些什么呢？我说，这很容易，就请贵部门多派出一些“酷”小伙儿，去和国际石油大亨们的闺女们谈恋爱，我们的石油供给就安全了。这当然是玩笑。但早在十余年前的第一次海湾战争时，我们的军事专家们就确实严肃地提出过，如果中国的石油进口量要达到1亿吨，我们需要有一支具有足够续航、护航能力的远洋舰队才能保证海上石油通道的安全。如果中国的石油进口量要达到3亿吨，我们必须具备打赢一场像海湾战争那样的局部石油战争的军事实力才行。

大家知道，在国际海域上对石油安全构成威胁的不光有外国的联合舰队，还有复杂的国际势力，比如恐怖分子、国际海盗集团等。经常有一艘万吨轮在海上航行中忽然失踪了，过几个月又改头换面在某个海港出现了的事。船员都被杀害了。大家如果注意报纸就会知道，进入21世纪以来，中国海军远洋出访的消息一直不断，到加拿大，到欧洲。其意义是向世界宣示我们海军力量的续航能力。2008年以来，全世界都注意到的一个事件是，中国连续派出自己的海军编队到亚丁湾为自己的商船护航。这可不是小事件。这是中国海军有史以来第一次到外海执行军事任务。其意义恐怕不只是针对那些手持AK47步枪的索马里海盗。而且也在锻炼和昭示中国维护自己海上石油通道安全的能力。

上述判断是军事专家的判断。我们不去论证这方面内容。但石油确实是全世界所有经济、政治势力争夺的战略物资。全世界每年的石油产量只不过是35亿吨。中国要进口3亿吨，这个石油利益在整个世界石油利益格局中所占的比重是比较大的。我们对这个利益的安全性当然得有充分的估计。但我们需要有一个判断。目前对我国石油安全威胁最大的因素究竟是什么？是战争和武力吗？不是。在过去六七年中，对我国石油安全威胁最大的因素是国际市场的价格风险。我们首先要考虑、要研究的是“买”油，而不是去“夺”油。我们首先需要研究市场。

中国的国民经济必须发展，中国老百姓必须过好日子，我们必须奔小康。谁也不能阻止我们前进的脚步。那么，怎么解决资源问题呢？我们前面提到，最简单、最直接的一个答案是到国际市场上去买。

但到国际市场上去买，又有两个必须回答的问题。一个是国际市场上有没有那么多的油卖？另一个是中国有没有钱买，能不能买得起？

【5-2-2】一个相当明确的基本判断是，世界有油卖，中国有钱买。目前全世界的石油生产能力大约为35亿吨。即或考虑到中国以及整个亚洲的石油需求增长，世界石油生产能力仍是能够满足供应并且有余的。在今后一个较长时期内，世界石油市场供给增长的因素要明显多于需求增长的因素。

在前面我们涉及有关资源问题的信息中，悲观方面的比较多。但这两个人们最可能持怀疑态度的问题，其答案反而比较乐观。就我们的研究成果看，一个相当明确的基本判断是，世界有油卖，中国有钱买。

先说世界有油卖。

我们已经多处提到，目前全世界的石油生产能力大约为35亿吨。从实物层面看，全球石油市场的供给是充裕的，供略大于求。这样一种供求关系格局包括过去几年，也包括未来一个较长时期。

在可预见的一个战略周期内，世界市场上的新增需求主要来自亚洲，其中主要来自中国。目前亚洲的自产石油能力明显趋于下降。原来作为亚洲主要油气出口源的东南亚各国中，目前保持出口能力的只剩下马来西亚。再有就是我们前面提到的小国文莱。文莱的石油和天然气主要卖给日本，几乎是让日本人全包了。印尼已经从石油出口国转变为净进口国。除中国外，亚洲新增需求的另一主要来源是印度。目前印度有超过1亿吨的石油加工能力，其石油供给中65%左右来自中东。

即或考虑到中国以及整个亚洲的石油需求增长，世界石油生产能力仍是能够满足供应并且有余的。在今后一个较长时期内，世界石油市场上供给增长的因素要明显多于需求增长的因素。从2000年以来，俄罗斯的油气出口已经成为其经济增长的主要支持因素。在过去几年中，俄罗斯已经多次不顾石油输出国组织的限产建议去抢占国际市场。目前，为油气资源寻求稳定的国际需求已经成为其明显的经济政策取向。在2003年伊拉克战争以前的10余年封锁中，伊拉克的石油出口只占世界石油贸易总量的0.2%，但伊拉克石油储量占世界总储量的11%，为全球第二大石油资源富集国。在萨达姆时代，伊拉克已有的92座油田中只有24座尚在开工、半开工。如果伊拉克的局势能够实现稳定，这样一个巨大的供给能力将很快加入到世界市场中来。近年来，南美一些国家的政治局势也成为世界大国关注的焦点。委内瑞拉、巴西等南美国家也在加入到影响世界石油格局的竞争中来。2008年初，委内瑞拉的总统查韦斯访问中国，回去就宣布，以后委内瑞拉的石油一半卖给中国。2009年初，世界金融危机中巴西向中国借了100亿美元，中国的条件就是，这个钱要用石油还。

目前国际上的石油生产能力能够保证当前条件下全球对石油的需求。很多人可能不相信这个判断。因为过去很多专家都分析说，全世界的石油资源很快就要告罄。这个分析没有错。煤、天然气、石油等一次能源，我们统称为化石能源，也称为不可再生能源。从长期看，由于石油自身的不可再生性，随着全球石油需求规模的不断扩大，工业化的不断普及，确实可能用不了几十年。但就目前的市场形势看，供求基本平衡，供还略大于求的基本格局也是确实存在的。

今后一段时期，即使全球经济能够较快走出金融危机的阴霾，实现为较快增长，也并不会导致石油需求有太多增长。相反，有些国家在经济增长过程中对石油的需求还会下降。随着高科技产业的发展，发达国家的经济增长越来越摆脱了对自然资源投入的依赖。他们靠什么呢？靠信息资源。过去几年中石油价格的暴跌暴涨并没有影响到美国经济走出“9·11 事件”的阴影，并在 2002～2005 年间呈现出持续强劲增长的态势。由于经济增长强劲，美联储从 2004 年 7 月到 2006 年 6 月连续 17 次升息。在 2008 年以前的十余年中，日本的经济很不景气。但我们并未听说石油价格的暴跌暴涨使其雪上加霜。目前日本经济面临的困境主要是金融危机下的国际市场萎缩和日元持续升值。迄今没听说有人把世界金融危机归咎于 2008 年 7 月国际油价暴涨到每桶 147 美元。为什么呢？因为发达国家的产业结构正在升级，正在大规模淘汰高耗能、高资源指向型的产业，正在大力发展资源节约型的高科技产业、信息业。

曾有军事专家分析，2003 年伊拉克战争中美国海上运输量的 2/3 以上并非兵员弹药，而是油料。航母、战斗机集群、坦克集群等作战装备的油料消耗非常巨大。伊拉克富集石油，可美国运到伊拉克的东西中大部分是油料。油料运输成本很贵，运输过程又极不安全。目前国外的军事研究中一个很重要的方向是怎么把装备的油耗降下来。目前打赢一场战争需要解决的最大难题也许已经不是精确制导的问题，而是如何节约油料的问题了。由于发达国家的石油需求是呈现下降趋势的，在未来十年左右，如果没有特别的突发事件，国际市场上的石油供给是充足的。

2003 年时，英国《金融时报》一个记者就石油问题采访我时，我曾给他普及过一点经济学知识。我告诉他，最近若干年来，在石油问题上你听得最多的消息是什么呢？是 OPEC，也就是石油输出国组织主动增产或减产以调节油价的消息。那么请记住，如果石油输出国组织还可以用增、减产来影响油价，也就是全世界的石油供求关系仍主要受供给政策影响的时候，这个世界并不缺油。如果有一天，当人们经常听到的消息变了，变为美国打算对私人汽车实行汽油配给制度，或者日本政府打算拿出更多钱用于石油代用品的技术开发的时候，也就是说，这个世界得用需求政策来调整石油的供求关系时，到那时石油短缺才真的到来呢。

世界有足够的油卖，为什么进入21世纪以来石油价格会发生暴涨？这个问题我们待会儿再回答。我们先说中国有钱买。

从我国的实际情况看，长期、大比重进口石油的支付能力是具备的。在正常的市场情况下，靠买油来弥补我们的供求缺口，中国是买得起的，也用得起的。

买油得用外汇。中国的外汇储备情况是怎么样的呢？1980年时，我国的外汇储备是负的13亿美元。1990年时我国的外汇储备增长到111亿美元。2000年末，这个数字增长到1656亿美元。2008年末，我国的外汇储备已达1.95万亿美元。我们的确有足够的钱买油用。

不仅从外汇储备的存量和增长情况看我们买得起，而且从我国目前的国际贸易总量和增长态势看，从外汇平衡、进出口平衡、国际债务结构等多方面情况看，支持这样一个资源进口量的支付能力也是充分具备的。2008年，即使受到世界金融危机影响，这一年我国的出口总额仍达1.43万亿美元，进口1.13万亿美元，顺差达3000亿美元。

实际上，我们现在的外汇储备增加并不单纯依靠贸易顺差。就是说，我们并不是仅靠卖给别人多、从别人那里买得少来增加外汇储备了。目前我国外汇来源中，一个越来越多的部分是外商直接投资。从2000年我们实际利用外资额分别是593.6亿美元，2008年增长到952.5亿美元。大家注意，不是协议金额，是实际利用外资，外国钱实实在在地拿到了中国。中国现在外商直接投资的规模是世界上排名第二。并且在未来一段时间内，这个势头仍将继续保持。

2003年中国部分地区出现了“SARS”疫情。当时很多人担心对外经贸受到影响。我说你放心，资本这个东西不怕SARS，就怕不赚钱。国家资本绝不会因为疫情这样一个自然属性的风险就不到中国来。如果那样就不是资本了。资本决策只有一个原则，那就是利润。如果说每年进出口的增长速度还要受一点国际市场景气不景气、是扩张还是紧缩，国家间的经贸关系是协调还是对抗等因素的影响，那外商直接投资受这些因素的影响程度要小得多。我们在前几讲中说过，过去几年中全世界汽车市场的销售增量绝大部分在中国。你说外商会甘于放弃这个市场吗？他哭着喊着也得来。2009年，美国通用在金融危机中走到了破产的边缘。在申请破产保护后，进行债务重组时发现，通用最优质的资产在哪里呢？在中国。就是上海通用。

说中国买得起买不起，还得看我们买油来干什么。进入21世纪以来不是有个说法，说中国正在成为世界制造中心吗？我们买油的目的是推进工业化，是加工制造更多的产品拿到国际市场上去卖。进口资源而出口加工制造业产品将是我国在今后一段较长时期内参与世界经济分工，获取更多国际比较利益的主要方式之一。在过去几年中，我国的出口不仅在规模上不断增大，而且在出口产品的构成上也在不断升级。我们的出口产品正在完成从资源产品为主向加工制造品、技术产品为主的转变。因此，我们买进原油支持工业化，加工制造更多产品出口是划算的。

无须争议，更多利用海外资源，第一是我们已经具备了充分的物质基础，第二是对我们的国民经济发展有利。

【5－2－3】现在我国有两万亿美元的外汇储备，其实这意味着人家从我们这儿拉走了价值两万亿美元的实物资源，然后给我们打了一张欠条。对国民经济发展真正有意义的不是欠条，不是债权，而是实物资源。保险柜里锁着很多欠条，对发展我们的国民经济，提高我们的国民福利水平并没有什么直接的作用。

可能有人心里会有一种从持家过日子而来的想法，外汇多了咱们多存一点，能不花尽量不花不好吗？恐怕不好。外汇储备还真不是越多越好。这里我们也顺便给大家讲一点外汇方面的经济学知识。

外汇这种东西没有不成，太少了也不成。一定量的外汇储备是一个国家综合国力的重要体现形式之一。一定量的外汇储备是提高国家信用程度，规避债务风险的一种安全储备。你外汇储备多，人家就敢把钱借给你，敢和你做生意。一个国家的外汇储备水平太低，在国际竞争中的风险就大。

1997 年的亚洲金融危机是怎么爆发的？最开始就是因为泰国等一些东南亚国家的外汇储备不充分，短期债务到期无法偿还引发的。还不上就只有靠廉价卖资源、靠货币贬值来换取外汇。由此就导致了一个连锁反应。一个国家的短期外债危机导致了一场区域性的大规模金融动荡。现在我们周边有些国家很愿意和我们做生意，但我们还真不敢把东西卖给它。为什么呢？因为对方的外汇储备很低，外汇的收入能力很不可靠。我们得提防着它还不起钱。这是我们吃了不少亏以后才总结出来的教训。一些国家把我们的商品拉走了，然后说没外汇还钱。要么你接受他们的本国货币，要么让你把他们卖不掉的甘蔗或者羊皮拉走抵债。

没有外汇储备或者外汇储备太少了不行，但外汇储备太多了也不行。且不说外汇本身就是一个高风险的财富储备形式，国际汇市上的汇率变化是非常大的。

欧元刚诞生的时候1欧元可以换1.2美元。几乎没人料到，欧元很快地贬值到了只能换0.84美元。人们都认为美元坚挺，多存美元。2003年后美元又疲软了，1欧元又能换1.4个美元了。里外里能亏出百分之三十几去。2009年，美联储为刺激经济大量增发货币，很多人担心美元贬值。但实际情况是，美元反而对欧元等主要国际货币呈升值态势。

汇率风险是一方面。更重要的是，外国钱是人家外国政府可以随便印的。想跟中国买东西了，随便印点就能买。这就是强势国际货币，也就是我们所说的“硬通货”的一种经济特权。这个外汇储备其实就是一张欠条。不过是这个欠条的信用比较好一点，流动性高一点罢了。现在我们说中国有两万亿美元的外汇储备，其实这意味着人家从我们这儿拉走了价值两万亿美元的实物资源，然后给我们打了一张欠条。当然也意味着我们可以拿这些外汇到他们国家买回同样价值量的东西。仅此而已。

我们知道，对国民经济发展真正有意义的不是欠条，不是债权，而是实物资源。常识可知，实物资源越多、利用效率越高，我们的国民福利才能增长得越快。保险柜里锁着很多欠条，对发展我们的国民经济、提高我们的国民福利水平并无直接的作用。

【5-2-4】过去几年中世界石油市场是被人操纵的。被什么人操纵呢？一个叫国际垄断资本，另一个大的国际资本集团是国际投机资本。过去几年来，国际油价巨幅波动的实质是什么呢？就是西方大国在力图利用市场化手段争夺资源控制权。

现在我们就进入最关键的问题，世界有油卖，也就是石油供求并未出现大的失衡，那为什么国际油价会出现暴涨暴跌？

在过去十年中，由于种种原因，在大多数时间内，我们听到最多的声音是“第三次石油危机就要来了”。这种说法，如果不是故意哗众取宠，至少也是对石油市场价格变化的无知。

实际上目前的油价变动并不是什么新鲜事。仅在过去十年的时间内，国际油价就曾经历过多次暴跌暴涨、暴涨暴跌的反复波动过程。1997年亚洲金融危机之后，国际油价就不断下滑。1998年我国南、北方发大水时大家可能记得这么一个镜头。在松花江、嫩江的抗洪过程中，我们连筑三道堤坝也未能阻止洪水冲进大庆油田。但后来好像并没听说大庆油田由此遭受多大损失。为什么呢？因为

1998年那一年世界石油市场上的价格暴跌，远远跌到了大庆油田的成本之下。当时我们的一个产业政策就是关闭部分油井。大水来了，我们干脆把一些被淹的井关掉就算了。

到1999年1月时，国际油价曾跌破了10美元一桶的12年来的历史低位。此后油价不断攀升，到2000年10月时国际油价又涨到了37美元一桶的10年来的历史高位。此后油价再次下滑，美国"9·11事件"之后，到2001年11月时最低跌到了17美元一桶的价位。2003年美国打伊拉克之前，由于美国发动"反恐"战争的声音不断升级，国际形势紧张导致了市场恐慌，国际油价曾一度攀高到了40美元一桶。2003年3月，美国打响伊拉克战争的第一天，国际油价当天就暴跌了17%。因为人们相信，军事实力强大的美国打败伊拉克不会有悬念，伊拉克石油将很快成为国际油市上新的供给增量。2003年5月，国际油价下跌到25美元左右一桶。但人们没有想到的是，美国人占领了巴格达、抓住了萨达姆并不等于就是控制了伊拉克。从战争开始到现在，伊拉克的形势依然难以驾驭，恢复石油开采变成了一个遥遥无期的事，到2008年7月，因为美国那时又扬言要打伊朗，国际油价又暴涨到了147美元一桶。

既然世界不缺油，为什么在过去几年中世界石油市场上会反复出现价格的暴跌暴涨、暴涨暴跌？因为这个市场是被人操纵的。被什么人操纵呢？被两个大的国际资本集团操纵。

这两个大的国际资本集团，一个叫国际垄断资本，就是我们在20世纪70年代以后已经很熟悉的那些石油跨国公司。当前国际上资源富集的大油田仍主要掌握在西方的国际垄断资本手中，世界排位中前20家大型石油公司垄断了全球已探明优质石油储量的81%。这些跨国公司不仅垄断了全球最富集的油田资源，最主要的石油生产能力，而且把它们的触角延伸到了流通领域，在石油市场上翻手为云、覆手为雨。其代表就是埃克森、壳牌、BP、道达尔等。

另一个大的国际资本集团是国际投机资本，就是在亚洲金融危机之后人们渐识"庐山真面目"的索罗斯之流。索罗斯们掌握的"对冲基金"专门进出国际上的各种虚拟市场，比如股市、汇市、期市、油市等，在那里兴风作浪。

别小看索罗斯的能量。他所支配的那些"基金"尽管规模巨大，但在国际虚拟市场上并不足以掀起太大的风浪。实际上，在他的背后还有第三个大的国际资本集团，国际金融资本。就是那些西方大银行。在近年来国际金融市场每一次波动中，背后都有这两个资本集团相互联手的影子。亚洲金融危机就是索罗斯挑起的。1997年索罗斯狙击港币大败亏输，他没想到港府保卫"联系汇率"的决心有这么大，会果断地直接入市干预。这个失败记录并不意味着索罗斯的力量不大，他曾经袭击英镑成功。英镑的市场流通规模要比港币不知大多少倍，他尚且得手，你就知道索罗斯在短期内可以调动的货币资本规模有多大了。

现在人们经常听说经济全球化这个说法。经济全球化的一个表现就是资本在全球范围内的加速流动。现在几百上千亿美元的国际投机资本从美国纽约股市上退出，到伦敦布伦特原油期货市场上建仓，这个过程需要多少时间？只要 15 分钟就够了。

【5－2－5】进入 21 世纪以后，原来主要满足发达国家需要的资源现在要由多得多的国家和人口来分，这个不平衡仅仅靠渐进式的调整不能实现了，就得靠强制性的危机性调整来实现。油价暴涨解决不了问题，迫使人民币升值解决不了问题，热钱到处乱窜解决不了问题，发美国国债向全世界借钱也解决不了问题，最后不管人们主观上愿意和不愿意，就只能由市场用危机方式来解决问题了。

前面我们已经反复提到世界金融危机的话题。世界金融危机和石油市场有没有关系？有密切的关系。

我们所处的这个世界为什么发生这场被称为“活着的人谁都没见过”的金融危机？从最深层次上说，是世界资源配置格局发生了变化，渐进式调整不足以调整其中的不平衡引起的。

从 20 世纪 90 年代以来，实际上人类在科学技术上取得的成就是前所未有的，这些成果的社会和经济发展领域中的应用程度是前所未有的；世界物质生产能力的扩张是前所未有的，全球资本配置效率的提高程度也是前所未有的。人类并未遇到技术停滞不前，或者物质能力大毁灭的危机，为什么会出现全球性的经济大动荡呢？

在过去 200 年的工业化历史中，第二次世界大战后世界经济发展的过程中，世界上形成了一个叫作“发达国家”的集团。我们常说的“发达国家”就是北美、东亚和欧盟三大经济区。这三大经济区总人口约 7 亿多人。在 20 世纪 90 年代之前，全球的资源和几乎所有的工业化、现代化成就主要都是由这 7 亿多人享有的。高速路、私家车、空调、远程客机、无线通信、互联网等。全球 60 亿人口中剩余的人很少享受到这些人类物质文明的成果。我们中国不是到 20 世纪 90 年代初才有了“沈大高速”这个第一条高速公路吗？中国老百姓不是到 20 世纪 80 年代末期才开始追求“彩电、冰箱、洗衣机”这“新三大件”吗？但进入 21

世纪以后，拥有13亿人口的中国、拥有10亿人口的印度以及拥有1.6亿人口的巴西和拥有4300多万人口的南非等正在大踏步地加入到这个叫作“工业化”的俱乐部中来。最近媒体上有个叫作“新兴经济体”的新词出现频率越来越高，指的就是这些国家。这些国家、这么多人口都要有高速路、要有现代化的城市和住房、要用空调、要开私家车，显然世界原有的资源配置格局就远不能满足需要了。原来主要满足发达国家需要的资源现在要由多得多的国家和人口来分，这个不平衡仅仅靠渐进式的调整不能实现了，就得靠强制性的危机性调整来实现。油价暴涨解决不了问题，迫使人民币升值解决不了问题，热钱到处乱窜解决不了问题，发美国国债向全世界借钱也解决不了问题，最后不管人们主观上愿意还是不愿意，就只能由市场用自己的方式，也就是“全下岗、重上岗”的危机方式来解决问题了。我们认识世界金融危机，应当具有这个层面的深度。

这还只是资源、石油与金融危机的深层次关系。还有更直接的一层关系呢。

我们反复说到的石油价格，实际上是指石油期货价格。石油价格有个特点，期货价决定现货价。

期货是什么？就是一手钱没有一手货的交易，远期交割的买卖叫期货。期货市场本来是人们在市场经济中发明出来规避风险的一种工具。在市场价格波动大的产品市场中，人们可以在生产投入之前，就以一定的价格先把将来才能生产出来的产品卖掉，锁定价格，这样就可以在一定程度上规避价格风险了。这叫“套期保值”。

期货交易是规避风险的工具。可人们没想到，这个规避风险的根据被发明出来以后，又演变成了放大风险的杠杆。

期货既然是远期交割，人们很快发现，这个交易实际上可以先买后卖，也可以先卖后买；而且买卖双方实际上也不需要每笔交易都真的到期交割。因为人们只要在合约到期之前做一个与自己的持仓方向的交易，结算差价就行。例如买进一手合约的石油，只要在到期之前再卖出一手合约的石油来对冲，结算差价即可。

这个发现可不得了。从此以后，石油期货市场上的价格就变得和实物层面的石油供求关系完全脱节了。买油的并不真的需要油，卖油的也不真的有油可供。假定说，将来某一天全世界只有一桶石油可供交割，但每天持有那天交割的石油期货仓单可以有无限多桶。因为不论赔赚，只要在交割期前对冲平仓即可。双方赌的就是未来石油价格的涨跌。而石油价格的涨跌也不再取决于实物层面的供大于求还是供不应求，而是取决于在期货市场上看多和看空双方谁的钱多。谁的钱多，持仓量就大，价格就听谁的。你想想，这个市场的价格还有谱吗？油价在

2008年7月暴涨到每桶147美元就是这么来的。

什么价格也不可能光涨不跌啊。这种根本没有实物层面供求关系支撑的价格一旦走到没有人再相信的程度，也就是风险累积到极大程度时，它就只有一个方向，那就是暴跌。全球经济中，股市、债市、汇市、油市、楼市以及金融衍生品市场就构成了一幅互相影响、轮番暴跌的图景。

1999年，我们的能源战略有了一个重大调整，这就是明确制定了“走出去”的战略。过去几年，我国在石油及能源“走出去”战略中取得了不小的进展。我们不仅在利用国际资源上成为世界上进口增长最快的国家，而且在收购海外资产上也有很多成功案例。“走出去”的问题我们下面在能源战略中说。先说一点我们石油期货市场上的教训和挫折。

大家可能听说过2004年末的“中航油事件”。中航油是我国在新加坡上市的一家公司。这家公司的总裁陈久霖在石油衍生品交易市场上判断失误，一下子导致了5.5亿美元的亏损。判断失误是哪一个企业家都可能犯的错误。陈久霖的错误其实不在于对市场价格涨跌判断错了方向，而在于他根本不知道和他对赌的对手究竟有多少钱。在石油期权这个拼资金实力的市场上，他的对手背后是国际金融资本，相对于中航油来说，对手的资金可以视为无限多。就是说，不论国际油价涨跌，陈久霖根本就不可能赢。

中航油事件不是偶然的。我认为，除了陈久霖本人应负的责任和公司的风险防范制度的缺失等方面问题外，应当说，这个事件说明，在“走出去”战略的实施过程中我们还非常缺乏经验。打个比方说，就像当年弱小的八路军在情况不明的条件下与日本鬼子的主力部队打了一场遭遇战。抗战初期，八路军根本没有对日作战的经验，对着日本鬼子大喊“缴枪不杀”，结果导致了很多伤亡。但伤亡不要紧，最终中国人民不是也把日本鬼子赶出去了吗？中航油的教训固然惨重，但首先是我们走出去了，是我们已经开始和国际大资本正面“接火”了。这个意义不应当小看。

2003年的伊拉克战争和此后的伊拉克局势，是影响国际石油价格的重要因素。但影响国际油价的因素并非只有伊拉克和中东局势。

俄罗斯在普京的8年任期内，国民经济的年平均增长率达到了7%以上。在这个增长速度中，大约有5个百分点是靠卖油气资源实现的。俄罗斯现在已经成为国际石油市场上最大的供给者之一。石油和天然气也由此成为俄罗斯与美国、北约等国际势力博弈的重要筹码。大家可能听说过普京掐断乌克兰天然气管道的事。2005年，乌克兰不同意俄对乌出口天然气的提价条件，俄罗斯竟断然中断了对乌克兰的天然气供应，结果只能是乌克兰就范。其实就范的不只是乌克兰，还包括欧盟国家。因为这些国家也得通过乌克兰过境进口俄罗斯天然气。大家可能听说过中俄合作在远东地区修建输油管道的事。这个项目已经谈了很长时间。为油气资源寻求稳定的国际需求已经成为俄罗斯明显的经济政策取向。现在国际油市上的一个很大变化就是俄罗斯已经使石油输出国组织无法控制世界石油市场的供给。

进入 21 世纪以来，影响油价的国际事件还有很多。传统的中东巴、以冲突已经不是吸引眼球的热点地区了。伊拉克战争以及在那里迄今不断的自杀性炸弹袭击事件、伊朗核问题、从粮食中提取生物能源的规模扩张、南美的委内瑞拉政治动荡、索马里海盗对亚丁湾航行安全的影响等。

除了这些地缘、民族、宗教、政治、反恐等侧面的现象因素外，还有一个因素不可不提。这就是汇率。

从 2003 年后半年以来，影响国际油价的一个新的重大因素是国际汇率的变化。大家应当注意到，我们所说的油价，都是用美元标价的。因此实际上，在很多时候，未必是油价真的变动了，而是美元自身的币值变动了。美元对国际主要货币贬值，就表现为油价涨。在这种情况下，其实不是油价涨了，而是美元跌了。反之亦然。在我们反复提到的 2008 年 7 月油价涨到每桶 147 美元的高位时，从 60 美元到 147 美元的价格区间内，至少有三分之一不是油价真的涨了，而是美元相对于欧元和日元贬值了。在这个区间内，欧洲人用欧元买石油、日本人用日元买石油并没有涨价，或者没有涨多少，只是美国人用美元买石油涨价了。也就是说，石油价格在一个相当大的变动区间内实际上只是对北美经济区涨价了。前面说到的左右油价的三大国际资本集团，不仅直接在石油期货市场上对垒，而且会迂回地通过国际汇市发动利益博弈。

对新闻事件了解稍微多一些的人可能记得，2000 年时，国际油价曾一度上涨到 36 甚至 37 美元一桶。当时欧洲的电视台把布鲁塞尔的集装箱卡车司机堵住高速公路、巴黎的出租车司机包围加油站、挪威渔民要求政府发放燃油补贴等抗议示威的画面演给全世界看。但大家有没注意到，后来国际油价上涨得比那时快得多，涨幅也大得多，为什么 2003 年以后的油价上涨并未引起欧洲社会的明显反响呢？因为用欧元买油并没有贵多少。在过去几年中，国际油价变化在很大程度上是国际汇市剧烈波动在油市上的反映。

国际汇市也是西方大国力图利用市场化手段争夺资源控制权的一个领域。传统的“炮舰政策”仍然在用，比如 2003 年美国打伊拉克战争。另一手是用符合“游戏”规则的办法争夺对资源的控制权。比如欧洲一些国家通过汇率波动让美国人买油多花钱。

美元贬值，实际上并非只是美国人买石油得多花钱，我们的人民币和美元的汇率联系紧密。我们买油时得把人民币先换算成美元，由此我们也就得付出非常昂贵的代价。

【5－2－6】威胁我国石油安全的首要因素不是战争，不是短缺，而是价格风险。国际油价的巨幅波动不仅给我们带来了非常大的利益流失，而且已经给我国国民经济的稳定运行带来了极大的损害。

在油价巨幅波动现象的背后，我们不应忽略的一个重要问题是，经济大国、国际资本正在用符合游戏规则的办法争夺对资源的控制权。

大家知道马来西亚在20世纪90年代初中期有个领导人叫马哈蒂尔。这个人上台掌权后在推进马来西亚国内政治稳定、民族和解和经济发展上应当说作出了很大贡献。因此他在马来西亚和东南亚获得了不小的声誉。十多年前我们到马来西亚访问时，那里的华人侨领都会口口声声地提到，“在尊敬的马哈蒂尔医生领导下”。马哈蒂尔很想当亚洲的头儿，至少接替李光耀当个东南亚的头儿。经过20余年的努力，眼看他的国际声誉日上的时候，1997年亚洲金融危机爆发了。马来西亚的经济在这场危机中受到严重挫伤。他的多年努力一朝化为泡影。1998年国际货币基金组织在香港开会，马哈蒂尔和索罗斯都去了。马哈蒂尔看见索罗斯当然就气不打一处来，在会上几乎失态地大骂索罗斯。索罗斯倒没有急赤白脸。他说马老先生您先别生气，您先说说，我所做的一切有哪一点违背市场的游戏规则了？您受了损失我很遗憾。但如果我没有违背规则，那您就无权骂我。您只能怨您自己对规则和风险的无知与轻率。

在关于我国石油安全的讨论中，我们一再强调一个观点：威胁我国石油安全的首要因素不是战争，不是短缺，而是价格风险。我们现在面临的问题是，在国际油市上我们一直处于被动地接受价格的地位。中国作为最大的新增需求来源国，对国际油价的形成几乎没有什么影响力。迄今在我们的石油采购量中采用了市场化避险手段的部分微不足道。

我国对外开放的历史还不长。我们对这样一个全面竞争的国际市场同样缺乏了解。也正由于这个缺乏了解，我们始终采取了游离于市场竞争之外的一种立场。大家想想，如果1桶油多要我们1美元，我们进口1亿吨石油得多付多大代价。

我们前面说到油价时的单位都是“桶”，说到我国的石油资源及进口量时的单位都是“吨”。桶是容积计量单位，吨是重量计量单位。桶和吨之间还有个换算。因油质不同、比重不同，有的1吨合7桶略多，有的1吨合7桶不到。我们大致按1吨折合7桶的比例换算，1桶油多要我们1美元，1吨油就多收我们7美元。进口1亿吨石油，我们就得多付7亿美元。实际上如我们刚才提到的，国际市场上的油价波动幅度是非常大的，甚至在一天之内波动三四个美元都屡见不鲜。大家可以很容易算出来，2003年以后油价从25～30美元一桶上涨2008年的每桶147美元，我们得多花多少钱。

别以为油价涨我们得多掏钱，油价跌就对我们有利。2009年上半年，东方航空爆出了我国A股市场上最大的亏损额，达160亿元。怎么亏的？油价高位时做套期保值，预期油价会继续上涨，没想到2008年四季度油价不涨反跌，到2009年1月跌倒每桶36美元。目前在每桶70美元左右徘徊。不只东航，国航、南航也因同样原因亏损达40亿到60亿元。另外还有中国远洋也因油价暴跌，在“套保”上吃了大亏。

国际油价的巨幅波动不仅给我们带来了非常大的利益流失，而且已经给我国国民经济的稳定运行带来了极大的损害。1998年到1999年初国际石油价格暴跌是我国石油被迫限产和成品油走私形势骤然严峻的基本原因之一。其后的价格猛涨，又给我国的石化产业带来了成本急剧上升的严重困难。从技术、经济特点上说，石油采掘与石油炼制都是对均衡生产要求很高的产业。从社会再生产链上说，石油与石化产业的景气状况对几乎所有产业都有重大影响。

人们常说，石油的价格直接关系到从原子弹到面包几乎所有产品的成本。由于不断推进油价与国际市场的接轨，从1999年11月以来，我国不得不频繁、反复地调整国内市场的成品油价格。有时候连续上调，有时又连续下调。成品油价格的反复大幅变动实际上非常不利于我们国民经济的稳定运行。

有一次我在北京坐出租车，出租车司机和我诉苦。他说，国家这个油价是怎么定的呀，好像专门和我们开出租的过不去似的。前一阵子汽油价格连续上调，你知道这油价上涨的代价是全要摊在开出租的人头上的。公司不会因油价上涨而少收“份儿钱”，出租车价也不能因为油价上涨而提高。油价涨多少我们的收入就得减少多少。油价的波动甚至已经给出租车司机这样经济末梢的群体的利益造成了损害。

国际油价的大幅波动和起伏不定不仅已经构成了对国民经济长期稳定发展的严重威胁，而且还严重影响了我们的改革进程。1998年初，朱镕基总理这一届政府一产生就说要推进“费改税”的改革。“费改税”中的第一项就是要把养路费改成燃油税。每年说要改，每年出不了台。为什么呢？就因为国际油价起伏不定，成品油价上再加税恐怕很多部门无法承受。直到2008年，这项改革才算实际实施。前后延误了10年。

【5-2-7】中国在大国之间的这种资源利益的博弈中是个什么立场？一条是有利于世界的和平和发展，另一条是有利于中国的根本利益。什么是中国自己的根本利益呢？不管伊拉克的问题用什么样的办法解决，只要能尽快解除对伊拉克的封锁，让更多的伊拉克石油卖到国际市场中去，让国际油市的供给大规模增加，这就符合中国的根本利益。

迄今石油仍是大国之间利益博弈的最重要筹码。人们都注意到，2003年在伊拉克战争这个问题上，美、英、法、德、俄等国家的立场出现了很大的分歧。为什么会有分歧呢？石油利益。

中国在大国之间的这种资源利益的博弈中是个什么立场？我给大家举个例子。在2003年3月的“两会”之后，在温家宝总理的记者招待会上，有个西方记者问温总理，中国在伊拉克战争上立场是什么样的？温总理的回答是两条。一条是有利于世界的和平和发展，另一条是有利于中国的根本利益。

这两条肯定是温总理事先早就想好等着记者们来问的。我看温总理回答的这两条太好了。非常简单明了。简单明了的背后又有着丰富的潜台词。什么潜台词？记者先生们你们自己去想吧。

有利于世界的和平和发展，这个话所有的政治家都会说。当年的布什也是这么说的，萨达姆也是这么说的，但唯有中国是真心的。中国是个发展中国家，和平稳定的国际环境肯定是我们最期望的。这个不用多说。另一条就有深意了。中国的立场还取决于中国自己的根本利益。

仍以伊拉克问题为例，所有大国的态度其实都是出自他们自己的根本利益。无一例外。

大家知道，俄罗斯当年是坚决反对对伊拉克动武的。是俄罗斯特别同情伊拉克人民的遭遇，还是普京“心太软”？都不是。普京是什么人呢？是苏联“克格勃”训练出来的人，处理危机时的手段之狠辣是出了名的。大家想想2002年他处理莫斯科剧院人质事件时所采用的手法，就可以知道这个人绝不是心慈手软之人。对俄罗斯来说，什么是其根本利益呢？就是伊拉克问题不解决。联合国不是封锁了伊拉克10多年了吗？最好再封锁10年。为什么呢？因为伊拉克被封锁的时间越长，俄罗斯的油气资源就越能更多、以更好的价钱卖到国际市场中去，俄罗斯和大国周旋的谈判地位也就越有利。俄罗斯的本意就是尽量地拖着，维持现状。一方面有萨达姆牵制着美国，美国就得向俄罗斯做出一定的妥协；另一方面俄罗斯的经济极大地依赖于向海外卖资源。国际市场的供给增加显然不利于俄罗斯的利益。

那当时法国为什么反对动武呢？法国自己没有多少石油资源，但法国的石油公司在海外有着非常大的利益。此前联合国封锁伊拉克的时候，萨达姆缺钱花怎么办呢？他就把伊拉克石油开采权的"期权"给卖了。在这个未来的开采权中，法国的公司买走了40%左右。也就是说，如果有一天伊拉克解禁，伊拉克的石油开采权将有40%左右掌握在法国的石油公司手里。法国当然不希望打破这个既定的"规则"。

而美国又为什么非得动武呢？对伊拉克封锁是美国主导的，美国公司当然就不敢参与进去买这个"期权"。到后来美国一看，原来我费了那么大的劲封锁了伊拉克那么多年，都是替你法国封锁了，你法国倒趁机买了便宜货。假如真有一天联合国对伊拉克解禁，那法国人不就成了最大赢家了吗？所以美国人必须打这一仗。靠打仗才能重新划分伊拉克的石油利益格局。武力推翻萨达姆，原来政府签的那些协议就可以不认账了，就可以由美国人来主导重新签协议。所以美国人就说，萨达姆有大规模杀伤性武器，那是实质性违背联合国1441号决议，必须要打你；萨达姆没有大规模杀伤性武器，那是你藏起来不让我找到，那也是实质性违背联合国1441号决议，也必须要打你。总之是必须打你。为什么呢？核心秘密就在这里。

别看政治家们在各种国际讲坛上慷慨陈词地大讲特讲"国际正义"、"人权"、"人道主义"什么的。其实背后的真实动机是摆不到桌面上的。利益是最大的政治动机。

我们现在也弄明白这个游戏规则了。什么叫国际正义？什么叫国际主义义务？首先是把我们自己的事情办好。中国的经济发展了，我们就有力量对国际正义发表意见。我们自己的经济发展不上去，说什么也不会有人买账。

那什么是中国自己的根本利益呢？以伊拉克问题为例，坦率地说，不管伊拉克的问题用什么样的办法解决，只要能尽快解除对伊拉克的封锁，让更多的伊拉克石油卖到国际市场中去，让国际油市的供给大规模增加，这就符合中国的根本利益。

3. 中国能源及石油战略的基本选择

- 把节约放在资源、能源战略的首位，这是“十一五规划”的一个明显特点。
- 改善我国能源结构，首要问题是煤炭资源的合理利用问题。
- 中国人要开汽车、坐汽车，出路就是发展电动汽车。
- 不论国民经济的需求多么紧迫，我们也必须建立资源储备，封存一部分资源。
- 石油战略储备是一种防御性的威慑力量。就像核武器，可能一辈子都不扔，但不能没有。
- 企业义务储备才是为应对价格风险而建立的储备。
- 我们也可以给石油安全买保险。到哪里去买呢？到国际石油期货市场去买。
- 人们不可能通过市场“消灭”风险。问题只是这个风险由谁来承担。规避市场不是在规避风险，实际上是在规避安全。

【5－3－1】发达国家在过去200余年的工业化历史上留下了一个很大的技术遗憾。什么遗憾呢？就是电力和汽车这两样工业化的典型产品在技术上未能结合到一块儿。因为在它们的工业化过程中，油气资源没有成为机动车发展的“硬”约束条件。现在轮到中国人要开汽车、坐汽车了。但实现这样一个追求，注定我们得解决一个天大的难题，这就是能源问题。

面对上述资源形势，我们需要有自己的能源战略。这个能源战略，不仅是遭受武力攻击时的战略，或者受到敌对势力政治要挟时的战略，更重要的是要有国民经济可持续发展的战略。进一步说，我们不仅要保障经济本身的运行安全，而且还要保障人民生活、国家制度等多个方面的安全。

从20世纪90年代后期以来，资源安全、能源安全、石油安全的问题已经有过很多讨论。一方面，我们已经有一些比较系统的战略考虑。另一方面，相当多的战略考虑还停留在起步阶段。我们的措施到位得还远不充分。

能源措施不到位，这不奇怪。为什么呢？因为我们在20世纪80年代以后的前一个“翻两番”战略中，资源、能源供给的战略考虑仍是立足于国内的。从“六五”到“九五”计划中，我们的投入重点是勘探、开发国内资源。到21世纪初，我国最大的资源开发项目“三峡工程”仍在施工中，还没有最后完成。特定历史条件、特定背景造成，我们对依靠海外资源的思想准备、战略准备都是不充分的。

还有一个原因也不能忽视。这就是前期我们对“对外开放”的认识比较狭义。在很长一段时期内，人们理解的对外开放主要是发展外向型经济和引进外资。几乎没有太多考虑过全方位地参与国际市场竞争的问题。而在上面所说到的国际石油市场中，我们面临的是一个风险竞争、资金竞争、产权竞争以及综合国力全面竞争的市场。面对这样一个竞争态势，我们在此前积累的对外开放经验是远不充分的。

大家听了前面对我们资源禀赋状况的介绍，可能对国民经济的发展前景存有很多担心。其实也不用太担心。中国有句古话，叫作“兵来将挡，水来土掩”。我们在过去的长期发展实践中也有一句话，叫作“年年困难年年过，年年过得还不错，关键看工作”。我们没必要自己吓唬自己。过去多少年来我们为粮食问题发愁，为吃饭问题发愁。2008年我国粮食总产量又达5.27亿吨，现在我们担心的问题是粮食过剩。20世纪70年代初期，有个“罗马俱乐部”说人类经济发展必须在10年内退回到“零增长”，否则全世界的资源最多到20世纪末就会枯竭。我们现在到了21世纪了，全世界的资源也没枯竭到让经济体系崩溃的地步。让我们牢记邓小平同志的一句至理名言：“发展是硬道理”。发展是解决一切难题的根本出路。人类社会向前发展的脚步是挡不住的。

总体上说，我国的能源战略可以分为四个部分。一是节约，二是“走出去”，三是技术创新，四是风险储备。

我们首先说节约的问题。把节约放在资源、能源战略的首位，这是2005年以来能源战略的一个新特点。2005年党的十六届五中全会提出了关于“十一五规划”的建议。如果你仔细阅读一遍就会发现，这篇关于未来五年战略发展部署的文件中几乎没有用数字。按照以往惯例，五年计划不可能离开具体的定量化指标，比如未来五年打算发多少度电、炼多少吨钢、造多少辆汽车、生产多少化肥、打多少斤粮食等。但“十一五规划”的建议中，这些方面统统没有用数字。

除了说“到2010年人均GDP翻一番”这个目标外，只在一个地方用了数字。这就是“单位国内生产总值能源消耗比‘十五’期末降低20%”。

节约已成为最重要的战略。开发重要，技术进步重要，进军国际市场重要，建立安全储备重要，但这些方面的重要性都比不上节约。在我们目前正在执行的这个“十一五规划”中，对节约重视到什么程度？在讲到有关经济的每一个问题时，都必讲节约。这个文件强调，要“把节约资源作为基本国策”，要“加快建设资源节约型、环境友好型社会”，要“坚持节约发展、清洁发展、安全发展，实现可持续发展”，要“节约和集约使用土地”，“要强化节约和高效利用的政策导向”，要“按照循序渐进、节约土地、集约发展、合理布局的原则，积极稳妥地推进城镇化”，要“坚持开发节约并重、节约优先”，要“积极开发和推广资源节约、替代和循环利用技术”，要“实行有利于资源节约的价格和财税政策”。就连消费，也要“强化节约意识”，要“形成健康文明、节约资源的消费模式”。

中国新一轮能源战略为什么要格外强调节约？我们前面说到过，我们是一个资源匮乏的国家，我们必须实现与环境的协调，我们必须走可持续发展的道路。怎么节约？建立循环经济、发展节能技术、实施节能政策和鼓励节约型消费。

建立循环经济，对我国来说是个新课题、新挑战。我们曾说过，美国人买汽车主要是更新。从理论上说，美国回收一辆旧汽车，差不多可以满足造一辆新汽车40%的金属材料需求。而中国不同。我们用机器取代手工劳动的过程才刚开始不久。大多数人买汽车都是第一次。我们造一辆新汽车，几乎全部金属材料都要从采矿石开始。这种差别在城镇化、基础设施和住宅建设中也同样存在。在我国建立这样一个资源循环系统，大约得要30~40年的周期。

其次是“走出去”。我们从1999年就已经清楚地知道，中国能源战略的根本出路在于“走出去”。过去一些年中，我们已经在“走出去”上取得了不少的成绩。例如中石油在苏丹收购的油田，中海油在印尼收购的油田。但我们最初的海外油田收购有个问题，就是远离核心资源，总是围绕一些边缘化的资源打转转，大都是一些政治或社会风险很大、那些跨国公司不愿涉足的“鸡肋”。而油气资源富集、开采容易、社会相对稳定的“肥肉”仍掌握在大型跨国公司手里。

过去两三年来，我们已经意识到，仅靠这些边缘化的资源解决不了中国的能源需求问题，也不能真正实现全面走到国际市场中去的目标。从2003年开始，我们也开始“碰硬”，尝试进军核心资源。例如2004年中石油试图收购俄罗斯“尤甘斯克”公司，2005年中海油试图收购美国的“尤尼科”公司等。但这些尝试的进展并不顺利。尽管在这两个收购案中，中国公司的出价都远在竞争对手之上，但前者受到俄罗斯一些新兴利益集团以“国有资产流失”为理由的阻挠，后者受到美国一些政治势力以“妨害国家石油安全”为理由的阻挠。这两个引起世界石油界极大瞩目的收购案最后都以中国公司主动退出竞标告终。

在中石油对俄罗斯石油资产收购案中，一些媒体的报道中用了“中石油兵败俄罗斯”的字眼。我非常不赞成这种片面的看法。由于我们还缺乏产权竞争的经验，缺乏对国际石油领域复杂形势的充分把握；又由于种种的政治、社会、经济因素，中国公司退出竞标，这谈不上是失败。相反，中国公司已经敢于在正面战场上与俄罗斯、美国这两个“玩”石油的大家“亮剑”，这本身就是一个具有重大战略意义的胜利。

“走出去”战略还包括要走到国际石油交易的风险市场中去。这个问题我们后面再说。

再说说技术创新。节约资源与技术创新是能源战略最重要的物质基础。因为时间关系，我们重点从能源结构调整，减轻对油气资源依赖程度的角度说。

能源结构是个比较复杂的概念。这个概念可以分为两个部分。一个是能源消费结构，也就是需求结构；另一个是能源供给结构。供给结构又可以分为各种不同能源形式的构成状况和国内自产与进口之间的构成状况两个方面。需求结构也可以分为不同能源形式的构成状况和做燃料与做化工原料的构成状况两个方面。此外，供给结构和需求结构还都包括一次能源和二次能源之间的构成关系、传统能源和新型能源之间的构成关系等。

能源供给结构受自然条件约束比较大。我国煤多，当然煤的比重就大。我国油气资源匮乏，进口比重就高。这一点我们前面已经提到过了。

需求结构受供给结构影响很大。如果本国具有某种优势资源，当然这种能源形式就会利用得多一些。瑞士多山，水电就发达。但在开放的条件下，需求结构并不一定取决于供给结构，也不一定必须服从本国的自然资源状况。一个国家的能源需求结构还在很大程度上受技术发展水平的制约。法国自己没有多少石油，核资源也并不充裕，但法国的电力供给中超过70%依靠核电。

我们这里不需要研究那么细，主要说一下怎么少用油气，多用其他能源形式的问题。这大致有两个方向。一个是努力实现劣质能源的优化、洁化利用；另一个是开发新能源。

我们先得说说怎么用好自有资源的问题。在我们自己的一次能源构成中，“上帝”安排的，煤和水力比较多一点。这是没法改变的自然状况。我们不可能把这些资源弃置不用。

改善我国能源结构，首要的问题就是煤炭资源的合理利用问题。我们前面说到，煤炭的缺点是热值低、污染大、运输成本高。但就是对煤炭采取最排斥态度的专家也得承认，中国的经济发展还得立足于用煤，立足于利用好煤炭这个资源。

煤炭在中国的能源结构中占最大比重，这个事实是无法改变的。到2008年，我国的煤炭在一次能源中所占比重达76.8%。至少在未来15~20年内，我们再怎么努力，煤炭所占比重也不可能低于70%。不低于70%是个什么概念？大约预测，我们的全面小康实现之日，国民经济所需的一次能源大约是32亿吨标准煤。也就是说，那时我国的煤炭产量也不能低于28亿吨。这里说明一下，1吨煤折不到1吨标准煤。28亿吨煤炭产量最多能折到23亿吨标准煤。这个28亿吨的煤炭产量我们在2008年已经基本达到了。但继续大规模增产煤炭已经不是我国能源结构的发展方向。今后高新技术发展，新能源能不能大规模替代传统能源？现在我们还不敢断言。至少在现在的科技发展水平上，传统能源仍是不能放弃的。

针对煤的弱点，国内外都做了大量的技术方面的探索。从最前沿说，目前已经有煤炭的液化、气化技术。就是在地下把固体的煤炭转化为液体，甚至气体，转化完以后再开采上来利用。可以想见，这样一来，煤炭的根本缺陷就可以避免。热值可以大大提高，废渣、粉尘的污染可以留在地下，运输也将变得比较容易。但很长时期来，这些先进技术始终停留在实验室，最多是个别小规模试验阶段。离商业化应用还有很长的距离。其原因，主要是因为成本无法忍受。技术上能办到，但市场化还无法办到。

大规模的液化、气化技术尚待时日，但我们也要加紧研究。别的国家看看太难，可能会放弃这个技术方向，转而去寻找替代方案。比如日本把文莱的油、气差不多买断了。欧洲很多国家更大程度依靠核电。但我们不行。不论我们的石油怎么“走出去”利用海外资源，不论我们怎么努力发展核电，煤炭也是主力能源。中国注定必须找出煤炭洁化利用的技术方案，而且是市场可接受的技术方案。我们没有绕过去的余地。哪怕用20年、30年甚至更长，我们也得做。

从2003年以来，很多专家都在呼吁，一定要把煤炭的优化、洁化利用列入我国的重大科技攻关项目。在这个问题上，我们千万不能短视，不能有任何侥幸心理。可以这样说，用好煤炭资源是中国人躲不过去的历史使命。

液化、气化不是一下子能够做到的，我们也有退而求其次的办法。比如建设坑口电站，比如提高煤炭的洗选率等。尽量提高对煤炭资源的初步加工程度，尽量减轻煤炭对环境的影响，减轻对运输的压力，同时也尽量减轻国民经济对油气资源的依赖。

在能源结构问题上，我们还需要研究的一件事是电力的利用问题。从战略眼光看，中国的能源不能光盯在一次能源上，还得研究二次能源。那就是电力。

电力的分类有点复杂。火电叫二次能源，水电、核电叫一次能源。我们这里不去争论这个分类。总之是电力。中国人要发展工业化，可能需要更大程度地在应用电力上下功夫。

为什么单单提出电力的问题？因为我们说过，中国煤多，水力资源也较丰富。这两种资源的最好利用方式就是转换成电力。下面我们还会说到，发展新能源，利用核能，最基本的形式也是转换为电力。怎么减轻对油气资源的依赖程度？一个主要思路就是用电。

用其他能源形式替代油气资源，减轻国民经济发展对油气资源的依赖，主要是在燃料能源方面。我们应当努力用电来替代油气燃料，尽量把有限的油气资源用在化工原料领域而不是烧掉。

用电取代油气资源的最主要领域就是汽车，还有就是电力机车取代内燃机车。电力机车取代内燃机车在技术上已经非常成熟。目前我们很多城市大力发展的轨道交通，包括城市轻轨、地铁、城际轨道交通等，肯定是建立在电力牵引基础上的。上海建的磁浮列车，虽然不是电力牵引，但也是电力动力。电磁技术才能实现悬浮状态的移动。这个领域大家很容易理解。我们重点说说汽车。

发达国家在过去 200 余年的工业化历史上留下了一个很大的技术遗憾。什么遗憾呢？就是电力和汽车这两样工业化的典型产品在技术上未能结合到一块儿。大家知道，电力的普遍应用和汽车的普遍应用是工业化的两个重要里程碑。但迄今，这两个里程碑式的产品未能合二为一。电动汽车至今还是试验性的产品。

为什么发达国家会留下这个技术遗憾呢？简单说，因为在它们的工业化过程中，油气资源没有成为机动车发展的“硬”约束条件。早期的欧洲工业化依靠掠夺殖民地。美国的工业化也没离开对世界石油资源的控制。就是后起的日本，在战后的工业化高潮中也恰逢 20 世纪 50 年代末的中东的廉价石油大发现。在此后的十余年中，国际石油价格是两美元一桶。汽车、机动车始终是依靠这种更容易获得、在技术上更容易转换的能源形式发展起来的。

现在轮到中国人要开汽车、坐汽车了。到 2009 年 9 月，国际油价仍高达 70 美元左右一桶。不仅贵，而且总量有限。别说中国的石油，就是全世界的石油都加起来，也不可能满足全中国老百姓都开车的要求。美国人均 1. 13 辆汽车。美国人均年消耗石油 3 吨，全国每年消耗 9 亿吨石油。我们多次提到，全世界一年的石油产量只有 35 亿吨。我们有 13 亿人口。要是中国的人均石油消耗水平达到美国现在的水平，那得 39 亿吨石油才能满足需要。不要说全国老百姓都开车，就只是中国的城市人口都开车也不行。我们的全面小康社会实现之日，全国的城镇人口可能要达到8.5亿人。8.5亿人，如果人均消耗3吨石油，也差不多需要消耗全世界石油产量的四分之三。这显然是无论如何办不到的事。

那中国人不开汽车行不行？不行。我们不可能放弃汽车这样一个工业文明的重要结晶。汽车的发展不仅关系着我国未来一个很长时期内主导产业的发展，关系着我们的城市化进程，关系着扩大内需战略的实施，而且关系着我们的生活方式向现代化方向发展。凭什么发达国家的人就能开汽车、坐汽车，中国人就不行？谁也不能阻止中国人享受现代物质文明的追求。但实现这样一个追求，注定我们得解决一个天大的难题，这就是能源问题。

事情其实说复杂很复杂，说简单又很简单。出路就是发展电动汽车。用电力取代油气燃料。电动汽车难不难造呢？一点都不难。电动汽车的构造比内燃机技术为基础的汽车简单得多。因为电动汽车不需要发动机总成、变速箱总成、离合器总成、复杂的油路和进排气装置等。这些都不需要。一个马达一块电池就可以了。直流电可以无级变速。单就制造工艺方面说，车的成本也可以大大降低。

那现在造电动汽车的难点主要在哪里呢？主要就在于目前还造不出适宜商用的、能够满足动力要求的高储能燃料电池。其实电池也不难造。其原理物理学家早就给我们探索清楚了。造电池的难点主要在于找到合适的储能材料。其实这种储能材料人们也已经找到了。难点在于找到大规模的储量。归根结底还是自然资源。我有一次在中国地质大学讲能源战略。我说中国老百姓能不能普遍坐上汽车，能不能享受这个现代文明，关键就看我们在座的同学们能不能为我们找到这种适宜造高储能燃料电池的资源储量了。

【5－3－2】从目前的形势看，我们的核电站需要大力推进。在未来20年甚至更长一些的周期内，我国的核电站应当保持一个不断递增的开工建设规模。这不仅是改善我国能源结构的需要，而且是改善我国在国际石油市场上谈判地位的需要。

调整能源结构，一个方面要提高煤炭的利用效率，另一个重要方面就是发展核电。到2005年，我国的核电在发电总量中所占比重还只有0.7%。可以说微不足道。那时我国核电在能源中的定位仅是“适度发展”。现在看，“适度发展”的定位已经远远不够了。我国目前的战略是积极发展核电。

此前我国核电所占比重太低是有一些特定原因的。我们不是不懂得核电是一种极有潜质的新兴能源，我们应该大力发展。但是从20世纪90年代中后期起，在这个问题上出现了一些不太有利的内、外部因素，限制了我们下更大的决心。

从外部上说，20世纪80年代后期以来，世界上一些国家的核电事故对人们的信心打击很大。比如苏联的切尔诺贝利核电站事故，美国的三里岛事故等。此后，许多发达国家放慢了核电的发展步伐。在我们周边的一些国家或地区也存在比较强烈的反核声音。如大家知道的台湾"核四风波"。我们建大亚湾核电站时香港特区也有很多人反对。20世纪末以来，发达国家也有一种趋势，不断加大对传统能源的关注和争夺力度。2001年5月，当时美国的新总统小布什一上台，就制定了一个"新能源政策"，叫New Energy Plan。请注意，这个新能源政策的最大特点在于，其重心不是怎么从新型能源中找出路，而是从传统能源中找出路。比如重开燃煤、燃油的火力发电站，降低大气污染标准、到世界级的自然保护区阿拉斯加去找石油等。这些动向无疑会给我们决策者带来一定的疑惑，影响我们的决策决心。

从内部看，从20世纪90年代初期以来，我国上马了一大批大型水电建设项目。比如二滩、三峡等。到21世纪初期的"十五"期间，这些集中在黄河、长江中上游的特大型项目有的初步建成后还需要继续配套投入，如二滩电站就需要有相应的"西电东送"。有的还远没有完成，比如三峡工程。所以到朱镕基总理手里时，国家投资的力量有限，不能又搞水电又搞核电。这两个方面都是很花钱的，都是需要很大规模的投资支持的。水电已经上马，只能先保水电。所以在前期，核电始终没有明显的发展。基本状态是表面说要"适度发展"，实际上是不发展。

人们对发展核电的最大疑问是安全。实际上核电是最安全、最有前途的能源形式。核能源是对自然资源的依赖程度最低、对自然环境影响最小的一种能源形式。2002年我们专门研究过发展核电的战略思路问题。别以为火电站就没有辐射。火电的辐射污染更厉害。一个百万千瓦核电站的辐射只相当于同等水平的火力电站的百分之一。

从目前的形势看，我们的核电站需要大力推进。早在2002年，我们就曾向中央建议，在未来20年甚至更长一些的周期内，我国的核电站应当保持一个不断递增的开工建设规模。这不仅是改善我国能源结构的需要，而且是改善我国在国际石油市场上谈判地位的需要。人们很容易理解，如果我国宣布一个比较庞大的发展核电计划，这边公开进行设计招标，那边"中石化"在国际上买油的谈判地位立即就会改善。因为对方知道我们有了更大的选择。

温家宝总理这届政府对发展核电是很有决心的。目前正在实施的"十一五"

规划已经明确提出，我国第一阶段的核电发展目标是要在发电总量中所占比重达到4%。4%虽然仍不是一个很大比重，但从0.7%到4%，这个跨越是非常巨大的。显而易见，我国的能源结构战略将有一个明显的调整。

【5-3-3】不论国民经济对石油的需求多么紧迫，我们也必须建立自己的资源储备，封存一部分资源。煤炭、石油、天然气等石化能源的稀缺程度肯定会越来越高。稀缺程度不断提高，这些资源的市场价值就会越来越高。我们的眼光要长远，要顾及长远利益，这是尊重客观规律的一个选择。

在石油安全战略的讨论中，经常为人们说到的措施是建立石油战略储备。毫无疑问，我们应该准备这样的后手，以备不时之需。这是很容易想到的一个措施。尽管这个措施也十分重要，但这不是我们安全战略中惟一的储备方式。实际上，我们的风险储备体系至少包括五个方面。

第一，建立资源储备。

石油安全储备的第一层次叫作资源储备，譬如封存部分已探明储量。地下资源勘探好了先不开采，或者油井打好了先不出油。

资源储备是一种非常必要的安全措施。石油领域有个重要的比例关系，叫作“采储比”。就是采油能力必须和后备资源储量保持一个合理的比例关系。由于石油需求的拉动，在我国的石油生产中，合理的“采储比”一直未能建立起来。这是一个很不安全的态势。军事家都知道，打仗的时候，不管前方的仗打得多么激烈，指挥员手里都不能没有预备队。对石油产业来说，不光是要有应对突发事件的能力，就是保持正常产量，保证可持续发展，也需要保持合理的“采储比”。不论国民经济对石油的需求多么紧迫，我们也必须建立自己的资源储备，封存一部分资源。

美国其实是一个资源大国。目前美国仍是世界第一大石油进口国。但这不等于美国没有石油资源。如果美国人把他们在南得克萨斯州的油井阀门都打开，美国在一夜之间就能成为石油输出国。但美国的战略是先采别人的，用别人的。本国资源埋在地下作为一种战略性的安全储备。煤炭、石油、天然气等能源的稀缺程度肯定会越来越高。稀缺程度不断提高，这些资源的市场价值就会越来越高。自己的资源埋在地下就自然升值。

中国虽然没有美国那么丰富的资源禀赋，但是建立资源储备也是我们安全战略必要构成之一。过去几年，我们已经开始封存一些气田、油田，封存一些新增生产能力。我们的眼光要长远，要顾及长远利益，这是尊重客观规律的一个选择。

【5-3-4】石油战略储备是一种政府行为，是政府出钱、财政出钱建立的储备，是一种应对重大国际政治、军事危机的政府储备。这个储备不是为应对国际市场油价波动风险建立的。石油石化企业不能指望依靠这种政府储备去调剂市场供求。实际上，石油战略储备是一种防御性的威慑力量。就像核武器，可能一辈子都不扔，但不能没有。

第二，建立国家石油战略储备。

在过去一段时期中，由于国际油价的不断上涨，很多人呼吁我们要建立石油战略储备。毫无疑问，维护我国的石油安全，我们一定要建立自己的石油战略储备。这个措施是十分必要的。没有石油战略储备就可能受制于人。但很多人对石油战略储备有个误解，以为有了石油战略储备我们就可以不怕国际油市的价格波动了。这个看法不正确。

应当明确，石油战略储备是一种政府行为，是政府出钱、财政出钱建立的储备，是一种应对重大国际政治、军事危机的政府储备。比如我们的近海石油资源受到威胁、台海出现危机，外国势力封锁了我们的海上石油通道。这个时候才能动用石油战略储备。这个储备不是为中石油或者中石化应对国际市场油价波动风险建立的。我们的石油石化企业不能指望依靠这种政府储备去调剂市场供求。实际上，石油战略储备是一种防御性的威慑力量。就像核武器，可能一辈子都不扔，但不能没有。

第三，逐步建立需求大户的企业义务储备制度。

企业义务储备才是为应对价格风险而建立的储备。大致说，企业义务储备是通过强制性的法律规定，要求用油大户必须保持一个法定的原料储备量的制度。比如要求500万吨以上的炼油厂、60万吨以上的乙烯装置，至少要保持三个月的原料储备。因为这个原料安全不仅关系到你这个企业的经营，而且关系到国民经济的稳定运行，因此企业要承担这个义务。

当然，建立企业义务储备还需要经过一定的法律程序，经过立法的方式建立后才能具有强制性。企业义务储备并不是让企业自己完全承担这个储备成本。要知道存油是个很费钱的事，要占用很多资金。国家可以给予企业义务储备以相应的政策支持。例如规定可以由银行贷款、财政贴息。这实际上等于企业没花钱。

因为是银行出本金，财政付利息，企业只承担了一个采购、保管、管理以及倒库运作的义务。

企业义务储备制度并非只是让企业承担义务。这个制度实际上暗含着政府对企业一种不违背WTO规则的补贴。前面我们说到这种储备可以采用“银行贷款、财政贴息”的方式。因为这种补贴是对企业承担公共安全义务的一种补贴，不是对企业经营的补贴，因而并不违背WTO的条款。但实际上，这种补贴下的储备肯定对企业规避国际油市的价格风险、在原料采购上低进高出有莫大好处。

第四，建立远期合约交易制度。

目前我们在石油安全上面临的问题之一是，国际市场上的供给和我们国内炼油厂的需求是直接对接的。也就是说，国际市场上的价格和企业的成本直接对接。国际油市的风险全部直接传导到用油企业中。国际市场卖多少钱，我们的石油企业就得付多少钱。在这中间缺乏一个风险分散的层面。那么，在国际市场和用油企业之间可不可以建立一个缓冲的地带，设置一个风险分散的屏障呢？这个可能性是存在的。这就是建立石油供求的远期合约交易制度。

远期合约交易制度实际上就是一个模拟的局部石油期货市场。在这个交易过程中，有些居间投资的力量进行风险操作。用油企业通过一定比例的远期合约套期保值，可以把自己的成本维持在一个稳定的水平上，从而达到维护整个国民经济运行安全的目的。

有人提出，我们干吗要那么麻烦？干脆建立一个国内石油期货交易所不就行了吗？应该说，这个基本思路是对的，要是能够建一个石油期货交易所最好不过。但现在建立石油期货交易所也有一定的难度。因为期货交易要有足够大的量才有意义。足够大的交易量就需要足够大的入市资金。我国现在的情况是，能够在实体经济之外投入虚拟经济领域的资本比较有限。我们又想发展股市，又想发展债市，如果再开一个石油期货交易所，社会整体的资金力量恐怕还不足以承受。还有，这个交易所要不要对外开放？如果不许国外资金参与，我们很难实现足够大的交易规模。如果允许国际资本自由进出，那些海外的投机资本进入到我们的市场中来，也许会把国外的风险更大程度地带到国内来。那样的话不仅没有达到风险分散的作用，反而放大了国内市场的风险。

2003年时，由于多种因素影响下的国际油市持续波动，曾有日本学者提出，中、日、韩三国是否可以联合建立一个区域性的石油期货交易市场。因为这三国都是石油进口大国。把全球市场的风险在这个区域性市场上再释放一些，可能对我们这三个国家都有利。就我看，这个建议倒是一个积极的建议。

【5-3-5】我们也可以给石油安全买保险。到哪里去买呢？到国际石油期货市场去买。在期货市场上，一方面我们可以采取防守型的套期保值，锁定成本，规避风险。国际油价涨也好跌也好，我们的国民经济运行成本是一定的。另一方面，我们也可以采取进攻型的不断高抛低吸，通过扩大交易量摊低成本和影响价格。

第五，我们应该大规模进军国际期货市场，建立期货储备。

很多人可能不知道，石油安全储备中还有一个重要的层次，叫作期货储备。就是在国际石油期货市场上保持一定量的远期合约。

过去，我们对国际期货市场基本上是采取避而远之、畏而远之的态度。这也难怪，因为在尝试参与这个市场的过程中我们确实曾经吃过亏。

我们有个生产铝的企业，通过国际期货市场套期保值运作规避了价格下跌的风险，赚了不少钱。这个企业的领导一看，原来炒期货比辛辛苦苦生产产品赚钱容易多了。于是就把大量的生产资金投入到了国际期货市场上。殊不知，这个期货市场是需要有丰富经验和强大资金实力的。你的交易对手对全球电解铝的总产量是了如指掌的。结果我们这个企业头脑膨胀，在缺乏经验的情况下盲目大量持仓，持仓量远远超过了企业实际的生产能力。最后被“逼仓”，就是在交割期到来之前一直找不到平仓的有利价格，最后只好在交割期亏损平仓。这个企业实际上是暗中被人算计了，亏了1.6亿美元。这个教训对我们的决策影响很大。迄今人们一说到国际期货市场就有“一朝被蛇咬，十年怕井绳”之感。

那我们规避这个市场是不是就安全了呢？更不安全。

我们需要明确一个重要的基本认识，期货市场的功能首先是规避、防范风险。我们躲着这个市场不仅没减小风险，实际上扩大了风险。人们很容易理解，你买了医疗保险，可能在保险期内并没有生病，这是你的一个风险；但你不买医疗保险，实际上你是在赌你一辈子不生病。你说买保险的风险大呢还是不买保险的风险大？

我们也可以给石油安全买保险。到哪里去买呢？到国际石油期货市场去买。在期货市场上，一方面我们可以采取防守型的套期保值，锁定成本，规避风险。国际油价涨也好跌也好，我们的国民经济运行成本是一定的。另一方面，我们也可以采取进攻型的不断高抛低吸，通过扩大交易量摊低成本和影响价格。

在期货市场上操作必须承担相应的风险。但我们得想明白一个道理。风险就是可能发生，也可能不发生的事。价格涨落是个不确定的因素，可能涨也可能跌。但价格有涨有跌本身是个必然发生的事。因此这个风险本身是确定存在的事。风险是客观存在的，人们不可能通过市场“消灭”风险。问题只是这个风险由谁来承担。正是因为有人在这个市场上承担了更多风险，这个市场才有了风险分散的功能。参与市场才有让自己少担风险，让别人多担风险的可能。才有转嫁风险和增加自己安全系数的可能。规避市场不是在规避风险，实际上是在规避安全。

我们假定中国的公司在国际石油期货市场上的持仓量中占有一个比较大的比重，我们就可以有效地影响价格。对国际价格有影响力不是靠请对方吃饭能实现的，而是靠大量参与交易实现的。你参与交易，就影响价格；参与交易量越大，影响力越大。

以前我们买油，比如说打算进口 500 万吨，就是派出采购人员，带上信用证，询价后找到一个合适的卖主，然后签合同，到时把这 500 万吨油运回来就行了。以后我们可能不这样。买 500 万吨油，我们的交易量可能达到 5000 万吨甚至更多。为什么呢？假定我们以 80 美元一桶的单价买了 500 万吨油，我们刚买完对方就降价，降到 55 美元。没关系，我再买 500 万吨。你再降我再买。直到你降不起为止。价格回升了，我再陆续把多买的卖出去。这样通过高抛低吸就可以有效地摊低成本和影响价格。期货储备就是高抛低吸的筹码。因此，期货储备是一种获取对市场价格的发言权、影响力的措施，也是规避价格风险的一种积极措施。

期货储备的作用还不止于此。前面讲到，我们国内的成品油价格和国际市场接轨过程中，国际油市的短期波动严重影响了我国国民经济的稳定运行。假定有一个比较大的期货储备，我们就可以在很大程度上摆脱目前这种被动跟踪国际油价、频繁调整国内成品油价格的局面。比如说，这个月我们需要进口 500 万吨石油。假定因为短期因素影响国际油价突然暴涨了 10%，这时我们势必要对国内成品油价格作出相应的调整。但如果这时我们在国际油市上持有 5000 万吨或者更多的远期合约，这个远期合约的成本和这 500 万吨现货的成本一平均，就可以大大降低国际油市上短期因素对国内油价的影响。

参与国际市场的交易，也是一个循序渐进的过程。解决中国的石油安全问题，关键是要走出去。我们的石油“走出去”战略是一个全方位、多层次的战略。这个全方位、多层次战略意味着，我们要全面参与到包括现货、期货、产权等所有方面的国际竞争中去。

4. 提问与讨论

- 西部的资源前景远不乐观，这个判断是有比较充分的客观依据的。
- 从多方面迫切需要出发，应当建立一个规模足够大，且能够加入市场经济运行的核工业基础。这个核工业的主要构成就是核电。
- 从本质上说，市场经济中的所有“游戏”规则都和降低风险、控制风险的社会共同约定密切联系在一起。
- 新的世界经济格局并非局部石油战争主导资源配置，而是符合“游戏”规则的风险竞争主导配置资源。
- 我国新的石油战略不应当是“要准备打仗”的战略，而是战胜市场的战略。
- 对我国来说，也许我们不需要“跑过”油价，只要“跑过”竞争对手就行。
- 中国利用全球资源肯定将为世界经济发展作出更大贡献；中国人肯定要分享工业文明的一切好处。

【提问一】：我国的西部还有幅员辽阔的国土处于待开发状态，随着西部大开发的进展，我们是否可以找到更多的资源？

答：在西部找到更多的资源，这是我们大家都希望看到的前景。但希望归希望，现实归现实。西部的资源前景远不乐观，这个判断不是主观随意地得出的，是有比较充分的客观依据的。

我们对加快西部发展的研究并非始自西部大开发。20 世纪 80 年代末我就参与国家软科学基金资助的西部发展研究。那时研究西部的主要立足点之一，就是国民经济的发展迫切需要西部的资源。当时人们普遍觉得，西部地下埋藏着极为丰饶的自然矿产资源。

这个认识一直延续到20世纪90年代中期。实际上，1996年制定的国家“九五”计划中已经将抑制区域间发展差距列入了战略规划。但当时对西部发展的期望，主要是寄托在“资源大开发”上的。“九五”计划提出，要优先在中西部安排资源开发和基础设施建设项目，国家实行投资倾斜；要理顺资源性产品的价格，增强中西部地区自我发展的能力等。可见，那时我们对西部的资源前景还是充满信心的。但后来的勘探开发结果令人非常失望。除去我们早就知道的一些大江河上游的水力资源外，西部几乎没有找到什么特别值得夸耀的资源。至少没有找到任何一种能够根本影响我国某种资源前景的储量。

有一次我和西部的一个省长一起坐飞机出差，省长指着飞机翅膀底下在晴朗阳光中清晰可见的起伏山峦说，我们西部这些大山底下埋的都是宝贝，用镐一刨就能卖钱。我不忍心说穿这个美好的幻想。真实情况是，我们的西部没有那么美好的资源前景。相反，过去一些年的勘探结果警示我们，西部相当多地区的自然生态和地质条件都是极其脆弱的。那里迫切需要的不是资源开发，而是环境保护。即便有一些资源，开发的环境代价可能会远远超过经济收益。大家可能会注意到，在2001年国务院“西部办”制定的西部开发规划和“十五”计划中，西部大开发的重点并非“资源大开发”，而是环境保护。从2000年开始的“西部大开发”迄今已经进行到了第10个年头。西部的首要任务仍是加强基础设施建设和生态环境保护。

我们曾经设想，将钢铁、有色、化工、石油等一些传统基础产业向西部转移，东部一些较发达地区让出这些产业。比如上海就曾设想逐步淘汰钢铁、石化等高资源指向型的产业，专门发展高科技、金融等产业。2008年，我们已经确认，上海的战略重心是“国际金融中心”和“国际航运中心”。上海成为国际金融中心，这人们很容易理解。但为什么上海要建成国际航运中心呢？道理很简单，我国的重化工业仍要向沿海一带集中，而且是向东南沿海一带集中。因为要吃进口矿。吃进口矿就得向沿海具备港口条件的地方集中布局。这个港口条件还不是靠海就行，还得是深水港。能停靠30万吨以上矿船的深水港。

为什么必须是深水港呢？因为依靠进口矿石时，必须用30万吨以上矿船，运费才经济。如果大船倒小船，小船倒火车，这样折腾几番后，运费就已经决定，其产品的成本不会有国际竞争力。所以原来设想的向西部转移是不现实的。给大家举两个例子。

在1998年我们最初实行“积极财政政策”时，当时的国务院领导特别提出，国债资金支持的基础设施项目中“港口项目一个不上”。当时觉得港口是过剩的。但现在大家知道，上海已经建成了一个超大型的深水港，就是吴淞口外的洋山港。在那里建港还得修一座17公里的跨海大桥。从“一个不上”到投入这样大的力量修建深水港，这个转折怎么来的？就是从对西部资源前景的判断而来的。上海不仅不能淘汰钢铁、石化，反而还得大力发展这些基础产业。因此，上海就得建成国际航运中心。

另一个例子是广东。广东珠江三角洲地区是我国外向型经济和制造业发展最快的地区之一。其中惠州曾经提出要叫响“惠州制造”的口号。现在惠州有个“南海项目”，就是中海油和法国人合作的100万吨乙烯工程。这个项目的第二期还要建一个1000万吨级的炼油装置。为什么在惠州这样一个发展制造业极具优势的地方上马这样一个石化项目呢？因为那里才具有必要的港口条件。

大家知道辽宁是我国钢铁和石化生产能力的主要聚集地。但辽宁这两个产业的地位曾一度沦为区域性生产基地。为什么呢？因为原先辽宁不具备吃进口矿的港口条件。辽东半岛虽然有不少港口，比如，大连、营口、丹东、锦州、葫芦岛等。但这些港都太小。最大的大连港，经过疏浚以后，还得乘潮而进，最多也只能停靠10万吨的矿船。近年来，大连声称要把自己建成东北亚国际航运中心，其实主要就是要通过人工疏浚，建成能够停靠30万吨矿船的深水泊位。

【提问二】：我国发展核电究竟有没有潜力？现在的主要难点是什么？

答：核电这个问题提得好。从维护核大国地位、优化能源结构、改善在国际石油市场上的谈判地位、推进高新技术发展、支持国民经济再“翻两番”以及实现可持续发展等多方面迫切需要出发，我国都应当进一步提升核电在国民经济中的战略定位。

核电的发展不仅关系到能源安全和能源结构调整，而且关系到我国的战略安全。当前，我国的核大国地位在各种国际力量的抗衡中正在受到新的挑战。苏联解体后，美国正在推进其新的核垄断战略。一方面，在伊拉克战争、朝鲜核问题上以“反恐”、制裁“邪恶轴心”等借口不断采取先发制人的政治甚至军事手段清除新的潜在核能力。另一方面，通过部署国家导弹防御系统（NMD）、退出“反导条约”以及迫使俄罗斯接受战略核力量对比不均衡性等力图实现核力量的全面优势。美国要实现“一国独大”，可以断言，把中国排挤出“核大国俱乐部”是其既定战略。此外，周边国家的核能力增长也正在形成对我国核大国地位的挑战。2003年美国打伊拉克的理由就是不允许萨达姆有“大规模杀伤性武器”。另外，“朝核”问题、伊朗核问题等也引起我们很大关注。日本其实从来没有放弃对核力量的追求。我们千万别小看日本的核潜力。印度、巴基斯坦都已进行过多次核爆试验，印度还在建造核潜艇。

在当前的世界政治、军事、经济格局中，我国在核大国俱乐部中的地位绝不能动摇。在禁试禁产的国际条约约束下，保持这个地位的关键环节之一就是要确立与核武器配套的科研生产体系。而要维持这样一个体系，仅靠原有体制下“准备打仗”的发展之路已经不能适应需要。我们必须走“寓军于民”、“寓国防于市场”之路。我国的核体系应当是一座“金字塔”形的体系。保持核威慑力量的核技术是“宝塔尖”。在这个宝塔尖下，应当建立一个规模足够大，且能够加入市场经济运行的核工业基础。从长远战略看，我们必须拥有一个足够强大的核工业，才能为核技术研发经费建立起市场化的补偿渠道，才能通过大量产业化的应用为核技术发展提供更多试验机会并形成生产与储备核原料的能力，也才能长期维持一支高素质的核科技队伍。这个核工业的主要构成就是核电。

启动新的核能战略已成为保证能源安全的迫切之需。我们前面已经提到，一个战略性的基本判断是，由于油气短缺，中国远期能源基础一定得更多靠电。与火、水电相比，电能发展中潜力最大、可持续性最强的是核电。

在世界范围内，核电已是成熟技术，到21世纪初期时，全世界运行的核电机组已达441个，总装机容量已达3.56亿千瓦，在全球供电量中所占比重为16.1%，在全球一次能源中所占比重为6.7%。目前世界上已有17个国家的核电在本国总发电量中比重超过25%。如果我国用20年左右的时间将核电在总发电量中所占比重提高到美国现在的水平，核电在一次能源中所占比重就将达10%。按20亿吨标准煤的需求量计算，这个比重相当于1.44亿吨石油或1500亿立方米天然气。

我国的能源安全分三个层次。从短期看，目前我国对国际油价几乎没有发言权和影响力，如果提出明确的核能发展战略，我国在国际石油市场上的谈判地位将极大改善。从中期看，发展核能将极大地缓解国民经济对国际石油市场的依赖程度。从长期看，传统能源的枯竭已为人们所普遍认识，能源安全最终取决于新能源领域的技术竞争。

我国的核工业要真正具备市场竞争力，前提是形成足够大的产业规模。我国目前已经具备了自行设计百万千瓦核电站的技术能力。降低核电的建设成本、发电成本、技术成本，不断提高设备的国产化水平，关键之一是要形成产业规模。在一个较长的战略周期内，我国应保持每年有核电新机组开工，且开工数目不断增长的态势。

从安全性方面看，我国目前采用的是技术成熟、在国内外均具有良好安全记录的堆型。目前世界上核电站安全防护技术已经发展到相当高的水平。我国核工业完全可以满足高标准核安全法规的要求。从可持续发展方面看，我国目前的环境污染相当大程度来源于煤的燃烧。而核能几乎不排出影响环境的有害气体，发展核能是改善我国环境状况的重要措施之一。

我国核工业发展的主要不确定因素之一是核原料的资源状况。目前已探明储量绝大部分是前期核军工发展时期找到的，进一步勘探仍有找到新储量的潜力。

【提问三】：我国的石油战略要立足于“走出去”，可是参与国际市场竞争不是那么简单的，我们现在具备这样的人才吗？我们的经验够吗？

答：这个问题也具有很强的现实意义。我国石油进口面临的主要问题不是买不到油，买不起油，而是如何安全、价格有利地把油买回来。这就要研究市场，全方位、多层次地研究国际市场。

研究国际市场并不是简单地研究在石油采购中如何讨价还价。国际市场上的竞争是全方位、多层次的竞争。可以说，中国石油的根本出路是走出去，走出去的主要方向是全面参与国际市场竞争。在我国的石油战略中，研究市场可能比研究如何找到油和如何把油采出来更急迫、更重要。

迄今在我国的石油战略研究中，仍有一种传统的惯性认识，就是把市场，特别是国际市场视为一种“异己”力量，认为买油就是风险，就是不安全；总是有意无意地把战略研究的目标定位在少买、不买油上。由于资源条件的限制，这个目标实际上是不可能实现的。

市场经济就是风险经济。但规避风险的办法不是远离市场、躲避市场竞争。恰恰相反，积极参与市场竞争、充分利用市场化的避险手段、掌握市场运行规律才是我们规避风险、提高安全程度的最好途径。

从本质上说，市场经济中的所有“游戏”规则都和降低风险、控制风险的社会共同约定密切联系在一起。在市场经济发展过程中，人们创造出了大量的市场化避险手段。例如我们提到过，期货市场的首要功能并非放大风险，而是降低风险、规避风险。在这个市场上，一些参与者所承担的风险恰恰是市场分散风险的方式之一。要维护我国的石油安全，我们就必须学会驾驭市场和掌握市场的主动权。

值得强调指出的是，过去一段时期所发生的各种国际经济、政治事件中，没有一件真正改变了国际油市上供大于求的基本格局。新的世界经济格局并非局部石油战争主导资源配置，而是符合游戏规则的风险竞争主导配置资源。看不到市场、忽视市场的战略是最危险的战略。我国的石油安全战略当然需要有最坏情况下的预案。但进入 21 世纪以来，我国在石油问题上面临的主要威胁并非战争，而是价格风险。我们不能让局部战争的表面现象掩盖了真正的危险所在。简言之，我国新的石油战略不应当是“要准备打仗”的战略，而是战胜市场的战略。

无须讳言，我国缺乏有足够经验的国际期货交易人才。但这一点不可能构成中国是否参与国际期货市场的根本决策依据。因为从制度因素说，雇外国籍的交易员未必不可控制，中国籍的交易员也并非不可被对方收买。进一步说，经验是在实践中积累起来的。不大规模参与，永远也有不了合格的交易员人才。

【提问四】：您刚才提到，进入21世纪以来，各大国对资源控制权的争夺日益激烈。除了应对国际油价上涨的战略之外，我们还将采取哪些措施维护国家的能源安全、石油安全呢？

答：进入21世纪以来，特别是2003年以来，世界上的大国正在重新瓜分全球的石油利益。这个形势我们已经看得很清楚。西欧、北美、俄罗斯、东亚各国，以至西亚、南美等国，没有谁能置身事外。为什么中国和俄罗斯合建输油管道的事不断反复？就是因为俄罗斯把这件事当成了与欧盟、日本、韩国以及中国等国家博弈的筹码。俄罗斯的油气资源可以在亚洲另寻一个通向国际市场的出口，俄就可以大大改善自己与欧盟以至美国的谈判地位。2003年后，曾为宿敌的印度和巴基斯坦之间关系出现了明显的改善迹象。为什么？因为印度目前的石油需求有67%依靠从海湾进口。印度想修一条通向中亚的石油管道，减轻对海湾石油的依赖，但这个石油管道的线路无论如何都得从巴基斯坦过境。而且还有一个不可忽视的因素是，中亚国家都是伊斯兰教的国家。他们与巴基斯坦显然有着天然的联系。

在大国之间激烈争夺的复杂情况下，维护我国的能源安全、石油安全就需要新思路、新战略。这个新战略的重心就是前面提到的，要转变增长方式、贯彻科学发展观、推进资源节约。这里再给大家举几个中国能源战略的进取性措施。

2005年，中石油收购了哈萨克斯坦的PK石油公司，而且差不多是全资控股。在进军中亚的同时，我们还明确提出，要修一条从中亚经我国新疆通向东部的输油管道。我们不能在“北方输油管道”一棵树上吊死，不能让别人“拿住”我们。前面提到，大连要把自己建成“远东航运中心”。靠投入巨资开挖也要挖出能够停靠30万吨矿船的深水泊位。

东北是我国国土安全的战略突出部。大连港改造的经济意义以至军事意义自不待言。我们还要加快近海石油的勘探开发，中国在东海石油问题上已经明确表达了务实与强硬并重的态度。在我国的华东地区，不仅上海要在吴淞口外建深水港，我们还在杭州湾上修建了一座跨海大桥。这座大桥把宁波与上海直接连接了起来。而宁波拥有我国最好的天然深水港良港。泰国南部与马来西亚相接的地方是一个狭长的半岛，一些专家提出，可以在泰国一个叫克拉峡谷的地方开凿一条运河，运送海湾石油的船只就可以不经马六甲海峡直达中国的南海。近年来，中国领导人频繁出访或接待外国领导人来访期间，先后与加拿大、朝鲜、秘鲁、委内瑞拉、古巴、刚果、安哥拉等国签订了各种形式的有关能源合作的协议、协定、声明、谅解备忘录等文件。此外还有我们前面说到的加快核电发展的计划等。当我们把最近两三年的这些战略姿态连在一块儿想的时候，大家可能就会对中国的能源战略有个新认识。

在战略思路上值得一提的是，别以为国际油价上涨对我们只有负面影响。辩证地看，油价上涨也会给我们带来一个重大的战略机会。我们也举个例子。

国际石油涨价肯定会对我国的石化产业形成很大的成本压力，同时会在一定程度上影响国民经济的稳定运行。但这些不利影响并不是只对中国的。应注意到的是，我国周边同领域的竞争对手面临的压力比我们更大。

对我国的石油石化领域来说，石油跌价的危害比石油涨价还大。因为石油涨价的时候，尽管下游要承受成本压力，但上游企业，比如石油采掘业还可以赚钱。但油价下跌时，上下游都困难。油价跌到每桶 18 美元以下时，我们的大部分油田就无法开采了。因为自己采油的成本比买油还贵。这时对下游企业来说，虽然成本便宜了，但国际市场上成品油、化工原料的价格跌得比原油还快。所以，中石化在过去一些年中遇到的最大尴尬就是，石油涨价时它非常难过，石油跌价时它也非常难过。

那么我们所说的战略机会何在呢？国际油价上涨可能给中国石油石化企业带来一个排挤外部竞争对手、清理门户的机会。

中石化的日子经常过不好，就是因为在我们周边存在着一个庞大的石油生产能力。全世界的石油加工能力是严重过剩的。一方面对石油的供给来说是过剩的，另一方面对成品油和化工产品的需求来说也是过剩的。

目前全球的石油加工能力超过 40 亿吨，而全球石油生产能力只有 35 亿吨。油价便宜的时候，大家还都能凑合活着。有的人吃半饱，有的人吃个七成饱。石油价格一涨，就注定有一部分人要饿死。也就是说，一部分石油加工能力注定要被排挤出局。

全球这样一个过剩的石油加工能力在哪里呢？相当大一部分聚集在亚洲，特别是我们周边的一些国家或地区。目前亚太地区的石油加工能力超过 10 亿吨。我国内地为 2.6 亿吨。其余有日本的 2.4 亿吨、韩国的 1.28 亿吨、新加坡的 0.63 亿吨、印尼的 0.50 亿吨和我国台湾省的 0.46 亿吨生产能力。连泰国、马来西亚、菲律宾也分别拥有 0.34 亿吨、0.25 亿吨、0.21 亿吨的生产能力。此外还有印度的1.07亿吨、巴基斯坦的0.12亿吨生产能力以及澳大利亚的0.42亿吨生产能力。这样一个庞大的石油加工能力群形成对我国石化产业的强大竞争。在相当长的一段时间内，我国石化产业的发展始终受到这些外部竞争者的困扰。在1999年和2001年曾两度猖獗的油品及化工原料走私也主要来自于这些供给源。

我们说过，近年来国际石油竞争的重要战场在亚洲。这个战场上“战争”的激烈程度绝不亚于导弹打击下的巴格达。因为在一个极其尖锐的竞争过程中，势必有一部分石油加工能力要被排挤出局。

谁出局？中国的优势比竞争对手明显得多。首先，我们至少还有3/5部分的自产油。而我们的竞争对手绝大部分没有这个条件。在我国周边，除马来西亚仍维持石油出口国地位，印尼有相对强的石油自产能力外，石油加工大户中的日本、韩国、新加坡、我国的台湾省以及印度等对国际市场油源的依赖程度都比我国大得多。从产品需求看，我们的优势更为明显。我国有着广阔的并且是不断扩张的下游市场。工业化有三大基础材料，就是钢铁、水泥和乙烯。现在我国的钢铁和水泥都是世界上的产量第一大国。但是乙烯仍是我们严重短缺的。在石油涨价的情况下，即或下游市场因价格上涨而紧缩，我国自身的需求量仍足以支持我国的生产能力。我们有可能通过某种上下游一体化的方式让各个产业环节分担油价上涨的利益损失。但我们的竞争对手则远没有这个条件。因为我国石化产业的市场主要在国内，而竞争对手的市场主要在其国外。

我们判断，在世界金融危机前后的石油市场巨幅波动中，只要我们的政策得当，能“挺”过一个不可避免的困难时期，先“死”的可能是我们的竞争对手。从世界范围看，国际油价上涨可能会带给我国石化产业一个排挤外部竞争、获取更大市场份额以至实现产业规模扩张的难得机会。

前些年曾有个日本记者问我，你们中国打算怎么应对石油涨价危机呢？我说，记者先生，这很容易呀。假定记者先生和女朋友出去旅游时碰到一只老虎，你怎么就安全了呢？你不需要跑过老虎，只要跑过你的女朋友就安全了。现在贵国就是我们亲爱的女朋友。我们没打算跑过油价，我们跑过贵国就行呀。

这不是玩笑。这是真正的战略性思考。对我国来说，也许我们不需要“跑过”油价，只要“跑过”竞争对手就行。跑过竞争对手就是安全，跑过竞争对手就是战略性的重大胜局。

【提问五】：我国打算什么时候进入国际期货市场呢？我们的主要操作策略将如何？

答：作为世界石油市场上新增需求的主要来源国，中国肯定要去参与国际石油期货交易。国际油价主要是在期货市场上形成的。中国不可能总是被动地接受别人决定的交易价格。这个前景无须质疑。但中国什么时候进入国际期货市场，以多大资金规模进入这个市场，我想别说我不知道，就是知道了也不能随便说。

石油期货市场作为一个风险市场，没有一个参与者会把自己的“底数”告诉对方。索罗斯要是知道香港政府保持联系汇率的决心，他 1997 年就不会去袭击香港股市了。“传媒若报江东缺箭，孔明安可草船借矢？”你说对不对？

至于怎么操作，我倒想，也许高油价可能会给我们提供一个低成本建立战略储备的有利时机。早在 2001 年 3 月，“建立国家石油战略储备，维护国家能源安全”的决策就已经明确写入了我国的“十五”计划中。

国际油市是一个高风险的市场。但在上述博弈中，和那些企图拉高油价的对手相比，对方的风险要比我方大得多。因为油价最终总是要受制于实物层面的供求关系的。除非风险市场上的投机资本有无限多的资金做后盾，否则脱离实物供求关系、持续维持高油价是无法做到的。实际上，国际油市上的投机资本即或有心实现这样一个局面，国际金融资本也不可能支持。因为巨额信贷资金陷在石油期货市场上长期无法脱身的巨大风险是发达国家的金融体系也不可能承受的。

实施大规模参与风险市场的战略操作，不仅需要一般的政策支持，而且需要战略性的金融体系支持。我们曾经建议，我国把石油安全与金融安全联系起来考虑，采取合理对策，把单纯的外汇储备与更灵活的石油战略储备密切结合起来，把石油期货仓单视为一种新的国际货币，参与外汇组合。一方面通过变换资产存在形态来提高金融资产质量和规避汇率风险，另一方面通过“石油金融”的支持实现石油战略储备的廉价建仓。

【提问六】：包括日本在内，国际上很多人提出要求人民币升值，这和石油利益有关系吗？

答：2002 年末以来，日本官方及公众媒体又提出一种“中国威胁论”的新说法，指责中国“输出通货紧缩”，要求人民币升值。2003 年 2 月，日本财长盐川正十郎在 OECD 七国集团会议上向其他六国提交通过提案，要求通过一项与 1985 年针对日元的“广场协议”类似的文件逼迫人民币升值。

日本在这个时候提出要对人民币施以“广场协议”，其用心是极为险恶的。日本和中国都是石油进口的大户，在石油涨价面前，大家面临的问题是同样的。这个时候如果人民币升值，显而易见，中国的石油加工能力就将面临双重困境：一面是原料成本高涨，另一面是外部成品油、石化产品的低价竞争。日元相对于人民币贬值，日本生产的成品油和石油化工产品就会比中国的产品便宜。不仅在国际市场上比中国产品便宜，而且还可以很轻易地打入我们的国内市场上来。这样一来，中国的石油加工能力非全军覆没不可。要么被日本企业兼并，要么干脆破产。

在石油涨价面前，我们和日本人就像坐在同一条船上。日本人的想法，不是大家怎么同舟共济地把船划到安全地带，而是怎样把别人推下船去保证自己安全。这种以邻为壑、嫁祸于人的把戏我们已经领教过太多次了。

日本人要求人民币升值的意图其实是“醉翁之意不在酒”，并非仅仅是针对中国目前家电等产业的出口态势而发的。其真正目的是企图阻止中国提高自己重要基础产业国际竞争力的努力。如果按日本人的要求办，受到打击的还不仅是我们的石油石化行业。

过去三四年中国汽车发展的态势非常好。所以过去几年内，日本的汽车生产厂商在和中国企业的合作上表现出了异乎寻常的热情。目前我国汽车市场上不断推出的新品牌中，大部分都是日本品牌的组装车。大家想想，如果这个时候人民币升值，日本汽车的零部件不就变得非常便宜了吗？那日本汽车不就可以长驱直入般进入中国市场了吗？更主要的是，进口的日本零部件很便宜，中国的汽车配套生产能力就会失去发展机会，我们的汽车国产化战略就会受到致命的打击。在钢铁业也是一样。我国的高精尖钢材品种还要在很大程度上依赖进口。其中主要是从日本进口。人民币升值，进口钢材更便宜了，我国钢铁业的结构升级和产品升级还能有指望吗？这个用心实在太险恶了。2003 年有次当面向温家宝总理汇报对经济形势的看法时，我亲耳听到温总理说，在汇率问题上“我有自己的主见，不会动摇”。

我认为，面对世界金融危机和日益激烈的能源竞争，中日两国要寻求更多共同利益。不要老想着把别人从船上推下去。我前面说到，有个日本学者建议中、日、韩三国共同建立一个区域性的石油期货市场，我觉得这就是一个寻求共同利益的积极的主意。

【提问七】2008 年北京奥运会之前，国外一些政治势力掀起一股“抵制”北京奥运会的风潮，借口是什么“达尔富尔”的人权危机问题。这个事件究竟和中国有什么关系？是否与能源有关？

答：这个问题很有意思。达尔富尔是苏丹的一个地名。这个地方有石油。全世界都已经注意到，在海湾石油、俄罗斯石油之后，非洲可能是一个新的石油富集地。但 2001 年美国在“9・11”事件之后曾宣布过一个“黑名单”，说这个名单上的国家或者组织都是恐怖国家或恐怖组织，美国将可能不经宣布就对这些国家或组织采取打击行动。苏丹就在这个黑名单上。由于苏丹由此成为国际地缘政治上的高危地区，那些国际石油垄断资本一时未敢贸然进入这个地区。在这个时候，我们的中石油果断进入，买下了这个位于达尔富尔的油田，并且取得了非常好的经济效益。

那达尔富尔的人权危机是怎么回事呢？那个地方土著的黑人和过去很长时间来陆续迁入的阿拉伯人之间，因为土地资源、水资源等问题一直存在着尖锐的矛盾，经常爆发种族冲突。这个矛盾由来已久，本来和中国人，和北京奥运会没有任何关系。这个种族冲突既不是中国人引起的，我们也未牵扯进去。

在中石油进入这个地区采油，并且取得很好效益后，西方大石油公司很眼红，就总想把中国人挤走，好让他们来独霸这块优质资源。正好那里又爆发了一次比较严重的种族冲突，这些西方政治势力就把“屎尿盆子”硬扣到中国人头上，说你看，你们中国人要不到那里采油，他们那来钱买武器互相残杀呢？你们中国人应当对那里的人权危机负责。其实就是想让我们把“肥肉”让出来给他们吃。

后来这个事件怎么平息的呢？为不影响奥运，我们派了一个特使去苏丹。任务就是由中国人出钱，对两边劝和。

从这个事件中也可以看出，在这场国际石油竞争的较量中，存在着多么复杂、尖锐的矛盾。

当然，我们中国人也不是那么软弱好欺负的。涉及我们的重大利益，我们是决不会轻易退缩的。

【提问八】2008 年北京奥运会前后，国际上盛行一种说法，说是因为中国石油进口增长太快，所以国际油价才会暴涨。这种说法能够成立吗？

答：这是最新版本的“中国威胁论”。这种说法和“中国人抢了别人的饭碗”一样是无稽之谈。为什么呢？给大家举几组数字。

前面我们提到，到 2008 年，我国一次能源的需求结构中 68.7% 是煤炭。除很少一点化工用煤以外，我国的煤炭几乎百分之百是自产的。水电不用说肯定是自产，没有人能够进口江河大坝。我国的水、核、风电在一次能源中所占比重是 8.9%。这两部分“纯自产”就占了 77.6%，超过四分之三。石油消费在我国一次能源结构中占 18.7%，加上天然气的 3.8%，大约一共占 22.5%。但这 22.5 个百分点中还有五分之三也是自产。也就是说，进口能源在中国的一次能源消费总量中最多不超过 10%。中国不仅是能源消费大国，而且还是能源生产大国，这个事实是人所共知，没有争议的。目前中国生产的一次能源总量在世界总产量中所占比重大约是14%。

单说石油，我国13亿人口，到2008年，我们一年的石油消耗量才不过3.2亿吨。美国3亿人口，一年消耗9亿吨以上的石油。谁是最大的需求者？怎么能说中国应当对国际油价暴涨负责呢？迄今中国仍是世界上人均最“省油”的国家。

最近两年的情况，13亿中国人一年只从国际市场上买2.4亿吨石油；韩国0.48亿人口，石油年进口量是1.2亿吨；日本1.3亿人口，年进口量2.6亿吨，人口只是中国的十分之一，石油进口量是中国的两倍；美国3亿人口，年进口量7.2亿吨。从哪说，国际油价暴涨应当归咎于中国呢？

客观地说，中国的工业化进程不断加速，的确让国际上一些人不舒服。中国人过好日子，发展经济，碍他们什么事呢？因为他们担心中国成为其强劲的竞争对手。说中国的工业化是国际油价暴涨的根源，这完全站不住脚。但有一点确实存在的“中国威胁”可以明确告知。未来15～20年左右的周期内，中国的节能技术肯定要占据世界前沿；中国在国际能源市场上肯定要成为左右价格形势的重要力量；中国通过广泛利用全球资源肯定将为世界经济发展作出更大贡献；中国人肯定要分享工业文明的一切好处。勿谓言之不预。

第6讲

中国区域战略

ZHONGGUOQUYUZHANLUE

在中国的经济发展中，由工业化、城市化、市场化、国际化这“四化”的历史任务决定，理论和实践结合最紧密的领域必定是产业经济和区域经济。这一讲我们研究区域经济的问题。

在中国的传统文化中，有相当多涉及区域经济的记载。比如人们熟悉的诗句，有王维的“劝君更进一杯酒，西出阳关无故人”。说的是当时西部大漠孤烟的苍凉。有苏东坡的“日啖荔枝三百颗，不辞长作岭南人”，说的是当时广东“珠三角”地区的蛮荒，以至于诗人被贬后自嘲，说有荔枝吃就不怕“上山下乡”。还有杜牧的“商女不知亡国恨，隔江犹唱后庭花”，说的是当时秦淮盛况下城市经济的繁华。还有描述地方经济发达程度的说法。例如说四川盆地、成都平原是“天府之国”，誉称其得天独厚的自然条件；说洞庭湖和鄱阳湖地区是“两湖熟，天下足”，夸耀当年这个地区物产之丰盛。俗话说，一方水土养一方人。还说，“靠山吃山，靠水吃水”。这些都是在讲区域经济。

其实，在世界各国的工业化过程中，都遇到过很多和区域经济发展密切相关的事件。大家知道，美国历史上也有个“西部大开发”。没有这个“西部大开发”就不会有今天的洛杉矶和旧金山，就不会有“硅谷”。20 世纪 90 年代初期“两德”统一之后，面临的最大问题就是区域经济的改造问题。战后的日本经济发展，在结构战略上是相当成功的，但在区域战略上则比较失败。迄今日本经济仍为“过疏化”和“过密化”的问题困扰。苏联曾企图开发远东地区，但最后几乎一无所获。中国台湾从 20 世纪 60 年代起就打算修建环岛高速公路，一直争论了 30 余年，越争地价越贵，越争越修不成。这些都是区域经济的发展问题。

在我们改革开放以来的发展过程中，大家熟悉的特区经济、老工业基地改造、“温州模式”、西部大开发，前几年很热门了一阵的“经营城市”，近年来提出的“城市群”战略等问题也是区域经济的问题。

此前我们介绍过宏观、微观的概念。其实在经济学中还有个“中观”的概念。产业经济、区域经济就属于“中观”经济的问题。

1. 中国区域经济发展的历史沿革

- 我们的发展成就是和区域战略的成功密切联系在一起的，相当多重大难题也和区域战略的不完善密切相关。
- 没有当初的“三来一补”，我们就不会有机会讨论“中国能否成为世界制造中心”的问题。
- “国家、集体、个人一块儿上”的“有水快流”导致很多地区出现了对资源的破坏性开采。
- 浦东开发不仅带动了经济增长，而且为向市场经济方向转变的改革提供了一个巨大动力。
- 积极财政政策和西部大开发的实施让西部地区获得了新的发展机会。

【6－1－1】我国的区域战略，最生动、最富于变化，也最值得大书特书的是改革开放以来的发展。可以这样说，我们今天的发展成就，相当多是和区域战略的成功密切联系在一起的。比如特区经济的发展、沿海对外开放、上海浦东开发等。但相当多迄今存在的重大难题也和区域战略的不完善密切相关。比如东北老工业基地的发展滞后、东西部发展差距拉大等。

在前面几讲中我们曾多次提到，我国是一个地域辽阔的大国。地域辽阔就带来两个问题：一个是区域间发展不平衡的问题。我国从2000年以来实施的“西部大开发”战略、2003年提出的东北老工业基地再振兴战略、2004年提出的中部崛起战略等都是一个以调整区域间发展不平衡差距为基本目标的区域经济发展战略。另一个是多样化的因地制宜发展问题。20世纪90年代后期以来，我国的区域发展战略明显进入了一个多样化的阶段。和以前相比，这个“多样化”是主动的多样化。不是中央的区域政策变化导致的多样化，而是各地都在努力寻求自己的发展机会，制定优化的发展战略。“为官一任，造福一方”已成为我们听得最多的地方政府领导的施政纲领。

在经济发展过程中，不仅要研究和制定国民经济整体的战略，要研究和制定产业发展战略，要研究和制定资源、就业和其他一些方面的战略，还得研究一个局部性的发展问题，这就是区域发展战略。地方要定区域战略，中央也要定区域战略。针对不同地区采取不同政策的战略。

区域经济也是一门很有特色、涉及面非常宽广的学问。这个研究领域有很多分支，涉及的内容不仅和经济学有关，而且和地理、资源、人口分布、基础设施配置以及分工、市场培育等各方面密切相关。目前在我国的很多重点大学中都有区域经济的相关研究，而且各有特色。例如北京大学在经济地理方面的研究比较出色，中国人民大学在区域战略和区域政策方面有比较深厚的积累，北京交通大学在各地区基础设施配置方面的研究得天独厚，外经贸大学对内陆省区沿周边对外开放的问题发表过很多重要意见。此外，在区域经济研究上，还有国家发改委宏观经济研究院的地理所，社科院的农村所、人口所、社会学所也都有不同侧重的研究。除了这些专门研究机构外，我知道全国人大、全国政协、国家民委等都对区域发展问题有很多关注。1998 年时，我曾陪同全国政协的陈锦华副主席去调研东北老工业基地的振兴问题。那是全国政协派出的一个“常委调研团”，成员中有五个前省委书记。可见各方面对区域发展问题的重视程度。

在我国的经济发展过程中，自新中国成立以来，在区域战略上一直存在着比较多的争论，相应地，在战略上也有过比较大的摇摆。2004 年提出“中部崛起”战略之前很长时间里，山西、湖南、河南、江西、湖北，还有安徽等省区还抱怨说，以前有东部沿海地区的对外开放，现在有西部大开发，就我们中部省区非东非西的，“不是东西”。20 世纪 90 年代初期以来，我曾参加过在武汉召开的很多次有关区域经济发展的研讨会。上海浦东开发的时候研讨的主题是“长江中下游经济发展战略”。重庆设市直辖以后研讨的主题是“长江中上游经济发展战略”。湖北、武汉究竟该向长江上游经济圈靠拢还是该向长江下游经济圈靠拢？人们迄今仍有不同看法。

我国的区域经济发展战略有过很长的历史沿革。

早在新中国成立后不久的 20 世纪 50 年代，我们就曾提出一个关于“处理好沿海和内地关系问题”的战略。第一个五年计划中的“156 个大型建设项目”明显向内地的中西部倾斜。内蒙古的包钢、西安和石家庄的纺织、河南的洛拖、湖北的武钢以及延伸到西北、西南的包兰、兰新、宝成铁路等都是那个时候修建的。应当说，那个阶段的投入使我国中、西部的工业化上了一个大台阶。这些项目迄今在中、西部省区的工业产业中仍是重要的骨干力量。

20 世纪 60 年代以后，在“要准备打仗”的指导思想下，我们在“三五”、“四五”、“五五”的三个五年计划中把建设的重点放在了西部。在整整 15 年间，我们把工业固定资产投资的 70% 投在了西南地区和陕西等比较偏远的地方。所谓的“三线建设”就是指的这个时期。

现在看，“三线建设”并不是一个成功的区域发展战略。这个时期的区域经济发展留下了很多历史后遗症。改革开放初期，我们有过一段“军转民”的过程，主要就是对“三线建设”项目进行改造。“三线建设”的另一个缺陷是，由于大量的工业项目只是“嵌入”式的，与当地经济很少接轨，由此进一步加大了区域经济中城乡分割、工农业分割的“二元”状态。

当然“三线建设”也留下了一些宝贵财富。我们的二汽、长虹、西飞等一大批重要产业的龙头企业都是“三线建设”留下的。我国西南的光学、航天、电子、核工业、化工、机械等产业，很多都是在那个时期打下的基础。20 世纪 80 年代末期，我们接受了国家软科学基金委托的一个项目，研究西部发展问题。在研究中我们很吃惊地发现，贵州作为我国最贫困落后的省区之一，当时它大学以上文化程度的人口所占比重居然在全国名列前茅。为什么会有这种现象呢？因为在“三线建设”时期，很多专业的大学生毕业都是“整班”地端到那里去的。那里聚集了我国在 20 世纪 60 年代毕业的一大批优秀人才。其实，这个特点在四川也很突出。不过是四川人口基数太大，“三线建设”造成的高学历人口的比重变化不像贵州那样明显就是了。还有陕西。我们同样吃惊地发现，陕西当时的人均工业固定资产总量在全国位置非常靠前，而且相当多集中在航空、航天、电子、光学、新材料等高科技领域。

我们前面讲过，在改革开放前，我们在区域战略上还犯过一个错误。那就是要“建设独立的工业省”。这个战略就乏善可陈了。除了造就一大批后来被关停的“五小”，没有留下什么值得肯定的东西。20 世纪 60 年代末我们上山下乡的时候看过一个电影纪录片，说的是呼和浩特的“马车社”造出了汽车。其实就是在木头马车上装上了一个单缸柴油机和一个转向系统。这个“汽车”不知道警察给不给上牌照。这样的“发展”当然不会有什么前途。

我国的区域战略，最生动、最富于变化，也最值得大书特书的是改革开放以来的发展。可以这样说，我们今天的发展成就，相当多是和区域战略的成功密切联系在一起的。比如特区经济的发展、沿海对外开放、上海浦东开发等。但相当多迄今存在的重大难题也和区域战略的不完善密切相关。比如东北老工业基地的发展滞后、东西部发展差距拉大等。

在 20 世纪 80 年代初期的“六五”计划发展过程中，全国性供不应求的严重短缺和产业间的失衡是主要矛盾。当时的战略与政策主要把精力集中在了应对国民经济结构调整和突破能源“瓶颈”上，但是“六五”期间也有一些区域性的变化。其中最明显的是两点。一是以“宝钢”为代表，华东的上海、华中的武汉和南京等地通过引进上了一大批钢铁、石化产业的生产能力。二是江浙一带出现了新的发展动力和新体制成分。后来人们常说的“苏南模式”、“温州模式”最初就起源于那个阶段。国家作为惟一投资主体的局面就此被打破。“六五”时期，“苏、锡、常”地区已经形成了一种明显的快速发展势头。后来被邓小平称为“异军突起”的乡镇企业也是从那个时候在这个地区起源的。

“六五”计划并没有重视区域性的战略发展和区域间的组合关系问题。但“六五”提出，辽宁、河北、天津、北京、山东、江苏、上海、浙江、福建、广东、广西等省、市、自治区的沿海地区要大力发展，其他内陆地区要加快能源、交通和原材料产业的发展来支援沿海地区。这实际上已经形成了后来“梯度发展战略”的原始雏形。20 世纪 80 年代后期的“七五”时期在区域发展问题上非常重要。这个阶段，我们提出了一个以“梯度发展理论”为核心的相对完整的区域经济发展战略。

【6-1-2】“梯度发展战略”突破了我国过去片面强调“均衡布局”的传统布局模式，使客观规律与实事求是成为制定经济发展战略的首要出发点。后来的经济发展证明，“七五”期间东部优先发展的战略为我们抓住了一个很重要的战略机会。没有当初沿海地区艰难起步的“三来一补”，我们今天根本就不会有机会讨论“中国能否成为世界制造中心”这样的问题。

什么是“梯度发展战略”呢？本质上就是沿海地区优先发展。“梯度发展战略”提出，我国的经济分布客观上存在着东、中、西三大地带，并且在发展上呈现出逐步由东向西推进的客观趋势。当时设想，“七五”以至 90 年代要加速东部地区的发展，同时把能源、原材料建设的重点放到中部，并积极作好进一步开发西部的准备。简单说就是优先发展东部，中部要支援东部，西部仍需积蓄力量和耐心等待。

“梯度发展战略”的实施，一方面使国家的经济与改革政策明显地向东倾斜；另一方面使东部经济呈现为加速发展态势。

在这个发展过程中，最重要的发展是特区经济的形成和沿海对外开放的不断扩大。当时，我们相继在深圳、珠海、汕头、厦门以及后来的海南建立了五个经济特区。在引进外资和发展市场机制上给予这些特区以很多前所未有的优惠政策。此外，我们还在大连、天津、上海、广州等地开辟了14个沿海开放城市，13个经济技术开发区和长江三角洲、珠江三角洲、闽南三角洲、山东半岛、辽东半岛等经济开放区。在这些地区实行了多层次鼓励引进外资、发展外向型经济的优惠政策。

“梯度发展战略”是一种以“效率优先”为基本指导思想的区域发展战略。应当说，这个战略在理论上和实践上都是具有重要历史贡献的。

在理论上，这个战略突破了我国过去片面强调“均衡布局”的传统布局模式，承认地区间发展严重不平衡的现实，强调遵从由不均衡到均衡的客观经济发展规律，从而使客观规律与实事求是成为制定经济发展战略的首要出发点。在实践上，这个战略强调在地区间形成产业结构转换的接续关系，在一定程度上实现了结构战略和区域战略的有机结合，而且这个战略还在很大程度上实现了发展与改革的密切结合。向沿海倾斜的发展实际上同时具有明显向市场机制、向对外开放倾斜的特点。

后来的经济发展证明，“七五”期间东部优先发展的战略为我们抓住了一个很重要的战略机会。迄今我国很多重要的经济增长点，比如特区经济、外向型经济等都是在那个时候打下良好基础的。没有当初沿海地区艰难起步的“三来一补”，我们今天根本就不会有机会讨论“中国能否成为世界制造中心”这样的问题。

当然，“七五”期间的“梯度发展战略”也是不完善的。从区域政策上看，这个阶段的问题主要表现在四个方面。一是对“世界性技术革命”的前景估计过于乐观。1987年提出要“跳过若干发展阶段，直接发展高新技术产业”，忽略了中国现实的工业化任务，打乱了一些区域既定的产业结构转换战略，实际上后来也并未真正形成中国高、新技术产业的发展高潮。二是在“兴地富民”过程中过于急功近利，违背规律地在资源开发上提倡“国家、集体、个人一块儿上”的“有水快流”，由此导致很多地区出现了对资源的破坏性开采。过去几年中，大家听说很多不规范小矿恶性事故频仍的报道。这些小矿的遍地开花就始于这个阶段。三是20世纪80年代后期出现了明显的“地区经济结构趋同”趋势。一方面各省、区在地方经济利益的推动下，利用财税制度改革过程中积累起来的地方财力纷纷大力发展自己的加工产业，另一方面由于地区结构趋同，地方保护主义与市场分割、地区封锁日益趋于严重。四是在区域间发展不平衡的差距不断拉大过程中，地区间的经济矛盾趋于尖锐。

一方面区域经济成为国民经济快速增长的重要带动力量，另一方面区域间经济矛盾又成为国民经济发展的主要羁绊之一。“七五”留下的就是这样一个“双刃剑”格局。

从20世纪80年代末开始到90年代初期，“梯度发展理论”实际上遇到了严重挑战。一方面，发展差距拉大导致的地区间利益矛盾趋于尖锐；另一方面，外部环境变化和对外开放发展过程中，内陆与周边国家接壤的地区获得了新的发展机会。更主要的是，当时人们都对西部的资源前景寄予厚望。大家还记得，20世纪80年代末期到90年代初期，我国依靠海路的对外开放遇到一些敌对势力的封锁，而与陆路接壤的一些国家之间的边境贸易则出现了一个新的高潮。

根据实际情况变化，针对“梯度发展战略”的缺陷，我国在“八五”实施过程中对东、中、西部关系上作了多方面的调整。这些调整在20世纪90年代发展中起了重大作用。

其中，一是强化了扶持贫困地区的脱贫政策。2002年党的“十六大”报告提出，我国收入分配的改革方向是“效率优先、兼顾公平”。其实这句话是在20世纪90年代初期的“八五”计划中就已经提出来了。不过当时是针对区域间发展不平衡问题提出的。后来大家熟悉的“八七扶贫攻坚战”就是在“兼顾公平”的原则指导下发动的。“八五”计划的安排很具体，提出国家要给予贫困地区更大的财力、物力和技术力量支持，要安排一批矿山、水利、交通和工业项目，要继续实行“以工代赈”政策，增加农民的劳动投入，为解决温饱问题创造条件等。

二是加大对中、西部能、矿资源开发项目的投入力度。其中就包括超大型的三峡工程上马、黄河中上游水利综合开发以及西部石油和中部煤田加快发展等。我们后来建设的“西电东送”、“西气东输”两个大的工程，实际上都得益于“八五”期间开始的投入。

三是扩大沿周边地区的对外开放，加快边境口岸建设，发展与周边国家的边境贸易、产业互补以及对外部资源的利用。我国陆路边境长达2.2万公里。现在我们在北部、西部、西南拥有的多个边贸口岸，大都是那个时候发展起来的。

四是加快东西走向的交通干线建设，开通了沿陇海线延伸的“第二条大陆桥”。“八五”期间，我们打通了一条重要的东西交通线。这就是沿陇海铁路、兰新铁路，从新疆出境，一直延伸到欧洲鹿特丹港的铁路干线。这条横跨亚欧大陆的铁路干线为东西部经济合作，以及很多区域之间的分工重组提供了很重要的条件。

“第二条亚欧大陆桥”贯通之后，还有一个小插曲。江苏的连云港市和山东的日照市都说自己是“亚欧大陆桥”的东端起点。连云港市说陇海铁路以连云港为起点是尽人皆知的事实，日照市说现在铁路又修到我这里了，日照市明明比连云港更靠东边。两家各找了一些学者去论证。不论谁是起点，从这件事中可见人们对这条东西交通线的重视和寄予的期望。

“八五”期间，在区域经济发展上最值得一提的事件是上海的浦东开发。浦东开发不仅带动了长江中下游以至国民经济整体出现了一个增长高潮，而且开拓出了一条城市化的新路。这一点我们一会儿还要讲到。更重要的是，浦东开发还为向市场经济方向转变的改革提供了一个巨大动力。在 2002 年的 APEC 会议期间，许多外国首脑都称赞，浦东的建设确实达到了世界一流的水平。不论是城市面貌还是酒店的硬件设施，和世界上哪个国家比都并不逊色。

【6-1-3】积极财政政策和西部大开发的实施让西部地区获得了新的发展机会。我们到西部省区看看，那里的机场、高速公路、农村电网等设施相当多都是在“九五”期间兴建或者完善起来的。我国在 20 世纪 90 年代初期才有的第一条高速公路。现在西北、西南很多省区的高速公路的水平一点都不弱于东部。

20 世纪 90 年代后期的“九五”计划期间，我国经济发展的一个明显特点是前期被掩盖的很多矛盾开始集中暴露。大家熟知的下岗、通货紧缩、国企“三年脱困”、长江及松花江发大水、亚洲金融危机等都发生在这一阶段。与此相应，区域经济发展呈现出了非常明显的不断调整特征。给大家举几个例子。

一个是积极财政政策和西部大开发的实施让西部地区获得了新的发展机会。其中，从 1998 年开始实施的积极财政政策，其主要措施就是增发国债。这些年的国债项目，特别是投向基础设施的国债项目，主要配置在了西部省区。我们到西部省区看看，那里的机场、高速公路、农村电网等设施相当多都是在“九五”期间兴建或者完善起来的。我国在 20 世纪 90 年代初期才有的第一条高速公路，就是辽东半岛的沈大高速。现在西北、西南很多省区的高速公路的水平一点都不弱于东部。

再一个是特区经济的发展。20 世纪 90 年代中后期，深圳曾经很担心取消了优惠政策以后，特区经济还能不能保持较高的增长速度。这中间有个变故。1997 年时，我们已经开始取消或者降低出口退税率。对外商投资的“两免三减”税收优惠也已经在论证是否还有必要保留。这些政策对深圳等特区经济的发展都是至关重要的。恰好在这时，亚洲金融危机爆发了。1998 年，朱镕基那一届政府一产生就宣布，要确保当年的国民经济增长速度达到 8%。要实现这个“保八”目标，投资需求和出口需求就变得非常重要了。当时不仅已经取消或降低的出口退税基本恢复，而且有些还有所提高。外商投资的税收优惠政策也明确宣布继续实行不改变。

再一个是西部发展的问题。我们前面说过，“九五”计划曾经延续“八五”的思路，想在西部大上资源产业。在最初的“九五”计划中曾明确规定，国家投资的能矿、冶金、化工等产业的项目要优先向西部安排。但后来发现西部并没有那样乐观的资源前景。所以到2000年初发动西部大开发时，这个思路基本被推翻。在当时国家计委拟定的西部开发规划中，重点从资源开发变为了环境保护。还有一个方面。“九五”计划已经提出，要建立向西部倾斜的财政转移支付制度。但大家知道，亚洲金融危机以后，国家财政面临的任务骤然增加了一大块。启动投资和促进增长要靠财政投入，1998年长江抗洪救灾后大江河治理要增大财政投入。后来在科索沃危机中，美国炸了我们的大使馆。由这个事件引起，调整国防预算、加快更新军队装备也是可以想见的迫切之需。这些情况摆在面前，财政转移支付制度的规模、力度和节奏肯定要受到很大影响。

【6－1－4】“十五”时期区域发展有三个明显特点。一是分区域的结构调整进展明显，一些省区形成了自己的新的优势产业；二是城市化上了一个大台阶，城市经济成为支持国民经济增长的重要力量；三是大区域战略先后启动，形成了覆盖全国的、完整的分区域战略。在这个阶段，工业化与城市化、城镇化走向了密切结合。

2001～2005年的“十五”时期也是区域经济发展非常活跃的一个时期。这五年的区域发展有三个明显特点。一是分区域的结构调整进展明显，一些省区形成了自己的新的优势产业；二是城市化上了一个大台阶，城市经济成为支持国民经济增长的重要力量；三是大区域战略先后启动，形成了覆盖全国的、完整的分区域战略。

“十五”时期是我国工业化从初、中期向中、后期转变的重要时期。在这个阶段，工业化与城市化、城镇化走向了密切结合。我们有必要对这个时期的区域经济发展单独总结一下。

2. "十五"时期区域经济发展的新特点

- "家家有本难念的经",这句话用在区域经济上很合适。
- "兴地富民"的关键是要有一个良性的区域产业结构。
- 媒体记者问得最多的问题就是,"珠三角"和"长三角"哪个更有优势。
- 旅游资源并非就是人文古迹、庙宇石碑,"大漠孤烟直,长河落日圆"的氛围也很吸引人。
- 任何一个地方的企业都有可能成长为名牌,但没有适合企业成长的环境,有了名牌也得丢掉。
- "副省级"城市这个现象意味着我国区域经济中新的经济增长点和产业聚集核心正在形成。
- 中国用10年左右的时间让两亿人口吃饱饭这件事,应当说是对世界的一个很大的贡献。
- 西部有些资源是不能开采的。因为利用这些资源的环境代价远远超过经济收益。
- 单纯依靠政府力量、依靠外部支持,西部大开发是不可能成功的。
- 国务院明确提出"要把老工业基地的改组、改造和振兴摆在更加突出的位置"。
- 东北不缺资源,缺的是对这些资源重新优化组合的力量。
- 中部的农业发展、农村剩余劳动力转移问题解决好了,粮食安全和就业问题上就不会发生大的危机。
- 东部单纯依靠价格参与国际竞争的外向型发展之路可能已经走不远了。

【6－2－1】人们越来越认识到，“兴地富民”的关键是要有一个良性的区域产业结构。解决增长问题也好，解决地方财政增收问题也好，解决就业问题也好，解决城市化问题也好，不论本地面临的主要矛盾是什么，区域结构调整是一个核心。结构调整已经成为各地战略选择中的共识。

在1980～2000年的前一个“翻两番”战略实施过程中，一方面，我们的区域经济发展取得了很大成绩；另一方面，我们也遇到了许多前所未遇的难点。中国老百姓有句话，叫作“家家有本难念的经”。这句话用在区域经济上很合适。进入21世纪之后，与工业化进程不断加速相适应，我国的区域经济发展也呈现出许多与过去不同的新特点。

第一，区域产业结构调整。

在经历了1997年的亚洲金融危机，特别是1998年以后整个国民经济供求形势的从短缺到过剩，从卖方市场到买方市场的大转折以后，到世纪之交的时候，几乎所有的省区都有一个共同的感觉，就是“难”。好像一夜之间，昨天还卖得好好的东西忽然就卖不动了。原来的优势产业一下子就优势不再。云南的烟草、东北的钢铁、山西的煤炭等都出现了种种情况。不仅如此，如同我们在就业专题中讲到的，很多老工业基地、原有的工矿城市还面临非常沉重的就业压力。当时到各处去，真是感到“家家有本难念的经”。也就是说，各区域的情况越来越呈现为因地而异的特点。

不管那时各地区的情况如何不同，但大家的思路却有一点是共同的，那就是区域产业结构的调整。人们越来越认识到，“兴地富民”的关键是要有一个良性的区域产业结构。解决增长问题也好，解决地方财政增收问题也好，解决就业问题也好，解决城市化问题也好，不论本地面临的主要矛盾是什么，区域结构调整是一个核心。结构调整已经成为各地战略选择中的共识。我们先用“珠三角”地区和特区经济为例来说明。

从20世纪90年代中期起，就不断有人就“政策优势淡化以后，特区经济还能不能持续高速增长”的问题提出质疑。到“十五”的最初两年，这个担心演变为一种与“优越感”和“失落感”相交杂的情绪。2001年以后，在华南的珠江三角洲地区有个很强烈的声音，就是担心被长江三角洲地区超过。我到广东去，媒体记者问得最多的问题就是，“珠三角”和“长三角”哪个更有优势。还有人在网上发表了一篇言论，叫《谁抛弃了深圳》，曾经在当地引起很大反响。至少我们感到，特区和整个珠江三角洲地区明显表现出一种忧患意识。其实，

“珠三角”地区持续高速发展的答案已经有了。首要的就是调整区域产业结构。“中国能否成为世界制造中心”这个命题最初就是由这个地区提出来的。2001年时，广东就提出了要树立“广东制造”的品牌问题。

曾经有人提出，广东的制造业层次低，缺乏核心竞争力，不应作为战略方向；认为广东和“珠三角”地区应当大力发展高科技产业、新型金融服务业才对。我看这个认识有片面性。在中国工业化的现阶段，制造业就是最有前途的优势产业之一。事实上广东在进入21世纪后，经济增长的动力仍极大地依赖于制造业。

进入21世纪后，“珠三角”地区不仅呈现为制造业加速聚集的态势，而且其他一些新兴服务业也呈现出很大的扩张态势。深圳原来有什么旅游资源吗？几乎没有。但现在深圳的旅游业已经成为当地增长最快的产业。不知大家去过深圳的“世界公园”没有。那里的主题公园可以说已经达到了世界一流的水准。现在深圳的旅游项目已经成为内地游客到“港澳游”的一个重要附加部分。

不仅特区经济需要靠调整结构，连香港经济发展的战略立足点也在于调整结构。1997年亚洲金融危机之后，香港经济曾在一个很长时期内呈现为低迷不振的状况。2003年SARS疫情之后，中央政府为支持香港经济振兴，马上开放了内地到香港的“自由行”旅游，取消旅行社组团到香港的人数、团数限制，而且允许广州等一些城市的居民凭身份证就可以申请到香港的旅游签证。香港经济出路何在？特区政府很明白，在于产业结构调整、升级。

过去在香港的经济中，过境贸易是一个大项。现在内地产业与国际市场的连接关系越来越紧密，大陆和外部市场的连接已经不大需要香港的中介了。而且人们都清楚，台海两岸最终实现“三通”是谁都阻挡不了的。这样香港就得为自己寻找新的出路。大家知道香港兴建的亚洲第二座“迪士尼”乐园在2005年末开张营业了。这个项目的目的就是要通过培育新的旅游资源大力扩张旅游业，改善香港的产业结构，可能很少有人注意到最初这个项目是谁投资的。这个投资者是香港政府。要知道，历史上香港政府是从不投资于商业化的项目的。为什么这次破例了呢？因为这个项目对香港结构转型，对香港的经济非常重要。香港政府不惜打破规矩亲自投资，不惜填海造地兴建这个项目，为什么？因为香港现有的旅游资源不足以支撑香港产业结构转换，不足以支持旅游业成长为支柱产业。香港政府的打算是投资建成后，在真正商业化运作阶段再把股权卖掉。

再一个区域产业结构调整的例子是云南。人们知道云南的烟草工业非常发达。云南品牌的香烟曾一度垄断了国内高档烟市场。那时云南省财政的70%靠烟草。人称“烟草财政”。但云南很早就意识到，烟草的饭是吃不长久的，因为别人很快就会学会做同样的事。

20 世纪 90 年代初期我曾在云南的玉溪烟厂调研过一个多月，那时“玉烟”的董事长褚时健还在任。褚时健告诉我，引进先进设备、培育原料基地、实行糖化发酵工艺等经验都是说给记者们听的，真正的秘诀其实很简单。就两条。一条是一定要把烟梗挑出来。当时我们国内的很多烟厂舍不得“浪费”，把烟梗切碎了仍然搀在烟里。结果人们吸的时候老熄火。另一条是粘过滤嘴和烟纸要用进口胶水。因为当时国产胶水易发生“漏气”、“掉头”的毛病。大家想，像这样的诀窍，行内人当然很快就可以悟出来。现在各省都出了一些地方名牌，在质量上一点不比云南的卷烟差，很多还超过它。2002 年我到红塔集团调研，研讨的题目就是红塔山怎么应对这种“同质化”的挑战。人家不愿意说被超过的挑战，说同质化的挑战，这也是可以理解的。

云南省很有远见，很早就开始实施区域产业结构调整的战略。在传统的烟草、有色金属之外，现在已经发展起来了成规模的旅游、热带种植业等新兴产业。云南是全国第一个提出要建成“旅游大省”的。从“世博园”起，现在云南全省的旅游经济已经成势。丽江本来是个落后的地方。我们 2002 年去时，看到地震灾后重建的城市非常漂亮，而且各种旅游设施非常齐全。少数民族的导游小姐可以讲非常好的普通话和英语，很专业，素质非常高。现在北京、上海以至东京、首尔所卖的鲜切花，很多都是云南空运供应的。一个地处边陲的不发达省区，现在知名度很高。旅游团趋之若骛。靠什么？靠区域产业结构调整、升级战略的成功。

现在很多省区都意识到结构调整的重要性。湖南也提出，我们湖南的少数民族不比云南少呀，因此湖南也要建成旅游大省。新疆、甘肃、宁夏、贵州、四川以至东北的辽宁、黑龙江等省区都提出了要大力发展旅游业的设想。

现在人们知道了，原来旅游资源并非就是人文古迹、庙宇石碑。几乎什么都是旅游资源。甘肃说，甘肃不仅有敦煌，而且有戈壁滩。戈壁滩也是旅游资源。就有人愿意来看“风吹石头跑”的景象。“大漠孤烟直，长河落日圆”，这个氛围也很吸引人。

辽宁原来不重视旅游业。他们重视的是钢铁。钢铁多年是国民经济的“老大哥”，旅游算什么？在很多人心目中旅游不过是“不上台面”的小打小闹。但现在辽宁居然也提出要建“旅游大省”。辽宁其实有很多非常优质的旅游资源。除了人们熟悉的大连，还有很多港口城市。海港本身就是旅游资源。辽宁的锦州、本溪都有很好的自然景观。本溪有个“水洞”，名字听起来平淡无奇，但那是一个很大的地下溶洞，还有可以行船的地下暗河，非常奇特。多年来，鞍山的名字是和钢铁连在一起的。但大家可能不知道，鞍山已经决心要吃“旅游饭”了。鞍山出玉石，现在那里造了一个据说是亚洲最大的玉佛。当然，有佛教界的人士说，那还不能叫佛，只能叫雕像。得有高僧住持过的才能称为“佛”。但不论怎么说，当地不惜工本地发展旅游业的决心由此可见一斑。

东北工业基地的再振兴，关键问题之一也是区域内的产业结构调整。这个问题我们后面再说。

【6-2-2】区域经济发展上一个引人注目的现象是涌现出了一批经济发展异常迅速的所谓“副省级”城市。这个现象的出现并非是政策、战略有意为之，而是“无心插柳柳成荫”的结果。“副省级”城市这个现象意味着我国区域经济中新的经济增长点和产业聚集核心正在形成。

第二，“副省级”现象。

在2001～2002这两年时有一个说法，那就是中国经济在世界经济增长格局中“一花独秀”。因为美国经济遭受“9·11”打击之后出现了低迷，带累世界经济也呈现为低增长态势。当时我们的国民经济凭什么保持了“一花独秀”的地位呢？最重要的支持因素之一是城市化进程明显加速。近年来大家到各地去的一个普遍感觉是，很多城市的面貌变化特别明显。实际上城市化这个“发动机”不仅是我国进入21世纪以来最重要的经济增长动力，而且还将支持我们未来20年的经济增长。城市化是我们国民经济走向现代化的一篇大文章。当然，过去几年来，以及未来一段时期，我国国民经济运行中的突出矛盾也由城市化进程加速引起。因此，我们把城市化单列为一个问题专门再讲。

在过去几年中，区域经济发展中的一个引人注目的现象就是涌现出了一批经济发展异常迅速的所谓“副省级”城市。原有的相对靠后、经济规模总量并不十分大的一些非省会城市逐步成长起来，成为在国民经济中影响很大、举足轻重的城市。人们熟悉的就有深圳、大连、宁波、青岛、厦门等。这些城市的经济都非常有特点。

深圳是一个特例。如同一首歌里唱的，“一个老人在中国的南海边画了一个圈”，就圈出了这样一个充满朝气和活力的新兴城市。深圳的最大成功并非建造了一座城市本身，其最大的成功在于引进和试验了市场经济的活力，在于带动了整个珠江三角洲地区、华南地区以至国民经济的发展。现在深圳人心里想什么呢？是有朝一日赶上和超过上海甚至香港。在深圳人的眼里并没有把省会城市的广州列为竞争对手。

青岛是个著名的旅游城市。但青岛这些年更引人注目的不仅是旅游业的发展，不仅是城市建设的突飞猛进，而且是名牌企业的不断涌现。随便数数，中国现在最知名品牌中青岛占一个相当大比重。海尔、海信、青岛啤酒、澳柯玛、双星等等都是家喻户晓的企业品牌。

青岛的名牌企业聚集也是一个奇特现象。为什么这么多名牌企业出自青岛？或者说，为什么青岛这个地方能够产生这么多名牌企业？为什么这些名牌企业没有出在省会城市的济南？人们对此有过很多探讨。依我看，最重要的是环境。企业家的确很重要。褚时健接手玉溪烟厂的时候，那个企业仅仅是一个名不见经传的地方小烟厂。别说全国名牌，连地方名牌都谈不上。在他手里，玉溪烟厂发展为红塔集团，红塔山香烟不仅一度红遍全国市场，而且在东南亚都很有名气。不管褚时健后来的结果如何，我们不能否认企业家的贡献。有人说是企业文化。我看这个说法也值得质疑。青岛啤酒原来有什么企业文化？就是老“国企”的文化。一直到20世纪90年代初期，青岛啤酒的前途可以用岌岌可危来形容。后来换了人，就有了今天如日中天的“青啤”。但企业家毕竟是可以流动的，生产能力也是可以流动的，唯有环境不能流动。青岛的啤酒节可以说是“一石双鸟”，既促进了旅游业的发展，又巩固了青岛啤酒在业内的“盟主”地位。其实，任何一个地方的企业都有可能成长为名牌。但没有适合企业成长的环境，有了名牌也得丢掉。山东其他地方也不是没有出过名牌。在白酒行业，山东是出过若干个名牌的。大家还记得当年有个“秦池”，曾经以“天价”夺得央视的“标王”。但现在也沉寂多年了。

青岛不仅出名牌企业，而且在城市建设和城市规模扩张上有独到之处。青岛是最早创出建“新区”的城市扩张之路的城市。青岛市政府是把办公地搬到了新区，带动新区的基础设施完善和土地及其他城市资源升值。这个战略决策不仅极大地拓展了城市旅游业发展的空间范围，而且给老城区改造提供了非常有利的条件。

最近一些年来，大连是受人们赞誉最多的城市之一。大连的城市面貌确实漂亮。它最早提出要在城市中“开墙透绿”，实行绿色资源的共享。这个城市面貌整治的初期，老百姓也是很反对的。因为难免要触及很多人的利益，包括一些弱势群体的利益。下岗职工在街头摆个小摊，搭个棚子为生。一整治被拆除了，他们当然反对。但整治完成后，老百姓又都是一片称好的声音。我到大连，那里的干部群众都很为他们的城市骄傲。大连有个很大的城市广场，建得非常漂亮。这个广场设计者的高明之处不仅在于突出了依山傍海的视觉美感，而且把现代化城市的轮廓和自然景观很巧妙地结合在一块了。这很不容易。很多地方，比如我们广东的惠州，也有不错的自然风光，但在山、湖之间建了几个度假村、大酒店，从城市中眺望过去，很不协调，很刺眼。大连这个广场相当好地解决了这个问题。大连“开墙透绿”，我认为是为全国的城市化带了个好头。

由于历史条件，大连原来的城市基础设施是相对较弱的。因为街道狭窄，交通经常堵塞。大连的地势有个特点，与青岛、重庆有类似之处，就是城市道路的起伏很大，不适于骑自行车。怎么改造呢？人们提出了很多方案。有说建立交桥、高架路的，有说拆房扩路的。这些方案都因代价太大而“搁浅”。这时有个“高人”对当时的市领导说，给我两个月的时间，我给你提个方案，用不着花太多的钱就能改好。这个专家用两个月时间走遍大连，调查路况和交通流量，最后画了一张图，说你照我这个图改，把大部分路都改成单行线，交通肯定就通畅了。果然，仅此一改，大连的交通状况立刻得到了极大改善。当然这里面有些传说的成分。但大连现在的道路大部分都是单行线，这确是事实。

大连的发展不仅是因为城市绿化搞得好，更重要的是城市产业结构的调整发挥了巨大作用。过去谁听说过大连有制服装的传统呢？没有。人们记忆中出名的是上海服装。在很长时期内江苏、浙江一些乡镇企业生产的服装都写一个上海的厂名。但大连人就敢办一个国际服装节。这个服装节现在已经成了品牌。大连国际服装节不仅带动了商贸流通业、服装业的发展，而且带动了旅游业、酒店业和其他社会服务业的发展。城市产业结构为之发生了很大变化。更重要的是，这个举措大大提高了大连的知名度，拓展了对外开放的空间。有一次我到辽宁听到一个说法，说我们这里是“大连国、沈阳省、辽宁市”。不管这种说法包含一种什么样的看法或者情绪，大连在辽宁的经济地位不断提高，对区域经济的带动作用不断增强是毋庸置疑的。

宁波和其他几个“副省级”城市的情况又不一样。宁波本身并不很大，但宁波周边聚集着的一批县级市的发展程度都很了不得。由此造就了一个经济发达的城市群。宁波和浙江整体的情况有类似之处，最值得关注的就是改革彻底。我到宁波调研时，那里的人们告诉我，宁波已经没有什么国企职工这个身份了。所有的就业者的体制身份转换任务都已经完成。相应地，那里也就没有什么下岗职工了。没有下岗职工不是说没有失业问题，而是说没有其他地方那种体制身份的“双轨制”了，就业问题的社会保障统一为失业保障，而且那里也没有什么纯粹的“国有企业”了。没有国企不等于没有国有经济。有的只是国有资本，只是在企业中的国有股权。

这些“副省级”城市的兴起使区域经济有了出乎意料的表现。这个现象的出现并非政策、战略有意为之，而是“无心插柳柳成荫”的结果。“副省级”城市这个现象意味着我国区域经济中新的经济增长点和产业聚集核心正在形成。实际上，目前在经济总量、区域经济中的地位以及城市规模的扩张速度等都显现出赶超省会城市的地方还有很多。比如江苏的苏州，内蒙古的包头等。

【6-2-3】我们要努力在一个不太长的时间内让西部人民看到一个变化。党的“十六大”报告提出了一个相对明确的时间概念，叫作“争取十年内取得突破性进展”。在西部大开发中要逐步建立长期稳定的西部开发资金渠道，引导外资和国内资本参与西部开发；并且要进一步解放思想，在改革开放中走出一条加快发展的新路。

第三，四大经济区域发展战略全面启动。

“十五”期间，我国区域经济发展中出现了一个区别于以往的特点，这就是在原有的东部率先实现现代化、2000年开始的西部大开发基础上，分别于2003年和2004先后启动了东北老工业基地再振兴和中部崛起战略。由此形成了一个完整的分区域战略。

从2000年起，西部大开发成为人们普遍关注的一个区域发展战略。很多人说，在前一个战略发展过程中，东西部之间的发展差距拉大了。这是事实。但这个差距拉大是由很多原因造成的。改革开放以来，特别是过去十余年左右的周期内，西部地区的经济发展是有很好的表现，做出了很多成绩的。

20世纪90年代以来，西部地区对国民经济的贡献功不可没。西部最大的贡献就在于扶贫开发。20世纪90年代初期，全国吃不上饭的贫困人口有2.4亿人。经过十多年的努力，到2008年，我国的贫困人口只剩下不到1600万人了。脱贫的这两亿多人群，西部地区占了大多数。让两亿人从温饱不足逐渐走向温饱，这个成绩不应低估。

第二次世界大战后的五十多年来，联合国在援助发展中国家上不知花了多少钱。派出专家、兴修水利、援建医疗教育设施等。但迄今这些受援国家的大多数仍是战乱频仍、瘟疫横行。非洲很多经济欠发达国家仍有大量人口常年处于饥饿状态。很多人记得一幅著名的照片，一只饿鹫虎视眈眈地盯着一个垂死的黑人小女孩等待一顿美餐。这张照片后来获得了普利策新闻奖。这个照片的作者在获奖两个月后自杀了。为什么呢？因为在这个几乎爬不动的小女孩前面不远就是联合国的救济“粥棚”；许多人指责作者只顾自己出名，而不是先帮助这个小女孩。

作者不能忍受这种指责和这种悲惨图景对心灵的折磨，就愤然选择了离开这个世界。不要说非洲，在亚洲也有相当数量的人口远未实现温饱。我们前面说印度这些年来的工业化进程比较快。比如印度的软件业世界排名靠前、钢铁业、石化业也具有相当规模等。但印度的贫富差距非常大。印度现在的人口超过 10 亿人。很多到过那里的学者回来说，什么叫“第三世界”？去过印度就知道了。在人类文明发源地之一的恒河流域，你随处可见饿殍倒卧路边的悲惨景象。一般估计印度的贫困人口应当不少于两亿人。中国用十余年的时间让两亿人口吃饱饭这件事，应当说是对人类、对世界的一个很大的贡献。

当然，我们目前的脱贫标准还是比较低的。温家宝总理在 2003 年时“两会”后的记者招待会上曾说，目前没有摆脱贫困的 3000 万左右，这是按每年人均收入 625 元的标准计算的。大家知道，这个标准是低水平的，如果标准再增加 200 元，农村贫困人口就是 9000 万。我们没有隐讳这个事实。根据国家统计局 2008 年国民经济统计公报的官方数据，按 2008 年农村贫困标准 1196 元测算，那么我国农村贫困人口为 4007 万人。当然年收入 1196 元这个标准也仍然偏低。世界银行在 2008 年已经把贫困线的标准从每天 1 美元提高到了 1. 25 美元。我国的扶贫任务，特别是农村扶贫任务仍然艰巨。但无论如何，西部地区在“扶贫”问题上的贡献不能忽略。

坦率地说，2000 年初提出的西部大开发战略，最初是比较粗糙的，并没有很明确地指明“大开发”要开发什么，开发到什么程度，开发的结构该如何把握等等。由此导致人们对西部大开发的期望值过高。很多西部省区提出，中央把当初给深圳特区的优惠政策给了西部，西部就能实现华南地区、经济特区那样的增长。后来在 2002 年时中央真的把在特区实行过的政策全部给了西部。比如对外商投资的“两免三减”政策在整个西部 12 个省区都适用。但迄今七八个年头过去了，尚没有哪个省区出现第二个深圳的迹象，也并没有像人们想象的那样出现外商向西部的涌入和西部经济的迅速改观。

西部大开发是一个需要几代人才能最终实现的目标，不可能像深圳一样在十年间造就一个接近现代化的城市经济，也不可能在很短时间内就根本改变西部地区贫困落后面貌。但我们要努力在一个不太长的时间内让西部人民看到一个变化。在 2003 年时，党的“十六大”报告曾提出了一个相对明确的时间概念，叫作“争取十年内取得突破性进展”。但目前十年已经过半，已到酝酿“十二五”的时候，可能情况远不如预期的乐观。不能说没有“突破性进展”。例如把阵线收缩到城市和城市群，例如成渝经济特区、东盟自由贸易区和北部湾经济区的设立等。但西部整体尚未进入加速区，这个态势可以作为基本判断。现在国家发展和改革委员会已经在酝酿和制定西部大开发的第二轮规划。目前看，在未来一段时期内西部大开发的要点仍可能是四个方面。

一是打好基础，扎实推进，重点抓好基础设施和生态环境建设。

把基础设施和环境建设放在第一位，这个安排是有明确意图的。西部省区这些年的基础建设已经取得了一定进展，但还远不充分。例如水利设施不足，铁路路网单薄，公路通达程度低，城市基础设施欠账多。近年来，在“新农村建设”的推动下，乡村通电和通信基础设施状况有了较大改观。但环境脆弱、生态脆弱、地质条件脆弱和农村发展基础薄弱状况仍普遍存在。2008 年“5·12”汶川大地震，不仅让我们看到了西部、西南发展的实际状况，也看到了这些地区加速发展与环境之间的尖锐矛盾。环境问题在西部省区的经济发展中必须格外重视。西部地区陡坡耕地面积占全国的 70% 以上，水土流失面积占全国的 80% 以上，荒漠化面积占全国的 90% 以上。资源开发必须与环境保护并重，这是西部经济发展面临的最大挑战。我们前面说到，西部有些资源是不能开发的。因为利用这些资源的环境代价远远超过经济收益。

20 世纪末，1998 年的“长江大水”让我们看到了我国大江河上游环境保护和防治水土流失的紧迫性。之后不久，我国就出台了一个全面“禁采”的规定，就是全面禁止在大江河上游伐木。在西南一些省区中有些贫困县就是靠砍木头为生的，当地官员称为“木头财政”。现在一棵树都不让砍了，当地经济遇到了极大困难。遇到极大困难也不能砍。1998 年的洪水警示太深刻了。上游水土保持不好，我们大江河的下游就无法避免洪涝灾害。整个大江河流域的环境就会遭到彻底的破坏，在这一点上绝不能因小失大。

在环境问题上我们是有很深刻教训的。环境一旦破坏，往往是无法恢复的。人们现在都听说过九寨沟这个地方。九寨沟是一个自然景观极其优美的地方。我曾经去过，用人间仙境、亦真亦幻等词汇来形容一点都不过分。但九寨沟是怎么发现的呢？九寨沟是一个藏族人聚集的地区。大家知道，我国的少数民族聚集有个非常有趣的现象，就是按照海拔高度分布。不同民族驻在不同海拔高度的地区。不论在青海、四川还是云南，藏族一般住的都是海拔最高的地区。九寨沟外是一条延绵数百公里的山谷。实际上过去这条山谷都是像九寨沟一样美丽的原始森林。一些年来，人们沿着这条山谷砍树，山的低处和中部都砍光了，差不多砍到海拔最高的地方时碰到了一支地址勘探队。勘探队对这种掠夺性砍伐活动大吃一惊，紧急给中央直接打报告，九寨沟的美景才在最后毁灭的边缘被保护下来。

这样的例子还有很多。“桂林山水甲天下”之说迄今已有 800 年。20 世纪 90 年代初期，桂林地区竟然出现了很多利用当地石灰岩烧水泥的水泥厂。究竟是水泥值钱呢还是宝贵的山水旅游资源值钱呢？当然现在这个情况已经得到了比较彻底的纠正。现在你去桂林，已经不会看到这种拿美景换水泥的傻事。这种短视行为绝对不应再在西部大开发中重现。

西部经济发展与环境保护相统一的一个交点是发展环保产业。环保产业已经成为当前我们在西部大开发中的一个政策输入点。因为环保作为产业，最开始可能不挣钱。那么怎么办呢？我们就把环保投入和扶贫结合起来。把国家的贫困救济变为环保投入。贫困地区的老百姓参加种树、参加小流域改造、参加大江河治理的投工由国家支付工资。既扶了贫，又改善了环境。

进入21世纪之后，我们在环保领域里头也有一个新的探索。这就是把环保与农业产业结构调整密切结合起来。例如在很多生态脆弱的地区推进“一退三还”。退耕还林、还草、还湖。一些贫瘠的土地、生态代价得不偿失的土地就不要再去耕种了，把它们退还到自然状态去。现在我们并不缺粮食，缺的是良好的生态环境。我国的2001～2003年粮食产量有一个低谷。其实那个阶段的减产有八成多是属于政策性减产。在这个政策的实施上，中央财政提供了很大投入。

二是积极发展有特色的优势产业，推进重点地带开发。

迄今西部大开发的政策特别注重强调，要大力发展“特色产业”和“重点地带”。

西部大开发以来，西部很多省区确实都发展起了一批极具特色的优势产业。除了前面讲到的与独特的民族、自然景观相结合的旅游业外，还有陕西的林果、青海的钾肥、内蒙古的羊绒和稀土、新疆的番茄、云南的锡、广西的铝矾土等产业。

以前有多少人听说过陕西出苹果呢？人们只知道陕西出小米。现在陕西是亚洲最大的苹果种植基地。内蒙古的羊绒业也是一个很有特色的产业。羊绒又称“软黄金”。按重量说，它的价格比黄金还贵。内蒙古的羊绒制品已经形成了若干著名的国际品牌。很多人知道的“鄂尔多斯温暖全世界”的广告可以说是个很成功的广告。那里不仅出原料，而且已经发展起来了国际一流的加工制造业。当然现在发展羊绒业也还有一些科技难题需要突破。因为产羊绒的只有山羊。这些山羊有个毛病，它们不但吃草，而且还爱啃草根。这样就把草原资源的生态给破坏了。有些专家说内蒙古应当禁止发展羊绒业以保护环境，我倒觉得不应当因噎废食，因为科学技术总会有办法解决人工饲养下的饲料问题，不会老让山羊去啃自然草原的草根。山羊这个物种之所以能够存续到今天，大自然一定有一个让它和草原之间保持平衡的办法。否则这个物种早就灭绝了。只不过我们现在还没有认识到大自然的奥妙究竟何在就是了。内蒙古还有一个优势产业就是乳制品业。20 世纪 90 年代初期曾经有一段，我国台湾省和韩国等地的冰激凌在北京大行其道，好像我们自己连冰棍都不会造了。但很快，内蒙古的伊利乳业就把这些外来品牌挤出了市场。现在蒙牛品牌早已家喻户晓了。

新疆地处西北，是个严重缺水的地区。但缺水不等于农业不发达。内地很多人可能不太了解，新疆的农业是很发达的。区内农业一年生产的粮食和棉花产量足够满足全疆人口两年的消费需求。那里土地多得不得了，但就是缺水。在过去多年中新疆每年都为两件事发愁，这就是棉花和粮食的价格与市场。以前由于粮食和棉花的价格起伏不定，曾给区内经济造成了很大麻烦。棉价暴涨的时候很多人去抢购，由此就有了所谓的“棉花大战”。棉价暴跌的时候，各地又实行地区封锁，新疆的棉花怎么也卖不出去。近年来新疆还发展起一个优势产业，就是番茄制品。新疆那个地方特别适宜种植番茄。现在番茄汁、番茄酱已经成为新疆的重要出口产品。

四川近年也培育出一个特色优势产业，就是生猪养殖业。现在全国猪肉生产最大的基地就在四川。人们都听说过四川的刘永好，他的希望集团是最大的私人资本集团。刘永好最初是怎么发财的呢？就是生产饲料起家的。

在西部有些省区，还有一些在规模和后备资源前景上为区外竞争者无法相比的优势产业。例如宁夏、陕西、内蒙古的天然气和四川、云南、贵州、广西的水电。“十五”期间的最初两年，我国西南地区向东南亚卖电曾成为一个新的经济增长点。人们发现，西南地区的电力送到东部来并不划算，所以现在干脆往越南、柬埔寨、泰国这些地方卖。而且在过去几年增长的速度是奇快的。广西在 2002 年时向境外输出的电力规模比 2001 年增长了 5 倍，成了区域经济发展的一个新的支持因素。当然在“十五”后期，由于我国普遍出现了“煤电油运”紧张，包括西南一些省区在内，电力一度供不应求，所以电力出口又减缓了。但水电已成为西南省区的一大优势产业，这没有争议。

进入 21 世纪以后，西部省区在工业领域也形成了一些重要的优势产业。例如陕西等地的飞机制造业最有希望发展成为我国支线飞机的生产基地。内蒙古的重型矿用载重车不仅在技术上已经趋近国际先进水平，而且已经具备批量生产的能力。云、桂、黔等省区以及西北一些地区已经形成我国最重要的有色金属生产基地。盐化工以及我国稀缺的钾肥生产能力的主要配置地也在西部省区。“还值得一提的是西部的汽车工业，其中特别是轿车工业发展异常迅猛。其中一个重要原因就在于，我国东、中部和重庆、四川、广西、陕西等地的汽车制造业之间相互提供了强大的配套生产能力。2002 年以来，中国的汽车市场出现了快速扩张的局面，西部很多省区也受惠于汽车这个新的产业热点。这一轮增长与此前不一样的是，在以前的热点产业发展中，西部省区老是比东部慢一拍，老是赶在市场高潮的末期。这一次的特点是西部和东部几乎同时启动。现在重庆和美国福特公司合作生产的中档商务车已经形成批量规模。重庆是把汽车产业发展与城市扩张密切连在一起，作为同一个战略来推进的。重庆的北部新区，重点产业就是汽车。

西部发展还有一个独特的优势，这就是有些产业占有着区域性垄断的市场资源。西部地域辽阔的特点为一些产业提供了存在和发展的空间。新疆、重庆、四川、甘肃、贵州、内蒙古等地的钢铁、水泥等产业就明显具有这种区域性市场垄断优势。过长的运输距离使外部竞争者很难参与到区内竞争中来，因为运费不划算，不如就地生产。区域内城市化和基础设施建设产生的大规模需求为这种就地生产、就地销售，具有明确市场指向性特征的产业提供了长期的发展基础。

在西部很多省区，还有一些产业因民族、地缘等关系占有着区域性的国际市场。其中很多省区的轻工、纺织、服装、建材、烟酒、大小家电、机械、汽车以及少数民族特需品等在周边国家的区域性市场内具有很强的竞争力并拥有垄断性的市场份额。目前，沿周边边境线的各省区已经形成了以边境口岸加工区、纵深边境城市和区内中心城市加工区三道针对这种境外区域性市场的产业加工梯次。可以预见的是，这种依托区域性市场的产业也将成为西部省区经济发展中的重要增长点。

西部大开发中起步初期，我们曾提出过一个“重点地带”的概念。按照当时的西部大开发总体规划，这个“重点地带”定位于四个区域。其一是西陇海兰新线经济带，其二是长江上游经济带，其三是南（宁）贵（阳）昆（明）经济区，其四是西藏新疆等少数民族地区。现在这个“重点地带”概念已经被“城市群”概念所取代。例如成渝特区、北部湾经济区、关中经济区等。城市群问题我们下面还要涉及。

三是逐步建立长期稳定的西部开发资金渠道，引导外资和国内资本参与西部开发。

从20世纪90年代末期开始，我国的区域经济发展政策已经发生了明显变化。其中倾斜性发展政策的重心已经从东部沿海地区转移到了西部省区。目前的支持西部发展的政策涉及加大建设资金投入力度、优先安排建设项目、加大财政转移支付力度、加大金融信贷支持、大力改善投资软环境、实施税收优惠政策、实行土地适用优惠政策、实行矿产资源优惠政策等多方面。西部大开发启动初期，中央就明确提出，要“集中力量在水利、交通、通信、能源、市政、生态、农业、科技、教育和农村基础设施等方面建设一批具有明显带动作用的重点工程，扎扎实实地推进西部大开发”。

与此前东部经济发展过程中的区域性政策相比，西部地区经济发展中的政策优势有三个特点。其一是政府直接投入和政策性的资金投入力度空前。其中包括政府直接投资大型基础设施建设项目、财政转移支付、优先安排外国政府贷款和政府投资环境保护等措施。其二是政策惠及的范围极为广阔。相当多在东部实施中只惠及“特区”的政策被普遍应用于西部广大地区。例如对设在西部地区符合国家鼓励类的内资和外商投资企业均实行财税减免的优惠政策。其三是侧重于长期性的战略发展。在相关政策体系中，对环保、资源开发、产业结构调整、城市化、人才培养、经济运行机制转轨等给予了比东部发展时高得多的关注。

四是进一步解放思想，在改革开放中走出一条加快发展的新路。

在西部经济发展问题上，政策支持、注重自身优势、鼓励外部资金投入等都重要，但更重要的是要推进改革，要形成一个市场化的区域经济运行机制。单纯依靠政府力量、依靠外部支持，西部大开发是不可能成功的。西部在体制特征上有双重不利因素。一个是城市经济中原有计划经济体制的影响非常深。因为那里相当部分的工业生产力都是计划经济下形成的。另一个是自然经济、小农经济在广大农村地区仍是主要的经济形式。

2002 年时，我曾主持了一个“西部未来 15 年发展前景”的课题。在这项研究中，我们发现，从 20 世纪 90 年代后期，西部经济的市场化程度已经出现了与全国同步的特征。其中市场化程度得分达到或高于全国平均水平的省区有重庆、四川和广西。虽然大部分省区的排位仍比较靠后，但是得分都有不同程度的上升。其中陕西、宁夏、新疆上升幅度较大。这个评价所用的指标叫市场化指数。这个市场化指数是从政府与市场关系、非国有经济发展、产品市场发育程度、要素市场发育程度、市场中介组织发育和法律制度环境等 5 个方面，选取 19 个指标综合计算得出的。

西部各省区对“大开发”是寄予厚望的。从 2002 年起，中央准备建一个以国务院名义召开的“西部论坛”，每年举行一次，以此形成一种舆论的力量，推进中、西部交流以及西部和国外经济之间的相互了解。这个协议提出以后，西部很多地方都表现出了极大热情，都争取把“论坛”设在当地。其中最积极的是西安、成都和重庆。这三个城市都认为自己具有西部“盟主”的地位，纷纷派出自己的队伍到中央有关单位去游说，开出各种各样的优惠条件。这也反映出，西部各省区对尽快实现发展的急迫心情。后来，中央考虑到西部大开发宜多做少说，从 2004 年开始，以国务院名义召开的“西部论坛”不再举行。

【6-2-4】凭东北的资源和国民财富存量，摆脱困境、实现经济发展是完全可以做得到的。东北的存量资源为什么不活跃？关键是被旧体制形成的一些经济关系束缚住了。理顺这些经济关系，资源就会在“看不见的手”的推动下流动起来，活跃起来。区域产业结构就会自动出现良性化的调整。市场化的力量、非公经济、中小企业就会自发地成长起来。被束缚的资源不能释放出来，新的体制力量就没有生长的余地。

2003年，新一届国务院在区域战略上实施了一个重大举措。这就是正式把东北老工业基地的再振兴列入了国家战略的层面。实际上，从20世纪90年代末期以来，我国的区域经济发展战略始终包括三大块。就是西部大开发、东部率先实现现代化和东北老工业基地改造。在2003年以前，人们对前两个部分听得比较多，对东北老工业基地的发展战略的了解可能不是很多。其实我们的区域战略、政策一直是具有向东北老工业基地倾斜的特征的。2002年“十六大”之前的那一届中央政治局常委和国务院副总理一级，几乎没有人没到东北调研过。2003年政府换届，温家宝总理在上任后的第一个记者招待会上就明确地说，“要把老工业基地的改组、改造和振兴摆在更加突出的位置”。

东北并非经济发展落后的地区。那里的矿产资源是非常丰富的。煤炭、铁矿石、石油等都非常富集。东北地区，特别是辽宁省，工业固定资产人均占有水平、城市化水平也是全国最高的。此外，黑龙江的大豆、吉林的玉米也是非常出名的。南方人爱吃大米。其实最好吃的大米不产在南方，而是产在东北。北京卖大米的小贩那里，米口袋上印的都是东北大米。当然不可能都是东北大米，肯定有很多是冒牌货。但这也说明东北的农业基础是很雄厚的。至于钢铁、汽车、石化等基础产业的生产能力，东北更是最重要的聚集地。

改革开放以来，东北的经济发展也并不慢，成绩也是非常显著的。20世纪90年代初期，我国最先建成的第一条高速公路并不在经济发达的华南、华东地区，而是在东北地区。就是沈阳到大连的“沈大高速”。那个时候我刚从日本回国不久，陪联合国的一个工业考察团到辽宁的营口调研。坐车行驶在沈大高速公路上时，看到我们中国也有这么好的高速公路，我的心情还很激动了一阵子。当然现在这不算什么了。到2008年末，中国已有6.03万公里的高速公路，我国的高速路通车里程在世界上排名第二。

东北的资源条件很好，工业化及城市化程度都高，那东北的区域经济究竟有什么问题呢？东北的问题说来有趣，和“发挥优势”有关。东北原来有什么优势？资源丰富，重工业发达，“龙头”大企业多，国企比重大。改革开放以来，东北遇到的发展困境，恰恰是发挥这些“优势”的结果。概括起来说，一是区域产业结构不合理，重工业过重，新的经济增长点迟迟没有形成。二是大型国企太多，机制不活，市场化的力量发育缓慢。三是原有体制遗留的负担重，社保资金入不敷出。四是一些资源型城市面临资源枯竭，后续产业没有形成，城市经济陷入困境。五是重工业等造成的城市污染严重，而且城市老化、基础设施不足。六是一些老企业设备、工艺陈旧，缺乏市场竞争力。上述问题还是表面的。深层次问题还有，区域经济中的体制性欠账太多，包括大量国企欠银行的显性负债和欠职工、欠社保基金的隐性负债；对外开放的进展不快，引进外资始终落后于东南沿海地区等。

东北老工业基地在历史上是有重大贡献的。这我们不能忽略。但这些年来，东北的发展脚步越来越沉重，这也是不可回避的事实。其实，东北的问题说到底还是体制性的问题。20 世纪末到 21 世纪初，东北的下岗、失业问题为什么要比全国其他地方严重得多呢？很重要的一个原因是迄今没有摆脱过度依靠国企就业的旧格局。在很多城市中，城市经济也是主要依靠单一的一两个资源产业或者重工业，依靠单一的一两个大型国企。这个产业或企业的市场前景趋于衰退，整个城市的经济运行都陷入困境。在 20 世纪末，我曾多次到鞍山、本溪调研。当地政府的领导说，鞍钢或者本钢要是拖欠工资，整个城市的餐馆都没客人，你让我怎么发展社会服务业？在东北，到现在政府、国企在资源配置上还占据主导性地位。

在东北老工业基地振兴改造战略研究时，东北一些省区也提出了一些方案。这些方案的总体特点都是“老三段”。第一段是说过去东北老工业基地做出过多少贡献。第二段是区域经济面临多少难题。第三段是需要中央在各个方面给予什么样的支持，就是给多少钱的一个单子。其中也有创新，比如说要求允许发行多少企业债等。但我们问，不论发债也好，中央投入也好，筹集来的资金由谁来配置呢？如果仍是政府，或者原有体制改造很不彻底的国企来配置，今天把“窟窿”堵上了，明天会不会形成新的“窟窿”呢？这个问题确实是东北老工业基地再振兴的关键问题。

东北老工业基地的改造，最终是要靠市场经济的改革。要依靠市场化力量来实现资源的优化重组。东北不缺资源，缺的是对这些资源重新优化组合的力量。现在在浙江、在广东，已经很少有人还指望政府来给“找工作”。但在东北，要求政府负责解决就业的声音还是非常普遍的。那么多人没有工作，政府应当管。即使在市场经济体制下，什么时候政府都不能不管就业，但是首先不是要靠政府，而是要靠市场。这个观念在东北和在沿海其他地区差别还是很大的。

东北的另一个主要问题是产业结构。在改革开放初期，辽宁曾有过一段轻工业和消费品制造业发展的好势头。比如那时的营口钢琴和洗衣机，丹东的电视机等都是全国的名牌产品。但这个势头不仅没有保持下来，反而在后来的发展中“重重轻轻”的格局被更加强化。“重重轻轻”就是重工业过重，轻工业过轻的意思。20 世纪 80 年代初期，辽宁的重工业在工业中所占比重是 72%，到 2000 年时反而成了 88%。为什么？因为在最初的战略选择中过度强调“发挥优势”。辽宁的优势是什么呢？就是重工业。再加上一直持续到 20 世纪 90 年代初期的钢铁短缺，人们对原材料等产业的市场前景存有过度乐观的预期。这个“优势”发挥下来，就使区域经济错失了一个重要的转型调整机会。等到旧产业没有生命力了才发现，区域经济中新的接续产业还远未成长起来。

在过去很长一段时期内，我到东北，特别是辽宁的次数是最多的，比哪个省区都多。有陪中央领导去的，有当地政府邀请去的，有我们承担课题专门去调研的。在我写的区域经济的研究报告中，有关东北老工业基地改造问题的占一多半。但我们发现，10 年前提出的问题，到现在仍是区域经济运行中存在的主要问题。把那时的报告拿来，很多内容现在仍然适用。可见，东北老工业基地在过去几年中，在体制转轨上，在解决深层次矛盾上的进展是不够快的。

多年来，东北老工业基地一直处于“带病”运行的状态。过去中央也没少给支持。但总是那种“救火队”式的支持多。哪里出问题，就拿出钱来局部解决一下。一直没有很好地触及深层次矛盾。2002 年大庆发生了一些影响社会安定的事件，社会影响很不好。这个事件发生在东北不是偶然的。它的起因相当典型地说明了在东北旧体制的力量还有多么大的影响力。

2003 年新一届政府上任后，温家宝总理提出，要下力量提出一个彻底解决东北老工业基地问题的方案。凭东北的资源和国民财富存量，摆脱困境、实现经济发展是完全可以做得到的。中央应当支持，而且应当给予大力支持。这个问题不需要含糊。但首先是要使东北的存量资源“活”起来。中央的支持一定在“激活”存量资源的前提下投入。否则我们就会长期陷在那种“面多加水、水多加面”的怪圈中钻不出来。

东北的存量资源为什么不活跃？关键是被旧体制形成的一些经济关系束缚住了。理顺这些经济关系，资源就会在“看不见的手”的推动下流动起来，活跃起来。区域产业结构就会自动出现良性化的调整。市场化的力量、非公经济、中小企业就会自发地成长起来。被束缚的资源不能释放出来，新的体制力量就没有生长的余地。

从长远看，我认为东北老工业基地不仅绝不会就此衰落下去，而且一定会有一个再振兴的高潮。我们东北的广大人民群众一定会在全面小康建设的这一战略发展过程中再创辉煌。

【6－2－5】城乡之间的发展不平衡固然是一个全国普遍存在的现象，但最前沿、任务最重、矛盾最尖锐的地方在中部。为什么呢？因为中部的农民群体人数最多、最集中，而且发展现代农业的任务最迫切，对维护国家粮食安全最关键，农村剩余劳动力转移的压力最大。

2004年的“两会”上，温家宝总理在政府工作报告中又提出了一个新的大区域发展战略。这就是中部崛起战略。“中部”的概念在20世纪80年代后半期的“七五”计划中就有。那时的区域战略是按东、中、西部划分的。但到了20世纪90年代的“八五”、“九五”计划中，“中部”的概念被模糊掉了，只提东部和西部。所以那时中部人们调侃说，我们既不是东部也不是西部，两边政策都享受不上，处在“不是东西”的位置。在2001年开始实施的“十五”计划中，中部也没有被单独列出。因为2000年初已经启动了西部大开发，那时区域战略的重心在西部。但到了“十五”计划中期，中部的发展问题明显显现。人们注意到，一方面区域发展不平衡的矛盾已经不仅是“不是东西”的问题了，已经发展为“中部塌陷”的问题了；另一方面，中部的产业供给正在成为整个国民经济发展的最重要支柱之一。在这个背景下，2004年，中部人民期盼已久的“中部崛起”战略被正式列入了国家级区域发展战略。

我国的中部指山西、河南、安徽、江西、湖北和湖南六省。为什么要在“十五”计划已执行了一半多的时候调整战略，提出中部崛起呢？因为从当时国民经济运行过程中凸现出来的新矛盾中，我们对中部地区的战略地位有了一些新认识。

中部六省的一大特点是人口密集。其中河南一个省就有一亿多人口，一个省的人口差不多就是东北三省的总和。河南、湖北、湖南、安徽又都是我国的农业大省，农村剩余劳动力转移的任务将特别繁重。2003年，中央提出了要“统筹城乡之间发展关系”的科学发展观。我们发现，城乡之间的发展不平衡固然是一个全国普遍存在的现象，但最前沿、任务最重、矛盾最尖锐的地方在中部。为什么呢？因为中部的农民群体人数最多、最集中，而且发展现代农业的任务最迫切，对维护国家粮食安全最关键，农村剩余劳动力转移的压力最大。但一方面，中部六省的城市化程度普遍偏低。不论从人口规模、建成区面积还是经济总量上看，这六个省的省会城市中，除了武汉因为地分“三镇”还略为大一些外，其余省会城市几乎没有能够在全国省会城市中进入“第一梯队”的。有些连“第二梯队”都进不了。而且这六个省在省会城市之外，普遍缺乏能够起到经济中心作用的大、中城市，城市规模和城市经济与这些省区农村剩余劳动力转移的任务相比极不相称。因此，提高这六个省区的城市化率迫在眉睫。从未来 15 ~ 20 年左右的周期看，在一定意义上可以说，中部六省的农业发展问题、农村剩余劳动力转移问题解决好了，中国在粮食安全和就业问题上就不会发生大的危机。

中部地区的另一特点是老工业基地密集。人们可能对上海、对东北、对“三线”项目密集的西南等地的老工业基地特征比较熟悉。其实中部地区也是我国的老工业基地集中地。江西、安徽的铜矿、煤矿和山西的煤矿都是中国工业化史上最早的“元老”。大家可能听说过抗日战争时期中国军队使用的“汉阳造”步枪，那时汉阳兵工厂是中国惟一能生产步枪的机械工业。在新中国成立后，从“一五”时期兴建的三门峡水利枢纽、洛拖、武钢，到“三线建设”时期形成的二汽，还有马钢、大冶等都是非常著名的老工业基地。但是，这些老工业基地，不仅具有东北和西南“三线”地区老工业基地的一切弊病，例如计划体制遗留的包袱沉重、再就业压力巨大、对资源过度依赖等，而且还有一些与其他地方不同的困难。

例如，依托新中国成立后不久修建的三门峡水利枢纽工程形成的三门峡市，现在已经是一个中等规模的城市。但由于当初三门峡工程缺乏足够的科学论证，现在这个黄河水利枢纽工程已经丧失了大部分功能。黄河泥沙已经把水库库容基本淤死，只剩下大坝落差还可以发电。但由于三门峡大坝抬高了黄河中上游以及渭河的水位，给陕西、内蒙古等地造成了严重的水患。而且由于黄河是一条含沙量非常大的河，泥沙长期淤积正在形成对下游安全的极大威胁。有一天淤积到大坝不能承受的时候，黄河决口的后果将不堪设想。我国历史上曾经多次出现过的黄河决口改道都曾造成了极为深重的民族灾难。2004 年和 2005 年的“两会”上，当年主持修建三门峡的一些老专家、老干部曾联名上书中央，建议三门峡停止发电，甚至建议把三门峡大坝炸掉，以绝后患。建议的思路肯定是出于长久之计。但依托三门峡工程形成的三门峡市怎么办？河南的经济发展怎么办？我们还没有好的解决办法。

再一个例子是二汽。从 20 世纪 90 年代末期，二汽就一直想搬出偏远的鄂西十堰那个地方。“十五”期间轿车市场明显启动之后，地域不便更使二汽非常着急。但与三门峡市类似，十堰市就是依托二汽发展起来的城市。二汽搬走，十堰市怎么办？现在二汽的轿车生产基地已经不在十堰。至于山西、安徽、江西等地因资源枯竭、地面塌陷等形成的困境更是普遍存在。中部地区的老工业基地需要更多的有针对性的政策。

当然，中部地区也有很多独特的优势。其中最重要的，一是区位，二是资源。

中部地区的区位优势非常明显。中国两条大河，就是我们在歌里唱的长江、黄河。这两条河对我们的国家、民族、国民经济至关重要。河南的省会郑州和湖北的省会武汉就分别扼守在这两条河的中游。贯穿中国南北和东西的重要交通线全部在中部省区内交汇。物流、人流、商流、信息流在中部地区集聚。历史上，武汉、郑州就是最重要的商埠。武汉号称九省通衢，这还只指的是历史上的水路交通地位。中国最早对外通商的海关并不设立在沿海港口，而是设立在汉口，江汉海关。新中国成立后我国在长江上修建的第一座连接南北交通的大桥就是武汉长江大桥。郑州的商埠地位同样重要。离郑州仅40分钟车程的开封有个“山陕会馆”，是清末民初山西、陕西、甘肃等地的商人修的。至今仍清晰可以想见的是，这个会馆当年的豪华盛况。估计当年这个会馆的商业地位不亚于现在很多城市的国际会议中心。20世纪80年代郑州曾有过商业大发展的一个高潮。我们现在很多城市的大商厦建设其实是郑州最先兴起的。

我国的中部六省是资源大省。这个资源首先是矿产资源。山西不用说，在我国煤炭生产上迄今占据着无可动摇的地位。安徽、湖南、江西等地的煤矿是供应华东、华南地区的最重要能源基地。此前我们还多次提到，安徽、江西等地还是我国铜等有色金属的生产重要基地。此外，铁矿石也非常丰富。农业资源也有很多得天独厚的地方。我们前面提到，“两湖熟天下足”，说的就是这个地方的农业传统之深厚与物产之富足。依托这些资源，中部不仅农业比较发达，而且在历史发展过程中钢铁、有色、机械、商业等产业也比较发达。

中部崛起的提出，一方面是出于中部发展的迫切需要以及对中部的资源需求，另一方面是因为在过去一段时期内，中部已经积累起了很多新的发展条件，面临很多新的发展机遇。

“十五”期间，中部形成了一些带动经济增长的新兴产业。其中，一是旅游。从山西大同的云冈石窟、五台山，河南从夏商时代以来的历史遗迹，安徽的黄山、江西的庐山、湖北的黄鹤楼到湖南的张家界，我国事实上存在着一个中部旅游资源带。最近一些年来，除了传统的黄山、庐山以及20世纪90年代开发的张家界等自然景观之外，又增添了山西的晋商大院、安徽的徽商民居、江西井冈山的“红色旅游”、武汉的“汉正街”等文化内涵更丰富的旅游景点。另外，在此期间中部的汽车、钢铁等产业都有非常明显的发展。现在中部省区中不仅有湖北的二汽，而且安徽、河南等省的汽车工业也呈现出非常强劲的发展态势。安徽的马钢其实原来只炼铁不产钢。但在进入21世纪后的几年中，马钢已经发展成为一个年产800万吨钢的大型钢铁联合企业。目前，中部地区的经济发展态势可以用“金、木、水、火、土五行俱全”来形容。中部的大多数地方都是“水”多和“土”多，大江大湖遍布，农业发达。当然历史上水旱灾害也最频仍。此外，“金”就是以武钢、马钢为代表的金属冶炼产业，“火”就是以山西、皖北等地为代表的煤电，“木”就是“黄山一棵松”为代表的旅游。

中部新的发展条件还包括“长三角”、“珠三角”等地区的不断向外延伸、扩张。“十五”后期的2003年，广东提出了一个“9加2”的区域经济概念，想把包括广西、云南、福建、湖南以及港澳都包括进“珠三角”的范围。安徽的马鞍山、芜湖等很多城市也在积极向“长三角”靠拢，想加入“大南京城市圈”。

从最新发展看，中部地区又呈现出了一个新趋势，从“不是东西”到“各奔东西”的趋势。没有“中部崛起”战略的时候，中部各省区都强调自己是“政策遗忘的角落”。但中部崛起战略正式启动后，这些省区都有个动向，就是希望把自己归入中部以外的区域战略中。例如山西更愿意往西部的政策圈中靠，湖南更愿意加入“泛珠三角”经济圈，安徽更愿意成为“泛长三角”中的一员。中部的发展问题，我们以下还会涉及。之所以有这么个趋势，根本原因在于中部省区普遍存在一个弱势，就是各省自身都缺乏能够承担起大区域经济中心作用的中心城市。

【6-2-6】东部地区发展已暴露出许多“软肋”。一是“民工荒”，劳动力成本便宜的优势即将风光不再。二是商务成本急剧上升，随着区域内商务档次和资本密集程度的提高，沿海城市中商务成本已经进入一个快速上升的阶段。三是“地荒”，新上项目、新进入投资找不到地的情况随处可见。四是“气荒”和“油荒”，断电、断气、断油反复出现。如果人民币持续升值，单纯依靠价格参与国际竞争的外向型发展之路可能已经走不远了。

东部沿海地区是我国经济最发达，发展水平最高的地区。在国民经济整体的层面上，东部的区域战略是最早提出来的，这就是“率先实现现代化”。从进入21世纪后的发展情况看，我国“珠三角”、“长三角”地区的很多地方，不论从经济总量、社会收入水平、产业结构还是对外开放程度上，确实已经在一定程度上接近甚至达到了中等发达国家的水平。中国在世界经济中能有今天的地位，应当说很大程度上是东部地区的贡献。到“十一五”末期，我国广东、江苏、浙江、上海、北京五个省市的经济总量已经超过全国的一半。如果把福建、山东也加进来，七个省市在国民经济中所占比重超过60%。

东部的成就不仅是显然的，而且确实是令人骄傲的。20世纪80年代，大陆人在香港是被人嘲笑的“北佬”、“表叔”，意为乡下人、穷亲戚。但亚洲金融危机之后，香港人忽然发现，支撑香港经济复苏的购买力主要来自大陆的游客；托起香港楼盘价格的是大陆的投资者。现在全世界都在如饥似渴地期待着中国游客的到来。谁也不敢再小看中国人的钱袋。不仅如此，中国已经创造出的许多“世界第一”，例如家电等，其生产能力也主要聚集于东部。关于东部的成就，我们在区域结构调整和城市化问题中会反复讲到。这里重点说说东部在进入21世纪以来面临的新挑战。

进入21世纪以来，东部地区发展也暴露出许多“软肋”。最明显的是四大挑战。

一是劳动力成本上升，资本要素和劳动要素之间矛盾激化。其中大家从媒体上就可以感受到的有三个阶段。先是“民工荒”，从2003年开始，“珠三角”首当其冲，其后蔓延到“长三角”，“缺工”的难题困扰着区域经济。大量企业招不到工，招不满工，或者招不到熟练工。广东仅东莞一个地方，一年缺20万工。这意味着，原有的“劳动力成本便宜”的优势即将风光不再。再是2007年新劳动合同法贯彻实施，当时很多中小企业认为按照这个新法企业根本就无法盈利。最新就是世界金融危机爆发以来，大批外向型企业被迫关厂，企业的技术骨干因“被动返乡”而大量流失。

二是商务成本急剧上升。从2003年以来，上海核心市区包括商务用房在内的房价或急或缓地在持续上涨。这意味着，随着区域内商务档次和资本密集程度的提高，在沿海城市中，商务成本已经进入一个快速上升的阶段。

三是“地荒”。由于沿海经济发达地区大都人多地少，从2003年以来实施的“最严格的耕地保护制度”使这些地区呈现为严重的土地短缺状态。新上项目、新进入投资找不到地的情况随处可见。

四是“气荒”和“油荒”。我国东南沿海地区本身几乎没什么自然资源。在经济快速增长过程中，资源“瓶颈”日益明显显现。在过去几年中，“珠三角”和“长三角”的经济始终在能源供给的临界状态运行，断电、断气、断油反复出现。

实际上，上述挑战外，“珠三角”、“长三角”地区的经济发展还面临一个潜在的重大威胁，这就是人民币升值。早在世界金融危机爆发之前好几年时，我们就预言，在人民币持续升值的背景下，这些地区以外向型经济为主的产业结构将面临严重的挑战。单纯依靠价格参与国际竞争的外向型发展之路可能已经走不远了。2008 年，世界金融危机日益严重的过程中，由于世界市场严重萎缩，我国的外向型经济遭遇了极大打击，出口持续地陷于严重负增长，大量出口企业被迫裁员甚至关厂，导致 2000 万以上农民工“被动返乡”。其实，这个隐患早就在不断累积了。世界金融危机不过是使这个隐患提前和集中地爆发出来而已。

3. 城市群战略与城市经济再认识

- 在一个相对有限的时间范围内，我们能够实现的只是有重点的发展。这个重点，就是城市群。
- 中国经济“一花独秀”的最重要的支持因素之一是城市化进程明显加速。
- 城市化不仅是国民经济增长的主要支持力量，而且还是解决我们面临的一系列重大战略难题的共同出路。
- 我们需要重新认识城市，重新认识城市的深层次内涵。
- 在发展战略问题上，城市化战略是一个最摇摆不定的战略，也是教训最多的战略。
- 东西部发展差距的拉大主要在于城市发展差距的拉大。
- 城市面貌改造是谁的福利增加了呢? 是社会公众的福利增加了。我们的城市应否停留在“县城放大”的水平上，应否停留在工厂区加工人新村的水平上? 不应当。
- 还用“先治坡、后治窝”的眼光、观念看待现在的城市化进程已经不能适应发展的需要了。
- 没有现代化的城市，我们就有不了现代化的产业，有不了现代化的就业岗位。
- 什么是城市功能分区呢? 就是城市资源的空间布局按照经济功能划分为若干区域。
- “鼓励单位自建住房”的政策为我们留下了很多城市遗憾。
- 大城市结构调整和存量资源优化重组的要求要远比农村社区的城镇化改造更为迫切。

【6-3-1】从“十一五规划”起，我国在区域经济上有了一个非常重要的变化，这就是收缩战线。我们现在面对的已经不是一个西部大开发，而且还包括东北老工业基地振兴和中部崛起。这差不多是把国民经济整体都覆盖了。在这样长的战线上同时作战，显然我们的政策准备、物质准备都不充分。收缩到哪里？收缩到城市群和城市化。集中力量争取在若干重要的“点”上取得突破。

从“十一五规划”起，我国的区域经济战略有了一个非常重要的变化。这就是城市群战略的提出和向重点城市收缩战线。现在，我国的区域经济明显分为三个层次。一是前面所说的西部大开发等四个大区域经济战略。这四大区块的划分，使我们的区域政策形成了一个覆盖全国的完整结构。二是城市群战略。从“十一五”规划，也就是2006年以来，我国的区域战略明显有个收缩战线的态势。人们日益注意到，由于种种主客观条件限制，我们要想在一个相对有限的时间范围内，让一片广袤地域的经济发展出现齐头并进的快速增长是办不到的。不论是西部、东北还是中部，我们能够实现的，只是有重点的发展。这个重点，就是城市群。很多研究者提出，20世纪80年代以深圳建设为龙头，我们造就了一个“珠三角”，90年代以上海浦东开发为龙头，我们造就了一个“长三角”；只要我们每10年能造就一个这样的城市群增长极，有个30年左右的周期，中国的经济已经可以实现中等发达国家的水平。

“十一五规划”仍继续坚持了“十五”中期形成的四大区域发展战略。提出，要“继续推进西部大开发，振兴东北地区等老工业基地，促进中部地区崛起，鼓励东部地区率先发展”。也就是说，迄今这个大区域战略仍是区域经济发展的第一层次。其中微调的地方，在于把“东部”放在了最后。放在最后不是说东部不重要。其原因在于，在这四个区域中，东部的已经可以主要依靠市场化的力量，而不是政策战略和政策力量实现发展，其余西部大开发、东北老工业基地振兴和中部崛起，更多要体现政府主动调整区域发展趋势和区域间关系的意志。

从可以预期的发展过程看，西部地区的发展任务是要加快改革开放步伐，加强基础设施建设和生态环境保护，加快科技教育发展和人才开发，充分发挥资源优势，大力发展特色产业，增强自我发展能力。东北老工业基地振兴的任务是要加快产业结构调整和国有企业改革改组改造，发展现代农业，着力振兴装备制造业，促进资源枯竭型城市经济转型，在改革开放中实现振兴。中部崛起的任务是要抓好粮食主产区建设，发展有比较优势的能源和制造业，加强基础设施建设，加快建立现代市场体系，在发挥承东启西和产业发展优势中崛起。

我们想重点强调的是我国区域战略的第二层面，就是城市群战略。

城市群战略实际上是一个收缩战线的战略。在区域资源配置中，政策和资金投入将比较多地收缩到有限的重点范围。

从总结西部大开发的近10年经验中，我们确实感到了一个力不从心之处。在一两个五年左右的周期内，很难在西部十二省区这样一个广袤的范围内收到战略性的明显效果。地域太大，问题太多。西部的经验是，平面推进的政策代价很大，但效果并不好。何况我们现在面对的已经不是一个西部大开发，而且还包括东北老工业基地振兴和中部崛起。这差不多是把国民经济整体都覆盖了。在这样长的战线上同时作战，显然我们的政策准备、物质准备都不充分。

收缩战线，收缩到哪里？收缩到城市群和城市化。集中力量争取在若干重要的“点”上取得突破。

近年来，大家常听说一个“以天津滨海新区为龙头的京津冀城市群”概念。这是国务院主抓的一个新的城市群概念。从“十一五”后期起，温家宝总理这一届国务院正在力图打造一个继“珠三角”、“长三角”之后的“第三极”，即一个新的国民经济增长带头地区。

在2006年起实施的“十一五规划”中提出，“珠江三角洲、长江三角洲、环渤海地区，要继续发挥对内地经济发展的带动和辐射作用，加强区内城市的分工协作和优势互补，增强城市群的整体竞争力”；要“继续发挥经济特区、上海浦东新区的作用，推进天津滨海新区等条件较好地区的开发开放，带动区域经济发展。有条件的区域，以特大城市和大城市为龙头，通过统筹规划，形成若干用地少、就业多、要素集聚能力强、人口分布合理的新城市群”。我们不仅要建城市，而且要建城市群。这意味着，中国的城市化战略升级了。“规划”提到了三个城市群：珠三角、长三角、环渤海。

我们在20世纪80年代的十年中，最大成就就是以深圳建设为龙头，建成了“珠三角”这样一个国民经济增长、对外开放、发展市场经济的带头地区；在90年代的十年中最大成就就是以浦东开发为龙头，打造出了“长三角”这样一个快速向现代化、大工业、外向型靠拢的带头地区。显然，我们希望在新的十年或者略长一点的时期内，造就一个全新的“京津冀”城市群。

就我个人看，向城市群收缩战线的战略是比较符合客观实际的选择。实际上，大区域整体推进，短中期内未必能收到促进国民经济发展的实效。我们如果能在未来20～30年内，再造就两三个“珠三角”、“长三角”，中国就已经非常了不起了。我们的国民经济肯定是位居世界前列的了。

实际上在“十一五”期间，我们的城市群战略发展是非常快的。除了前面提到的成渝特区，还设立了武汉、长株潭等综合配套改革试验区等；另外还出现了北部湾经济区、“海西”经济区等。下面我们对这些城市群分别介绍。

【6-3-2】在过去很长时期内，很多省、市的发展战略经常是只考虑我有什么优势。谁都说，要把自己建成“辐射”周边多少省、市、县的经济中心。这种战略看起来雄心、决心很大，但往往不切合实际，也不符合客观规律。市场经济就是分工经济。分工越发展，相互之间获取比较利益的程度就越大。近年来，我们很多地区都在实践中渐渐悟出了这个道理。

城市群战略的内涵是推进跨行政区划的区域性经济合作。我们先说说跨行政区合作的问题。这不仅是城市化战略升级的问题，而且是市场化战略升级的问题。

我参加过不知多少区域发展战略的研讨。在过去很长时期内，很多省、市的发展战略经常是只考虑我有什么优势，我这个地方怎么发展，很少涉及和周边、和其他区域的合作、分工以及市场互补等问题。如果有涉及周边环境的地方，也是一厢情愿的居多。谁都说，要把自己建成“辐射”周边多少省、市、县的经济中心。这种战略看起来雄心、决心很大，但往往不切合实际，也不符合客观规律。市场经济就是分工经济。分工越发展，交换就越广泛，发展的机会就越多，相互之间获取比较利益的程度就越大。近年来，我们很多地区都在实践中渐渐悟出了这个道理。

城市群战略中的区域合作不是20世纪80年代末期那种政府“拉郎配”的“横向经济联合”，而是市场力量主导的联合，分工发展造就的合作。“珠三角”、“长三角”的说法，其实反映的都是区域性分工协作关系的形成。

所谓“珠三角”包含着粤港经济合作和广州、深圳经济合作以及整个珠江三角洲地区很多经济发达的市县之间的合作三个层次。这其中还有个微妙变化。以前“珠三角”内部的竞争也是很激烈的。惠州说要树立“惠州制造”的品牌，东莞说要树立“东莞制造”的品牌。现在那里的人们谈论“珠三角”，更多的含义是我们整个地区怎么共同应对外部其他区域的竞争。区域内的彼此竞争正在被协同合作所取代。以前在很长时间内，“珠三角”在国内没有对手。现在有了。不仅“长三角”，还有山东半岛等很多地方都憋着劲要赶上和超过它。所以区域内的人们就有了共同的危机意识、忧患意识。

现在粤港之间的经济关系发展也处于一个微妙期。1997 年亚洲金融危机以后，“珠三角”地区仍继续保持了强劲的增长势头，区域内的产业竞争力不断改善。目前中国已经成长为世界第一的家电大国、通信及计算机类产品出口旺盛，“珠三角”地区是功不可没的。但一个鲜明的对照是，香港经济曾在很长时间内处于低潮，失业率高涨、物价及市场紧缩状况明显。香港人现在很明白，摆脱困境的出路在于更紧密地加入到粤港经济合作中来。但是他们面临两难。香港过高的工资水平、楼市价格束缚了香港人自己的手脚。香港的工资、房价比美国还高，形成了一个“骑虎难下”的局面。

“长三角”地区的合作也可以用“如火如荼”来形容。大家知道，现在浙江的宁波和上海之间已经建成了一座长距离的跨海大桥。这座桥可以把上海的经济辐射力顺畅地延伸到宁波、温州等地。江苏的苏州以及无锡、常州等地也在努力向上海靠拢。与上海交界的浙江一侧，有个地方叫昆山。那里差不多快建成“小台北”了。据说有二十多万台商举家在那里定居。社区环境、各种配套服务设施都按照台湾的样式来配备。还开设有台湾人的子弟学校，用繁体字教课，因为人家怕小孩子将来回台湾不认识繁体字。

其实，“长三角”地区内部也存在着很微妙的关系。在 20 世纪 90 年代中期以前的很长时期内，江苏经济的发展一直是优于浙江的。但是在“十五”期间，浙江明显占了上风头。从历史上看，浙江其实并没有多少工业化的“家底”，而江苏仅南京周边就聚集着那么多的石化生产能力，而且以往国家还在汽车、电子、家电等产业投下过大量资金。要说工业化基础，浙江和江苏是不可同日而语的。但浙江靠的是改革比较彻底，市场化程度比江苏更高。在“苏南模式”下的集体经济处于调整期的时候，浙江迅速跃起。

“长三角”的区域内还有一个竞争，就是承认不承认上海是“龙头老大”的竞争。在这个问题上，一直到浦东开发的过程中，浙江、江苏都有过摇摆。在一段比较长的时期内，杭州、南京都想成为区域经济中心，不服上海。而且对省内一些地市级城市向上海靠拢持警惕的态度。但很快，江苏、浙江都发现，这个区内争强的局面是维持不下去的。江苏的“苏、锡、常”地区的企业家，甚至政府官员，越来越多地往上海跑，而不是往南京跑。浙江的宁波也是越过杭州向上海频抛“绣球”。现在“长三角”地区内的人们已经认识到，合作是区域经济共同发展的最优选择。沪甬、沪杭、宁沪之间不仅都有高速公路直通，而且一条不够，还要建第二、第三条；高速公路不够，还要建客货分离的城际快速轨道交通。

举个城市群发展与城市间合作的例子。“长三角”地区十几个城市的旅游业曾在2003年签订了一个要相互开放的协议，力图形成一个合作团队。过去这个地区内的旅行社是不能相互到对方城市去设分社的，游客只能在各个城市的旅行社之间被“卖”来“卖”去。为什么要合作呢？旅游有三个层次：长途旅游、400公里城市圈的城际旅游和城郊旅游。“长三角”的城市之间就是这样一个400公里的城市圈。这个圈内是一个互为客源、互为旅游目的地的市场。不合作，谁也发展不好；合作，大家就都能获得更大发展机会。现在“长三角”也在走出区内竞争的狭小范围，共同向区外其他区域发出挑战。

【6-3-3】“十一五”明确提出了一个新的城市群概念，这就是“京津冀”。指的是靠近渤海湾的北京、天津以及河北的唐山、秦皇岛等冀东城市。为什么要提出这个“京津冀”概念呢？因为这个地区有几个重要的战略契机需要牢牢抓住。一是2008年北京开“奥运会”，二是首钢从北京市搬迁到河北省临渤海的曹妃甸港，三是京津冀地区快速轨道交通网的建设已经上马，四是天津渤海新区的建设列入国家级战略。

我们刚才说到，“十一五规划”明确提出了一个新的城市群概念，这就是“环渤海”。其实这个城市群指的并非整个渤海湾的所有城市，没那么大。指的只是京津冀地区靠近渤海湾的北京、天津以及河北的唐山、秦皇岛等冀东城市。准确说，应当叫“京津冀”城市群比较合适。

为什么要提出这个“京津冀”城市群概念呢？因为当时这个地区有几个重要的战略契机需要牢牢抓住。一是2008年北京开“奥运会”，二是首钢从北京市搬迁到河北省临渤海的曹妃甸，三是京津冀地区快速轨道交通网的建设已经上马，四是天津渤海新区的建设列入国家级战略。

天津滨海新区包括塘沽区、汉沽区、大港区三个行政区和天津经济技术开发区、天津港保税区、天津港区以及东丽区、津南区的部分区域，规划面积2270平方公里。2006年5月，国务院发布了“关于推进滨海新区开发开放的意见”的20号文。这个文件的核心是批准滨海新区成为“综合配套改革试验区”。文件明确指出，推进天津滨海新区开发开放，有利于提升京津冀及环渤海地区的国际竞争力；天津滨海新区内陆腹地广阔，区位优势明显，产业基础雄厚，增长潜力巨大，是我国参与经济全球化和区域经济一体化的重要窗口”；滨海新区建设要“坚持高起点、宽视野，注重科技创新和自主创新，突出发展特色，在带动天津发展、推进京津冀和环渤海区域经济振兴、促进东中西互动和全国经济协调发展中发挥更大的作用”；天津滨海新区开发开放的主要任务是“以建立综合配套改革试验区为契机，探索新的区域发展模式，为全国发展改革提供经验和示范”。国务院还针对这个新区建设出台了一系列优惠政策。对天津滨海新区所辖规定范围内、符合条件的高新技术企业，减按15%的税率征收企业所得税；比照东北等老工业基地的所得税优惠政策，对天津滨海新区的内资企业予以提高计税工资标准的优惠，对企业固定资产和无形资产予以加速折旧的优惠；中央财政在维持现行财政体制的基础上，在一定时期内对天津滨海新区的开发建设予以专项补助。

在很长时期内，天津的发展在特大城市中是比较滞后的。北京和天津的距离只有100公里。但这两个城市的经济几乎没有多少内在联系。这是一个显然的缺陷。另外，在进入21世纪后，京津周边的河北省境内，迅速发展起了一个庞大的钢铁生产体系。怎么整合京津冀地区的工业资源、产业结构？提出这一城市群战略的基本思路是以天津渤海新区建设为龙头，再造一个“浦东开发”。

“环渤海”或者叫“京津冀”城市群战略提出以后还有一个小故事。“十一五规划”提出以后，“珠三角”以及深圳的各方面人士很快注意到一个细节，文件在提到“有条件的区域，以特大城市和大城市为龙头，通过统筹规划，形成若干用地少、就业多、要素集聚能力强、人口分布合理的新城市群”时，特别点到要“继续发挥经济特区、上海浦东新区的作用，推进天津滨海新区等条件较好地区的开发开放，带动区域经济发展”。为什么“长三角”点了上海浦东新区，“环渤海”点了天津滨海新区，而“珠三角”只说了“经济特区”，没有点深圳的名字呢？有人猜测，这意味着深圳已经不再是区域经济中心城市；还有人担心，这意味着“珠三角”在城市群战略这一层面中已经被“边缘化”了。其实，这种猜测和担心都没有什么根据。但这个故事反映出的，是“珠三角”以及深圳等地人们在新一轮区域竞争中的危机感。

实际上，在“十一五”期间，我国城市群战略的推进比预想要快得多。

2007年6月，国务院批准成立了“重庆市和成都市设立全国统筹城乡综合配套改革试验区”，即“成渝特区”。这个“特区”任务，是“根据统筹城乡综合配套改革实验的要求，全面推进各个领域的体制改革，并在重点领域和关键环节率先突破，大胆创新，尽快形成统筹城乡发展的体制机制，促进两市城乡经济社会协调发展，也为推动全国深化改革、实现科学发展与和谐发展发挥示范和带动作用”。

“成渝特区”是我国西部大开发战略向城市群收缩的重要体现。在成渝特区的发展任务中，特别强调要统筹城乡劳动就业，大力推动农村富余劳动力转移；着眼于统筹进城务工经商农民向城镇居民转化，大力加强农民工就业安居扶持工作；统筹城乡发展规划，大力推进生产力合理布局和区域协调发展；着眼于统筹城镇体系建设，大力打造城镇群。其中最具改革意义的，是提出要“建立城乡统一的行政管理体制、建立覆盖城乡的基础设施建设及其管理体制、建立城乡均等化的公共服务保障体制、建立覆盖城乡居民的社会保障体系、建立城乡统一的户籍制度”。

成渝特区建立后还有一个故事。重庆、成都房价因此大涨。当时曾有记者问我，成渝作为特区，会不会在几年后就成长为西部的深圳？我说，深圳和成渝的共同点都是打造区域性的经济增长极，形成符合中国国情的城市群战略。不同点是，深圳当年的任务是“对外开放”和“招商引资”，通俗说就是“团结富人”；成渝特区的任务是探索城乡统筹发展和农村城镇化、农村剩余劳动力转移的新途径，通俗说就是“团结穷人”。这的确是西部城市群战略不同于东部的特点。

西部城市群战略还有一个重要布局，就是北部湾经济区。2008 年 2 月，国务院正式批准了了《广西北部湾经济区发展规划》。广西北部湾经济区由北部湾地区的北海、钦州、防城港，和广西壮族自治区首府南宁“三港一市”共同组成，陆地面积达 4.25 万平方公里，人口 1255 万人，海域总面积近 13 万平方公里，海岸线长 1595 公里，是目前中国最大的国际、国内多区域合作示范区。

目前，北部湾经济区的功能定位是立足北部湾、服务“三南”（西南、华南和中南）、沟通东中西、面向东南亚，充分发挥连接多区域的重要通道、交流桥梁和合作平台作用，以开放合作促开发建设，努力建成中国——东盟开放合作的物流基地、商贸基地、加工制造基地和资讯交流中心，成为带动、支撑西部大开发的战略高地和开放度高、辐射力强、经济繁荣、社会和谐、生态良好的重要国际区域经济合作区。

北部湾其实并非只是广西沿海，还包括广东雷州半岛、海南西部，以及越南的东北部所围成的海域。2004 年时越南方面就提出过“环北部湾经济圈”的设想。

北部湾经济区的最大背景是由中国提出，得到东盟 10 国热烈响应的“东盟自由贸易区”概念。最初提出的北部湾“新区”设想面积曾达 5863 平方公里，后来根据实际发展可能缩小到了现在的 1983 平方公里。北部湾经济区的城市群战略最初叫“南、贵、昆经济区”或“南、贵、昆城市群”，指的是广西、贵州和云南三个省省会城市之间的合作。这三个省会城市都打环保牌，纷纷把自己命名为“森林城市”、“绿色城市”、“生态城市”。人们知道，西南这三个省区的经济基础总体是比较薄弱的，但弱中有强。三省合作是“弱弱联合”，三个省会城市合作可就变成了“强强联合”。

西南这三个省会城市的合作可以形成一个谁也不敢忽视的、强大的区域性工业生产能力、城市化推动力量、西南地区完善基础设施的中坚力量。实际上，这三个城市还都有自己的“亲戚朋友”，也就是在区外的合作伙伴。比如上海和云南是对口支援地区，这两个地区的关系非常密切。云南旅游业发展起来后，飞云南的航线成为“热线”。但现在除当时的“云南航空”外，能够从省外直接飞到西双版纳、大理、丽江的飞机只有上海航空，其他公司的飞机都只能飞到昆明，包括国航的航班。游客要是坐其他公司的飞机，必须到昆明中转。这三个城市的合作基础还有很多，大家打开地图看一看就会发现，这三个城市连线所覆盖的区域，恰好是我国水力资源最丰富的地区、有色金属资源最丰富的地区。建设东盟自由贸易区以及发展为国际化合作区域的机会，实际上将是西南这三省共享的。目前列入国家级规划的西部城市群，还有一个叫作“关中—天水经济区”的城市群，实际上就是西陇海线、兰新线沿线的一个狭长城市带，包括西安、宝鸡、兰州一直到酒泉。这一线集中了我国大量的工业生产能力和重要企业。例如兰化、西飞、酒泉卫星发射基地等。这里不再展开介绍。

西部中，还有一个值得重视的北方城市群，就是“呼、包、银经济合作区”，指呼和浩特、包头、银川三个城市的跨行政区划合作。一方面，内蒙古西部一直延伸到宁夏的这个地区，总的发展水平还比较落后。但这三个城市的联线地区则并不差。从农业上说，“黄河百害、唯富一套”，黄河的“前套”、“后套”地区就在这一带。在这个地区，黄河水可以自流灌溉。人们对包头的了解可能不太多。其实包头的工业基础是非常雄厚的。不仅有包钢，而且还是我国炼铝的有色金属生产基地，还有非常强大的重型装备机械加工能力。那里原来有个一机厂、二机厂，分别生产坦克、大炮。现在很大一部分生产能力已经转为民品生产，和德国奔驰合作生产重型矿用汽车。当地人给这种重型汽车起了个名字，叫作“草原奔驰”。包头还是世界最大的稀土生产基地。过去包头是计划经济“嵌入”西北地区的一块“飞地”。那里的重工业和当地经济联系非常薄弱。在包头，通用语言是东北方言，出了包头则是西北方言。可见以往包头与周边经济的关系隔绝之深。

人们可能未必注意到，在过去几年的西部大开发中，内蒙古已经连续七年在西部12省区中名列发展速度第一。这个发展速度最重要的支点，是包头以东不远，黄河东边鄂尔多斯市。鄂尔多斯市原来叫伊克昭盟，是内蒙古发展程度最落后的盟市之一。但进入21世纪以来，那里开发出了亚洲最大的露天煤矿，现在已经成为我国最重要的煤炭生产基地。不仅有煤，而且还有我们前面提到的羊绒业。

银川也不简单。宁夏是我国的“袖珍”省区，人口只有500万。一方面，宁夏有最贫困的“三北”地区，但另一方面，银川所在的宁夏平原是个水草肥美的地方。那里宜工、宜农、宜商、宜副。银川附近煤炭资源很充裕。能源、化工等产业的发展具备很好基础。农业有黄河水灌溉，商业也很有传统。不知道大家注意过没有，信仰伊斯兰教的少数民族和汉族的文化传统有个区别。汉族的文化传统是“轻商”。“士、农、工、商”，商排在最后一位。中原文化中，历史上商人的社会地位很低。但伊斯兰教民族不一样。他们历史上就有“重商”的传统。在“一千零一夜”的故事中，贵族和平民都到海外去经商。人类最早的大规模海外商贸业就是阿拉伯人开始的。这个地区的合作也是很有前景的。

过去几年，城市群战略在中部也有大动作。2007 年 12 月，国务院批准湖北的武汉城市群和湖南的长（沙）株（州）（湘）潭城市群为“资源节约型和环境友好型社会建设综合配套改革试验区”，简称“两型社会”改革试验区。由此，中部地区也获得了两个城市群战略的政策布点。

这里稍微提一下武汉城市群。武汉在中部六省中，是唯一一个较大的省会城市。除武汉外，中部各省几乎都没有能够发挥经济增长极作用的大城市。郑州、太原、合肥、南昌以及长沙，这些省会城市自身都不够大，不仅经济不够发达，产业结构也偏弱。但武汉也有弱点，其城市规模虽然比较大，但周边并无多少互为支撑的城市。因此武汉城市群，其实就是一个以武汉“三镇”为核心的沿江和沿京广线广义的城市集群。

武汉人有个历史心结。其实在中国近代史上，最早的对外开放和近代机器工业发展是从武汉而不是上海开始的。“洋务运动”以后武汉就陆续有了大冶铁厂、京汉铁路、汉阳兵工厂、江汉海关等。从武汉往北，现河南境内还保留有一大片别墅群，其规模不亚于青岛的“八大关”，就是当时的外商、银行家、传教士以及一些民族资本家留下的。如果不是历史发展中的某些偶然或必然因素，中国最大、最早的工业化中心可能不是上海，而是武汉。所以武汉人一直有个把这个地位从上海争回来的历史心结。在 2006 年的“两会”上，曾有湖北代表正式提案，建议把南京长江大桥炸掉。为什么呢？因为炸了南京大桥，海船就可以从长江口直接驶到武汉。武汉就可以成为一个直接面对国际市场的城市，而不是一个听起来就有封闭感的“中部”城市了。当然，这个建议恐怕不会为江苏所认同。江苏说要炸南京大桥就连武汉大桥一起炸，凭什么只炸我们的不炸你们的呢？

沿海地区的城市群战略也有实质性的重大发展。2009年5月，国务院发布了“关于支持福建省加快建设海峡西岸经济区的若干意见”的24号文，正式确立了“海西经济区”的概念。这个文件指出，海峡西岸经济区东与台湾地区一水相隔，北承长江三角洲，南接珠江三角洲，是我国沿海经济带的重要组成部分，在全国区域经济发展布局中处于重要位置；福建省在海峡西岸经济区中居主体地位，与台湾地区地缘相近、血缘相亲、文缘相承、商缘相连、法缘相循，具有对台交往的独特优势。

福建其实多年来一直在谋求一个相对独立的区域发展战略。以前广东提出“9加2泛珠三角战略”、上海和浙江提出“泛长三角战略”时，福建都是表面积极响应的，但其内心一直想的是建立“台海经济特区”的发展战略。从2008年以来，台海两岸的关系出现重大的积极变化，为加速福建发展提供了重大的战略性契机。考虑到“台海经济区”的说法涉及台湾方面的认同，最新提法是“海峡西岸经济区”，即海西经济区。

海西经济区承载的不仅是区域经济发展的任务，还肩负着推动两岸和平互动、实现经济共同繁荣的重要举措。国务院文件明确指出，海西经济区的发展是“推进祖国和平统一大业的战略部署，具有重大的经济意义和政治意义”。

目前在福建，不仅对粤、对浙的高速公路等交通条件已经非常便利，对台的海、空立体通道也已经基本形成。近年来，福州、厦门、泉州的城市的经济发展非常迅速。借助于政策扶持和台资进入的便利条件，海西经济区的前景已经为人们所高度看好。

东部城市群战略的落脚点并非都是经济发达地区。再给大家举一个城市群的例子。江苏的苏北地区历史上一直是发展滞后的。人们说起江苏，总是提到苏州、无锡、常州、镇江、张家港等城市，很少提起徐州。近年来，徐州和周边几个省区的地级市在酝酿形成一个跨省区的“淮海经济合作区”。苏北那里是江苏、河南、山东、安徽四省交界。江苏的徐州和山东的枣庄、安徽的淮北、河南的商丘等市的官员坐到一起商量，说我们四个地区在各省发展程度上都是较低的，也都是在各自省里不大受重视的。这么多年来我们都在等着本省重视，等来等去，看来是指望不大了。现在不如我们四个“穷哥们儿”联合起来，跨行政区域地进行跨界合作，共同推进区域经济发展。别小看这四个城市。这四个城市是华东地区的重要能源供应地。枣庄、淮北、徐州的煤炭要是停一天，上海的经济立刻就会陷入大麻烦。这四个地区还是京九、津浦、陇海以及京杭运河等交通要道的交汇处。凭这几个地区的资源、区位等各种优势，他们确实有发展更快一些的条件。原有行政区划的分割现在正在被打破。这个淮海经济区最初酝酿的时候，江苏省还有些不以为然。认为凭你徐州的基础，莫非还能搞出一个“苏北省”来？现在看这个合作趋势越来越明显，省里的态度出现了很大变化，从观望转为比较积极的支持。当然，省里的这个支持也有自己的打算。这个打算就是希望江苏一方在这个四省“联盟”中能占据一个“盟主”的地位。

东部还有一个城市群战略的例子是“大南京都市圈”。南京在“长三角”中的地位有些尴尬。因为南京虽是省会城市，但地处“长三角”边缘，而且进入21世纪以来，苏南常州、无锡、苏州的经济总量都超过了南京。南京就提出了一个“大南京都市圈”的设想。这个设想不包括苏南经济发达的那些城市，却把安徽临近南京的一些工业化进展很快的城市，如马鞍山、芜湖等包括了近来。

除上述外，有希望的城市群还包括山东半岛城市群、辽东半岛城市群。这里我们不一一列举。

【6-3-4】在新中国成立以来的发展过程中，在发展战略问题上，城市化战略是一个最摇摆不定的战略，也是教训最多的战略。一方面，我们在城市化上有很多不足；但另一方面，我们的很多成就在很大程度上也来源于城市化。特区经济的始端就是建造了深圳这座现代化的城市。浦东开发也极大地带动了上海、华东、长江中下游以至全国经济的发展。我们今天之所以有机会讨论“珠三角”和“长三角”的优劣比较问题，应当说是得益于这两个城市的发展。

下面用一些时间，专门讲一讲城市化的问题。城市化是区域经济中的一个重要组成部分。从世界各国的经验看，工业化和市场经济结合的空间交点在哪里呢？就在城市。

实际上，城市化不仅是国民经济增长的主要支持力量，而且还是解决我们面临的一系列重大战略难题的共同出路。解决中国的就业、产业结构升级、扩大对外开放、调整供求失衡、完善基础设施、提高企业国际竞争力、实现可持续发展等诸多重大难题的相交之点就在于城市化发展。农村剩余劳动力的出路在哪里？在于向城镇和非农产业转移。产业结构调整的主战场在哪里？在于城市经济资源的重新优化配置，城市经济系统的再组合。城市是区域经济扩大对外开放的窗口，是腹地资源加入全球化竞争的门户。更多的人进入城市，创造出更多的城市型消费群体，是实现扩大内需战略的必然选择。世界各国的经验都证明，资源、人口向城市集中，是优化基础设施资源配置，缓解人类经济系统与自然界之间矛盾的最优方案。

可以说，中国人是最早对城市有所了解、最早形成城市的。前几年有句时髦的词儿，叫作“经营城市”。其实中国人也是最早懂得“经营城市”的。“完璧归赵”的故事讲的就是2000多年前的战国时期秦国打算用15座城市和赵国换一块玉的故事。这个故事还留下了另一个成语，叫作“价值连城”。

但是，我们又不得不承认，我们是对城市的功能、作用以及发展规律了解最少的民族。中国是一个几千年农耕文明历史的国家。坦率说，自给自足下的小农经济、自然经济天然就有一种对城市轻视、藐视、蔑视甚至敌视的心理。农民起义进城，第一件事就是烧，就是毁灭城市。在农业文明基础上形成的社会价值观中，城市就代表着恶，农村、农业才是善。我们得承认，直到现在，这种认识也还有深厚的社会基础。从“知识青年到农村去，接受贫下中农再教育”到近年来媒体对城市扩张中“宽马路大广场”的种种批判，我们都能找到这种思维的影子。

在中国的汉语词汇中，“城市”这个词是由“城”和“市”两个部分组成的。实际上中国的城市在历史发展中，“城”是绝对地排斥市场之“市”的。近年来关于北京“老字号”的电视剧多起来了。其实在那个时代的北京城中，商业、商人、市场、资本是没有立足之地的。他们在那里聚集呢？在前门外。也就是“城”之“外”。北京南城虎坊桥那个地方有座清末的湖广会馆，当初是富可敌国的商人们聚集的地方。那座建筑雕梁画栋之奢华，一点不亚于北京城里的那些王府。现在这个建筑还在，已经改造为一座湖北菜馆和一个京剧博物馆。但就是这样一座最有钱人的高端“企业家俱乐部”周边是什么呢？东边是要把式、卖膏药、撂地摊说相声的江湖人士谋生的天桥；南边是青楼烟云的“八大胡同”；北边是陶然亭，其实就是埋冻饿街头无人收尸的“倒卧”的乱葬岗子；西边就更有名，是专门砍头行刑的菜市口。在中国的城市中，“市”的地位如何，由此可见一斑。

直到新中国成立后，我们仍不愿承认城市，宁愿叫“工业基地”。以为城市就是工厂区。就是现在，我们很多人对城市的认识也还停留在人口的大规模聚集点或者是工厂聚集区的水平上。显而易见，这种认识已经远远不能适应国民经济发展的客观需要了。我们需要重新认识城市，重新认识城市的深层次内涵。

各国在自己的历史发展过程中都曾留下很多著名城市。大家知道，中东地区巴以冲突的焦点之一是耶路撒冷的归属问题。耶路撒冷是两大宗教文明的起源地。基督教、伊斯兰教都以它为圣地。这至少可以说，人类的宗教、哲学等文明进步是和城市的出现与兴起联系在一起的。有一句西方谚语，叫作“罗马不是一天建成的”。欧洲的著名城市，例如罗马、巴黎等，都是先建地下的排污设施，在地下的暗沟上面建城市。那里的人们在很早的时候就知道城市基础设施的必要性了。这些暗沟至今仍在使用。大家看反映这些城市的警匪片时仍可时常见到与歹徒或者黑势力作斗争的“孤胆英雄”在下水道的暗沟里活动的镜头。我们得承认，中国历史上的城市则没有一个有这种科学的基础设施。人们看到一些清宫戏中，皇帝所住的皇宫也是靠人力畜力来收集、运送粪便、污水和其他垃圾的。大家到北京故宫去参观时，稍微留心的话就会发现那里院落相隔的高墙上开有专门为垃圾车进出的门。在第二讲中，我们举过一个典型的例子，就是布鲁塞尔的城市广场。了解这些历史遗留下来的城市广场，对认识城市在工业化、市场经济发展过程中的作用很有意义。

在新中国成立以来的发展过程中，在发展战略问题上，城市化战略是一个最摇摆不定的战略，也是教训最多的战略。从新中国成立初期起，我们就一直致力于要把北京从消费型城市改造成生产型城市，硬把北京的城墙和很多古建筑给拆了，在城区内建了大大小小很多工厂。到20世纪80年代末期，又发现这是一个非常愚蠢的城市方向，于是又努力推进“退二进三”，就是退出第二产业，进入第三产业。在20世纪50年代、60年代和70年代，我们建起了很多“工业基地”式的新兴城市。但这些城市自身的产业单一，对自然资源的依赖程度很高，可持续发展能力很差。不仅如此，这些工业城市与当地的区域经济格格不入，形成了城乡对立的“二元结构”。20世纪60年代到70年代，在“要准备打仗”的思想指导下，经济布局更走上了一条“深挖洞、广积粮”之路。城市建设几乎完全停滞。现在北京依稀还能找到70年代建的所谓“简易楼”。为什么建“简易楼”呢？因为那时认为，不知哪一天炸弹就会落下来把城市夷平。20世纪60年代末期的“上山下乡”更是城市化进程的一场大倒退。

从20世纪80年代初期的改革开放以来，我国的城市化战略实际上仍表现出了很大的摇摆性。例如，在改革开放的前10年中，作为中国工业重心所在的城市，上海竟然被“遗忘”了整整10年。在这10年中，人们在不停地争论，上海究竟该扩张还是不该扩张，究竟该发展什么产业。一会儿说，上海太大了，人口太多了，我们不应再继续扩张这种特大型城市了。一会儿又说，上海不该再发展钢铁、石化等重工业了，重工业应当转移到中西部去，上海应该发展点高科技或现代服务业。10年时间就这样在争论中等待过去了。大家现在看到的这个很漂亮、很具有现代化气息的上海，这是20世纪90年代初期浦东开发以来才有的变化。这实际上反映了我们在大城市发展上的战略思路摇摆不定。

再如，从20世纪80年代中期开始，农民自己创造出了一种农村工业化的形式，就是乡镇企业。到90年代初期的时候，我国的财政税收、出口创汇和GDP总值，乡镇企业的贡献都超过1/3。就是人们说的，“三分天下有其一”。邓小平当时盛赞乡镇企业是“异军突起”。但一直到90年代后期，我们给农民的政策仍然是“离土不离乡、进厂不进城”。到90年代末期，我们才发现，这个政策给乡镇企业的发展留下了极大的隐患。例如基础设施不足、和环境保护的矛盾非常尖锐、远离市场造成信息不灵、各种要素很难实现优化配置等。从那以后，乡镇企业被迫进入了一个调整期。

当然，影响城市化进程的并非全是战略选择上的失误，也有一些客观原因。例如西部很多省区在20世纪90年代中、后期“八七扶贫攻坚战”中不得不把可动用的资源更大程度地投入到扶贫中去。地方财力、区域内的资源很难向城市集中。实际上东西部发展差距的拉大也主要在于城市发展差距的拉大。

一方面，我们在城市化上有很多不足；但另一方面，我们的很多成就在很大程度上也来源于城市化。特区经济的始端就是建造了深圳这座现代化的城市。这个城市的发展带动了整个华南以致全国的经济发展。上海的浦东开发也是一例。浦东差不多是建了一座新上海。浦东开发也极大地带动了上海、华东、长江中下游以至全国经济的发展。我们今天之所以有机会讨论“珠三角”和“长三角”的优劣比较问题，应当说是得益于这两个城市的发展。

进入21世纪后，我们才认识到，中国前期的经济发展存在一个明显缺陷，这就是城市化严重滞后于工业化。人们共识，应对农村剩余劳动力转出的历史任务、缓解日益尖锐的就业矛盾、调整城乡之间经济关系、缩小东西部发展差距以致实现资源节约、转换经济增长方式、促进产业结构升级、加快基础设施建设步伐、调整人类经济系统与自然界之间关系并实现可持续发展等的共同解决办法就是发展城市。

大家很容易注意到，近年来出现了很多尖锐的社会矛盾和老百姓反映强烈的社会热点，例如拆迁、征地、房价以及房地产市场有没有“泡沫”、开发商有没有暴利等。正是城市化加速过程中的城市建设、城市扩张、城市改造以及城市产业结构调整等引起了这些矛盾。

在20世纪80年代深圳建设和90年代上海浦东开发的经验启迪下，在北京“申奥”成功、上海“申博”成功后，进入21世纪后，各地纷纷在自己的发展战略中大大强化了城市化的位置。我们前面说过，“入世”后的制造业的发展是我们始料未及的。其实城市化进程的大大加速也是我们始料未及的。过去几年的实践证明，支持国民经济健康、平稳运行的一个主要支撑因素就是城市经济，特别是大中城市的经济发展。城市化成为经济增长的亮点，这一方面确实出乎人们的意料。但另一方面，城市化加速也带给我们很多的思考。为什么城市改造、城市扩张、城市发展这样的好事会引起很多社会矛盾呢？这说明，我们对经济发展客观规律的认识仍是远不充分的。我们原来的经验、认识可能已经不适应变化了的形势。“央视”曾请我去做过一个节目。谈什么呢？谈北京、上海怎样把自己建设成一个国际化大都市。现在看，我们讨论这个话题有没有必要呢？非常有必要。北京已经在2008年举办了奥运会，还不应叫国际化大都市吗？北京、上海要率先实现现代化，还不该提出建成国际化大都市的问题吗？我国已经加入世界贸易组织，扩大对外开放已经走到了一个新台阶上，我们还不该提出建成国际化大都市的问题吗？应该。但这仅仅是问题的一个方面。另一个方面是，目前全国有28个城市提出要把自己建成国际化大都市。这可能吗？不可能。全世界能够称为国际化大都市的城市加在一起，大概也没有28个。而且真正的国际化大都市是有很高标准的。我们实际上离这个标准还差得比较远。2005年时，北京市城市总体规划修编就采取了实事求是的态度，正式的说法只说未来五年北京要建成一座国际化城市。没说“大都市”北京就不是大都市了吗？显然不会。但我们没必要离开客观实际去追求有名无实的东西。应当说，北京这个头带得好。给各地过度火热的城市化目标降降温。

【6-3-5】城市面貌改造是一件非常好的事。城市改造得漂亮一点，通行效率高一点，环境美化一点，这是谁的福利增加了呢？是社会公众的福利增加了。问题出在“一窝蜂”上，出在不顾老百姓死活和当地实际经济发展水平的“政绩工程”上，出在野蛮拆迁和损害老百姓合法利益上，出在盲目追求“高标准”、“洋标准”上。在宏观调控中，控制城市拆迁规模，以及制止盲目建设“宽马路、大广场”成为政策调控的重要目标之一。

我国城市化进程的加速，一个重要表现是对城市面貌的改造。在过去几年中，全国大中城市的面貌普遍发生了非常明显的变化。不仅省会城市，而且很多地市级的区域中心城市，在城市环境整治、基础设施完善方面都有很大进展并取得了显著效果。以前在各城市主要街区随处可见的以小摊贩为主的“占道市场”现在已经很难见到。城市广场、城市绿地、城市交通立交枢纽、城市标志性建筑等成为新的城市景观。

城市面貌改造是一件非常好的事。城市改造得漂亮一点，通行效率高一点，环境美化一点，这是谁的福利增加了呢？是社会公众的福利增加了。这并没有什么可质疑的。我最近到很多城市出差，各地出租车司机最爱问的一个问题就是，您感觉我们城市的变化大不大。我亲自在一个城市广场听到普通老百姓对我说，我过去两年工资没涨，住房面积没增加，但我们家所在社区有了这么一个漂亮的广场，晚上和家人一起在这里散散步，我感觉自己的生活上了一个台阶。有一次我到安徽芜湖出差。那是一个长江边上的城市。到达时已经晚上八点多，天还下着雨。但接待的官员执意要带我去看看他们的城市广场。再三谢绝不行，只好去。去看了以后我觉得不虚此行。确实好、确实漂亮不说，更重要的是把长江文化、本地历史浓缩地表现了出来。让人民热爱自己的城市，为自己的城市感到骄傲，安居乐业于自己的城市，这有什么不好呢？我认为这就是代表最广大人民群众利益的具体表现形式之一。就我走遍这么多城市的感觉，改造城市面貌是得到绝大多数老百姓拥护的。

事情本来是好事。问题出在“一窝蜂”上，出在不顾老百姓死活和当地实际经济发展水平的“政绩工程”上，出在野蛮拆迁和损害老百姓合法利益上，出在盲目追求“高标准”、“洋标准”上。对“政绩工程”、“野蛮拆迁”当然应当坚决反对。在2004～2005年的宏观调控中，控制城市拆迁规模，以及制止盲目建设“宽马路、大广场”成为政策调控的重要目标之一。

“政绩工程”要反对，但一概否定城市面貌改造的必要性也不对。大家别以为城市绿地、城市广场就是为了好看。这个认识是不充分的。很多城市公共设施是非常必要的城市减灾防灾设施。给大家讲个故事。1908年时，美国的旧金山因为地震引发了一场城市大火。因为地震造成道路毁坏、房屋坍塌，救火人员无法扑救，而且水源也没有。人们几乎束手无策，眼看就要火烧连城。最后是怎么救灾的呢？是市长下令把城市中一条富人聚集的主要街道两旁的房屋全部拆掉，打出一条隔火道。由此救了旧金山的半个城。从这以后，全世界的城市规划师就长了一个见识，城市应当有能够起到隔火、避难等作用的开阔街道和广场。我们对城市的认识还不充分，包括对城市灾难的认识还不充分。也许有一天，我们会通过立法的形式强制地载明，在城市面积中必须有多大的公共绿地、广场。在历史上，毁于各种天灾人祸的城市实在不胜枚举。往近处说，过去30年中就有我国的唐山大地震，日本的神户大地震，美国的洛杉矶大地震。多少血的教训证明，如果城市中没有足够的避难空间，那次生灾害导致的伤亡可能比地震等灾害直接导致的还要大得多。这是关系公共安全的必要设施。

我们得承认，我们对城市的认识还远不充分。毕竟我们刚刚起步。对客观规律的认识也不是一蹴而就的。城市这门学问我们还有太多要学的东西。我再给大家举个例子。北京在自己的旅游宣传材料上说，我们北京有180多座立交桥，而且每座桥和每座桥不一样。有的鸟瞰像蜻蜓点水，所以叫“玉蜓桥”；有的桥像蝴蝶振翅，有的桥像奔马奋蹄，还有的桥像雄鹰展翅。这些设计思想都够美妙的。但设计者忘了一个最重要的问题。这就是，立交桥是干什么的？立交桥是一个交通设施。它的基本功能和第一目标应当是提高通行效率。怎么才能提高通行效率呢？立交桥的设计越简单、重复率越高，通行效率就越高。因为越简单、重复率越高，司机的学习过程就越短。过了第1座桥就知道后面的99座桥怎么通过。如果一座桥和一座桥不一样，那么司机就得每过一座桥学习一次。过完第100座桥，第1座桥怎么过已经忘了。如果你到北京出差乘坐出租车，你随便问一个出租车司机知道不知道北京每个立交桥都怎么走。可以说，没人知道。因为没法记住。司机到了桥上经常是左旋右转找不到出口。这样通行效率怎么会高呢？这是一个像修摩天大楼没建厕所一样的原始错误、低级错误。但这个错误并不是因为我们的桥梁专家太笨，而是因为我们对城市的认识实在还处于一个起步阶段。类似这样的问题还有很多。所以我说我们也不要从一个极端走向另一个极端，轻易地否定城市的绿化、靓化工程。

还必须进一步讨论的问题是，我们中国的城市需要不需要“提档升级”。我们的城市应否停留在“县城放大”的水平上，应否停留在工厂区加工人新村的水平上？不应当。要提高我国国民经济的运行效率，要加快对外开放的步伐，要让更多资源加入到经济全球化的竞争当中去，要使中国的老百姓有机会享受到更多的国民福利，我们已经迫切需要推进城市面貌的升级改造。解决这个问题不是过早，而是嫌晚。当初北京“申奥”时，国外最主要的反对声音就两条理由。其中之一就是环境污染。我们迫切需要向现代化、国际化靠拢的城市，还用“先治坡、后治窝”的眼光、观念看待现在的城市化进程已经不能适应发展的需要了。

曾有媒体用“要就业还是要市容”的话题诘问城市面貌改造的工作。这个问题并不难回答。城市资源优化利用、提升城市资源的市场价值一定有利于创造更多就业岗位和提高劳动者报酬水平。以牺牲公共资源和破坏环境的代价换取少量低档次的小商品经济的就业岗位是非常浅见和得不偿失的。没有现代化的城市、现代化的环境，我们就有不了现代化的产业，有不了现代化的就业岗位。这个道理应当大讲特讲。

当然，我们的城市化进程远不只表现在“靓化工程”一个方面。进一步的表现是城市产业结构的优化重组和推进城市资源的优化利用。过去一些年中，我国的城市化还存在一个弊病，就是“千城一面”。新疆乌鲁木齐的商业街和长沙、济南、哈尔滨没什么区别。民族特色、区域文化、城市性格几乎被完全抹杀。这个问题也很严重。但也有城市做得很好。山东有个聊城，城市规模不算大，产业基础也并不雄厚。但最近几年，这个城市利用自己“水上城市”的特色和资源，大造“东方威尼斯”的舆论。这个城市想做什么呢？想把旅游开拓成自己城市的“龙头”产业。优化选择产业已经成为很多城市的发展战略与推进城市化的基本立足点。我们前面提到过鞍山。以钢铁著名的鞍山市要以“旅游兴市”。怎么“兴”呢？鞍山说，我们并不是要把现在的主城区改造成旅游观光地。鞍山的特点是周边的一些县城风光很秀美，是旅游、度假以及发展会务经济的好地方。鞍山的城市化就是和产业选择合一的造就一个城市群的城市化。

目前，工业企业退出城市核心区域的布局改造在几乎所有城市中都已普遍展开。在商业领域中，连锁经营、品牌专营、大型超市、社区服务系统等新型商业业态到处涌现。房地产开发更是出现了档次升级、规模升级、功能升级的趋势。大型居住区连片开发、街区配套建设、高档标志性建筑项目成为城市建设的基本形式。

【6－3－6】城市功能分区就是城市的空间布局按照功能划分为若干区域。从我国目前的发展趋势看，新型政务区、商贸流通区、商务中心区、旅游区、居民居住小区等分区特征已经在各地的城市建设中明显显现出来。城市功能分区，城市的交通基础设施才能最经济地优化配置，城市的资源才能得到最优化的利用。

城市产业结构选择与升级问题，我们在前面结构战略的专题中已经提及过。这个变化在20世纪90年代中后期时就已经开始了。实际上，我国目前城市化进程中还有两个新特点。这就是城市功能分区和以建设新城区为主的城市规模扩张。

这里适当多讲一点城市功能分区的问题。这个问题对我国的城市化来说是个新问题。

什么是城市功能分区呢？就是城市资源的空间布局按照经济功能划分为若干区域。从我国目前的发展趋势看，新型政务区、商贸流通区、商务中心区、旅游区、居民居住小区等分区特征已经在各地的城市建设中明显显现出来。城市功能分区，城市的交通基础设施才能最经济地优化配置，城市的资源才能得到最优化的利用。城市的商业用地是“寸土寸金”，在这样昂贵的土地上建工厂或者建住宅楼是非常不经济的。有了城市功能分区，交通流量才能实现有效控制、交通基础设施才能实现有效配置。例如，城市轨道交通发展的前提就是要有明确的城市功能分区。不然我们就无法判别，该从哪里到哪里修地铁、建轻轨。

什么是新型政务区呢？政务区就是政府等机构的集中地。日本东京就有一条街，名字就叫“官厅街”。美国的华盛顿其实就是一个独立化的政务区。北京在改善交通状况的努力中修好了二环路、三环路、四环路、五环路，现在六环也通车了。如果这么“摊大饼”式地扩张下去，再多交通基础设施投入恐怕也难以缓解目前的交通拥堵。那怎么改善呢？有专家提出，为什么不能把党中央、国务院迁出核心市区呢？如果建一个新的政务区，把中央和北京的政府机关都迁到那里，北京市区的交通立刻就会缓解。这不是开玩笑。我认为这是一个很好的主意。早就有专家建议，首钢搬迁以后的石景山区干什么呢？能否在首钢腾出的原厂区土地上，好好盖几座采用智能模拟技术的现代化办公大楼，前面一大片绿地，后面一大片停车场，地铁或者轻轨直接通到楼下。这有什么不好呢？非常好。政府机构办公有什么必要非得在核心市区呢？没有任何特别的必要。既不利于提高办公效率，也不利于外来办事人员。这个可能性确实是存在的。所以买房可以买北京西部石景山区的。过去几年，开发商都把目光集中的北京东部的“CBD”上，那里不管什么房子都说是“CBD”，只要一沾“CBD”，房价立马上涨没商量。而西部的石景山区还没多少人光顾呢，那里现在房价还相对便宜。你可以比党中央、国务院早一步搬去，将来就和党中央、国务院朝夕相处多好。其实，前几年青岛已经这么办了。青岛市委、市政府搬到新区，既改善了政府机构的办公条件，又极大促进了新区的发展和城市规模扩张。

“十一五规划”曾提出，“大城市要把发展服务业放在优先位置，有条件的要逐步形成服务经济为主的产业结构”。我认为，这是一个很符合我国实际的战略要求。城市不可缺少的组成部分是商业。现在各地城市发展中都已经摒弃了简单提倡发展商贸流通业的做法。在很多城市中，以大型超市、百货店、专卖店、步行街、专业街等组合成的新型商贸流通区已经成为城市的一道“靓丽风景线”。上海的淮海路、南京路就是这样有特色的新型商业街区。我和很多人交换意见时大家都同意，在我们的各个城市中，上海的商业街是最有“商气”和商业氛围的。北京王府井改造得就不理想。那里的氛围叫人感到一种“霸气”和“土气”。消费者走在那里的街上，有一种被周围的商家蔑视的感觉，你觉得自己被压抑和很渺小。有上海人对我说，上海的漂亮女孩子都在哪里呢？都在淮海路上漂着呢。逛街的女孩子们把自己当成了商业街市的一个组成部分，用时髦的话说叫“流动艺术”。这里的“漂”字用得很贴切。目前各大城市中，这种商业集中区域都已经很具规模。但仍不够。城市商业不是孤立存在的。我们不仅要建商业街，要发展服务业，而且要形成以服务经济为主的城市产业结构。

特别要说一说商务中心区的概念。过去几年人们常听说一个新词儿，叫CBD。Central Business District，译成中文就是商务中心区，也叫中央商务区。商务中心区不同于商贸流通区。它是由会展中心、星级酒店、高档写字楼和一系列为这些商务机构服务的物业组成的一种新型城市功能分区。说“新型”，其实是说在我国的城市中发展历史不长。美国纽约的曼哈顿岛就是一个典型的CBD。上海的浦东其实就是一个大型的CBD。CBD是带动城市档次升级和城市产业结构转变升级的重要力量。根据国外的经验，CBD是那些举足轻重的大公司、大银行聚集的地方。那里的活动支配着规模巨大的资源流向。可以这样说，认识CBD是认识现代城市不可缺少的一章。CBD中也有商业设施。例如在一些高档写字楼的地下或者底层经常有一些卖高档汽车、高档名牌服装的专门店。这些商业设施是为这个区域的“白领阶层”服务的。CBD中绝不会整天地开大型促销会。外部的流动人员在CBD中也是不受欢迎的。

由于发展历史不长，我们对CBD的认识还太过粗浅。不妨给大家举个例子。仅仅在十多年前，中国还没多少人懂得CBD的内涵和客观发展规律。20世纪90年代初期，北京要建一个金融街。那时没人知道所谓的金融街应当是一个CBD概念。那时我们以为，金融街不就像服装一条街、餐馆一条街那样，找一条街道，在这条街道两旁都建银行大楼，那不就是金融一条街了吗？北京的金融街最初就是在这样的认识下建立起来的。建起来我们才发现，从北京的复兴门到阜成门这一狭小空间根本不能满足CBD的规模要求。而且这条街道和政务性、商业性的街道交叉。不同人流导致街区功能无法定位。在阜成门立交桥头有个高档写字楼，叫“新世纪广场”。当初销售的时候，开发商说这个建筑是立于未来国际化大都市北京金融街上的“超五星级”写字楼。建好后，由于南北向的金融街和东西向的商业街交叉，一层的物业无法利用。最后开成了一个有众多小摊贩经营的“小商品市场”。这就导致了很多已经进驻的公司不满，由此还引出过一段官司。这些业主、公司状告开发商，说你当初和我们说是“超五星级写字楼”，现在成了这种格局，叫我们怎么跟我们的客户介绍呢？说我们公司就在小商品市场的楼上？这太有损我们的企业形象了呀。一个国际知名的大公司怎么和小商品市场为伍呢？现在这个地段已经骑虎难下。向东扩张，和北京老城区保护的矛盾非常尖锐；向西扩张，又会和国家发改委、财政部等机关所在的政务区冲突。后来北京市的办法就是在城市东边的朝阳区另选一块地方，重建一个真正的CBD。这次的规模非常大，规划也比较好。

城市发展中的功能分区也是不断变化的。比如说武汉有一个汉正街，曾经以小商品市场闻名全国。现在我们去参观时发现，这个街区的定位已不仅仅是一个商贸流通区的概念了。它的新定位是城市旅游街区。到武汉的旅行团都把汉正街当成一个旅游点。那里出售的已经不是一般意义上的商品，而是汉文化。游客到汉正街去不仅是为了买东西，而且也是为了参观汉文化。那里卖的东西都是和武汉文化、和旅游密切相关的商品了。

现在旅游街区的建设也引起了很多城市的重视。大家可能听说过昆明的“世博园”。其实昆明“世博园”的水平离“世界园艺博览会”的标准还差得很远呢。最多也就是一个花草展览会而已。但这个概念的提出和这个街区的整治明显成为带动昆明市以及整个云南省旅游发展的龙头。我们没必要去深究昆明这个园林究竟到没到“世界级”，人家这个城市改造与发展的动作确实起到了促进区域经济增长、城市升级和产业结构转换的目的。

北京是我国最大的旅游城市之一。但现在北京的难题恰好是，故宫、北海、天安门广场等旅游点和政务区相邻和交叉。两种功能区域在交通、人员集散、商业设施配套等方面都存在着尖锐的冲突。

在过去很长一段时间里，我们的城市居民住房非常困难。上海尤其是住房困难的地区之一。以后我们把改善居民居住条件作为城市建设的重心，这个思路本身并不错。但在住房严重困难的情况下，我们不得不采取了一个“鼓励单位自建住房”的政策。这个政策一直持续到了20世纪90年代中、后期。一个工厂把围墙拆了，就可以建成几座宿舍楼，为职工解决住房问题。由此而来，哪个单位都是有块空地就建住房。这就导致了城市区域之间的功能相互交叉。就连聚集着中国最优秀的城市规划师的建设部，自己也建成了一个“前店后厂”。前面是办公楼，后面是宿舍楼。这样的城市布局下，基础设施没办法优化地配置，交通效率也非常低。随着城市发展，为居民生活配套的各种福利设施，例如保安、服务、医院、学校等设施也没法给这么少的几座楼单独配备。在“鼓励单位自建住房”政策下发展起来的居民楼，分散在城市各处，并没有真正形成规模化的居民小区。不仅布局分散、功能不全，而且也无法形成档次区别。这样的缺憾为我们留下了很多城市改造的难题。

城市功能分区中不可缺少的一个部分，就是新型居民居住小区。说“新型”是因为前些年我们所建的一些居民小区实际上也存在着很多缺陷。那时我们并未真正懂得现代化城市中的居民小区应当是什么样的。我们在相当长时间内对城市发展的认识缺乏足够的超前性。例如，仅仅在十多年前，北京开发了一个当时最大的房地产项目，叫作方庄小区。当时看是比较够规模的。但在这么大一片小区内居然没有考虑预留停车场。当时就没考虑到能买得起房子的人也能买得起车。

仅仅十余年时间，这个小区已经严重落伍。人们很快发现，那里几乎所有绿地、道路都被停放的小汽车侵占了。而近年开发的楼盘，比如望京、西三旗等地的小区，就比较够规模，配套设施也相对好一些。但也有问题。30 万人的西三旗小区，只在临近的高速公路上开了一个出入口，由此导致了每天上下班时进出高速路的车辆严重拥堵。为什么会出现这个问题呢？也是对城市化过程中“汽车进家庭”的趋势缺乏足够认识。现在我们知道，生活区有生活区的要求。集中化的居住小区才能更好地按照人们生活的要求设置环境，才能相应地配置商业、医疗、教育以及交通等设施。我们可以不含糊地说，最多三到五年，就是经济适用房小区，停车位和居民户数的比例也不能小于 40%。再告诉你一个买房子的原则。将来城市中，停车位不敷需要的房子一定很难升值。信不信由你。

【6-3-7】在现代社会经济系统中，没有大中城市的分工组织作用，人们主观想象中的“城镇化”根本就不可能出现。在经济全球化和中国入世的推动下，各地都需要有自己的能够直接与国际社会接轨的现代化“窗口”城市。大中型中心城市一直是中国经济发展过程中的资源配置重心。

我们的城市化加速不仅表现在城市改造的加速上，而且表现在城市规模扩张的重大突破上。当前，相当多的大中型城市都制定了雄心勃勃的城市扩张规划，而且这些规划的一个共同特点是大规模的新城区建设和城市重心外移。我们也举几个例子。

离上海不远的杭州早就提出，要脱出原来以西湖为核心的旧城区束缚，建设一个以钱塘江两岸为核心的新杭州。浙江省很支持杭州的这个设想，现在杭州市的行政区划都作出了很大调整。将来新杭州的城市重心在萧山一带，现在的杭州建成区可能只是一个“西湖区”。

湖南的长沙在 21 世纪之初就提出，要在未来五到十年内将长沙的城区规模和人口规模都扩张 1 倍。我去参加过它的论证。这是一个雄心勃勃的城市发展规划。目前抑制湖南经济发展的重要因素之一，就是城市化程度明显偏低，能够带动区域经济增长的中心城市太少，省会城市的规模也远不够大。当时长沙还有一个计划，想把株洲合并进来，打造一个大城市圈。现在长株潭城市群战略已经国务院批准。

河南的郑州提出要新建 150 平方公里的新城区。这个规模差不多是要建一个新郑州。先建新城区，回过头来再改造老城区。现在这已经不是设想，是已经初步建成的事实了。郑州地扼中原南北、东西交通的咽喉地带，为什么迄今发展不能尽如人意呢？原因之一就是区域经济缺乏形成新的增长点的城市空间。河南也是城市化偏低的中原大省。河南的人口全国第一，相当于两个法国。没有足够规模的城市化水平，河南将无法解决农村剩余劳动力的转移问题。省会城市率先扩张，我认为是具有战略眼光的。

河北的石家庄也有类似的“建新城”举措。人们称石家庄市是中国最大的“庄”。石家庄的城市面貌在省会城市中的确是比较差一些的。但石家庄周边的资源状况和城市的产业基础并不差。工农业发展的条件都非常好。石家庄市说，我们要把自己的城市建成北方最大的“药都”、“服装之都”。

黑龙江的哈尔滨市也提出了一个类似青岛城市发展的规划，把市委、市政府搬到松花江以北去，在江北建一个新城区，以期将来形成一个挟松花江两岸的新哈尔滨。为什么呢？哈尔滨说，人们都知道哈尔滨是一个重工业城市。其实这些年来，哈尔滨的产业构成已经发生了很大变化。一个制药、一个旅游已经成为哈尔滨的新支柱产业。现在电视台整天都是“哈药”的广告。哈尔滨的旅游业也很兴盛。夏天一个太阳岛，冬天一个冰雪节，已经形成了很大影响。但现在哈尔滨老城区已经不能提供这些新兴产业发展的城市资源了。城市扩张是势所必然的事。当然，也有专家对哈尔滨挟江建城的规划设想不以为然，说你们哈尔滨的那个松花江和广州的珠江、武汉的长江、上海的黄浦江不一样，松花江是 10 年里有 9 年没水；只有 1 年有水，发大水。其实这个问题并不难解决。简单说，在松花江下游建个橡皮坝就能在大部分时间内起到调节水量的作用。珠江景观原来也并不好看，是经过人工调节后才变得很漂亮的。

广州的城市建设在前几年是比较滞后的。在前些年“九运会”期间，城市整治才有了比较大的改观。但总体说，广州还是太小。而且历史因素的影响，广州和深圳一比就逊色很多。最近广州也在不断提出自己新的城市化设想。打造一个大广州城市圈已经是大家的共识。最新的进展是，大广州概念要把整个“珠三角”地区的城市都包含进去，用城际轨道交通把这些城市都联系起来，形成一个城市群。

四川成都的城市发展，我也参加过论证。成都说，我们成都也应当大力扩张。我们的问题是不知道向东还是向南发展好。确实，成都城市扩张的周边条件非常好。地势平坦、自然环境优越不说，基础设施也已经比较完善。国际机场、铁路、高速公路，甚至能够通航的河道已经串联成网。成都为什么要向外扩张呢？因为成都是个历史太过悠久的老城。它的历史要比北京、南京，甚至西安都要长。作为都城，北京的历史到元，南京到宋，成都的古迹可以追溯到汉，到

"三国演义"那个时代。在那之前还有"都江堰"。在那之后还有李白、杜甫时代的遗迹。近代还有抗战时期的很多遗迹。成都不但历史厚重，而且还是一个老工业基地，旧体制成分占的比重仍相当大。在这种情况下，成都的城市改造是很难的。因为改造的成本太高。有些是文物不能动的。有的房子眼看都要塌了，可是也无法拆掉搞连片开发。有些资源被旧体制成分占据着，"赎买"的代价太高。比如有个国企早就停产了，如果要把这片厂房、土地整治成一个房地产项目，银行马上站出来说，你政府先把原来企业欠的钱还了才能动。而建一个新城区，成本要低得多不说，从一开始就可以形成新的体制氛围，按照新的城市规划布局。

其实，不光是省会城市，很多地市级的区域中心城市也在城市规模扩张上选择了城市重心外移之路。大家知道江苏的无锡、常州、苏州原来都有自己的开发区。现在这些开发区都悄悄把名字改叫"新区"了。常州新区、苏州新区等。这个变化不是简单的名称改变，是这些地区的城市功能定位的改变。这些开发区将不再是工业园区的概念，而将是新的核心市区的概念了。

实际上，西部省区的很多城市也都各自加大了对城市的改造、扩张力度。目前，城市定位、城市形象塑造、经营城市、打造城市品牌、提升城市资源价值等已经成为区域经济中最常见的用语。在各地招商引资的项目排列中，城市建设项目已经普遍取代了工业项目的地位而上升为第一位。人们很容易从身边有关区域经济的广告中感觉到，对城市环境综合优势的宣传已经取代了对工业资源优势的宣传。

最后再说一点大中小城市和小城镇的关系问题。"十一五规划"提出，要"坚持大中小城市和小城镇协调发展，提高城镇综合承载能力，按照循序渐进、节约土地、集约发展、合理布局的原则，积极稳妥地推进城镇化"。其中的关键词是循序渐进和积极稳妥。小城镇、小城市应当大力发展。但必须明确的一个基本认识是，小城镇、小城市发展的前提是社会化分工的广泛发展。在现代社会经济系统中，没有大中城市的分工组织作用，人们主观想象中的"城镇化"根本就不可能出现。中国是一个幅员辽阔的大国，在经济全球化和中国入世的推动下，各地都需要有自己的能够直接与国际社会接轨的现代化"窗口"城市。而且大中型中心城市一直是中国经济发展过程中的资源配置重心。大城市结构调整和存量资源优化重组的要求要远比农村社区的城镇化改造更为迫切。进入 21 世纪后，我国地级以上的 290 余座城市始终保持了两位数的增长。可以预见，在今后一些年中，大中型城市的发展仍将是国民经济保持较快增长速度的最重要支持力量之一。

2007 年末以来的金融危机又给我们的城市化提出了一个重要启示，那就是形成合理的大中小城市结构的问题。沿海大城市的外向型经济遇到世界金融危机，出口订单大幅萎缩，于是就出现了 2000 万农民工被动返乡的问题。由于缺乏具有就业容纳能力的中小城市，农村剩余劳动力转移只能在沿海特大城市和偏远农村两极之间摆动，中间没有任何缓冲的层次。我国城市结构不合理的这个“老病”是第二次犯了。第一次是 20 世纪末亚洲金融危机时。那时的表现是一大批乡镇企业无力生存而消声匿迹，曾经容纳上亿农村剩余劳动力的“蓄水池”找不到可以实现转移的中小城市。这次世界金融危机是第二次暴露。结果是数千万农民工被动返乡。如果再犯第三次，那我们可能就没这么幸运了。那时农民工可能就不会像今天这样简单地返乡了，而可能大量地滞留在城市中了。如果出现那样的情况，现在孟买、马尼拉、里约热内卢等城市的贫民窟现象就会大面积形成。这个问题已经值得我们高度警惕。

4. 提问与讨论

- 优势战略其实并非优化的战略，“比较优势”只是工业化起步阶段不得已而为之的选择。
- 很多区域经济之所以目前有举步维艰之感，关键在于大量资源被困于生产能力过剩或市场需求萎缩的不良产业。
- 西部新的区域发展战略思路应当贯彻“重在点、兼顾线、舍弃面”的原则。
- 在发达国家，认识劣势是最难做到的实事求是。
- 不清楚自己的劣势就很容易夸大自己成功的可能性而忽略失败的可能性。
- 城市并不仅仅是一个建筑物和要素、资源的组合，不仅仅是一个人口的聚集地，而且还是一个社会经济关系的组合系统。
- 从各国的经验看，在大城市里，轨道交通实在是一个非常好的公共交通工具。
- 别以为轨道交通是一个落后的、传统的夕阳产业。那个火车头是一个移动的机器人。所有最先进技术都集合在那个火车头上了。
- 全球未来 20 年内在轨道交通上投资，恐怕有超过 2/3 的部分集中在中国。

【提问一】：您提到，新区域经济发展的特点是区别化的因地制宜，那么在区域战略中应当怎样选择优势呢？

答：一些年来，很多地方都在总结自己的优势上做了很多文章。优势要找，但我看，在新的区域经济发展战略中，也许认识自己的劣势更重要。

由于缺乏经验或历史性、体制性条件限制，我国前期区域发展战略中颇多值得反思之处。与改革开放的初、中期相比，21 世纪区域经济发展所面临的环境与任务已经发生了很大变化。适时总结与借鉴多方经验，可能对促进本地区发展起到十分有益的促进作用。新区域发展战略的最重要创新之处，在于要打破过去从总结优势出发的思路。

过去二十余年中，我国的区域战略中一个普遍的现象是，太多地注重于“优势”的开掘而忽略对劣势的归纳。这是相当多的区域经济战略不成功的重要原因之一。为什么克服劣势应当成为产业发展思路的第一原则？有三条理由。

第一，克服劣势才是解放生产力的关键。劣势是什么？劣势就是资源漏洞，效率“瓶颈”。不堵住漏洞，多少增量投入也将被漏掉；不克服“瓶颈”，宝贵资源只能在“瓶颈”约束下承受越来越大的效率损失。北京曾在手表、卷烟、电冰箱、电视机、汽车、计算机等领域都存在明显优势，我国很多城市的自然禀赋、固定资产存量、城市化基础等方面也都曾存在明显优势，但后来的发展并未能因此而明显受益。为什么？根本的不是过去对优势扶持过少，而是对劣势缺乏足够认识。克服劣势几乎从没有在区域战略中占据应有的位置。例如体制劣势、结构劣势等。劣势把优势吞没了。在很多区域，强调扶优为主的战略需要调整为克服劣势为主的战略。至少在未来 5 年内应当如此。

第二，优势战略其实并非优化的战略。任何优势都是与其他区域比较而言的。从分工理论说，“比较优势”只是工业化起步阶段不得已而为之的选择。人们早就发现，后发地区如果仅仅依靠比较优势来确定战略产业或支柱产业，永远只能获取比先发地区小得多的比较利益，永远无法实现经济赶超。在过去一个不短时期内，东北老工业基地的大量城市正是在“优势定位”的思路下导致了“重重轻轻”格局的不断强化和目前的结构困境。日本正是看到了这种建立在“比较优势”基础上的战略缺陷，反其道而行之，才从对本无优势的“幼稚产业”扶持开始，创出了产业经济学理论和后来的经济发展成就。

第三，优势是有时间性、阶段性的。在工业化进程中，产业升级是不断进行的。今天的优势产业可能正是明天的夕阳产业。我国历次压缩过剩生产能力的产业都曾是重点发展的产业。20 世纪 90 年代以来，很多地区根据自己的资源“优势”、产业“优势”等上的项目后来相当多都变成了沉重的包袱。

认识劣势是最大的实事求是，也是最难做到的实事求是。不清楚自己的劣势就很容易夸大自己成功的可能性而忽略失败的可能性。

具体说，我曾对很多地方政府提出过两个建议。

一是坚决从衰退产业退出。我国很多区域经济之所以目前有举步维艰之感，关键在于大量资源被困于生产能力过剩或市场需求萎缩的不良产业。从区域经济的实际情况看，要坚决从那些决策失误的项目中退出，从生产能力过剩的产业中退出，从没必要实行国有独资的企业中逐步退出。

二是真正选好新的支柱产业。要瞄准就业最大化、地方财政收益最大化、对提高人均收入促进作用最大化的产业，瞄准市场前景最大化的产业，而一定要摒弃追求产值最大化的思路，摒弃单纯从本地资源可能出发的思路，摒弃简单地追逐市场热点的思路。瞄准市场是有客观判定标准的。借鉴国际经验，瞄准市场的判定标准是收入需求增长弹性系数。收入需求增长弹性系数是指需求增长率与收入增长率的比值。从经验中就可以得知，在人们收入提高过程中，新增收入部分不会按原有收入状态下的消费结构分配。依据收入需求增长弹性系数选择产业就是要重点发展那些收入需求弹性系数最高的产业，简单说，也就是要选择人们收入增加的部分将主要投向的产业。瞄准市场不是瞄准当前的市场“热点”，不是瞄准人们花钱最多的产品，而是要瞄准收入需求增长弹性系数最高的产业。

【提问二】：“十一五”期间，西部大开发战略是否会被边缘化？您认为要实现“十六大”报告提出的，10 年内取得重大突破的关键点何在呢？

答：西部大开发是一个长期任务，指望一个中期过程就取得明显效果恐怕不现实。但“边缘化”的看法也不确切。2003 年中央提出的“科学发展观”强调，要统筹城乡之间发展关系、统筹区域之间发展关系、统筹经济与社会之间发展关系、统筹经济社会与自然界之间关系。落实这些“统筹”的重点应当说还在西部。“十一五规划”明确强调，“全面建设小康社会的难点在农村和西部地区”。这意味着未来五年西部仍是政策配置的重心所在。但另一方面，2004 年时国务院在政府工作报告中提出，西部大开发要总结经验，完善政策。这也是一个非常必要的措施。我想，目前恐怕应及时对已经实施了近十年的战略有一定总结和调整。

2002 年时，党的“十六大”曾提出，要在 10 年内取得重大突破。我觉得，从过去一段时期的经验看，要让西部人民在一个不太长的周期内看到初步成果，关键还在于发展城市经济，把资源适度向城市收缩。

在过去 20 余年的改革开放过程中，我国西部地区实际上曾面临过多次有利的发展机会。例如，20 世纪 80 年代初期我国农业生产在农村经济体制改革的推动下呈现出了持续全面高涨的局面，而四川等地曾是在农村“联产计酬责任制”的改革中走在前列的地区之一；80 年代中后期我国区域战略调整与发展的重点之一是在“军转民”等形式下对存量资产的改造与挖潜，而当时我国较为先进的工业生产能力主要聚集在中西部的“军工”与“三线”企业中；在确立“以能源交通为战略重点”后，80 年代后期和 90 年代初期超大型的三峡工程上马、黄河中上游水利综合开发、西部石油与中部煤田加快发展以及沿陇海线延伸的“第二条大陆桥”铁路线开通等大规模增量资金的投入主要聚于西部；在 90 年代初中期，随着国际形势的变化，我国与俄罗斯、西亚、东南亚等周边国家或地区的边境贸易发展曾形成一个对外开放的新高潮；90 年代中后期，“小康”战略和“扶贫攻坚战”的重心也在中西部。

但是，这些重要的战略机会并未能促进西部的普遍崛起。为什么？一个重要原因可能在于，在上述各次历史机会中，我们始终忽略了城市经济的发展及其改造。错失机会，最基本的原因在于或者仍沿用了传统的“基地型”、“项目型”建设思路，如“军转民”及能源开发；或者效果主要体现于“面”，如“扶贫”；或者指导思想及措施明显呈“短期化”，如边贸发展。西部发展滞后，关键在于缺乏带动经济增长的要素聚集点。东部与西部发展差距不断拉大，根本在于城市发展差距不断拉大。

目前，我国共有地级及以上城市 290 余座。在过去几年中，这 290 多个城市的经济增长始终是远超过国民经济平均增长速度的。城市经济的作用显而易见。但在地级以上城市实现的国内生产总值中，西部所占比重只有 12% 左右。东、西部城市国内生产总值之比为5∶1。实际上，东西部发展差距拉大，主要是城市发展差距拉大了。

从西部的实际情况出发，新的区域发展战略思路应当贯彻“重在点、兼顾线、舍弃面”的原则。其中的“点”就是指城市经济。城市经济是西部大开发过程中解决区域战略与国民经济整体战略之间、环境及资源保护与开发及发展之间、短期调控任务与长远战略发展任务之间、工业化基础薄弱与加快人民收入提高的迫切要求之间、结构调整与总量扩张之间、基础设施不足与战略性大开发之间、弱小的市场经济成分与强大的国有经济和自然经济成分之间、“二元”分割的城乡经济之间、经济发展与社会发展之间诸多矛盾的最优结合点。

进入 21 世纪以来，我国国民经济面对的一项新的战略任务是农业结构调整。而在农业结构调整中，退田还林、退田还湖、退田还草以及“坡地休耕”的重点在西部。与此同时，可持续发展战略也要求加紧实施全面的“禁采”、“禁伐”。在这样的背景下，大开发与环境保护、与可持续发展以及与农业结构调整之间实际上存在着尖锐的矛盾。解开这个矛盾之结的切入点就在于城市经济。发展城市经济是西部大开发中减轻对自然环境压力，克服生态脆弱劣势和有效利用资源的必然选择。

发展城市经济还是积累工业化条件的必由之路。一般说，西部相当多的地区存在着人口聚集程度低、基础设施条件差等不利于工业化发展的因素。发展城市经济的过程，不仅是提高资源集中与优化配置程度、人口聚集程度和最经济地改善基础设施条件的过程，而且是培育新的经济增长带头地区和有效提高西部地区人均收入、解决就业问题、调整结构和巩固“小康”战略成果的过程。

不平衡发展是我国前30余年的成功经验之一。西部大开发应当首先造就自己的经济增长带头地区。在今后15年或略长一些的时期中，不仅老的省会城市应当大力发展，而且要努力争取在每个省区形成若干个中等的经济中心城市。让这些城市成为当地的“先发”地区。与此同时，还要围绕县城建设加快中小城镇发展，在条件具备的地方推进乡镇合并。一些不适宜人类居住地区的人口、“一退三还”地区的人口应当尽可能向城市周边迁徙。

城市建设应当成为西部大开发中基础设施投入的重心。在新的开发战略中，基础设施建设不应再简单地强调“村村通公路”的低水平、广覆盖的不经济方式，而应当把重点放在城市基础设施的改善与高级化上。改善西部的投资环境，当务之急是改善城市环境。不仅传统的电、气、水及公路、铁路、航空等方面要提高到一个新水平，轻轨、城市立交、移动通信系统、电子网络也应当列入西部城市发展的中期目标。应当努力形成这样一种局面，让城市经济环境的大改善成为西部大开发的新一轮高潮。从一定意义上说，西部大开发战略能否成功，关键在于能否在各地区造就若干具有现代经济意义的城市。

新一轮城市经济发展战略应当首先注重发展大、中城市。目前，我国西部各省区城市构成的特点是大城市不够大，不够强；中等城市不够优。一方面省会城市仍要加强改造与发展，另一方面还要努力将具有区域经济中心作用的若干中等城市扩张成大城市。如果在未来15～20年内，西部每个省区能够拥有2～3个百万人以上的大城市，6～8个50万～100万人的中等城市，那么城市人口在总人口的比重将有可能增加到1/3以上。由此带来，向城市集中的移民潮可能会形成西部大开发的更大高潮。一个必须认清的基本判断是，西部大开发不可能也不应当是在现存人口分布状态下的就地开发。西部一定需要一个与城市扩张相应的移民高潮。唯有在移民高潮的基础上，区域经济结构改造、保护环境以及兴地富民等战略措施才能获得充分的操作余地。

【提问三】：应当怎样判断西部各省区目前发展所处的位置、阶段呢？

答：西部大开发的根本含义在于推进西部地区的工业化。我认为，就总体情况看，西部地区仍处于工业化初、中期，部分城市经济处于向工业化中后期转变的发展阶段。

从这样一个基本判断出发，我认为，西部经济目前所处阶段具有以下几个方面特征。

第一，西部经济发展正处于新一轮工业固定资产大规模投入时期。西部大开发并非西部工业化的始点。从历史上看，西部是中国近代大机器工业最早的诞生地之一。兰州织呢局的历史和江南造船厂、开滦矿务局一样长。甘肃的玉门油田是我国石油工业的发祥地。新中国成立后西部地区也曾有过两次工业化的高潮。一次是“一五”时期，另一次是从“三五”到“五五”计划的“三线建设”时期。西部大开发以来，国家对西部地区投资力度不断加大，特别是青藏铁路、西电东送等标志性工程相继开工后，西部地区的投资增长速度明显高于全国平均水平。可以预期的是，未来一段中期范围内，在西部地区的资金投入中，投入固定资产更新部分的资金增长速度将会不断超过投入到新增生产能力的资金增长速度。由此带来的将不仅是投资需求的扩大，而且是产业结构的进一步变化和区域经济竞争力的持续增强。

第二，西部经济发展正处于“边际收益递增”阶段前的基础设施完善时期。应当注意到，西部基础设施的大规模建设从20世纪90年代中后期就已经开始。其中政府的投入从一开始就是以大规模的基础设施建设为核心的。这些投入主要受益区域就是西部。利用国债项目进行的农村电网改造、新铁路线建设、新机场建设和高等级公路建设项目主要分布于西部广大地区。从目前看，西部基础设施建设的成果已经开始显现。农村以农村电网和农业水利设施为核心，城市以交通枢纽工程、周边高等级公路建设以及通信设施为核心，西部的基础设施条件已经有了清晰可见的变化。经过过去若干年的积累，经济发展的“外部性成本”已经初步支付，受益于此，经营性资产的“收益递增”阶段可能于今后10年左右周期内明显显现。未来10年应当是前期投入的收益递增阶段。

第三，西部经济发展正处于政策效应不断显现的时期。在未来一段发展过程中，支持西部经济增长的一个独特资源是强大的政策资源。区别于东部发展过程，政府发展西部的政策体系将不仅限于以财税优惠为核心的“招商引资”，而将是一个长期、完整的政策体系。西部的政策投入将呈现为互有重叠的三个阶段。其中第一阶段是以政府投资为主的阶段。这个周期的延续时间大约为2000年到2008年。第二阶段是以城市化、产业结构重组、沿周边对外开放为主的阶段。这个周期的延续时间大约将是从2002年到2010年。第三阶段是以制度建设、资源流动和产权的市场化为主的阶段。这个周期大约为2004年到2012年。我们前面提到，“十一五”刻意在西部发展的任务中提出，“西部地区要加快改革开放”。我认为这和上述的周期判断是一致的。

第四，西部经济发展正处于资源市场化的前期和资产价格的市场发现过程。在过去很长时期内，与华南、华东地区相比，西部资源要素的市场化程度很低。一方面，由于大量资源滞留在市场之外，资产价格无法通过普遍性的交易趋近于真实价值；另一方面，由于区域经济整体的发展基础薄弱，较低的投资回报水平也明显拉低了西部大量资产、资源的市场价格表现。这种状态有可能未来 10 年内发生较大变化。当前，西部的土地、资金、劳动力等要素正在步入一个新的普遍市场化过程。在这个市场化过程中，影响投资回报水平的外部制约因素正在改善，例如基础设施不断完善；非良性的要素组合状态正在得到调整，例如体制性的“冗员负担”正在被逐步排出。随着资源、要素的市场化程度不断提高，被投资回报水平掩盖的资产价格将在市场上获得一个重新发现的机会。

第五，西部经济发展正处于城市化高潮前期和“集聚效应”趋于显现时期。进入 21 世纪原来，西部地区也普遍出现了以新城区建设和城市重心外移为特征的城市规模扩张趋势。西部城市化具有明显的资源集聚特点。不仅基础设施投入呈现出向城市集中的态势、新兴产业向城市集中的态势，而且一段时期来，政策性的生态移民、水利移民也由过去从农村到农村的移民演变为部分向城市移民。这是一个符合规律的重要动向。城市化、资源集聚与集中必然带来集约化的好处，带来边际收益的递增趋势。其中最有潜力的是省会城市周边的近郊区域和一些新产业集中的新兴城市。

第六，西部经济发展正处于产业结构转换与优势产业成长期。从 20 世纪 90 年代中期以来，西部各省区的产业结构正在进入一个明显的大转换过程。内蒙古的羊绒业、奶制品业，云南的旅游业、花卉业，陕西的林果业、飞机制造业，四川的家电业、饲料及家畜养殖业，新疆的农产品深加工业，重庆的汽车制造业的发展都显现出强烈的区域产业结构升级意义。结构变动，而且是各省区具有不同特点的结构变动，意味着西部的经济正在处于一个重新分工和资源重新再组合的过程。产业结构调整、升级是一个中长期的过程。这个变动对经济发展的影响目前还难以充分显现。但按照规律和国内外经验，未来 5 ~ 10 年将是西部地区受益于结构升级的重要时期。

【提问四】：国外的城市建设有什么值得我们借鉴的重要经验吗？

答：在国外的城市发展中迄今仍有许多我们无法充分解答的历史悬念。比如说，计划经济、公有制、中央集权下的城市发展应当非常有规划才对。但事实恰好相反。在过去一些年的历史发展过程中，我们中国城市的规划性最差，反而是国外那些在市场经济、私有制下发展起来的城市表现出了极强的规划性。

我们举几个国外城市的例子。美国旧金山的地表特征和大连、青岛有类似之处，都是倚山而建的，街道起伏不定，坡度非常大。但如果你从飞机上往下看，或者你拿一张旧金山的地图看的话，就会发现，旧金山的街道是非常笔直的，像切“豆腐块儿”一样横平竖直。不论地势如何起伏，街道都是直的。荷兰的阿姆斯特丹又另具特点，面向阿姆斯特河形成三个同心的半圆的通道，然后是一条条放射状的街道。一看就是整齐划一，规划性非常强。这些规划性很强的城市格局是怎样形成的？为什么市场经济也能表现出这样强的规划性？这里面有很多值得我们探索的东西。

国外城市的规划性不仅表现在街道设置上。比如，巴黎是一个静态城市。这个城市以静态的地表建筑为核心，所有动态的交通系统服从于地表的静态系统。城市的扩张、城市的资源组合、城市发展、城市产业的选择都完全服从于它的地表建筑。到现在为止，巴黎也只有一个高层建筑。这个建筑建好后遭到巴黎市民的强烈反对，大家都认为它把城市的整个面貌都给破坏了。以后巴黎就再也没有建这种现代化的高层建筑。巴黎街道两侧全都是17、18、19世纪遗留下来的历史古迹。当地法律规定，所有这些房屋的业主都不能随意对房子的外表进行改造，必须保持原貌。屋子里面随便改，但外貌不能改。到目前为止世界上还没有哪一个城市能夺走巴黎世界第一旅游城市的桂冠。包括京都、拉斯维加斯、夏威夷等多少旅游胜地，都难以取代巴黎世界第一旅游地的地位。

而美国的洛杉矶正相反。洛杉矶是个动态的城市。这个城市是先建立交桥、高速路。地表建筑服从高速交通系统的布局要求。这个城市纵横交错都是高速公路。然后在高速路分割的“块”里建房子。所以洛杉矶尽管有好莱坞、迪士尼等旅游景点，但城市面貌并不好看，甚至找不到一条代表性的街道。一眼看去纵横交错的全是立交桥、高速路。

我曾经专门去法国考察过巴黎的基础设施。巴黎人给我们介绍说，他们一开始遇到停车位不足问题时也是努力新建停车位，拓展街道。后来发觉这种努力的效果不好。为什么呢？他们说，在城市里每增加一个停车位，就引来三辆半车。努力改善的结果是使城市更加拥堵。后来巴黎的做法就是不再增建停车位，而是不断提高停车位的收费。你找不到车位，或者付不起停车费就不要开车进城。把汽车停在外环路以外，然后坐地铁上班。美国的纽约也是一样。纽约很多停车位是15分钟一计费，每15分钟可能要收你三个美元。美国更绝的是很多停车位的自动“眯表”。要是你停车时间超过你投的钱，马上有人给你贴罚单。那一次多投点钱行不行？也不行。每次最多只能投半小时的钱。整个规则的意思就是迫使你必须尽快开走，有钱也不能多停。我们看电影上的美国人都是步履匆匆。那都是因为慢一点他的车子就要吃罚单。在国外的少数几个大城市，例如东京、巴黎、伦敦、纽约，你要想开车上班，那是非常之难的。在纽约曼哈顿岛，就是被恐怖分子炸了的那个世贸大厦那里，一般白领是根本不可能开车上班的。因为他一天的工资也不够停车费的。只有那些大老板们才开私车上班。而且也不是自己开，是专职司机开。老板到公司下车后司机马上把车开走。

实际上在发达国家，真正住在大城市市区里的不是有钱人。东京可能还有很少一些有钱人住。在美国的纽约、洛杉矶、旧金山等一些城市，住在市区的都是一些低收入群体。有钱人一下班都回郊外的家了。东京、纽约的很多街道，一到5点钟就没人了，叫“鬼街”。在街上游荡的都是些黑人，你走在街上得躲远些。

城市并不仅仅是一个建筑物和要素、资源的组合，不仅仅是一个人口的聚集地，而且还是一个社会经济关系的组合系统。市场经济下人与人之间的各种利益关系是在城市发展过程中形成的。市场经济秩序是在城市的发展过程中规范的，离开城市，我们就不可能形成市场经济下大家共同遵守的各种市场行为规范。

【提问五】：从相当多的城市规划看，很多城市提出要建轻轨、地铁，这样一个趋势对区域经济发展有好处吗？

答：过去一段时间内，我国很多地方都对兴建轨道交通表现出了很高的积极性。上海的磁浮、北京的轻轨不用说，目前提出要建地铁的城市就有28座。不仅要建地铁或轻轨，而且各地还非常积极地提出要建城际轨道交通系统。这个趋势是一个非常好的趋势。全世界的普遍经验，400万人口以上的大城市，没有包括地下轨道交通在内的立体交通系统，城市拥堵是不可能解决的。在我国的城市建设中，现在已经不是要不要上地铁或者轻轨的问题了，因为连城际快速轨道交通系统的建设也已经进入实施阶段。“十一五规划”有一句不起眼的话，要“加快发展铁路、城市轨道交通”。请注意“加快”两个字。要知道在2004年国家发改委有关文件中，这个提法还是“适度发展”。2005年，“十一五规划”把“适度”改为了“加快”。

在过去一段发展过程中，我国的高速公路有了非常大的发展。2008年我们已经有6.07万公里的高速公路通车里程。在下一个发展周期，我们的高速公路还会发展，还会继续完善。但另一个基础设施的高潮已经在悄然兴起。这就是轨道交通。

从各国的经验看，在大城市里，轨道交通实在是一个非常好的公共交通工具。运行效率高、地面资源占用程度低，而且可以长期稳定运行，有许多别的交通工具所不及的优点。香港修建新机场的时候遭到很多非议，很多人说选点选得太远了。后来香港在机场和市区之间修了一条“机场快速”的轻轨，现在已经没人说新机场太远的话了。现在我去香港，一般都告诉对方不要到机场接我。因为你开车来接，你也很累，我也不舒服。坐两个多小时汽车是很累人的。坐快速轻轨二十几分钟就到了，而且乘坐非常舒适。

现在很多城市都热衷于发展地铁。广州、沈阳、青岛、济南等，粗略统计有28个城市。济南的地铁据说已经通过了论证。大家知道，济南是著名的“泉城”。济南修地铁，不怕把“泉脉”给挖断了吗？济南市政府曾给我们解释说，我们的泉水是在地下100多米深的地方，地铁只挖到45米深，所以无妨。济南会不会把泉水给挖断，我们不去论证它。但大城市努力发展轨道交通确实是应该鼓励、推动的一个好的趋势。

有一种说法说，世界有地铁的历史100多年了，迄今还没有找到一个盈利模式，所以我们不应盲目发展地铁。这种说法未免太过简单思维。世界100年没找到盈利模式，那么我们是否应当等哪个国家找到盈利模式再去发展城市轨道交通呢？这显然不合理。迄今没有找到，至少我们可以假定，城市轨道交通这种投资就不应当是靠直接的运营收入来收回投资的。政府投资轨道交通应当靠什么收回投资呢？应当靠通车后的土地增值收益和沿线经济发展后的税负增收收回投资。各城市的普遍现象是，轻轨通达之处的房地产价格立即上涨。

实际上，城市轨道交通不仅包括地铁和轻轨，而且还包括城际轨道交通。目前，我国已有一些城际轨道交通初露端倪了，比如成渝之间每天要开12对城际快车。宁沪之间铁路要和高速公路竞争，也开通了城际快车。京津之间现在每天也开行多趟城际快车。北京到石家庄之间每天对开4趟城际快车。但目前这种城际快车还并不是真正意义上的城际快车，因为目前的城际快车还是在铁路主干道上跑的。而铁路主干道是不能满足城际快车的发车频率和速度要求的。因为铁路主干道是按照货运的承重要求和速度来设计和铺设的，本来就没设计那么高的时速。而且太多开行城际旅客列车还会妨碍货运。因此，城际之间的快速轨道交通是需要在铁路主干道之外另行铺设的。

我相信在未来的几年内城际轨道交通会像高速公路的发展那样很快全面铺开。“长三角”的宁、沪、杭之间，山东很多城市之间，“珠三角”地区的很多城市之间都将用轨道交通连接起来。北京到周围的一些城市，例如天津、承德、唐山、张家口、保定、石家庄之间也在积极建设城际快速轨道交通。北京到石家庄270公里，目前投入建设的快速轨道交通只需一个小时。那时北京人买房子可能要另有考虑了。

别以为轨道交通是一个落后的、传统的夕阳产业。现代化轨道交通是现代科学技术的综合产物。不要说磁浮，就是轮轨式的轨道交通，那个火车头也已经不是我们原来熟悉的蒸汽机、内燃机了，那是一个移动的机器人。所有最先进电子技术、数字技术、人工智能模拟技术都集合在那个火车头上了。轨道交通的车厢也是一个可移动的最先进的房屋。它的舒适度、安全度、各种功能要求是非常高的。我前不久和铁路方面的专家谈到轨道交通时，专家告诉我，现在沿线的铁路交通信号早已不是靠人工举信号灯的方式了。自动化程度非常高的信号系统要集合仪表、电子、激光、新材料等很多尖端科技成果。信号系统应当发出什么样的光，能够耐受什么样的自然条件不出错等都是很高的学问。

建议大家重视轨道交通发展带来的市场机会。有专家估计，全球未来15~20年内在轨道交通上投资，包括轨道铺设本身、车辆制造、轨道信号系统、轨道两边的相配套设施等，恐怕有超过2/3的部分集中在中国。铁路这种东西，发达国家已经发展得差不多了。日本“新干线”早就建好了。美国的铁路轨道已经在拆了。非洲大陆的轨道交通还很遥远，因为经济上还没有客观要求。目前京沪高铁建设已经大规模展开。以后华东与华南，华南与西南，华北与东北等大经济区域之间也必然要用快速轨道交通连接前来。有一次我接待瑞士的一个代表团。瑞士有一家很出名的公司叫ABB。这个公司轨道交通设备的制造技术是世界一流的。我提出，建议他们的ABB公司来参与中国轨道交通的建设。当时就有一个ABB公司的董事在场。他告诉我，ABB公司在财务上遇到了很大的困境，股票狂跌。这位董事的股票也被深套其中。我说，我们差不多可以断言，能给你的股票带来“解套”机会的大概只有中国这个市场了。

第7讲

中国发展目标与总体战略

ZHONGGUOFAZHANMUBIAOYUZONGTI ZHANLUE

今天这一讲，我们讨论一个根本性的问题：我们长远的发展目标究竟何在，我们打算通过什么样的方式、路径、手段达到这个目标。为什么讨论这个问题呢？前面说过，工业化以来的各种经济学理论与实践，就制度意义上说，实际上都是在根据自己的认识去描述和追求一种理想社会，以及达于这样一个理想社会的必经途径、社会组织方式。这是一个带有哲学意义的问题，不是一个简单的经济学问题。我们这门课是经济学课，没有时间去广义地讨论人类社会的理想发展目标。我们要讨论的，主要是我们国家现实的长远目标，以及达于这个目标的基本战略途径。

我看到我们这个 EMBA 班有个很漂亮的联络手册，上面每个同学的照片、联系方法、兴趣爱好、座右铭、最喜欢的格言等都很齐全。做得很上档次。我也喜欢一句话，也算一句格言吧。叫什么呢？很简单，叫作“吃饱了不饿”。

“吃饱了不饿”这句话，俗是俗了点。但这句话揭示着一条最朴素不过的真理。人在饥饿的时候什么尊严也没有。什么是理想社会呢？在一个现实可及的时间范围内，我们坚信，让全国人民过上好日子的社会就是理想的社会，就是好社会。这是颠扑不破的真理。这个问题包括三个层面：全面建设小康社会、科学发展观和构建和谐社会。

1. 我们要建设一个什么样的“小康”

- “全面小康”是一个具有极高政治智慧的最好提法。
- “总体小康”是以满足人们的生存需要为主的小康，“全面小康”是以满足人们发展需要为主的小康。
- 让13亿人都吃饱饭的物质基础已经实实在在地具备了，满足全社会实现温饱的供给能力我们的确是充分地具备了。
- 一个社会成为学习型社会，这个社会就进入了一个理性的社会、文明的社会、发展的社会、进步的社会。
- 持续和不断扩大的需求潜力蕴藏于人们的发展需要中。
- “全面小康”将是人们的私人资产不断加速累积的小康，大多数人都有“产”的社会。
- “人民生活更加殷实”是什么意思呢？通俗说，就是让老百姓都有“家底”。
- 没有资产，只有一定水平的收入还不能叫“中产阶级”。人们谋求以钱生钱，这种现象叫作“私人财富的资本化”。
- 大多数人有产，那么大多数人不断富裕的经济关系就将自动地被再生产出来。
- 如果每个人都无所顾忌，都觉得破坏制度没有损失，这个社会还能长治久安吗？绝大多数老百姓有“产”就是一种共同富裕。

【7－1－1】“全面小康”是一个具有极高政治智慧的提法。这个目标首先坚定地回答了来自“左”的诘难，坚决地否定了“宁要社会主义的草、不要资本主义的苗”的思潮。这个目标也同时坚定地堵死了右的政治倾向。“全面小康”绝对不是两极分化的社会，绝对不是一小部分人占有社会绝大部分财富，而大多数人一无所有的社会。

全面建设小康社会是2002年党的“十六大”提出的一个长期战略目标。我们要在21世纪头二十年，集中力量，力争实现国民经济总量在2000年的基础上再“翻两番”，全面建设一个惠及十几亿人口的更高水平的小康社会。

20年奋斗才能达及的目标，这个目标是个什么样的目标呢？为什么要提这样一个目标呢？我们需要有一番解析。

“全面小康”这个目标听起来好像平淡无奇。最初在议论这个目标时就有两种不同的声音。

一种意见认为定低了。还要奋斗20年，才不过是“小康”啊？不带劲。为什么不提“全面实现现代化”、“建设世界一流强国”这样的目标呢？那多响亮啊。仅仅是个“小康”，是不是自信心不足？是不是太保守了呢？

另一种意见认为定高了。我们走到今天才不过是个“初级阶段”呀。全国还有不少区域没有脱贫，还有一个很大的人群还没有吃饱饭，城市中还有很多困难群体。我们不能低估未来的发展难度，不应盲目乐观，不能高估我们已经取得的成绩。中国未来20年的目标还应当是“脱贫”。

这两种意见都有道理，都从不同方面说明了我们所处的发展阶段和战略位置，但都有片面性。我认为，2002年党的“十六大”提出的这个目标是一个符合客观实际的目标，是在科学总结我们过去多年经验教训的基础上提出的、富有远见并且实实在在的战略目标。

这个战略目标貌似平淡无奇，但这是一个具有极高政治智慧的最好提法。

为什么这么说呢？“全面建设小康社会”这个目标首先坚定地回答了来自“左”的诘难，坚决地否定了“宁要社会主义的草、不要资本主义的苗”的思潮。我们要建设的是一个让老百姓过好日子的社会。我们要的，首先得是“苗”。没有“苗”的社会，贫穷的社会绝对不是社会主义社会，也绝对不是我们所要的社会。这个目标也同时坚定地堵死了右的政治倾向。我们要的是“全面的小康”，绝对不是两极分化，绝对不是一端是资本不断积累，另一端是贫困不断积累的社会。我们要建设的绝对不是一小部分人占有社会绝大部分财富，而大多数人一无所有的社会。

这个目标好不好呢？我看非常好。这就叫有中国特色的社会主义。

2002年党的“十六大”报告讲了很多问题，涉及政治、军事、国防安全、国际形势、安定团结、社会发展等多方面。我们不可能全面宣讲，只讲其中和经济有关的方面。在这个报告中，关于经济方面的内容也很多。至少讲了四个大的问题。这四个问题，一是“全面小康”的战略目标，二是走新型工业化道路，三是改革社会分配制度，四是调整国有资产的管理体制。这里我们以“全面小康建设”为核心，兼顾其他。

前面有关专题中我们已经涉及过，我国历史上曾多次制定长期发展战略。在半个多世纪之前的1953年，我国就提出“要在一个不太长的时间内实现国家的社会主义工业化”，也就是“15年超英赶美”。现在看来，我们那时的认识是多么幼稚和肤浅。30余年前的1975年，当时的总理周恩来曾代表党中央提出过一个“到20世纪末基本实现工业、农业、国防和科学技术现代化”的长期发展战略。在当时，“四个现代化”的战略起到了极大的鼓舞人心、动员全国人民结束“文化大革命”那场政治动乱的作用。这个历史功绩不可抹杀。但现在看，在当时的生产力基础上用25年时间实现现代化，这显然是不现实的。“基本实现”也不现实。我们从改革开放以来取得了那么大的发展成就，到今天我们也才敢说，再过20年基本实现工业化，部分达到现代化。可见当时对经济发展规律的认识也是很不充分的。20世纪80年代初期，我国再次制定一个长期发展战略，就是上一个“翻两番”战略。这个战略我们顺利地超额完成了，而且完成的结果大大超过了我们当初的预期。

在20世纪80年代初期最初提出“翻两番”战略时，那时的“翻两番”指的是工农业总产值翻两番。但到80年代中期的“七五”时期，为了更好地与国际社会接轨和更好地反映我国国民经济增长情况，我们把目标调整为国内生产总值翻两番。到90年代中期制定“九五”计划时，我们已经顺利实现了与1980年相比国内生产总值翻两番。在这个基础上，我们又把目标调整为“人均国内生产总值翻两番”。这个调整后的目标虽然只加了“人均”两个字，但这意味着我们的战略目标大大升级了。因为80年代初期我国的人口是10亿人，2000年末的时候我国人口接近13亿人。大家可以想想，这“人均”两个字在战略目标上的“加码”有多重。

即或有了这样一个“加码”，人均国内生产总值翻两番我们也顺利实现了。现在我们要讨论的是一个新的翻两番战略。这就是全面建设小康社会的战略。

我们已经经历过一个建设小康的战略发展过程，为什么2002年提出的新战略目标仍是小康呢？党的“十六大”报告明确指出，我国现在达到的小康还是低水平的、不全面的、发展很不平衡的小康，还只是一个“总体的小康”。

【7－1－2】我国的确还存在着一个总数量不算小的未吃饱饭的人群。但我们让13亿人都吃饱饭的物质基础已经实实在在地具备了。在前一个战略发展过程中，满足全社会实现温饱的供给能力我们的确是充分地具备了。

“总体小康”和“全面小康”有什么区别呢？

首先一个区别是，“总体小康”是以满足人们的生存需要为主的小康，“全面小康”是以满足人们发展需要为主的小康。

我们前面提到过，有不少人对我们目前是否实现了总体小康，是否充分满足了人们的生存需要持怀疑看法。这个看法并非没有根据。我们无须隐讳、回避目前发展不足的问题。当初提出“全面小康”目标之时，我们就明确说明，目前我国生产力和科技、教育还比较落后，实现工业化和现代化还有很长的路要走；城乡二元经济结构还没有改变，地区差距扩大的趋势尚未扭转，贫困人口还为数不少；人口总量继续增加，老龄人口比重上升，就业和社会保障压力增大；生态环境、自然资源和经济社会发展的矛盾日益突出；我们仍然面临发达国家在经济科技等方面占优势的压力；经济体制和其他方面的管理体制还不完善；民主法制建设和思想道德建设等方面还存在一些不容忽视的问题。巩固和提高目前达到的小康水平，还需要进行长时期的艰苦奋斗。

我们对目前已经达到的发展水平是有很冷静、客观的估计的。我们并没有高估“全面小康”战略起步时的发展水平。冷静、客观地评价我们的发展成绩是必要的，但与此同时，我们也的确需要一个全局性的判断。判断一下中国是否真的实现了“总体小康”，是否真的可以说，我们已经达到能够满足13亿人生存需要的发展水平。

还是先给大家讲个故事。

1996年的时候，有个叫布朗的美国人写了一本书，叫作《21世纪谁来养活中国》。这位布朗先生是位大学教授、农业专家。他是在研究了中国农业问题后写的这本书。布朗先生提出，到20世纪90年代末期，中国从80年代开始的农村改革已经差不多走到头了，农村政策调整所能带来的农业增产潜力已经基本挖掘殆尽。中国的农业要想继续增产，那必须建立现代大农业才行。但是中国又不具备建立现代大农业的资金、科技投入力量。人口在继续增长，而粮食没有增产潜力，布朗教授由此得出结论说，20 世纪末，最多到 21 世纪初，中国肯定会发生大规模的粮荒。

到 20 世纪末，中国已有约 13 亿人。粮食短缺怎么办呢？布朗先生推断，中国只能到国际市场上买粮食。13 亿人都吃不饱，那得买多少粮食呀？国际市场上的粮价由此还不得飞涨？中国缺粮、买粮导致国际粮价飞涨，那些比中国更穷的非洲国家就会买不起粮食，就会大面积的饿死人。

布朗先生这本《21 世纪谁来养活中国》的书当时在西方挺有影响。这本书后来成为“中国威胁论”的最早起源之一。“中国威胁论”后来被演绎成了很多版本。我们前面说过，日本版的“中国威胁论”叫作“产业空心化”。2003 年以来还有一个最新版本，叫作“中国输出通货紧缩”。2005 年又有个美国版叫作“油价中国推动论”。还有很多新的演绎我们先不去评论它。布朗先生这本书可以说是开了一个“中国威胁论”的先河。

1998 年，美国农业部得到布朗教授这本书以后如获至宝，赶紧给美国国务院打了一份报告。报告什么呢？说我们美国的贸易代表团不是正跟中国谈判中国入世的双边协定问题呢吗？赶快通知我们的代表团，叫他们在和中国人的谈判中要一个优惠政策，提出一个新的价码。那就是要求在“双边协定”中写上，中国在世纪之交如果缺粮的话，必须优先买我们美国人的粮食。

针对美国人的要求，我们中国的代表团提出，说 WTO 的规则我们知道呀，其最根本的规则不就是公平竞争，择优选择吗？如果有一天我们中国缺粮，我们保证不歧视任何一个国家，国际市场上谁的粮食好，谁的价格公道，我们买谁的不就行了吗？凭什么非得写入“优先”买你美国的粮食呢？美国人很霸道，说不行。不写这一条我们就不签字。大家知道，农业问题是我们和美国人在入世问题谈判中讨价还价最厉害、拖延时间最长的一个问题。最后是我们妥协，是朱镕基总理亲自决定的。这就是 1999 年中美之间关于中国入世问题的谈判中所谓“加州小麦”问题的由来。

中国妥协后，双方签字。美国人高高兴兴地回去了。戏剧性的事情在后面。

到 2001 年 11 月，美国农业部又给美国国务院写了个报告，说坏了，我们都上了布朗那小子的当了。我们从春等到秋，从世纪末等到世纪初，也没等来中国缺粮的消息。我们派人去一打听，原来中国不缺粮。他们现在面临的问题是粮食过剩。用他们总理朱镕基的话说，中国现在面临的农产品问题是个“愉快的烦恼”。

美国人至此才恍然大悟。原来双边贸易谈判中关于农产品的要价是白要了。这个筹码根本没有实际意义。幸亏这位布朗教授是个白人，要是个华裔，我估计弄不好得被 FBI 给逮起来，像 2002 年所谓的“李文和案”一样，审审看他是不是被中国政府收买了，故意送的假情报。

朱镕基总理为什么说我们面临的是个“愉快的烦恼”呢？这就得说说我们中国现实的粮食供求情况。弄清这个问题很重要。因为关系到我们究竟是否具备了养活 13 亿人的基本物质基础。我们刚才说到，“让老百姓过好日子”，好日子得在基本生存需要得到满足的基础上才能谈得到。

在过去很多年中，我们为粮食问题担心。那时担心的是短缺。但现在我们不短缺了。从这个意义上说是“愉快”。但粮食太多了也是个很大的麻烦。2003 年时我国的国库存粮就达 2.5 亿吨，这还不算民间存粮。就是老百姓“卖粮难”，存在农民手里的那个部分。当时民间存粮估计也在 2.2 亿吨以上。这样一个存粮数是个什么含义呢？2008 年，我国的粮食总产量是 5.29 亿吨。正常情况下，我们需要 4.6 亿 ~4.7 亿吨粮食就能满足国民经济需要。

我们得讨论一个与人们常识有不小距离的经济学问题。粮食多了有什么不好？简单说，在市场经济下，粮食过多的最大问题就是粮食价格低迷，严重影响农民的收入增长。这就是“谷贱伤农”。1998 年以后的五年中，我国农产品市场就面临粮价低迷的问题。我们前面说过，1996 年时我国农民人均纯收入的增长速度是 8.99%，2000 年时这个指标下降到 2.01%。这是为什么呢？1996 ~ 2000 年我国粮食价格的变动情况分别是 7.5%、-7.9%、-3.1%、-3.6% 和 -9.9%。粮价连年下滑，农民怎么能够增收呢？2002 年，我国农民纯收入增长速度恢复到 4.76%。应当说回升幅度还是不小的。大约是平均每个农民增收 100 元。但这一年全国农民增收的主要来源是打工获取的工资性收入，农产品的价格情况并没有改善。由此带来，这一年在一些粮食主产区，甚至还出现了农民纯收入绝对下降的局面。到现在，粮价仍是影响农民收入的最主要因素。2001 ~ 2005 年，我国粮食价格的变动情况分别是 -0.7%、-1.7%、3.4%、26.4% 和 1.5%。2004 年和 2005 年，我国农民纯收入增长速度分别为 6.8% 和 6.2%，其中 2004 年粮价上涨 26.4% 这一因素功不可没。但这也不过才恢复到 1997 年时的水平。由此可见粮价变动和农民收入增长速度之间关系有多大。

在粮食价格低迷时，能不能用政策干预粮价呢？能。但要看怎么干预。在这里我们顺便先插讲一点农产品价格的经济学常识。

从 1998 年以来，粮价始终是我们政策干预的重点。在 2002 年以前很长一段时间中，大家可能听说过“敞开收购、顺价销售”这个政策。其目的就是为干预当时农产品供大于求情况下的粮食价格。但在一个比较长的时间内，我们的政策介入点可能存在比较大的缺陷，政策效果不好。说清楚这个问题，需要扯得稍微远一点。这个问题也和我们最近两年来的农业政策调整有密切关系。

我是念经济学的科班出身，而且是实实在在地念了10年。4年本科、3年硕士、3年博士。一点不掺水。还不算到东洋、西洋留学的年头。在很长一段时间内，我始终没搞明白一个问题，为什么美国人牛奶过剩了就倒进大海，柑橘过剩了用压路机压碎。我就去问教授这个问题。教授回答，你怎么连这都想不明白？那是因为资本主义太腐朽呀。因为资本家都是蛇蝎心肠，宁愿倒到大海里也不愿给穷人喝。不是开玩笑，当时的教科书里就是这么写的。在很长时间里，我们就是这么认识这个问题的。

当农产品过剩的问题真正轮到我们头上时，我们才明白，原来把牛奶倒进大海是一项非常科学、非常合理的农业政策，是政府干预农产品价格的一种良性行为。当粮食严重过剩时，合理的政府政策应当是什么呢？应当由政府出钱把多余的粮食买下来。买下来干什么呢？倒上汽油把它们烧掉。

这也不是开玩笑。这种政策是强制地消除供给剩余，迅速恢复农产品正常价格的有效方法。

粮食这种东西有个特点，就是消费需求弹性很小。常识可知，人们不会因为价格降低或者收入增长而多消费粮食。在经济学上，供大于求的部分叫作供给剩余。当粮食这种产品存在着一个很大的供给剩余时，这个供给剩余会在一个很长的时间内压抑着粮价在低位无法抬头。

打个比方说，我国一年的需求总量大约是4.7亿吨粮食。假定我们未来10年每年都恰好生产了4.7亿吨粮食。也就是说，粮食的生产和消费处于长期供求平衡的状况。但由于存在着一个很大的供给剩余，也就是存粮，粮食价格可能长期无法正确显示供求关系的真实情况。

我们假定供求平衡下的粮食价格应当是1.6元一公斤。如果新粮打算以1.6元一公斤出售，陈粮就会站出来说，我1.4元、1.3元就卖，甚至1.2元也可以商量。这就迫使新粮也得把价格压低到1.4元，甚至1.3元一公斤。问题是，即或全年粮食价格在低位运行，我们能不能多卖出粮食呢？不能。我们刚才讲过，粮食这种产品的消费需求弹性很小。人们不会因为粮价低迷而多吃粮食。粮食价格再便宜，全国一年的消费量也不会比4.7亿吨更多。到年底我们一看，去年剩下多少存粮，今年还会剩下多少存粮。存粮数并不会因为价格低迷而减少。

过去“敞开收购、顺价销售”的政策就在这个问题上存在着认识误区。保护农民利益、防止谷贱伤农，这个政策出发点是很好的。在任何国家，这都是政府应当做的。问题在于，依靠政策和国家补贴强制地拉高粮价的结果是什么呢？

是向生产者、向供给方、向农民发出了一个短缺的错误信号。政府补贴粮价的行为所传达的是政府鼓励增产的信号。由此带来，第二年会出现更大的供过于求和供给过剩。

那应当怎么办呢？是不是也得由政府把多余的粮食买下来烧掉呢？我们已经找到了比“烧掉”更积极、更有效的办法。这就是政策性减产。

2000 年后的两三年中我们想明白了一个道理。同样的政策代价，补贴粮价不如补贴减产。产量减下来，供给剩余不就自动消除了吗？2002 年和 2003 年，我国的粮食总产量是 4. 57 亿 ~ 4. 31 亿吨，比正常年景的 4. 7 亿 ~ 4. 8 亿吨减少不少。但这个减产的主要因素是政策干预而并非自然灾害。其中 80% 以上的减产部分是政策性减产。我们发现，鼓励减产的政策代价要比补贴粮价低得多，而效果会好得多。

2000 ~ 2003 年，我国实行了一项不宜声张的农业政策，就是我们前面说过的“一退三还”、“坡地休耕”。不适宜人类耕作，对自然环境破坏大的土地要全部退耕还林、还草、还湖。也就是说要还回到自然状态去。要把这些地“荒”了。此外，25 度以上的坡地，水土流失严重，土地收益远抵偿不了生态代价、环境成本的，我们也要全部休耕。按照 2002 年的政策，农民休耕一亩地，中央政府补贴 300 斤粮食，还给 50 元现钱。

古往今来，不种地政府给钱粮，大家听说过这种事吗？我们当时实行的就是这样一个政策。前一届政府的朱镕基总理高兴地把这个政策叫作“开仓放粮”。这个“开仓放粮”的目标不是赈灾，而是调整农产品供求。

这个政策是一举三得。一是主动干预供给。这不仅最终会有利于粮食的供求平衡，而且直接向市场发出一个供给减少的信号，有利于较快地促进粮价回升。二是减轻政策代价。我们在实行“敞开收购、顺价销售”的政策时花费了很大的代价。担负政策性金融职能的农业发展银行仅此一项就增加了数千亿元的粮食占款。在现在的减产政策中，政府不仅不需要拿出太多的现钱，而且还可以有效地降低库存，减轻存粮的损失。三是在调整粮食供求关系的同时改善了环境，促进了可持续发展战略的实施。2002 年，我国仅退耕还林的耕地就达 8700 万亩。我们前面还讲到过，我国从 50 年代就努力开垦东北的北大荒，那时说要把北大荒变成“北大仓”。在下一个战略发展周期内，我们的任务可能是要把“北大仓”再还回到北大荒去。保护那片宝贵的湿地资源。2006 年初，中国工程院发表了一份重要报告。这份报告显示，我国东北地区的生态环境状况已到达临界状态，作为世界上三大黑土带之一的我国东北平原黑土带，正面临着严重退化的威胁；目前东北黑土区的水土流失面积占总面积的 34%；近 50 年来，黑土层平均流失了一半，表层有机质含量减少了1/3～1/2，长此以往，东北黑土将流失殆尽。我们还打算把内蒙古的230万牧民全部迁出草原，实行全面禁牧。

现在回到刚才的主题。我们举这个例子是想说明什么问题呢？是想说明一个很重要的判断。我国的确还存在着一个总数量不算小的未吃饱饭的人群。但我们让13亿人都吃饱饭的物质基础已经实实在在地具备了。在前一个战略发展过程中，满足全社会实现温饱的供给能力我们的确是充分地具备了。

这个估计、这个结论可不是轻易下的。要知道中国是个“饿怕了”的民族。在一定意义上说，过去几千年、过去100年、过去50年，我们始终在为“吃饱饭”这个目标奋斗。我为什么在这一讲的开头先说了一个“吃饱了不饿”是真理的话呢？因为在很长一段时间内，我们忘记了温饱是人们最基本的生存需要，曾把“突出政治”突出到了“吃饱饭”的前面。而恰好是我们自己实践，再明白不过地证明了这条客观规律。人吃饱了饭才能论及其他。

在我国几千年的农耕社会里，老百姓向往的理想社会是什么呢？就是衣食饱暖而已，但人们衣食饱暖尚且不得。民间文学是最反映老百姓的希冀与企盼的。安徽的黄梅戏中有个脍炙人口的故事，叫作“天仙配”。“天仙配”里有个唱段，现在被人们当成歌，在卡拉OK里经常唱，这就是“夫妻双双把家还”。一个小伙子和天上的仙女谈上了恋爱。和仙女谈恋爱，多浪漫。但他们向往的生活是什么呢？不过就是“你耕田来我织布，我挑水来你浇园”。由此就能“从此不再受那奴役苦”。老百姓没想别的，丰衣足食足矣。明末李自成农民起义，老百姓中流传什么样的民谚呢？“开了大门迎闯王，闯王来了不纳粮”。不纳粮就能吃饱饭。不是中国老百姓缺乏远大志向。中国古代哲学中早就有“格物致知”的思考，中华民族是最早思考生命、人类和自然界之间最一般关系的民族。但是如果一个社会普遍存在着连饭都吃不饱，生存都不能保证的人群，这个社会怎么可能产生出更高境界的文化呢？

大约100年前，中国出了个伟大的哲人，叫孙中山。孙中山先生曾经几十年到处奔走，鼓吹革命，号召老百姓起来推翻清朝封建统治。但是在很长时间内“和者甚寡”，就是老百姓呼应的很少。孙中山先生百思不得其解，就做调查研究。老百姓告诉他说，孙先生，您讲的什么“共和”呀、“民主”呀，我们不懂。孙先生回去想了一夜，想明白了，就把自己的革命纲领修改为“耕者有其田”。“耕者有其田”，就是种地的有地种，有地种就有饭吃。老百姓说，孙先生，这回我们听懂了，我们拥护你的主张。这才有了中国辛亥革命推翻皇帝的历史进步。

中国共产党成立后有过一段很长的历史，叫作“第二次国内革命战争”，也叫“十年内战”。大家印象中好像闹红军那个时候的历史不长，其实那是一个很长的时间，长达10年。比抗日战争还长两年。但在这10年中的大部分时间里，共产党艰苦卓绝的武装斗争没在全国造成多大影响。为什么呢？因为那时我们提出一个口号，叫作“武装保卫苏维埃”。老百姓弄不明白，这个“苏维埃”和我有什么关系。人们说，我们周边方圆百十里地没这么一个姓“苏”的人呀，我们武装保卫他干什么呢？后来我们调整了自己的纲领，提出要满足农民的土地要求，满足老百姓的生存要求，这才有了共产党后来的发展。所以后来“十年内战”时期又叫“土地革命战争”时期。我们找到了自己政党的立足点，这就是让老百姓吃饱饭。

半个多世纪之前，到新中国成立前夕，美国曾大幅度地调整了对华政策。到1948年时，美国已经明确放弃对国民党政权的支持。当时蒋介石派宋美龄到美国国会去游说，结果是一块“美援”也没要到。美国国务院还专门就此发表了一篇关于对华政策的“白皮书”。美国人说，我们已经看明白了，中国的共产党取代国民党取得全国政权已经是早晚的事了，你们共产党比国民党强，这我们承认。但我们美国人认为，你共产党上台也解决不了中国历朝历代都解决不了的吃饭问题，也无法养活中国那么多的人口。你们共产党最终也要垮台在吃饭问题上。当时毛泽东曾经专门针对美国人的这种说法写了一篇文章，说我们共产党人就不相信解决不了这个吃饭问题。毛泽东向世人大声宣告，“在共产党领导下，只要有了人，什么人间奇迹也可以创造出来”。这就是非常著名的那篇《唯心历史观的破产》，也叫《答艾奇逊书》。

【7-1-3】1984年邓小平在天安门上阅兵，游行队伍通过时放的音乐是“在希望的田野上”。这首歌描述的是个什么景象？就是吃饱饭的景象。整个歌曲唱的都是和吃饱饭相关的事。完全可以毫不夸张地说，直到那个时候，我们认为，希望的田野就是老百姓都能实现温饱的田野。

新中国成立以后，我们的确是始终致力于解决老百姓的温饱问题的。人们熟悉的政策语言中，不知道有多少都是和吃饭有关。比如“以粮为纲”，“要把粮食的问题抓紧”，“手中有粮、心中不慌”，“农业学大寨”、“猪多肥多粮多”，“深挖洞、广积粮”。在计划经济年代，制定国民经济计划的第一条原则就是“一要吃饭、二要建设”。那时毛主席连农民每顿饭怎么吃都有具体的指示，叫作“忙时吃干、闲时吃稀，平时不干不稀”。

1/4 个世纪之前，我们的改革开放是怎么起步的呢？那个时候没人知道要发展市场经济，要加入 WTO。那时没有那么深刻的理念，没有那么长远的预见性。农村改革的最初动因很简单，就是因为农民吃不上饭了，要饿死人了。于是就有了安徽小岗村农民按手印“包产到户”的改革：一直到 1984 年新中国成立 35 周年时，我国的农村改革取得了初步成果。那一年邓小平在天安门上阅兵，游行队伍通过时放的是什么音乐呢？是“在希望的田野上”。从 20 世纪 80 年代走过来的人们都很熟悉那首歌的歌词：我们的理想在希望的田野上，禾苗在农民的汗水里抽穗，牛羊在牧人的笛声中成长，西村纺纱东港撒网，北疆播种南国打场。大家仔细琢磨一下，这首歌描述的是个什么景象？就是吃饱饭的景象。整个歌曲唱的都是和吃饱饭相关的事。我们完全可以毫不夸张地说，直到那个时候，我们认为，希望的田野是什么呢？就是老百姓都能实现温饱的田野。

我们回溯这些历史过程是想说明什么呢？是想说明，我们已经走过了一个非常重要的历史阶段。从那么漫长的一个求温饱而不得的历史中走来，到了 21 世纪之初，我们敢说要实行一个鼓励粮食减产的政策。这个变化是不是可以用“翻天覆地”来形容呢？

实际上，我们不仅具备了让人们吃饱饭的能力，而且具备了让人们拥有必要生存资料的能力。

中国老百姓有句话，叫作“小康不小康，关键看住房”。2004 年末的统计数字，我国农村经济发展虽然相对城市滞后，但人均住房面积并不小。2008 年达到 34.42 平方米。住房问题最难解决的是城市。我们现在的城镇情况是怎么样的呢？20 世纪 80 年代初期，我国城镇居民的人均住房面积不足 7 平方米，上海和北京这样的大城市人均住房面积更是不足 3 平方米。也就是说，人们的私人活动空间只比一张单人床略大。2008 年的数字，中国城镇居民人均住房面积，按照户籍人口和常住人口都算上，已超过 20 平方米。这里还得再加一个重要说明，1980 年时我国城镇总人数只有 1.9 亿人。而 2008 年末全国城镇总人数为 6.07 亿人。

【7-1-4】经济学早就证明，人在基本的生存需要满足之后，还会有安全的需要、实现抱负的需要、为社会所承认的需要、享受的需要等很多层次。这些都属于发展的需要。发展的需要既有自然属性的需要，也有社会属性的需要。

有充分理由和事实说明，我们已经实现了“总体小康”，我们已经走过了以满足人们生存需要为主的发展阶段。

人们的生存需要只是最低层次的需要。生存需要满足之后，顺理成章地，我们的发展目标就将是满足人们的发展需要。

什么是发展需要呢？经济学早就证明，人在基本的生存需要满足之后，还会有安全的需要、实现抱负的需要、为社会所承认的需要、享受的需要等很多层次。这些都属于发展的需要。

发展的需要既有自然属性的需要，也有社会属性的需要。

就自然属性而言，休闲、娱乐、健康等都是自然属性的需要。为什么最近这些年保健品的广告在中国的电视上大行其道呢？就是因为人们已经普遍产生了追求健康和更高层次生活质量的需要。

在自然属性的需要之外，发展需要还表现为社会属性的需要。人们希望获得更好的职业岗位、掌握更多知识充实自己、满足自己的兴趣爱好、更大程度地实现自己理想抱负、在社会中受到更多尊重等都是社会属性的发展需要。

谁都知道，经理的职位可以获得比一般雇员更好的薪水收益，但要获得经理的职位就需要竞争，要提高自己的职业竞争力就得学习。人们就要求有更多机会开阔自己的眼界，充实自己的知识，掌握更多的信息。就在我们这个 EMBA 班上课的楼道里，我看到有个宣传版，那上面贴着一份前期学员的体会。他说，自己是个外企的老白领了，现在职位、待遇都不错。但是二十几岁的年轻人进入公司的越来越多，现在公司吐故纳新是很快的，自己的危机感越来越强，所以特地来报名学习，“充电”。

在我们的身边，满足发展需要已经成为社会普遍的要求。前不久，中央党校请我去做一个讲座。给什么人讲呢？给民营企业家讲。培养高级干部的中央党校现在开办民营企业家的学习班。民营企业家们自己出钱交学费、自己买飞机票从全国各地跑来听课。为什么呢？因为民营企业家也懂得，创业难，守业更难。不掌握更多信息和知识，大浪淘沙下被逐“出局”是很容易的事。

我们所要建设的这个全面小康社会，就是要造就一个全员学习、终生学习的学习型社会，促进人的全面发展。一个社会成为了学习型社会，这个社会就进入了一个理性的社会、文明的社会、发展的社会、进步的社会。“全面小康”的建设过程将以满足人们发展需要为主，这不仅是对规律的客观描述，而且还是我们主观的战略设计。

【7－1－5】没有足够大的市场，没有足够快的需求增长，我们的国民经济“翻两番”目标就不可能实现。在既有的消费结构下，扩大内需的余地是极其有限的。一个明确的判断是，要形成支持我国20年经济增长的需求、市场，关键是要启动和扩张人们的发展需要。持续和不断扩大的需求潜力蕴藏于人们的发展需要之中。

我们前面说过，中国的经济发展已经走到了一个重要的转折点。经济增长的主要障碍已经从生产领域、供给领域转移到了消费领域、需求领域。短缺已经过去，买方市场、过剩、普遍性的供大于求已经来到我们身边。20世纪80年代初期，我们引进一个宝钢，得全国人民勒紧裤腰带才能办得到。现在不用了，就是建三峡那么大的工程也不用了，大家可以想一想，在与三峡工程并行的过程中，我们号召人们做什么呢？不是省钱，而是扩张消费。在现在中国的经济发展中，扩张生产已经不困难。难在扩张需求，扩大消费，寻找市场，培育市场。我们现在的情况是，只要有一种新的需求产生，在很短的时间内供给就会成倍地自动产生出来。寻常百姓家里用空调才是最近几年的事情。仅仅几年时间，我们面临的问题已经是空调生产太多，卖不出去了。

没有足够大的市场，没有足够快的需求增长，我们的国民经济“翻两番”目标就不可能实现。正因如此，中央在各种文件中反复强调，扩大内需是一项需要长期坚持的战略方针，扩大内需是我国经济发展长期的、基本的立足点。那么下一个问题就是，不断增长的需求从哪里来？

在过去几年扩大内需的研究中，人们发现，如果只是想方设法动员大家多吃一点、吃好一点，那不可能形成持续的需求增长能力。在既有的消费结构下，扩大内需的余地是极其有限的。人们从自己生活常识中就可以知道，吃穿用的需求是很容易趋于饱和的。吃饺子光吃肚不吃边，你又能吃多少呢？一个明确的判断是，要形成支持我国长期经济增长的需求、市场，关键是要启动和扩张人们的发展需要。持续和不断扩大的需求潜力蕴藏于人们的发展需要之中。

启动和扩张人们发展需要的过程实际上就是社会消费结构的调整、升级过程。一直到20世纪90年代初期，旅游还是为“创汇”服务的产业。那时除了商务、公务的出差以外，旅游好像还只是外国人的事，高档一点的饭店叫作“涉外”饭店。但在过去的几年中，旅游已经走进了老百姓的生活。

20世纪70年代初期，日本有个首相叫田中，他写了一本书叫作《日本列岛改造论》，与此同时日本实行了一个“国民收入倍增计划”。日本提出，在那个计划实现之日，日本每年将有1000万国民出国旅游。那时全世界的旅游产业都为日本的这个大胆设想感到惊讶。但曾几何时，1000万国民出国旅游的规模现在看已经是“小儿科”了。2008年中国出境游的人数有多少了呢？4013万人。远远超过日本“国民收入倍增计划”实现之日的人数规模。要知道我国目前出境游还只是在少数几个大城市开放，就已经有了这样的规模。现在到欧洲，在各个旅游景点上碰头碰脸的都是中国的旅游团队。前几年我再次到欧洲的时候，接待我们的是一个小伙子，一个中国留学生。他告诉我，现在中国留学生靠在餐馆洗碗打工那个年代已经过去了，现在中国留学生打工都当导游。一天130欧元，比餐馆高多了。这在欧洲算是很高的工资了。因为现在中国来的旅游者太多了。而这个职业当地人还做不了。因为他们无法与中国旅游者充分交流，无法适应中国旅游者的要求。

不只是出国旅游，更大规模的是国内旅游。旅游业在我国早已不是一个无足轻重的产业了。一直到20世纪80年代中后期时，上海的年轻人谈恋爱还只能到外滩去，在那个矮矮的“恋爱墙”边挤一个位置。一对紧挨一对，相互之间只能目不斜视。现在上海的年轻人到哪里去谈恋爱了呢？到咖啡馆，到酒吧去。一般的咖啡馆还不行，还得是有“格调”的咖啡馆。

这些事情说明什么呢？说明人们的消费结构已经出现了重要的变化。人们已经可以，而且愿意为购买劳务性产品支付代价了。实际上，2002年开始的汽车消费热、2003年在SARS疫情中进一步得到强化的健身热都显示出了社会消费结构的变化。现在，更多的人已经把眼光盯在了住房上。2003年以来，媒体“爆炒”房地产。几乎所有以前谈股市的报纸、杂志都一股脑地大谈房市了。媒体的这种“炒作”为什么能吸引人们的眼球呢？因为社会已经普遍关心住房消费问题了。无须怀疑，住房消费也已成为人们消费构成中的一个新的热点。

培育更多的消费热点，创造出更多的消费需求，我们的国民经济才能获得新的增长机会。作为长远发展的战略目标，我们要建设一个什么样的“小康”呢？要建设一个满足人们发展需要的“小康”，促进人的全面发展的“小康”。

【7-1-6】在我们今后的战略发展过程中，社会收入水平还会不断提高，人们在收入之外所享受的社会福利也会不断增加。但这已经不是评价社会富裕程度的最重要指标了。最重要的评价指标将是私人财富的累积程度。全面小康社会将是一个绝大多数人都有“产”的社会。

从满足人们的生存需要为主转变为满足人们的发展需要，这是“总体小康”和“全面小康”的一个明显区别。但这还不是最重要的区别。

最重要的区别是什么呢?“总体小康”是人们收入不断增长的小康，而“全面小康”将是人们的私人资产不断加速累积的小康。这是最实质性的区别。

“十六大”报告提出以后，当时媒体的记者们在采访中喜欢问，“全面小康”实现之日，我国的平均工资水平能达到多少，人均住房面积能达到多少，有多少人能拥有私车等问题。仅仅局限于这些量化指标是无法说清楚“全面小康”的。这是在用前一个战略的眼光来打量、审视、想象、憧憬下一个战略的发展前景。

在前一个“翻两番”战略中，我们主要用什么指标来评价人们生活改善和社会富裕程度的提高呢?主要是收入水平。比如城镇居民可支配收入、农村人均纯收入、职工平均工资水平等。在前20余年中，老百姓生活好了，社会的富裕程度提高了，主要表现在哪里呢?主要表现在城乡人民收入水平的不断提高上。用经济学的话说，主要是用增量和流量指标来表示。

从改革开放伊始，我们是从一个什么样的基础走来的呢?是从“一穷二白”和“一大二公”的基础走来的。

在“一穷二白”的基础上，人们不仅收入没有多少差别，私人财富也几乎没有差别。那时，大家的收入都很少，除去勉强维持生活外几乎没有什么剩余。如果说张家比李家经济条件好，好在哪里了呢?就好在张家还有一个木头板的大衣柜上。住房是公家的，吃饭穿衣是凭票供应的，几乎没有人能积累下什么像样的家底。20世纪70年代末期，国家给“文革”中受迫害的老干部落实政策，一些人补发了几千块钱的工资。那时这就是“大款”了。为了回笼这笔货币，国家还专门从国外进口了一批彩电。那时彩电还只是摆在百货店的货架上让老百姓引颈观望的东西。20世纪80年代初期还有个故事。有个叫杜芸芸的女孩，继承了10万元落实政策的遗产，引起了社会的普遍关注，也引起了她亲戚们的普遍关注，最后她不胜其烦，不得不把这10万元捐出来了事。那时10万元的“家底”就是足以叫全社会“眼红”一阵子的差别了。在这样的基础上，我们评价社会富裕程度的普遍状况，当然只能用收入指标。自己和自己比，自己和别人比，今年和去年比，现在和过去比，比的都是收入。

不仅如此，在前一个战略发展过程中，我们还是从“一大二公”的体制背景下走来的。什么是“一大二公”呢，就是生产资料全部是公有制的。老百姓除了维持简单生活的消费资料外，其他财富全都归国家、归政府、归全民、归企业、归集体所有。除了吃穿用的一点东西外，没有什么是私人的东西;你要打碎一块玻璃，那肯定是破坏了国家财产。那时，生产与消费，差不多就是“公”

和“私”的区别。在那个时代，储蓄都叫“爱国储蓄”，到银行存钱是“支援国家建设”的行为，不是你私人的投资行为。由于几乎没人有私人资产，当然也就无法进行私人的存量财富指标比较。

在过去20余年，我国老百姓的收入状况有了多大改变呢？1980年时，我国城镇居民家庭人均可支配收入为478元，农村居民家庭人均纯收入为191元。而2008年时，这两个指标分别为15781元和4761元。1978年时我国职工年平均工资水平是392元，1990年时是2140元，2000年时是9371元，2008年时是29229元。尽管这些收入指标还需要剔除物价变动因素，但没人能否认在过去30余年中我国老百姓的收入水平有了大幅度的提高。其中，从1999年迄今，我国职工平均工资水平每年的增长速度始终保持在两位数以上。而且这个指标始终高于同期国民经济增长速度3个百分点以上。特别值得说明的是，从1998年到2005年，我国的物价水平是处于负增长和微弱的正增长区间。也就是说，这一区间内职工的工资性收入增长，每一块钱差不多都是不打折扣的正增长，通货膨胀的因素几乎可以忽略不计。

进行收入比较，还值得说明的一点是，在过去几年中，我们还在城市中普遍建立了最低生活保障制度；我们从20世纪90年代中期就实行了每周五天工作日。在社会成员的实际收入增长中，这一块儿的比较还没有算进去。

在我们今后的战略发展过程中，社会收入水平还会不断提高，人们在收入之外所享受的社会福利也会不断增加。但这已经不是评价社会富裕程度的最重要指标了，最重要的评价指标将是私人财富的累积程度。

我们要建设的全面小康社会是一个什么样的社会呢？这里我们郑重强调一个认识。全面小康社会将是一个绝大多数人都有“产”的社会。

2002年的“十六大”报告开宗明义就有一段话，“我们要在本世纪头二十年，集中力量，全面建设惠及十几亿人口的更高水平的小康社会，使经济更加发展、民主更加健全、科教更加进步、文化更加繁荣、社会更加和谐、人民生活更加殷实”。

“人民生活更加殷实”是什么意思呢？通俗说，就是让老百姓都有“家底”。中国人都知道，“殷实之家”指的就是有“家底”的家。要是你觉得这个“殷实”的说法还不够明确，那么还有一句话。“十六大”报告在描述“全面建设小康社会的目标”的那一个段落中明确提出，什么是全面小康的目标呢？其中之一是“家庭财产普遍增加，人民过上更加富足的生活”。家庭财产普遍增加，而不仅仅是收入水平不断提高。这个说法非常重要。请注意，这里的“财产”还不仅是指一般消费品的财产。不是说过去家庭成员每个人有10双皮鞋，全面小康实现之日将有 30 双、50 双皮鞋。这个财产更重要的是指资产。

2007 年的“十七大”的报告进一步提出，要创造条件，让更多人民群众拥有财产性收入。什么叫“财产性收入”呢？就是凭借对财富的占有获取的收入。

【7－1－7】什么叫资产呢？能够带来收益的财富才是资产。我们要想持续地扩大内需、扩张消费，就必须加快社会的私人财富累积速度。人们的“家底”越厚实，未来消费需求扩张的潜力就越大。人们谋求以钱生钱，在经济学上管这种现象叫作“私人财富的资本化”。“家庭财产普遍增加”是什么意思呢？就是私人资产加速累积。

前不久有记者问我，中国能否产生一个庞大的“中产阶级”。我说，目前我们还只有“中等收入者阶层”。为什么呢？因为“中产阶级”首先得有“产”。没有资产，只有一定水平的收入还不能叫“中产阶级”。

什么叫资产呢？能够带来收益的财富才是资产。假定你有一个大别墅，里面有好几间卧室，你轮流在各个卧室里睡觉，那这个别墅还只是你的财富。当你把别墅的若干房间租出去获取租金时，这个别墅就变成了你的资产。

在前几年扩大内需的政策研究中，我们发现一个现象。同样是月收入 5000 元的“白领”，有房有车的人和没房没车的人，在消费结构和消费行为上的差异非常大。越是有“产”的人，其收入转变为消费的部分往往越大。由此就引申出一个重要的认识。人们的私人财富累积程度越高，往往就越敢花钱。简单地动员人们把即期收入都拿出来赶快花掉，这可能并非一个好政策。我们要想持续地扩大内需、扩张消费，就必须加快社会的私人财富累积速度。人们的“家底”越厚实，未来消费需求扩张的潜力就越大。

实际上，私人财富累积不断加速并非我们的主观设想，而是一个符合规律的客观过程。当人们的收入提高到一定程度，自然而然地就会有一部分收入沉淀下来。在过去一些年中，我国城乡居民储蓄存款的增长速度不断超过收入增长速度，反映的就是这种私人财富的变动趋势。

最开始时，这种“沉淀”是和即期消费与远期消费的分割联系在一起的。例如，人们想攒点钱“买大件”，或者娶媳妇盖房。当这种“沉淀”的规模超出远期消费的必要时，很自然地人们就会想到投资。想到用自己的财产去获取收益。我们用不着去寻找多么复杂的经济学证明。在座诸位中恐怕很多人都有过这样的经历。比如说在饭桌上和太太商量，说你看咱们家的存款也有二三十万了，银行利息又不高，咱们能不能找点以钱生钱的路子呢？

人们谋求以钱生钱，在经济学上管这种现象叫作“私人财富的资本化”。事实上，在住房商品化的改革和股市、债市的不断扩张中，我国社会已经明显出现了私人财富资本化的趋势。其实，人们在银行的储蓄也已经是投资的一种形式了。存款也是能够带来收益的资产。从国际经验看，早期的私人财富以金融资产为主，以后不动产的比重不断增加；早期以满足远期消费为主的储蓄为主，以后为获取更多收益的投资部分会不断增加。这个趋势在我国已经日益显现。“家庭财产普遍增加”是什么意思呢？就是私人资产加速累积。

由此我们要说到一个重要结论了。在2002年党的“十六大”报告中反复论证了这么几段话。一是提出了一个要“扩大中等收入者比重”的发展目标，二是明确提出“一切合法的劳动收入和合法的非劳动收入都应该得到保护”，三是强调“不能简单地把有没有财产、有多少财产当作判断人们政治上先进和落后的标准”，四是提出要调整收入分配制度，“确立劳动、资本、技术和管理等生产要素按贡献参与分配的原则”。

在2002年“十六大”报告公布之后，国外一些媒体把上述说法归结为“让私人老板入党”。这个认识是很浅薄的。还有很多人认为，这些话是为私人老板、民营企业家的利益说的。这个认识也远不充分。私人老板的非劳动收入、按要素分配获取的收入该不该受到保护呢？应该。申明这一部分社会利益主体存在的合理性重要不重要呢？也重要。但中国共产党作为一个执政党，提出这些重要认识的目的并非仅仅是要证明一个少数群体利益的合理性，而是要证明社会绝大多数成员利益的合理性。

【7-1-8】马克思主义经济学有个极为重要的论断，就是社会的经济关系总是在物质资料再生产过程中被同时地再生产出来的。大多数人有产，那么大多数人不断富裕的经济关系就将自动地被再生产出来。造就这样一个社会基础，我们才能真正实现繁荣昌盛和长治久安。

什么是大多数人利益的合理性呢？就是让社会大多数人都成为“有产者”，要让普通老百姓都能有机会分享投资收益的合理性。大多数人都有“产”了，我们当然不能以人们有财产还是没有财产、财产的多少来区别人们的政治态度和政治立场；大多数人都有机会获取非劳动收入了，人们合法的劳动收入和非劳动收入当然都应当受到保护；大多数人都有资产了，按照要素分配就是一项符合大多数人利益的分配方式。我们再次重申，全面小康社会，就是一个让绝大多数人都有“产”的社会。如若不信，请你下载一个“十六大”报告和“十七大”报告的电子版。你可以用各种文字处理软件中的“搜索”功能检索一个人们耳熟能详的名词：这个名词就是“无产阶级”。党的代表大会文件是党的最高文件。在我们党的最高文件中，“无产阶级”这个词一次也没有出现。我们过去熟悉的“无产阶级政党”、“无产阶级革命”、“无产阶级世界观”、“无产阶级思想”等都不再提及。为什么呢？因为我们要造就的肯定不应是一个让全社会绝大多数成员都一无所有的社会，而是一个让老百姓普遍有产的社会，是一个人民生活更加富足的社会。

在人民安居乐业、丰衣足食的基础上，造就这样一个大多数人有“产”的社会好不好呢？非常好。马克思主义经济学有个极为重要的论断，就是社会的经济关系总是在物质资料再生产过程中被同时地再生产出来的。大多数人有产，那么大多数人不断富裕的经济关系就将自动地被再生产出来。造就这样一个社会基础，我们才能真正实现繁荣昌盛和长治久安。

我们再说一个马克思主义经济学的认识。生产力的发展、社会富裕程度的提高总是与社会经济关系的趋于缓和、趋于协调密切相连的。大家可以设想一下，如果人们总是一无所有，每个人都无所顾忌，谁都觉得破坏制度没有损失，这个社会还能长治久安吗？原来我们的传统理论认为，让人们一无所有，大家就都能“大公无私”了。现在我们认识到，这个想法是不符合客观规律的。一无所有必定导致社会经济关系的紧张，社会利益矛盾的激化。相反，人们的财富增多了，社会富裕了，协调各种社会利益矛盾的余地就大大增加了。社会就有了更坚实的稳定和发展基础。

我们的讲座从一开始就围绕着“什么是社会主义”这个话题展开。我们还得重复邓小平说过的话。邓小平说，贫穷不是社会主义。他为什么没用肯定句呢？因为在邓小平那个时代，实践的发展尚不充分。我们的认识首先是“什么不是”。那时我们还不能充分回答“什么是”。实践发展到今天，现在我们可以毫不含糊地正面回答，绝大多数老百姓都有“产”就是社会主义。

我们愈来愈多地说的一个词是“与时俱进”。现在我们懂得了，社会主义的共同富裕并非应当表现为大家都穿一样的衣服，都吃一样的饭，而应当表现为人们在发展过程中有越来越多的机会，而且是更公平的机会。应当是每个人都有机会改善自己的生活，每个人都有机会累积起自己的私人财富。社会主义不是要求共同富裕吗？绝大多数老百姓有“产”就是一种共同富裕。我们应当毫不含糊地说，这就是社会主义。

2. 科学发展观是什么样的发展观

- 贯彻科学发展观的过程就是一个使各方面发展不平衡的状况得到更大程度调整的过程。
- 一个新的不平衡现象是经济发展与社会发展之间的不平衡，公共产品供给与私人产品供给方面的不平衡。
- 发展不平衡是一种客观现象。我们不应简单地把不平衡夸张为一种恶。
- 不平衡仍将是我国国民经济发展过程中不可避免的现象。要消除这些不平衡，可能需要经过几代人的艰苦努力。科学的发展观其实就是求真务实的发展观。
- 求真就是要认识客观规律，务实就是要遵守客观规律。“以人为本”的最根本含义，就是要让老百姓、人民群众成为社会财富的直接主人。

【7-2-1】一方面经济呈现出强劲向上的局面，另一方面，发展不平衡现象被进一步放大的危险也在不断积累，资源“瓶颈”对经济发展的约束日益增大，我国在对外关系上面对很多前所未有的新挑战，特别是怎样让社会全体成员能够更公平地分享经济发展好处的呼声日益强烈。在这种情况下中央提出了贯彻“科学发展观”的要求。

前面我们讲了“总体小康”和“全面小康”的区别，但这仍然不是全部。“全面小康”不是“总体小康”的简单延伸。这里“全面”两个字的内涵是非常丰富的。经济要发展，政治上也要与时俱进：因此，“全面小康”还包括“政治文明”的目标。经济发展还必须和社会发展密切协调。人们不但要追求富裕，还要追求安全，所以我们要完善社会保障体系。社会经济发展还得和自然界之间关系协调，要实现可持续发展，所以我们要改善环境，保护资源。这些都是“全面”的题中应有之义。

全面建设小康社会的战略目标提出之后，一方面社会各界欢欣鼓舞，经济发展呈现出一个强劲向上的局面；但另一方面，社会投资规模增长过快也曾一度引起了人们对通货膨胀的担心，一些发展不平衡现象可能被进一步放大的危险也在不断积累，资源“瓶颈”对经济发展的约束日益增大，我国在对外关系上面对很多前所未有的新挑战，特别是怎样让社会全体成员能够更公平地分享经济发展好处的呼声日益强烈。在这种情况下，党的十六届三中全会提出了贯彻“科学发展观”的要求。

我们进一步认识到，“全面小康”中的“全面”，不仅仅是富裕和财富增多的含义，而且还应当是从不平衡发展逐步趋向于平衡发展的含义，是让各种经济关系趋于协调的含义，是更大程度地认识并且顺应客观规律的含义。在2004年的“两会”上，科学发展观的问题引起了与会代表的极大关注和热切讨论。

什么是科学发展观呢？党的十六届三中全会“关于完善社会主义市场经济体制若干问题的决定”中是这样表述的：我们要“坚持以人为本，树立全面、协调、可持续的发展观，促进经济社会和人的全面发展”。这个科学发展观的具体内容，就是要统筹经济发展与社会发展之间的关系、统筹城乡之间的发展关系、统筹区域之间的发展关系、统筹国民经济发展和对外交往之间的关系，统筹人类社会与自然界之间的关系，即“五个统筹”。

【7-2-2】一个新的不平衡现象是经济发展与社会发展之间的不平衡，公共产品供给与私人产品供给方面的不平衡。社会成员的受教育水平、公共设施的完善程度、环境保护的状况、公共道德的普遍水平以及社会安全等都是社会发展的重要指标。贪污腐败、假冒伪劣、“黄赌毒”、穷人孩子上不起学、社会不公平现象增多、治安状况恶化等都是社会发展滞后的重要体现。

在前期战略发展过程中，中国的经济成就是举世公认的。我们前面说过，我国很多产业现在都已经成为世界生产格局中举足轻重的组成部分。我们上海浦东地区的城市化水平已经不弱于发达国家。但这只是一个方面。另一个方面是，中国是一个大国，是一个发展中国家，特别是我国工业化起步的时间还不长。由此造成在我们目前的国民经济中还存在着诸多的发展不平衡。城乡发展不平衡、区域发展不平衡、产业发展不平衡、不同社会群体之间的利益关系不平衡以及经济与社会发展之间的不平衡等。

我们在区域战略中已经一定程度地涉及，我国的区域发展之间存在着严重的发展不平衡。

实际上我国区域间的发展不平衡不只是东西部发展差距拉大，还包括东北老工业基地的发展滞后问题、中部省区加快推进工业化的问题等。在不同区域内部，发展不平衡的问题也很严重。广东是我国最富裕、发展程度最高的省区了，但广东也还有未脱贫的地区。山东北部地区属于发展很快的省区，但山东的沂蒙山区和其他地区的差距仍是很明显的。大家打开地图看看就会发现，四川本省就可以截然划分为“东部”和“西部”两个发展程度相差极大的部分。2003 年时有个资料，在宁夏，首府银川和宁夏最贫困地区的人均 GDP 相差 11 倍以上。

我国发展不平衡的另一重要表现形式是城乡发展不平衡。我们不用去贫困山区作调查，只要到我们上海的飞机场和火车站两个地方看看，你就会发现，在飞机场候机室和火车站候车室里的人群完全处于两种不同的生存状态。前面我们说到，2008 年我国城镇居民人均可支配收入是 15781 元，农村居民人均可支配收入是 4761 元。城乡差距非常明显。

我曾经看过一张久久不能忘怀的照片。一个农村进城务工的妇女，背上背着一个睡着了的孩子，在街边上给人擦皮鞋。她的服务对象是谁呢？是一个七八岁的城里小孩。在这个城里小孩的背后，站着他衣着光鲜的母亲。我不是说这个城里小孩有什么错。我只是说，同样是孩子，他们的生活差距实在是太大了。至于我们从电视画面上看到的，农村小学生在四面透风的危房中上课，在黄泥垒成的桌子上写作业的场景，更是让我们非常难过。

城乡发展不平衡进一步导致了很多人群之间的收入不平衡。2003 年某地煤矿发生事故，有个遇难的矿工，就是一个来煤矿打工的农民，在生命的最后关头在他的矿帽上用粉笔写下了自己的遗言。什么遗言呢？除了嘱咐妻子把孩子抚养大外，就是一个账单，欠母亲 200 元，欠某同事 1000 元等。这个矿帽在央视的画面上播放过，令我目不忍视。这不是个别的现象。广东“珠三角”地区是全国收入最高的地区。国家统计局城调队 2003 年的报告显示，全国 35 个大中城市城镇居民的人均可支配收入的排名中，深圳已经连续十年第一。而且深圳的人均可支配收入达 12373 元，排在第二位的广州仅为 7781 元，深圳比第二名的城市整整多出 4592 元。如果你以为到深圳或者到“珠三角”地区打工就能挣多一些，那你就大错特错了。2002 年社科院一个调查报告显示，在“珠三角”地区外来打工者的月平均工资，20 世纪 90 年代初期以后的 10 年间只增长了 68 元。目前仍不过是七八百元。2005 年时有人调查“珠三角”缺工的情况，发现农民工父一代在这里打工时的工资水平，到子一代来打工的时候变化不大。我们当然可以想见，这样的工资收入增长速度与“珠三角”在过去十余年间的经济增长速度、与当地居民的收入增长速度是否相称。

当然，人群之间的收入不平衡还有很多。比如垄断性产业的职工收入和非垄断性产业的职工之间收入不平衡，下岗职工和在岗职工之间的收入不平衡，一般职工与高层经营管理人员的收入不平衡等。

【7-2-3】我们的工业化真正起步才不过30余年，在一个较快的发展区间内，当然就容易发生不断扩大的不平衡。这很符合规律。小孩子在十三四岁到十七八岁的长大过程中就经常是不平衡的。比如他的体力和他的身高不相称，生理成熟程度和心理成熟程度不相称，肌肉和骨骼的发育不相称等。我们的国民经济就处在这样一个快速“长大”的过程中。

我国的产业发展不平衡也很显著。与发达国家相比，各产业的发展差距有着显著区别。其中差距最大的，不仅包括工业领域的一些基础产业，而且包括零售业、金融业等很多产业。2005～2006年，国务院提出要研究“WTO后过渡期”问题。迄今很多专家仍在不断呼吁，要重视“后过渡期”，也就是所有产业保护措施到期之后，市场开放可能给我国产业带来的冲击。

我们还有一个人们未太注意，但非常重要的发展不平衡，这就是生产扩张能力和消费扩张能力的不平衡。我国的家电业已经具备了为全世界生产的能力。我们的白色家电、黑色家电产量都是当之无愧的世界第一。但占我国人口大多数的农村人口还不具备大规模消费家电这种工业品的能力。这种生产扩张能力与需求扩张能力的不平衡是我国当前面临普遍性供大于求的基本原因之一。

进入21世纪后，一个新的不平衡现象引起了社会的普遍关注。这就是经济发展与社会发展之间的不平衡，公共产品供给与私人产品供给方面的不平衡。什么是社会发展呢？社会成员的受教育水平、公共设施的完善程度、环境保护的状况、公共道德的普遍水平以及社会安全等都是社会发展的重要指标。贪污腐败、假冒伪劣、“黄赌毒”、穷人孩子上不起学、社会不公平现象增多、治安状况恶化等都是社会发展滞后的重要体现。目前在我国的大城市中，各种生活资料可以说已经做到了应有尽有。但医疗、教育等产品的供给不充分，有效保护消费者利益的市场秩序远未形成。这些都是大家从身边的生活很容易感受到的。

我国的经济发展中存在这么多方面的不平衡，这并没有什么不正常。中国是一个地域辽阔的大国，我们的工业化真正起步才不过30余年，在一个较快的发展区间内，当然就容易发生不断扩大的不平衡。这很符合规律。要是观察过孩子们成长的过程，你就会发现，小孩子在十三四岁到十七八岁的长大过程就经常是不平衡的。比如他的体力和他的身高不相称，生理成熟程度和心理成熟程度不相称，肌肉和骨骼的发育不相称等。我们的国民经济就处在这样一个快速“长大”的过程中。上海是一个正在向国际化迈进的大都市，人们很容易注意到浦东的现代化高楼大厦，但我们也不难找到拥挤的弄堂。为什么会有这种不平衡呢？不是因为上海发展太慢，恰好相反，是因为上海发展太快，还来不及对各个经济环节做出充分的调整。大家低头看看自己身上的穿戴就会发现，你戴的领带可能是真正的世界名牌，但你穿的衬衫可能就是一个名不见经传的乡镇企业产品，而你脚上的皮鞋可能是你太太从集贸市场上买的冒牌货。不平衡吧？但这不是因为你没钱，不是因为你太穷，而是因为你的收入增长速度太快，你还来不及对所有的生活细节做出相互平衡的调整。

相对平衡的确是经济现代化的一个重要标志。比如发达国家的不平衡程度就很小。美国的城乡之间、区域之间生活水平差距并不明显。走遍美国全国，连每家门口的邮箱都是一样的，交通标志都是一样的。东部能买到的东西，西部地区全能买到。城里能享受的，乡村小镇一般也能享受。而且大量的私人农场、私人游艇、私人机场等贵族化的消费恰好不在大城市，而在乡村。但这没什么值得夸耀的。我们在第一讲时就讲到过。发达国家是用了200余年才把7亿人口送进工业化的。这个发展过程的代价是过去200年历史上的奴隶贩运、殖民地统治、世界大战和迄今很多欠发达国家的贫困与落后。发达国家内部的平衡化是以全世界极端不平衡为代价的。我们在资源战略中提到过，美国一个国家3亿多人口，一年就消耗9亿吨石油，而全世界一年的石油产量不过35亿吨。在这样一个资源分配格局下，全世界可能实现平衡发展吗？

我们首先得承认，发展不平衡并非一种良性格局。一方面，不平衡会导致社会利益矛盾的激化；另一方面，不平衡也不利于生产与消费、经济与社会之间关系的协调。可以说，贯彻科学发展观的过程就是一个使各方面发展不平衡的状况得到更大程度调整的过程。

怎样贯彻“五个统筹”的科学发展观呢？就国内的社会利益关系调整方面说，主要体现在四方面。一是积极推进西部大开发战略向纵深发展，至少要在2020年前抑制差距拉大的趋势。二是促进农村富余劳动力向非农产业和城镇转移，使城镇人口比重大幅度提高。三是把全面繁荣农村经济，增加农民收入作为全面建设小康社会的重大任务来抓。四是救助弱势、困难群体，加强政府对收入分配的调节职能，以此来提高低收入者的收入水平和使困难群众的基本生活得到保障。

【7－2－4】贯彻科学发展观是和“共同富裕”密切联系在一起的。缩小发展不平衡的差距，可以说是科学发展观最重要的内涵之一。但要消除这些不平衡，可能需要经过几代人的艰苦努力。在未来20年左右的周期内，我们所能做到的，仍只能是使工农差别、城乡差别和地区差别扩大的趋势逐步得到扭转。我们一定要对这样一个发展过程的长期性和艰巨性有充分的估计。

贯彻科学发展观是和“共同富裕”密切联系在一起的。从我国的实际情况看，缩小发展不平衡的差距，可以说是科学发展观最重要的内涵之一。但应当强调的是，在一个相当长的历史时期内，我们还不可能消除这种差距。不平衡仍将是我国国民经济发展过程中不可避免的现象。要消除这些不平衡，可能需要经过几代人的艰苦努力，这远不是20年的发展周期能够办到的事。我们所能做到的，就是要通过艰苦的努力，来缩小这个不平衡差距不断拉大的趋势；是在一定程度上使落后地区、落后产业发展快一些，使农民、城市中的低收入人群的收入增加得快一点，生活改善得明显一点。一方面，我们要使全体人民朝着共同富裕的方向稳步前进，但另一方面，在未来15～20年左右的周期内，我们所能做到的，仍只能是使工农差别、城乡差别和地区差别扩大的趋势逐步得到扭转。我们一定要对这样一个发展过程的长期性和艰巨性有充分的估计。

我们存在多方面的发展不平衡，这也并非全是坏事。在一定意义上说，不平衡才是一种事物运动的动力。物理学上有个热力学第二定律，说的是一杯热水放在桌子上会逐步冷却，水的温度会降到和周围的温度一样。也就是会在温度上和周围取得平衡。但是物理学家也告诉我们，如果有一天整个宇宙间的温度都处处取得平衡了，那整个宇宙就会陷入一种“热寂”状态，所有的生命过程都将不复存在，所有的物质运动都会停下来。幸好这个世界的运动规律不仅有热力学第二定律，还有不断创造出新的不平衡的规律。比如人们还可以通过能量转换形式再烧一杯热水。系统论也告诉我们，距离平衡状态越远，事物的运动就越激烈，变异就越容易发生，变化余地就越大。

发展不平衡是一种客观现象。我们不应简单地把不平衡夸张为一种恶。我们说，不平衡也是社会经济发展的一种动力。不平衡所能提供的最大好处就是要素流动的势位差，由此带来资源、要素不断优化重组的活跃度。发展不平衡还可以提供多层次的市场和发展机会，可以很容易地与不同发展水平的生产能力相匹配。此外，不平衡还是竞争的源泉。企业要想在竞争中取胜，就得积极创造出优于别人的条件。优于别人就是不平衡。

还有一个很重要的认识也值得提出来。这个认识就是，不平衡本身也是一种公平。作为改革方向的分配制度，是按照劳动、资本、技术、管理等要素的贡献进行分配。我们强调，要“完善按劳分配为主体、多种分配方式并存的分配制度，坚持效率优先、兼顾公平，各种生产要素按贡献参与分配”。按贡献分配，就一定会有不平衡。

当然，经济发展还有不同于一般物质运动的方面。比如在不平衡状态下，贫困地区的人才、资金等要素会不断向收益较高的发达地区流动，造成贫困地区更穷。这就需要政策的干预。需要超越市场力量的社会主动调节。西部大开发、东北老工业基地振兴和中部崛起战略就是这种主动调节。

努力实现平衡发展的过程不等于是努力把发展水平拉齐的过程。例如，我们不可能指望让东部地区停下来，等待西部发展到与东部程度接近时再向前走。相反，东部地区在未来20年中的发展任务是率先实现现代化。尽管这样一个战略可能仍会导致新的发展差距，但实施这样一个战略才能更有利于西部发展。这就是辩证法。

【7-2-5】科学发展观就是求真务实的发展观。求真就是要认识客观规律，务实就是要遵守客观规律。理想社会只能建立在客观规律而不是主观想象的基础上。这是我们在过去几十年发展过程中吃过大亏，走过大弯路才懂得了的法宝。要实现建设全面小康社会的目标，我们第一要义就是要格外强调认识和遵从客观规律的重要性。

科学发展和2002年提出的全面建设小康社会是一脉相承的。“五个统筹”就是“全面协调”的意思。但也有区别。什么区别呢？全面建设小康社会，主旨是一个20年左右周期的长远战略部署和基本思路。而科学发展观则是世界观、宇宙观、方法论上的重大发展。科学发展观的问题不是一个简单提法的问题。这个问题我们多说几句。

2004年2月，温家宝代表党中央在中央党校省部级主要领导人研讨班上，就“科学发展观”问题专门做了一个讲话。温家宝说：“发展观是关于发展的本质、目的、内涵和要求的总体看法和根本观点。有什么样的发展观，就会有什么样的发展道路、发展模式和发展战略，就会对发展的实践产生根本性、全局性的重大影响。”

这段话什么意思呢？大学学过哲学公共课的同学都会知道，当我们在谈论事物的“本质”，谈论对客观世界的“总体看法和根本观点”时，我们实际上是在讨论一个哲学命题。哲学是研究客观世界最一般规律的学问，研究世界观、方法论的学问。正因为科学发展观研究的是最一般规律，温家宝进一步指出：“科学发展观的内涵极为丰富，涉及经济、政治、文化、社会发展各个领域，既有生产力和经济基础问题，又有生产关系和上层建筑问题；既管当前，又管长远；既是重大的理论问题，又是重大的实践问题。”

科学发展观的提出，是对全面建设小康社会这个目标非常重要的补充。我认为，所谓科学的发展观其实就是求真务实的发展观。求真就是要认识客观规律，务实就是要遵守客观规律。理想社会只能建立在客观规律而不是主观想象的基础上。

认识客观规律、遵守客观规律，多普通的问题呀，为什么要特别强调呢？因为从历史经验看，我们尽管始终强调自己是唯物主义者，但实际上却总是自觉不自觉地企图把人的主观愿望强加在客观规律之上。20 世纪 50 年代末期“大跃进”时期曾流行一时的“人有多大胆，地有多大产”的口号，以及 70 年代后期“一年初见成效、三年大见成效”和“要搞十来个大庆、十来个鞍钢”等就是这种认识论、方法论的典型代表。当前在改革问题的探讨中，仍然不断有声音出来，要求在一夜之间就解决好中国的三农问题，就消灭失业，就保证人人买得起房子，就消除社会贫富差距，就能够实现社会的充分公平。这种要求好不好呢？很好。没有人反对这种理想化的目标。但我们能不能在一夜之间，或者在短期内就把这些问题全部解决好呢？不可能。因为不符合客观实际，不符合事物发展的规律，不科学。认识客观规律、遵从客观规律，这是我们在过去几十年发展过程中吃过大亏，走过大弯路才懂得了的法宝。要实现建设全面小康社会的目标，我们第一要义就是要格外强调认识和遵从客观规律的重要性。

【7-2-6】在中国历史上，一个开明的封建君主都可以接受“民为重，社稷次之，君为轻”的说法。但是“民为重”的前提是“君权神授”。今天共产党的执政地位是老天爷给的吗？不是。2004 年党的十六届四中全会专门就这个问题指出：“党的执政地位不是与生俱来的，也不是一劳永逸的”。

除了“五个统筹”之外，科学发展观还提出了一个“以人为本”的重大命题。温家宝总理在关于科学发展观的讲话中特别提出，“坚持以人为本。这是科学发展观的本质和核心”。我们还有必要对此做些解析。

科学发展观提出之后，在很长时间内，几乎所有媒体都把“以人为本”解释为“亲民、爱民”，最多解释为“关爱生命”。这种解释未免太过肤浅。

亲民政治并不是什么现代文明、进步思想的代表。在中国历史上，一个开明的封建君主都可以接受“民为重，社稷次之，君为轻”的说法。但是那个“民为重”有个前提，就是“君权神授”。意思就是，我这个皇帝的地位是老天爷给的，尽管我应当关心诸位子民的疾苦，但你们别想通过造反或者别的什么方法取我而代之。回到我们的问题。今天共产党的执政地位是老天爷给的吗？不是。2004 年党的十六届四中全会专门就这个问题指出：“党的执政地位不是与生俱来的，也不是一劳永逸的”。

那什么是“以人为本”的真正内涵呢？我认为，从改革意义上说，“以人为本”的最根本含义，就是要让老百姓、人民群众成为社会财富的直接主人。2002 年党的十六大报告提出我们要建设一个全面的小康社会，2003 年党的十六届三中全会提出，我们要建立现代产权制度。什么叫“全面的小康社会呢”？绝大多数老百姓有产的社会就是全面的小康社会。绝大多数老百姓有产就是现代产权制度的第一块基石。我们绝对不是要重回“一大二公”的旧体制，最终目标不是要把社会财富重新归于国家，归于政府，归于全社会统一掌管。也绝对不是要重走发达国家工业化过程中走过的，社会财富归少数人所有，大多数人成为一无所有的无产者那条路。让绝大多数老百姓有产，这就叫全面的小康社会。让老百姓成为社会财富的直接主人，这就叫以人为本。

还不止于此。“以人为本”坚决地否定了“宁要社会主义草、不要资本主义苗”的思潮。我们要建设的是一个让老百姓过好日子的社会。我们要的首先得是“苗”。没有“苗”的社会，贫穷的社会绝对不是社会主义社会，也绝对不是我们所要的社会。还是邓小平那句话：贫穷不是社会主义。

再进一步说，“以人为本”是对按照资产多少划分敌、我、友的“人民”概念的再否定。2002 年党的十六大报告指出，“不能简单地把有没有财产、有多少财产当作判断人们政治上先进和落后的标准”。2004 年宪法修改中关于“合法的私人财产受法律保护”的规定意味着，我们向历史、向世界宣布，我们要放手让一切劳动、知识、技术、管理和资本的活力竞相迸发，让一切创造社会财富的源泉充分涌流，以造福于人民。

“以人为本”还是党的执政理念的重大调整。我们现在懂得了，仅有“枪杆子里面出政权”不行，巩固党的执政地位，还必须依靠“执政为民”，要把人民的利益作为一切工作的出发点和落脚点，不断满足人们的多方面需求和促进人的全面发展；要一切为了人民，一切依靠人民。

3. “和谐社会”是什么样的社会

- 和谐是一种境界，是一种追求，是一种科学的世界观。
- 用协调、多样化、兼容、共赢的办法解决矛盾，这是对历史经验、国际经验深刻总结后得出的结论。
- 绝大多数人之间的经济关系处于和谐状态就是社会主义，社会中充满尖锐的利益对立就不是社会主义。
- 中国要坚持走和平崛起的发展道路，这就叫力求和谐。
- 人类和自然界之间不应当是征服和被征服的关系，而应该是和谐相处的关系。
- 每当违背自然界的意志，企图把人类自己的意志强加给自然界的时候，我们无一例外地会受到惩罚。

【7－3－1】和谐是一种境界，是一种追求，是一种科学的世界观。我们熟悉的“斗争哲学”正在转变为“和谐相处”的哲学。现在我们知道了，原来兼容、多样化、双赢以致多赢、和谐并存也是这个客观世界中符合规律的解决矛盾的方法，也是矛盾双方合理的存在状态。

在提出科学发展观的基础上，2004 年召开的党的十六届四中全会又提出了一个重要概念，叫作“构建和谐社会”。

“和谐”的概念实际上并非 2004 年才提出来的。我们这门课在 2003 年的讲授中，就已经专门对这个问题做过讲授。2002 年党的“十六大”报告有个非常重要的特点，就是格外强调“和谐”，强调用和谐的眼光、和谐的态度、和谐的思路和对和谐的追求来看待、处理我们所遇到的各种难题。

“十六大”报告有多少个地方讲到和谐了呢？有六处讲到“和谐”。这六个地方是政治、经济、社会发展、改革目标、对外交往、与自然界关系。

我们引述一下"十六大"报告的原文。在政治上，我们要"建设社会主义法治国家，巩固和发展民主团结、生动活泼、安定和谐的政治局面"。在社会利益矛盾上，强调"对为祖国富强贡献力量的社会各阶层人们都要团结，对他们的创业精神都要鼓励，对他们的合法权益都要保护，对他们中的优秀分子都要表彰，努力形成全体人民各尽其能、各得其所而又和谐相处的局面"。在发展目标上，我们要建设的是一个"使经济更加发展、民主更加健全、科教更加进步、文化更加繁荣、社会更加和谐、人民生活更加殷实"的全面小康社会。在改革进程中，我们"必须保持长期和谐稳定的社会环境"。在对外交往上，"我们愿与国际社会共同努力，积极促进世界多极化，推动多种力量和谐并存，保持国际社会的稳定；积极促进经济全球化朝着有利于实现共同繁荣的方向发展，趋利避害，使各国特别是发展中国家都从中受益"。在和自然界关系上，我们要走一条"可持续发展能力不断增强，生态环境得到改善，资源利用效率显著提高，促进人与自然的和谐，推动整个社会走上生产发展、生活富裕、生态良好的文明发展道路"。

2004 年党的十六届四中全会进一步重申、完善了"十六大"报告的认识，提出，要"形成全体人民各尽其能、各得其所而又和谐相处的社会"；要"把和谐社会建设摆在重要位置，注重激发社会活力，促进社会公平和正义，增强全社会的法律意识和诚信意识，维护社会安定团结"；要"带领全国各族人民实现国家富强、民族振兴、社会和谐、人民幸福"；要"按照推动社会主义物质文明、政治文明、精神文明协调发展的要求，不断提高构建社会主义和谐社会的能力"；要"推动建立统筹城乡发展、统筹区域发展、统筹经济社会发展、统筹人与自然和谐发展、统筹国内发展和对外开放的有效体制机制"；要"积极稳妥地推进政治体制改革，巩固和发展民主团结、生动活泼、安定和谐的政治局面"；要"在全社会大力提倡团结互助、扶贫济困的良好风尚，形成平等友爱、融洽和谐的人际环境"。

我们不厌其烦地把这些原文举出来是有重要意义的。我们不是在简单地重复政治文件，而是在讨论一个极为重大的命题。

请大家想一想，中国共产党作为执政党，是靠什么起家的，靠什么取得执政地位的？我们是靠造反起家，靠破坏制度取得执政地位的。"造反有理"、"枪杆子里面出政权"，曾经是家喻户晓的理念。正因如此，在过去几十年中，我们看待客观世界、解决各种矛盾的基本出发点是对立，是斗争，是一方打倒另一方，是一方消灭另一方。我们熟悉于"非此即彼"、"非黑即白"、"非善即恶"、"非对即错"、"非公即私"、"非敌即友"以及"非左即右"的绝对化选择。毛泽东选集第一卷第一篇文章的第一句话就是，“谁是我们的敌人，谁是我们的朋友，这个问题是革命的首要问题”。革命又是什么呢？“革命是一个阶级推翻另一个阶级的暴烈的行动”。仅仅是“推翻”还不行，还要用“暴烈的行动”来推翻；推翻以后还不算完，还要“打翻在地，再踏上一只脚，令其永世不得翻身”。几十年来，我们熟悉的政治语言是，“不是东风压倒西风，就是西风压倒东风”；“凡是敌人反对的我们就要拥护，凡是敌人拥护的我们就要反对”。在传统理论中，不管是经济理论还是政治上的党建理论，我们强调什么呢？强调“斗”。强调“与天奋斗其乐无穷，与地奋斗其乐无穷，与人奋斗其乐无穷”。也就是说，我们基本的矛盾观、方法论是“斗争哲学”。

在特定历史条件下，斗争哲学没有错。在客观事物中，对立、斗争、一方打倒另一方、一方克服另一方，的确是矛盾最终得以解决一种方式。就经济学来看，在工业化过程中，资本与劳动这两种要素之间的利益矛盾发展到不可调和时，只能通过社会革命的办法来推翻资本统治，实现重新构建社会利益关系的目的。

但是，斗争、对抗、一方消灭另一方，这只是解决矛盾的一种特殊方式。把特定条件下正确的认识推向极端，就走向了谬误。例如在所谓“文革”的十年动乱中，不同的思想认识被说成是“你死我活的路线斗争，没有调和的余地”；农民家里养只鸡都被禁止，因为“堵不住资本主义的路，就迈不开社会主义的步”；连小姑娘想穿件花衣服也要做检查，别说穿，想都不行，叫作“狠斗私字一闪念”。这种极端思潮就是把真理推向了谬误。对这种极端思想，历史早有定论。1981 年党的十一届六中全会《关于建国以来党的若干历史问题的决议》中，针对所谓的“文革”明确指出：“在社会主义条件下进行所谓‘一个阶级推翻一个阶级’的政治大革命；既没有经济基础，也没有政治基础。它必然提不出任何建设性的纲领，而只能造成严重的混乱、破坏和倒退。”请注意，这不是我下的结论，这是党的文件所下的正式结论。

在长期的发展、改革过程中，在对实践经验的理性归纳和总结中，从全面建设小康社会，到科学发展观，到构建和谐社会，我们已经逐步把对一个一个具体事件的“对”、“错”分析上升到对最一般规律的认识。力求和谐，这不是一个简单的提法变化。这是一个在认识论上具有哲学意义的重大转变。和谐是一种境界，是一种追求，是一种科学的世界观。我们熟悉的“斗争哲学”正在转变为“和谐相处”的哲学。现在我们知道了，原来兼容、多样化、双赢以至多赢、和谐并存也是这个客观世界中符合规律的解决矛盾的方法，也是矛盾双方合理的存在状态。

【7-3-2】“构建和谐社会”的思想强调，我们不再用“打土豪分田地”的办法，不再用“否定一切原有社会财富契约，重新分配社会财富”的办法来解决新出现的矛盾。用什么办法呢？我们打算用“让一切创造财富的源泉充分涌流”的办法，打算用“让社会各个群体各尽其能、各得其所、和谐相处”的办法来解决这些矛盾。

力求和谐，这种新的认识论、发展观反映了我们这个国家、这个民族、这个社会以及执政党对客观世界、客观规律认识的深化。这不是夸大其词。前面提到，“十六大”报告中在政治、经济、社会发展、改革目标、对外交往以及人类与自然界关系这六大方面中统统用了一个词，这个词就是“和谐”。大家想想，不论短期还是长远，我们面对的各种复杂矛盾是不是集中于这六大方面呢？那么今天，我们打算用什么什么样的眼光来观察矛盾，用什么样的方法来解决矛盾，所要追求的矛盾最终解决状态是什么样呢？用一个词来概括的话，这个词就是和谐。不是解决一个两个具体矛盾和问题的思路变化，而是对世界观、方法论，对世间万物认识的调整、完善和升华。正是为了说明这一点，我们才在前面不厌其烦地引述有关文件原文。

力求和谐，这个认识不是哪个人灵机一动的创造，而是历史的必然。大家是否注意到2003年提出“科学发展观”的那个文件叫什么名字吗？叫作“中央关于完善社会主义市场经济体制若干问题的决定”。我们这个执政党的历史使命已经从破坏制度的阶段走到了完善制度、巩固制度、维护制度的阶段。2004年提出“构建和谐社会”的那个文件叫什么名字呢？叫作“中共中央关于加强党的执政能力建设的决定”。加强执政能力，巩固执政地位，就要维护和完善制度，就要扩大自己的执政基础，就要尽力推动各种矛盾，包括社会利益矛盾、国内与国际的矛盾、人类与自然界的矛盾从对立、对抗走向协调。我们已经走到了这个阶段。2005年2月，胡锦涛总书记也在中央党校对省部级主要领导研讨班发表了一个讲话。他强调指出：“实现社会和谐，建设美好社会，始终是人类孜孜以求的一个社会理想，也是包括中国共产党在内的马克思主义政党不懈追求的一个社会理想”。

具体说，什么叫构建和谐社会，怎样协调各种利益矛盾呢？我们举几个例子。

前面几讲我们提到过，在社会发展过程中，社会人群之间一定会存在多样的利益矛盾。特别是在工业化以及市场经济的发展过程中，这种矛盾更是进一步复杂。例如供给方与需求方之间的利益矛盾，穷人和富人之间的利益矛盾，资本要素与劳动要素的矛盾，发达国家和欠发达国家的利益矛盾等。大机器普遍应用、分工发展以及广泛交易和交换不可避免地不断把这些矛盾推向激化。在20世纪上半叶，一直到第二次世界大战前后，全世界工业化国家中资本与劳动要素的利益矛盾都非常尖锐。正因如此，不仅在20世纪初在俄国爆发了“十月革命”，30年代到40年代时在法国、意大利、日本以及美国，共产党的影响都曾非常大。50年代末到60年代还有原殖民地国家的民族独立和民族解放运动。

在同一个时代，中国的社会矛盾也曾非常尖锐。学过近代史教科书的一定知道“三座大山”，就是帝国主义、封建主义和官僚资本主义。当社会有了利益矛盾，并且这个矛盾发展到激烈对立、对抗阶段，怎么办呢？有个经典的革命文艺作品叫“白毛女”，这个在大陆家喻户晓的作品用文艺语言描述了我们解决矛盾的基本办法。贫苦农民大春不堪地主阶级的剥削压迫，跑出去投奔了共产党领导的八路军，领着八路军回来把代表地主阶级的黄世仁、穆仁智逮起来毙了，把地主的地契、债券一把火烧了，把土地分给农民。

“白毛女”是文艺作品，用形象的故事语言描述一个革命道理。如果用理论化的语言说，在特定历史条件下，我们解决社会利益矛盾的基本办法就是，否定一切原有的社会财富契约，重新分配社会财富。

什么叫“否定一切原有的社会财富契约，重新分配社会财富”呢？在社会中，人们占有的社会财富，除了吃到你肚子里的，实际上都是以一种社会财富契约的形式存在着的。包括银行存单、住房产权证、在工商局登记的企业股权等。这些东西，在制度不变时，社会承认是你的，那就是你的；如果发生了社会革命，社会不承认是你的了，那就不是你的了。例如，社会人群中出现了财富占有状况差别，由此就产生了社会矛盾。差别就是矛盾。当这个矛盾不断累积到尖锐对立、激化状态时怎么解决这个矛盾呢？传统的革命办法是把原有的财富归属契约全部否定，把所有的财富都强制地集中起来重新分一次。打个比方说，假定我们这个班中，坐在我最左手一行的人占有着大部分的社会财富和资源，而坐在之间和坐在我右手一边的人很少占有社会财富和资源，当大家因为财富占有关系导致的利益矛盾激化时，我们就请班主任老师把教室的门锁上，要求大家把身上带的现金、手机、各种信用卡、机动车钥匙全部交出来，我们把所有这些值钱的东西在大家之间重新分一次，每个人都分一样多。现在还有利益矛盾吗？没有了。因为每个人的财富都一样多了。“白毛女”的故事、新中国成立前后的土地改革、20世纪50年代初期的“一化三改”，就是对农业、手工业、资本主义工商业的改造，实际上都是用这个办法在解决社会利益矛盾。

现在我们再次面临同样的矛盾了。多方面发展不平衡引起了多样、复杂的矛盾。我们的改革最初不就是从“让一部分人先富起来”起步的吗？有人先富，就有人后富和没有富，于是就有了社会利益矛盾。那我们今天打算用什么样的办法来解决这个矛盾呢？“构建和谐社会”的思想强调，我们不再用“打土豪分田地”的办法，不再用“否定一切原有社会财富契约，重新分配社会财富”的办法来解决新出现的矛盾。用什么办法呢？我们打算用“让一切创造财富的源泉充分涌流”的办法来解决这些矛盾；我们打算用“让一切对社会作出贡献的劳动都得到尊重”的办法来解决这些矛盾；我们打算用“让社会各个群体各尽其能、各得其所、和谐相处”的办法来解决这些矛盾。这些话是2002年党的“十六大”报告中的原话。这叫什么？这就叫和谐。用和谐而不是对抗的方法解决矛盾。简单说，我们要用主动调整社会利益关系的办法、通过完善制度来推进社会公平的办法来解决这些社会矛盾。

用协调、多样化、兼容、共赢的办法解决矛盾，这是对历史经验、国际经验深刻总结后得出的结论。

我们这个讲座，不是从一开始就讨论什么是社会主义吗？不是从一开始就努力辨明什么是传统的社会主义和“有中国特色的社会主义”之间的区别吗？现在我们可以在原有认识上又加一条。什么是社会主义呢？绝大多数人之间的经济关系处于和谐状态就是社会主义，社会中充满尖锐的利益对立就不是社会主义。

【7-3-3】布什想了一夜想明白了，和中国的关系搞不好，不光通用、微软、波音、英特尔、麦当劳、肯德基这些美国大垄断资本利益受损，整个美国经济也会受到严重影响。中国在“十一五”期间向波音定购120架飞机。全球哪里去找这样大的订单？这就叫“和则两利、斗则俱伤”。

力求统筹兼顾，和谐的认识论、发展观不仅体现在经济与社会之间关系上，不仅体现在区域之间、城乡之间、穷与富之间的经济利益关系上，而且还体现在对外交往以及人类与自然界之间关系等多方面上。为了说明这是一个根本的矛盾观、方法论的飞跃，我们再举两个例子。

中国现在在对外交往上是一个什么姿态呢？胡锦涛总书记在2003年12月有个讲话，他郑重向全世界申明，中国“要坚持走和平崛起的发展道路”。和平崛起，首先是要崛起，中国富强的脚步谁也不能阻挡；其次是和平，中国不打算威胁谁；也不打算和谁对抗，更不打算像老牌工业化国家那样去掠夺殖民地，我们要走一条和平发展之路。这就叫力求和谐。

讲一个有意思的故事。2004 年“两会”结束那天的记者招待会上，美国 CNN 记者问了温家宝总理一个问题。她说，总理先生，您前不久到美国访问的时候，您怎么吓唬的布什总统，以至于美国官方第一次正式表达了反对台湾“公投”的意见？不是我夸张，这个记者真的用了“吓唬”这个字眼。其实，温总理并没吓唬布什。此前，温总理访问美国的时候，刚一踏上美国土地就有记者采访他，请他对美中关系发表评论。温总理只说了八个字，“和则两利、斗则俱伤”。记者赶紧把这个信息传递给布什总统。布什想了一夜想明白了，这个温先生真是高人啊，此言含义颇深。当时布什正在竞选连任。他很明白，损害中国的利益，不仅对他布什不利，而且对美国也很不利。在 2001 年“9·11 事件”之后，美国经济在 2003 年已经呈现出强劲复苏和增长趋势，2004 年要想继续这个势头，没有中国这个战略合作伙伴根本就不可能。美国对外出口增长最快的市场和对美国大资本最有利的合作方都在中国。和中国的关系搞不好，不光通用、微软、波音、英特尔、麦当劳、肯德基这些美国大垄断资本利益受损，整个美国经济也会受到严重影响。大家可能听说了，中国在美国表态不支持台湾“公投”之后，决定在“十一五”期间向波音定购 120 架飞机。全球哪里去找这样大的订单？不可能有啊。欧洲人家会自己造。非洲买不起。非洲有个国家叫尼日利亚，这个国家这几年老出空难，2005 年就连着出了两起空难，连部长都遇难了。为什么呢？因为这个国家的航空公司只能买得起别人报废的飞机。欧洲对中国买美国飞机的事很忌妒，说你们才定了 80 架空中客车，怎么能向美国定 120 架波音啊，这不公平啊。我们说这好办，我们也定 120 架空客就是。2005 年末，美国商务部的一个什么官员来访，美国驻华使馆的商务参赞请我和另外几个专家吃饭。美国人问，中国打算向美国买什么啊？我说，买飞机不用说了，中国目前的轿车市场的发展速度也不必讲，日本人德国人都盯着呢。你们知道未来五年中国的轨道交通投资规模有多大吗？是 1.3 万亿元，这还不算城市内部的地铁和轻轨。这个投资规模是过去五年的四倍！另外中国还要加快上核电，中国老百姓还愿意买美国的教育和旅游。这个市场有多大，你们自己琢磨去吧。再告诉你们一个数是，2005 年中国老百姓私人出境旅游人数是 1400 万人，平均每人出境花 2500 美金，大部分去的都是欧洲。你算算这是多大的服务贸易额吧。你美国人要想挣这个钱，赶紧告诉你们领事馆，平均每天得给中国人发 3 万个旅游签证才能赶得上。你们敢不敢发？这就是“和则两利、斗则俱伤”。

【7-3-4】中国要坚持走和平崛起的发展道路。首先要崛起，中国富强的脚步谁也不能阻挡；其次是和平，中国不打算威胁谁，也不打算和谁对抗，更不打算像老牌工业化国家那样去掠夺殖民地。这就叫力求和谐。

2003年，温总理到东盟参加“10+3”的会，他代表新一届国务院表达了一个对待邻国的新政策。后来国外媒体把这个政策叫作“六字箴言”。这六个字是：“睦邻、安邻、富邻”。“睦邻”的意思是，我们中国一定实行睦邻友好的对外政策，绝不侵略谁、威胁谁；“安邻”的意思是，我们中国不仅要维护自己的领土完整与安全，而且对整个亚洲地区的区域安全也要负起相应责任；“富邻”的意思是，我们中国不仅自己要发展，而且一定让我们的街坊邻居也都有更多、更大的发展机会。这个基本立场就是力求和谐的立场。

不仅是对外交往，人类和自然界的关系也要遵循着这样一种哲学认识。我前面提到，我上大学时，哲学、经济学教科书中有个关于生产力的定义。什么叫生产力呢？生产力就是人类征服和改造自然的能力。现在我们知道了，人类和自然界之间不应当是征服和被征服的关系，而应该是和谐相处的关系。全面小康社会应当是人类经济系统与自然界之间关系趋于协调的社会，惠及子孙后代和长远发展的社会。2003年的SARS疫情以及2005年以来的禽流感等给我们的最大警示是，在我们的经济发展过程中，人类社会和自然界之间的矛盾已经趋于激化了。在过去几年中，我们已经明显感到了自然界向我们发出的警告。长江大水、黄河断流、渤海赤潮、北京沙尘暴以及其他种种的自然变异频繁出现都是这种警告。

疫情也好，长江淮河大水也好，其他自然灾害也好，不能简单地用是好事还是坏事来评判。我们说这些现象叫作“灾害”，那是对人类来说的。对自然界来说，所有这些都是自然过程中合理的、必要的组成部分。当人类活动改变了自然界的某种平衡状态，自然界就要用强制的方法去恢复原有的平衡，或者寻找一种新的平衡。我认为，人类要敬畏自然，尊重自然，努力使自己的行为符合自然规律的要求，而不是藐视、轻视和忽略自然的要求。20世纪50年代末期“大跃进”时宣传“人有多大胆，地有多大产”。后来实践证明，自然规律绝不会因为人的胆子大小而有丝毫的改变。

人类社会的发展历史也好，我们自己经济建设的历史也好，都证明了一条颠扑不破的真理：每当人类和自然界之间关系趋于协调时，人类就从自然界中获取到更多的福利。每当我们违背自然界的意志，企图把人类自己的意志强加给自然界的时候，我们无一例外地会受到惩罚。

4. 提问与讨论

- 社会化、制度化的保障体系已经成为人类社会文明进步的一个重要标志。
- 社保体系是一项最重要的“公共产品”，是政府弥补市场机制缺陷时最基本的战略与政策输入点。
- 占社会大多数的中低收入者、农民群体等应当有更多机会分享社会、经济发展的好处。
- 让中等收入者阶层成为社会的主体，这是“全面小康社会”最大的公平特征。
- “个税”就是将“人民养活政府”这样一个基本经济关系直接显现出来的工具。
- 客观物质世界的发展、运动、变异等方面的规律并非以人的意志为转移的，在和自然界之间关系上不能“以人为本”。

【提问一】：在前期改革中，老百姓的收入的确有了明显提高，但人们生活面临的风险也越来越大。下岗失业、医疗、养老等给人们的压力很大。解决这个问题是否也应包括在“和谐社会”的内涵之中呢？

答：这个问题提得非常好。因为时间关系，我们刚才只是择其要地提到若干重点。实际上，“全面小康”、“和谐社会”当然应当包括安全的内容。社会保障体系提供的就是一种社会安全保障。

在现实的社会经济生活中，人们必然要面对各种各样的天灾人祸，各种风险。这些风险包括自然属性的风险和社会属性的风险两个方面。疾病就是自然属性的风险，失业就是社会属性的风险。

风险是可能发生也可能不发生的事。全面小康社会不仅应当是一个更加富足的社会，还必须是一个安全的社会，是一个使社会经济生活中的各种风险都将获得更完善的制度保障的社会。有再多的钱，再多的福利资源，没有安全保障，这种社会也不会是人们所向往的社会。

在前期的发展中，我们的小康建设是和向社会主义市场经济转变的改革进程密切联系在一起的。在过去一些年的改革与发展过程中，一方面，城乡人民的收入水平持续提高；但另一方面，就业、教育、医疗、养老、住房等方面的社会福利制度正在按照市场经济原则经历巨大的变革。原有体制下由“一大二公”的企业“包下来”的风险保障正在转变为社会统筹的保障，社会福利资源的配置方式出现了很大的变化。由于改革措施尚不完善，再加上可用于社会保障的福利资源尚不充分，在相当多的环节上出现了保障“真空”。原有保障没有了，新的保障又没有建立起来。比如在有些不景气的国企中，由于企业财务出现困难，职工的医疗费经常被拖欠很久不能报销。有时甚至人都死了，医疗费还未报销。还有些地方退休职工的养老金经常不能按时足额发放。这些情况引起了很大的社会矛盾。完善社保体系的问题已经成为人们普遍关注的焦点。最近一些年来，医疗费用急剧上涨，看不起病的问题也引起了社会很大的怨言。这个问题的确到了必须统筹解决的时候了。

完善社会保障体系不仅关系到社会发展、关系到人们多方面需求的相互均衡，而且关系到眼前的经济运行。在1998年以后应对供大于求的紧缩性失衡研究中，人们已经普遍注意到，很多改革措施不完善的问题已经明显导致了社会对收入和支出的不良预期。这种预期已形成了对社会消费行为的制约。建立、健全和进一步完善我国的社会保障体系已经成为调整社会经济预期、促进经济发展和实现稳定增长的关键因素之一。

在任何意义上，和谐社会都和安居乐业的状态密切联系。而“安居乐业”不仅和富裕相联系，而且和安全密切联系。在工业化与市场经济发展过程中，人们在经济生活中面临的各种风险会明显加大。一方面，由于社会的各种资源成本上升，天灾、疾病等自然属性的风险单靠个人的力量已经无法承受；另一方面，失业、养老等社会属性的风险也需要依靠社会化的方式才能抵御。收入、财产、安全保障和环境已经成为现代社会国民福利的基本组成部分。全面的小康社会、和谐社会一定是一个依靠社会化、制度化的力量来抵御各种风险的社会。社会化、制度化的保障体系已经成为人类社会文明进步的一个重要标志。

完善社会保障体系不仅是个发展和改革的问题，对我国来说，还是个制度创新的问题。别以为社会经济发展了，社会保障体系自然就会建立、健全起来。没有那么容易。

社会保障体系是发达国家在其二百余年的工业化历史进程中始终未能解决好的一个重大制度难题。在工业化进程中，人们创造了很多与大机器生产、与市场经济相适应的制度文明。比如说企业制度、市场交易制度、财产制度等。可以说，这些制度尽管不尽完善，但总体上还是在一定时期内适应了生产力和经济发展的需要，也形成了相对稳定的社会共同约定形式。唯独社会保障体系这个制度，我们可以说，迄今在全世界所有国家中，还没有一个堪称成功的模式。包括发达国家，在这个问题上大家都还处于教训远多于经验的状况。

可能有人不同意我这个说法，说你看人家发达国家，失业就有失业救济金，养老就有养老金，怎么还说是不成功呢？这是只知其一，未知其二。发达国家的确有比我们健全的社会保障体系。目前这个体系也还都在运作，表面上也还在协调各种社会经济关系上发挥着作用。但这个体系已经累积了巨大的潜在危机，并不像我们想象的那样是在良性运转着。我们把这个情况给大家分析一下。

大家知道欧盟国家一般都是高福利的社会。表面看，那里的福利制度真是令人羡慕。比如说在法国，小孩子从生下来就由政府提供补贴。一直到成年，这个孩子的生活、受教育等费用差不多全是由政府包下来。大家知道法国原来在北非有很多殖民地，所以法国有很多从非洲移民来的非裔法国人。在这种福利制度下，有些黑人妇女就不去工作，连着生个四五个孩子，光是领政府的补贴就够生活了。显然，这是一个有“养懒人”弊端的制度。实际上，欧洲很多国家的社保体系早就为这种“高福利”压得不堪重负，面临入不敷出的支付危机了。

2002 年时，我曾经专门去欧洲考察过那里的社会保障体系。比如，法国的社保是由财政部负责的。法国财政部的官员和我们说，法国的社保基金其实早就存在收不抵支的危机了。如果照现在这个样子继续下去，维持不了多久就会出现大麻烦，但是福利这个东西只能升不能降，降下来就会引发社会不满。现在是靠财政补贴维持着呢。这肯定不是长久之计，但谁也不知道将来怎么办。

欧洲这些国家也不是不想改革。比如为了扭转养老金收不抵支的趋势，法国财政部早就提出一个方案，就是把人们的退休年龄从 60 岁提高到 65 岁。但这个方案没有一届政府敢采纳。为什么呢？因为政治家不想得罪社会公众，不想丢选票。推迟退休年龄首先就要得罪老人。因为人们享受退休金的年限少了 5 年，而缴纳社保税的年限增加了 5 年。人一共才能活几个 5 年啊。里外里，人一辈子的福利损失可就很大了。推迟退休年龄还会得罪失业者。本来欧洲大陆过去十余年中就已经为高失业率所困扰。推迟退休年龄，社会的劳动力供给就会又增加一大块儿，那失业问题不是就更严重了吗？你想，哪个政治家想在自己任期内去惹这个麻烦呢？何况就是在社保范围内，省了退休金，不是还得增加失业救济金吗？所以，这个改革只能年复一年地拖延着无法实施。

日本的情况怎样呢？迄今日本的财政状况在西方七国里仍是最糟的。财政赤字的情况非常严重。这个财政困境是怎么造成的呢？就和社保体系的问题密切相关。

我国从 1998 年以来实行了一个叫作“扩大内需”的战略。其实“扩大内需”这个说法是日本人最先提出来的。在日文中叫作“内需扩大”。1987 年日本的经济企划厅就明确提出了“从外需依存向内需主导转换战略”。1989 年，日本政府更把“内需扩大”作为了应对巨额贸易顺差和防止通货紧缩、维持经济持续增长的基本战略。但日本的这个“内需扩大”的战略始终也没取得明显效果。为什么呢？就因为社保负担的拖拽，财政状况使政府无力把“内需扩大”的政策贯彻到底。

1989 年时，日本的养老基金面临收支不平衡的严重缺口。为应对“老龄化”社会的福利需求，同时也为缓解社保支出对财政的压力，日本政府想了一招。就是增税。开征“消费税”。开征这个税种的目的就是给养老保障等社保体系筹集资金。但没想到，这个增税政策实施后，一下子把前期扩大需求的政策努力全给抵消了。日本国民经济的年增长率从 1990 年的 5.6% 急剧下滑为 1993 年的 0.2%。

日本政府一看，照这样下去不行呀，暂时不能管财政赤字的问题了，先救当前的经济增长吧。于是在 1994 年时，就实行了一个针对个人所得税的“特别减税”政策。所谓的“特别减税”就是一次性的减税政策。在减税的同时，政府也带头投资。1993 年日本的公共基础设施建设投资增长率达到 12.2%。就像我们后来的“积极的财政政策”。这一招还真灵。从 1993 年到 1996 年，日本的国民经济增长率从 0.2% 提高到了 3.9%。

政策虽然见效，但日本政府及其财政却吃不起这剂“药”了。为了缓解严重的财政赤字压力，1997 年初日本政府又推出了“重建财政优先”的政策体系，不仅“特别减税”不减了，而且政府还打算削减养老金数额、推迟退休年龄、削减社保体系负担的医药费份额。政府心想，我现在先管不了那么多了，先管财政增收节支吧。这一反复不要紧，1997 年，在亚洲金融危机等内外因素影响下，日本经济增长率从上年的 3.9% 骤降为 -0.6%，出现了战后的第二次负增长。

1998 年，防止衰退已经刻不容缓，日本不得不再次放弃财政的“增收节支”，反过来继续实行“内需扩大”。什么措施呢？还得比原来的措施力度更大。包括削减个人所得税、由政府向老人和儿童发放食品券、冻结原来削减医保报销比例的设想等。但这剂“药”已经吃得太晚，这一年，日本的经济增长率仍惯性地下滑为 -2.5%。从那时起直到 2003 年，日本经济才缓过一点气来。缓过点气不是因为社保负担减轻了，而是由于中国经济的强劲增长带动了日本的对华出口。

经济缓过点气来，但财政并没缓过气来。社保和财政，两头儿一边也没顾上。这个过程迄今已经近20年。这20年的经济发展机遇就在社保资源不足的拖拽下给耽误过去了。20世纪80年代末时，日本人很是自我感觉良好。那时日本畅销的一本书是《日本可以说“不”》。后来日本不说这个话了。整个90年代日本在国际竞争中和美国相比显然处于下风头。耽搁了20年的时间呀，这个教训惨痛不惨痛呢？

美国倒是没有“高福利”的社会保障体系，但美国的情况是另一个极端。美国的大部分保障都得靠个人自己去买商业保险。不仅医疗，还包括养老。政府统筹的养老金是少得可怜的。你得自己去买商业养老保险才能保证老有所养。迄今美国仍有15%的人口享受不到医疗保险。美国的加州大学伯克利分校是一个和斯坦福大学齐名的世界一流大学，那里有个劳工研究所，专门研究社会主义理论。美国的一流大学研究社会主义理论，你想不到吧？人家研究社会主义不是“供批判用”，而是为了寻找美国现行制度的弊端。那里的教授曾经慷慨激昂地对我说，在一个世界上最富裕的国家，还有4000多万人连最基本的医疗保险都没有，生了病几乎无法获得任何有效的救助，这实在是一个耻辱。4000多万人没有医疗保险，这是一个严重的潜在社会危机。

在美国，无法享受基本社会保障的问题还有很多。在那个国家，如果你的车让人追了尾，那是发财的好机会。有些黑人开着一辆破车，车屁股后头就贴着一张纸，写着“Hit me，I need money”。意思是什么呢？就是“撞我一下吧，我需要钱”。在那里的中文报纸上经常有律师的广告，写着“专打车祸赔偿官司”。你要是被追了尾，打电话给律师，律师的建议一定是让你赶快去医院住院，就说你头疼。而且律师还会告诉你，住进医院就不要出来，不获一大笔赔偿不罢休。但是这种讹人钱的“把戏”有个前提，对方得是买了保险的人。那里的中国留学生都知道，如果你被黑人的车撞了，那你十有八九就只好自认倒霉吧。为什么呢？因为他们根本没钱买保险。他们连保障自身安全的保险都没有，怎么会有钱去买保障别人安全的保险呢？在美国开车不买保险是违法的。但违法又能怎样呢？你就是报警，警察把对方抓起来，你还是获得不了赔偿。

我们举出这些例子是想说明什么呢？是想说明，在全面建设小康社会、构建和谐社会的进程中，真正为市场经济体系最终回答这项制度挑战的任务历史地落在了中国人头上。我们别指望从谁那里学一个现成的体系回来用。因为没有成功的范例供我们模仿。唯一的出路是我们自己去创新。

社保体系不仅是一项用社会化的统筹方式抵御各种风险的系统工程，而且是实施财富再分配、贯彻社会公平原则的重要手段。在市场经济体制下，社保体系是一项最重要的“公共产品”，是政府弥补市场机制缺陷时最基本的战略与政策输入点。全面的小康社会不仅要让人们“老有所养、病有所医、困有所靠、难有所帮”，而且要实现城乡之间经济关系的充分协调、政府与市场之间关系的充分协调、效率与公平之间关系的充分协调。实现这些协调，在相当大程度上依赖于社保体系的完善。在一定意义上说，完善社保体系将是我们构建和谐社会过程中面临的一项最大的制度创新任务。

当然，我们所要建立和健全的社会保障体系是一个同经济发展水平相适应的社会保障体系。从目前看，有限的社保资源将重点配置在四个方面。一是完善城镇职工基本养老保险制度和基本医疗保险制度，二是健全失业保险制度和城市居民最低生活保障制度，三是发展城乡社会救济和社会福利事业，四是在有条件的地方探索建立农村养老、医疗保险和最低生活保障制度。就是在上述目标实现之后，我国的社保体系也仍然是以“有限标准、广泛覆盖”为基本特征的。对此，我们需要保持一个清醒的认识。

【提问二】：从实践情况看，我们的经济发展和环境的矛盾好像越来越尖锐了。在未来长期的战略发展过程中，这个问题是不是会更加突出呢？

答：我们得承认，在我国，可持续发展问题的严峻性比其他国家更大。从历史上看，如果说，大多数发达国家的可持续发展问题始端于工业文明的出现，那么在我国，人类活动对可持续发展条件的破坏早在农业文明推进过程中就已经大规模开始。在特定生产力条件下，超过土地承载力的人口繁衍造就了几千年来对土地、对环境的过度索取，造就了黄土高原的植被破坏，造就了对长江中下游众多河流、湖泊水系的不断围垦，造就了长江中上游地区人口超高密度聚集和林木资源不断消失，造就了西北地区沙化侵袭的普遍存在。可以说，我们要还的环境“债”可上溯的时间要比世界上其他国家长得多。

从现实看，在发达国家的经济发展过程中，工业化与城市化进程一般保持同步。但在我国，城市化进程长期滞后于工业化，新中国成立后的前30余年，工业生产力主要向少数超大型城市聚集；改革开放以来的20余年中，“离土不离乡、进厂不进城”政策又造成了大量乡村工业的遍地开花。城市化进程缓慢和城市结构的严重不合理使我国克服工业文明负面影响的难度要比其他工业化国家大得多。大城市工业治理和分布极广的乡村环境治理，我们面临的重点是难度最大的两头。

保护资源，改善环境，实现可持续发展已经成为我国经济发展中的迫切之需。从我国的实际情况看，实现可持续发展，关键要靠技术进步。发达国家在自己的工业化过程中，或者依靠对殖民地的掠夺，或者依靠20世纪50年代“石油大发现”的历史机遇，度过了工业化的高资源指向阶段。正因如此，迄今世界上的汽车动力仍停留在液体燃料的水平上迟迟没有突破。电力和汽车这两种工业化的标志性产品未能实现密切结合，这已为人们公认是工业化阶段遗留的一个重大技术缺憾。现在看，电动汽车的技术突破很可能需要中国人来完成：因为客观事实是，如果不能实现这样一个突破，在13亿人口的国家让“汽车进家庭”是不可能办到的。

保护环境和保护资源是我们的基本国策。我们必须把可持续发展放在十分突出的地位。因为“全面小康”之路应当是一条生产发展、生活富裕、生态良好，人与自然和谐相处的文明发展之路。

【提问三】：现在收入差距拉大是个社会普遍关心的问题。“全面小康”应当怎样解决公平的问题呢？

答：我们这个讲座，从第一讲开始到今天，在不断交流经济学理论知识的同时，我们一直在强调一个认识论、方法论的问题，这就是辩证法。

自然过程也好，社会发展过程也好，在很多时候，人们经常并不能直接瞄准自己希冀的目标，而需要曲折地向相反方向努力一段。你打算到东边，但先向西方走，反而可以更快地到达东边。“相反相成”，这就是辩证法。我们很多年中极力推行“以粮为纲”，结果是怎么也解决不了全国人民吃饱饭的问题。在长期的短缺时代，老百姓吃饭是要凭粮票定量供应的。出差要是没带粮票，那你肯定要有大麻烦了。因为你就是到全国人大开会，没粮票也吃不成饭。那时的粮票还分粗粮、细粮，还分米票、面票；计量单位不仅划分到斤，还要划分到两。上海分得更细，还有半两的粮票。后来不搞“以粮为纲”了，我们现在面临的问题反而是粮食多得过剩。现在人们回想凭粮票吃饭的日子已经恍如隔世。

解决公平问题也具有同样的规律。我们在过去的计划经济体制下，实行“一大二公”的公有制，劳动者共同占有生产资料；在消费资料的分配上实行按劳分配。这听起来多公平呀？人人都吃一样的饭，穿一样的衣服。但是，如同后来我们清楚认识到的，“大锅饭”不仅使我们损失了效率，而且也使我们远离了真正的公平。

“大锅饭”公平吗？我们前面说到过，从1953年到1979年的26年间，劳动者的收入只增长了不到1倍。这期间工业固定资产增长了26倍，工业总产值增长了19倍。我们说，劳动者不能有效地分享经济发展的好处，不论消费资料的分配怎么平均，那也是最大的不公平。

实际上在改革开放初期我们就认识到，平均主义“大锅饭”下多劳不能多得的结果是养了懒人。这本身也是极其不公平的。

要贯彻市场经济下的公平原则，人们的收入就要有差别。有差别好不好呢？有差别本身也是一种公平。能力强、出力多、贡献大的多得，反之少得。这是不是公平呢？

现在人们已经比较接受“机会公平”这个认识了。起点公平、机会公平是我们首先要追求的公平。我们现在还做不到结果公平。那么首先应当让人们有一个公平竞争的机会。让社会、让市场来优化选择。上大学为什么要考试呢？因为我们没有那么多的教育资源。资源有限，只能有一部分人上大学。目前的“高考”制度不论多么不完善，有这么一种可以公开衡量的选拔机制比没有要公平得多。所有适龄青年都有机会参与这个选拔，这就是公平。

但是只要有差别，就会有事实上的不公平。在资源有限的条件下，效率提高了，我们才有机会更大程度地去调整事实上的不公平。我们说现在东西部发展差距拉大了，但并不是说西部在过去没有发展。西部在过去一些年中同样也取得了很大发展。如果没有东部的优先发展，我们今天根本就不可能有实力发动“西部大开发”战略。这就是我们前面说的，“要想到东边，可能需要先向西走”的道理。

经济发展过程充满辩证法。在传统理论中，我们经常说“唯物辩证法”或者“辩证唯物主义”。但实际上并没有真正贯彻辩证法。“以粮为纲”就是不讲辩证法的“形而上”学，用孤立、片面、静止的眼光看问题。

在我们目前的现实社会中，和改革开放之前比，我们是更公平了呢？还是更不公平了呢？我认为，只要是尊重事实地去看待问题，大家都会得出明确的结论。但是，在改革开放的过程中，有没有新的不公平产生出来呢？不仅有，而且还具有相当的普遍性。大家能坐在这么好的教室里读 EMBA，但有找不到工作的农民工可能正在挨饿。有的年轻人可以随意地去巴黎旅游，但年年都有考上大学交不起学费的贫困生。城市里的人享受着空调、电视、计算机等现代文明，但很多农村地区连基本的清洁饮水都得不到。

人们从道德的角度去审视这些不公平，可能会提出很多质疑。这些质疑是有着非常积极的意义的。人类在思考这种问题，追求更高境界的过程中才创造出更高层次的制度文明。但我们得明确无误地说，事实上的不公平现象还将长期存在，而且是普遍地长期存在。不论我们在情感、道德层面上是多么不愿意承认这个现实，我们都必须正视的问题是，差别化仍不可避免。差别化造就了种种事实上的不公平，但同时也在给我们积累和提供着实现更大公平的条件。造就不公平的原因可以为实现更大公平提供条件，这就是辩证法。

2002 年党的“十六大”报告提出了一个非常重要的认识，这就是要“坚持效率优先、兼顾公平”。这个认识清楚地讲明白了我们在全面小康建设过程将怎样处理公平问题。最近一些年，有些声音说“效率优先”错了，应当是公平优先。我完全赞成的是，在取得了一定发展成就之后，我们应当把公平放在更加突出的位置。占社会大多数的中低收入者、农民群体等应当有更多机会分享社会、经济发展的好处，工业化与城市化带来的好处；社会提供的公共产品应当更充分和覆盖范围更大。但这个“突出位置”不能以牺牲效率为代价。

首先要有效率。没有效率，我们就不会有实现公平的物质基础。怎么才能有效率呢？放手让一切劳动、知识、技术、管理和资本的活力竞相迸发，让一切创造社会财富的源泉充分涌流。“放手”的含义不仅是政府不管和少管，而且是让人们有更多机会去自主地追求财富。

放手让人们去追求财富，并不是说社会不需要有一个调整财富配置状态的力量。我们还要兼顾公平。怎么兼顾公平呢？2002 年“十六大”报告讲了一个原则。那就是，“初次分配注重效率，再分配注重公平”。我认为，这个公平机制的基本框架仍然是符合我国具体国情的。

什么叫初次分配呢？在企业的经济活动中发生的分配，在市场竞争过程中实现的分配都是初次分配。简单说，企业的销售收入中扣除原料、折旧之后的剩余会划分为劳动者的报酬、投资人的利润和国家税收等。这就是初次分配。大家在市场上买东西时和卖方讨价还价，价格高低就决定着买卖双方在交易过程中的利益分割。由此形成的利益分配也是初次分配。在这些初次分配过程中，我们的原则是什么呢？是注重效率。包括劳动者的工资，也不是按照你流汗的多少来分配，而是要按照贡献的大小进行分配。

那什么是“再分配”呢？政府用收取的税赋收入为社会提供公共产品的过程就是再分配最重要的途径之一。再分配一定要注重公平。

再分配怎么就注重公平了呢？人们从常识可知，公共产品、社会福利并非按照每个人纳税多少来享用的。例如，不论穷富，每个社会成员都应当有享受社会安全保障的平等权利。另一方面，政府的税收对不同的人是有区别的。比如在个人所得税的征收上，几乎所有国家都实行累进税率。富人不仅要一般地比照收入纳税，而且收入越高，适用税率就越高。这就是再分配对公平和财富配置的调整。在全世界，人们都把个人所得税视为一种公平税。

政府税赋的再分配作用不仅表现为提供国防、社会安全等公共产品方面，而且表现为对弱势群体的救助和提供社会保障方面。例如在我国，我们目前已经在城市中建立起了最低生活保障制度、社会保险制度等。除了这些经常性的制度外，阶段性的措施还有政府补助下的“经济适用房”，对发展滞后地区提供财政转移支付制度等。这些都很容易为人们所理解。

有人可能会说，我们并不否认政府的这些措施有利于公平，但这些措施并不能防止贫富差距拉大呀？富人即或缴纳更多的个人所得税，他们也还是会比穷人日益更多地占有社会财富呀？

这个问题问到点子上了。在经济发展过程中，人们早就注意到了这个问题，人们认识到，要抑制、防止贫富差距不断拉大，仅仅有上述一般性的调节措施还不够，还需要有很多特殊的社会共同约定才行。什么样的社会共同约定呢？比如征收遗产税、赠与税、不动产税等就是这样的社会共同约定。你有本事，能够更高效率地支配资源，社会就给你更多支配资源的机会。在你有生之年，你可以尽情地发财挣钱。但是别着急，社会不会放任让财富在不同人群中的不平等配置状态无限地扩大下去。谁能逃脱自然规律而长生不老呢？等你有一天离开这个世界的时候，那时社会再和你算总账。你要把你的财富交给你的儿孙。这没问题，但要先纳税。而且这个税率还不低。遗产越多，税率越高。你说，我在有生之年就把财富转移到儿孙名下。这也没问题，但同样要缴纳赠与税。越是发达国家，这个“算总账”的规矩就越完善。我在日本学习时，我的日本导师告诉我说，在日本，就是一个像松下幸之助那样最富有的人，如果他的儿孙不创造、不工作而只是坐吃山空，那么遗产税一项将会使这个富人的孙子所拥有的资产不会比一个普通中产阶层多多少。

我国现在还没有开征遗产税等税种。但可以明确地说，或早或晚，我们肯定要开征这一类税种。这是通过“再分配”更大力度地调整公平的一个措施。当然，现在世界上有种取消或减轻遗产税的趋势。现任美国总统布什当年的竞选纲领就是要取消遗产税。香港从 2006 年 2 月起也取消了遗产税。但那是中产阶级足够强大以后，社会财富已经由大多数人占有以后的事。我国是一个工业化起步时间不长，导致资源占有不平等的市场机制刚刚开始发挥作用的国家。采取强制性的制度措施调整财富在人群中的占有关系仍是急迫和必要的。因此，我对开征遗产税持坚决支持的态度。

实际上，再分配的手段不仅包括政府的税赋，还有很多。比如，社会保险体系也是再分配和调整公平的一种杠杆。不仅政府主办的社会保险，而且商业化的社会保险也同样具有这种功能。每个购买意外险的人都不会希望自己遇到意外，但谁也不敢保证自己就不会遇到意外。保险的功能是什么呢？就是把大家为保障自己安全的钱集中起来，配置在出险的少数人头上：这公平不公平呢？很公平。因为每个出险的人都有同样的机会享受同样的理赔。

再比如，社会慈善捐赠。这些年我国这种福利性社会捐赠已经比较多见了。对特殊困难的群体，由社会成员自愿地提供援助，这也是一种再分配。我们的“希望工程”就是大家熟知的“爱心工程”。我们现在还有很多零星、自发的社会捐助活动。在有些发达国家，捐助社会慈善机构的钱可以不缴纳所得税。有些富人就想，与其等我死了让政府用遗产税把我的财富白白收走，还不如在我有生之年或者身后捐给社会慈善机构，我还落个好名声。所以在发达国家，慈善捐赠并非都是普通老百姓，“大款”、富人们也经常是乐意为之的。1998 年我国大陆闹水灾时，香港的艺人们组织赈灾义演，号召人们当场捐献。有个不愿透露姓名的香港富人让主持人到台前宣布，这个义演不论筹集多少善款，他都再加 1 倍。要知道香港是个富裕的地区，一台“明星荟萃”的义演能够筹集到的钱肯定不是一个小数目。他一个人要和全香港所有人的善举相敌。这可就不是一般的“表示表示”了。我认为，一个文明的社会就应当有这个机制。

还比如，社会成员的互助组织也可以有效地履行再分配的功能。我们知道，下岗职工“再就业服务中心”是上海最先创造出来的。实际上上海在创造出“再就业服务中心”的同时还有一个创造。1997 年我到上海调查时发现，上海总工会有个举措是非常值得提倡的，这就是职工互助金制度。每个职工可以自愿加入，只需缴纳很少一点钱。这个钱在理论上还是属于你个人的，但你不能随便取用。做什么用呢？如果哪个职工遇到特殊困难了，工会就用这笔资金的收益提供援助。这是一个职工相互救助的体系。其必要性在于，有些特殊困难不是民政系统能够解决的，比如孩子考上大学没学费；有些也不是买保险就能规避的，比如家里的老婆婆病重。有了这个职工互助系统，人们在社会生活中可能存在的不安全就得到了更全面的覆盖。

我再举一个再分配的力量。这个力量不直接表现为政府行为，但政府可以通过政策调整。什么力量呢？就是宏观经济运行中的通货膨胀和通货紧缩。我们前面说过，市场经济下的宏观经济政策调整什么呢？主要调整两个指标。一个是通货膨胀率，一个是失业率。当政府政策故意在一定程度上容忍通货膨胀时，社会利益的分配也会通过就业率上升出现某种有利于劳动者的倾斜。

人们在思考公平问题时很容易把目光集中到怎样抑制高收入的增长上面。抑制富裕群体的收入增长是一个实现公平的重要方面，我们将怎样抑制这部分人群的收入过快增长呢？人们对这个问题的共识度其实是很高的。一是要加强政府对收入分配的调节职能，调节差距过大的收入；二是要规范分配秩序，合理调节少数垄断性行业的过高收入；三是要取缔非法收入，更坚决地打击贪污腐败、侵吞国有资产等不法行为。

但仅仅抑制高收入并不是最积极的措施。更积极的措施是什么呢？是调整社会不同富裕程度的人群构成。我希望大家注意到2002年的“十六大”报告中的一句话。这句话是“以共同富裕为目标，扩大中等收入者比重”。提高中等收入者的比重，这句话是第一次写入党的文件。我认为，让中等收入者阶层成为社会的主体，这是“全面小康社会”最大的公平特征。

当前，我国在贯彻社会公平原则上的重点是三个方面：一是调整收入构成，着力提高低收入者收入水平，逐步扩大中等收入者比重，有效调节过高收入，规范个人收入分配秩序；二是注重增加就业机会，推进就业机会和分配过程的公平；三是进一步完善社会保障体系，逐步提高最低生活保障和最低工资标准，认真解决低收入群众的住房、医疗和子女就学等困难问题。

【提问四】：您刚才提到，个人所得税是一个公平税。过去一段时间媒体上有个说法，说我国的个人所得税主要都是工薪阶层缴纳的。这是不是没有起到调整公平的作用呢？我国的个人所得税会怎样调整呢？

答：个人所得税的问题是个有意思的话题。因为牵扯到每个人的切身利益，人们普遍都比较关注。最近，关于“个税”调整的议论又渐渐多起来了。从2006年1月起，我国的个人所得税免征额从800元统一提高到了1600元。我对这个税种今后还会怎么调整并不了解。这里只是谈一点个人的看法。

人们关注调整个人所得税的调整问题，这是一个非常好的现象。为什么呢？因为大家对社会经济关系及其调整尺度的认知向“税”这种市场经济的杠杆集中，应当说这是改革进程中的一种极大的社会进步。

但值得指出的是，目前一些相关议论中对个人所得税的认识仍颇多似是而非之处。比如说，你刚才说到的工薪阶层成为“个税”纳税主力是否是一种不公平的问题。由此就有必要做点辨析。

首先说，个人所得税确实是一种公平税。这在各国皆然，包括市场经济发达的国家。这个税种的主要作用是调整社会分配结构，维护社会公平。

但在我国，由于社会经济正处于体制转轨时期，我们的“个税”可能还得承担一个非常重要的特殊性职能。这就是调整个人与政府之间的经济关系。

在过去长期的计划经济体制下，我们熟悉的观念是“国家养活人民”。那时人们对“涨工资”的通行解释是“国家”拿出了多少钱。其实，这是一种被颠倒了的社会经济关系。

在经济学意义上，“国家”是一个虚拟的概念。国家自身不会创造出任何社会财富，也不可能凭空拥有给社会成员增加收入的能力。由于在原有计划经济体制下的个人收入中必要的公共开支、社保、扩大再生产等部分已被扣除，又由于在所有制上实行“一大二公”，分配过程的体制性特征掩盖了国家与个人之间的真实经济关系。现在我们应当还这种被颠倒的经济关系以本来面目了。这个本来面目是什么呢？就是“人民养活政府”。

“人民养活政府”，或说“纳税人养活政府”，这在市场经济发达国家是一个不言而喻的事实，是社会普遍公认的经济准则。但在我国，调整这样一个经济关系仍是当前深化改革、确立社会主义市场经济体制的关键之一。“个税”就是将“人民养活政府”这样一个基本经济关系直接显现出来的工具。我国的“个税”调整必须从这样一个重大的改革目标出发。.

现在回到我们的问题上来。那就是工薪阶层应不应当纳入个人所得税的征缴范围。在这个问题的讨论中，有相当多的人认为，既然“个税”是公平税，那么以工薪阶层为主的中低收入者就不应当纳入征缴对象的范围。这个认识并不正确。

个人所得税对社会收入分配结构的调整手段主要体现在两个基本方面。一是免征额，即超过一定收入水平才真正需要缴纳税款。二是实行累进税率，即收入越高，不仅纳税的绝对额高，而且收入中应税比重也越大。但值得指出的是，这两点不能简化为不对中低收入者征税和只对高收入者征税。事实上，在任何国家，工薪阶层都是大多数。一个显然的道理是，如果把大多数人屏除在纳税范围之外，“人民养活政府”的经济关系是建立不起来的。

有一个问题需要说清楚。免征额以下的收入部分不等于不在“个税”征收范围。在个人所得税的本来意义上，任何个人收入都在征缴范围内。起征点、免征额其实都只是一种容易理解的通俗说法，在真正的税赋意义上，所谓“起征点”或“免征额”以下的收入部分并非不征税，而只是适用税率是零。人们很容易理解，零税率不等于没有税率。一方面，起征点或免征额普遍要比社会救助标准高出一个相当的距离；但另一方面，收入在社会平均工资水平或偏下一些的人群仍要缴纳个人所得税。

当前很多人指出，“个税”的起征点应当依照纳税者的赡养负担不同而区别对待。这个意见是非常合理的。目前我国在个人所得税征收问题上不考虑赡养负担的区别是个明显的缺陷。

说个人所得税是“公平税”，还有个问题需要说明。很多人可能会有个想法，那就是希冀借助个人所得税把社会公平一次调整到位。其实，这种想法是并不符合规律的。

我们前面说过，在市场经济条件下，收入及其差距是调动积极性、提高效率的重要杠杆。从一定意义上说，人们的收入、财富存在差距也是一种公平。社会不可能也不应当通过“个税”把收入差距一把“抹平”。根据国际经验，调整贫富不均这种事实上的不公平应当依靠一个包括所得税、资产税、赠与税、遗产税等在内的税赋体系，而不是单一税种。例如在日本，拥有豪宅的富人要为市场价值巨大的不动产不断支付很高的资产税。此外，各国对事实上的不公平的普遍做法是，在个人所得税上对富人做出较多的退让，而靠遗产税以及赠与税最后“把关”。在我国，调整个人所得税显然也需要与正在酝酿中的遗产税、赠与税联系起来考虑，而不能指望个人所得税一个税种就把公平一次调整到位。

个人所得税作为一种公平税，还有一个有趣的现象。那就是在很多时候，“个税”不仅不去“剥夺”富人，反而会“偏袒”富人或较高收入者。

为什么会有这种情况呢？因为政府的税赋除了调整社会公平外，还有一个基本职能，那就是调控经济运行。例如美国的布什总统在他的上一任期内就试图通过减税政策来刺激经济以抑制可能的衰退。个人所得税也同样兼有调控经济的重要职能。

在履行调控经济的职能时，“个税”经常会体现为对有钱人的“关照”。例如在美国，为了鼓励住房消费，政府长期实行的一项税赋政策是，人们第一次购买住宅时的支出可以从以后“个税”应税收入中抵扣。按照美国的“个税”税率，这实际意味着，如果购买一栋 20 万美元的中等价格的住宅可获得 4 万到 5 万美元的政府补贴。显然，购房越大、越贵，从这项政策中获取的好处就越大。

在发展中国家，由于投资不足是社会经济发展的最大“瓶颈”，在“个税”征缴上也可体现鼓励私人扩张投资的政策意图。例如政府可规定，私人企业主的个人收入如果用于固定资产再投资可减免“个税”。显然，这也有利于私人财富的更快累积和“富人越富”。

在经济调控过程中，越有钱越减免税，这并非“个税”的“异化”。在经济学意义上，富人或较高收入者的收入也是一种资源，政策应当通过一定手段把这种资源更多、更快地动员出来为经济发展做出贡献。例如，当经济运行中出现供大于求的普遍失衡时，对国民经济发展最有意义的事就是找到一个能够容纳相对过剩产品的“蓄水池”，以实现社会再生产的良性循环。鼓励富人把他们的金融资产转换为实物资产，承担起这样一个“蓄水池”的职能，这于社会有益无害。何况如前所述，在完善的市场经济格局中，“个税”并非调整公平的唯一“阀门”。

从我国国民经济运行的实际情况看，扩张消费和鼓励私人投资已经成为调控经济的当务之急。我们也有必要积极借鉴其他国家灵活运用“个税”调控经济运行的经验。

【提问五】：现在一些地方强调，既然要“以人为本”，就应当在环境和发展的二者关系中首先注重发展。这种认识对吗？

这里我们要对前面所讲的“以人为本”的问题做一点补充。在和自然界之间关系上，我们决不能无限夸大以人为本的含义。

一方面，在过去长期发展过程中，我们吃过否定人、忽略人的大亏；但也同样吃过无限夸大人的作用、地位的大亏。比如“人定胜天”、“人有多大胆地有多大产”。后一种认识也同样给我们的民族带来过巨大灾难。在“农业学大寨”和“以粮为纲”的年代，人们提出要“向荒山要粮，向沙漠要粮，向戈壁要粮”的口号，结果是形成了对自然生态环境的极大破坏。内蒙古把自然草场开成农田，让牧民种庄稼，结果破坏了草原生态，引来了草场大规模退化和旱灾、水灾、鼠灾、虫灾等多样灾害。人们在洞庭湖、鄱阳湖中围湖造田，破坏了长江洪水时自然分流的条件，现在不得不逐步搬出。北京原来是有多条水系的，周边也不乏湖泊。现在永定河、温榆河、潮白河等早已干枯多年，临近的白洋淀也差不多临近干枯。

在这个客观物质世界中，人不是中心。其发展、运动、变异等方面的规律并非以人的意志为转移的。因此在和自然界之间关系上不能“以人为本”。我们所在的这个叫作地球的星球，科学家估计，已经至少有30亿年的历史了。在这个30亿年的自然发展过程中不知道经历了多少沧海桑田的变迁。在4亿年前到6000万年前，地球上占统治地位的生物种群是恐龙。恐龙曾经统治这个地球达3亿多年！请掂量一下3亿年这个时间概念。我国的南极科考队带回的化石证明，在2000万到3000万年前，南极那个冰雪之极曾经是气候温和、水草肥美、雨量充沛的地方，化石清晰地显示出那里曾长满叶子有小孩巴掌大的阔叶植物。你想想，如果历史上没有过充足雨量，南极怎么会形成那么巨大的淡水冰川呢？尽管2000万到3000万年已经和30亿年以及3亿年远不是一个时间量级了，但仍然是一个漫长的过程。北京的西南角有个地方叫周口店，以出土过两个北京猿人头盖骨著称于世。很多人知道那两个猿人头盖骨在抗日战争爆发前夕遗失了，但很少有人知道那两个头盖骨是什么年代的。那两个猿人头盖骨一个是50万年前的，一个是5万年前的。也就是说我们人类的祖先，中华民族的祖先曾至少在周口店那个山洞里住了45万年。大家再想想，45万年，那得繁衍多少代人啊，尽管这

45 万年与南极变迁的 3000 万年相比是如此微不足道。我们人类有文字记载的历史最长才多长呢？才不过 5000 年。人类创造出一个自己的精神统治者，也就是“上帝”，也不过才 2000 年。从这个意义上说，人不是这个客观世界的主宰、核心，人只能认识自然、顺从自然，在对客观规律的把握中谋取自己的福利。

第8讲

经济体制改革

JINGJITIZHIGAIGE

今天讲改革问题：这是一个很难讲的话题。实际上我们在过去的几个专题中，始终也没有离开改革问题。第二讲的题目就叫作社会主义市场经济。向社会主义市场经济转变，这就是最根本的改革方向。

但是，我们的改革并非只停留在这样一个方向上就能成功的。我们还至少有三个层次的问题需要深入研究。这就是，政府怎么改，国有资产管理体制怎么改革，企业制度怎么改。这三个问题不解决，向社会主义市场经济转变就是一个只有躯壳而没有实质、只有形式而没有内容的改革。在第二讲中，我们着重涉及的是市场经济运行的外部制度问题，也就是现在人们常说的“游戏规则”问题。今天我们要涉及的改革，主要是市场参与者自身的改革问题。

坦率地说，讨论向社会主义市场经济转变的改革，人们比较容易认同。提高效率、实现资源的优化配置，谁会反对呢？甚至说到发展竞争，大多数人仍会持赞成态度。从20世纪80年代初期开始，我们的改革就是从打破“大锅饭”开始的。打破“大锅饭”就是发展竞争。“让一部分人先富起来”为什么会在以前的很长时间内得到社会的普遍赞成呢？因为没有人会认为，“养懒人”的制度是一个合理的制度。那时每个人都觉得我实际上有机会比现在得的更多。只要给我一个自由发挥的余地，我也会成为“先富起来”的那个群体中的一员。那个时候，相当多的人都认为，不能“先富起来”的只会是懒人。

但是我们今天讨论的问题则不同。因为我们今天讨论的问题，都要触及一个个社会群体的现实利益。改革改到自己头上了，人们的认同度就大大下降了。每个人都说，其他的部分应当大改特改，我的既得利益不要触动。无须讳言，最近几年中，社会出现了一种打着“反思改革”的名义怀疑改革、否定改革甚至反对改革的思潮。他们要求回到计划经济去，要求限制以致取消非公有制，要求停止国企改革；甚至批判邓小平“发展是硬道理”、“让一部分人先富起来，逐步走向共同富裕”的科学论断。我对这种声音是不能认同的。不认同并不是说改革已经十全十美，不需要进一步完善了。恰恰相反，我们今天重点讨论的并非改革取得了多么大的成就，而是改革还存在哪些缺陷、哪些难点，制度设置和社会利益关系应当怎样进一步调整。

我们的改革已经走到了一个最艰难的阶段。20 世纪 80 年代初期全社会几乎所有群体都可以从改革中普遍受惠的阶段已经过去。在目前和今后一段时期中，我们要面对的是一部分人要承担改革代价的问题了。或者说，大家都要在不同方面、程度不等地承担改革代价的问题了。我们的任务，就是找出更公平地分担改革代价的办法，找出保护普通老百姓利益的办法，找出反腐败、防止国有资产流失、维护市场经济秩序的办法。

1. 经济体制改革与政府职能转变

- 向社会主义市场经济转变，我们面临的迫切之需是“改政府”。
- 满足社会公共需要的物质产品和社会服务都是公共产品。
- 公共财政的制度框架意味着政府职能不再以形成国有产权为自己的基本职能。
- 我们至今也没完全找到好办法的一个难题是谁来承担经济转轨的代价。
- 不能指望靠正常的扩大再生产投入部分来分担转轨代价。例如不能把“债转股”而来的股权当成股市融资来处置。

【8-1-1】政府该干什么的问题直接涉及政府的权力和利益。按照建立社会主义市场经济制度的要求，结合我国的实际情况，就经济职能说，政府应当主要做好四件事。这四件事，一是建立公共财政框架，二是调控经济运行，三是维护经济运行秩序，四是承担转轨成本与完善社保体系。

1999年末，中美之间就中国入世问题达成双边协议。从那以后，入世的挑战问题就成为全社会关注的焦点问题之一。在这个问题上，有专家曾经尖锐地指出，最大的挑战是对政府的挑战，需要与国际经济接轨的最大问题是政府职能的转变。我认为，这个认识非常到位。向社会主义市场经济转变的改革也好，应对入世挑战也好，我们面临的一个迫切之需是“改政府”。我们的改革已经走到了这样一个阶段，作为社会经济秩序维护者的政府需要把自己改成适应市场经济的政府。

“改政府”是个通俗说法。政府要应对加入WTO的挑战，实际上说的是政府要应对市场经济的挑战。WTO的基本原则就是市场经济的原则。与国际经济接轨，就是要彻底地与市场经济接轨。

在过去30年的改革中，政府尽管从一开始就强调“简政放权”、“松绑让利”，但实际上在很长时期内政府利益是在不断增加的，政府支配资源的能力也是在不断增加的。尽管改革到现在，计划经济已经渐行渐远，但在实际经济运行中，各级政府自觉不自觉地并没有放弃对资源配置的支配力。

大家回顾一下过去30余年政府在资源支配权上所扮演角色的变化，看看政府自身的改革是否彻底。在20世纪80年代后期有个重要的改革，叫“拨改贷”。从形式上说，政府把固定资产投资的任务从财政交给了银行，但本质上政府却并没有放弃对这个投资的支配力，资源配置的权力仍在政府。因为上什么项目并不是银行说了算，而是政府说了算。不仅如此，银行贷款形成的固定资产还得算是政府所有的“国有资产”。今天看，这显然是个非常不讲理的改法。但那时的制度背景下，人们并不深究资产归谁。因为人们认为，企业、银行和政府都是公有制的，都是一家人。到20世纪90年代末期，我们发现国有企业中普遍存在着巨大的债务负担，银行也由此背上了沉重的不良资产包袱。这个局面在很大程度上就是由当初的改革不完善、不彻底造成的。

其后，分税制的改革实际上是中央政府与地方政府在资源支配权上的一次重新分割。后来的“诸侯割据”局面就是依靠由此而来的地方财力形成的。进入21世纪后，一直到今天，我们一直在不停地整顿市场经济秩序中。我们发现，影响以致破坏市场经济秩序的重要原因之一是什么呢？是地方保护主义。谁在纵容假冒伪劣、支持地方保护主义呢？是各级地方政府。地方保护主义已经成了一项“公开的秘密”，一项“潜规则”。而地方保护主义的盛行是和地方政府资源支配权的不断强化密切联系在一起的。

1998~2002年中，我们连续多年实施了“积极的财政政策”。在这个过程中，政府的资源支配力得到进一步的增强。政府不仅借助于“发债”大大增强了自己的投资能力，而且在“国企三年脱困”的政策中借助于“债转股”又形成了一大批经营性资产的国有产权。

一直到20世纪90年代末的很长一段时期内，我国企业上市还需要经过政府审批。各地的企业上市还采取分配“名额”的办法。连资本市场的资源配置权力也被掌握在了政府手中。

近年来，很多地方政府非常热心于“经营城市”。所谓经营城市的最主要内容，就是努力提高政府土地使用权的出让收益。在近年来关于房价的讨论中，人们批评说，地方政府的利益是和高房价联系在一起的。这个说法确实是有客观依据的。

还有在过去几年中愈演愈烈的“税外加费”的现象，也是政府利益不断强化的一个重要表现。上届总理朱镕基上任之初就痛斥这种现象导致了“民怨沸腾”，并发誓要推进“费改税”。但由于种种原因，一直到现在，这项改革也并未取得实质性进展。

从最直接的政府利益看，在过去几年中，我国政府的税赋收入增长是非常快的。1999 年时我国的财政税收总额突破 1 万亿元，当时的总理朱镕基亲自写信给税务总局表示祝贺。2003 年，尽管有 SARS 疫情的影响，税收总额仍突破 2 万亿元。2005 年突破 3 万亿元。2008 年达到 5.78 万亿元。从 1999 年到 2008 年，政府的税收利益增长了 478%。这个增长速度远远超过同期国民经济的增长速度、社会居民收入的增长速度。

我们不是说政府利益增加和政府对资源的支配力增加就是坏事。政府财力增强是我国综合国力增强的重要表现形式之一。政府财力增强也意味着我国经济抗风险能力的增强，政府调控经济和调整社会公平的能力增强。但既然是讨论改革，我们就需要问，市场经济下的政府究竟该干什么?

讨论政府该干什么的问题不是一个简单的小问题。这个问题直接涉及政府的权力和利益。我们可以说，这是一项“革命革到政府头上”的改革。

在过去一些年中，媒体、社会舆论、专家和政府都在说，要转变政府职能。怎么转变呢? 按照建立社会主义市场经济制度的要求，结合我国的实际情况，就经济职能说，政府应当主要做好四件事。一是建立公共财政框架，二是调控经济运行，三是维护经济运行秩序，四是承担转轨成本与完善社保体系。这四件事说到底其实是一件，就是提供充足的公共产品，提供市场机制下的竞争、分散决策所不能提供的公共产品。

【8-1-2】建立公共财政的制度框架，这其中的改革体现在哪里了呢? 体现在一个非常重要的方面。建立公共财政的制度框架，就意味着政府不再以投资和形成国有产权为自己的基本职能。这项改革的推进是我们在深层次上与计划经济告别，与市场经济接轨的一个里程碑。

政府该干的第一件事是建立公共财政框架。

什么叫公共财政呢? 简单说，就是政府财政的收入和支出主要应当服从于为社会提供公共产品的目标。政府为什么要收税呢? 因为政府要为社会提供公共产品，就要有必要的财力。政府的支出应当主要用于什么方面呢? 主要应当用于为社会提供公共产品的方面。

这里我们简单介绍一点经济学的基本常识。

什么叫公共产品呢？满足社会公共需要的物质产品和社会服务都是公共产品。比如国家领土完整、国防安全、社会稳定等都是公共产品。一应必要的政府行政职能都是公共产品。警察、法院等维护各方面社会秩序的国家机器也是公共产品，义务教育也是人们公认的公共产品。这些领域的开支都没有异议地应当由政府提供。常识可知，离开这些必要的公共产品，一个社会要想正常运转显然是不可能的。

因为这些产品是服务于社会公众的，所以依靠市场竞争的力量、谋取收益的利益动机等是不能保证资源向这些领域集中的。不仅如此，为了保证公共产品真正服从全社会的利益而不是只有利于局部利益，通常即或私人愿意出钱提供，社会也不能允许私人生产和提供这些公共产品。例如我们不可能允许私人拥有军队。

要维持这些公共产品充足有效，就得全社会大家凑钱来维持其运转所需的必要经费。怎么凑呢？就是收税。政府为什么要收税呢？第一理由就是要为社会提供公共产品。

公共产品的范围是很大的。其范围并不仅限于上述方面。有些公共产品并不一定和政府的行政职能直接联系，但也是社会公众利益的组成部分，比如环保、维护消费者权益等，这些也属于公共产品，也需要政府提供。

公共产品还有一个特殊方面，它不一定惠及全社会每一个人，可能更多的是惠及一个特定利益群体。比如失业保障。但它也是公共产品。这就是社会公平。调整和维护社会公平也是政府应当提供的公共产品。比如对社会特困群体的救助、建立最低生活费保障制度、维护必要的社会保障体系和福利制度、救灾防灾等。政府税赋是最重要的“二次分配”形式。我们前面讲过，我国分配制度改革的基本方向就是“初次分配注重效率，二次分配注重公平”。除了维持公共开支以外，政府税收的另一个职能就是调整社会公平杠杆。通过税赋强制地再分配社会财富和社会资源，这种公平职能也是公共产品。

在实际经济运行中，除了惠及全社会利益的公共产品之外，还有一些单纯依靠市场机制也不能得到足够的资源配置，而对社会发展和经济发展又非常必要的产品，我们称之为准公共产品。比如公共交通、城市基础设施、医疗体系等。还有有益于人民身体健康、提高民族凝聚力的体育事业等。这些也应当由政府提供必要的财力支持。为什么是准公共产品呢？因为这些产品的特点决定，有些是可以依靠市场经济下的交易原则在一定程度上维持自身运转的。

我们举几个例子。

一个是电话等通信网络。通信网络在建立之初，在规模尚不充分的阶段是很难赚钱的。但这种基础设施又为社会所必要。所以各国皆然，电话公司的建立之初是需要政府财政给予一定援助的。但是当电话网发展到一定规模以后，它就应当完全按照市场化的原则自行发展。

再一个例子是公共交通。我们前面提到，我国现有 20 多个城市在修地铁或者城市轻轨。在“十五”初期，曾有人反对发展城市轻轨、地铁等。其理由是目前全世界还没有哪一个国家的城市轨道交通形成了成功的盈利模式。这种说法很不科学。公共交通的经济性不是体现在这种交通系统自身的盈利性上，而是体现在节约土地等城市资源、提高经济运行效率方面上。由于开通了地铁，整个城市的交通运行效率都提高了，大家的时间都节约了。这就是其经济性。在经济学上，这叫作“外部经济性”。现在这个问题已经有了答案。从“十一五”起，我国的战略规划已经明确，要加快发展铁路和城市轨道交通。

2002 年时，我曾专门去巴黎，对这个城市的地铁和公共交通作调研。巴黎的地铁部门说，他们那里的地铁建设投资全部是政府提供的。地铁自身的运营收入最多只能保证运营本身的开支。建设投资是不可能靠卖地铁票收回来的。加上地铁广告收入、场地的商业化出租也收不回来。这个建设投资就应当由政府出。事实上全世界的大城市中，没有一个城市的公共交通不需要政府补贴。至少需要“暗补”。例如减免税、免除土地征购费用、政府财政贴息等。

公共产品的范围实际上是随着社会发展而不断变化的。社会经济发展程度高，全社会可以集中的福利资源多，社会提供的公共产品就可以范围更广。比如我们在资源专题中讲到过，太平洋小国文莱的居民，不仅不用交税，而且全体居民的教育和医疗全部免费。我国目前的经济发展还远不充分。例如城市“低保”是一种公共产品，但我们目前还无力把进城务工经商的农村劳动力也纳入城市福利资源的覆盖范围。这公平不公平呢？很不公平。但我们目前还没有那么充分的资源实现这个公平。前面提到，国务院批准的“成渝综合配套改革试验区”的任务之一，就是要探索调整社会公平杠杆、维护农民工权益等方面的途径。近年来，中央政府已经在大力推进农村基本养老制度、城市“全民医保”制度等。

有些对社会有益的事，虽然有可能采取市场化的方式获取一定资源，但政府仍需对其发展负责任。最明显的例子是高中以上的教育以及体育事业。

很多人反对教育产业化、体育产业化的提法。我认为不分青红皂白地单纯反对不是一种实事求是的态度。例如提倡教育产业化，并不是说把教育完全交给市场；但政府要管教育，也不可能把教育完全当成由政府提供的免费产品。从我国的实际情况看，我们仍只能保障到初中义务教育。高中以上的教育费用确实应当由受教育者自行负担。这个基本的框架没有错。但这不等于说政府就可以不管。政府仍应当在教育事业的发展中提供财政支持。

就是在市场经济发达国家，社会的大学教育资源也有很大一部分是靠政府提供的。除了公立大学由政府出钱办以外，私立大学实际上也很少是单纯依靠自身的学费来维持运转的。这些私立大学很大程度上要依靠社会捐助和政府的“暗补”才能维持生存。

给大家讲个国外大学的故事。19 世纪末的时候，有一天，有一对老夫妇走进美国哈佛大学的校长办公室。校长问他们有什么事，这对衣着普通的老夫妇说，他们打算为这个美国最著名的学府捐些钱。哈佛的校长颇有些不屑地说，您知道，哈佛一般只接受数额很大的捐款，一般小额就不劳费心了。这对老夫妇相视一笑，老妇人对老头说，看来我们找错地方了。老头对老妇人说，那我们就自己来干吧。

这对老夫妇是谁呢？就是曾经担任过美国加州州长的铁路大王利兰·斯坦福夫妇。他们在哈佛受辱后决心自己投资办一所和哈佛一样好的大学。这就是今天名扬天下的斯坦福大学。迄今斯坦福大学的毕业生，其年收入仍高居全美所有大学之冠。

我曾经在斯坦福作过一年半的客座研究员。斯坦福大学就是一所私立大学。这个私立大学一年的经费要多少钱呢？要 20 亿美元。尽管上斯坦福大学的学生以富家子弟为多，连美国前总统小布什的女儿也在这个学校就读，但这么一个庞大的预算也是不可能单纯靠收学费来筹集的。那么钱从哪里来呢？除了学费收入之外，还有四个基本来源。一是社会捐款，二是斯坦福家族当初捐赠的资产收入，三是企业等委托的课题经费，四是政府基金。其中政府基金能占到学校预算的三分之一到一半。什么是政府基金呢？就是政府给的委托课题经费。只不过这个经费不直接给到学校，而是通过竞争招标的方式交给承担课题的教授支配。

我们由此可知，就是在市场经济发达国家，政府始终是要对教育发展承担很大责任的。不应误解的是，教育的产业化并不等于就是教育的完全市场化，也不等于政府不管教育。

体育也是一样。政府发行体育彩票，实际上就是在征缴一种“自愿税”。体育事业无疑是一项有益于社会、有益于全民的事业。这项事业可以在一定程度上依靠市场配置资源。比如国外的“职业联赛”都是纯粹市场化的体育比赛。但光靠市场不行，还需要有政府的扶持、援助。各国程度不等、方式不同地都有对本国体育事业的政府投入。

建立公共财政的制度框架，听起来好像和计划经济体制没有多少区别呀？这其中的改革体现在哪里了呢？体现在一个非常重要方面。建立公共财政的制度框架，就意味着政府不再以投资和形成国有产权为自己的基本职能。

政府不以发展和壮大公有制、国有经济为第一经济职能，而以提供公共产品为第一职能，这个改革的意义是非常重大的。不夸张地说，这项改革的推进是我们在深层次上与计划经济告别、与市场经济接轨的一个里程碑。

有一个问题很值得辨析一下。我们要以经济建设为中心，如 2002 年党的“十六大”报告所说，“要聚精会神搞建设，一心一意谋发展”。但这不等于说，要让政府成为“搞建设”的主力军。建立和完善市场经济运行机制，政府应当做到的是促进经济建设，而不是自己成为投资“搞建设”的主体。以盈利为目的的建设项目应当尽可能交给市场化的投资主体去做。政府可支配的资源，应当努力提供更多更好的公共产品，更好地为市场化主体“搞建设”服务。

温家宝总理这一届政府非常重视建立公共财政框架的政府职能转变问题。一个明显例证是 SARS 疫情发生后，中央财政很快宣布了对受疫情影响严重的一些产业实行减免税措施，并且拨出专款对感染人群实行免费救治。这就是典型的公共财政行为。历史上，我国也有过多次减免税政策。例如对特区经济中的外商投资企业实行“两免三减”，在应对通货紧缩趋势中提高出口退税率等。但这些政策都没有这么强烈的公共产品意义。从“十五”中后期，加大对农村教育投入已经成为各级政府的重要任务。“十一五规划”中，新农村建设的一个重要方面就是建立和完善农村医疗卫生体系，甚至还包括对进城务工的农民工提供基本医疗以及工伤保障等内容。可以肯定地说，今后完善教育、医疗保障体系仍将是政策投入的重要方面。

政府该干的第二件事是调控经济运行。

政府调控经济，调控什么呢？我们在前面有关专题已经讲过，在正常情况下，政府调控经济的最基本职能就是利用“宏观经济政策”调整总供给和总需求之间的平衡关系。也就是人们熟悉的，防止出现普遍性的供大于求或者供不应求。经济有可能出现通货膨胀，政府就要采取紧缩的财政或者货币政策，给经济运行适度降温。经济有可能出现通货紧缩，政策就要采取扩张性的财政或者货币政策，刺激经济，促使其向高涨方向发展。

在市场经济的一般意义上，政府调控经济就是指政府调整总供给和总需求之间的平衡关系，也就是总量关系。实际上，目前我们的政府经济职能已经在向这个方面转变。我举个“十五”后期发行国债的例子。

发行国债是最重要的政府经济行为之一，财政的政策行为之一。在改革开放的初、中期，我国发行国债的主要目的是为经济建设筹集资金。简单说，发债的第一目标就是政府向老百姓借钱上项目。那个时候的国债叫作“建设国债”。但从 1998 年以后到 2002 年，我们在预算投资之外增发国债的第一目标并不是为了上项目，而是为了调控经济，为了调整普遍性供大于求的失衡状况，引导和刺激投资需求。增发国债之所以成为“积极的财政政策”的主要组成部分之一，就在于这个政策行为是用于调控经济运行的不平衡状态的。发行国债筹集的钱，当然会投资于很多领域，比如农村电网改造、公路及机场基础设施建设等。但发债的目的一定要辨清，第一位是为了调控经济，而不是上项目本身。

我们在前面讲过。就是在市场经济发达的国家，政府也必须对经济运行实行调控。在前几年，美国的格林斯潘已经在中国成为名人。因为他领导下的美联储货币委员会通过对利率的反复上调或者下调已经成为美国经济运行的重要杠杆。也恰好是从格林斯潘那里，我们比较清晰地看到了市场经济下政府是怎样利用货币政策调控经济的。

实际上，现在发达国家政府对经济的调控也在从对短期、总量平衡关系的调控转向对长期经济运行、产业结构升级、社会利益构成关系等方面的调控。美国前任的小布什总统，从他上台开始就推进“减税”的改革。后来遇到了“9・11 事件”和美国对外发动的一系列“反恐”战争，财政开支大大增加。但布什并没有因此而中断“减税”的决心。仍非常积极地推进。为什么呢？因为美国政府意识到，在新经济和高科技不断发展的过程中，需要调整政府和企业、社会之间的经济关系，调整社会群体之间的构成关系，美国经济才有可能出现一个长期的繁荣局面。在他那个减税法案中，最引人注目的是打算取消遗产税，降低中高收入群体的所得税率；还打算提前赎回美国政府以前发行的长期国债。

我国是一个发展中国家，政府对经济的调控实际上是短期和中长期兼顾、供求平衡和结构优化兼顾、经济发展与社会发展兼顾的。比如我国在“九五”、“十五”计划期间，政府投资的国债项目就包括对很多重要产业提供技改贴息。产业技术改造是产业政策管的事，但在我国，产业政策已经出现了和短期宏观调控政策密切结合的趋势。

政府应当干的第三件事是维护经济运行秩序。

前面已提到，从进入 21 世纪以来，国务院主抓的一件重点工作就是“整顿市场经济秩序”。关于维护经济运行秩序的问题我们在第二讲中已经专门讲过。在那里我们讨论了什么是市场经济秩序，怎样建立良性的经济秩序以及怎样维护这个秩序的问题。这里不再赘述。

【8-1-3】我们现在面临的问题不是没有改革的具体思路。有些问题我们已经想得比较明白了，既知道如何改，也知道改革的方向是什么。但我们面临一个在过去一段时期中人们有意无意地回避，而且至今也没完全找到好办法的难题，这就是经济体制改革过程中的转轨成本问题。

政府该做的第四件事是承担转轨成本与完善社保体系。

我国正处于向社会主义市场经济转变的改革过程中。在这样一个过程中，政府就被赋予了一项特殊性的职能，这就是承担体制改革的转轨成本。

我们现在面临的问题不是没有改革的具体思路。有些问题我们已经想得比较明白了，既知道如何改，也知道改革的方向是什么。但我们面临一个在过去一段时期中人们有意无意地回避，而且至今也没完全找到好办法的难题。这就是我们在前两天中反复提到的，经济体制改革过程中的转轨成本问题。

什么叫转轨成本呢？我们知道，在正常的经济运行中，各种要素的消耗都需要有一个制度化的补偿方式。也就是说，“收”和“支”都有一个相互稳定的对应关系。如果没有一个规范的补偿方式，社会再生产就不可能维持。但在改革中，原有的各种要素补偿方式被打破了，有些已经支付了代价的要素无法得到正常补偿。这个代价就叫作“转轨代价”。

给大家举个通俗的例子。假如说你是一个政府公务员，当个处长，月薪可能是3000元。这样在你的生活中，每个月的经常性收入是可以满足你过一个体面生活的日常支出的。支付衣、食、住、行的代价都没问题，还可能略有节余。但是现在住房制度改革了，单位要求你把现在住的公房买下来。即使按国家给的优惠价格，买下你现在的住房也得要七八万元。要你从当月或者近期几个月的收入节余里面拿出这笔钱来，那是很难做到的一件事。住房制度改革引起的这笔支出就是你的“转轨成本”。

中国的改革进程面临一个非常现实的问题，就是谁来承担经济转轨的代价。特别应当强调的是，体制改革的转轨成本是不能靠分摊到经常性支出里面来化解的。例如我们不能把“有偿解除劳动合同”的代价摊入企业的经营成本，也不能靠一两年的财政支出满足完善社保体系的需要。我们也不能指望正常的扩大再生产投入部分来分担转轨代价。例如我们不能把“债转股”而来的股权当成股市融资来处置。

我们面临哪些转轨成本呢？至少有以下几个大的方面。

第一，有偿解除劳动合同。在过去30年的改革进程中，我们在物质要素如何与原有体制告别上做出了很多努力。到 21 世纪初，如何让人的这种要素和旧体制告别，也就是有偿解除劳动合同的问题提上日程。计划经济体制下的那些国企职工如果不能在劳动关系上退出国有经济系统，国有经济的转轨改造实际上是不可能完成的。因为他们实际占有和支配着这个系统中的所有资源。

如我们在前面讨论过的，有偿解除劳动合同的代价是不可能包括在企业和财政经常性支出的预算项目中的。而在我们的改革安排中对此也还缺乏战略性考虑。在原有体制下，我们一共有多少国有职工呢？有 1.2 亿人。这意味着，每人有偿解除劳动合同的代价哪怕只是 1 万元，总量就需要 1.2 万亿元。

化解这个转轨代价和建立新的产权关系密切相关。常识可知，当你欠人家钱的时候，有钱可以还现钱，没有钱可以还资产。这是产权变革与承担转轨成本问题的一个结合点。

第二，完善社会保障体系。在原有计划经济体制下，职工的福利或者社会保障问题是全部包含在企业成本中的。现在我们要全部外化到社会统筹这样一个符合市场经济制度的方式中去，这就带来了一个问题，谁来把以前扣除的那部分积累补足。这也是一个转轨代价问题，我们需要通过创新的方式来承担这个代价。

第三，银行的不良资产问题。在旧体制下，银行不过是政府的一个出纳部门。旧体制和改革过程中的一些缺陷导致了后来银行大量不良资产的问题。这并不是银行作为一个企业在自身的经营活动中的无能所致，或者说不完全是。例如“拨改贷”形成的不良资产、政府通过种种行政干预让银行发放贷款导致的不良资产等。现在要靠银行通过市场化经营来化解这些不良资产，这实际上办不到。改革就是要寻找一种制度性的安排把这个代价承接下来。

第四，回赎国有资产的支配权。中国的一个特殊性是，国有资产并没有真正掌握在中央政府手里，而是被形形色色的既得利益集团实际支配着。实际上在我们改革的初始阶段，中国就已经存在着“条条”、“块块”的个别利益，并不是私人部门发育起来之后，我们才有了推进市场经济的个别利益、局部利益。中国在计划体制下表面上是中央集权，实际上中央集权所能管到的只是一个并不庞大的增量部分，也就是每年的投资。所有的存量资产都掌握在那些分散于不同地区或者不同部门的地方政府和实际支配者手中。

我们的改革最终要解决的深层次问题是什么呢？就是要赎回那些名义上归国家所有的，实际上是由地方、部门甚至是为一些“国企老总”实际占有，为他们的局部利益最大化服务的那部分产权。现在看来，要让国有经济真正融入市场体系，我们可能不得不对那些依靠旧体制实际占有着国有资源的利益群体支付一个“回赎”的代价。

我们说承担转轨成本是我国一项特殊性的政府职能，但并不是说，转轨成本问题仅为我国所独有。20 世纪 90 年代初期，“两德”统一过程中，统一后的德国新政府是为体制转轨支付了非常巨大的代价的。俄罗斯实际上也是支付了极其沉重的转轨代价的。不过这个代价主要不是由政府承担，而是通过社会经济发展停滞、人民忍受生活水平下降以及所谓的“币值改革”等方式来承担的。我们前面说过，现在有一门新兴的经济学，叫作“转轨经济学”。这门学问的研究对象之一，就是原有计划经济体制下的国家在向市场经济转变过程中转轨代价如何支付的问题。

2003 年初以来，新一届国务院就布置中央各主要研究机构要重点研究我国东北老工业基地的改造与再振兴问题。温家宝总理在上任后的第一次记者招待会上特别强调提出，要把东北老工业基地改造的任务“摆在更加突出的地位”。振兴东北的关键之一，就在于解决好改革的转轨成本问题。

2. 国有资产管理体制改革的基本方向

- 国有资产管理问题，说到底是一个公有制的资源利用效率问题。
- 国有经济的基本存在形式将从“国有企业”转变为“国有资本”。
- 企业的所有制性质与市场经济下的企业职能并没有必然联系。
- 在国有经济改革问题上，今后管资产的政策和管企业的政策将不断分离。
- 产权的市场化才能使市场经济原则真正贯彻到社会经济生活的每一个角落。
- 改革最大的风险是偏重某一方面利益而忽略另一方面利益，由此导致社会矛盾的激化。

【8-2-1】我国国有资产管理体制的最大变化是，随着改革的不断推进，国有经济的基本存在形式将从“国有企业”转变为“国有资本”。就经营性领域来说，意味着国有资产的基本形态将从实物形态转变为价值形态。

我国经济体制的改革，关键是国有资产管理体制的改革。为什么这么说呢？有三点理由。一是现在全社会大量优质资源的主要占有者仍是国有经济体系。这一部分资源的利用效率实际上决定着整个国民经济的运行效率。二是国有经济和国有资产的改革涉及全社会几乎所有人的利益。这个部分的改革能否成功，决定着社会最尖锐的若干利益矛盾能否得到协调，和谐的政治、经济、社会发展局面能否实现。三是在社会主义市场经济不断发展和对外开放不断扩大的过程中，产权竞争已经成为市场机制发挥作用的主要形式。产权改革已经成为各项改革措施的焦点。

2002年党的“十六大”报告对国有资产管理体制的改革提出了很多新的思路。简单说，其中创新之处，大致可以归纳为四个方面。一是不能把公有制和非公经济对立起来。二是中央与地方政府分级履行出资人职能。三是建立权利、义务和责任相统一，管资产和管人、管事相结合的国有资产管理部门。四是政企分开，实行所有权和经营权分离。

国有资产管理问题，说到底是一个公有制的资源利用效率问题。我们面临的这个问题，是一个世纪性、世界性的难题。

什么叫世纪性、世界性的难题呢？全世界的聪明人想了一百多年都没有想明白的问题就是世纪性、世界性的难题。在过去一百多年中，全世界的人们在几乎所有体制背景下都进行过尝试，但迄今仍未找到解决公有制下资源利用效率的满意答案。

在过去一百多年中，人类进行过哪些尝试呢？

19世纪后期，欧洲曾出现过以法国圣西门、傅立叶，英国的欧文等人为代表的空想社会主义者。所谓“空想社会主义者”并不是找个会议室坐在那里“空想”或者空发表议论的一群人。他们是进行过大规模的社会实验的。这些人曾经筹集大量资金在南美等地购置土地、兴建工厂，在这些工厂中实行劳动者平等地占有生产资料和按劳分配的经济关系。但是他们的社会实验很快就失败了。为什么失败呢？因为他们所设计的经济制度不能保证效率。后人之所以称他们为“空想社会主义”者，就是因为他们的美好理想不符合客观规律。

在20世纪初期，“十月革命”后的俄国在自己的国家兴建集体农庄、国有企业，长期实行了严格的计划经济。但是到世纪末，这个公有制的尝试最终以苏联解体而告终。

在20世纪上半叶，法西斯德国在极端反人类的思潮背景下也曾自诩实行的是“公有制”和“社会主义”。

在20世纪中期，有过中国革命胜利后“一大二公”的长期实践。

在60年代前后，一大批在民族解放运动中获得民族独立的亚、非、拉国家曾实行过形形色色的“社会主义”，建立过很多“公有”、“国有”企业。

70年代时，一些发达国家如日本、英国、法国、意大利等都曾出现过一段“国有化”的高潮。

在80年代初期，在前南斯拉夫还曾出现过一段“工人自治运动”的短暂尝试。

但是，所有这些尝试最终都失败在同一个问题上，这就是效率。

我们面对的，就是这样一个世纪性、世界性的难题。

我们能不能回答好这个问题呢？是否有把握攻克这一制度难关，我们现在还不敢说。但是，在前 30 余年的改革中，我们的确已经积累了比较充分的经验：在对市场经济的探索中，我们已经找到了一些相对成熟的思路。

从目前的认识看，我国国有资产管理体制的最大变化是，随着改革的不断推进，国有经济的基本存在形式将从“国有企业”转变为“国有资本”。

早在 1999 年，党的十五届四中全会文件就指出，我们要从战略上调整国有经济布局和改组国有企业；要着眼于搞好整个国有经济，推进国有资产的合理流动和重组；要坚持有进有退，有所为有所不为的方针。

很多人以为，国有经济的“有进有退”的主要含义就是指在有些领域要重点发展国有企业，有些领域不再办国有企业，或者说不再办国有独资企业。这个理解，可以说仅仅是浅层次的。目前我国国有经济分布过宽，资源配置不尽合理的状况的确必须着力加以解决。但一个显然的事实是，在有限领域举办国有企业和在所有领域都举办国有企业，原有体制铸就的企业内在矛盾都是同样存在的。仅仅局限于资源配置领域的调整并不能触动这个根本矛盾，并不能解决根本问题。除去必须由国家垄断的特定领域外，从长远看，“有进有退”的内在含义究竟何在？在于国有经济的基本存在形式从国有企业转变为国有资本。

【8－2－2】在我们的传统理论、传统观念中，“国有”是和“资本”相对立的概念。资本是和私有制、和剥削相联系的概念，国有经济是公有制经济。国有经济所获取的收益仍然是归全社会劳动者所有的财富。国有经济的基本存在形式怎么能是“资本”呢？这个认识已经过时。因为国有资本同样是公有制经济的具体实现形式。

什么是资本？资本首先是一个价值属性的概念。国有经济的基本存在形式从国有企业转变为国有资本，就经营性领域来说，意味着国有资产的基本形态将从实物形态转变为价值形态。

在国有经济布局的战略性调整中，“进”和“退”的主体是什么？是国有资本，是产权。“有进有退”是价值形态的退出与集中，而不是把实物形态的资产从钢铁领域搬到石化领域，或者从上海市搬到青海省。不是把本属国有的那一部分机器设备从原有领域搬到新的领域中去。这意味着，由国家或政府占有的那一部分国民财富将从实物资产形态转变为价值属性的资本形态。国有资产产权的一般形态将首先表现为可以带来增值的一个价值量的产权，而不是一个个具体企业的产权。具体企业的产权不过是这个资本产权变换自身形态的结果。

在市场经济条件下，国有经济有进有退的战略性调整是怎样完成的呢？是通过在市场上对产权的买卖完成的。可以毫不含糊地说，“退”就是卖。卖掉实物资产的产权，把国有资本从实物形态退还到货币、价值形态。

在资本形态上，国有资产才能完成自身的不断重组和不断优化配置。在市场经济条件下，资本是一个可流动的概念。国有资本同样是一个不断流动着的财富量。在不断让渡、不断交易的流动过程中，一方面，国有资本或则还其以利润最大化为目标的资本本性，或则向真正需要其行使国有经济职能的领域集中。另一方面，企业产权结构，包括现在国有独资的大型企业的产权结构，才能按照现代企业制度的要求走向多元化。

市场经济条件下的价值是财富的社会属性。企业的资产价值并非取决于生产这些资产的成本，甚至并非取决于重置这些资产的市场价格，而是取决于企业的盈利能力与产品的市场前景。但在现代经济发展过程中，由于技术工艺更新、产业结构升级等因素影响，没有一个企业是可以长盛不衰的。要着眼于搞好整个国有经济，实现国有资产的保值增值，关键是要把滞留于产业前景已经暗淡、资源趋近于枯竭、产品老化、规模不经济或要素组合方式不合理的领域中的国有资本从不断折损的状态中解脱出来，投入到成长性更好的领域或真正需要国有资本支持的领域中去。

由于体制性、历史性因素，我国的国有资本中有相当一部分被“套”在了已经难有赢利前景的领域中，“套”在了特定实物资产状态上。在这样的状况下，财富不仅不增值，反而要在高成本、低效益的亏本买卖中不断折损。这是最大的国有资产流失。

显然的道理是，除去与政府职能相关的政策性领域外，在市场经济条件下，没有一个出资人有义务、有必要专门把自己的资本束缚于注定亏损的领域。不管这个出资人是国家、政府还是企业法人或自然人。

在我们的传统理论和传统观念中，“国有”是和“资本”相对立的概念。资本是和私有制、和剥削相联系的概念，国有经济是公有制经济。国有经济所获取的收益仍然是归全社会劳动者所有的财富。国有经济的基本存在形式怎么能是“资本”呢？这个认识已经过时。因为国有资本同样是公有制经济的具体实现形式。

在发展与改革过程中，“资本市场”、“资本运营”、“国有资本”等概念越来越多地出现于各种报刊媒介以至党的正式文件中。资本的存在与被承认已经成为不争的事实。

资本是什么？资本是用来谋取收益的那一部分财富。国有资本是由国家或政府占有的那一部分国民财富。国有资本的一部分职能是生产社会公共产品，例如国防建设、基础设施建设等；另一部分职能是在市场经济活动中作为一般资本参与谋取利润的经济活动。

国有资本前一职能的公有性质体现在为国民经济提供“外部性”条件上，这一点我们前面已经提到。后一职能的公有性质体现在收益的归属上。不论哪种职能，国有资本的产权性质都没有发生任何变化。从这个意义上说，国有资本同样是公有制经济的具体实现形式。

在社会主义市场经济条件下，国有经济作为公有制经济的一部分，不仅要求在产权与收益归属上体现公有性质，而且要在国民经济中发挥主导作用。但这个主导作用不应体现为原有体制下那种承担政府职能、社会职能上，也不仅仅体现为在企业总数或社会经营性资产中所占比重上，而应通过资源配置的引导、支撑等方面作用着重体现在推进产业结构升级、实现区域间平衡发展、协调宏观经济运行状况、平抑供求关系、推动科技进步、促进合理竞争、维护社会稳定、调整社会公平尺度以及实现可持续发展上。

国有经济所能支配的资源也是一个有限的量。唯有在不断流动、不断优化再配置的过程中，这个有限的资源量才能真正不断在国民经济整体的运行过程中起到“呼风唤雨”或“平抑波澜”的主导作用。显然，能够不断流动和不断优化再配置的只能是价值形态的国有资本。

在改革中，一说到国有经济有进有退的战略性调整，经常被诘问到的一个问题就是，“国有企业还要不要”。我们说，这个问题并不难回答。

企业肯定要。市场经济运行的微观主体就是企业，没有企业也就没有了市场竞争的第一级组织。

企业中的国有产权肯定要。那种把国有资产无偿量化给个人的改革思路是不符合市场经济原则的，通过“自卖自买”变相侵吞国有产权，导致国有资产流失的做法更不可能为我们所接受。

但是，企业的所有制性质与市场经济条件下的企业职能并没有必然联系。国有企业和非国有企业都是企业，出资人的区别并不能成为承担不同职能、享受不同政策待遇的依据。

国有企业的职能并不简单等同于国有经济的职能。就非政策性领域说，什么是市场经济条件下的企业？企业是以利润最大化为基本职能的微观经济组织。

我们在原有体制下有企业吗？实际上没有。只有工厂，而且是兼任部分政府职能和社会职能的工厂。一方面，所谓“企业”是只负责使用价值生产的“大车间”，几乎完全不必考虑价值运动。另一方面，应当由社会提供的外部条件又都被融进了企业成本。可以说，造成前期国有企业困境的体制性因素概出于此。

我们希望的企业改革目标是什么？是提高资源利用效率，是提高企业的市场竞争力，是建立规范的现代企业制度。显然，这个目标和企业的所有制性质并没有必然关系。国有企业需要这样一个目标，非国有企业也同样需要这样一个目标。

在市场经济条件下，就营利性领域说，国有企业，哪怕是百分之百的国有独资企业，其行为同样是出自“经济人”动机。资本的唯一有用性就是以一定的价值量带来更大的价值量，就是价值增值。国有资本能够找到舍此之外的有用性吗？不能。20世纪80年代中期以来，“打破企业吃国家的大锅饭”、“拨改贷”、“剥离企业社会负担”、“政企分开”、“让企业成为自负盈亏、具有自我发展能力的法人”等种种改革尝试，不论完善和成功与否，我们在沿着一条什么样的轨迹前进？从理论层次上说，我们在沿着一条使资本回归其本性职能的轨迹前进，这个本性职能就是价值增值。撇开执行特定政策性职能的领域不说，就一般经营性领域说，只要是资本，国有资本与私人资本的根本职能具有共性；它们在参与社会经济活动过程中的运行规则、行为方式并没有区别。

在过去一些年的改革进程中，国有经济和非国有经济基本上是相互独立地发展的。由此，我们的微观经济政策就始终面临一个尴尬。每当我们大力支持国企发展时，相应政策实际上就形成了对民营企业的歧视。每当我们要鼓励民营企业发展时，相应政策又构成为对国企的歧视。现在我们越来越清晰的一个思路是，企业就是企业。由此而生，在国有经济改革问题上，今后管资产的政策和管企业的政策将不断分离。

政府应当有管企业的政策。那就是如何帮助、促进全社会的企业健康、快速发展的政策。这个政策不应当以企业的所有制性质而有所区别。中国所有的企业都应当建立现代企业制度，所有企业都应当不断发展和提高自己的市场竞争力。不存在哪一类企业应当优先发展的问题。除承担特殊职能的企业外，所有市场经济下的企业都应当按照一个“游戏规则”运行。既然我们要推进国有企业的产权多元化改造，那么我们就不能指望与国有出资人合作的非国有出资人接受就业最大化，或者政府税赋增收最大化的目标。国有经济的基本存在形式将转变为国有资本，与此相应的下一个问题是推进产权的市场化。

【8－2－3】市场经济发达与成熟的根本标志是产权作为交易对象加入到交换过程中来，即产权的市场化。产权的市场化才能使市场经济原则真正贯彻到社会经济生活的每一个角落。唯有在产权高度市场化的条件下，资本与投资领域才能充分地实现相互优化选择或重组。

从确立向社会主义市场经济转变的改革目标迄今，我们对市场经济的认识经历了一个不断深化的过程。

最初，我们对市场经济的认识停留在两个表层层面。一是所有实物产品的交换都通过市场实现，交换过程的价格依照市场供求关系决定；二是企业的人财物、供产销不再由政府主导，不再由计划决定。从20世纪80年代中后期以来，“减政放权”、“价格放开”以及让企业成为“自负盈亏、自主经营的市场主体”等改革都是基于这样的认识。

随着国民经济的发展与改革的深化，我们进一步认识到，仅有产品的市场化还远不能成为市场经济。市场经济的真正确立还需要有要素的市场化。进入21世纪以来，我们不断提出并正在逐步进入操作过程的“两种就业制度并轨”、“实行市场导向下的竞争就业”、“利率市场化”、“实行股票期权制度”等实际上就是在探索劳动力、资金、技术以及管理等要素利用市场机制实现优化配置的途径。

进入21世纪以来，随着改革思路向产权问题的集中，我们终于认识到，市场经济发达与成熟的根本标志是产权作为交易对象加入到交换过程中来，即产权的市场化。产权的市场化才能使市场经济原则真正贯彻到社会经济生活的每一个角落。唯有在产权高度市场化的条件下，资本与投资领域才能充分地实现相互优化选择或重组。

2000年时香港有一个很生动的例证。就是新加坡李光耀的儿子和香港李嘉诚的儿子争购“香港电讯”股份的事件。“二李争购”这个戏剧性事件给我们演示的是一幅近乎直观的市场经济发展与产权市场化的未来运行模式。在这个过程中，我们看到了在市场经济条件下产业发展突破原有出资人资本局限的方式，看到了不同资本集团对有利投资领域的竞争与资本优化再配置的过程，看到了高度发达的市场经济条件下产权市场的效率。在产权高度市场化和产权不断流动的基础上，企业的所有制性质还有特别意义吗？没有。企业的所有制性质将不过是阶段性的产权结构特征。

【8-2-4】在这样的改革方向上，新的人权、事权、资产权“三统一”，国有资产管理机构应当管什么呢？最重要的，是把管理的落脚点从“管企业”上转到“管资产”上来。不在于管多少家企业，而在于管多少资产。不在于怎么搞好企业，而在于怎么配置好资产。

事实上，除必须长期由国有资本垄断的领域外，将不再有什么“终身制”的国有企业。通过市场化的产权置换，今天的国有企业，明天就可能成为非国有企业。相反亦然。在这样的改革方向上，新的人权、事权、资产权“三统一”国有资产管理机构应当管什么呢？最重要的，是把管理的落脚点从“管企业”上转到“管资产”上来：不在于管多少家企业，而在于管多少资产。不在于怎么搞好企业，而在于怎么配置好资产。具体说，应当着重做好四件事。

一是国有资产的优化配置。国有资产究竟应当配置在哪些领域中？理由是什么？投入某一领域的国有资产在国有资产总量中占多大比重？在某一领域的总资产中国有部分又占多大比重？什么时候进，什么时候退？应当有一个明确的规划。就像任何一家市场化的投资公司，没有一个投资计划是不可能实现有限资源的优化配置的，而且这种配置还不是一次完成的，还要不断调整、实现资产的不断流动。

二是建立符合市场经济规则的资产委托代理制度。一方面，国有资产管理机构本身就是受托于政府代为管理国有资产的机构。另一方面，国有资产管理机构又要通过派出出资人代表，到自己的投资领域、企业去管理产权所对应的资产。解决国有资产“无人负责”的弊端，不是靠建立更多监督体系来实现的，而是靠完善资产委托代理制度来实现的。人们呼吁，要探索有效的国有资产经营体制和方式。这个国有资产管理体制的有效性关键体现在委托代理制度的有效性上。

三是培养和选拔合格的出资人代表。人的问题仍是管好国有资产的核心环节之一。从目前的改革分享上看，中央和地方政府要分别履行出资人职能。怎么履行？具体体现就是向所投资的企业派出出资人代表。这个出资人代表就是现代企业制度下的董事。特别值得强调的是，国有资产管理机构向所投资的企业委派出资人代表，依据是自己的出资额，而不是政府的行政权力。向企业派出董事，不是委派“干部”，而是委派出资人代表。要管好国有资产，我们需要的不是能做官的“干部”，而是能维护好出资人利益的出资人代表。

四是参与产权竞争并提高国有出资人的竞争力。这个问题前面已经说过。

最近一些年来，国有资产管理体制改革问题的讨论变得异常热烈；人们普遍对国有资产的产权改革表现出强烈的关心。为什么呢？因为这一部分资产的处置、流动和产权重组涉及我们这个社会很多深层次的利益关系。这就提醒我们，国有资产管理体制的改革一定要持非常谨慎的态度。

迄今，相当多的利益群体对国有资产的改革提出了利益要求。

一是社保基金。

我们前面已经讲过，在原有体制下，应当用于劳动者社会保障的工资扣除部分被国家挪用作固定资产投资了。所谓的“社保账户空账”问题就是国家对社保基金的一个隐性负债问题。用国有资产充实社保基金已经是一个全社会都接受的共识。

二是国企职工。

国企职工对国有资产的利益要求可以分为两个部分。

一个部分是体制身份转换过程中的经济补偿。这个问题我们前面已经讲过。国家收回“终身雇佣”的体制承诺，应当向劳动者支付一个补偿代价。这个代价不付，人这种要素就很难从旧体制下退出。从现实情况看，在东北老工业基地等局部区域内，解决好这个问题还是维护社会稳定、区域经济振兴的一个基本前提。

另一个部分是清算国有职工人力资本对积累的贡献。这个问题稍微复杂一点。在原有体制下，劳动者接受长期低工资的一个前提条件是，工资以外的积累是归劳动者共同占有的。通俗说，就是工资虽低，但资产的累积中每个人都有一份。从这个意义上说，国有资产中实际上应当有一个部分是劳动者人力资本的贡献。如果这个资产占有关系与就业之间的联系被割断，那么国家就应当将这个产权关系显性化，用产权给予国企职工以必要的补偿。当前，很多国企实行“员工持股”制度，依据的就是这样的道理。

三是企业高管人员和核心技术人员。

建立高管人员股票期权激励制度和实行管理层持股制度，我们现在相当多的国企管理层对这个改革前景抱有很高的期望值。人们抱有这样的期望值并非没有根据的。1999 年党的十五届四中全会《关于国有企业改革和发展若干重大问题的决定》中已经明确提出，要“建立和健全国有企业经营管理者的激励和约束机制”。2000 年十五届五中全会《关于第十个五年计划的建议》中再次重申，要“对企业领导人和科技骨干实行年薪制和股权、期权试点”。

高管人员持股，应当说是建立现代企业制度和推进国企产权多元化改造的一个重要组成部分。推进这项改革，也是按照市场经济原则提高国有资产利用效率的基本措施之一。前几年，管理层“买断改制”方式、高管人员融资持股的

“MBO”方式等曾受到很大的社会置疑，认为这种改制是“国有资产流失”。我认为，国有资产流失与否的关键并非在于管理层能否持股，而在于国有资产改制交易中，谁来代表出资人的利益。无人代表，自然就会出“自买自卖”的现象。

四是银行。

由于历史原因和改革过程中的措施不完善，曾有很多大国企对银行的负债率很高。也就是说，国有资产中有相当一部分是银行的债权形成的。我们的国企改革和金融改革实际上是密切联系在一起的。一段时期来，银行系统对国企产权改革的关注度非常高。在前期“国企三年脱困”的“债转股”中划给四大国有商业银行下属的“资产管理公司”的不良债权高达1.4万亿元。这个不良资产至今还未找到良性的市场化出口。国企产权改造，如果忽略了银行对资产的债权，那么这个改革不可能成功。

五是股票市场上的流通股股东。

迄今我国的上市公司中，大股东几乎都是国有股东。在很长一段时期内，国有股、法人股流通问题曾是市场中的一个敏感话题。一些人士认为，流通股东和非流通股东的股权代价是不对等的，国有股要想获得流通资格，就得把一部分国有股权无偿分配给流通股东才行。到2005年，资本市场通过“对价”的方式已经基本解决了“股权分置”的问题。这个解决方案，实际上就是一种用国有资产合理承担改革代价的方案。

六是外资。

从21世纪初以来，外国资本进入中国有了一个新趋势，就是从直接投资形成增量资产转为收购存量资产。一个明显的例证就是前期汽车领域中的合资合作趋势。事实上在政府行为取向上，各级政府也在积极推进外资收购国有产权。目前，除国家产业政策另有规定的领域外，不仅非上市公司的国有产权向外资转让已经基本放开，上市公司的国有产权向外资转让也已经没有制度性的障碍。外国资本企图通过收购存量资产实现资本输出和支配中国重要产业生产能力的努力在几乎所有产业领域中都可见到。当前除汽车产业外，石油石化、商贸流通、金融、航空、机械等产业都有外资在力图大举进入。

七是民营资本。

在过去几年中，我国的民营资本已经积累起了相当大的力量。其资本投向，已经从开始阶段的独立发展、积累转向为产权并购、资本运营。民营资本参与国有产权并购是推进国企产权制度多元化改革的重要力量之一。这个问题我们在前面也有过专门的讨论。

八是地方政府。

在我国的体制关系中，中央与地方政府的利益博弈、利益划分历来是影响政策的最重要因素之一。在原有国资管理体制下，中央与地方政府之间的利益关系主要体现在增量上，就是税赋分成的关系上。存量资产对中央与地方之间的关系影响不大。但在今后的改革中，地方政府将代表国家对部分国有产权行使出资人权利。中央与地方政府的资产分割，直接关系到地方政府对资源的支配力。

在这些利益要求中，有哪些利益要求是不合理的吗？应当说，每一个局部的利益要求都具有不同程度的合理性。但有这么多方面的利益主体提出利益要求，即使把我们现有的国有资产分割若干次也无法满足所有人的要求。这就是我们在国有资产管理体制改革过程中面临的现实难题。

最近，在国有资产管理体制改革研究中，有个命题非常有意义。这个命题叫作“国有产权改革过程中的风险问题”。我们最大的风险是什么呢？就是偏重某一方面利益而忽略另一方面利益，由此导致社会矛盾的激化。大家可以上网看看，上述列举的各项利益要求，几乎每一项都存在着异常尖锐的争论。例如高管人员持股、向外资出让国有产权、民营企业参与国企产权并购等。

我们在前面说过，全面小康社会就是各尽所能、各得其所的和谐社会。和谐意味什么？意味着社会矛盾的协调。我认为，国有资产管理体制改革的最大难题其实不是保值增值，而是“摆平”全社会各方面的利益矛盾、利益关系。国有资产是我们推进改革和调整社会经济利益关系中的一个最大“筹码”。怎样用好这个资源，让这个资源的分配在向社会主义市场经济转变的过程中发挥最大的促进作用，这是我们的制度创新、改革创新的关键。

3. 现代企业制度与法人治理结构

- 国资委只能依靠“私权力”，就是以所有者的身份来支配归它所有的那部分资产。
- 出资人是企业的主人，这个答案不需要含糊也不应当含糊。
- 不能把一个局部的劳动者群体说成是归全社会劳动者共同所有的国有资产的主人。
- 并没有逻辑上的因果关系说，因为出资人叫作政府，所以这个企业或者这个委托代理关系的效率就一定是低下的。
- 董事会负责的是产权市场的竞争，经营班子面对的是产品市场的竞争。
- 真正的世界级大企业无一例外地全是靠产权竞争发展成为世界级的。

【8－3－1】出资人是企业的主人，出资人的利益是企业第一位的利益。出资人的利益、职工利益、政府利益、银行利益、上下游利益，还有其他一些相关的外部利益，这些利益都是企业利益构成中的重要组成部分。但是我们得从这样一个利益构成中明确一条，谁的利益是第一位的。

在我国的改革进程中，当前一个重要的内容是推进现代企业制度，完善企业法人治理结构。

我们上面讲到了国有资产管理体制的改革。一个需要强调的地方是，所谓的国有资产管理委员会并不是一个政府权力部门。它对国有资产的管理不能依靠政府的行政性权力，因为政府的行政权力是一种“公权力”，是社会赋予政府为全社会谋取公共利益的权力。那国资委怎么管国有资产呢？它只能依靠“私权力”，就是政府对国有资产的所有权来进行管理。就是说，国资委也只能以所有者的身份来支配归它所有的那部分资产和按照公司法以及相应法律规定的职能、职责、权利来管理、维护它自己的利益。

举个例子说，国资委的产权代表不可以在董事会、股东会上对其他董事、股东说，因为我的老板是政府，所以你们都要听我的。国资委派出的产权代表也只能按照出资多少来发表意见、影响决策。保证这个游戏规则的基础是什么呢？就是现代企业制度及其核心——企业法人治理结构。

在过去几年中，人们对现代企业制度、法人治理结构的说法已经耳熟能详了。大概会有人说，现代企业制度，包括法人治理结构，不就是在企业中建立“新三会”吗？就是建一个董事会、监事会、股东代表大会。

这个答案没有错。但如果我们把问题引向深入一步，问一问为什么要建这个“新三会”，恐怕就不一定每个人都解释得出了。

很多人认为，之所以要在企业中建“新三会”，就是为了防止“内部人控制”。从我们国家的具体情况说，就是为了防止国有企业的领导人贪污腐败，防止“59 岁现象”。

毋庸置疑，现代企业制度和法人治理结构的基本功能之一确是防止“内部人控制”。但这只是法人治理结构的职能之一。我们之所以要大力推进现代企业制度，完善法人治理结构，并非仅仅是为解决原有体制下国有资产无人负责的弊端，也不仅仅是为了给国有企业的领导人多一层监督机制，防止他们贪污、腐败。的确有这个功能，但这不是问题的全部，而且也不是最核心的问题。

企业资产利用效率的提高，以及诚信制度的建立，最终不是靠监管解决问题。离开监管不行，只靠监管也不行。显然的道理，我们没办法在每一个经理人后面派一个监督员。为了防止监督员和经理串通，我们还得在监督员后面再派一个特派监督员。如果依靠这样的体系，那社会的监管成本将沉重到无法承受的地步。实际上这种监管体系也不可能满足效率的要求。

解决效率问题，最终要靠制度约束。这个制度体系既包括监管制度、财务制度、公共资产合理利用的约定制度，也包括各种利益关系的相互制衡、激励制度。监督、利益制衡加上激励，这几个方面加起来，就会使相应的责任人产生理性的行为动机。例如，你想损害企业的利益，但其他人不愿意看到自己的利益连带受损，就会通过相应的制度出面制止。这就是利益制衡。

现代企业制度和法人治理结构究竟要解决什么问题呢？要在企业这样一个微观经济组织中解决四个方面的重要问题。

第一，建立企业运行的利益动机。

有一个在市场经济发达国家可能不言而喻，但对我们国家来说，在理论和实践上都迫切需要回答的问题，而且要清楚无误地回答的问题。这个问题就是：究竟谁是企业的主人。现代企业制度和法人治理结构的首要作用就是回答这个问题。这是企业制度改革不容回避的一个问题。

回答“谁是企业的主人”这个问题，实质上就是回答，谁的利益在前，在企业利益中谁的利益是第一位的利益这么一个问题。或者再通俗一点说就是，“企业是为谁而办的”这么一个问题。

现代企业制度和法人治理结构给出的答案是，出资人是企业的主人，出资人的利益是企业第一位的利益。这个答案不需要含糊也不应当含糊。含糊了我们就建立不起现代企业制度来，就完成不了改革。

没人否认，在市场经济条件下，企业利益是一个多方利益的系统组合，而不是只有一个利益主体。

除了出资人利益外，人们从常识可知，企业利益中还要包括职工利益。

职工利益、劳动者利益在企业利益中的最集中体现就是就业，就是老百姓常说的“饭碗”。在20世纪90年代初期的“公司热”中，很多人都热衷于“下海”。每个人都觉得自己现在的位置很委屈。好像只要辞去现在的工作立刻就能发财。现在人们知道了，保住一个“饭碗”是多么重要。现在很多国有企业、民营企业大门口贴的横幅已经少有政治色彩了。我们经常见到的一条是：“今天工作不努力，明天努力找工作”。

显而易见，职工利益是企业利益中的一个重要组成部分。不仅如此，很多企业，包括民营企业，现在也都很注重企业的凝聚力，注重研究企业文化。企业凝聚力、企业文化其实都是和企业中的职工利益密切联系在一起的。2003年的SARS疫情期间有个案例很能说明问题。有个大酒楼整天一个客人都没有，但管理者坚持不裁人，而且坚持要求每个员工都着装整齐地按时到岗。大家就在空无一人的店堂内在自己的岗位上站着。为什么呢？这家酒楼的老板说，我要让员工知道，我们企业的精神不倒，信心不倒。这家大酒楼在疫情期间无疑要多付很多的员工工资。但这个企业获得了什么呢？获得了企业的凝聚力，维护了士气。我们相信，一个士气高涨的队伍是没有什么力量能够打败它的。反之，忽略劳动者利益、职工利益的企业一定士气低下。士气低下的企业是绝不可能长久的。

企业利益中还包括政府的利益。

政府利益在企业中的体现形式就是税赋。现在很多地方政府都明白这个道理。所以在很多地方的发展战略、改革战略中都强调一点，叫作“不求所有，但求所在”。就是在企业中有没有国有股份、叫不叫国有企业并不重要。最重要的是企业不能搬走。只要企业留在当地，当地政府就有税赋收益。宁波原来有个著名企业，叫作“宁波杉杉”，现在搬到上海去了，更名叫“杉杉股份”。这一搬家、一更名，对宁波来说是税赋和城市形象的双重损失。一段时期来，东风汽车不断传出信息说要从十堰搬走，搬到武汉去。企业办不办在你这个“一亩三分地”上，已经成为企业与政府谈判的一个重要筹码。湖南长沙附近有一个县，有个叫作远大空调的民营企业就在那个县。那个县的经济并不发达，但是远大空调是一个现代化程度很高、规模很大的企业，远大空调对这个县经济的影响就至关重要了。如果这家企业搬走，县财政马上就得陷入危机。政府利益是企业利益中的一个组成部分，这在所有国家都一样。

企业利益中还有银行的利益。

在市场经济条件下，没有一家现代企业能够离开金融资本的支持。如果就是开个小食品店，个体户卖卖饮料什么的，那另说。一般来说，在现代经济中，企业在流动资金或者技术改造、固定资产扩大再生产等方面总离不开银行的支持。由此，企业资产中就总有一个部分实际上是银行的债权形成的。企业经营状况的好坏，直接关系到银行的资产安全。现在我国的商业银行最怕什么？最怕企业借“改制”之名逃废银行债务。银行系统的报纸每天都在大声疾呼，要建立更严格的法律制度来防止企业恶意逃废债务。企业倒闭了，银行的债权就会落空。企业兴旺了，银行的货币生意就有了更大的市场。因为银行通常都是企业最大的债权人。不管用于流动资金周转的短期债务，还是用于固定资产添置的长期债务。所以银行利益也是企业利益的一个组成部分。

除了上述利益之外，企业利益中还包括上下游产业的利益。给你提供原料的企业、要你提供原料的企业都指望你“吃饭”呢。这个利益也是不能忽视的。

出资人的利益、职工利益、政府利益、银行利益、上下游利益，还有其他一些相关的外部利益，这些利益都是企业利益构成中的重要组成部分。但是我们得从这样一个利益构成中明确一条：谁的利益是第一位的。

我们前面说过，出资人的利益是企业利益中第一位的利益。大家想想，所谓“新三会”，就是股东会、董事会、监事会，是在强化、确立谁对企业资产的支配权、决策权、收益索取权呢？是在强化、确认出资人对企业资产的决策权、支配权和收益索取权。

现代企业制度和法人治理结构就是要在制度上解决这样一个问题，出资人是企业的主人，出资人才对企业的资产有支配权、决策权和收益的索取权。

市场经济下的企业，从根本上说，不是为职工就业而办，不是为了政府税赋增收而办，也不是为了给银行挣利息而办，而是为出资人的利益而办。企业行为的根本动机是出资人的利润动机。

企业利益中，第一位的利益是出资人的利益，这是市场经济条件下微观经济主体组合、企业与外部社会之间打交道的一个基本游戏规则，是一个大家都需要遵守的共同行为规范。没有这个共同的游戏规则，市场经济就无法运行。因为企业如果不是追求利润最大化的微观主体，那一切经济学中对竞争原则、价格规律的认识都得重写。所有要素组合的制度约定，比如股份制、资本市场等都需要重新定义。

举个例子说。假定我们在对外开放中引进外资，或者是西部大开发中引进东部资金，吸引外国老板到上海投资或者上海老板到西部投资。现在我们投资建成了一个项目。项目建成之日市委书记、市长请老板吃饭，说对不起老板，我们这里有个规矩，虽然是您投资兴建的这个企业，但从工厂建成之日起您就不是企业的主人了；职工是企业的主人了。大家想想，这个游戏规则能不能行得通。

显然，当企业都是为追求利润而建，为出资人的利益而建的时候，我们才能建立市场经济下的基本原则，才能确立经济学的基本原理。在经济学上有个基本假定，就是所谓的“经济人”假定。我们假定每一个企业都是一个“经济人”，都把利润最大化作为基本目标。在这样的假定前提下，我们才能找到企业行为的共同规律和模式。

【8－3－2】劳动者的确是国有企业、国有资产的主人。但是应当强调的是，不能把一个局部的劳动者群体说成是归全社会劳动者共同所有的国有资产的主人。不能要求归全社会劳动者共同所有的资产为一个局部劳动者的利益服务。那不是在维护国有资产，那是在损害、侵蚀国有资产。

出资人是企业的主人，由此连带地就必须回答一个问题。那职工还是不是企业的主人？特别是，国有企业的职工还是不是国有企业的主人？很多人想不通这个问题。其实回答这个问题并不困难。劳动者的确是国有企业、国有资产的主人。但是应当强调的是，全社会的劳动者群体才是国有企业、国有资产的共同主人。不能把一个局部的劳动者群体说成是归全社会劳动者共同所有的国有资产的主人。不能要求归全社会劳动者共同所有的资产为一个局部劳动者的利益服务。那不是在维护国有资产，那是在损害、侵蚀国有资产。

当然这并不是说，在企业中不应当尊重职工的利益，不等于说不需要协调出资人利益和劳动者利益。前几年经过修订，我国的工会法明确提出，工会的职责就是维护职工的利益。这个改动就改得非常好。企业和社会中都需要有专门维护职工、劳动者利益的组织。

企业中的利益构成要有一个排序，有了明晰的排序才能建立相应的利益制衡。其实在社会经济运行中也是需要利益排序的。不过在企业外部的利益排序与企业内部是不同的。比如企业破产时，资产清偿的收益首先要满足职工的利益，其次是政府税赋的利益，再次是银行等债权人的利益，最后才是出资人的利益。

企业内部的这个利益排序并不是人们主观设计的，而是从客观规律中总结出来的。1999 年党的十五届四中全会“关于国有企业改革和发展若干重大问题的决定”的文件中明确指出，“所有者对企业拥有最终控制权”。“董事会要维护出资人权益，对股东会负责”。董事会必须维护出资人的利益，其决策的依据首先就是出资人的利益。建立这个企业内部的利益排序，是现代企业制度第一个要解决的问题。

【8－3－3】由于不同出资人的利益获取方式不一样，他们对企业的关心程度也不一样。怎么协调这个复杂的利益关系呢？就要通过现代企业制度、法人治理结构来建立一个相互制衡的出资人关系。迄今我们在独立董事制度上赋予独立董事的职能，已经明显体现出这种努力。

第二，协调出资人之间的利益关系。

确认出资人的利益是企业利益中第一位的利益，这个排序还不能完全说明企业中的利益矛盾。因为企业利益是一个复杂的构成。在这个利益构成中，不仅有出资人与非出资人之间的利益矛盾、冲突和协调的问题，还有出资人之间的利益矛盾问题。常识可知，就是亲兄弟合伙开个饭馆，妯娌之间还互相打架，还会有争执、意见，还有利益矛盾。在社会化、市场化的企业资本构成中，出资人之间的利益矛盾要比这复杂得多。现代企业制度和法人治理结构要解决的第二个问题就是协调出资人之间的利益矛盾。

我们以一个上市公司为例。上市公司的产权构成是高度社会化、市场化的。在上市公司的出资人中，可能有自然人，有企业法人。有资本雄厚的机构投资者，也有散户股民。这些出资人的投资目的也不一样。有些出资人是力图通过企业红利获取投资回报的，有些证券市场的投资者只是阶段性的持股者。他们作为一种被动投资者，其利益来源并不是企业的分红，而是资本市场的产权差价。

由于不同出资人的利益获取方式不一样，他们对企业的关心程度也不一样。

怎么协调这个复杂的利益关系呢？就要通过现代企业制度、法人治理结构来建立一个相互制衡的出资人关系。在我国的股票市场中，人们熟悉的语言是保护中小投资者的利益。保护中小投资者利益就是协调出资人之间关系的一个重要方面。

我们的股票市场在前期发展过程中存在着一个很大的弊端。就是把股票市场说成是为扩大国有经济的支配力而办。由此延伸，市场的目标就从“扩大国有经济的支配力”演变为“帮助国企脱困”。在前期实行上市审批制的过程中，上市的标准成为谁困难谁上。在很多地方，政府把上市指标、上市机会当成了一种“扶贫”的资源。政府这样认识，那些国企的大股东就自然而然地认为，公众投资者的钱就应当用来为国企解决困难。

在这样的制度背景下，前期在相当大量的上市公司中，大股东的行为动机就发生了异化。许多国有大股东不是把公众投资者的出资和自己的出资合起来，将本求利，通过购入原料、组织生产、扩大销售的过程来取得利润，而是把公众投资者的出资据为己有。这些大股东的利益来源不再是市场，而是其他出资人的本金。在相当一段时期内，大股东“掏空”上市公司的事件层出不穷。这些大股东的典型做法是，先编个故事说，我有好项目，要公众投资者共同出资。等资金筹集上来以后，大股东就用种种手段把上市公司的钱全部“借”走。有的借光上市公司的资本金还不算，还要上市公司担保，再从银行借一块。最后上市公司自己被掏空不说，还被留下一大笔“或有债务”。以至于一些上市公司的资产成为“负资产”状态。这种事情接连不断地发生，已经使投资者对市场的信心受到严重挫伤。

现代企业制度和法人治理结构的基本职能之一，就是要杜绝这种侵害中小出资人利益的做法，协调好大小股东之间的利益关系，监督、制约大股东的经济行为，保护中小投资者的利益。

几年前，证监会在完善上市公司法人治理结构的措施中，规定上市公司必须建立独立董事制度。设立独立董事就是企业法人治理结构的重要组成部分之一。

很多人怀疑独立董事制度能否解决好大股东侵害中小股东权益的问题。这个怀疑不能说没有道理。但至少，迄今我们在独立董事制度上赋予独立董事的职能，已经明显体现出这种努力。

按照目前证监会的规定，独立董事是干什么的呢？独立董事在董事会中主要负责三件事。

第一件事是监督关联交易的公正性。按照证监会的要求，上市公司的独立董事要分别、独立地对上市公司所涉及的关联交易做出判断。就是说每一位独立董事都要分别表态，对每一件关联交易都要单独表态。这个表态不是说说就完的。

独立董事要对这些交易的公正性负法律责任。在这些关联交易中，一旦发现有损害中小投资者的“猫腻”，独立董事是要被追究相应责任的。

由于我国上市公司的先天不足，上市公司和大股东之间，上市公司和大股东投资的其他企业之间发生关联交易、业务往来经常是不可避免的。在我国股票市场发育的很长一段时期内，上市额度是按照地区由国家分配的。由此带来，一个庞大的钢铁企业可能只分到一个较少的上市额度。这个额度不可能满足全部资产上市的要求。怎么办呢？只能拿出部分资产上市。比如说一个车间、一个分厂或一条生产线。大型钢铁厂是一个托拉斯，各个生产环节的关联度很强，要么原料要从关联企业来，要么产品只能供给关联企业使用。在这种情况下，关联交易根本不可避免。不仅如此，哪怕是一个资产完全独立的上市公司，也经常不可避免地要和它的股东发生一些关联交易。

关联交易本身并不违法。但关联交易不能损害相关者的利益。这个相关者包括银行、政府、职工和中小股东。独立董事要对关联交易负有责任。什么责任呢？就是保证这个交易是公平的。如果独立董事和大股东串通，明知关联交易中有损害其他利益相关者的地方而没有制止，那么将来被揭露出来是要负法律责任的。

第二件事是对财务报表的真实性负责。独立董事应当独立地审查上市公司的财务报表。按照目前证监会的规定，独立董事如果怀疑财务报表的真实性，有权另行聘请会计师事务所对企业的财务重新进行独立审计。这个审计无须征得董事长或董事会同意。而且独立董事有权将审计的结果直接报给证监会或者交易所。进行这种审计的费用还得由董事会承担，这是有明文规定的。如果该审而没有审，出了问题独立董事就要承担经济以致法律的负责。在我国目前的独立董事制度中明确规定，上市公司的独立董事中至少有一名应当是懂得财务的专家。

第三件事是对上市公司的薪酬制度发表意见。上市公司的董事长、总经理等高管人员应当拿多少报酬，其他董事的薪酬应该是多少，不能由他们自己说了算，得由独立董事领导的薪酬委员会说了算。独立董事应当负责对公司的薪酬做出设计。这个薪酬制度，主要指对高管人员的薪酬制度。到年终的时候，各个高管人员对公司的贡献有多大，应该给他们多少奖励等，都要由独立董事领导下的薪酬委员会做出判断。没有这个制度，就会出现一些上市公司现在出的一些问题。一方面公司亏损连连，出资人损失惨重；另一方面公司高管人员的薪酬高得惊人。

独立董事制度仅仅是现代企业制度和法人治理结构中的一项制度安排。可能我们目前的制度安排、赋予独立董事的权利和职能等还不足以保证实现出资人之间的利益关系充分协调，还不足以维护中小投资者的利益。但我们正在朝这个方面努力。

第三，建立资产委托代理关系。

现代企业制度和法人治理结构要解决的第三个问题，就是由谁来支配企业的资产。是不是谁出资、谁决策，就是谁来支配资产呢？也不全是。现代企业制度的很重要的一个内容，就是要建立起完善的资产委托代理关系。

在现代经济发展过程中，在市场经济不断完善过程中，出资人与资产的支配关系经常是分离的。这种分离有时会发展到出资人和他的资产不见面的程度。比如说一个上市公司，除了大股东之外还有成千上万的小股东、市场上的散户投资者。这些投资者可能一辈子都不会到他投资的企业去看看他的资产是什么样的。但是在经济学意义上，这些投资者确实是老板之一、出资人之一。那谁替他打理这些资产呢？这就需要建立一个规范的资产委托代理关系。

我们说出资人是企业的主人，但这并不是说，每一个股东都要去参加企业的决策。实际上包括企业中的大股东，也不是每一个出资人都派出自己的代表去直接对企业下命令的，如果那样的话企业就乱套了。李嘉诚也不可能对他治下的资产每天、每件事都去亲自决策。那样把他累死也忙不过来。他也得通过委托代理制度来支配其资产。在企业这个层面上，我们必须建立一个有效率的资产委托代理关系。这就是现在人们常说的经理人制度。董事会和总经理之间的关系就是经理人制度下的资产委托代理关系。

实际上在我国，完善资产委托代理关系还有一个非常重要的现实意义。那就是国企改革。人们设想，国有资产也完全可以建立起和私有产权类似的资产委托代理关系。在这个委托代理关系中，如果被委托人受到的制度约束是一样的，那么委托人是李嘉诚或者别的什么私人，或者是政府，企业资产的运行效率应当是一样的。并没有逻辑上的因果关系说，因为出资人的名字叫作“政府”，所以这个企业或者这个委托代理关系的效率就一定是低下的。

委托代理关系也是一个优胜劣汰的选择过程。出资人并不一定是资产支配效率最高的人。董事会的责任之一就是要找到能够提高资产支配效率的人，委托他们替出资人打理自己的资产。如果管得好就奖励，管得不好就马上换人。如果全社会都这么干，经过不断地筛选，最后使全社会的资产总是保持在最优秀的那一群资产支配者的支配下，我们的企业就有强大的竞争力了，我们的社会经济发展就快了。我们力图实现的目标是，不论企业的出资人是谁，是自然人还是企业法人，是中国人还是外国人，是私人还是政府，被委托的经理人受到的制度约束都将是一样的。我们建立和完善现代企业制度和法人治理结构的目的之一，就是要找到这样一种制度形式。

【8－3－4】以董事长为首的董事会负责的是产权市场的竞争，而以总经理为首的经营班子面对的是产品市场的竞争。谁才有权力讨论产权方面的问题呢？股东会和股东会选出的董事会。在现实的经济活动中，企业需要不断地调整自己的产权构成。

第四，参与产权竞争。

产权竞争的问题我们已经在前面多个地方提到。现在我们已经清楚地知道，企业作为微观经济主体，实际上面对两个市场。一个是产品市场，另一个是产权市场。由此而来，企业面临的竞争也是两重的。一个是产品竞争，另一个是产权竞争。

迄今，人们对董事长和总经理权限划分的讨论非常多。在实践中，这两个位置的职能划分也是各行其是。实际上，我们用一句话就可以概括这两者之间的区别。以董事长为首的董事会负责的是产权市场的竞争，而以总经理为首的经营班子面对的是产品市场的竞争。

在企业的经营活动中，产品卖得出去卖不出去、能否取得更大的市场份额、卖的价钱好不好、利润空间大不大等问题由谁来管呢？由总经理和他的经营班子管。这个班子包括副总经理、总会计师以及总管市场的销售部等。但是总经理不能去主持企业股权结构调整、增资扩股或者出售股权的事。因为资产不是总经理的，而是出资人的。总经理可以负责把产品卖掉，那是他职责范围内的事情，是他受托经营企业的权利范围内的事情。但总经理不能把企业的产权卖掉。因为那不是他的东西。总经理不是企业资产的所有者，他不能把别人的财产卖掉。

谁才有权利讨论产权方面的问题呢？股东会和股东会选出的董事会。在现实的经济活动中，企业需要不断地调整自己的产权构成。例如根据企业的发展需要和出资人利益，决定进行股本扩张还是股本收缩，进行股权与债权之间的合理组合和转换等。企业需要扩大再生产，是用债权方式还是用股权方式融资？这关系到企业出资人在利润分配中的权益，也关系到资产所承担的风险。实际上市场经济下，股转债、债转股都是企业产权构成调整的正常情况。

除了根据企业发展需要和出资人利益主动调整产权构成外，企业还要应对来自内、外部的产权竞争。

多元化的产权结构就存在着一个对资源支配权的竞争。在我国早期的合资企业中，中方一般都占绝对控股地位。例如在股权比重中占有不少于51%的份额。但是后来我们遇到一个问题。当合资企业发展良好时，外方就会提出，由于市场的前景很大，为了企业长远发展，我们增资扩股吧。这时，中方经常面临的一个尴尬是，没有可用于增资的资金来源。这时外方就会说，没关系，我单方面增资也行，只要按照双方投资额的多少重新调整出资比例就行。调整股权结构的结果就是外方成为控股股东。这就是产权竞争。前些年，这类事在我国的合资企业中经常遇到。

产权竞争不仅来自共同投资者，更重要的是来自外部的竞争者。最近人们常听说一个词，叫作“资本运营”。资本运营其实就是产权竞争。就是通过产权的不断重新组合扩大自己对资源的支配力。资产并购也是产权竞争。外资收购国有企业也是产权竞争。实际上，世界上没有哪一家大企业是靠利润的不断追加投入发展成为世界级大企业的。真正的世界级大企业无一例外地全是靠产权竞争发展成为世界级的。出资人投资于一个企业，把在这个企业赚的钱又不断地追加到企业中，这只是一个理论化的资本循环过程。世界级大企业总是通过产权竞争，通过资产的收购、兼并、重组等过程发展而成的。这个过程谁来管呢？不是总经理。总经理不能操作企业产权的买卖，因为总经理不是所有者。负责产权竞争的只能是董事长领导下的董事会。

由此我们知道，股东会、董事会不能把自己当成经营班子的监督机构。不能仅仅把眼睛盯在总经理头上，每天看他有没有贪污腐败，有没有把公司的利益输送给其他利益相关者。这不是董事会面对的最重要的事。董事会面对的最重要的事情是什么呢？就是产权竞争。

现代企业制度和法人治理结构是一门比较复杂的学问。企业制度的问题迄今在全世界也并未完全解决好。不然就不会有2002年以来很多美国大公司爆出的假账丑闻了。以上，我们仅仅是就一些最基本原则作一些分析，和大家进行讨论。

4. 提问与讨论

- 社会主义市场经济条件下的资本不是物，同样是一种特定的社会经济关系。
- 把财富交给民间、交给市场可以获得比政府更高的配置效率。
- 过度依赖财政投资的经济增长可能把财政拖入无法退出的困境。
- 我们不能把增强企业活力的根本措施寄托于“劳者有其股”上。
- 中华民族是个崇真守信的民族。但我们仍然需要倡导一场信用革命。
- 在全社会建立起不可以用剥夺或者变相剥夺方式谋取利益的根本约定，这个社会才能真正成为信用社会。

【提问一】：您在关于改革的问题中反复讲到“资本”这个概念。能否对这个概念作些解释？

答：这是一个具有挑战性的问题。在一定意义上说，把这个问题回答好了，回答透彻了，我们的公有制与市场经济之间的关系就讲清楚了。我只能在理论上作些分析。

“理论是灰色的”，这句话据说是歌德说的，我至今不解其意。其实人类总是不断对新鲜、生动的实践进行归纳、抽象以探索其本原与规律的。在这个意义上，应当说“理论之树常绿”。

我们要回答的问题，其实不在于什么叫作“资本”，而在于什么是社会主义市场经济条件下的资本。

我们从第一讲就强调工业化这个概念。资本是什么呢？资本是工业化，是大机器发展的产物。

在自给自足的自然经济条件下，与人本身相异的社会经济要素只有劳动工具和自然存在的土地，社会再生产过程无须资本的概念介入其中。在小商品经济条件下，简单交换导致了货币的产生，但这时的货币只是生产过程结束以后生产者之间相互交换产品的社会工具，主要承担的只是一般等价物的职能而并未转化为资本。

在近代资本主义发展过程中，在“工业革命”的早期，人们发现，把劳动力聚集在一起，通过分工和使用经过改进的、专门化的劳动工具可以大大提高劳动效率和增加产出。在这个阶段上，人们直接看到的，是劳动力的集聚程度决定着分工的发展程度，专门化劳动工具的使用程度，产出的增加程度和经济规模的扩张程度。在这个过程中，人们仍无须把“资本”引入自己的视野。这时理论的发展恰恰表现为力图论证财富的增加与人及劳动以外的其他要素无关。

大机器的产生、发展与普遍应用带来了生产率的大规模提高，产出的成倍增长，经济的巨大发展和社会面貌翻天覆地的变化。人们认为，在大机器这种人手的产物背后一定存在着某种异己的神秘力量，是这种足以左右人和社会的力量使社会产品以前所未有的速度大量增加，使一部分人一夜暴富而使更多的人不得不放弃传统的生产与生活方式而服从于机器的指挥。这个力量被人们称为“资本”。拥有资本的人们争辩于资本是社会财富增加的源泉；没有资本的人们感受于自己的命运完全为资本所支配。由此产生了所谓的“资本拜物教”。

就是在这种历史条件下，马克思科学地回答了什么是资本的问题。马克思指出，第一，资本不是物，它不简单等同于货币、资金、土地或其他生产资料。第二，资本是客观存在，它不是人们的主观想象或异己的超自然支配力。

又不是物，又是客观存在，资本是什么？资本是人们在抵抗自然能力增强过程中结成的一种社会经济关系。工业化发展过程所必然要求的工厂制度、集中化、专业化、社会普遍分工、要素高度聚集和不断优化重组等必须借助于“资本”这种经济关系才能实现；市场经济发展过程中所必然要求的等价交换原则，必须借助于“资本”这种经济关系才能在工资、利息、地租等范畴内贯彻到底。

社会主义市场经济条件下，社会同样必须满足大机器技术属性所决定的一切要求，同样必须满足彻底贯彻价值规律的一切要求。体制改革是什么？体制改革本质上就是调整社会经济关系。从“生产队”、“全民所有制”到“乡镇企业”、“国有企业”，到“现代企业制度”、“打破‘条块’界限的企业集团”、“国有资本”等概念的更替，反映的就是一种新型社会经济关系的建立轨迹。社会主义市场经济条件下的资本同样不是物，同样是一种特定的社会经济关系。

当前，我们在理论上的一个重大进步是“国有企业”的概念日益为“国有资本”所取代。人们从实践的发展中直观地认识到，“国有”的那一部分国民财富并不一定要锁定在某种特定形态、特定产业上或特定区域中。这就需要回答一个现象背后的深层次问题：“国有”的那一部分国民财富在具体形态变换过程中被保留下来的是什么？换言之，国有资本的实体究竟是什么？是一个价值量。

资本是价值范畴。机器设备、土地、资金、原料等都只是资本的具体存在形式。资本在具体形态的变换过程中被保存下来的是价值。价值才可以使不同具体形态的资产相互比较。只有在价值形态上才能理解和解释“国有资产的保值、增值”。例如机器台数的保持或增加、土地面积的保持或增加都并不一定意味着资产价值的保持或增加。价值量的保持和增加才是资产的保值和增值。

说资本是一定量的价值，这尽管已经深入到了理论层次，但仍然为人们所容易理解。因为人们从一般商品交换中就可以感受到让渡使用价值而实现价值的关系。但资本是价值范畴的理论含义并不仅如此。一般社会产品被作为商品出卖时，价值和使用价值是高度同一地存在于一个统一体之内的。而资本作为价值范畴，在个别再生产过程中，它需要不断地变换自己的具体形态才能完成自己的职能；在社会再生产过程中，它需要不断对各种具体形态的要素进行集聚和优化重组。就是说，资本是对使用价值不断排斥的价值范畴，是市场经济下商品内在的使用价值与价值之间矛盾已经高度外化状态下的价值范畴，是已经取得了对使用价值相对独立地位的价值范畴。资本的活力就存在于这种对使用价值相对独立的地位之中。资本只有在这种对使用价值相对独立的地位上才能在社会经济活动中演绎出资产租赁、企业兼并、集团化、股份制等等生动的实践形式。

资本并不简单地等同于国民财富。地下未经开发的矿藏是国民财富，但并不是资本；沉淀于消费者手中的储藏货币是国民财富，但并不是资本。在市场经济条件下，唯有投入社会经济活动中，能够带来价值增值的价值才是资本。

如果资本的唯一有用性就是价值增值的命题成立，那么一个相应的命题就是：只要是资本，国有资本与私人资本的根本职能就没有区别，它们在参与社会经济活动过程中的运行规则、行为方式就没有区别。

【提问二】：您提到美国政府也对经济运行采取调控措施，还提到前任总统布什的“减税”政策。美国为什么要“减税”呢？对其经济的影响何在呢？

答：2001 年小布什就任总统后，第一件事就是在国会推动一项庞大的“减税”法案。无须争议，减税肯定有利于刺激经济增长。涉及增减税也无疑是政府的财政行为。但美国这项减税计划并非一项以短期经济增长为目标的财政政策措施。因为布什这项减税计划的实施周期将长达 10 年，显然这项措施不可能是基于未来10年美国经济将持续趋于衰退的判断。

布什这个减税计划的出台并非偶然，其客观物质基础在此前一段时间中已经具备多时。自20世纪90年代中期以来，美国联邦财政收入占国内生产总值的比重持续迅速增长。1998年，美国联邦财政出现了久违的盈余。在2000财年，美国联邦财政盈余达到创纪录的2370亿美元，竟比1999年的1244亿美元增长了88%。对美国政府来说，联邦财政连续三年盈余且增长迅速是一件非常重要的大事。要知道，美国联邦财政连续三年盈余的记录还是在几乎近半个世纪之前的1947～1949年间创下的。在整个20世纪80年代，美国始终是以“政府负债规模世界最大，人均负债水平全球最高”而著称于世的。

显而易见，政府财政的大规模盈余为减税铸就了最重要的物质基础。从这一意义上说，实际上美国在1999年到2000年期间就已经具备了实施减税的条件。但当时与经济强劲增长相伴随着的是美国股市中“泡沫”的明显累积，短期调控政策的主要目标是抑制“过热”。克林顿任内减税显然不合时宜。2000年后半年，在格林斯潘“软着陆”的货币政策作用下，美国股市的“泡沫”已经明显挤出。进入2001年后，特别是“9·11”事件之后，抑制经济增速放缓趋势的目标成为短期调控政策的主要指向。布什政府不过是抓住了短期政策与长期战略的作用方向趋于一致的机会，适时地推出了减税计划。可以说，布什政府的减税法案不过是把克林顿没机会涂擦的“粉”抹在了自己的脸上。

美国的减税法案并非仅仅立足于短期的财政盈余。这涉及当前一个重要的经济学理念变化趋势，即民间和市场比政府配置资源的效率更高。

在世界经济发展的实践中，始终存在着一个将资源尽量多地集中于政府手中的主流思潮。不仅传统的计划经济理论强调政府集中配置资源的重要性，就是在大多数市场经济国家，在战后实际上奉行的也是政府增收优先的理念。一方面，通过增税或发债把资源更多地集中于政府；另一方面，政府越来越多地承担起了完善社会保障体系和提高国民福利水平、发展基础设施、调控经济周期以致主导产业结构转换的责任。

美国这次减税法案，一个值得重视的地方就在于在根本理念上扭转了“提高政府调控能力”、“增大政府提供公共产品的责任”的传统思路。这项减税法案强调，把财富交给民间、交给市场可以获得比政府更高的配置效率。从目前的资料看，布什政府的减税法案可能是基于三方面考虑：一是接受欧洲高福利政策的教训，认为一方面要避免让政府背上过重的福利“刚性”包袱，另一方面要避免高福利下的社会效率损失；二是总结前期货币政策的成功经验，认为可以更多通过不涉及政府与民间利益再分配的利率等杠杆性的政策工具来调控经济运行；

三是根据高新技术产业的发展特点，认为减税对技术创新的激励作用、对中小企业的扶持作用比财政转移支付形式更大。

【提问三】：过去一年多来，在世界金融危机中，人们看到各国政府都出台了强力政策“救市”；这是否是政府职能的一项新突破？我国政府的“救市”和美国以及其他发达国家的“救市”有何不同吗？

答：我们前面讲到过，这场世界金融危机是资本过剩导致的。本专题我们说过，在20世纪90年代中，发达国家通过高科技发展和产业结构升级，积累了大量的过剩资本。资本就得牟利。干什么呢？由于在实业领域找不到足够容纳它们的地方，过剩资本就涌入和聚集到了国际股市、债市、汇市、期市、油市以及形形色色的金融衍生品市场，在虚拟经济层面大量堆集。由此就形成了一个不断累积的风险链条。

打个比方说。张三欠李四100块钱。这本来是一个很小的信用交易。张三能否还得上李四，并不会给社会信用链条造成多大伤害。但王五和赵二麻子在风险市场打赌，赌张三究竟还得上还是还不上，他们俩下了一万块钱的注。如果就是他们俩打赌，这个风险也还不至于形成社会整体的风险。事情又进一步演变为，皮特和约翰又在金融衍生品市场打赌，赌王五赢还是赵二麻子赢，他们俩下了100万元的注。张三还不上李四的100元钱，如同美国一批低信用群体所借的“次级债”违约率上升一样，本来是一个不大的信用缺口。但在这种虚拟经济构架下，一张牌倒下就引起了连锁倒塌的多米诺骨牌效应，不断放大的市场共振就引发了全球投资者、金融机构的巨额损失。

迄今发达国家政府的“救市”措施，除了传统的货币政策、财政政策之外，很重要的一条就是由政府或是货币当局出钱收购那些濒临资不抵债企业的不良资产。这的确是一种传统教科书上没有的政府政策行为。应当说，在这次世界金融危机中，各国政府比较果断地出手相救在理论和实践上都具有一定的创新性意义。

世界金融危机给我们带来了很多新的课题。不仅是政府职能、政府政策方面，还包括一个最古老、传统的经济学问题：一块钱究竟值多少钱？大家可能注意到，2009年以来，各国在防范危机上的一个共识就是，要改革世界货币体系。用理论语言说就是，怎样才能更有效地维护币值稳定。目前，恐怕我们还不能清晰地对这些问题都给出明确的答案。

如果说我国的政策和美国等其他国家的政策有何不同，那也可以打个比方。我们的政策资源已经配置在调整身体状态上了，美国政府的钱还花在打强心针上呢。大家可以想一下，迄今我们的财政投入和信贷资金投入不是已经大规模地用在上项目、保增长上了吗？你听说美国政府或者美国货币当局的钱用在上项目上了吗？他们的钱还主要用在收购企业的不良资产上呢。因此可以说，在走出世界金融危机的阴霾的过程中，中国已经比美国和其他发达国家快了不止一个节拍。

【提问四】：现在很多人担心，各国政府刺激经济的政策是否会引发严重的通胀？在我国，是否会形成新的过剩生产能力？

答：金融危机爆发以来，全球货币相对于资产价格和大宗商品价格（而不是CPI，居民消费价格）来说实际上发生了极为严重的通货紧缩，即币值大幅升值。美国道琼斯指数从2007年10月11日14198点的历史高位下跌至2009年3月2日的最低点6763点，跌幅达52.37%；香港恒生指数从2007年12月14日的31638点下跌至2008年10月27日的最低点10676点，跌幅达66.26%；国际原油期货价格从2008年7月11日的最高价每桶147美元下跌至2009年1月14日的最低点每桶36美元，跌幅达75.51%！

本次危机的本质并非资产价格下跌，而是钱本身变得太贵了。在一定意义上说，当前的世界金融危机实际就是一次货币危机。全球货币体系相对于股市、债市、汇市、期市、油市以至楼市的价格体系来说出现了严重失序。目前各国央行增发货币的实际目标，不过是纠正这些市场中价格暴跌下的货币过度升值。

如果说当前一些国家的货币增发将导致通胀，那么与此前的相对于居民消费价格来说的币值缩水不同，这是一种特殊的“资产型通胀”。这种资产型通胀是必要、必须和迫切的。没有这样一个“矫枉”，全球的投资者就将面对灭顶之灾。在产权高度市场化的发达国家，由于资产价格大幅下跌，从而企业的总资产大幅缩水，不仅股权持有人的财富在迅速“蒸发”，更为严重的是，企业负债率的急剧上升导致债权持有人的风险也在急剧增加。如果这种“资产缩水而债务不缩水”的矛盾继续趋于激化，全球大企业中，美国“通用汽车”式的因资不抵债破产或被迫进行债务重组的案例就将层出不穷。国际大资本就得重新“洗牌”。由此一来，不仅世界经济复苏将更加遥遥无期，而且全世界的政府财政都得被这样一个“陷阱”拖垮。

在我国当前的经济形势下，要使“保增长”的短期政策与调整产业结构、防止过剩生产能力膨胀的中期目标相结合，关键不在于收紧货币政策，而在于财政政策，特别是与产业政策相结合的中期财政政策应有更大的作为。

国际上有成功经验可循。在20世纪整个70年代，日本面对的是1971年美国放弃“金本位”的“新经济政策”、1972年“布雷顿森林体制”解体引发的日元持续大幅升值，是1973年和1979年两次世界石油危机引发的能源价格暴涨和世界经济衰退。但日本不仅没有因此陷入停滞，反而实现了加速经济赶超，产业结构从重化工业形态升级到高加工度形态和资源节约形态，外向型经济从价格竞争阶段成功过渡到非价格竞争阶段，一举成长为世界经济强国。在日本这一段的中期政策体系中，财政手段发挥了极大作用。其中最重要的，包括在重要基础产业实行促进主体技术、工艺、设备换代更新的加速折旧政策；对淘汰过剩产能或技术寿命、经济寿命已经完结的固定资产提供财政报废补贴或政府收购（即产业退出政策）；在竞争效益和规模效益中坚决选择集中优先，对兼并、重组提供政策贴息的产权金融支持等。这些经验值得我们在应对本次危机的政策体系中认真研究和努力借鉴。

在“保增长”中，货币政策只能保“量”、保速度、保扩张；而保“质”、保升级、保效益，要靠具有直接影响企业投资行为的财政政策。

【提问五】：我国是否会面临通胀危险？这种风险来自宽松的货币政策吗？

答：当前，我国并非没有出现新一轮通胀的危险。但这个危险并非来自迄今的货币政策，而是来自国际油价。

我国在2007年到2008年上半年的通胀明显是一种输入型的通胀，是国际粮价暴涨引起的基本消费品价格上涨导致的。

在过去几年中，我国实际上并不缺粮食。2005～2007年，我国粮食总产量分别为4.84亿吨、4.98亿吨和5.01亿吨，2008年更创下5.29亿吨的历史最高纪录。正常情况下，我国只要有4.7亿～4.8亿吨的年产量就可以实现粮食市场的供求平衡。1998年，我国粮食产量曾达5.07亿吨；此后，过剩的存粮曾导致粮价持续数年在低位运行，以致我们不得不采取“敞开收购、顺价销售”和“一退三还、坡地休耕”等政策来恢复粮食的合理价位。在我国粮食供给明显过剩的情况下，2008年上半年之所以出现粮价上涨，是因为国际粮价在暴涨。在2008年上半年，国际粮价甚至达于我国国内粮价三倍的程度！

2008年的国际粮价暴涨是石油价格暴涨推动的。当石油价格涨过每桶60美元时，从粮食中提取生物酒精就变得有利可图。进入21世纪以来，国际大宗商品市场价格的金融化、资本化、虚拟化导致价格形成机制已经完全脱离了实物层面的供求关系，而取决于过剩资本在虚拟市场的堆积程度。国际垄断资本、国际投机资本和国际金融资本联手推动油价持续上涨，化石能源变得过度昂贵，大量粮食就被买去炼油，粮价就呈现为完全脱离其生产成本的持续上涨。

当前，国际油价已再度越过了用粮食提取生物酒精的价格临界点，即每桶60美元。且目前看，国际油价继续上涨的可能性非常大。如果油价继续攀升，

2009年下半年很可能出现新一轮国际粮价上涨，从而在我国形成新一轮的输入型通胀。可能导致我国出现通胀的真正危险在这里。

经济学常识，通胀确实和流动性过剩密切相关。正因如此，在2007年到2008年上半年，人们多把当时通胀的原因归结为“流动性过剩”。当前，当全世界再度出现普遍性的通胀预期时，人们质疑适度宽松的货币政策是很自然的。

但有必要指出的是，不能把短期的流动性过剩等同于资本过剩，不能把流通过程中的“钱太多”等同于特定发展阶段的社会积累能力“过大”，不能为抑制流动性而伤害经济体的均衡扩张过程。

本次世界金融危机的根本原因在于资本过剩，在于发达国家长期累积起来的大量货币资本在实业领域找不到有利的投资领域和足够容纳的领域，从而涌入虚拟市场，由此形成了过度杠杆化的“多米诺骨牌”阵。

中国仍处于工业化、城镇化的高潮中，也就是城市固定资产、工业固定资产大量形成的过程中。从长期、整体看，我国远未到资本过剩的阶段。在这个发展阶段上，国民经济的稳定性主要取决于固定资产投资规模扩张的均衡性；国民经济运行的质量主要取决于社会物质生产能力的质量。因此，过度夸大流动性过剩，以不适当的政策伤害仍处于积累和资本短缺阶段的经济体，必然导致固定资产投资规模和国民经济增长速度的频起频落、大起大落。我国的货币政策调整，一定要建立在中国国情的基础上。

【提问六】：员工持股是不是一个调整国有企业产权的好办法？有没有普遍意义？

答：当前在国有经济的改革进程中，“员工持股”思路正在日益引起多方面的注意。我的看法是，“员工持股”应当搞，而且应当大力推进。但是，“员工持股”不可能解决国有经济改革的根本难题。

“员工持股”的提出并非偶然，从实践过程看，这项改革思路有三方面重要背景。一是在国企改革中，建立健全对经理阶层的激励机制已经迫在眉睫。“管理股”、“技术股”的出现是市场经济下社会生产力发展的必然产物。二是建立现代企业制度、应对加入WTO挑战等方面任务需要有与生产力发展相适应、与国际惯例接轨的分配方式。三是我国国有经济布局面临战略性调整，国有资本需要有更多样化的退出途径。

“员工持股”并非仅仅是管理者阶层持股。从实际情况看，一方面是仅靠股市远不能满足国有资本的“退出”需要。“员工持股”有可能为国有资本提供一条更宽阔的“退出”途径。另一方面，在化解金融风险的改革中，间接投资向直接投资的转变已经成为一项重要思路。“员工持股”显然可以为这一转化提供更多现实途径。

在我国目前的改革进程中，“员工持股”的发展动力主要是管理与技术要素的资本化和私人财富的资本化。从长远看，我们需要大力推进这一进程。在我国的要素结构中，目前最稀缺的已经不是资本，而是管理与技术。人们普遍呼吁，要造就真正的“企业家”、“知本家”。这实际上反映的是社会经济发展对管理与技术要素的渴求。推进管理与技术要素的资本化，促进收益分配向管理与技术要素倾斜，这符合现代经济发展的根本方向。

在过去一些年中，我国人民已经积累起了超过即期消费需要的私人财富量。促进这些私人财富的资本化，不仅有利于解决我国宏观经济层面面临的“国有资本退出”以及“发展直接投资”等重要难题，而且有利于真正形成一个对维护社会稳定发挥重要作用的“中产阶级”。

“员工持股”是一项很好的改革措施。但也决不要扩大和“神话”这项改革措施的作用。我们不能把增强企业活力的根本措施寄托于“劳者有其股”上。

很多人以为，“员工持股”将使职工的劳动成果与经济利益更紧密地结合起来，因而会起到调动职工积极性的作用。这个想法的逻辑起点不过是原“人民公社”制度下“工分”分配方式的放大和“全民所有制”下劳动者共同占有生产资料方式的缩小。“工分”并未由于劳动成果与“分值”之间存在着经济联系而使人们更加关心集体；“全民所有制”也并未因“劳动者共同利益”的存在起到提高效率的作用。这已经为实践所证明。国有企业的活力不足，人的积极性不高，并非因为劳动者未直接持有本企业股份。恰恰相反，“终身制”的就业制度、劳动者与生产资料之间过分固化的结合关系是企业冗员负担和“养懒人”现象的根本原因。这在前期的改革过程中已经看得很清楚。

前期的改革过程中出现过一个十分有害的实践趋向，即一些企业强迫职工“带资就业”，把“上岗”与“入股”联系起来。这些做法不仅束缚了劳动力的合理流动和要素优化重组，而且是对劳动者利益的极大侵害。劳动者经济利益的基本体现是工资。劳动者作为雇员，不应当承担与其工作努力程度无关的各种风险，例如市场风险。把投资人、经营者所应当承担的风险转嫁给劳动者及劳动报酬，无论在理论上还是在实践中，这都是一种损害劳动者利益的不公平。

在关于“员工持股”的讨论中，潜在地还存在着一种意见，即企图把国有企业在前期形成的不良债务以股权的形式卖给本企业职工，以此来剥离国有企业的债务负担。这不是在促进劳动者成为企业的“主人”，而是企图用劳动者前期的劳动报酬来弥补资本所有者的“负利润”。因为企业债务的本质就是负利润。可以毫不含糊地说，这是明火执仗的资本暴力。这些倾向都是我们解决反对的。

【提问七】：有人说，市场经济就是信用经济。这种说法对不对呢？您认为我们离信用经济还有多远？

答：我们在很多专题中都提到过，中国的改革目标是建立社会主义市场经济，一个能够让社会所有成员都能从发展中受惠的市场经济。

在任何经济学中，一个无须争议的命题是，市场经济就是信用经济。因为没有信用就无法确立分工。显然的道理，如果我要专门生产衣服，我就得首先确信，别人将会生产出我所需要的食品。没有分工也就没有了交换，没有了交换也就没有了市场，也就无所谓市场经济。

我们没有任何理由怀疑中国社会对信用的认同和尊重。中华民族是个崇真守信的民族，但我们仍然需要倡导一场信用革命。

为什么？因为在中国传统文化中，信用只存在于一个特定的小群体之间。在生产力水平低下的自然经济中，人们必须在一个有限的社区中相互依存、相互救助、相互取信才能共同抵抗各种自然属性和社会属性的风险。由此带来，中国传统文化中，只注重对特定小范围的人守信，而不注重对社会、对制度守信。守信的范围取决于对特有群体利益的维护而不是对社会共同约定、对制度的维护。其中最典型的例子，一是广泛存在于农村的乡村社区信用，二是在中国近代历史上在小商小贩、手工业者、运输业者中形成的帮会信用。

由此就引出一个严肃的话题。我们需要建立一个怎样的信用制度。

我们要让人们相信，讲求信用不仅是一种美德和义务，而且是一种利己的最好方式。要让人们相信，在市场经济发展过程中，社会信用普遍昭显的制度才能使社会福利实现为最大化，每个人也才能最大限度地享用社会福利资源。

要建立一个真正的信用社会，我们需要一场信用革命。我们可能需要从很多与传统理念完全不同的基础做起。

第一，要确立财富归属权不可侵犯的根本制度。

信用是以社会利益的多元化、社会财富归属的多层次为前提的。经济社会中的所有失信行为，本质上都是在侵犯他人、他属的财富权益。如果没有财富归属权不可侵犯的社会共同约定，我们本来无须借助信用体系。任何社会最基本的信用基础就是，别人的就是别人的，自己的就是自己的。在全社会建立起不可以用剥夺或者变相剥夺方式谋取利益的根本约定，这个社会才能真正成为信用社会。

第二，当务之急是要建立起保障社会经济运行的制度信用。

要让社会成员诚实守信，社会的制度约定首先要有信用。朝令夕改的制度、被机会主义地应用的制度、因人或者因事而变的制度一定是没有信用的制度。制度失信从来都是秩序紊乱的根本原因。国情、功劳、困难群体、特定所有制、道德理念都不应成为制度失信的理由。制度守信，首先是政府守信、法律守信。

第三，要倡导对社会、对制度守信的信用观念。

现代社会信用，最重要的不是对一个共同利益群体守信，而是要对社会守信，对制度守信。我们应当确立一种普遍的社会准则：欠债不还，侵害的不仅是债权人的利益，更重要的是对制度的一种破坏。失信行为的代价不仅要包括对失信行为所造成损害的赔偿，而且应当包括修补制度的代价。显然的道理，没有对社会、对制度守信的原则，我们就不可能建立起公众化、社会化的资本市场、货币市场、票据市场。

第四，建立信用体系要把资产信用放到首位。

在中国发展消费信贷的过程中，很多银行抱怨个人信用记录的缺乏阻碍了业务的开展。实际上这其中包含着一个很大的误解，即把道德信用当成了个人信用资源的主体。个人诚实守信的品质、以往能够证明其操守的记录以及在一定程度上说明其素质的受教育程度等，固然是其信用资源的一部分，但这只涉及道德信用部分。在市场经济条件下，最值得开拓、最有价值的信用资源首先并非道德信用，而是资产信用。让人民有产，并且建立起充分的资产信用，这是构筑社会信用体系的最根本一环。如果全社会的人都是无产者，每个人都认为破坏制度对自己没有损失，那么社会化的信用体系是不可能建立起来的。

第五，大力发展具有社会公信力的第三者信用机构。

很多人有个误解，以为政府是社会信用的最好维护者。这个认识是不正确的。政府也是一个利益主体。各级政府的税赋利益、资产利益以及政府促进就业、救助贫困人群的特定责任等都可能成为妨碍公正维护信用秩序的因素。现代社会信用体系的建立，一定需要有本身信用足够强大的第三者信用机构的社会体系存在。最明显的理由是，不应由政府自己来评价国债的债信，也不应由政府自己评估国有资产的价格。在一定意义上可以说，社会化的第三方信用机构是市场经济下制度文明的最重要体现形式之一。发育和发展非政府化的第三方信用机构，是我们建立信用社会不可逾越的一个基本环节。

至此我们一共涉及了八个专题。这八个专题是否能够全部涵盖“社会主义市场经济：理论与实践”这门课程应有的全部内容呢？我想还远不充分。因为时间关系，也因为水平限制，我更多的是提出了一些和大家共同讨论的问题。很难满足大家的信息渴求。但再讲下去，我实在也是“江郎才尽”了。希望我们还有更多的机会交流。

谢谢大家。

第9讲 房地产业与房地产市场发展的理论与实践

FANGDICHANYEYUFANGDICHANSHICHANG
FAZHANDELILUNYUSHIJIAN

应大家要求，我们在原定课程内容之外，加讲一个关于房地产业与房地产市场的专题。房地产和我们前面交流的八讲内容并不在一个层次上，本来是不应并列的。这个领域不过是国民经济运行过程中的一个子系统，这样层面的子系统或者说专题可以有非常多。但社会关注，大家关注，从最高决策层到普通百姓都关注。为什么关注呢？因为在我国现在这个发展阶段上，各种社会、经济矛盾高度集中于这个领域。经济增长、宏观调控、城乡协调、资源节约、贫富差别、民生改善、社会公平甚至法制建设等，都和这个领域的发展密切相关。就像一个很长的多集电视剧，在这一集中，这个角色成为最引人注意的故事主角。那我们就试着和大家交流一下。房地产是个复杂的问题。老实说，我也是房地产业和房地产市场问题初学者，所知不多，和大家共同探讨。

一段时间来，房地产业和房地产市场发展成为人们普遍关注的热点。但在相当多的讨论中，住房问题和房地产市场的问题、市场和政策的问题、风险和“泡沫”的问题被有意或无意地混淆在了一块儿。很多本来挺明白的问题被弄成了说不清道不明的事。例如，房地产业本来并不能承担解决老百姓住房问题的全部任务，二级市场、租赁市场以及自建房都是正常途径，而且在一定意义上说是更广阔的途径；非要市场化的房地产业提供所有档次的足够住房本来就是不可能办到的事，也是不合理的要求。再如，帮助一部分买不起房的老百姓有房子住是政策的事，而政策有多种途径来解决这个问题；非要市场价格服从所有老百姓的购买力，那是叫市场来履行政策的职能。又如，房地产业和房地产市场本来就是一个高风险的产业，从没有谁说这个领域没有风险；但风险并不等于就是“泡沫”，控制风险也并非就是由政府来控制价格。

出现这种混乱不奇怪：别说计划经济下没有房地产市场，就是在过去改革开放的30余年中，老百姓花钱买房子，依靠市场改善住房条件也不过是20世纪90年代末以来的事：我们讨论的，是一个对全社会来说都是相遇不久的新问题：也正因如此，我们可能需要从一个最基本的问题讲起。

1. 什么是房地产市场

- 房地产市场的本质是所有利益相关者的经济关系总和。
- 房地产市场的特点是，不论是否自用，都具有投资的性质。
- 房地产市场本来就是一个高风险的市场，把风险和“泡沫”等同起来的认识不正确。
- 城镇人均住房面积和住房困难群体的比重不相称，原因在于二级市场和租赁市场发育不足。
- 当前我国房地产市场一些新的矛盾正在累积。

【9－1－1】市场是一切经济关系的总和。房地产市场就是房地产资源的所有利益相关者之间各种经济关系的总和。关于“价格”、“泡沫”、“公平”、“风险”、“波动”、“政策”等的种种说法，实际上都是各种利益关系的客观反映或评判，主观反映或调整。

什么是房地产市场呢？人们很容易回答，开发商卖房子的地方就是房地产市场。没那么简单。房地产市场的概念有四种基本含义。

其一，指通过公开、自由交易实现土地、建筑物的所有权、使用权、经营权等物权让渡的场所。简单说，就是物权交易的买卖行为发生地。这个“发生地”有多种形式，可以是常设性场所，也可以是非常设性的场所，例如拍卖场所；可以是有形的场所，也可以是无形的私下交易、网上交易等。

其二，在土地、建筑物的所有权、使用权、经营权等物权交易过程中专指需求一方。“有没有市场”、“市场大小”都是在这种含义上指有无需求、需求大小。

其三，指土地、建筑物的所有权、使用权、经营权等物权交易过程中供求双方的力量对比与利益的均衡程度。“房地产市场形势”，实际上指供求双方的力量对比形势以及由供求关系决定的交易双方利益变动形势。

其四，指公开、自由交易对土地、建筑物等资源配置的推动力量。“市场配置资源”，就是指通过公开、自由交易配置资源。通常所说的“市场化”程度，指的就是上述物权交易过程的公开、自由程度。

按照马克思主义经济学的基本观点，市场是一切经济关系的总和。房地产市场就是房地产资源的所有利益相关者之间各种经济关系的总和。关于“价格”、“泡沫”、“公平”、“风险”、“波动”、“政策”等的种种说法，实际上都是各种利益的关系的客观反映或评判，主观反映或调整。

按照交易的对象分，房地产市场可分为地产市场和房产市场两个部分。按照交易对象的属性分，可分为交易增量资源，也就是新房的一级市场；交易存量资源，也就是旧房的二级市场。按照交易对象的权属性质分，可分为交易所有权的产权市场和交易使用权、居住权或经营权的租赁市场。按照交易对象的用途分，可分为住宅市场、商用房市场、工业用房市场等专业市场。按照与交易过程的结合关系分，还可进一步延伸出房地产金融市场、保险市场、中介服务市场等。

【9－1－2】房地产市场的交易行为可以分为以自然属性为交易目的的行为，例如居住或开设商铺；以社会属性为目的的行为，例如出租获取租金或期望升值、规避通货膨胀风险等。除住宅租赁市场的需求可以视为单纯的消费性需求，其余交易过程中的首要对象都是产权。购买产权的行为就是投资。

说了什么叫市场，还得说这个市场由哪些基本要素构成。房地产市场由交易对象、市场参与者、价格和资金四个基本要素组成。

其一，交易对象。从自然属性看，房地产市场的交易对象是土地和建筑物。从社会属性看，房地产市场的交易对象是物权，包括所有权和使用权以及经营权等。在理论上，从需求方的角度看，房地产市场的交易行为可以分为以自然属性为交易目的的行为，例如居住或开设商铺；以社会属性为目的的行为，例如出租获取租金或期望升值、规避通货膨胀风险等。但在实际市场活动过程中，一般说，除住宅租赁市场的需求可以视为单纯的消费性需求，其余交易过程中的首要对象都是产权。购买产权的行为就是投资。房地产市场的特点是，不论是否自用，都具有投资的性质。

其二，市场参与者。一般说，房地产市场的参与者包括企业、居民个人、政府和土地所有者。从我国的实际情况看，政府既是土地的唯一所有者和供应者，也是制度和政策的制定者与市场的调节者。企业和个人均可以供给者和需求者的身份参与市场。其中从供给方看，参与房地产市场的企业包括开发地产或房产的开发商，以及建筑企业、中介服务企业等。个人可以通过从资本市场上购买股票的形式参与投资，甚至也可参与土地的“招、拍、挂”竞标。从需求方看，不论是一级市场还是二级市场、租赁市场，企业和个人都可成为参与者。

其三，价格。价格是房地产市场参与者之间经济关系的最重要体现形式。影响房地产市场价格的因素，一是成本，包括土地成本、建材成本、资金成本以及建设过程中的劳动力成本等；二是供求关系；三是级差地租；四是社会对通胀的普遍预期。

在市场经济下，成本变动和级差地租变动引起的价格变化是正常合理的价格变化。由于房地产具有投资的功能，供求关系的变化经常是和通胀预期变化密切联系在一起的。简单说就是，通胀预期强烈时，人们会趋向于把货币资产转换为实物资产，房地产需求会被不断放大；在通缩预期强烈时恰好相反。

其四，资金。不论从国外经验还是我国的实践看，房地产市场的运行一定需要大量的资金周转。当开发贷款和按揭贷款普遍存在并占有较大比重时，在市场上交易的物权，实际上在很大比重上是银行或其他金融形式的债权。例如如果开发贷款占到总投资的70%，那么新房出售的价款中有七成是购买的银行债权。从这个意义上说，房地产市场和金融市场实际上是相互延伸的关系。房地产市场的所谓风险，主要指房地产价格变动时对债权人资产形成的风险。房地产市场风险的最后警戒线是，市场交易价格仍能高于交易对象中所含的债权规模。

房地产市场本来就是一个高风险的市场。很多人把房地产市场存在的风险和“泡沫”等同起来，这个认识是不正确的。风险是什么？是不确定性。房地产市场的风险大于一般市场，其原因在于两个方面的不确定性。

一是价格的不确定性。住房价格在很大程度上不取决于建筑成本，而取决于级差地租。很正常地，同样的住宅，一通轻轨，价格立刻就大幅上扬。而我国的情况是，绝大部分土地和住房未经历过充分的反复交易，级差地租实际上是未被发现的。目前很多城市核心市区房价的波动，不应简单归结为“投机”或“炒作”因素，这其中有很大成分是级差地租自发“寻价”的过程所致。在这种情况下，房价上下波动的风险就尤其大。

二是需求的不确定性。仅从有多少人没房住或打算改善住房条件来分析需求是不充分的。仍从我国的实际情况看。改革开放的第一个10年，老百姓生活改善的标志是收入增长；第二个10年，改善的标志是存款增长；现在进入第三个10年，改善的标志是拥有住房等不动产的产权。再具体说，在通胀预期面前，第一个10年我们靠物价补贴就能保护老百姓的利益，第二个10年我们靠“保值储蓄”就能保护老百姓的利益。现在老百姓的存量资产普遍多了，并且人们都已懂得通胀时货币资产“缩水”而实物资产“涨水”的道理，老百姓一定要靠市场化的货币资产与实物资产之间的转换才能保护自己的利益。这种由通胀预期产生的需求具有非常大的不确定性，而且人们的私人财富累积的程度越高，宏观经济运行过程中的波动越大，其不确定性就越大。

一段时期来，一些媒体把我国的房地产市场描述得一团漆黑，进而把我国在过去一些年中的住房制度改革描述得一无是处。这完全不是事实。事实是什么呢？事实是我国过去20余年来的城镇住房建设、住房制度改革和房地产市场上取得的成绩是一个世界奇迹。我们在前面一些专题中讲到，1980年时我国城镇居民的人均住房面积只有不足5平方米；在京、沪这样的特大城市中，人均居住面积不足3平方米。那个时候我们面对的真是住房危机，是严重的房荒。从那个时代过来的人都可以证明，那时普通老百姓家中大龄异性兄弟姐妹同居一室住上下铺、两代夫妻在屋子里搭“阁楼”是非常普遍的现象。1976年唐山大地震波及京津冀，当时在北京四合院中搭建了很多“地震棚”。这些“地震棚”一搭起来就再也拆不掉了。很多人在其中一住就是十多年。1990年，我国城镇实有住宅建筑面积为20.0亿平方米，2008年为124亿平方米。大家可以想见，在过去20余年中我们盖了多少房子！为什么说这是一个世界奇迹呢？因为在全世界过去200余年的工业化、城市化历史上，从来没有哪一个国家、哪一个时代有过这么短时期内城市人口有如此增长的，更没有哪一个国家、哪一个时代在这样短的时间内使这么大规模的人口住房有这么迅速的改善。

【9-1-3】一个不可忽视的事实是，城镇人均住房面积的快速增长掩盖了另一部分低收入群体、老国企占主要比重的东北老工业基地等人群住房条件改善陷于停滞的状况。

我们已经创造了一个世界奇迹。但这并不是说，中国老百姓、城镇居民的住房问题已经解决完了。为什么过去一段时期中社会舆论对房地产市场价格反映强烈、要求政府帮助解决住房困难的呼声很高呢？因为我们还面对着一些新的矛盾。

一是大部分城市居民进入住房条件迅速改善期与少部分人无力改善之间的矛盾。目前并非仅仅是富人在改善住房条件，一个明显的趋势是，中等收入阶层以上的社会群体、机关事业单位职工在房改之后进入了一个依靠市场改善住房条件的加速期。例如近4年来的很多调研报告显示，年收入4万~10万元之间的家庭已成为推动房价上涨的主要群体。近年来，城镇居民人均住房面积的不断提高，主要是由这部分人群的住房条件改善推动的。但一个不可忽视的事实是，城镇人均住房面积的快速增长掩盖了另一部分低收入群体、老国企占主要比重的东北老工业基地等人群住房条件改善陷于停滞的状况。

二是代际的矛盾。在前期的改革中，大部分中老年职工都在不同程度上受惠于住房制度改革。从总体看，“买不起房”呼声最高的人群之一，实际上是工作时间不长的年轻人群体。“人均面积”掩盖了这部分群体要求独立而居，但又收入偏低、积蓄较少的困难。

【9-1-4】城镇人均住房面积和城镇住房困难群体的比重明显不相称，原因之一就在于一部分存量资源闲置状况严重。而造成这种状况的原因，又在于二级市场和租赁市场发育严重不足。

三是资源闲置和低端市场供给严重不足的矛盾。长期以来，人们比较关注的空置率主要和已建成未售出的增量资源相联系。实际上，目前我国的城镇中存在着相当大量的“很少有人住”或“住的人很少”的闲置存量资源。城镇人均住房面积和城镇住房困难群体的比重明显不相称，原因之一就在于一部分存量资源闲置状况严重。而造成这种状况的原因，又在于二级市场和租赁市场发育严重不足。

四是住房面积和配套条件不充分之间的矛盾。目前我国房地产市场上相当一部分需求并非仅仅出于增加住房面积。在很多老城市中，缺乏公用设施、卫生设施等配套条件的危旧房仍占相当比重。资料显示，我国西部城镇人均住房面积高于中部，住房困难的重要原因在于配套条件太差。

五是农村剩余劳动力向城镇转移与面向这部分人群的市场发育严重不足的矛盾。我国现有房地产市场主要是服务于城镇居民的。目前在北京这样的大城市中，依靠于城市地下设施、餐馆等营业场所、城乡结合部违规建筑发育起来的租赁市场等栖身的人群达数百万。这种情况在城市中相当普遍。关键原因在于，房地产市场中实际上几乎没有专门面对这样一个庞大人群的组成部分。此外，我国房地产业自身的市场化程度还很低、房地产金融的市场化融资渠道还太过单一等也严重制约着房地产市场的健康发展。

2. 中国房地产市场面临的特殊国情

- 对中国房地产业来说，国情重于价格。
- 中国最大的国情就在于要有数亿农村人口实现向城市的迁徙和聚集。
- 房地产业正承担着为中国的城市化提供物质基础的历史使命。
- 房地产业面对的重要国情之一是“买房置业”正在成为人民群众普遍的资产累积形式。
- 城市大规模的拆、改、扩、建过程一定是城市资源的重新优化配置过程，城市人群的利益结构重组过程。
- 超出自己的资产累积程度和收入水平购房，这种消费观念是不应鼓励的。

【9－2－1】价格是短期利益，国情是长期利益；价格是随机波动的，国情是相对稳定的；价格是“软”调整力量，国情是“硬”约束条件；价格是内在因素的外在反映，国情是外在表现的内在依据；价格是人们主观选择的结果，国情是自然、社会等客观存在的必然。从根本上说，是国情决定价格、价格服从国情，而绝不可能是相反。

一段时期以来，社会对房地产业的关注点高度集中于“价格”。从公众性信息中可以明显看出，人们的普遍认识是，房地产业是否健康，关键看价格。“价格泡沫”、“房价收入比”等成为人们议论、评价房地产业时出现频率最高的词汇。

价格非常重要。市场经济下，价格是一切社会经济关系协调与否的综合体现。这一点在后续节篇中论述。但我们认为，需要格外强调指出的是，对中国房地产业来说，国情重于价格。中国的房地产业是否处于健康发展状态，首要标志是这个产业的发展是否符合中国当前和长远战略发展过程中的国情。

为什么国情重于价格？

因为价格是短期利益，国情是长期利益；价格是随机波动的，国情是相对稳定的；价格是“软”调整力量，国情是“硬”约束条件；价格是内在因素的外在反映，国情是外在表现的内在依据；价格是人们主观选择的结果，国情是自然、社会等客观存在的必然。从根本上说，是国情决定价格、价格服从国情，而绝不可能是相反。

2007年党的“十七大”报告指出，本次大会的主题就是要“高举中国特色社会主义伟大旗帜”，“中国特色社会主义道路，就是在中国共产党领导下，立足基本国情”；并且指出，“马克思主义只有与本国国情相结合、与时代发展同进步、与人民群众共命运，才能焕发出强大的生命力、创造力、感召力”，“当前我国发展的阶段性特征，是社会主义初级阶段基本国情在新世纪新阶段的具体表现”，强调要把社会主义初级阶段基本国情“作为推进改革、谋划发展的根本依据”，“一定要戒骄戒躁、艰苦奋斗，牢记社会主义初级阶段基本国情”。

我们刻意引述“十七大”报告的上述原文，就是想进一步说明，在中国房地产业发展健康与否的判断中，把握国情的重要性。这个对国情重要性的认识，是我们这个民族、这个国家、这个社会以及我们的执政党在长期的实践与理论发展中，在对客观规律的认识上的一个伟大的飞跃。

【9-2-2】我们日益懂得了一个重要的道理，就是“所有人都去种地，打的粮食反而不够吃；较少的人种地，打的粮食反而吃不了”。这个辩证法原理的物质基础，就是工业化过程中的机器取代手工劳动和城市化过程中的社会分工发展。

中国的国情是什么？

就房地产业发展来说，中国的国情包括十大方面；或者说，房地产业发展的“中国特色”包括十大要点。

一是中国正处于从农业国向工业国的转变过程中，处于城市化的高潮阶段。

从20~30年的长周期战略发展过程看，中国最大的国情就在于，要有数亿农村人口实现向城市、城镇的迁徙和聚集。

中国是一个农耕文化积淀深厚的国家。几千年来，人们为“丰衣足食”而奋斗，但在手工劳动和男耕女织的自然经济条件下，虽“脸朝黄土背朝天”地勤劳苦做，也只得“糠菜半年粮”。由此而来，人们相信，要吃饱饭，就得把尽量多的人力物力投入到直接谋取吃穿用等消费资料的农业中来。“民以食为天”。就是封建皇帝，也得在清明、谷雨时分到先农坛亲手做一番扶犁撒种的姿态。由此而来，在新中国成立以后的很长时期内，我们仍把动员更多资源投入到农村、农业中去作为经济发展的关键。“以粮为纲”、“知识青年到农村去”、“工人解放军也要学农”、“先治坡后治窝”等，都反映了这样一种认识。

今天，在中国的工业化不断发展过程中，我们日益懂得了一个重要的道理，就是“所有人都去种地，打的粮食反而不够吃；较少的人种地，打的粮食反而吃不了”。今天，中国不需要“知识青年到农村去”了，相反，上亿的农村剩余劳动力转移到了城市中务工经商，中国反而可以有把握地说，我们的农产品供给总量足够满足 13 亿人吃饱穿暖的需求。这个辩证法原理的物质基础，就是工业化过程中的机器取代手工劳动和城市化过程中的社会分工发展。

很多人用所谓的“国际惯例”来比较中国的房地产。但人们经常忽略的一点是，欧洲在过去 200 余年来，北美在过去 100 余年来，东亚在过去 40 ~ 50 余年来，已经完成了人口向城镇集中的过程。在这些国家，人口在城乡之间的分布结构已经趋于基本稳定。而中国恰恰相反，我们正处于人口向城镇大规模集中的高潮阶段。1980 年，中国的城镇人口为 1. 9 亿人；到 2008 年末，这个数据已经达到 6. 07 亿人，增长了两倍还多。粗略估计，目前在中国各类城市中经商务工的农村劳动力已达 1. 2 亿 ~ 1. 4 亿人。早在 2002 年时，中国共产党十六大报告就在“全面建设小康社会”的战略设想中明确将“城镇人口的比重较大幅度提高”列为了基本标志。目前估计到 2020 年，中国的城镇人口将达 8. 5 亿人左右，在总人口中所占比重将达 55% 左右。

我们正逢一个民族发展历史上的重大转折过程。在一定意义上说，中国能否真正解决“三农”问题，中华民族能否顺利实现“三步走”的伟大复兴目标，能否实现经济赶超和成为世界经济强国，关键在于能否顺畅地完成这个从农业国到工业国的转变。完成与工业化并进的城市化是走向现代化不可逾越的历史过程，这已经为发达国家的历史经验和发展经济学的理论所证明。

由这个国情决定，我们的房地产业不仅是在建住房、公共建筑，而且是在建城市，在建设能够容纳数亿人口的现代化城市体系。中国的房地产业正承担着为中国的城市化提供物质基础的历史使命。在未来 20 ~ 30 年的历史周期内，中国房地产业的发展健康与否，首先取决于其规模、速度、空间分布结构、技术工艺水平、对资源的依赖程度等能否满足这样一个历史进程。

【9-2-3】“买房置业”正在成为人民群众普遍的资产累积形式。要让大多数人从“无产者”成为“有产者”，从“中等收入者阶层”发展到“中产阶级”，这就是中国房地产业面对的国情。

二是老百姓刚开始“有产”，“买房置业”正在成为“全面小康”的标志。

在改革开放的过程中，我们已经完成了让绝大多数人实现“温饱有余”的目标。在这个过程中，人民群众的收入水平普遍有了较大程度的提高。但“温饱有余”只是总体的“小康”。这个小康还是低水平的、不全面的、发展很不平衡的小康。我们还要实现的，是全面的小康。

无须讳言，20余年前，中国的老百姓几乎百分之百都是“无产者”。我们正在努力建设的“全面小康社会”，将是一个大多数老百姓“有产”的社会。中国房地产业面对的重要国情之一，就是“买房置业”正在成为人民群众普遍的资产累积形式。

在过去近30年的努力中，特别是从1998年住房制度改革以来的近10年中，我们在城市住房建设上取得的成就可以称得上是一个历史性、世界性的奇迹。从1999年以来，我国城镇居民人均居住面积每年增长都在1平方米以上。

我们已经走过了改革开放初期的住房危机阶段和其后的住房脱困阶段，走到了普遍改善阶段、完善保障阶段和越来越多的人民群众拥有不动产形式的私人资产阶段。“十七大”报告指出，要“创造条件让更多群众拥有财产性收入”。拥有财产性收入，首先要“有产”。住房就是人民群众“有产”的最基本体现形式之一。

中产阶级在社会人群中占有主要比重，这在发达国家已经实现的社会结构，在我国才是方兴未艾的起步阶段。2002年的“十六大”报告提出，要“扩大中等收入者比重”；2007年的“十七大”报告提出，要实现“中等收入者占多数”的收入分配格局。

要让大多数人从“无产者”成为“有产者”，从“中等收入者阶层”发展到“中产阶级”，这就是中国房地产业面对的国情。实际上，在过去几年中，人们对投资性需求和自住性需求之间关系、价格与收入之间关系的争论，本质上并非仅仅是改善住房条件和是否买得起房的利益诉求。这个争论所反映的，是老百姓的资产累积时间短、累积程度低的现实与拥有房产这种高值资产之间存在尖锐矛盾的国情。

从这个国情出发进一步说，中国的房地产业健康发展，不仅要体现在人民群众“买得起”房的问题上，而且要体现在让人民群众“持有得起”房上，体现在维护老百姓住房的价值安全和降低他们的资产风险上，体现在让更多人民群众通过持有不动产来获取财产性收入和分享工业化、城市化所带来的好处上。

【9-2-4】城市大规模的拆、改、扩、建过程，一定是城市资源的重新优化配置过程，城市人群的利益结构重组过程。在这个过程中，个别利益与整体利益之间，短期利益与长远利益之间、商业利益与公共利益之间、城乡利益之间关系必定会不断出现矛盾冲突。因此，在中国房地产业的发展过程中，协调、兼顾各方利益的要求就格外突出。

三是原有城市基础差，伴随普遍性的城市拆、改、扩、建，多重利益关系需要统筹兼顾。

与发达国家相比，中国房地产业的一个显著特点是，其发展总是和城市的大规模拆、改、扩、建联系在一起。

中国的一个现实情况是，目前城市住房资源总量和人均居住面积水平已经不低。到2008年，我国城乡住房资源总量已达428亿平方米，其中城市住房资源总量已达124亿平方米以上。就整体而言，在一定意义上说，与目前国民经济所处发展阶段和发展水平、城镇居民的收入水平相比，我国城镇居民住房水平不是滞后，而是超前了。但另一个现实情况是，现有城市住房资源的整体质量不高，历史留下的大量城市建筑可保留的不多。粗略估计，在未来15~20年左右的周期内，中国现有城市住房中至少有一半需要拆了重建！

中国的房地产业发展和城市的拆、改、扩、建相联系，是中国城市发展的历史决定的。

在相当长的一段历史时期中，我国的城市住房建设，不论是规模还是质量，都停留在一个低水平上。共和国成立之前的住房，除了很少一些具有历史、文物价值的以外，一般民房都没有保留价值了。在新中国成立之后的发展历史中，20世纪50年代以来，在“重工业优先发展”的计划经济条件下建设起的一批老工业基地城市，在“靠山分散进洞”和“要准备打仗”、“备战备荒”思想指导下形成的“三线建设”和城市简易住房，以及在“先生产后生活”、“先治坡后治窝”原则下形成的城市格局与基础设施条件都亟待改造。从20世纪80年代初到90年代中后期，我国城市中兴建了一大批以“住房脱困”为目标的民用住房。这一时期兴建的住房是“房改房”的主体。目前看，这些住房大多也已有20年左右的房龄，当时条件下形成的格局、套型面积等已不能适应人民群众改善住房条件的需要。再有15～20年，这些住房资源也将逐步失去其保留价值。

我国城市拆、改、扩、建的另一动力来自现代化、国际化程度的不断提高和城市群战略的推进。随着我国城市国际化程度的提高，举办奥运会、亚运会、东盟自由贸易区等活动正在成为一些城市大规模改造的契机；已列入战略规划的长三角、珠三角、京津冀、成渝、武汉、长株潭等城市群建设和提高城市综合承载力的要求也必定引起城市发展、扩张的新一轮高潮。由此而来，中国的房地产业发展总是和大规模的拆迁、征地相联系。

城市大规模的拆、改、扩、建过程，一定是城市资源的重新优化配置过程，城市人群的利益结构重组过程。在这个过程中，个别利益与整体利益之间，短期利益与长远利益之间、商业利益与公共利益之间、城乡利益之间关系必定会不断出现矛盾冲突。因此，在中国房地产业的发展过程中，协调、兼顾各方利益的要求就格外突出。其健康与否，一定要体现在各种社会利益关系是趋于协调还是对抗上。让所有利益相关者都能分享产业和城市发展的好处是房地产顺畅发展的关键。

四是资源有限，自然禀赋条件差，土地、能源等基础性资源严重短缺。

在所有国家，城市化进程一定是一个高资源指向的发展阶段。而我国房地产业发展过程中不可忽视的一个重要国情恰好是，中国是一个自然禀赋条件差、资源严重匮乏的国家。不仅土地资源必须严守18亿亩耕地的“红线”，而且在相当多的城市，水资源也严重短缺。能源更是中国经济发展的“瓶颈”制约。我国石油后备资源的人均储量只相当于世界平均水平的21%，天然气相当于世界平均水平的4%，煤炭也只相当于世界平均水平的54%。大规模住房和城市基础设施建设不可或缺的钢材、水泥也面临资源严重不足的约束。此外，环境承载力已经趋于极限。过去几年来，因环境污染、气候变异等引起，在多个城市连续爆发的水危机已经不断向我们提出了警告。

目前看，发达国家城市化进程的历史经验都不适宜在中国简单套用。中国的房地产业要想健康发展，必须走出一条具有中国特色的节地、节能、节水、节材和与环境友好的新路来。

五是发展不平衡，城乡之间、区域之间、大中小城市之间、住房与公共设施之间、社会各群体之间差距明显。

中国工业化的发展历史短、基础差是一个无须论证的事实；中国还是一个正处于从计划经济体制向社会主义市场经济转轨过程中的国家，资源优化配置的机制力量尚不完善；再加上我国还必须在自己的经济发展中实行工业化与现代化并举的战略；国民经济的各环节、各领域发展不平衡就成为一个必须面对的国情。

中国的发展不平衡是多重的。城乡发展不平衡，东西部之间发展不平衡，大中小城市之间发展不平衡，城市经济规模与城市基础设施和城市综合承载能力不平衡，城市人口急剧增长与城市保障性福利资源的累积程度不平衡，以及城市各群体之间的收入不平衡等，构成了中国房地产业发展的特定外部环境。

发展不平衡不仅决定了中国房地产业必须面对多样化的需求，而且必须面对不平衡带来的各种矛盾冲突，必须承担起缩小各种不平衡差距的历史任务。

【9-2-5】市场体系和机制不完善导致两个不良后果。其一，市场参与者行为被扭曲，短期市场信号成为引导供求关系的主因素。其二，整个产业的各种风险高度集中于交易环节，原材料价格上涨、通货膨胀、国际汇率变化以及信贷风险等都只能在交易环节的博弈中体现。

六是市场体系和保障体系均不完善，资源配置力量尚未形成相互牵制、相互补充的全覆盖系统。

中国的房地产市场是一个新兴的市场。作为这个市场供给方的房地产业是一个新兴的产业。在这个市场和产业的发展过程中，完善资源配置的机制体系可能尚需一个较长的时期。这也是中国房地产业发展面临的现实国情。

中国房地产市场体系不完善主要表现在四个方面。其一，短期利益的约束力、诱导力强，而社会稳定、改善环境、节约资源、促进公平、保护消费者等长期利益的约束力、影响力很弱。其二，保障体系和市场机制尚未形成相互补充、无缝对接的资源配置体系。其三，新房交易的一级市场和二级市场、租赁房市场发展远不平衡，存量住房资源不能充分动员到满足实际住房需求的过程中来。其四，要素供给的市场化程度不高，土地、资金等的供给仍处于政府垄断或严格控制下。

市场体系和机制不完善导致两个不良后果。其一，市场参与者行为被扭曲，短期市场信号成为引导供求关系的主因素。近年来，消费者“买涨不买落”的行为、开发商“囤地”行为、土地招拍挂中的“地王”现象均源出于此。其二，整个产业的各种风险高度集中于交易环节，原材料价格上涨、通货膨胀、国际汇率变化以及信贷风险等都只能在交易环节的博弈中体现，关于“取消预售房”的争论、用“假案揭”取代开发贷款的违规行为、二手房交易中的税负转嫁行为等均源出于此。此外，舆论中热议的“穷人买不起房”、“房奴”、“夹心层”、“抑制二套房”等说法，都和市场的资源配置体系不完善，风险配置结构不合理密切相关。

中国的房地产业将在一个从不完善走向逐步完善的制度环境下运行。这个国情决定，其健康发展的过程实际上将是一个“游戏规则”不断摸索、完善的过程。

七是对外开放引起对城市资源的国际化竞争，房地产业已经面对经济全球化的挑战。

过去几年，在对房地产业健康发展的研究中，人们日益注意到，伴随着对外开放的发展，中国房地产业的国际化程度已经越来越高。.

中国房地产业的国际化主要体现在三个方面。其一，外资对中国城市资源的竞争日益激烈。我国一些沿海大城市中，外资购楼置业已经引起了政策的高度关注。获取中国城市的优质房地产资源已经成为国际资本进军中国市场的重要登陆点。这些外资购楼置业的价格参照物，不是当地居民的收入水平，甚至不是国际上同类城市的房价水平，而是投资中国的“机会收益”，即把商务总部搬到中国的城市中能获取多大的商业利益。其二，国际性房价波动对国内市场的影响日益增大。在中国经济发展过程中，我国城市的世界经济格局中所占地位也是快速上升的。由此而来，一方面我国城市房价将不可避免地出现向国际同类城市靠拢的趋势；另一方面，国际房价的波动也将日益明显地影响我国的房地产市场。其三，世界性的流动性过剩和对人民币升值的预期推动外资加速涌入中国房地产市场。在经济全球化背景下，国际资本正在为中国城市化的前景所吸引，为人民币升值的预期所吸引，正在千方百计地通过推动中国房地产企业海外上市、并购或收购中国房地产企业资产、直接参与房地产成片开发以及种种合规或者违规的途径参与到中国的房地产领域中来。过去几年中国外汇储备的异常高速增长实际上已经明确反映了这一国际资本流动的趋势。

国际化竞争是全球普遍的，但在中国的具体体现则是充满特殊性的。上述国际化动向都不是短期的。中国的国民经济发展和城市化进程已经驶入了“快车道，中国市场的潜力正在成为世界经济增长的新“引擎”，人民币的汇率变化已经进入了一个长期升值的周期。这个国情，同样成为中国房地产业发展必须面对的环境条件。积极参与到这个国际化竞争中去并且在竞争中取胜，也是这个房地产业健康发展的重要标志。

【9-2-6】中国房地产业是一个发展时间短、基础薄弱的产业，房地产企业普遍存在着对政府依赖程度高，缺乏市场竞争充分“洗礼”的特点；企业的兴衰和从政府手里“拿地”的能力联系紧密。有地就能赚钱。

八是产业自身发展薄弱，产业内部的技术创新能力、盈利模式、抗风险能力、产业组织结构等均处于初级阶段。

中国的房地产业已经成为国民经济的重要支柱产业。在未来至少20年内，房地产业将是社会固定资产投资最主要的聚集领域。这个领域的投资规模决定着社会投资增长速度、区域经济及城市经济增长速度。房地产业还是一个前后关联度非常巨大的产业。这种关联度不仅在于工业再生产链中的上下游关联度极高，而且在于与金融、土地等各种要素配置状况、配置效率以及配置风险的关联度极高。房地产业的这一特点是任何其他产业都不具备的。

但另一方面，中国房地产业自身又是一个发展时间短、基础薄弱的产业。由产业发展的历史条件决定，我国房地产企业普遍存在着对政府依赖程度高，缺乏市场竞争充分“洗礼”的特点。前期在土地协议转让的政策下，企业的兴衰和从政府手里“拿地”的能力联系紧密。有地就能赚钱。又由于我国正处于城市化加速发展过程中，房地产开发和城市扩张、城市改造联系密切。不论在大城市，还是在中小城市，房地产项目经常是和政府的城市升级改造意图密切联系在一起的。这种先天条件决定，我国房地产企业的抗风险能力普遍偏弱。大量依靠银行的开发贷款或者按揭贷款是开发商的基本操作手法。在这种情况下，一旦市场有变，企业的通常做法就是“一走了之”，“一散了之”，把风险留给社会，留给政府，留给银行。我国房地产业的技术创新能力也不强。尽管一段时期来很多开发商在市场上大打“绿色”、“环保”、“宜居”的牌号，但实际上过去几年中我国新建住房的绝大部分都是不符合节能标准的。此外在产业组织结构中，大中小企业的合理构成状态也远未形成。目前中国最大的房地产企业所占市场份额还不到2%。“群雄并起”仍是产业组织结构的基本特点。

由于体制性的地域分割和市场竞争不充分等原因，改变中国房地产业的这种状况可能需要一个较长时期。这也是中国的一个国情。可以预见的是，中国房地产业要实现健康发展，必将需要一个产业自身健康发展的过程。

九是在一个长时期内宏观经济环境将呈现为不稳定和不确定因素众多的状态。

宏观环境的不稳定来自总量平衡关系的不确定性。一方面，中国已经走出了短缺的阶段，买方市场、供大于求将成为供求平衡关系中的常态；但另一方面，过热、通胀仍是经济运行时可能面对的主要威胁之一。一方面，扩大需求已成为经济增长的主要拉动力；但另一方面，物价上涨又可能迫使政策趋向于紧缩。

宏观环境的不稳定还来自调控政策的不确定性。一方面，平衡进出口贸易需要通过降息刺激内需；另一方面，抑制流动性过剩又使升息成为必要。一方面，人民币已呈现对外持续升值的趋势；另一方面，通胀率不断增高以及股市、楼市的资产价格高涨又使币值呈现为对内贬值的趋势。

宏观环境的不稳定还来自国际经济的不确定性。进入2008年以来，在世界金融危机的巨大冲击下，以美国经济为首的发达国家呈现出衰退的趋势。全球资本市场都出现了巨幅的反复振荡。此外，以美元对其他国际货币的比价关系为代表，国际汇率体系也出现了巨幅调整。

宏观经济的不稳定还来自国际市场资源产品价格的不确定性。在过去几年中，能源、矿产品、贵金属和农产品价格连续暴涨。其中石油价格曾从1999年1月的10美元一桶涨到了2008年7月的147美元一桶。而且这种价格暴涨并不能从实物层面的供求关系中找到充分依据。

房地产业是一个受总量平衡关系、宏观运行环境、宏观调控政策、市场景气状况影响极大的产业。在未来一个长时期内，由于发展阶段转换、产业结构升级以及对外开放的持续扩大，中国经济已经步入了一个高风险阶段。在房地产市场上，单一的需求旺盛主导阶段已经过去。应对复杂多样的不确定性，适应供求关系的上下波动将是房地产业健康发展的必要条件。

十是消费观念与文化传统需要长期引导。

在中国的文化传统中，购房置业、拥有属于自己的住房是人生成功的重要标志。不仅如此，在住房消费上力求“一步到位”，攀比求大的消费观念也颇为人们所接受。由此而来，超出自己的资产累积程度和收入水平购房，“三代人集资购房”，超出实际需要的追求大户型，不考虑长期风险的过度负债购房等现象就成为中国房地产市场上特有的一个普遍现象。由于资源限制和实现可持续发展的需要，这种消费观念是不应鼓励的。中国房地产业的健康发展过程，还应当是合理引导消费，形成健康文明的住房消费模式的过程。

3. 房地产政策体系的构成与职能

- 影响房地产业的政策是一个多重的政策体系。
- 市场机制在促进效率提高的同时也存在一个最大的弊端，即资源占有状况在人群中的差距不断拉大。
- 公共政策是房地产业政策体系中始终持续存在的政策。这个政策管的是公共利益、长远利益。
- 我国宏观政策对供给方的影响大而对需求方的影响小。

【9-3-1】异化的含义是手段和目的被颠倒。本来为“人”过好日子的社会与经济发展，“以人为本”反而被忽略，效率、获利成为社会追求的唯一目标。例如，住房本来是为满足人们生存发展过程中的居住需求的；但在市场经济下，住房正在日益成为人们牟利的手段。这就是异化。

政策是什么？政策是政府干预经济的行为，是对市场运行偏差的强制校正。就像人体在自身抵抗力不能对抗疾病的侵袭时需要药物的帮助一样，市场经济也需要政策的干预。政策体系完善有效是房地产业健康发展不可或缺的重要标志。

在过去几年中，人们经常把影响房地产业的政府政策称为宏观调控政策。这种概括远不全面。

房地产业对国民经济和社会发展的影响作用是多重、多层次的，因而影响房地产业的政策也是一个多重的政策体系。这个政策体系包括互有交叉的三个部分，即公共政策、产业政策和宏观政策。

一是公共政策。

公共政策是指维护社会整体利益、长远利益的政策。其主要职能，是保障基本人权、通过对资源的再分配维护社会公平、实现社会稳定。

影响房地产业的政策，首先是公共政策。这在各国皆然。住房保障体系就是房地产领域的最主要的公共政策。

社会发展过程中为什么需要公共政策？回答这个问题，对认识房地产业健康发展的标志非常重要。

市场经济是通过竞争、优胜劣汰来实现资源优化配置的。市场机制在促进效率提高的同时，也存在一个最大的弊端，即资源占有状况在人群中的差距不断拉大。人们早就注意到这样一个事实，就是在市场经济下，社会发展目标存在着异化。

异化的含义是手段和目的被颠倒。本来为“人”过好日子的社会与经济发展，“以人为本”反而被忽略，效率、获利成为社会追求的唯一目标。例如，住房本来是为满足人们生存发展过程中的居住需求的；但在市场经济下，住房正在日益成为人们牟利的手段。这就是异化。

在市场经济发展过程中，这种社会发展目标的颠倒需要通过政府的公共政策才能得到纠正。例如在房地产业发展过程中，作为商品的住房，当然会依照人们的收入水平存在差别。但住房是人生存和发展的必需品。收入水平低、在竞争中处于劣势的人群也不能没有房子住。人们认识到，一方面，人人应当有追求住大房子、好房子的平等权利；另一方面，人人应当有获取基本住房保障的权利。竞争中取胜的人可以享受较好的住房，但竞争中处于不利位置的人也不能流离失所。平衡这两种权利的机制力量，就是政府的公共政策。

【9-3-2】“穷人”，也就是低收入群体、不具备私人财富累积能力的群体，本来就不应当通过“买”这种交易行为满足自己的住房需求。他们的住房需求应当是在住房保障体系的救助、援助下，通过非竞争性的“再分配”方式实现。

前期我国舆论中，很多人把“穷人买不起房子”视为房地产业发展不健康的标志。这个认识实际上提出了一个重要的问题，就是政府的公共政策缺位。

“穷人”，也就是低收入群体、不具备私人财富累积能力的群体，本来就不应当通过“买”这种交易行为满足自己的住房需求。他们的住房需求应当是在住房保障体系的救助、援助下，通过非竞争性的“再分配”方式实现。

住房保障体系是保障“人人有房住”的政策。其中，政府直接提供廉租房的方式、政府免收土地出让金建设经济适用房的方式、政府强制地要求雇主在工资之外提供住房补贴的方式、政府通过政策性扶持发展公积金的方式、政府在土地出让过程中强制性地要求满足中低收入住房需求的中小户型占有一定比例的方式，都是非竞争性的资源再分配方式。

公共政策是房地产业政策体系中始终持续存在的政策。这个政策管的是公共利益、长远利益；其政策构成不论怎么变化，基本职能和目标指向是永远不变的。这已为发达国家的发展过程所证明。

涉及房地产业的公共政策并非只有住房保障体系一个方面。有关住房物权保障、拆迁补偿规定、促进不同收入阶层和谐相居、设置社区配套设施标准等都属于公共政策。

在影响房地产业的政策体系中，公共政策是保障产业健康发展的基础性政策。

【9-3-3】由于产业政策的不完善，一方面，产业发展过程中的明显缺陷无法得到及时纠正，例如产业整体的市场风险抵御能力非常薄弱，主要风险仍被转嫁于银行和购房者；另一方面，“反腐败”、“缩小财富差距”等社会发展目标又被不适当地加到了产业发展的责任中。

二是产业政策。

产业政策是产业的战略发展政策。

产业政策包括促进资源向产业集中的扶持政策、防止外来竞争对产业形成发展障碍的保护政策、促进设备工艺不断提高的技术政策、调整产业规模及产业与国民经济之间关系的退出政策、力求资源节约和实现可持续发展的环境政策、形成大中小企业合理构成的组织政策等。

产业政策的具体措施是多种多样的。提供政策性金融支持、设置外资进入的限制性门槛、制定技术标准和环保及节能标准、规定企业规模起点等都是产业政策的具体实现方式。

在我国，一方面，房地产业的产业政策与产业自身发展相比并不晚，例如在2003年国务院就下发过“关于促进房地产市场持续健康发展”的18号文件。该文件明确指出，要“充分认识房地产市场持续健康发展的重要意义”，“房地产业关联度高，带动力强，已经成为国民经济的支柱产业”，但另一方面，我国迄今仍没有形成针对房地产的完整产业政策。总的政策指向仍在“鼓励”还是“限制”两方面呈现为摇摆不定的态势。最近几年中，社会对房地产业的指责，例如“纳税侏儒”、“暴利掠夺”、“挟持国民经济”、“上市圈钱囤地”等，从根本上说并非产业之“恶”，而是产业政策残缺不全、产业定位飘忽不定、产业发展迷失战略导向所致。迄今在房地产业税负结构中关于在二手房交易环节征收营业税的政策、抑制外资涌入的“限外”政策等都带有明显的短期对策痕迹。

由于产业政策的不完善，一方面，产业发展过程中的明显缺陷无法得到及时纠正，例如产业整体的市场风险抵御能力非常薄弱，主要风险仍被转嫁于银行和购房者；另一方面，“反腐败”、“缩小财富差距”等社会发展目标又被不适当地加到了产业发展的责任中。

在平衡总量关系的宏观政策不断加强和2007年国务院24号文件制定之后，在我国房地产业的政策体系中，产业政策已成为明显的薄弱环节。进一步加强和完善我国房地产业的产业政策研究，形成符合中国国情的产业政策体系，已成为房地产业健康发展的迫切之需。

【9-3-4】公共政策是保障“人人有房住”的政策，因而是保障房地产业发展要达于起码目标的政策；产业政策是促进产业不断加快发展的政策，力求实现最优目标的政策；宏观政策是维护产业发展过程的稳定性的政策，是短期对策性的调整政策。

三是宏观政策。

很长时间来，人们说到房地产政策时总是自觉不自觉地加上“宏观”两个字。这是一种误解。

宏观政策是对国民经济整体短期运行状态的调整政策；而且宏观政策调整的是总量平衡关系，即总供给和总需求之间的平衡关系。宏观政策的目标是维护国民经济的稳定，防止通胀、通缩引起的“大起大落”。宏观政策的主要调控手段是货币政策和财政政策。

宏观政策并不包括对产业发展过程的调整。例如，调整房地产业的供给结构属于产业政策的范畴。但由于房地产业与国民经济整体发展过程中的景气状态关系密切、受货币供给影响极大，宏观政策通常会对房地产业短期运行产生重大影响。

在发达国家，房地产市场的供求平衡状况也是国民经济运行的“晴雨表”。通常国民经济是趋向于“过冷”还是“过热”，货币政策与财政政策是“扩张”还是“紧缩”，在很大程度上要根据房地产市场的运行状况判断。这也是人们很容易把房地产政策和宏观政策直接联系起来的原因之一。

宏观政策要特别注意到国情的区别。在我国，一方面，宏观政策对房地产业的影响力要大于发达国家。例如，由于我国处于城市化高潮之中，房地产业在社会固定资产投资中所占比重非常大，反通胀时压缩固定资产投资，房地产业的投资规模就会首当其冲地受到抑制。另一方面，宏观政策对房地产业的影响力又会小于发达国家。例如我国正处于人口向城镇聚集的加速期，城镇居民仍处于住房"脱困"和"改善"阶段，由此导致的"硬需求"受"通胀"或"通缩"预期的影响较小。这两方面特点决定，我国宏观政策对供给方的影响大而对需求方的影响小。因此，在平衡房地产领域的供求关系中，宏观政策的作用有限。

在过去几年的政策调控实践中，我们已经注意到，抑制房价过快上涨，需要完善住房保障体系的公共政策，调整供给结构的产业政策和紧缩房贷、提高"二套房"首付比例的宏观政策"三管齐下"。企图用宏观政策来解决"穷人住房问题"，是把长期性公共政策职能强加到了短期宏观政策头上。这是不可能实现的政策目标。

在今后的宏观政策完善过程中，我们需要格外加强三个方面的工作。其一，是要把握国外和国内两个大局，高度关注国际市场上房地产和金融领域的变化及其对国内房地产市场的影响，防止、抵御和减轻外部不稳定对我国市场的冲击。其二，是协调好短期供给调控与长期需求增长之间的关系，把维护国民经济稳定运行和满足人民群众合理住房需求高度统一起来，防止出现"政策推高房价"的负面影响，保证有限供给优先满足中低收入阶层的需求。其三，是协调好汇率、利率等货币手段与房地产业健康发展的关系，努力把促进国民经济稳定运行的手段变成促进房地产业自身的优胜劣汰强大机制，不断提高产业发展的质量。

如果综述一下上述三方面政策的关系，在这三方面政策构成中，公共政策是保障"人人有房住"的政策，因而是保障房地产业发展要达于起码目标的政策；产业政策是促进产业不断加快发展的政策，力求实现最优目标的政策；宏观政策是维护产业发展过程的稳定性的政策，是短期对策性的调整政策。打个比方说，在一个家庭中，留够抵御各种危机和不确定性的"后手"、妥善安排好实现基本保障的资源就是这个家庭的"公共政策"；把资源向子女教育集中，力求家庭发展前景最大、收益最高的努力就是这个家庭的"产业政策"；经常性地随天气变化增减衣服以适应环境和避免疾病侵害，就是这个家庭的"宏观政策"。这三方面政策全面完善、均衡覆盖且灵敏有效是房地产业健康发展的基本标志。

4. 完善符合中国国情的住房保障体系

- “住房保障”要解决的，是“买不起房怎么办”的问题。
- 救助性保障是一种由政府“兜底”的保障，必须做到应保尽保。
- 住房能力不足的人群本身是一个复杂的构成，因此援助性保障也需要针对不同层次采取不同的援助方式。
- 自助性保障就是在政策鼓励、扶持下自己帮助自己的一种保障方式。

【9-4-1】除非到了物质极大丰富的理想社会，“人人买得起房”是个永远不可能办到的事。为了保障每个人都有房子住，政府就需要实施一些特殊的政策措施来帮助这些单纯依靠市场解决住房有困难的群体。这个政策体系的总称，就叫作住房保障制度。

很多人认为，房地产业健康发展的标志应当是“人人买得起房”，这个认识有很大片面性。在国情基础上，房地产业健康发展的首要标志，是“人人享有适当住房”；“人人享有适当住房”的充分实现途径是完善的住房保障体系。

首先需要说明的，是为什么保障重于价格。

从本质上说，“住房保障”要解决的，是“买不起房怎么办”的问题。应当明确指出的是，除非到了物质极大丰富的理想社会，“人人买得起房”，或者“人人在需要的时候就能买得起房”是个永远不可能办到的事。因为社会中总会有一部分低收入群体、特困群体因为种种原因一辈子也无法获取足够的收入来买房子。还有一个占比重更大的工薪阶层，他们虽然有可能积攒起一些买房子的钱，但他们的购买力累积程度相对于其需求存在着时滞。在市场经济下，为了保障每个人都有房子住，政府就需要实施一些特殊的政策措施来帮助这些单纯依靠市场解决住房有困难的群体。这个政策体系的总称，就叫作住房保障制度。住房保障体系是世界各国普遍采用的一项公共政策。其目的，在于保障社会成员的基本人权（生存权、居住权等）、维护社会稳定和促进社会公平。建立和完善住房保障体系是政府的职责。

住房保障体系并非一种与市场无关的资源配置方式。对市场健康发展而言，保障体系的作用体现在三个方面：其一，是把买不起房的人群从市场中分离出来，使市场需求能够真正地体现为有效需求；其二，是通过一定形式的援助性保障，把滞后的有效需求提前，实现供求在时间上的对接；其三，是通过政策性干预，平衡“居住”这种有用性需求和“增值”这种财产性需求之间关系，促进资源的优化配置程度和利用效率。可以说，没有完善的住房保障体系，就实现不了价格水平的稳定性和合理性。

【9－4－2】对那些完全无力或基本无力解决住房问题的社会群体，他们的住房需求就应当由政府“包下来”。廉租房就是通过不要钱，或者基本不要钱的方式，由政府向社会低端群体提供救助性保障的基本方式之一。

根据国际经验和我国的实践，完善的住房保障体系应当包括救助（救济）性保障、援助性保障、互助性保障和自助性保障四个层次。这四个层次的“无缝对接”和一定程度的交叉覆盖，才能真正实现“人人享有适当住房”的目标。

一是救助（救济）性保障。

廉租房就是救助性保障。简言之，对那些完全无力或基本无力解决住房问题的社会群体，他们的住房需求就应当由政府“包下来”。廉租房就是通过不要钱，或者基本不要钱的方式，由政府向社会低端群体提供救助性保障的基本方式之一。

廉租房的覆盖对象是低收入群体。2007 年国务院“关于解决城市低收入家庭住房困难的若干意见”的 24 号文件指出，城市廉租住房制度是解决低收入家庭住房困难的主要途径。

从我国的实际情况看，低收入群体包括两部分人群。一部分是特困群体，主要指城镇中享受“低保”的人群，如残疾人、无人赡养的孤寡老人等丧失劳动能力的人群；另一部分指困难群体，主要指虽然有劳动能力，有工作，有收入，但家庭主要劳动力月收入只能略高于当地最低工资标准线的人群。这两部分人群中，住房困难的家庭就应当通过廉租房方式保障其住房需求。

在任何国家，不论经济多么发达，社会总会有一部分人群因种种原因无力自行解决住房问题。例如在美国，因残疾、家庭暴力等原因需要政府救助的无家可归者所占比重仍达7%左右。我国作为一个发展中国家，一个发展不平衡的国家，粗略估计，在城镇人口中大约有15%～20%的人群属于上述低收入范围。

救助性保障是一种由政府“兜底”的保障。这一层次保障的特点是必须做到应保尽保。“应保尽保”的含义，一是覆盖范围足够大，二是实现即时保障，即需要时能够立即获得。在一定意义上说，房地产业健康发展的关键环节是保障完善，保障完善的关键环节是廉租房做到应保尽保。2007年国务院24文件规定，2007年底前，所有设区的城市要对符合规定住房困难条件、申请廉租住房租赁补贴的城市低保家庭基本做到应保尽保；2008年底前，所有县城要基本做到应保尽保。

廉租房保障实际上是一种政府贴租的保障形式，因而并非一定是实物性保障。2007年国务院24号文件规定，“城市廉租住房保障实行货币补贴和实物配租等方式相结合，主要通过发放租赁补贴，增强低收入家庭在市场上承租住房的能力”。就是说，货币贴租也是廉租房保障的实现方式之一。

廉租房保障是救助性的保障。因而其保障水平是基本住房需求的低限。按照我国目前的保障标准，廉租住房套型建筑面积控制在50平方米以内。

实物性的廉租房并非全部得由政府出资兴建。其政策创新的方式之一，是采取由社会投资者出钱建，政府长期反租、财政贴租的方式，使财政资金起到“四两拨千斤”的作用。

作为社会投资品种的廉租房建设模式并不复杂。政府可把拟建廉租房的产权提前卖给社会投资者，承诺政府将通过财政贴租的方式长期反租（例如20～30年），并允许其产权上市流通。只要租金高于银行利息，这种投资品种就一定会有人买。因为其最大特点是具有长期稳定收益。国外很多基金等大投资机构，非常欢迎这种能够长期获取稳定收益的投资品种。对政府来说，无须本金就可以成规模地建设廉租房，政策性投入的资金可以起到“四两拨千斤”的作用。对投资者来说，不仅可以获得稳定且高于银行利息的租金收益（由于是财政贴息，理论上说，这种租金还可附以免个人所得税等政策），而且还可以有土地升值的收益预期（长期看，城市化发展一定会导致部分低端住房不断被改造）。

【9-4-3】住房能力不足的人群本身是一个复杂的构成。例如在十成能力中，只有一成能力和有九成能力的都属于能力不足。因此，援助性保障本身也需要针对不同层次采取不同的援助方式。

二是援助性保障。

援助性保障的对象是有一定自我改善能力，但能力不足或严重不足的人群。援助的含义是政府通过一定的补贴方式使住房消费能力较低、迫切需要改善的人群及时获取住房。

住房能力不足的人群本身是一个复杂的构成。例如在十成能力中，只有一成能力和有九成能力的都属于能力不足。因此，援助性保障本身也需要针对不同层次采取不同的援助方式。

对住房能力严重不足，与廉租房对象相接和有一定交叉的人群，其保障方式是经济适用房。经济适用房是一种带有商品房性质的政策性保障房。其特点，首先是政策保障房，政策体现主要是免交土地出让金、政府规定准入“门槛”和由政府分配住房等；其次又具有一定的商品房性质，因为经济适用房毕竟要“买”。

经济适用房是援助性保障体系中的最低端。2007 年国务院 24 号文件在规范和完善经济适用房制度上做出了很多明确规定，例如，购房人只拥有有限产权，购买经济适用房不满 5 年不得直接上市交易；购房人因各种原因确需在 5 年内转让的由政府回购；购房人住满 5 年转让时须按届时地价水平补交土地出让金，且政府可优先回购等。经济适用房的保障水平是 60 平方米左右。

由于我国人群的收入结构呈现为“金字塔”形，需要经济适用房保障的人群规模也比较大。粗略估计，应在城市人口的 15% 左右。

目前，一些地方在实践中推出了“公共租赁住房”。这是一种介于救助性和援助性之间的保障形式。这种形式有利于两个层次的保障政策实现无缝对接和交叉覆盖。

援助性保障中覆盖面最广的是发放住房补贴。按照我国住房保障制度的有关规定，没有享受过福利分房的员工都应当享受按照职级待遇发放的住房补贴。但这一制度目前只在机关事业单位和部分国有大企业中实行较好。

在我国的住房保障体系中，一个创造性的保障方式是“两竞两限（竞地价、竞房价，限套型、限面积）房”。2006 年国办发 37 号文件规定，各地新审批、新开工的住房建设，套型建筑面积 90 平方米以下住房面积所占比重，必须达到开发建设总面积的 70% 以上。这就是所谓“90/70”政策。

“两竞两限”房的性质是带有政策保障性质的商品房。其首先是商品房，购房人拥有全产权；但由于政府在土地供应、房价限制、供给结构和套型面积等方面的干预，这类住房又带有优先保障基本住房需求的政策性质。“两竞两限”房的保障对象是援助性保障对象中的相对高端。

根据国际经验，援助性政策应当是多样化的：其形式，还可以有贴息、贴租、个税返还、贷款担保、部分产权房等。

三是互助性保障。

互助性保障的基本形式是公积金。公积金制度包括雇主与雇员共同缴付、对公积金部分免征个人所得税、利用公积金贷款购房以及公积金贷款实行优惠利率等几个组成部分。

公积金是一项强制与鼓励相结合的制度；是一项帮助普通工薪阶层弥补购买力不足，能够较早、较快实现购房目标的互助性保障制度。其特点是，公积金账户中的钱是缴存入个人所有的钱，通过大家缴存、有购房需求的人借贷的方式实现互助。

住房公积金制度之所以是一项政策性的保障制度，和把钱直接发给雇员的不同之处就在于，其一，“强制”地调整人们的消费结构，人们必须把一部分收入积累起来用于住房消费；其二，增强工薪阶层购房能力，雇主必须按1:1的比例在缴存人账户中存入等额的钱；其三，具有强大的互助功能，人们可以从社会归集的公积金中贷款用于住房消费；其四，公积金账户缴存的钱免缴个人所得税；其五，公积金贷款可享受低于商业银行普通住房贷款利率的政策性优惠利率。

公积金制度在我国实行以来，在保障中低收入群体住房需求方面已发挥很大作用。目前的问题，一是个人账户覆盖面尚不充分，二是代际互助功能过于弱小。

【9－4－4】自助性保障的主要形式是住宅银行或个人住房储蓄账户。个人自愿存入的钱可以享受减或免个人所得税的政策优惠，但这部分储蓄的最终用途必须是自住性的住房消费。这种自助性保障方式的实质，是政府通过减免税负的形式提供购房补贴。

四是自助性保障。

顾名思义，自助性保障就是在政策鼓励、扶持下自己帮助自己的一种保障方式。

目前在我国的住房保障体系中，自住性保障部分尚缺乏制度性的形式。从国外经验看，自助性保障的主要形式是住宅银行或个人住房储蓄账户。个人自愿存入住宅银行或住房储蓄账户的钱可以享受减或免个人所得税的政策优惠，但这部分储蓄的最终用途必须是自住性的住房消费。这种自助性保障方式的实质，是政府通过减免税负的形式提供购房补贴。

我国是一个发展不平衡的大国，从我们的具体国情出发，住房保障制度还需要有针对特殊性问题的设计。例如，我国最大的国情之一，是我们正处在大量农村剩余劳动力向城镇转移的过程中。几亿农村人口要在一个不太长的时间内转移到城市，我们对如何保障这样一个庞大人群的住房需求还非常缺乏经验。再如，参加工作时间不长的年轻人购房显然存在困难。个人积累不足、工资不高，成家生子又使他们对住房的需求十分迫切。他们的住房需求同样应当有专门的政策保障。又如，城市化进程中的大规模拆迁造成一部分低收入群体居住地远离核心市区，出现了“有了房子却坐不起车”的问题；此外还有城乡结合部出现的“城中村”问题，老工业基地等的“棚户区”改造问题等。这些问题都是迫切需要我们深入研究并尽快完善的方面。

有必要强调指出，作为一个人多地少、资源有限的国家，在一个相当长时间内，我国住房保障体系还只能以“低水平、广覆盖”为目标。在我国住房保障体系中，廉租房50平方米、经济适用房60平方米以及“两竞两限房”90平方米的规定，都是以保障不同层次基本住房需求为限的；援助性、互助性以及自住性的保障政策可在一定程度上兼顾改善型需求。我们还不可能和发达国家去比较居住条件，也不可能和这些国家去比保障水平。此外，即或今后社会的富裕程度提高了，我们的政策也不可能去鼓励奢侈性的住房消费，不会去保障人们买大房子。因为我们没有那么多土地，没有那么多能源。节能省地是我们住房政策中最重要的基本原则。

5. 房地产价格合理水平的判断标准

- 房价是房地产业健康发展与否最重要的外在标志。
- 房价收入比为5 ~8 年的价格水平是以恩格尔系数已经降低到40% ~50%为假定条件的。
- 如同有病会发烧一样，房价异动反映的就是房地产业发展出现了不健康的因素。
- 利率和租金是房地产投资机会收益的两个社会比较基准。
- 房地产业的重大潜在威胁迄今缺乏风险的均衡配置、释放以及规避的体系和机制。

【9-5-1】房价合理与否，需要从价格总水平，价格的稳定性，房价与利率、租金之间的比值关系和风险的均衡配置能力四个方面综合评判。

如前说到的，市场经济条件下，价格是各种社会经济关系的总和。住房价格的变化不仅反映着供求关系的平衡程度，而且反映着各种资源要素的稀缺程度，反映着国民经济的发展水平，反映着社会对宏观经济运行中总量平衡关系的预期，反映着社会各群体之间的利益关系是否趋向于协调。

房价是房地产业健康发展与否最重要的外在标志。房价合理与否，需要从价格总水平，价格的稳定性，房价与利率、租金之间的比值关系和风险的均衡配置能力四个方面综合评判。

一是价格的总水平。

过去几年来，人们在对房地产业的讨论中一直在力图找出一个“合理的房价”水平。关于“价格泡沫”、“房价收入比”、“公布建房成本”、“开发商暴利”以及“房奴”等热点话题所反映的，实际上都是对“合理价格”的探求。

房价究竟有没有一个客观的合理水平呢？在一定前提下确实有。

我们假定社会经济发展已经度过了“温饱”阶段，忽略土地等资源的有限性约束，短中期经济运行中也基本没有大的总量失衡预期，合理的房价水平可以做如下分析。

由于住房通常是以家庭为单位的，对房价的观察需要以家庭为单位。从实践中人们很容易了解到，依据家庭收入和住房能力之间的关系，可以将城镇家庭分为无住房支付能力、住房支付能力不足和有完全住房支付能力三大类。其中，住房支付能力不足的家庭又可分为租房能力不足、购房能力不足两小类。

我们定义，无住房支付能力的家庭为城镇中享受“低保”的家庭或家庭主要劳动力月收入只能在当地最低工资标准线上20%～30%以内，且人均居住面积在当地平均水平60%以下的家庭。这部分人群的经济来源中不包含或基本不包含住房消费的部分，完全没有或基本没有自我改善的能力。在我国城镇居民中，这部分家庭所占比重为15%～20%。

我们定义，家庭月收入水平在当时当地平均商品房价1平方米以上的家庭为有完全住房支付能力的家庭。其基本依据是，家庭月收入在1平方米水平房价以上时，这个家庭5～8年的总收入约可相当于60～90平方米的一套普通住房总价，也即房价收入比为5～8年。

居于无住房支付能力和有完全能力的家庭之间的，为住房支付能力不完全的家庭。这类家庭又可分为租房支付能力不足的家庭和购房支付能力不足的家庭。

我们定义，家庭两个月的收入相当于当时当地平均商品房价1平方米为租房支付能力不足和购房支付能力不足的分界线。即在购买一套满足基本生活需求的60～90平方米的普通住房时，房价收入比10～15年为租房支付能力不足和购房支付能力不足的分界线。低于这个标准的为租房能力不足家庭，包括部分从“租”向“购”过渡的家庭；高于这个标准的为购房能力不足的家庭，包括部分自愿以租赁方式满足自身住房需求的家庭。

我们同时判断，由于我国还是一个发展中国家，而且是一个资源严重不足的国家；又由于与发达国家相比，我国还是一个土地资源的稀缺性程度高而劳动力的稀缺性程度低的国家，把购买一套满足基本生活需求的60～90平方米普通住房、房价收入比为5～8年作为判定有完全支付能力的标准是符合实际的。

按照上述条件设定，我们认为，在城镇居民中，完全有购房支付能力的家庭所占比重达20%～25%，购房支付能力不足家庭所占比重约为25%，有一定住房消费能力、但租住支付能力尚显不足的家庭所占比重约为25%时的价格水平就是基本合理的房价水平。或者简言之，以基本住房需求和普通商品房为标准，房价收入比为 5 ~8 年的家庭所占比重达 20% ~25% 时的价格水平就是我国现阶段合理的价格水平。

【9 -5 -2】我国城镇居民的恩格尔系数的降低尚需一段较长时间。从经济学意义上说，如果假定房价不变，房价收入比所反映的，实际上是居民收入中扣除吃穿用等日常消费支出后的剩余部分所占比重；反映的是随社会经济发展，社会群体私人财富的累积能力。

在这一水平下，购房能力不足的家庭和租房能力不足的家庭需要通过政府多重、多元的援助性保障政策才能满足基本住房需求。这两部分家庭总比重约为 50% ~55% 。

很多人认为，应当按照所谓的“国际惯例”，把房价收入比为 5 ~8 年的家庭所占比重为 70% 时的价格水平作为合理的价格水平。这个认识不符合我国的实际。

我国是一个工业化起步时间不长、城市化水平不高、人民群众的私人财富累积程度尚远不充分的国家，因此，我国城镇居民的恩格尔系数（即吃穿用等日常消费支出所占比重）的降低尚需一段较长时间。从经济学意义上说，如果假定房价不变，房价收入比所反映的，实际上是居民收入中扣除吃穿用等日常消费支出后的剩余部分所占比重；反映的是随社会经济发展，社会群体私人财富的累积能力。

一个简单模型就可以清楚地说明这个道理。在发达国家，日常消费在其总支出中所占比重一般为 40% 左右，一个月收入 5000 美元、年收入 6 万美元的家庭，理论上说，其年收入中可有 3.6 万元用于支付房款；按照房价收入比为 6 时的标准购买一套 36 万美元的住房，扣除日常消费后可在 10 年内还清房款。而在我国的中等城市，日常消费在总支出中所占比重可能仍达 80% ，一个月收入 5000 元、年收入 6 万元人民币的家庭，理论上说，其年收入中只能有 1 万元用于支付房款；按照房价收入比为 6 时的标准购买一套 36 万元的住房，扣除日常消费后需要 36 年才能还清房款。在关于房价的讨论中，人们经常提到，“就是把房价降一半，相当比重的老百姓还是买不起”，其道理就在于此。

由此可见，脱离社会发展水平去比较“房价收入比”是没有意义的。我们前述 20% ~25% 的家庭房价收入比为 5 ~8 年的价格水平为合理房价水平的判断中，是以这部分家庭的恩格尔系数已经降低到 40% ~50% 为假定条件的。这个假定条件可以从我国高收入人群和最高收入人群所占比重及收入水平与我国城镇居民平均生活费支出水平中找到依据。

【9－5－3】尽管有一定住房能力，但其能力不充分甚至远不充足的家庭所占比重高达50%以上，他们需要政府援助性的政策扶持才能满足住房需求。但这部分家庭中的大多数，其住房消费能力的提高速度已开始不断高于收入的增长速度。

判断我国房价的合理水平，不仅要依据恩格尔系数，而且还要考虑住房的需求收入弹性。

经济学早就证明，不同商品的需求对收入的变化具有不同的敏感度，或说弹性。例如，在一定的社会发展阶段上，人们的食物需求不会随着收入的增长而增长，也就是说，食物需求对收入变化不敏感或无弹性。同样的商品，在不同的社会发展阶段上，或对不同收入水平的人群来说，其需求对收入变化也会表现出不同的敏感度或弹性。例如，在人们的收入增长到一定阶段时，“轿车进家庭”才会出现突破性的临界点，跨过这个临界点后“购车一族”会在短期内形成规模。

在我国，尽管有一定住房能力，但其能力不充分甚至远不充足的家庭所占比重高达50%以上，他们需要政府援助性的政策扶持才能满足住房需求。但这部分家庭中的大多数，其住房消费能力的提高速度已开始不断高于收入的增长速度。例如在当前我国的大城市中，一个月收入3000元的家庭，其住房消费能力可能只有600元/月；但其收入水平提高到4000元，也即提高33%时，其住房消费能力可能会提高到1200元/月，也即提高100%。一方面这部分家庭依靠自己的力量尚不能完全满足自身的住房需求，但另一方面，他们的住房消费能力处于对收入变化高敏感、高弹性的阶段，也即收入增长对住房消费能力影响很大的阶段。

在我们的上述定义中，房价收入比高于15年的家庭一般不具备购房能力，满足住房需求应以租为主；而且租房居住也需一定的政策援助。但特别指出，这一收入区间往往是住房消费能力对收入变化的敏感度迅速提高的区间，也即购房能力随收入增长逐步累积的阶段。

根据以上分析可知，如果以房价收入比5～8年为标志，我国房价的合理水平正处于以“20%～25%家庭可达”为标准向“70%左右家庭可达”为标准过渡的阶段。完成这一过渡的时间，取决于我国城镇居民恩格尔系数下降的速度和收入增长速度。我们判断，这个过程大约需要20～30年。

【9-5-4】房价不论怎么变动，在3~5年的周期内，其平均水平不应脱离与社会经济发展水平相称的区间过远。房价对房地产业健康与否的反映，不在于其是“涨”还是“跌”，而在于其是否出现异动。

二是价格的稳定性。

房地产业健康发展的价格标志不仅取决于价格总水平，而且取决于价格稳定程度。

在市场经济条件下，房价总是在多重因素的影响下不断变化，不可能停留在一个水平上不动。而且房价变化的规律存在着许多与其他商品价格不同的特点。例如，由于土地的有限性，在城市扩张过程中，核心社区的房价总是随着城市半径的扩大而上涨的。经济学对此现象的解释是，优质地块的价格总是随级差地租的增加而上涨。再如，住房是一种不具有同质性的商品，其价格随着质量、工艺、居住环境、交通基础设施的改善总是趋于上涨的。又如，住房需求在时间上是可以有一定前置后错周期的，根据国际经验，人们把购房时间推迟或提前3~5年都属正常；这就存在着数年的需求在一年内集中释放的可能。

房价不论怎么变动，在3~5年的周期内，其平均水平不应脱离与社会经济发展水平相称的区间过远。房价对房地产业健康与否的反映，不在于其是“涨”还是“跌”，而在于其是否出现异动。

房价异动有三种情况。其一，明显超出国民经济整体和当时当地经济发展水平地持续上涨，形成本币相对于不动产这种资产价格的恶性贬值。其二，在短期内出现脱离供求等影响价格变化的基本因素，无理由地快速上涨，例如前期我国少数沿海大城市出现的“一月一价”、“一周一价”甚至“一天一价”。其三，供求失衡超出了价格所能调整的范围，即价格失去了对需求的刺激或抑制作用，出现了“买涨不买落”，甚至“越涨价越抢购”的现象。

如同人的身体有病会发烧一样，房价异动反映的，就是房地产业发展过程中出现了不健康的因素。这种不健康因素主要为宏观经济运行中的货币供给，信用规模过度膨胀，投机性需求过度进入了房地产领域，外部资金大量涌入局部地区，房地产市场不规范环境下的欺诈性宣传引起的社会恐慌，短期内过度拆迁造成被动性需求集中释放等。其中，信用膨胀和过度的投机性需求是最主要的不健康因素。

房价上涨并非就是不稳定，异动才是不稳定。不稳定就是“病态”。根据国际经验，房价异动一旦出现，往往不能依靠市场自身的力量实现自我调整。因为现代房地产市场的不稳定往往会引起资本市场、货币市场以及整个金融体系的共振，形成相互作用下的反复放大，因此，在房地产业健康发展过程中，政府政策的重要职能之一，就是监控房价异动、消除导致异动的因素、抑制异动的波动幅度以至制止异动。

【9-5-5】从理论上说，如果假定房价相对稳定，在银行存款利息收益高于租金时，购房就不如租房住，把钱存入银行更合算；当租金收益率高于银行贷款利率时，人们才会投资性购房并用于出租。

三是房价与利率、租金之间的比值关系。

房地产业的发展健康与否，不仅可以反映在房价自身的水平上，而且可以反映在房价及其上涨速度与利率之间的对比关系上；反映在房价与租金之间的对比关系上。

利率和租金是房地产投资机会收益的两个社会比较基准。从理论上说，如果假定房价相对稳定，在银行存款利息收益高于租金时，购房就不如租房住，把钱存入银行更合算；当租金收益率高于银行贷款利率时，人们才会投资性购房并用于出租。

但是，当房价出现异动时，房价与利率、租金之间的三角平衡关系就会被打破。例如，由于人们预期房价会快速上涨时，即或贷款利率很高，人们也宁买不租；或者即或出租收益很低，人们还是超过自住需求地投资买房。

根据国际经验，十年内的租金等于房价可视为合理的投资回报基准。房价持续脱离租金水平、利率水平仍继续上涨，意味着房地产业的发展已经出现了不健康的因素。这种不健康因素主要来自超过社会实际住房需要的投资需求。抑制投资需求过度膨胀的关键仍是严控信贷规模、正确引导社会预期和改善宏观经济运行中的总量平衡关系。

【9-5-6】房地产市场健康发展的标志是风险可以合理、均衡地配置到土地等要素的供应者、开发商、银行、投资者、购房者以及相关的资本市场、货币市场等多个方面；不健康的标志就是把风险过度集中于一个环节。

四是风险的均衡配置和规避能力。

房地产业本来就是一种高风险的产业。房地产业发展过程健康与否，不在于是否存在着风险，而在于是否存在合理的风险释放和规避能力。

在房地产市场上，健康发展的标志是风险可以合理、均衡地配置到土地等要素的供应者、开发商、银行、投资者、购房者以及相关的资本市场、货币市场等多个方面。例如银行可以通过资产债券化的方式把风险分散到债市投资者头上，购房人可以通过严密的法律制度以及律师等中介环节规避资金欺诈或质量欺诈，开发商可以通过股市融资或发行项目债券减轻对银行信贷资金的依赖等。不健康的标志就是把风险过度集中于一个环节，例如我国目前存在的房地产开发过度依赖银行的直接融资、银行通过按揭贷款把开发贷款风险转嫁到了购房人头上、银行利率变动的风险几乎全部集中于购房者等现象都是风险配置极不合理的明显例证。

我国目前房地产业健康发展的重大潜在威胁，或者说不健康因素就在于，迄今缺乏风险的均衡配置、释放以及规避的体系和机制。

6. 怎样认识房价收入比

- 房价收入比的确是判断房价合理与否的重要依据。
- 当大多数人吃穿用的必要支出下降到收入的50%以下时，人们才可能真正跨过“买得起房”的临界点。
- 在特大城市中，造成房价收入比畸高的主导性因素是房价而不是收入。
- 发展中国家房价收入比畸高的主导性因素是社会收入水平偏低。总体水平、平均水平基本合理并不等于说房价和人民群众支付能力之间不存在尖锐矛盾。

【9－6－1】根据国际经验，房价收入比要达到社会普遍的稳定均衡状态，需要两个不可或缺的前提条件。这两个条件，一是城市化基本完成；二是中产阶级占据社会人口的主要比重。

首先说，房价收入比的确是判断房价合理与否的重要依据。相当一部分观点认为，房价收入比为3～6倍为房价合理的区间。这个认识有一定的合理性，而且有比较充分的国际经验数据为依据。例如美国，在过去20年中，美国平均每套房子的售价在20万～30万美元（在大多数发达国家，房价都是按“套”，而不是按平方米等单位面积来计价的）之间。同期美国居民家庭年收入的中位值为4.5万～8万美元。以此计算，下限房价与下限收入之间的比值约为4.4；上限房价和下限收入的比值约为6.6；下限房价和上限收入之间比值约为2.5；上限房价和上限收入之间的比值为3.75。

这组数据也可以用住房支出在家庭收入中所占比重来证明。美国等发达国家通常以住房支出不超过家庭年收入30%为住房支出的合理界限。超过这个界限，就意味着该家庭自我住房能力不足，应当得到政府保障性政策的救助或援助。为简便起见，我们以近似中值的25万美元/套的房价和6万美元的年收入来表达。

年收入 6 万美元的 30% 是 1.8 万美元，购买一套 25 万美元的住房，折抵全部房价约需 14 年，考虑利息因素约需 25 ~ 30 年。按照通常的职业收入周期和个人财富积累周期，考虑基本生活消费支出和一般家庭正常风险承受能力等因素，这是一个合理的购房支付周期（由于收入水平提高和住房消费能力对收入增长的高敏感性特点，在实际经验中，人们并不需要这么长的周期）。

还可以用更为简便的办法佐证。购买一套 25 万美元的住房，假定贷款利率为 7%（剔除恶性通胀和恶性通缩因素、国际贸易过度不平衡下汇率的影响因素，这个贷款利率是正常情况下的均值水平），那么年息就是 1.75 万美元。这个结果与上述 1.8 万美元非常接近。换一个说法就是，假定人们“零首付”购买这套 25 万美元的房子，利息支出就基本相当于家庭年收入的 30%。这个假定的计算方法在经济学意义上是完全合理的。因为就是完全不贷款，也仍可按同期贷款利率计算这个购房支出的“机会成本”。所谓机会成本，简单说就是假定购房的 25 万美元用于放资本来可以获取利息，买了房子而放弃的利息收益可视为一种支出或代价。

在发达国家，房价收入比为 3 ~6 倍和住房支出应低于家庭年收入 30% 两个指标，不仅在判断房价是否合理上具有重要意义，而且是对判断投资住房的回报率具有重要意义。从理论上说，如果房价收入比过高，按照利息计算，购房的机会成本就会提高，那么租金就要提高；租金高过家庭年收入的 30%，就会有一部分人租不起房子，那么租赁市场的需求萎缩就会迫使租金下降，购房投资的回报就会低于贷款利息，因而变得不划算。

当然，上述分析忽略了两个因素。一是人们投资住房时，其回报不仅有房租，还可有房价上涨的收益；二是在实际社会生活中，人们购房的机会成本通常是按照存款利率而不是贷款利率来计算的。这两个因素造成，即或房价收入比高于合理范围，只要人们对房价有上涨预期，或房租高于存款利率，投资性需求也还是会产生。

房价收入比达于 3 ~6 倍时，房价和收入之间的比值关系就趋于相对稳定。在这样一个房价收入比下，社会才能实现为人们所说的“大多数人买得起房”的状态。但同样根据国际经验，房价收入比要达到社会普遍的稳定均衡状态，需要两个不可或缺的前提条件。这两个条件，一是城市化基本完成，二是中产阶级占据社会人口的主要比重。

显然，要具备这样两个条件，社会需要经过一个长期的发展过程。

【9-6-2】城市化并非仅仅是人口向城市的聚集和迁徙，更重要的是城市自身的建设和城市综合承载力的提高。在城市化进程中，容纳大规模资本投入、形成集约化生产条件和提供大量人口集中生活所必需的基础设施、交通条件、住房容量、公共建筑等都需要一个较长的建设周期。这个过程通常并不是与城市人口所占比重同步提高的。

已经完成工业化阶段发展任务的发达国家，人口在城和乡之间的分布结构已经基本稳定。以城镇人口超过总人口的一半为标志，英国在“工业革命”100年后的19世纪中后期基本完成了这一过程，美国在20世纪30~40年代基本完成了这一过程，日本在20世纪70~80年代基本完成了这一过程。目前这些发达国家的城市人口在总人口中所占比重均稳定在80%左右。

城市化并非仅仅是人口向城市的聚集和迁徙，更重要的是城市自身的建设和城市综合承载力的提高。在城市化进程中，容纳大规模资本投入、形成集约化生产条件和提供大量人口集中生活所必需的基础设施、交通条件、住房容量、公共建筑等都需要一个较长的建设周期。这个过程通常并不是与城市人口所占比重同步提高的。

西方有句谚语，“罗马不是一天建成的”。人们很容易理解，形成对人口、资本、普遍分工、巨型工厂、物流以及市场交易条件等拥有足够综合承载力的城市，一定需要一个相对长期的积累、建设、改造、完善的过程。在这个过程中，城市建设滞后于人口聚集是发达国家和发展中国家城市化过程中普遍出现过的状况。当然，这其中有生产力发展水平、社会固定资产形成规律等自然属性的因素，也有社会制度、人口素质等社会属性的因素。19世纪50年代前后，英国的城市人口达于50%左右时，20世纪30年代美国的城市人口达于50%左右时，英国和美国都曾面临过严重的住房危机。这从恩格斯著名的调研报告《英国工人阶级状况》和艺术大师卓别林不朽的电影杰作《雨中情》等中都可以得到明证。日本曾在城市化过程中尽力避免城市建设的滞后性，在20世纪60年代后期城市人口比重接近50%左右时建成了时速超过每小时200公里的“新干线”和基本完成了东京、大阪两个“都市圈”的建设，但也因人口、资源过度集中于特大城市而形成了“过密化”与“过疏化”并存的弊端。20世纪70年代以后东南亚和南美一些发展中国家，以及进入90年代以后的印度、南非等新兴经济体，则在自己的城市化进程中长期未能走出城市建设滞后于人口迅速聚集的阶段，形成了城市向特大化发展与“贫民窟”并存的不良状态，留下了颇多教训。

我国正处于城市化加速的过程中。一方面，我们取得的成绩是非常巨大的。从1978年到2008年，我国城市人口所占比重已经从18%提高到了45%。但另一方面，我国的城市化尚有很长的路要走。目前我国城市人口比重与发达国家80%左右的比重相比仍有很大差距；到2020年，粗略估计城镇人口将达8.5亿人以上，届时总人口中所占比重将达到55%，但也只是与世界平均水平基本持平。与此同时，一方面以成功举办的北京奥运会和即将举办的上海"世博会"等为标志，我国的城市面貌可以用"日新月异"来形容。但另一方面，我国城市的综合承载力还远不充分。城市地铁、轻轨为标志的基础设施建设正方兴未艾；城镇住房保障体系中最基本的"廉租房"建设尚处于完善期；中小城市发展远滞后于沿海大城市。也就是说，我国的城市化进程尚只处于初、中期。

【9-6-3】占社会主要比重的人群具备私人财富累积能力，这个过程实际上就是中产阶级形成和占据社会主要比重的过程。购房不仅要以收入在日常支出后有"余钱"为前提，而且还要以这个"余钱"的规模在收入中达到一定比重为前提。

"中产阶级占据社会人口的主要比重"之所以成为房价收入比趋于稳定的另一前提，道理很简单。从本质上说，购房不过是把货币资产转换为实物资产，即不动产的过程，因而是一种私人资产的累积形式。当大多数人的收入仅能满足温饱需求、基本没有"购房置业"余地时，社会是不可能实现为"大多数人买得起房子"的目标的。只有当大多数人收入在"吃穿有余"，并且满足日常生活的基本需求之后，具备了私人资产的累积能力时，购房才能逐步成为社会大多数人的经济行为。

占社会主要比重的人群具备私人财富累积能力，这个过程实际上就是中产阶级形成和占据社会主要比重的过程。由于房价中总是包含有建筑成本、土地成本等刚性构成，从本质上说，"房价收入比"实际并非房价和收入之间的比值关系，而是和私人财富累积能力之间的比值关系。这是因为购房不仅要以收入在日常支出后有"余钱"为前提，而且还要以这个"余钱"的规模在收入中达到一定比重为前提。

根据国际经验，当大多数人的吃穿用等日常生活的必要支出下降到收入的50%以下时，人们才可能真正跨过"买得起房"的临界点。这是因为，购房支出需要在一个较长的年限内逐步累积，日常支出低于收入的50%，人们才能具有在一个长周期内较充分地抵抗自然属性（例如疾病、灾害、意外事故）和社会属性（例如失业、收入变化、利率变化）等风险的能力，住房支出不超过家庭收入30%才具备可能性。

一个有趣的历史现象是，房价收入比的稳定和“周五天工作制”的形成有一定的内在联系。1933年，美国成为世界上第一个实行“周五天工作制”的国家。正是在这个时期，美国城市人口所占比重趋于50%，一个成规模人群有能力把自己的利益诉求从主要追求收入增长转变到了追求减少劳动时间。也就是说，越来越多的“无产者”开始跨入拥有私人财富累积能力的中产阶级行列。日本由于战后重建过程的拖拽，1989年才开始实行“周五天工作制”；1991年，宫泽喜一内阁正式提出了“确保国民能用5年的家庭年收入购买一套住房”的《生活大国五年计划》。我国在1995年5月开始实行“周五天工作制”。当时有关部门所作的社会调查显示，在“增加一天工资”和“不增加工资，增加一天休息”两者的选择中，80%以上的人选择了后者。由于在1995年时，我国“停止福利分房”的城镇住房制度改革尚未实施，一方面大多数人的收入已经在满足日常生活需要之后开始有了剩余，另一方面人们尚未把购房列入支出构成的必要部分。这是特定历史条件下的一个特例。

显然，上述两个条件在我国尚远不充分。客观判断，我国城镇的房价收入比要实现为发达国家那样相对稳定、均衡状态，乐观估计也还需要20～30年的持续发展。

【9－6－4】从国际经验看，发达国家特大型城市的房价收入比普遍较高，造成房价收入比畸高的主导性因素是房价而不是收入；发展中国家的房价收入比普遍较高，畸高的主导性因素是社会收入水平偏低。

从国际经验看，发达国家特大型城市的房价收入比普遍较高，如洛杉矶、纽约、伦敦、东京以及我国的香港等。这些城市的房价收入比均值都在10倍左右。尽管这些大城市的家庭收入水平通常要明显高于社会平均水平，但由于土地的有限性，核心市区的房价在级差地租的推动下会更大程度地高于一般城市。由此导致一个明显现象是，这些城市的中产阶级居住区，大都要分布在距离核心市区30～50公里半径的区域内。因此，在这些特大城市中，造成房价收入比畸高的主导性因素是房价而不是收入。

另一个普遍性规律是，发展中国家的房价收入比普遍较高。根据1998年世界银行对96个国家房价收入比的统计，家庭收入在4000美元以下的国家，房价收入比基本上高于9，家庭收入在4000美元以上的国家房价收入比基本在6倍以下。发展中国家的房价收入比畸高的主导性因素是社会收入水平偏低。这些国家的特点是，大多数家庭收入中用于日常生活开支的部分所占比重仍高于“购房置业”的临界点，低收入群体仍占据较大比重。

这两个因素在我国前期房地产市场发展过程中都存在。例如2004～2007年间，上海、北京和“珠三角”地区的房价收入比变化中，房价是主导性因素。这些城市或地区是我国收入水平最高的。但房价与全国一般水平的差距远远高于收入的差距。又如在我国的二、三线城市中，相当多地方房价明显低于全国平均房价。但由于当地社会收入偏低，房价收入比仍然畸高。

我国作为一个发展中国家，特别是作为一个城市化历史短、基础薄弱、发展严重不平衡的国家，房价收入比在一个比较长的时间内呈现为高于发达国家的状况，这是不可避免的一个历史过程。2007年我国城市人均可支配收入为13768元，平均每人全部年收入为14908元，平均每人消费性支出为9997元（其中包含水、电、物业等公用设施缴费和租房支出等居住支出982元）；依此推算，按人均可支配收入计算消费支出要占到72.6%，按全部年收入计算也要占到67.1%。这意味着，我国房价收入比高于发达国家正常区间的主导性因素仍是社会收入水平仍偏低，是发展不足。2007年，我国商品住宅平均销售价格为3645元，家庭人口数为2.91人，按照套均面积90平方米和人均全部年收入14908元计算，全国总体的房价收入比为7.56倍。应当说，这个水平是与我国社会经济发展水平、城市化水平基本相当的。

【9－6－5】发达国家大多数居民都买得起房，但事实上是大多数居民都已经不需要买房。而我国大多数居民仍处在脱困期，或者从脱困期向改善期转变的过程中。由于这一国情的存在，当房价收入比在局部城市出现向上的异常波动时，我国采取比发达国家更为积极的市场干预措施是必要的。

特别强调指出，总体水平、平均水平等基本合理并不等于说我国的房价和人民群众支付能力之间不存在尖锐矛盾。

一段时期来，我国房价和收入之间的矛盾主要集中于五个方面。一是为“卖”而“买”的投机性需求、土地价格过度攀升、开发商恶意炒作抬价等因素，推动部分大城市房价在短期内连续出现和社会购买力增长相脱节的暴涨；二是一部分住房困难的中、低收入群体在市场价格上涨面前越来越改善无望；三是工作年限较短、积累能力不足，但又迫切需要住房的年轻人群体成为房价上涨的最大受害、受损群体；四是改善性自住需求者被迫承受了过度的价格风险、负债风险；五是在过度的商业利益驱使下征地、拆迁规模无序扩张，迫使一部分中低收入者被动地进入市场。

在房价收入比指标中，“房价”和“收入”尽管相互联系，但它们的变化经常是并非同步的。通常社会收入水平总是随社会经济的发展相对稳定、均衡地提高的，但因种种原因。在一些年度内，房价收入比在一个城市、一个地区房价经常会出现较大幅度地上下波动。这种情况是符合规律的，是必然会出现的现象。但必然会出现，不等于说这种变化就是合理的和不需要人的主动干预的。这个道理，就像人生病不可避免，但不等于说，因为人必然会生病就不需要预防和治疗一样。

在社会群体中，谁对房价与收入之间的比值关系最敏感？是中低收入群体和迫切需要改善住房条件的群体。观察房价收入比，需要说明我国与发达国家相比的一个重要区别。发达国家尽管大多数居民都买得起房，但事实上是大多数居民都已经不需要买房。而我国的情况正相反，大多数居民仍处在脱困期，或者从脱困期向改善期转变的过程中。因此在我国，即或在整体、长期、特定发展阶段看仍属合理区间的房价收入比下，仍会存在着短期、局部房价收入比不合理地过度波动和结构性人群利益受到严重影响的状况。正是由于这一国情的存在，当房价收入比在局部城市出现向上的异常波动时，在我国，采取比发达国家更为积极的市场干预措施就是必要的。

事实上，从2004年以来，我国的房地产调控政策一直是呈现为逐步递进的主动干预姿态的。其措施主要有三个方面。一是调结构。例如“90/70政策”，促进资源配置向迫切需要改善居住条件的中低收入群体倾斜。二是抑投机，例如对短期持有的住房在交易过程中加征营业税，抑制房地产市场的投机性炒作。三是促保障，例如扩大廉租房覆盖范围并要做到“应保尽保”。

从2007年下半年以来，“保增长”成为我国宏观调控政策的首要目标。在这样的形势下，是否仍应坚持对过高的房价收入比进行调控？仍应调控。而且仍应是积极的调控。

首先，扩大优质企业兼并重组的政策性融资规模，拓宽不良企业的退出通道。前期房地产企业一大批抗风险能力低、技术操作能力差、规模小、效益差的企业盲目进入了房地产领域，高价拿地、高成本融资。这些不良企业在销售低迷、资金链断裂的情况下已经难以为继。通过对资产收购、兼并的融资支持，加快市场整合，把被不良企业占用的资源充分释放出来，是当前扩大供给、降低产业整体成本的必经之路。

第二，加大对二手房市场、租赁市场的扶持力度，促进存量资源的市场交易，分流自住性需求，进一步改善市场供求关系。

第三，大力推进房地产金融创新，发展直接融资，降低需求方的交易、持有风险。

第四，在现有住房保障体系的基础上，更广泛地运用贴息、贴租等手段，更有针对性地提高需求方的住房支付能力。

7. 提问与讨论

- 开发商“暴利”的秘密在动用信贷等金融杠杆。
- 为了进行再生产而按照现价重新购入相同生产要素所支付的代价，称为“重置成本”。
- “购房退税”政策一般属于中长期政策。
- 公务员住房不应享受显然超出社会其他群体的超国民待遇。
- 个人集资建房只要没改变“自住”这一根本性质就仍未超出政策允许的框架。
- 有资产就要征税，这在市场经济下是一个常识。

【提问一】：人们普遍认为，房价高的原因之一是开发商牟取暴利，舆论经常呼吁政府公布开发商成本，这对抑制高房价有用吗?

答：很长时间来，“房价降价空间有多大”的问题始终是热点。但在有关讨论中，关于开发商是否有“暴利”、其成本几何等方面的意见仍是莫衷一是，许多从生活经验而来的简单判断实际上在一定程度上掩盖了客观本质。因此，有必要从房地产经济学的角度再做辨析。

很多人把房价是否“到底”的判断建立在房价和成本的比较上。一段时期来，要求开发商公布成本的呼声一直比较强烈。2008 年下半年以来，也确有开发商信誓旦旦地公布了自己楼盘的成本，以示几无降价空间。

我们基本可以假定，公布成本的开发商并未蒙人。资料显示，我国房地产业平均的毛利润率为 8% ~10%。相当多的中小开发商的利润率还远达不到这个水平。但那些坦然公布成本的开发商显然有意无意地掩盖了一个相当多人忽略的事实。这个事实就是，开发商的利润，甚或说“暴利”，并非仅仅来自房价与成本的差距。在更大程度上，开发商的利润来源于开发过程的金融杠杆。

房地产的成本利润率并不很高。但这并不意味着开发商无厚利，甚或暴利可图。

我们假定，建造某一楼盘所需的土地成本、原材料成本、人工成本、管理成本以及融资成本等合计的总成本确确实实需要1亿元，总售价为1.1亿元；那么这个项目的毛利润率仅为10%。但秘密在于，这1亿元的总成本中，开发商的自有资金投入，可能只有2000万元。其余资金来自银行的开发贷款、购房人的按揭贷款等。显然，即使该项目的毛利润率只有10%，开发商的自有资金利润率也可达50%！在2007年的一段时期内，由于房地产市场销售火爆，销售周期很短，一些开发商采取了“五个锅三个盖”的资金策略，不断用后期预售房款投入前期项目，通过加速资金周转，大大提高了资金利用率，从而也就进一步提高了自有资金的回报率。开发商“暴利”的秘密就在于此。动用信贷等金融杠杆和“透支炒股”的道理是一样的。只要利润率为正，金融杠杆就可以成倍地放大投资者的收益水平。

金融杠杆可以成倍地放大投资者的收益，当然也同样可以成倍地放大投资者的亏损。在上述例子中，如果总售价低于总成本，楼盘或者会由于缺乏后续资金而变成“烂尾楼”；或者得由开发商从自有资金中承担巨额亏损。这就是为什么在市场成交量大幅下降时，房价下降的程度远不如人们想象得那样大的原因。依靠“公布成本”所能开掘出的降价空间其实很有限。

开发商的“暴利”其实还有一个重要来源，这就是土地升值。

假定一个楼盘项目的土地是两年前以每平方米2000元的楼面价购入的，到销售时，同样土地的楼面价可能涨到了5000元。这时如果开发商以5000元的楼面价计算成本并确定房价，的确可以获得惊人的“暴利”。

但请注意，在经济学意义上，土地溢价所带来的每平方米3000元利润，其实只是财务意义上的利润，也就是核算单个项目时的利润，而并非开发商的真实利润。因为除非开发商从此洗手不干，退出房地产业，否则这3000元并不是开发商的钱，并不能装到开发商口袋里。因为开发商要进行“再生产”，就必须按现价的5000元楼面价重新购入土地。

为了进行再生产而按照现价重新购入相同生产要素所支付的代价，称为“重置成本”。在经济学意义上，最初购入土地时的成本只是财务成本，依照这个成本核算的利润只对税务局收税有意义；对房地产企业的股东来说，这部分“收益”并不能作为“利润”分掉。

很多人在呼吁开发商公布成本时，并没有真正弄明白所要公布的是什么成本。其实，开发商最初的土地购入成本，也就是财务成本，在判断房价有无下跌余地时并无多少意义。房地产企业也是企业。在市场经济条件下，企业必须按照重置成本制定价格，才能保证再生产的进行。

从2008年下半年起，的确不少楼盘在降价销售，在一些城市中，降价的幅度还比较大。甚至有些开发商明言，价格已经降到了成本之下。这是否意味着这些企业在做“赔本买卖”？

降价销售，即使是价格降到了成本之下，开发商也未必没有利润可图，更不要说是“挥泪大甩卖”了。

如上所述，重置成本才是企业再生产的真实成本。而重置成本实际上存在着与当初的购入成本相比提高或降低两种可能性。在重置成本降低时，即使开发商以低于财务成本的价格卖房子，仍有可能赚取利润！

举个例子说。假定开发商当初以每平方米5000元的楼面价购入土地，现在同样土地的楼面价降到3000元；如果开发商的现售楼盘单价降低1000元，即使销售价降到了财务成本以下，也不意味着真实意义的“亏本”。因为重新获取完全相同的生产要素，也即重置成本已经降低了2000元。这时，房价降价1000元的开发商实际获取了1000元的利润，同时可拥有与未降价前完全相同的再生产条件！

上述例子可以用一个更通俗、简单的比喻来说明。假定一个股民以10元一股的价格买入了股票。如果这个股民确定有机会可以6元价格再买入时，以8元价格卖出所持股票赔本与否？没有赔。因为这个股民在持有同样股票的同时，还获取了每股2元钱的现金。表面看起来，这个股民的资产与当初的买入价相比毕竟缩水了，但每一个股民都懂得，这种操作叫作“摊低成本”。8元卖出，6元价位时可以买回1.3股，只要股票再涨回8元，这个股民已经盈利！其实，那些降价销售的开发商都心知肚明这个简单的盈利模式，尽管他们对购房人说的都是“挥泪大甩卖”。在这个比喻中，开发商实际上比股民更有利的是，由资源的有限性决定，从发展看，土地价格回升比股价回升的确定性要大得多。

在上述分析中，我们实际上提出了一个重要的判断，就是房价较大幅度下降的关键，是土地重置成本的降低。

很长时期来，人们一直在指责地方政府“以地生财”，不断高涨的地价导致了房价的不断攀升。这个问题的关键，并非“地价决定房价，还是房价决定地价”；需要重点探究的是，土地出让收入干什么用了。

一般说，地方政府并不能把土地出让收入用于当地财政的经常性支出项目，例如给公务员发工资；而只能用于当地经济发展的长期性建设项目，例如建立交桥、修地铁等（一些地方用来给政府建豪华办公楼的问题另当别论），也即进行当地经济发展所必需的市政建设。

从世界各国城市化的普遍经验看，城市长远发展的市政建设投入主要是靠发行长期、超长期的市政债来筹集的。在我国，由于地方政府的经常性财政收入不可能成为这种长远发展的资金来源，又缺乏市场化的大规模融资手段，在这种制度条件下，土地出让金就必然地成为筹集市政建设资金的代偿渠道。

地价中包含这种“代偿”功能，实际上与前些年安装固定电话要收“初装费”一样，是非常不合理的。积极探索市政债等市场化融资方式，开拓与规范地方政府的市政建设资金筹集渠道，才能真正剔除地价中不合理的制度性成本，把地方政府从“房价助推者”的尴尬立场中解脱出来，才能真正让房价回归合理的市场定位。

【提问二】：在2009年初时，为保增长，一些地方政府用“购房退税”的政策刺激楼市，这个政策合理吗？

答：一些地方政府在“保增长”过程中推出的“购房退税”政策曾引起了社会的广泛关注。舆论中多有批评，认为这个政策是政府在为开发商“托市”，“对穷人不公平”等。这些意见有一定道理，但并不能因此就否定“购房退税”政策的深层次合理性和对其存在必要性的进一步研究。

在市场经济条件下，政府干预经济的政策大致可以分为三类。一类是人们日渐熟悉的“宏观政策”，其目标主要是维护国民经济整体的平稳健康运行；“保增长”就是典型的宏观调控政策。二类是在过去长期发展过程中我国一直采用的“产业政策”，其目标是促进产业健康发展和产业结构适时升级；关于“房地产业是国民经济重要支柱产业”的判断，就是产业政策的内容。三类是“公共政策”，其目标是维护社会公共利益和促进社会公平；廉租房要做到“应保尽保”就是公共政策中社会保障体系的重要一环。

“购房退税”并不是一项新发明，这个政策在很多发达国家都普遍采用。例如美国就长期实行每个美国人一生中第一次购房时，按揭贷款的利息部分可以申请退还个人所得税。

但需要强调的是，迄今在这些发达国家所实行的“购房退税”政策一般属于中长期政策；其目标通常并不是短期的“保增长”。美国之所以实行“购房退税”政策有两个基本原因。

一是因为美国的经济发展早就进入了“后工业化阶段”。在这个阶段中，“供大于求”已经成为社会供求关系的常态，经济持续增长的主要障碍已经从生产、供给领域转移到了消费、需求领域。因此，作为长期性经济政策，促进经济发展的关键在于形成长期性的需求和促进消费结构升级。

二是在美国，中产阶级已经占据了社会人口的主要比重，社会主流的利益诉求已经从一般的“提高收入”转向了“私人财富累积”。

此外，在发达国家，在针对房地产的税负结构中，对持有环节征收的“物业税”、“财产税”或“差饷税（我国香港）”等是主要税种；而且这些针对持有环节征收的税种通常是地方税的主要来源。因此，地方政府自然就有积极性通过“购房退税”鼓励人们在本地区购房置业。

从上述分析中可以看出，在国际经验中，“购房退税”一般并不和调整短期总量平衡关系、和“保增长”相联系。但由于我国是一个发展中国家，多方面发展不平衡的国情决定，“中观”范畴的区域经济和产业经济与短期经济运行之间的关系非常密切。工业化发展阶段是一个工业生产能力、社会基础设施和城市固定资产大规模形成的阶段，人民生活快速改善的阶段，钢材、水泥等重要基础产业以及地处产业链“上游”的房地产业对社会投资规模和经济总量的影响非常明显。正因如此，我国近期中央的宏观调控政策中密集地加入了产业振兴的内容。宏观政策与产业政策密切结合，这是我国在力图率先走出全球金融危机阴影的各项努力中，一个重要的政策创新点。在一些城市经济中，出于拉动当地经济的考虑，出台“购房退税”政策是有一定积极意义的。

“购房退税”作为短期政策，由于主要受益者可能是收入较高的阶层，的确有对中、低收入者不公平的弊端。尽管一些地方在出台这个政策时附加了对所购房型或者收入水平的限制，但在实际操作中，仍很难对中、低收入阶层改善住房起到立竿见影的效果。保了增长，失了公平。这个副作用不应被忽视。实际上就是在美国，从“购房退税”政策中受益最大的，还是买大房子、好房子的人群，因此也存在着对低收入群体不公平的明显缺陷。

“购房退税”并非不可以实现以中低收入群体为主要受益对象的目标。在国际经验中，一些将事后“退税”改为事前“减免税”的制度化设计就很值得我们借鉴。这种制度设计的具体形式，就是“住宅储蓄银行”。

我们前面说过，住宅储蓄银行是一种“自助性”的住房保障政策方式。存入这个账户的钱可以享受减或免个人所得税的政策优惠；但这部分储蓄的最终用途必须是自住性的住房消费。这种自助性保障政策的实质，就是政府通过减免税负的形式提供购房补贴。其本质，与“购房退税”无异。不过前者是限定用途、直接减免、逐步累积；后者是特定用途、先缴后返而已。

实际上，住宅储蓄银行的自助性保障还具有动员需求者亲朋好友等社会关系力量的作用。由于购房人的收入存入特定用途的账户可以减免“个税”，人们很容易想到，通过亲朋对日常生活支出的帮助，就可以尽量多地享受政策性补贴。这个过程实际上就增大了社会整体的购房支付能力。

住宅储蓄银行的政策方式，很容易限定可享受政策的收入阶层，因而可以使政策资源更准确地配置在中、低收入群体头上，避免“购房退税”的弊端。

目前在我国的住房保障体系中，自助性保障部分尚缺乏制度性的形式。在对“购房退税”政策的讨论中，把视野扩大到与完善公共政策、促进住房保障体系建设联系起来，这个讨论就能够获得更加积极的成果。

【提问三】：一段时期来，政府部门等在“集资建房”的名义下为公务员建房，低价卖给公务员，这种做法符合政策吗？

答：一段时间来，一些中央部委和地方政府打着保障性住房的名义，以各种形式为公务员建实物型住房的趋势有不断加剧的趋势。或明或暗的“福利分房”正在卷土重来。这种做法实际上是在住房上赋予了公务员一种超国民待遇。

公务员应当有住房。这是一个无须论证的命题。所有公民都应当享受适当住房。给予公务员这个特殊的社会群体以一定的区别化保障，也有一定的必要性。因为公务员是受社会委托维护公共利益的职业群体。这个群体队伍的稳定符合公共利益的稳定和最大化；公务员不是一个通过市场化竞争来获取消费性资源的群体，给予岗位对应的福利保障有利于降低公务员队伍的流动性，维护其稳定性。但是，在任何国家，包括住房待遇在内，公务员的福利标准都应当是社会中等水平，而不应享受显然超出社会其他群体的超国民待遇。

纵观各国住房保障体系，几乎找不到为公务员提供实物型产权房的保障方式。除了维护国家形象所必需的“官邸制”住房外（官邸待遇也只是和任期相联系的一种职务消费，并不和私人产权挂钩），国外实物型公务员住房保障通常有三个明显特点。一是以只租不售的租赁型住房为主，例如履行职务所必需的特殊岗位宿舍、政府持有产权的公务员公寓等。二是重点保障的对象是年轻或低端岗位的公务员，例如提供给单身或低端公务员租赁型住房通常含有政府“暗补”贴租，因而租金低于市场价格。三是只保障基本住房需求，适当兼顾一定职务的改善性寻求，不包括享受性需求，例如实物型保障住房通常都是“小户型”，家庭人口多的一般也只有60～80平方米/套。

少数国家也有与产权相联系的，但只有三种情况：一是20年以上的旧房，如果当地不再需要，可以卖给居住者。如法国。二是和社会一般住房保障体系融合在一起。欧美一些国家所有符合保障条件的社会成员都可购买一种叫作“affordable house”（意即“与支付能力相称的房子”，或“买得起的房子”）的住房。这种住房享受政府提供的廉价土地，因而价格便宜，且可以享受先租后买，或分次购买产权等政策援助。其中公务员能享受的区别于其他社会群体的唯一政策是，在这种住房中划出一定比例优先供应公务员。如英国。三是组建专门针对公务员的建房机构，由公务员通过“公务员基金”等金融组织集资建房。但这种“集资建房”通常仍要按照市场化原则支付地价，而且仍以满足中低端公务员的需求和以满足基本住房需求的“小户型”为主。如韩国。

国外保障公务员住房的主导性措施是货币化、金融化的政策。其中主要做法，一是给中低端公务员比照市场化租金水平发放租房补贴（注意，是补贴租房，不是补贴购房）。二是建立一些含有政府贴租暗补的租赁型公务员宿舍。三是组建公务员住宅基金等互助型金融组织（这种基金也并非公务员所独享，公务员基金通常只是退伍军人、教师等各种社会群体同类基金中的一种）。四是为公务员融资购房提供一定形式的担保。五是通过特定金融组织为公务员提供优惠利率贷款等。

在大多数国家，公务员住房保障都是纳入社会一般住房保障体系中的。作为一项公共政策，社会住房保障体系覆盖包括公务员在内的社会群体；与其他社会人员相比，公务员在住房上能够享受的特殊待遇非常有限。

特别强调指出，国际经验真正普遍证明的一点是，政府持有、配置实物型公务员住房的政策往往是低效率、高成本、浪费资源和容易滋生腐败的。不仅如此，一些因特定发展阶段的历史条件、社会政治传统等原因，在公务员住房保障上采取了相对较多区别化政策的国家，例如韩国、日本、法国等，其政府都无一例外地因此项政策受到了社会各界的尖锐指责批评。近年来，这些国家都在采取措施逐步收缩原有政策范围、降低保障标准或努力把公务员住房保障纳入社会一般住房保障体系。其中包括高级官员的官邸和普通公务员的“廉租房”。相反，基本没有对公务员实行区别于其他社会群体住房保障政策的，如美国、德国、瑞典等，则很少因此引起舆论对政府的批评。

在世界各国，公务员群体因政策保障而在当地工薪阶层中享受最好居住条件的，不论富国还是穷国，不论大城市还是小城镇，不论历史还是现实，除了苏联，一个例证都找不到。

公务员住房上享受超国民待遇的危害是极大的。当前，一个值得高度关注的趋势是，不少地方正在采取“委托代建”、“定向开发”的方式，大兴土木地给公务员建实物型住房。这些单位名义上大都打着“集资建房”的旗号，实质上是力图绕过土地公开“招拍挂”的政策门槛，甚至把公务员住房纳入免交土地出让金的“经济适用房”范围，再加上各种明暗的税费优惠，一些部门的公务员往往可以用只有市场价若干分之一的“价格”买到产权房。一些地方以政府搬迁为名，在原有公务员住房政策之外，在所谓的城市“新区”另建高档、奢华的领导干部集中居住区、公务员小区等，高标准、低价格地为公务员配置住房；一些已经享受了福利分房和住房制度改革优惠政策的公务员再次有机会低价买大房子、好房子。还有一些单位，一边给公务员发着“住房补贴”，另一边又提供远低于市场价格的“集资房”，货币、实物保障两头享受。

这些都是给公务员超国民待遇的腐败做法。给公务员住房以超国民待遇的做法有几种冠冕堂皇的理由。

一是“公务员的工资买不起房，所以政府要给予特别保障”。确有公务员买不起房，确有很多公务员买不起房，这是事实。但公务员买不起房的比重是否高于社会中等收入者阶层？这才是公务员是否应享受特殊政策的关键！毋庸置疑，我国公务员的工资水平已经达于社会中等程度。如果公务员买不起房，那么全社会中等收入者阶层都处于同等条件；这时社会公共政策要解决的，就是如何逐步实现大多数人买得起房的问题，而不应是“公务员优先买得起房”的问题。事实上任何国家公务员的购房能力都是高于其他社会职业同等收入者的，因为他们的职业风险小、融资信用高。

二是“经济适用房政策、集资建房政策是国家允许的政策”。一些符合条件的低端、年轻公务员的确有权享受免交土地出让金的经济适用房政策。但是2007年国务院24号文件明确规定，经济适用住房供应对象为城市低收入住房困难家庭，其标准控制为60平方米/套，且要有严格的准入条件，配置过程要对社会公开透明；单位集资合作建房只允许距离城区较远的独立工矿企业和住房困难户较多的企业，各级国家机关一律不得搞单位集资合作建房；任何单位不得新征用或新购买土地搞集资合作建房；单位集资合作建房不得向非经济适用住房供应对象出售。

三是“政府之手对公务员住房问题进行干预，能够充分发挥政府对市场的干预和调节作用，克服市场机制的自发性和盲目性”。这个说法实际上是一种非常笨拙的牵强附会。公务员是行使公共权力、维护公共利益的责任群体；土地等资源是国民财富中最优质的公共资源。动用公共资源为公务员提供特殊性保障，就需要说明这种保障是否符合公共利益。谁都知道，在商品房成本中，占比重最大的是土地成本。各地商品房价格的差异，主要是差在了土地成本上。那些公务员“集资建房”之所以廉价的秘密，就在于把公共资源性质的土地通过非市场化的低价“划拨”或无偿地纳入到了公务员福利范围。利用政府对公共资源的支配权，靠压低土地价格、实行财政明补或暗补来为公务员提供低价的产权房是一种公开侵吞公共资源的行为，是和政府的公共职能完全相悖的做法。

四是“为公务员建集中居住小区是推动城市改造、扩张的一种示范性措施”。城市化进程中，由于集聚效应的产生需要一定规模、一个过程，新城区的开发、发展以至逐步繁荣的确需要有政府政策介入。例如给进驻新区的商业、教育、文化、医疗等单位一定的税赋优惠，给购房人以交易环节或持有环节的税费减免，甚至采取购房免（退）个人所得税等政策，在高新技术开发区、工业园区等特定功能区给引入的优秀企业以分期支付土地成本等政策鼓励等，这些都是有意义的探索。但是让公务员“抢驻”，特别是占据最优质的地段、建高档次的住房，形成与社会其他群体分割的社区，这和利用职权买拟上市公司的“原始股”无异。有必要说明，当前世界各国的趋势是，就是为公务员配置的保障性住房，也要尽量分散在一般居民社区中。

五是“为公务员建住房可以拉动内需，促进经济增长”。这是近来的一个新说法。房地产开发可以拉动内需和促进经济增长，这没有多少疑义。但把中等收入者阶层中购房能力相对较强的人群从市场中分离出去，实行政策特殊补贴的“双轨制”，这尽管同样会产生投资需求、拉动 GDP 的增长速度，但是其结果是彻底破坏市场机制运行的规则，瓦解市场价格形成的基础。20 世纪 90 年代初期钢材等价格的“双轨制”改革尝试曾导致“计划外”价格的暴涨和一轮恶性通胀，其教训应当牢牢汲取。最近在开发商等市场主体中，对保障房影响市场的反响极为激烈，其背后台词，就是对公务员以促保障、保增长为名大规模建房趋势的不满。

公务员住房上的超国民待遇危害极大，不仅会造成新的社会不公，导致尖锐的社会矛盾，妨害市场的健康发展和价格的稳定性，而且会对形成健康文明的住房消费模式起到恶劣的负面示范作用。一些国家历史上在公务员住房问题上的不慎做法曾引发严重的社会危机以至政治危机，其教训不可谓不深刻。

为公务员建住房是一个并无争议的命题。给任何社会群体建住房都是合理和应该的。但是要动用公共资源，纳入住房保障体系，采取区别化的政策去为公务员建拥有产权的实物型住房，则必须在合法、合规、合理的范围内。任何一级政府，任何一个政府部门都不能在这个问题上滥用自由裁量权，不能靠“打擦边球”去谋取不正当利益。

为公务员建保障房，首先必须在合法的框架内。国有土地、国家税收、财政资金都是国有资产，都是只能用于谋取公共利益的公共资源。为某一社会群体动用这些资源，必须要有法律依据。法未明示可做的，就不能仅以“红头文件”、“领导批示”为依据作为政府行为实施。我国已经有公务员法，有法律明示的公务员利益界限。如果需要调整，必须要经过法定的程序，而且要能够证明确实符合公共利益，要对社会公开透明。不能政府自己“开会研究”来确定自己内部职业群体的利益。这是所有国家涉及政府行为、公务员利益的基本法制要求。

为公务员建保障房还必须合规。政府已经以国务院文件形式规定了廉租房、经济适用房、“两竞两限房”等具有政策保障性质住房的适用范围、供应对象、准入限制以及面积控制标准，就应当严格按照相应规定执行。把各种性质的保障房扩大到家庭月收入、现住房条件等明显超过规定标准的人群，把控制面积扩大到中档甚至高档商品房的程度，把满足基本住房需求和适度改善型需求的保障扩大到满足享受型甚至奢侈型需求，把对中低端岗位的保障扩大到中高端职位的领导干部，都是与合规性相违背的。

为公务员建保障房也要约束在合理范围内。我国人多地少、资源匮乏，公务员应当率先在形成健康文明的住房消费模式、促进资源节约上做出垂范，而不能成为社会住房攀比的标杆。城市的土地资源是国民财富中的优质资源，这些资源必须按照公共利益最大化的原则来进行配置，而不能按照某一社会群体利益最大化的原则来进行配置。在城市规划中，城市资源配置是有巨大机会成本、社会成本的。把可用于城市发展、经济增长和国民福利提高的公共资源以任何名义据为己有，都无异于一种滥用权力的巧取豪夺。在公共利益和个别利益的关系上，掌握社会权力的群体应当具有基本的自律精神。这种自律性是一种高尚，是应有道德，是促进社会和谐、社会文明的“理”之所在。

【提问四】：近年来，许多地方不断出现个人“集资建房”的尝试，您认为这种方式能够对抗高房价吗？这种方式是否会受到政策鼓励？

答：我们首先得明确一个事实。城镇居民个人自建住房，或者“集资建房”并不是一件新鲜事。到2008年，我国城镇居民住宅竣工面积中居民自建住房或“单位集资”建房部分仍占将近一半的比重。政策从来也未限制过居民自建住房。但我认为，个人集资建房只是一种特殊的房地产开发形式，并非住房保障制度的组成部分。这种方式在国外很常见，叫作“合伙建房”。其内涵就是“自己给自己当开发商”，或者说“自己建房卖给自己”。其实，这种“合伙建房”本身的形式也是很多样的。例如开发商可以就某一特定项目向未来购房者募集投资，购房者投多大比例的资就分多大比例的房子。比如说你投资其中一栋别墅，这个别墅建成就归你。开发商只扮演一个委托代理人的角色，受投资人委托把人们各自认购的房子建起来。还有一种形式是集资人成立一个“项目公司”，这个公司就是一个规范的法人性质的开发商，可聘请专业化的经理来替大家打理。但这个公司的使命就是特定项目本身。房子盖完，这个公司的使命就完结。这些都叫合伙建房。之所以有这些不同形式，是因为毕竟房地产开发是需要较多专业知识和一定资质要求的。上述这些形式可以更好地把“自建”之惠与专业化的开发商之长密切结合起来。不论哪种形式，与开发商把房子建成后卖给购房者不同的是，合伙建房意味着原来由银行和开发商承担的房地产市场风险将由集资建房人自己承担。

居民自建住房和居民集资建房其实并无本质不同。只要有合法的土地使用权，合乎城市统一规划，经过规范报建手续，一个人、一家人可以自建；几个人、一群人也可以自建。一家人自建也可能需要在亲朋间“集资”。这二者的共同之处是建房用于自住，而不是在市场上出售牟利。在20世纪90年代初中期，为了加快解决城镇居民住房困难的问题，我们曾实行过“鼓励单位自建住房”的政策。单位自建和个人合伙建也无本质区别，共同点都是“自住”。实际到现在很多“单位自建”也仍在采取个人集资的方式。这些形式的建房都早有明确的政策规定，算不上什么创新。

有疑问的地方在于，过去一段时期中一些地方出现的“个人集资建房”是和房地产的市场化联系在一起的。与“单位集资建房”面向本单位职工不同的是，这些“个人集资建房”的集资对象是非特定的。但只要没改变“自住”这一根本性质，我想就仍未超出政策允许的框架。

如果这些集资者建房的意图是“出售”，那么他们的行为就不再是“个人集资建房”，而是组成了一个股份制的房地产企业。那和我们讨论的问题就是两码事了。当然，“个人集资”建成的房子也并非就是不许卖。如果经过了合规的土地出让手续，并且符合规划、环保、节能、安全等各种规定，获取了合法产权，即或当初是为自住而建，在性质上这些住房仍是可以自由上市出让的。这是目前引起人们注意的“个人集资自建住房”的一大特点。

我国对个人集资建房的政策规定目前还是不完备的。政策和市场、企业和消费者个人都出于摸索阶段。其中政府最担心的，就是个人集资建房会不会被开发商利用来作为一种融资手段，或者发展为一种打着“建房”名义违法集资的方式。所以在目前的政策中的正式提法是“严格控制个人集资建房”。我们要努力防止把好事办坏，把正常的市场化进程变成反市场的违法操作。

【提问五】：2009年，开征物业税的问题再度引起市场的高度关注。为什么要物业税？物业税能对房价有影响吗？

答：一段时期来，人们对开征物业税的前景有多种猜测。但在迄今所见议论中，很多对物业税的理解并不准确。

在2004年及以前，我们主要是通过土地和资金两个“阀门”来调控房地产业的。到2005年时，我们认识到，只有这两个“阀门”可能不充分。税收手段有必要成为新的调控政策。

在世界各国，“税”和“房地产”之间的关系都是非常密切的。税收和房地产之间存在四方面关系。

其一是宏观经济运行中的“过冷”、“过热”的问题。就是人们常听说的“通货膨胀”和“通货紧缩”之间的交替关系。经济过冷、投资不振，就需要运用税收手段刺激经济；反之，经济过热、投资过旺，就需要用税收手段抑制经济。在所有发达国家，房地产投资都是社会投资构成中最活跃、最敏感的部分。当然税收手段首先会涉及这个领域。我国正处于工业化、城市化的高潮过程中，改革和发展两重任务导致，房地产业客观上很容易成为社会投资的主要指向。2004年以来，大家经常听说“房地产投资规模过大”的话题。有人说“过大”，有人说“不过大”。其实大家说的可能不是一回事。从中国经济发展的战略过程和长期需要看，目前的房地产投资规模不过大。但从短期看，国民经济承受不了由此带来的不平衡，煤电油运紧张、城乡之间在土地问题上的矛盾尖锐。国民经济整体投资规模都偏大。这就要调控。在这个意义上说，房地产投资规模就过大。长远目标要一步步达到。中国人说，“一口吃不成个胖子”。英语里有句话，“罗马不是一天建成的”。都是这个意思。

其二是社会公平的问题。穷人和富人都要住房子。不能让一部分人占有过多资源而另一部分人没房子住。这也需要税收手段来调整。富人住好房、占大房就要多缴税。政府把这部分钱用来建立住房保障制度。这个问题和下面要讨论的“物业税”或者叫“不动产税”之间关系比较密切。

其三是价格调控的问题。短期内、局部地区出现了不正常的价格波动，其原因可能是存在着过量的投机资本炒作。这种情势下就要采取包括税收手段在内的调控措施，抑制投机需求，保护正常消费需求，合理调整投资需求。

其四是节约资源和优化资源配置的问题。中国有13亿人口，目前城镇居民人口就达5.4亿。都住大房子、好房子，我们的土地、能源都不可能满足需要。这就要在住房上适当抑制享受型消费，惩罚奢侈性消费，保护和鼓励适度消费。具体说就是，政策鼓励的套均面积可能是70~90平方米。税收手段还可以调整城市土地资源的优化配置。譬如“寸金之地”的商业街区就不适宜住人。税收手段就可以调整类似的不合理利用。

体现这四方面关系，四方面目标，税收手段需要区分为对开发环节征税、对流转环节征税和对持有环节征税等不同方式。抑制过热主要靠在开发环节加大税收手段的调整力度；调整公平、促进资源节约和合理利用主要靠对持有环节征税。调整价格、抑制投机主要靠在交易环节、流转环节实施税控措施。我国的房地产业和房地产市场存在很多问题，税收改革也需要从长计议。譬如对持有环节征税。这是一个长期的制度建设问题。

下面重点说说物业税这个税种的问题。

我国为什么要考虑开征这个税种呢？有资产就要征税。这在市场经济下是一个常识。要不要开征物业税，这本来是一个无须讨论的问题。资源特许利用、交易、所得、资产持有，这是全世界政府获取税赋收入的四个基本环节。

在市场经济下，土地、住房是一种资产，持有这种资产就要赋税。这个税是增加政府提供公共产品的能力、调整社会公平尺度、促进资源合理利用以及调整公共利益与私人利益和商业利益之间关系的重要税种。这在所有国家都一样。

人们很容易会问，老百姓有套房子是用来住的，是生活中不可或缺的，为什么要对老百姓的生活必需品征税呢？这合理吗？这个问题问得非常尖锐，是目前很多人对物业税心存疑问的第一大问题。但这个问题中有两个模糊之处。一是老百姓有穷人富人之分，富人也是老百姓；二是生活必须要有个社会必要的尺度，还要和资源节约结合起来。

我们先说一个首要的必要性，这也是中国现在需要考虑开征物业税的最重要原因之一。这就是调整富人和穷人在资源占有上的利益关系，维护社会公平。

在过去30余年的发展、改革、开放过程中，中国不同的社会阶层在财富占有上已经呈现出了较大的差距。开征差别税率的物业税，一方面可以通过税收手段抑制富人过度占有资源，特别是占有优质资源；另一方面可以使政府获取更多的资源，通过完善住房保障体系来帮助中等收入、低收入和特困群体获得住房及改善住房条件。

物业税将对富人多征、高征，那进一步的问题是，富人的房子也是花钱买的，如果是合法善意取得，为什么就要高征、多征税呢？如果富人有多纳税的义务，不是在个人所得税环节就调整了吗？为什么还要在财产持有上再征一次呢？

我们举个例子来解释其合理性。物业税是要依据对资源的占用程度来征收的。如果富人占有一所很大的别墅，大到可以尽情地养花、养鸟、养宠物，尽管他是花钱买的，是合法善意取得的，但由于他占有了这么一大块优质资源用于奢侈性消费，全社会用来提供国民财富的资源就少了一块。由于土地等资源是有限的，富人的奢侈性需求占用得多了，是不是公共利益、穷人的利益就受到损害了呢？能够带来国民财富增加的宝贵资源被富人奢侈性消费占用，这对社会发展显然是不利的。那怎么办呢？就用物业税来调节。要么你交很重的税负，要么你把这个大园子用于经营性用途，比如说改成能为国民财富带来增量的星级酒店。迫使富人不能浪费有限的资源，这不仅合法，而且也很公平。

很多人仍提出疑问，对多占有资源、占有优质资源的富人征税，这容易理解；但普通工薪阶层，穷人拥有的生活必要住房是否也要征税呢？

这个地方有个学问。不能简单地说是否征，而要看征多少和适用税率是多高。在必要限度内，可能只需交很少的税，象征性地交一点税，甚至适用税率是零。零税率不等于不征税。穷人、低收入群体生活必需部分的自有住房仍是课税对象。只不过你需要交的税款是零分。这不是玩游戏。这是制度设置的必需。就像个人所得税，1600元以下月收入不用交税，但有关部门一再声明，这1600元标准的“学名”，也就是严格的政策说法不叫“起征点”，叫“扣除额”。财政部、国家税务总局在贯彻实施新个人所得税法的通知中明确规定“除国家统一规定减免税项目外，工资、薪金所得范围内的全部收入，应一律照章征税”。请注意是“工资、薪金所得范围内的全部收入”。我理解，就是1600元以下的工资、薪金也要征税，只不过税率是零。对穷人、低收入群体的物业税也适用这个道理。零税率不是没税率，就像零度不是没温度一样。通过这种制度设置，就可以既维护了税制的统一性与严肃性，又保护了普通老百姓、中低收入群体的利益。

除了调整社会公平，物业税和工薪阶层、普通老百姓还有什么关系？这个关系可大了。开征物业税的深层次制度意义在于维护公共利益。

对我国来说，物业税的一个极其现实和重要的职能，就是推进资源节约。中国不仅是一个人多地少的国家，而且是一个处于城市化快速发展过程的国家。在1999年到2008年间，城镇居民每年每人居住面积的增长都在1平方米以上。按照这样的住房改善速度和城市化速度，中国可用于居住的土地将不可能满足未来15～20年发展的需要。不仅土地不够用，水资源和能源也严重短缺。人们很容易注意到，老百姓居住用能，已经从照明、听收音机发展到用彩电、冰箱，又发展到用空调和各种电热器具。目前中国一次能源消耗中超过40%以上的部分用于建房子和住房子。而中国恰好是一个能源资源严重匮乏的国家。怎么应对呢？就得鼓励资源节约，抑制过度消费。

节约资源是公共利益。这个公共利益包括国民经济可持续发展的利益，包括我们这个社会全体成员的利益，包括我们子孙后代的利益。请注意，这里所说的“过度消费”不仅包括富人的奢侈性消费，也包括中等收入阶层、普通工薪阶层享受性的消费。物业税真正开征时，单套面积过大，超出普通住宅标准或者生活必要限度的房子可能适用税率就要明显高一些；其目标，就是要发展节能省地型建筑，形成健康文明、节约资源的消费模式。

还有一个问题需要解释。政策应当鼓励老百姓有自己的房子才对，为什么有了自己的房子政府要来收税呢?

过去一些年来的住房制度改革、发展房地产市场等都是为了让老百姓拥有自己的住房，这个目标没有疑问。但人人有房住、大多数人拥有自己的住房，不能光靠盖新房子。还要通过一定的方式鼓励流动，加快存量资源的优化配置。我国目前的城镇住房资源总量已达124亿平方米。但由于历史因素，这些资源的分布存在着两个极大的不合理。其中，一是从20世纪80年代初期起的很长一段时期内，为了应对当时严重的住房短缺危机，政府采取了“鼓励单位自建住房”的政策。机关、企业均可利用所占有的城市土地自建职工住宅。由此形成了严重的城市功能分区混乱。居民住宅与商业区、政务区、工业园区以至旅游区相互混杂。这种状况导致了宝贵的城市土地资源的极大浪费。二是中国曾长期实行“福利分房”制度，居民的住房位置以及空间大小几乎完全不取决于个人或家庭的意愿。“分到什么房子就得接受什么房子”。这种被迫接受的资源配置格局，使大量住房资源实际上处于低效率的利用状态。社会资源所能提供的福利水平被大大降低。从1999年起，中国实行了大规模的住房制度改革。通过市场途径实现“以小换大”、“以远换近”、“以差换好”已成为人们的普遍要求。要实现这个目标，就需要促进存量住房资源的流转。

在持有环节开征物业税的同时，降低交易、流转环节的税负，促进一级市场、二级市场、租赁市场和中介市场等多层次市场体系不断趋于完善，可以有效地推进现有住房资源的市场化流动，优化城市土地资源的配置结构，提高城市住房存量资源的利用效率。让所有资源都得到最充分、最合理的利用，这也是一种公共利益。

很多人有一种担心，因为增税就会抑制住房消费。这和扩大内需的矛盾怎么解决呢?

解决好制度建设与经济调控之间的矛盾的确是非常重要的。其实，税也是一种经济运行的调控手段。人们常听说的“财政政策”，其中就包括动用税收手段调整短期的经济运行状态，调整国民经济中的供求关系。

物业税是增强政府对社会经济运行调控能力的一个必要工具。举个例子说。现在人们已经对通货膨胀和通货紧缩这些说法比较熟悉了。通胀与通缩之间的相互交替、轮动，是市场经济下不可避免的常态现象。通胀实际上就意味着货币资产贬值而实物资产增值。通缩则正好相反。通胀时，社会普遍的经济行为是“以币求货”，而通缩时则是“以货求币”。买卖住房等不动产，恰好是大多数人“货”、“币”转换的最好方式。建立和完善针对实物资产持有环节的物业税，政府就可以通过物业税与利息税等财政手段、利率等货币手段的反向调整，实现对宏观经济运行状况的有效调节。例如在通胀预期强烈时提高利率、降低利息税，同时提高物业税，鼓励人们持币；在通缩预期强烈时则相反，鼓励人们投资实物资产。就是说，鼓励消费扩张就可以通过减免物业税来鼓励人们购房和持有房产。调整经济运行，这也是一种公共利益。

税是政府利益的体现。增税是不是就是政府的利益多了，老百姓的利益少了？首先得说，的确存在这个矛盾。但应当强调的是，在正常的制度框架内，政府利益本身就代表公共利益。市场经济下政府的首要职能就是维护公共利益。

土地、房产有个特点，随着国民经济的发展、城市环境的改善，其价值会不断升值。物业税最重要的制度功能之一，就是让政府所代表的社会公共利益有机会在长期发展过程中持续不断地分享城市化、工业化以及经济规模扩张所带来的好处。同时，还可以使政府在改善基础设施、优化环境、提供更多公共产品的投入中获得间接补偿，使公共利益获得可持续的扩张动力。设置物业税的目的之一，就是要让公共利益有更多机会分享土地增值的收益。

讨论物业税，一个现实问题是，我国是从计划经济转型而来的，老百姓持有不动产才刚刚起步，人们对“有资产就要征税”的观念还比较生疏。从目前看，我国开征物业税的条件是否成熟了呢？

开征物业税的条件分为技术条件和社会基础条件两部分。关于技术条件和社会条件的区别，可举个例子来说明。利息税本来也应当实行累进税率才对。对存钱多的富人和存钱少的穷人实行差别税率。这个道理大家都同意。但实行差别税率需要金融系统全部联网和完全实名制的技术条件。有这个技术条件，才能让富人在多少个银行开户、开多少账户都逃不了税。但现在我们的技术条件还达不到，就只能先暂时实行比例税率。比例税率实际上是一种不得已而为之的选择。

物业税涉及的社会利益关系非常复杂。怎么征、怎么管、怎么评估、采用什么样的手段等需要完善的技术条件。现在看，我们还处于加快筹备的过程中。但开征物业税最重要的基本条件，不是税收部门的征管能力、征管手段，而是社会居民拥有私人资产不断累积的能力。

从 20 世纪 80 年代初期起，中国城镇居民的生活改善、社会富裕程度的提高，已经走过了三个基本阶段。

从 20 世纪 80 年代初期到 90 年代初期的 10 年，人民生活改善和社会富裕程度的提高，主要体现在收入的不断增长上。在那个阶段，在遇到通货膨胀时，只要提供物价补贴就可以有效保护中低收入群体的利益。因为那个时候，很少有家庭拥有存量资产。人们的基本利益主要体现在当期收入与当期支出的对比关系上。与此相应，针对流量收入的个人所得税就可以起到调整社会公平的作用。

从20世纪90年代初到21世纪初，人民生活改善和社会富裕程度的提高，主要体现在收入增长的同时，私人金融资产开始实现加速累积。储蓄存款、国债债券以至外汇、股票等成为私人财富的普遍体现形式。在这个阶段，当通货膨胀对人们的存量财富构成贬值威胁时，“保值储蓄”的政策就可以有效保护大多数人的利益。因为人们的资产构成中主要是高流动性的金融资产。也正由于持有金融资产开始成为社会的普遍现象，我国在这一阶段针对存量资产性质的储蓄恢复征收了利息税。

随着社会经济的发展，社会富裕程度的提高，我国不仅已经走过了单纯对收入征税的阶段，走到了对资产征税的阶段，而且走到了不仅对流动性的金融资产征税，还要对不动产征税的阶段。从进入21世纪初以来，随着住房制度改革的不断推进和人们私人财富的进一步累积，不动产已经进入大多数家庭的资产构成。社会对房价高低反映强烈，恰好说明的是人们的私人财富累积已经进入到普遍拥有不动产的阶段。与此相应，不仅调整社会公平需要有新的手段，而且开征物业税的社会物质基础也已经具备。

有个被媒体广泛炒作的说法是，开征物业税的主要目标就是为了抑制拥有多套住房，因而也就是“对第二套房课重税”。这个说法不准确。我们前面说过，物业税的作用之一是要抑制过度占有资源，保护必要消费。但这个“过度占有”，不是按第几套房来区分的。一个富人只占有一套房，但是这套房非常大，而且地处风景名胜区，价值不菲，这套房子也得适用较高税率。在前几年“房改”中，一些中央机关的干部按级别应享受一定的住房面积，但当时单套面积没有那么大的，很多人配住的就是“2+1”或者“2+2”。就是80年代盖的居民楼中一套“两居”加一套“一居”；或者一套“两居”加另一套“两居”。但这个“2+1”或者“2+2”的建筑面积一共才只有70~90余平方米。这个“第二套”恐怕就不该课以重税。因为不论按干部住房标准还是从自住性住房的必要标准看，他们的居住总面积并未“超标”。原则说，物业税应按个人持有的资产价值征税，而且是按现值征税，不是按“第几套”征税。

在物业税问题的讨论中还需要解决的一个矛盾是，如果拥有超过自住范围以外的房产，租出去牟利，物业税是否应对此加以限制。

可以肯定地说，应当对超出自住范围用于出租牟利的房产征收一定强度的物业税。但这里面也有个区别对待的问题。单位面积价值高的别墅、豪宅，就应当适用较高税率；相反，单位面积价值较低的普通住宅，就应当适用相对较低的税率。为什么呢？因为我们还要考虑到租赁市场发育的问题。普通住宅的主要承租人是穷人，是低收入群体。物业税征得高，租赁市场的租价就高，不利于租赁市场的发展。“对第二套房课重税”的想法，出发点可能是抑制富人占有更多资源，促进社会公平。但这种想法失之简单了。有人买了房子用于出租，才有租赁市场存在和发展的基础。而租赁市场恰好是和低收入群体、困难群体和流动人口利益关系最密切的市场。不仅如此，租赁市场还是政府住房保障政策贯彻实施的基础。在我国的住房保障体系中，针对困难群体和特困群体的“贴租”政策，包括实物贴租和货币贴租，都需要有一个足够大的租赁市场存在才能有效实施。

在讨论中很多媒体猜测，分次、分年征收的物业税会取代目前一次性缴纳的土地出让金，因而会降低房价。这个预期不一定能实现。

在房地产开发、交易、持有环节的税制改革，基本方向是“明租、清费、正税”。物业税是否是取代土地出让金的一种“费改税”，目前学者中还有不同认识。但比较倾向性的意见是，土地出让金的性质是“租”，是政府作为土地所有者的利益体现；物业税的性质是“税”，是政府作为公共利益的维护者、社会经济关系的调节者获得的公共收益。二者的性质是不同的，后者可能并不能取代前者。也就是说，收了土地出让金也可能仍要再收物业税。这取决于怎么定义目前收取的土地出让金。

退一步说，物业税取代土地出让金，也不一定能使房价真正便宜。因为房价包括购买价格和持有价格两个组成部分。分次收取物业税时，持有价格的风险会大大增加。因为物业税是按现值征收的，而在 50～70 年的时间范围内，土地价格一定是不断提高的，而且在城市化快速发展过程中提高的速度还会很快。最终算下来，也许分次支付的价格要比一次性支付的成倍增加。

房地产这门学问很大。以上仅仅是些粗浅之见。仅供大家参考。

附录一

听陈淮博士谈向温家宝总理汇报*

编者按：2003 年 6 月 27 日，温家宝总理召集一些经济学家座谈，了解他们对经济形势的看法。陈淮博士参加了谈话。本报请陈淮博士详细介绍了这次谈话的主要内容，从中可以了解到新一届中央领导对经济形势、非典后经济走势的看法。

被访人：国务院发展研究中心市场经济研究所副所长陈淮博士

访问者：经济参考报记者徐培英

【提要】我印象最深的是总理说的四句话：第一句是“我有主心骨，不会动摇”；第二句是“我每天都关注大学生的签约率”；第三句是“就是在疫情最严重的时刻，我们的改革也没有停步”；第四句是“中国经济发展正处于重要的机遇期”。

问：据说最近温家宝总理召集一些经济学家了解他们对经济形势的看法，您能谈谈这方面的情况吗？

答：是的，我参加了 6 月 27 日温家宝总理主持召开的经济形势座谈会。一起参加这次座谈会的专家还有北京国民经济研究所的樊纲所长、财政部财政科学研究所的贾康所长、国家发改委经济研究所的陈东琪所长和社科院经济研究所的刘树成所长。国务院的多位副总理、秘书长等领导出席了这个座谈会。此外还有十几位部长和国务院有关部门负责同志也都到会。

问：这次座谈会好像很受重视。到会领导很多。

答：是的。我感觉这是一次很重要的座谈会。在 SARS 疫情得到有效控制，总理即将出访香港、今年即将过半的时候召开这么一个座谈会，总理要在这么一

* 文中温家宝总理的引言为个人记录，未经本人审阅。

个时候听听专家的意见，我想这本身就能说明一定的问题。

我到得早一点，但很多部长们已经在座。因为有些部委在此前已经陆续召开过类似的专家座谈会，所以很多领导都打招呼说“又见面了”。比如劳动部的郑斯林部长，农业部的杜青林部长，国资委的李荣融主任。这里还有一个小插曲。铁道部的刘志军部长叫着我的名字和我握手，但我却没认出刘部长，不知道刘部长为什么认识我，真是不好意思。还是刘部长提醒我，说“对你在铁路听证会上的发言印象比较深”。

问：总理问的第一个问题是什么呢?

答：给你10次机会你不一定猜得出来总理问的第一个问题是什么。第一个问题是大家的年龄。温总理准时到会，和大家握手后坐下就说，没有一点拖泥带水。总理出乎意料的问话让专家们都随便了许多。坐在我右边的樊纲教授说他“年过半百”，坐在我左边的贾康教授说他“年近半百”。其实他们和我一样，都是50岁上下。对他们的回答，总理也笑了，说“在座的差不多都比你们老，干吗老往半百上靠呢”? 总理还说，“人一近60，思想就容易保守，所以要接受新知识，新事物。你们还是比较年轻的专家，所以请你们来听听你们的意见”。

问：会议的主题就是判断经济形势，是吗?

答：是的。主题就是分析经济形势，特别是“非典”以后的经济形势，重点是今年。总理先简单介绍了一下目前经济运行的一些基本情况。如同人们熟悉的，数字都在他脑子里。在说到一些比较重大的问题时，总理强调“我有主心骨，不会动摇”。条分缕析地说完，总理说：“我一共用了十四分半钟，下面就请专家说。”真是一个干脆利索。我当时心里就想，总理的主要目的其实不是“求计”，而是“印证”他的一些判断。

问：专家们对“非典”的影响和当前的经济形势怎么看呢?

答：专家们对今年经济增长情况的判断是比较一致的。大家都赞成，即使考虑到“非典”的影响，今年我国经济增长仍有把握能实现预期的7%。至于高于这个预期多少，专家们则有1个百分点上下的不同看法。今年开局，我们的经济增长速度是比较快的，一季度GDP同比增长9.9%。实际上，“非典”影响的是超出预期的增长部分，是可能的潜在增长率。年初的预期不会受到影响。你今天来采访时我们已经看到，昨天温总理在香港已经明确讲：“初步预计，上半年国内生产总值增长8%以上。现在看，实现全年经济增长7%的预定目标是有把握的。”所以我说总理其实心中是有数的，只是请专家们来印证一下这个“数”。

问：“非典”对我们很多产业的影响的确是非常巨大的呀，比如旅游、餐饮、民航、出租车等。为什么经济学家们的判断仍比较乐观呢? 您对形势怎么看的呢？

答：“非典”给我们造成的损失确实不小。这一点总理和专家们都是有充分的估计的。这些影响在五六月份的经济运行情况中已经有所显现，在今后一段时期还会进一步显现。但现在最重要的，不仅是判断我们受了多少损失，而是在疫情之后，我们的国民经济是受到打击后趋于低迷，还是疫情被控制后转为恢复上升势头。打个形象的比喻就是，我们走路时摔了个跟头，这时我们最需要判断的不光是这一跤耽误了多少时间，更重要的是我们已经精疲力竭无力向前走了呢，还是仍是精力充沛，只需掸掸土就可以继续快速前行。没有人否认摔一跤会耽误一定时间，关键是站起来后还能不能走得和原来一样快，甚至更快。

问：您的看法是我们这一“跤”没伤筋动骨？

答：不光我这么看。总理说，“我们已经取得了阶段性的重大胜利”。要是把我们摔得站不起来了还叫胜利吗？

我向总理汇报时谈了一个“四个没有变”的看法。

第一个是中国城市化进程正在加速的趋势没有变。我们的国民经济凭什么过去两年里在世界经济增长格局中保持了“一枝独秀”的地位呢？最重要的支持因素之一是城市化进程明显加速。大家过去两年中如果到各地去过，是不是觉得我们的很多城市面貌变化特别明显呢？我们说，中国经济增长的这个“发动机”的转速依然。而且这个“发动机”不仅将支持今年的经济增长，而且还将支持我们未来 20 年的经济增长。

第二个是老百姓的收入水平和由这个消费水平决定的消费结构没有变。大家担心旅游、餐饮等产业会一蹶不振。这个担心没必要。为什么呢？因为疫情不可能根本影响我们的人民收入水平。在一个特定收入水平上，人们的消费结构就是一定的。人们的收入中有多大一个比重要花在劳务性产品上，比如旅游、餐饮、娱乐、健身等，不会因为短期的疫情而根本改变。也就是说，这些产业的市场基础、需求基础并没有受到影响。老百姓的口袋里，有多大一个份额要花在这个领域上，这个比例是不会以“非典”的意志为转移的。

第三个是新的产业热点正在形成的趋势没有变。就是在“非典”最严重的时候，我们的车市不是也没有降温吗？中国正在成为世界制造中心的这个趋势不会因为疫情而改变。新的产业热点也是我们经济增长的最重要的“发动机”之一。这个“发动机”也是转速依然。

第四个是全球资本流动的基本方向没有变。我在汇报时说，疫情对我国经济的影响肯定要大过 1997 年的亚洲金融危机。但和那次危机相比的一个不同点是，亚洲金融危机在一段时期内极大地改变了全球资本的流向，而 SARS 疫情并未改变这个流向。2002 年全世界汽车销售量增长了 2%，其中绝大部分是中国市场销售增量的贡献。中国的市场前景全球无人可比：资本怎么会因为短期的疫情就不来赚钱了呢？

所以我说，疫情是中国经济处于上升过程中遇到的短期阻碍。这四个“没有变”决定，我国经济运行的基本态势不会受到大的影响。

问：学者们就克服“非典”影响和促进下半年经济发展提出什么政策建议了吗？

答：建议是肯定要提的。专家们的建议着眼点各不相同。就克服“非典”影响的问题上，我的建议主要是两点。一是不要低估市场自身自我平衡和自我补偿的能力。二是政策资源的重点配置领域应当是市场机制力所不及的领域。

我国受疫情影响较重的大都是市场机制力量比较强大的地区和市场机制发育比较充分的产业。我觉得应当强调一个判断，这些产业敏感但不脆弱。餐饮、旅游、旅客交通等产业本来就是消费需求弹性非常高的产业。它们对环境高度敏感，收缩非常快但同时膨胀也将非常快。预期下半年这些产业的同比增长，也就是和去年同期相比的增长速度仍会有一个明显的高潮。向总理汇报后的第二天，恰好就是北京“双解除”后的第一个双休日。事实上人们冒着大雨彻夜逛街的情形已经证实了这个判断。

经过 20 余年的改革，我国的市场力量已经发展得比较强大了。2003 年的疫情与 1976 年的地震灾害相比，最大区别是什么呢？在于不需要由政府“包下来”。克服疫情的政策不宜称为“补偿”性的政策。政策资源不应按照损失大小来配置，而应按照市场机制能否发挥作用来配置。就是说，不是谁受的损失大就补谁。要看市场机制、市场竞争的作用在那个领域是否充分。有的领域市场机制足以导入充分资源，那么这个领域即使受损很大也不需要更多的政策介入。但有的领域光靠市场机制是无法恢复元气的，这个领域就得给予更多政策关照。

还有，疫后重建和公共卫生安全体系的建立也不应包揽在政府身上。要鼓励企业和个人增强风险意识，利用社会化的安全措施自我保护，鼓励全社会更多采取商业化、市场化的避险措施。鼓励保险业开发更多的险种，包括经营收益险等。我也打了个比方。长江抗洪救灾和平时修固堤坝，这个事要靠政府管。但发大水冲了房子冲了庄稼，补偿这个损失要靠推进市场化的保险方式解决。特别要防止那种把公共安全的经济责任全部委之于政府的不良预期。

问：那您认为对这次疫情政府政策还应当做些什么呢？

答：我建议对民航、出租车等交通运输业继续给予一段时期的减免税支持。对民航等资金密集型产业还可动用阶段性的折旧政策支持。什么叫“折旧政策”

呢？就是在国家实行减免税的时期内允许这些行业不提或者少提折旧，以后不实行减免税政策时再允许他们多提折旧。这样才能让这些产业真正享受到税负政策的实惠。

我还建议对受到疫情影响的低收入人群和部分行业实行收入补贴。例如城镇中一些低收入群体靠打零工获得的一些“或有收入”没有了，出租车司机等因停业没有了收入。我建议国家动用最低生活保障体系和最低工资制度给予政策援助。例如在疫情严重地区阶段性地提高“低保”标准，把最困难群体损失的那部分实际收入补上。比如说，在疫情最严重的若干月份，每月的“低保”标准提高 50 元。对停业、半停业的出租车等行业也可考虑在疫情严重的月份内，按最低生活保障标准或最低工资标准由政府给予补贴。这个政策花钱非常有限，但社会影响和实际扶困作用将非常大。这个建议最初是我在 5 月初劳动和社会保障部研究政策时提出来的。这次我再提出这个建议时，总理插话，“北京已经一定程度地实行这个政策了”。可见总理对全国的政策动态是了如指掌的。

问：很多人包括专家认为，疫情对就业的影响不可低估。您对这个判断怎么看？

答：就业的数字和存款余额有类似之处，它只看年底数。这个数字和 GDP 不一样，它不是按月相加的。随着经济的恢复，用工单位很快就会恢复。今年疫情严重的若干月份中就业人数的下降并不会明显影响到年末就业总人数。我认为今年城镇就业总人数增加 800 万的目标仍是能够实现的，包括民工就业岗位。就业问题是长期存在的问题，不要把长期问题与短期经济运行的特殊难点混为一谈。对失业的影响主要在于部分人员的短期收益受到了影响。

我在汇报时提出了一个认识。即使是讨论长期的就业形势，我们也不能光看失业人数，更重要的是要看每年新增的就业人数。根据 2002 年和 2003 年《中国统计年鉴》的权威数字，在过去几年中，我们的就业岗位增长速度是不慢的。1999 年城镇就业人员总数新增 796 万人，2000 年新增 739 万人，2001 年新增 789 万人，2002 年新增 930 万人。也就是说，在过去 7% ~8% 的增长区间内，我国城镇就业总人数的增加数稳定保持在每年 800 万人左右并有逐步增长态势。去年末我国的城镇就业总人数是 2.48 亿人。只要我们能保持住这样一个增长规模并且略有提高，比如说从 800 万起每年递增三四十万，那么 10 年的周期内城镇就业总人数就可以增加 1.3 亿人。这个数字意味着 10 年内可以有两亿农村人口搬进城。那时的城镇就业总人数可达 3.8 亿人以上。保持住这样一个就业人数增长趋势，我国的就业形势就不会恶化。

我发完言后，樊纲教授在讲到就业问题时也同意我的看法。他说，我国作为一个发展中国家，经常性地存在一个 5% 左右的流动性失业人口是很正常的。“5% 左右的流动性失业人口”是个什么意思呢？我理解，假如我们现在城镇中有 1600 万人没有工作，这其中真正构成就业压力的只是超过 5% 的 200 多万人。当然这不是说我国的就业形势不严峻。我国就业形势严峻主要在于三个方面。一是局部地区失业问题严重，例如单一资源型的老工业基地；二是国有职工体制身份转换过程中的体制性矛盾；三是农村剩余劳动力进城的迫切要求。对这些方面应当有更坚决、更得力的政策措置。

今年有个和“非典”无关的特殊情况，就是大学生就业的问题。我印象特别深刻的是总理的一句话。总理说，“我每天都关注大学生就业的签约率”。尽管我认为，大学生就业问题是一个短期的结构性问题，不是总的就业岗位供求关系更加恶化的标志，我还是为这句话深深感动。我想我们的大学生和他们的家长们听到这句话也会感动。我们上下一心地去应对挑战，还有什么克服不了的困难呢？

问：在关于形势的讨论中，专家们有没有对改革问题提出新的见解呢？

答：我们强调在疫后恢复中发挥市场的作用，这就是改革。恢复经济靠改革，继续发展也要靠改革。在提到改革问题时，总理曾郑重说道，“就是在疫情最严重的时候，我们的改革也没有停步。中央一直在抓紧研究有关的方案。”

在改革问题上，专家们的建议涉及的方面也很多。比如“三农”问题，市场发育问题，国企改革问题，进一步扩大消费的问题等。总理说，“扩大消费对国民经济的增长很重要”。

问：在“三农”问题上专家们有什么新见解吗？

答：“三农”问题是个长期的大问题，不可能在这个讨论短期问题的会上太深入。但我提了一个政策建议。我认为，粮价仍是影响农民收入和物价水平的主要因素。过去几年来对农民收入影响最大的不是自然灾害，而是市场“灾害”。现在的情况是，每当城里人消费便宜的农产品时就是农民吃亏的时候。这种城乡利益关系对立的格局应当尽快扭转。怎么扭转呢？我建议极大地扩张农产品期货市场。这是一个让城市分担农业自然风险的最好办法。如果有一个较大比重的农产品通过“套期保值”、通过期货市场实现交易，我们就把大部分自然灾害的风险转嫁给了市场投资者，调整城乡之间利益关系也就有了强大的市场化手段。我国农业发展要及早考虑更有效的市场化避险手段。靠政府的粮食储备系统是不可能承担起粮食丰歉的市场风险的。

问：今年以来，有声音提出要防止“过热”，专家们对这个怎么看？

答：这个问题的确有不同看法。我的看法是要慎提“过热”，绝不要给中国的城市化进程泼冷水。但樊纲教授就提出，还是要警惕投资“过热”的一些趋势。

我认为，解决中国的就业、产业结构升级、扩大对外开放、调整供求失衡、提高企业国际竞争力、实现可持续发展等诸多重大难题的相交之点就在于城市化发展。我们在城市化发展问题上至少要有15年到20年的预见性。前不久，央行出台了一个收紧房地产业信贷的121号文件。媒体上的讨论已经很热烈了。这个文件可能也是基于防范“过热”的考虑的。

问：不论是促进投资增长还是防范投资“过热”，您在这方面有什么建议吗？

答：我的建议主要有两条。一条是不宜把解决中低收入者的住房问题和城市化联系起来。特别是不宜动用货币政策，例如贷款利率倾斜的政策来解决中低收入群体的住房。我们应当把市场化政策和公共性政策分开。银行是企业，面对的是市场，解决中低收入者的住房问题不是银行该管的事。在这个领域中，我们就要强调和完善市场化的游戏规则，不能把公平的政策取向也加进来。那怎么解决中低收入群体的住房问题呢？我建议多用财政政策，如贴息、贴租的政策。例如城镇中人均收入低于某一个水平的家庭购房时由政府贴息。对贴息也买不起的家庭，比如特困家庭怎么办呢？可以采取政府贴租的方式。这样就可以把政策和市场发育分开，不要让调整公平的因素参与到正常的市场交易中来，否则就会扭曲真实的竞争形势。

另一条是建议在“积极的财政政策”中，更多采取与城市化密切结合的地方性财政政策。比如允许地方政府发行可上市的“市政债券”。具体操作可为：发30年期甚至50年期的“市政债券”用于修“地铁”、“轻轨”，可由地方政府贴息，通过土地增值收入、投资增长后的税负增收来偿还。这一方面可极大地培育新的投资增长点，另一方面把“积极财政政策”的责任从中央政府延伸到地方政府。我觉得，当前我国经济运行中的潜在威胁是找不到足够大的资本容纳领域。低息下的银行储蓄持续增长说明资本过剩已经开始显现。我建议鼓励而不是限制城市轨道交通发展，这是未来几年带动投资增长的一个关键点。实际上，房地产、钢铁、汽车等产业是不是“过热”取决于城市化的空间是否扩张。

究竟是不是“过热”？总理并没有给专家们的不同看法下结论。但我相信大家都会同意总理的一个重要判断：“中国经济发展正处于重要的机遇期”。

第三版后记

这本书的原名叫作《思考经济，对话中国》，是在给上海交通大学2003级EMBA班讲授“社会主义经济理论与实践”学分课程基础上，根据课堂录音整理而成的，后根据出版社的意见改作现名。

过去多年来一直有个愿望，就是把自己对经济学，对中国发展与改革的思考系统整理一下。但因时间关系一直不能如愿。感谢上海交大在2003年给了我一个机会，把这个愿望作了一个阶段性的了结。

在本书第一版出版时我在国务院发展研究中心就职。那是一个专门为决策层领导提供政策咨询意见的研究机构，由此就有机会对我国经济发展过程的很多前沿信息多一些了解。在整理本书文稿的过程中有一次出差，我在飞机场看到一本叫作《中国高层智囊》的书，副标题叫“影响中国发展进程的人”，我也被收罗其中。该书的作者可能不了解什么叫“政策建议”的工作。其实“政策建议”就是“不说白不说，说了也很可能是白说”的那些话。“政策建议”与“影响中国发展进程”之间还差着十万八千里呢。特别声明，读者千万别指望能从本书中发掘出什么“决策内幕”的信息来。

我是老三届的尾，新三届的头。实实在在不掺假，一个没念多少书，又念过很多年书的人。老三届指“文革”中在校的66、67、68三届中学生。我是68届初中，刚上初一就停课了，以后上山下乡，没念多少书。新三届是指恢复高考后迈进大学校门的77、78、79三届大学生。我是77级，四年本科、三年硕士、三年博士一气念下来，此后又到东洋、西洋喝过一点“洋墨水”。提到这番话的意思是想恭敬地告诉读者，我只有一些囫囵吞枣的“夹生”学问。所以在本书的整理过程中，我想尽量忠实地保持自己的思想原貌，对错由读者评说。以上内容是第一版时的后记，今天看来需要向读者交代的事没有多少变化，所以仍保持原貌，只略有几个字的修订。从2004年5月起，我已调任住房和城乡建设部政策研究中心工作。完全是组织安排，“父母之命”不得不从，其实仍是搞政策研究，仍是“不说白不说，说了也很可能是白说”的岗位。近年来，城市化、房地产问题成为社会关注的热点。职责所在，自然对这个领域思考得多一些。又有些舆论，把我说成是影响房地产政策的“权威人物”。这也是误解，而且是极深的误解。再次声明，政策建议和政策决策是完全不同的两码事。学者尽其本分而已。

2008 年以来，世界金融危机的发展、原因和破解引起了全球经济学界的深入思考。在第三版中，就这个“百年不遇”的大变化也发表了一点个人浅见。仅供读者参考吧。

本书的成书过程受益于上海交大安泰管理学院很多领导与老师们的帮助。中国发展出版社的尚元经和李莉编辑为本书的初版与再版付出了大量心血和劳动。谨此表示衷心的感谢。

陈　淮

2009 年 9 月 18 日